ALTES TESTAMENT

DAS BUCH DER BÜCHER

ALTES TESTAMENT

Herausgegeben von

Hanns-Martin Lutz †
Hermann Timm
Eike Christian Hirsch

NEUES TESTAMENT

Herausgegeben von

Gerhard Iber
Hermann Timm

R. Piper & Co. Verlag

DAS BUCH DER BÜCHER

ALTES TESTAMENT

Einführungen, Texte, Kommentare

Mit einer Einleitung von

Gerhard von Rad

R. Piper & Co. Verlag

ISBN 3-492-02317-7
3. Auflage, 13.–17. Tausend 1980
(2. Auflage, 6.–10. Tausend dieser Auflage)
Gesamtherstellung Clausen & Bosse, Leck
Printed in Germany

Inhalt

Vorwort 9

Einleitung: Vom Lesen des Alten Testaments (von Gerhard von Rad) . 11

I. Die Überlieferung von den Anfängen Israels 19
   1. Die Anfänge 2. Die Eigenart der Texte
  A. Die Herausführung aus Ägypten 24
  B. Die Führung durch die Wüste 37
  C. Die Hereinführung nach Palästina 43
  D. Die Offenbarung Jahwes am Sinai 55
    1. Bund und Recht 2. Der Beginn des Kultus
  E. Israels Erzväter 70
    1. Abraham, Lot und Isaak 2. Jakob 3. Die Josephsgeschichte
  F. Die Urgeschichte 126
    1. Die Urgeschichte des Jahwisten 2. Die Urgeschichte der Priesterschrift

II. Die Frühzeit Israels 145
  A. Die Retter Israels 147
  B. Saul 161
    1. Sauls Berufung zum König 2. Der Widerstand gegen das Königtum 3. Sauls Philisterkrieg und Verwerfung

III. Das Großreich Davids 182
  A. Davids Aufstieg 182
    1. David am Hof Sauls 2. Der Söldnerführer 3. David, König von Juda 4. Die Doppelmonarchie Israel-Juda
  B. Davids Herrschaft in Jerusalem 200
    1. David als Stadtkönig von Jerusalem 2. Das Erbe der Jebusiterstadt 3. Davids Herrschaft über die Völker
  C. Der Streit um die Nachfolge Davids 212
  D. Der Bund Jahwes mit dem Geschlecht Davids 233

IV. Die Ära Salomos 240
   A. Der äußere Ausbau der Königsherrschaft 241
      1. Organisation und internationale Geltung des Reiches   2. Salomos Bautätigkeit
   B. Das literarische Erbe der Salomonischen Ära 248
      1. Salomo als der exemplarische Weise   2. Die »Weisheit« als Bildungsideal und Ordnungsprinzip   3. Das Lied der Lieder   4. Das jahwistische Geschichtswerk
   C. Der Zerfall des Davidisch-Salomonischen Großreiches 270

V. Das Loben, Klagen und Danken Israels 275

VI. Die prophetische Opposition im Nordreich 286
   A. Elia und Ahab 289
   B. Elisa und seine Schüler 295
   C. Die Jehurevolution 301

VII. Israel und Juda unter der Vorherrschaft Assyriens 307
      1. Syrien–Palästina im 8. Jahrhundert   2. Der Beginn der klassischen Prophetie
   A. Die lange Friedenszeit 311
     Der Prophet Amos
   B. Assur und das Nordreich 322
      1. Der Prophet Hosea   2. Der Untergang des Nordreiches und seine literarischen Nachwirkungen
   C. Assur und Juda 336
      1. Der Prophet Micha   2. Der Prophet Jesaja   3. Sanheribs Feldzug nach Palästina

VIII. Die Epoche Josias 372
   A. Die Stimme der Propheten 373
      1. Zephanja   2. Die Botschaft des jungen Jeremia
   B. Die levitische Reformbewegung und das Deuteronomium 386
   C. Das Reformwerk Josias 400

IX. Jeremia und der Untergang des Reiches Juda 407
   A. Die Regierungszeit Jojakims 408
   B. Das Jahrzehnt bis zur zweiten Deportation 424
   C. Ezechiel, eine Stimme aus dem Exil 437

X. Die Zeit des Exils 444
   A. Die Klage über Jerusalem 445
   B. Das Deuteronomistische Geschichtswerk 448

C. Ezechiel 455
   D. Deuterojesaja 463

XI. Der neue Tempel 480
   A. Die Propheten 481
      1. Haggai 2. Sacharja 3. Ein unbekannter Heilsprophet 4. Die Prophetie der späten persischen Zeit 5. Das Jona-Buch
   B. Die Geschichtsschreibung 506
      1. Die Priesterschrift 2. Das chronistische Geschichtswerk 3. Die Nehemia-Denkschrift

XII. Die späte Weisheit 520
   A. Die Weisheit als Offenbarung Gottes 521
   B. Der Prediger Salomo 527
   C. Hiob 534

XIII. Das Buch Daniel 548

Verzeichnis der Bibeltexte 559
Personen- und Sachregister 566
Karten und Zeittafel 572

Vorwort

Das Alte Testament ist nicht nur eines der erregendsten, es ist auch eines der schönsten Bücher der Weltliteratur. Geschichte hat es gemacht wie kein zweites. Dennoch ist es für den heutigen Leser, für den kirchlichen wie für den unkirchlichen, eine fast unzumutbare Lektüre geworden, schon deshalb, weil es einen so riesigen Umfang hat und weil seine einzelnen Teile oft zusammenhanglos nebeneinander stehen. Zudem ist es tief in der uns fremden Welt des Alten Orients verwurzelt, einer Welt, zu deren Erschließung die Wissenschaft Jahrhunderte benötigt hat. Die weitverbreitete Unsicherheit gegenüber der Bibel beruht wohl vor allem darauf, daß es bisher nicht gelungen ist, den reichen Ertrag dieser Forschung so zu nutzen, daß ein breiterer Leserkreis daraus ein neues, besseres Verständnis der biblischen Texte gewinnen konnte.

Das vorliegende Buch soll diesen Mangel beheben. Es enthält die wichtigsten Texte des Alten Testaments in moderner Übersetzung und in einer auf wissenschaftlichen Erkenntnissen beruhenden Anordnung. Die einzelnen Überlieferungen werden an den Ort gebracht, an den sie ihrer zeitlichen Entstehung nach gehören. Das ergibt eine literaturgeschichtliche Abfolge von Texten aus einem Zeitraum von über tausend Jahren, die als fortlaufende Dokumentation der Geschichte Israels mit seinem Gott Jahwe gelesen werden will. Zusätzlich werden dem Leser in allgemeinverständlicher Form die historischen, kulturgeschichtlichen und theologischen Kenntnisse dargeboten, die er benötigt, um die geläufigen Vorurteile ablegen zu können und dem Wahrheitsanspruch des Alten Testaments auf eine sachgerechtere Weise zu begegnen.

Das Buch ist eine Gemeinschaftsarbeit mehrerer Wissenschaftler. Seine Konzeption ist von Eike Christian Hirsch und Hermann Timm entwickelt worden. Ohne die Ermunterung und die Anregungen durch Gerhard von Rad hätte die Idee nie Wirklichkeit werden können. Den Rahmen, in dem die Arbeit vonstatten ging, haben Georg Picht, Hans Dombois und Heinz Eduard Tödt von der Evangelischen Studiengemeinschaft in Heidelberg durch ihr intensives Mitdenken geschaffen. Präses Hans Thimme hat die Verantwortung dafür getragen, daß es an den nötigen finanziellen Mitteln nicht fehlte.

Die Entwürfe zu den einzelnen Kapiteln sind von Hanns-Martin Lutz in Zusammenarbeit mit Hermann Timm und Eike Christian Hirsch ausgearbeitet worden. Sie wurden danach in einem größeren Arbeitskreis besprochen, dem außer Gerhard von Rad noch Ulrich Duchrow, Hans-Jürgen Hermisson, Jörg Jeremias, Gerhard Liedke, Georg Christian Macholz, Lothar Perlitt und anfangs auch Odil Hannes Steck angehörten. In die Endbearbeitung haben sich wiederum Hanns-Martin Lutz, Hermann Timm und Eike Christian Hirsch geteilt.

Den Bibeltexten liegt die Übersetzung von Vinzenz Hamp (erschienen im Pattloch-Verlag Aschaffenburg) zugrunde.

Einleitung

Vom Lesen des Alten Testaments

von Gerhard von Rad

Die Bibel ist zwar immer noch das meistgekaufte Buch, aber in unserem abendländischen Kulturkreis mag es nur wenige Menschen geben, die sozusagen aus Passion Bibelleser sind; Menschen also, die auf irgendeine Weise – es gibt ja so viele! – von diesem Buch fasziniert sind und die es auch nicht sehr stört, wenn sie beim Lesen einmal nicht ganz mitkommen. Nicht wenige Dichter und literarische Feinschmecker befinden sich wohl darunter.

In dem, was die Bibel den Menschen bedeutete, hat sich sehr viel geändert. In der Welt der frühmittelalterlichen Klöster nahm man die Bibel schon ganz anders in die Hand: voller Bereitschaft, sich ganz auf sie zu konzentrieren, ganz für sie da zu sein und dafür alle erdenkliche Mühe aufzuwenden. Die, die sie in der Stille ihrer Zellen abschrieben, feierten dieses Buch mit einer unerhörten Kunst des Schreibens und des Malens der Initialen. Wenn überhaupt, so nimmt man heute die Bibel kühler und reservierter in die Hand, allenfalls mit einem merkwürdigen Gemisch von Respekt und Hilflosigkeit. Sie ist auch bei den Menschen, die gerne lesen, völlig an den Rand geschoben. Die Wahrheit ist, daß auch die Belesensten und Gebildetsten unter uns sie kaum mehr kennen. Im Kreis von Freunden hörte H. v. Hofmannsthal einmal einen Abschnitt aus dem Deuterojesaja vorlesen. Davon beeindruckt sucht er zuhause vergeblich in seiner Bibel und schreibt dann einem Freunde, er fände den »Deuterojesaja« in seiner Bibel nicht.

Erst in den Jahrhunderten nach der Reformation ist die Bibel so recht zum »Hausbuch« geworden, zum Kultur- und Bildungsbesitz des einzelnen und der Familien. Natürlich hat sich auch schon vorher das ganze Abendland in allen seinen Lebensgebieten der Bibel geöffnet. Nicht nur in seinem religiösen Leben, auch in seinem Rechtsleben, in Wissenschaft und Kunst schöpfte es von Jahrhundert zu Jahrhundert, wessen es zum Leben bedurfte, und kam doch an kein Ende. Aber in der nachreformatorischen Zeit wurden die biblischen Geschichten in den Häusern vorgelesen und zum Bildungsgut der breitesten Schichten. Auch noch heute kann der einfachste Mann, der seine Bibel kennt, im besten Sinne des Wortes als gebildet gelten. Es sind ja immerhin sechs Weltreiche, mit denen sich die Bibel beschäftigt. Über 14 Jahrhunderte haben an ihr geschrieben. Da ist von den uralten Reichen der Ägypter und Babylonier die Rede. Die Assyrer haben Israel auf seinem eigenen Boden fast ausgelöscht. Aber die Bibel verfolgt auch mit wachem Interesse den Zusammenbruch der semitischen Weltherrschaft und den Übergang des »Reiches« auf die Indogermanen. Sie sieht auch das Perserreich zerfallen und mit den Griechen den Hellenismus sich ausbreiten. Das Neue Testament steht schließlich im geschichtlichen Horizont einer von den Römern gewaltsam befriedeten Welt. Aber die Bibel enthält nicht nur Geschichte, sie enthält auch Rechtskorpora, alle Arten von Gebeten und sogar Liebespoesie. Nun, diese Stellung als Quelle des Trostes, der Belehrung, als Fundament aller Kultur und Bildung hat sie schon lange verloren. Interessant ist die Feststellung der Sprachwissenschaftler, daß sich mit dem Schwinden des biblischen Beisatzes der Sprachraum unserer Alltagssprache spürbar verengt habe. Auch damit ist das Lesen der Bibel schwerer geworden.

Andererseits hat uns die moderne Bibelwissenschaft so viel Neues, Erregendes und Aktuelles erschlossen, daß wir keinen Grund haben, grämlich zu werden. Aus dem Wunsch, die Bibel in diesem einigermaßen neuen Lichte zu zeigen, ist das vorliegende Buch entstanden. Freilich, eine leichte Lektüre war die Bibel nie, und dazu kann und darf sie auch die beste Erklärung nicht machen. Wo immer man im alten Israel schrieb – für eilige Leser ist das nie geschehen. Aber es kann doch viel getan werden, dem heutigen der Bibel entfremdeten Leser Schwierigkeiten aus dem Weg zu räumen, um die Texte wieder so unmittelbar und so angriffig werden zu lassen, wie sie sind und wie man sie in den großen Stunden in der Geschichte der Christenheit auch immer wieder verstanden hat. Dazu würde auch gehören, den Leser auf einige wichtige Dinge aufmerksam zu machen, die er zunächst einmal akzeptieren muß, wenn er zu einem verständnisvollen Lesen kommen will. Weil gerade an ihnen heute so viele scheitern, soll davon im Folgenden die Rede sein.

Allem übrigen voran: Wer sich mit dem Alten Testament beschäftigt, der soll beim Lesen fest zugreifen und sich nur ja nicht mit allgemeinen Gefühlseindrücken begnügen. Die Anspruchsvollen, die es genau wissen, die die gemeinte Sache präzis vor sich sehen wollen, sind nämlich viel besser dran. Die Texte im Alten Testament sind in ihrer Redeweise meist so markant, daß sie gerade auf solche Leser warten. Auch die Ortsnamen wollen nicht übersprungen werden. Wie vertraut bewegt sich Hölderlin, ohne dort gewesen zu sein, in seinen Dichtungen in den Landschaften Griechenlands! Wie viel mehr müßte es ihm der Bibelleser gleichtun! Nicht selten hängt für das rechte Verständnis einer Geschichte viel davon ab, daß man weiß, wo der Ort liegt und was es für eine Bewandtnis mit ihm hat. Erst ein geduldiges Sicheinlesen läßt die Erzählungen oder Psalmen oder prophetischen Predigten von Mal zu Mal deutlicher werden. Immer mehr werden die Texte an Profil gewinnen, und immer mehr wird sich beim Leser ein Unterscheidungsvermögen schärfen für die ungeheuren Verschiedenheiten der literarischen Gattungen, zwischen denen es beim Lesen hin und her geht. Eine Genealogie läßt sich leicht von einer Sammlung von Rechtssätzen abheben; aber auch unter den Erzählungen selbst muß man gut unterscheiden können. Die eine geht objektiv und konzentriert, einer Denkschrift vergleichbar, dem Ablauf von Geschehnissen entlang, eine andere – ebenso konzentriert einem Ereignis hingegeben – sucht das Betroffensein des Lesers, sie will ihn nicht informieren, sondern ihn in der Tiefe seines eigenen Gottesverhältnisses treffen und zum Nachdenken veranlassen. Eine dritte ist unverkennbar didaktisch. Sie errichtet Normen für das Verhalten, appelliert an das Handeln des Lesers und will ihn zu einer Art von Imitatio bewegen. Aber solche »Lehrerzählungen«, die sich über ihren Stoff hinweg direkt an den Leser wenden, gehören wohl durchweg späteren Zeiten an. Viel charakteristischer für das Darstellen des frühen Israel ist das Gegenteil, nämlich jenes völlige Zurücktreten des Erzählers hinter den Ereignissen, mit dem sich jeder Bibelleser einmal auseinandersetzen muß. In den meisten der Erzvätergeschichten – schon bei Abraham und vollends bei Jakob! – fühlt sich der Leser vom Erzähler völlig im Stich gelassen; dringend wünscht er von ihm zu erfahren, was denn nun an dem Tun und Lassen der handelnden Personen gut und richtig und was böse und falsch war. Aber der Erzähler schweigt ihm. Das soll ihm zum Zeichen werden, daß er es überhaupt nicht so eilig haben soll, über die Menschen in diesen Erzählungen zu urteilen. Vielmehr soll er auf das achten, was von Gott her an diesen Menschen geschieht. Freilich, bei feinerem Zuhören werden auch auf der Seite der von Gott betroffenen Menschen, also in ihrem Verhalten, Licht- und Schattenseiten erkennbar. Diese, manchmal rätselhafte Gelassenheit der Erzähler, die ja alles andere ist als Unbeteiligtsein, will erst einmal verstanden sein. Viele von diesen Erzählungen sind dazu noch Produkte eines ausgesprochenen Kunstwillens und sind damals sicher auch als Kunstwerke gewürdigt worden. Schon hier stoßen wir auf eine merkwürdige paradoxe Erfahrung, deren Beglückung jeder Bibelleser kennt: Je mehr wir die Stoffe erst einmal in ihre alte und uns ferngerückte Welt zurückgeben, um so deutlicher und aktueller werden sie uns!

Aber die erzählende Literatur, die ja im Alten Testament einen so großen Raum einnimmt, stellt an den heutigen Leser noch andere Zumutungen. Intensiver als irgend ein antikes Volk hat sich Israel mit seiner Geschichte beschäftigt. Die verschiedenen Quellenschriften, aus denen der Pentateuch zusammengesetzt ist, und vollends die Geschichte von der Thronnachfolge Davids, das Deuteronomistische und schließlich das späte chronistische Geschichtswerk zeigen es ja, wie Israel von Zeit zu Zeit immer wieder neu ausholte, seine Geschichte zu schreiben. Diese großen literarischen Werke haben oft einen Jahrhunderte währenden Wachstumsprozeß durchlaufen oder sind von Redaktoren auf kunstvolle Weise ineinandergeschachtelt worden, so daß sie am Ende zu riesigen, unförmigen Sammelwerken wurden, die in dieser Gestalt schwerlich noch als eine Lese-Literatur gedacht waren. Hier durch eine Entflechtung dem heutigen Leser behilflich zu sein war eine der Hauptaufgaben, die sich dieses Buch gestellt hat.

Breitet das Alte Testament eine Welt von Geschichte in einer solchen Detaillierung aus, so wird sich der in abendländischem Geist erzogene Leser davon zunächst angesprochen fühlen. Intensiver Umgang mit der Geschichte, das Analysieren von großen Werken der Geschichtsschreibung, das ist ihm ja nichts Fremdes; da kann er mitreden. In der Tat, kein anderes Volk des Alten Orients ist dem modernen Historiker mit einer solchen Fülle besten Quellenmaterials entgegengekommen. Israels Geschichte mit allen darin wirksamen politischen, sozialen und religiösen Kräften läßt sich wesentlich genauer rekonstruieren als die anderer antiker Völker. Aber damit sind wir schon an dem Punkt angelangt, an dem sich das moderne Interesse an der Geschichte völlig von dem unterscheidet, was Israel an seine Geschichte band. Bei Israel war das nicht eine aufs Historische konzentrierte Wißbegierde; Israel war in seiner ganzen Existenz an seine Geschichte gebunden, denn in der Geschichte – sagt das nicht fast jede Seite des Alten Testaments? – ist es der Wirklichkeit seines Gottes begegnet. Wohl verstanden: Diese Begegnung war Israel nicht in einer ein für alle Male und wie in Stein gemeißelten geschichtlichen Dokumentation zuhanden, sondern in Führungen, Berufungen, Verheißungen und Gerichten, die jede Zeit neu zu bedenken hatte. In immer neuer Gestalt mußte Israel die Ereignisse seiner Geschichte zu einer unmittelbaren Anrede werden lassen. Daher also die sich ablösenden Versuche, sich große Geschichtsstrecken immer aufs neue zu vergegenwärtigen! Das Alte Testament ist weithin nichts anderes als der literarische Niederschlag des leidenschaftlichen, fast ein Jahrtausend währenden Gesprächs eines Volkes über den Sinn seiner Geschichte. Auch in Israel änderte sich mit den Zeiten der Zeitgeist. Das Verständnis früherer Generationen genügte nicht mehr. Die Geschichte mußte in einem Verstehenshorizont, der in einem ständigen Wandel begriffen war, verstanden und angeeignet werden. Sah z. B. die eine Zeit das Handeln Gottes sich vornehmlich in äußeren Eingriffen in die Geschichte ereignen, in Wundern oder in der jähen Berufung von Männern zu göttlichen Werkzeugen, so sah eine andere Zeit dieses göttliche Handeln sich bis an die Grenze des Unsichtbaren in die Kausalkette menschlicher Aktionen einflechten. Gleichwohl war es Israel in seiner so großen und langen Bemühung um den Sinn seiner Geschichte nicht beschieden, zu einem eindeutigen Ergebnis, zu einer abschließenden Erkenntnis hinzufinden. Doch war es ihm gegeben, in diesen seinen Geschichtsdarstellungen in einer unvergleichlichen Tiefe und Breite von Gott zu reden.

Der heutige Mensch verfügt über eine Virtuosität, mit der Geschichte umzugehen und sie sich, sei es zum Gewinn von Erkenntnissen, sei es zur Unterhaltung, zu deuten. Diese Wendigkeit im Umgang mit Geschichtlichem wirkt sich für das Verstehen des Alten Testamentes keineswegs als Vorteil aus, viel eher als ein ernstes Hindernis. Unsere neuzeitliche Geschichtsbetrachtung ist einseitig von dem Wissen um den Abstand des Vergangenen von der Gegenwart geprägt. Bewußtermaßen schiebt sie die Geschichte auf Distanz. Sie verhört ihre überlieferten Zeugnisse, aber sie behält sich ihr eigenes Urteil über die Zeit vor. Darin äußert sie ein Gefühl der Überlegenheit. Letztlich ist es das Überlegenheitsgefühl der Lebenden gegenüber den Toten. Mit dem Geschichtlichen kann man heute alles machen; man kann aus dieser Totenwelt etwas ins Licht des Lebens herausheben, um sich daran zu ergötzen, man kann es verwandeln, man kann es aber auch ruhen lassen. Das alles steht ganz im Belieben des Menschen. Diametral verschieden davon war Israels Verhältnis zu seiner Geschichte. Es besaß ein merkwürdiges Unvermögen, die Ereignisse seiner Geschichte zu vergessen und an die Vergangenheit zu verabschieden. Wir können sicher sein, daß es nicht weniges von sich aus gerne hätte ruhen lassen. Davon, wie es seine Geschichte immer wieder in seine Gegenwart hereinholte, war ja eben schon die Rede. Das 5. Buch Mose ist nach einhelliger Überzeugung ein verhältnismäßig junges Werk. Es ist eine lange Abschiedsrede des Mose an sein Volk. Diejenigen, die es in dieser Stilform abfaßten, machten sich keines frommen Betrugs schuldig und griffen auch nicht zu einem literarischen Kunstmittel. Die Stimme Moses, so wie sie in der späteren Königszeit im Geist gehört wurde – sie erging an diese vorgerückte Zeit, sie nahm Bezug auf ihre spezifischen Anfechtungen und ging der Unordnung ihres religiösen und sozialen Lebens zu Leibe. Über einen Abstand von vielen Jahrhunderten hinweg war es möglich, noch einmal an den Fuß des Berges Sinai zu treten und Gottes Willen zu hören. So holte Israel seine Gottesgeschichte in die Gegenwart herein! Aber vielleicht drücken wir es besser anders aus: Die Geschichte selbst war es, die immer neu auf Israel eindrang. Es war gar nicht Israels freier Wille, sich derart mit seiner Geschichte zu identifizieren. Die Geschichte war aufgestanden und ihm zur Anrede geworden. Beschäftigte sich in Israel eine Generation mit ihrer Geschichte, so beschäftigte sie sich mit ihrem eigenen Verhältnis zu Gott.

In dieser wichtigsten Sache des alten Israel als Leser mitzugehen, den alttestamentlichen Schriften dieses ihr Hauptanliegen erst einmal abzunehmen – das will gelernt sein. Dabei geht es zunächst oft genug darum, diesen auf Gott hin zeigenden Finger überhaupt erst zu sehen. Nicht überall wird es dem Leser so leicht gemacht wie in der Josephsgeschichte, wo der Erzähler an einem Höhepunkt des Geschehens dem Joseph selbst das deutende Wort in den Mund legt (1 Mose 50, 20); andere Erzvätergeschichten scheinen beim ersten Hinsehen sehr spröde zu sein. Und doch, wie profiliert und konzentriert ist bei ihnen die »Verkündigung«! Vorbei kommt der Leser an diesem Wort über Gott nicht. Und wenn er es fertigbrächte, es zu überlesen, wenn ihm auch das Kunststück gelänge, in dieser Sache sich nicht betreffen zu lassen, so hätte er an allem vorbei gelesen.

Das Alte Testament legt sich auf keine bestimmte Art und Weise, von Gott zu reden, fest. Im Gegenteil, seine Aussagemöglichkeiten reichen von der frömmsten Ergebung bis hin zu einer fast lästerlichen Parodie alles für heilig Gehaltenen (bei Hiob und einigen der Propheten). Schwerlich wird die

Menschheit noch Worte finden, die an Innigkeit und Kraft über das hinausgehen, was in manchen Psalmen über und zu Gott gesagt wurde. Aber dieser in der Konzentration von Jahrhunderten gewachsenen Gebetssprache stehen ganz andere Worte über Gott gegenüber, in denen so ziemlich alles souverän vorweggenommen ist, was spätere Gottesleugner und Gottesfeinde zu sagen wußten. Auch für die Durchschnittsfrommen in Israel gab es so etwas wie einen Ehrenkodex Gottes, d. h. gewisse Vorstellungen von dem, was man ihm zutrauen und nicht zutrauen kann, wie man von ihm reden und nicht reden darf. Daran halten sich die Propheten ganz und gar nicht. Oft in einer geradezu hanebüchenen Sprache reden sie von Gott, und es ist völlig deutlich, daß sie damit konventionelle Vorstellungen von Gott wie in einer Art von Bildersturm zerschlagen wollen. Weshalb taten sie das? Nicht taten sie das aus einem starken Reformwillen heraus, also mit der Absicht, das Reden von Gott auf einen realeren Grund zu stellen. Sie waren keine Reformer und rechneten nicht damit, daß ihre Rede von Gott zum allgemeinen Redestil erhoben würde. Der Grund war ein anderer, und damit berühren wir etwas vom Schwersten, das Israel zu tragen aufgegeben war. Abraham, Mose und die Propheten, sie mußten das immer Gleiche und immer Neue verkraften: Gerade da, wo Gott sich ihnen offenbarte, da verbarg er sich zugleich tiefer als zuvor im Unbegreiflichen. Ist es nicht im Grund überall das gleiche: Denkt und erwartet der Mensch Gott, dann muß es licht werden und heilig zugehen, dann muß die Wirrnis des Irdischen im Wunder der Gottheit überstiegen werden. Dort hingegen, wo Gott Israel nahetrat, da zerbrach er alle vom Menschen erdachten Vorstellungen und Leitbilder und stieß ihn oft genug in neue Anfechtungen hinaus. Isaaks Opferung – »Ich bin, der ich bin« (2 Mose 3, 14) – der Verstockungsauftrag an Jesaja (Jes 6, 10): Ist nicht in der Schilderung aller dieser großen Offenbarungsempfänge zunächst mehr Dunkel als Licht? Und sind nicht das alles nur Schritte hin zu der Zumutung des Neuen Testaments, daß Gott im Kreuz Christi den Menschen ganz nahe gekommen sei und sich darin doch zugleich tiefer verborgen habe, als es jemals vom Menschen für tragbar gehalten wurde?

So also war der Gott, mit dem Israel im Gespräch stand, sich ihm ergebend, sich gegen ihn aufbäumend und wieder zu ihm zurückkehrend; aber allemal im Gespräch mit ihm und daraus auch in den dunkelsten·Stunden nicht entlassen.

Sehen wir uns zuletzt noch kurz den menschlichen Partner an! Wie sieht das Gegenüber Gottes aus? Der wäre wohl ein schlechter Bibelleser, der sich nicht faszinieren ließe von diesem unvergleichlichen Bilderbuch unverstellter Menschlichkeit. Da ist alles vertreten, Hohes und Tiefes, Schreckliches und Reines. Diese Könige und Soldaten, Prinzen und Bankrotteure, Gottesmänner und die unvergeßlichen Frauengestalten – wie tummelt sich das alles auf dieser menschlichsten aller Bühnen! Welch eine Gelassenheit bei der Schilderung auch der dunkelsten Dinge! So den Menschen zu sehen, das heißt, darum wissen, daß Gott ihn zuvor gesehen hat. In diesem langen Gespräch eines

Volkes mit Gott – man denke an das Psalmbuch! – ist also nicht nur Gott offenbar geworden; auch der Mensch ist vor sich selber offenbar geworden, viel deutlicher, als er sich von sich aus sehen konnte. Erst im Lichte Gottes kommt er in sein eigentliches Maß, erst hier wird er groß und unergründlich und sprengt alle Möglichkeiten seines eigenen Selbstverständnisses. Im Alten Testament ist er sich offenbar geworden als ein Geschöpf, das immer – ob er es weiß oder nicht – in einer Partnerschaft mit Gott steht, als ein Geschöpf, das hineingezogen ist in eine ungeheure Gottesgeschichte und das – von Anfang an angelegt auf das Gespräch mit Gott – in den Widerfahrnissen seines Lebens unter allen Umständen der Anrede durch Gott bedarf. Von diesem Wort lebt er, mit ihm steht er, ohne es fällt er.

Aber auch hier ist neben Hellem viel Dunkles. In voller Bewußtheit und Ehrlichkeit werden die Rätsel des Leidens, ja sogar die Schrecken der Gottverlassenheit gesehen und Lösungen gesucht. Sogar die Frage tritt auf, ob nicht die Leiden des Gottesvolkes vielleicht mehr sind als eine gerechte und vorübergehende Strafe – ein stellvertretender Dienst, in den nur dieses Volk geführt wurde? Auch diese Frage wird vom Ganzen des Alten Testaments nicht eindeutig beantwortet. Das Rätsel der Geschichte Israels steht in unveränderter Dringlichkeit auch im Raum des Neuen Testaments. Es steht über dem Gespräch Jesu mit seinen Zeitgenossen, und erst recht steht die schicksalsschwere Trennung der jungen Christengemeinde von der jüdischen Synagoge im Zeichen dieses Rätsels, nachdem jene im Bewußtsein, das wahre Israel zu sein, das Leben und das Sterben Jesu von Nazareth als die letzte Sinnerfüllung von Gottes Geschichte mit Israel ansah, um daraufhin das ganze Alte Testament vom Ostergeschehen her zu deuten. Schließlich kann man selbst noch den Aufbruch des heutigen Israel ohne ein detailliertes Wissen um die Fragen und Erwartungen dieses jahrtausendealten Buches unmöglich verstehen.

Der Zweck dieser Zeilen war, den Leser auf einiges hinzuweisen, das er zunächst einmal als gegeben akzeptieren muß, wenn er überhaupt für sich in Anspruch nehmen will, gelesen und zugehört zu haben. Natürlich soll es ihm nicht verwehrt sein, in aller Freiheit zu dem Gelesenen Stellung zu nehmen. Er soll auch nicht meinen, daß er sich das Gelesene gleich aneignen und gar als das Seine nachsprechen müsse. Er ist aber gut beraten, wenn er sich mit dem Urteilen erst einmal Zeit läßt, wenn er es lernt, sozusagen mit einem langen Atem zu lesen, und wenn er sich darin übt, Bedenken und innere Widerstände (an denen es gewiß nicht fehlen wird!) auf einen späteren Zeitpunkt zu verbescheiden. Bibellesen hat zu allen Zeiten eine Bereitschaft zur Kontemplation gefordert.

Nach alledem ist das Buch, in dessen Studium der Leser nunmehr entlassen wird, insofern etwas Besonderes, als es nicht wie viele andere ein Buch »über« das Alte Testament ist. Es will nicht darüber informieren, wie die Bibelwissenschaft heute über diesen Text oder über jenen Vorstellungskreis denkt. Das Buch will überhaupt nicht informieren. Was in ihm an Wissenschaft aufgeboten ist, dient nur dem Zweck, den Wahrheitsanspruch eines Textes oder einer Textgruppe deutlicher sehen zu lehren. Es versucht, Hindernisse aus dem Weg zu räumen, die einer wirklichen Begegnung mit der Aussage eines Textes im Wege stehen. Gelingt es dem Leser, sich für eine solche Begegnung bereit zu halten und sich von dem Irrtum zu lösen, daß er ja im wesentlichen schon wisse, was da zu lesen ist, so wird er je länger, je deutlicher spüren, daß der Text ganz von selbst auf ihn zugeht. Dann ist er mit seinem Lesen auf dem rechten Weg.

I. Die Überlieferung von den Anfängen Israels

In den ersten fünf Büchern des Alten Testaments, den sogenannten Fünf Büchern Mose, ist all das zusammengetragen worden, was Israel von den Anfängen seiner eigenen Geschichte und von den Anfängen der Menschheitsgeschichte im ganzen zu sagen wußte. Die großen Stoffmassen dieser Bücher sind in einem Redaktionsprozeß, der sich über Jahrhunderte hinzog, miteinander verbunden worden. Kein anderes Volk der Antike hat mit vergleichbarer Intensität nach seiner Frühgeschichte gefragt. Auch ist das Bild, das es sich davon gemacht hat, weithin frei von den mythischen Vorstellungen, hinter denen die anderen Völker ihr geschichtliches Gewordensein versteckt haben. Die Fünf Bücher Mose, die man in der Wissenschaft als ›*Pentateuch*‹ bezeichnet, erzählen zunächst die Geschichte der ersten Menschen und ihrer Nachkommen bis zur Sintflut. Dann setzt die Erzählung neu ein mit der Berufung Abrahams, jenes Erzvaters, dem schon das Land Palästina, in dem er wanderte, als Besitz versprochen wurde und dessen Nachkommen doch erst nach Ägypten geführt wurden, um dort zum Volk Israel zu werden und nach einem langen Zug durch die Wüste das Gelobte Land in Besitz zu nehmen.

Es ist nicht einfach, sich in diesen Stoffmassen zurechtzufinden, die zu einem Gebäude von barockem Ausmaß aufgetürmt worden sind. Seit etwa dreihundert Jahren ist die Wissenschaft bemüht, sich von dem Ursprung und dem Sinn dieser Überlieferung ein Bild zu machen. Am Anfang stand die Erkenntnis, daß der Pentateuch nicht von Mose verfaßt sein könne. Mit Hilfe historischer Forschung und literarkritischer Methoden, mit Hilfe der Archäologie und der allgemeinen Orientalistik hat man dann den Pentateuch in einem wissenschaftlichen Sinn untersucht. Dabei ist man im wesentlichen auf zwei Wegen vorgegangen. Auf der einen Seite hat man die geschichtlichen Anfänge Israels zu rekonstruieren gesucht, auf der anderen Seite hat man sich der Literatur angenommen und hat sie in ihrer Eigenart verstehen wollen, um herauszufinden, was das für Texte sind, wie sie geschichtlich eingeordnet werden müssen und wie sie gelesen sein wollen. Beide Wege sind aufeinander angewiesen: Die Rekonstruktion der Geschichte Israels ist nur möglich, wenn man sich klarzumachen versucht hat, wie die uns überlieferten Texte entstanden sind.

1. Die Anfänge

Zunächst stellt sich die Frage, wer *Israel* überhaupt ist und wie es geschichtlich geworden ist. Die biblische Überlieferung versteht unter Israel die Nachkommen Jakobs, die in Ägypten zu einem großen Volk geworden waren und nach einem langen Weg durch die Wüste schließlich gemeinsam das verheißene Land in Besitz genommen haben. Die historische Forschung hat dagegen gezeigt, daß man von Israel erst seit dem Beginn der Seßhaftwerdung sprechen kann. Im Zuge einer größeren Wanderbewegung waren im 12. Jahrhundert v. Chr. auf verschiedenen Wegen und in mehreren Schüben zahlreiche Gruppen von Nomaden aus der benachbarten Steppe nach Palästina eingewandert und dort seßhaft geworden. Zwischen den verschiedenen Einwanderergruppen hatte es ursprünglich wohl kaum Berührungen gegeben. Erst nachdem sie im Kulturland seßhaft geworden waren, haben sie sich zu einem Stämmeverband zusammengefunden. Dieser Stämmeverband hatte nur in Ausnahmefällen politische oder militärische Aufgaben; seinem Wesen nach war er eine sakrale Gemeinschaft. Was ihn zusammenhielt, war die gemeinsame Gottesverehrung an einem zentral gelegenen Heiligtum. Der Gott, den man dort verehrte, hieß *Jahwe;* die Kultgemeinschaft der Jahweverehrer verstand sich als »Volk Jahwes« und nannte sich Israel. Aber das Wort Volk im strengen Sinne ist doch auch mißverständlich, weil wir zu leicht unseren, durch den Nationalismus geprägten Begriff mit eintragen. Volk meint hier nicht in erster Linie die Einheit von Kultur, Sprache und Abstammung, sondern die durch den gemeinsamen Kultus gestiftete Gemeinschaft. Wenn im Alten Testament Israel das auserwählte Volk genannt wird, so bedeutet das, daß es erst durch Jahwe zu einem Volk geworden ist. Der staatliche Zusammenschluß erfolgte erst wesentlich später im Königtum von Saul, David und Salomo und blieb im ganzen eine Episode. Israel ist während der weitaus meisten Zeit seiner Geschichte eine Glaubensgemeinschaft gewesen. Seine politische Geschichte ist aus dem religiösen Glauben an Jahwe hervorgegangen. Dieser gemeinsame Glaube hat den Stämmen zuerst ein Bewußtsein ihrer geschichtlichen Zusammengehörigkeit und den Willen zum gemeinsamen Handeln gegeben. Jahwe war es, der die Stämme zusammengeführt hatte. Sie wußten sich unter seinem Zugriff stehend. Israel hat seine Geschichte immer so erfahren, daß es dabei der Betroffene, der Empfänger war.

Es ist nicht mehr in allen Einzelheiten rekonstruierbar, wie es zu dem gemeinsamen Jahweglauben der Stämme gekommen ist. Sicher ist wohl, daß er aus der Steppe mit ins Land gebracht wurde. Er hat seine Heimat also nicht im Kulturland, sondern in der ungesicherten Welt der Kleinviehnomaden.

Diese umherziehenden Hirten, die, wie noch heute die Beduinen im Vorderen Orient, immer in der Bereitschaft zum Aufbruch lebten, haben ihren Gott im Guten wie im Bösen anders erfahren als die Kulturlandbewohner, die sich um die Fruchtbarkeit des Ackers sorgen und abends in ihr festes Wohnhaus zurückkehren. Man hat die Religion dieser Nomaden als *Führungs-*

religion bezeichnet: Auf all ihren Wanderungen zu neuen Wasserstellen und Weideplätzen wissen sie sich von ihrem Gott geführt. Ihr Leben ist ein Wandern zu immer neuen Verheißungen. Auch nach ihrer Seßhaftwerdung haben sich die israelitischen Stämme weiterhin als wanderndes Volk verstanden – nun aber in dem Sinne, daß sie, von ihrem Gott geführt, immer neuen geschichtlichen Zielen und Verheißungen entgegengehen.

Allerdings ist der Jahweglauben nicht von allen einwandernden Gruppen mitgebracht worden. Wahrscheinlich sind zunächst nur die relativ spät eingewanderten Stämme Ephraim und Manasse Jahweverehrer gewesen. Sie scheinen den Jahwekult vom *Sinai* mitgebracht zu haben, wo sich ein Wallfahrtsheiligtum befand, an dem auch andere Nomadengruppen, die später nicht zu Israel gehörten, Jahwe verehrt hatten. Die anderen israelitischen Stämme haben andere religiöse Erfahrungen aus der Steppe mit ins Kulturland gebracht. Die einen waren ihrem Gott bei einer Flucht aus Ägypten begegnet, andere verehrten den Gott ihres Ahnherrn Isaak, wieder andere hatten Verheißungen erfahren, die ihrem Vorfahren Abraham oder Jakob zuteil geworden waren. Den Jahweverehrern unter den Einwanderern scheint es jedoch gelungen zu sein, die anderen Stämme auf die alleinige Verehrung ihres Gottes zu verpflichten und so den sakralen Stämmebund Israel ins Leben zu rufen. Dabei sind aber die religiösen und geschichtlichen Erlebnisse der anderen nicht verdrängt, sondern in die Jahweverehrung mit eingebracht worden. Alle Glieder des sakralen Stämmebundes haben so in den je eigenen religiösen Erfahrungen, die sie auf ihren Wegen gesammelt hatten, hinterher die Hand Jahwes wiedererkannt. Der Weg, den jede Gruppe bisher allein gegangen war, erwies sich nun durch den gemeinsamen Glauben als eine besondere Etappe auf dem einen Weg des einen Gottesvolkes.

2. Die Eigenart der Texte

Wenn alle im Stämmebund vereinten Stämme je ihre eigene Geschichte in die gemeinsame Überlieferung einbrachten, so wird schon daraus verständlich, wie kompliziert das Geschichtsbild Israels werden mußte. Die zunächst selbständigen Überlieferungen der Einzelstämme sind im Anschluß an ein Glaubensbekenntnis zusammengefügt worden, durch das sich das Volk als Ganzes zu dem bekannte, was den einzelnen seiner Glieder widerfahren war. Wir können den Grundriß, nach dem das große Gebäude des Pentateuch errichtet worden ist, erheben aus ganz kurzen Bekenntnisformeln, die im Gottesdienst verwendet wurden. Eine davon lautet:

»Ein umherirrender Aramäer war mein Vater; er zog nach Ägypten hinab und hielt sich dort als Fremdling mit wenigen Leuten auf; aber er wurde dort zu einem großen, starken und zahlreichen Volk. Doch die Ägypter mißhandelten uns; sie quälten uns und legten uns harten Frondienst auf. Da schrieen wir zu Jahwe, dem Gott unserer Väter. Jahwe erhörte unser Rufen und sah unsere Qual, unsere Mühsal und Bedrängnis. Und Jahwe führte uns aus Ägypten heraus mit starker Hand und ausgestrecktem Arm, mit großen, furchterregenden Taten, mit Zeichen und Wundern. Er brachte uns an diese Stätte und gab uns dieses Land, ein Land, das von Milch und Honig überfließt.« (5 Mose 26, 5–9)

Dies Bekenntnis markiert bereits den Spannungsbogen von der Verheißung an die Erzväter bis hin zu der Erfüllung durch die Landnahme in Palästina. Aber es fehlen darin auch wichtige Überlieferungen, die im Pentateuch einen breiten Raum einnehmen, so der gesamte Komplex der Urgeschichte, die Überlieferungen von Abraham und Isaak und die Erzählung von der Offenbarung Jahwes auf dem Sinai. Diese Überlieferungen sind erst später in den Geschichtsaufriß der Bekenntnisformeln eingefügt worden.

Nun müssen wir noch die besondere Art von Literatur betrachten, mit der wir es im Pentateuch zu tun haben. Eigentlich ist es gar keine Literatur, sondern es sind mündlich geprägte und tradierte Überlieferungen, die oft über Jahrhunderte hin von den Eltern auf die Kinder, von den Priestern auf die Pilger oder von berufsmäßigen Erzählern und fahrenden Sängern an ihre Zuhörer weitergegeben worden sind. Erst sehr viel später ist dies alles niedergeschrieben worden. Es gehört zu den wichtigsten Erkenntnissen der alttestamentlichen Forschung unseres Jahrhunderts, daß die Literatur des Alten Testaments ihrer ursprünglich mündlichen Überlieferung wegen von bestimmten Gattungen geprägt ist. Wir haben es mit Sagen oder Märchen, mit Rechtssätzen oder Weisheitssprüchen, mit Hymnen oder Klageliedern, mit Annalen oder Berichten, mit Orakeln oder theologischen Lehrsätzen zu tun. Alle diese Gattungen sind geprägt durch ihren »*Sitz im Leben*«. Sie haben sich an einem bestimmten Ort herausgebildet: in der Großfamilie, im Kult, in der Rechtspraxis, am Hof, im Kriege oder in der Schule der Gelehrten und Theologen. Der jeweilige Lebenszusammenhang hat ihnen ihre Form gegeben, denn die Freiheit des Sagens war im Altertum viel begrenzter als heute. Man war an die Grundmodelle, wie sie sich in den einzelnen Lebensbereichen einmal herausgebildet hatten, gebunden.

Diese Erkenntnis der Gattungen alter Literatur eröffnet dem heutigen Leser einen breiteren Zugang zum Verständnis der biblischen Texte. Er hat es mit kleinen, überschaubaren Einheiten zu tun, deren spezifische Aussage sich ihm in dem Maße erschließt, wie es gelingt, die konkrete Situation im Leben Israels, in der der Text gewachsen ist, zu erfassen. Die Texte wollen nicht alle über den gleichen Leisten gespannt werden. Jeder fordert die ihm gemäße Einstellung.

Dadurch ergibt sich auch die Möglichkeit, die alte aufdringliche Frage, ob das Berichtete denn auch wirklich so geschehen sei, an ihren Platz zu verweisen. Die Erzählungen wollen gar nicht allein auf ihre Aussagen über historische Tatsachen hin befragt werden. Sie wollen mehr als nur eine Wahrheit aussprechen. Nie geht es um Mitteilungen, die den Empfänger unbeteiligt lassen wollen. Vielmehr geht es um Botschaften, die eine Verheißung oder eine Bedrohung mit sich führen. Die Frage nach der Bedeutung des Mitgeteilten für die Gegenwart steht immer im Vordergrund des Interesses. Von den historischen Fakten selbst wissen wir oft nur sehr wenig. Viel mehr wissen wir von der Art, wie Israel mit ihnen umgegangen ist. Die Überlieferungen geben uns mehr Aufschluß über die Wirkung eines bestimmten Ereignisses als über dieses Ereignis selbst. Zwischen dem Ereignis und dem uns überlieferten Text liegen oft Jahrhunderte. Was sich in den Texten dokumentiert, ist der Weg, den Israel jahrhundertelang mit seinen grundlegenden Geschichtserfahrungen gegangen ist.

Schließlich bleibt die Frage zu erörtern, wie die einzelnen Überlieferungsstücke zu dem großen Geschichtswerk zusammengewachsen sind, das uns im Pentateuch geboten wird. Man wird es sich wohl so zu denken haben, daß die Einzelerzählungen in einem lange währenden Prozeß zunächst zu Sagenkränzen und Traditionsblöcken (Auszugsüberlieferung, Erzvätergeschichten usw.) zusammenwuchsen, die schließlich von verschiedenen Sammlern zu großen, fortlaufenden Geschichtserzählungen aneinandergereiht wurden. Auf zwei solcher Sammelwerke ist die Forschung schon im 18. Jahrhundert aufmerksam geworden, als sie eine durchgehende Verschiedenheit in der Verwendung der Gottesbezeichnung entdeckte. Die eine Erzählung gebrauchet von Anfang an den Eigennamen »Jahwe«, die andere verwendet für Gott den Allgemeinbegriff »Elohim« (Gottheit). Man spricht daher von einem »*jahwistischen*« und einem »*elohistischen*« Geschichtswerk. Die Sammler bzw. Verfasser nennt man kurz Jahwist und Elohist. Die jahwistische Schrift ist die ältere, sie stammt aus der Zeit Salomos, während die elohistische etwa zwei Jahrhunderte jünger ist. Neben diesen beiden gibt es im Pentateuch noch eine dritte Quellenschrift, deren besonderes Interesse bei den kultischen und priesterlichen Ordnungen liegt. Man nennt sie deswegen »*Priesterschrift*«; sie ist wesentlich jünger als die beiden andern.

Diese drei Quellenschriften sind dann später von Redaktoren zu einem Ganzen zusammengearbeitet worden, wobei man mit dem überlieferten Erzählgut so sorgfältig umging, daß manchmal Parallelerzählungen nebeneinander stehengeblieben sind. Die Verbindung der drei Geschichtswerke ist in der Weise erfolgt, daß man zunächst große Teile des elohistischen Werkes in das des Jahwisten eingearbeitet und später – nachdem die Priesterschrift vorlag – den Stoff des kombinierten jahwistisch-elohistischen Werkes in den Rahmen der Priesterschrift hineingestellt hat. Dieser mehrfach gestufte Redaktionsprozeß hat schließlich zu jenem umfangreichen Erzählwerk am Anfang der Bibel geführt, das von der Erschaffung der Welt bis hin zu der Seßhaftwerdung Israels in Palästina reicht.

Wir haben uns entschlossen, in unserer Darstellung nicht von dieser Letztgestalt der Pentateuch-Überlieferung auszugehen, sondern von den ursprünglich selbständigen Einzelüberlieferungen, aus denen sie zusammengesetzt ist.

Der Grund dafür ist ein doppelter: Einmal kann auf diesem Wege der je besondere geschichtliche Ansatzpunkt und damit das Eigenleben der Einzelüberlieferungen besser sichtbar werden; zum andern kann man nur im Ausgang von den Einzelüberlieferungen das innere Gesetz entdecken, nach dem sie später zu dem Bilde einer fortlaufenden Geschichte zusammengesetzt worden sind. Das Wachstum der Pentateuch-Überlieferung ist bestimmt gewesen von Israels Verlangen nach einer immer tiefer greifenden Deutung seiner eigenen Anfänge. Die Frage »Wo beginnt die Geschichte Gottes mit seinem Volk?« war die treibende Kraft in diesem Deutungsprozeß.

A. Die Herausführung aus Ägypten

Die Aussage, daß Jahwe »Israel aus Ägypten herausgeführt« hat, nennt man das *Urbekenntnis* Israels, weil diese Aussage von Anfang an ein religiöses Gemeingut aller zu Israel gehörenden Stämme gewesen zu sein scheint. Durch die Herausführung aus Ägypten war Jahwe zum Gott Israels und Israel zu seinem Volk geworden.

Die Überlieferung dieser grundlegenden Heilstat geht auf ein geschichtliches Ereignis zurück, das wir noch in etwa rekonstruieren können. Wie wir aus ägyptischen Texten wissen, war es nichts Ungewöhnliches, daß fremde Bevölkerungsgruppen an der Ostgrenze des ägyptischen Reiches erschienen und Einlaß in das fruchtbare Nildelta begehrten. Meist waren es Kleinviehnomaden aus den angrenzenden Steppengebieten, die mit ihren Schaf- und Ziegenherden von Hungersnot bedroht wurden, weil der Regen ausgeblieben war. In einem Brief etwa aus dem Jahre 1200 v. Chr. meldet ein ägyptischer Grenzbeamter seinem Vorgesetzten die Ankunft solch eines Nomadenstammes an einer der östlichen Grenzfestungen:

»...Eine andere Mitteilung für meinen Herrn: Wir sind damit fertig geworden, die S'sw-Stämme von Edom durch die Festung des Merneptah in Tkw passieren zu lassen bis zu den Teichen von Pitom des Merneptah in Tkw, um sie und ihr Vieh auf der großen Besitzung des Pharao, der guten Sonne eines jeden Landes, am Leben zu erhalten...«

Mit einem damals gebräuchlichen Ausdruck wurden solche landfremden Bevölkerungsgruppen minderen Rechts *»Hebräer«* genannt. »Hebräer« ist also ursprünglich nicht der Name eines Volkes, sondern die Bezeichnung für eine sozial niedere Bevölkerungsschicht gewesen. Bei den Ägyptern standen die Hebräer in einem regulären Dienstverhältnis; sie erhielten von ihnen Wohn- und Weidegebiete zugewiesen, mußten dafür aber als Gegenleistung Sklavendienste verrichten.

Zu diesen Hebräern haben auch Nomaden gehört, die später im palästinischen Kulturland ansässig geworden und dort in den israelitischen Stämmeverband eingegangen sind. Für sie, die als Hirten an die Freizügigkeit des Lebens in der Steppe gewöhnt waren, mußte die ihnen durch Not aufgezwungene Fronarbeit in Ägypten besonders entehrend sein. So haben sie denn ihrem Los vermutlich durch die Flucht wieder zu entkommen versucht, wobei sie nur mit knapper Not den nachsetzenden Ägyptern entrinnen konnten. Diese Errettung haben sie als die große Heilstat ihres Gottes erfahren und als solche zu einem Gegenstand des Dankens und Rühmens werden lassen. Darum ist der Lobpreis Gottes, der Hymnus, die Gestalt, in der das Ereignis der Herausführung aus Ägypten den andern Sippen weitergegeben wurde. Spätere Generationen haben diesen Lobpreis aufgenommen und ihn durch die zunächst selbständigen Erzählungen von Mose, von den ägyptischen Plagen und vom nächtlichen Passa-Opfer bereichert. Sie bilden nun eine Art Vorgeschichte zu der Errettung am Meer.

Diese nachträgliche erzählerische Ausweitung der Überlieferung hat *Mose* zu der alles beherrschenden Gestalt des Auszugs aus Ägypten werden lassen. Durch ihn werden der Frondienst der Israeliten, die Plagen, das Passa und die Errettung am Meer zu einem einheitlichen Geschehensablauf verbunden, obwohl die ursprüngliche Selbständigkeit der einzelnen Erzählungen noch deutlich zu erkennen ist.

Die Unterdrückung der Israeliten

Die Auszugserzählung setzt mit einer Lageschilderung ein. Darin wird die untergeordnete soziale Stellung der israelitischen Sippen in Ägypten als »Unterdrückung« charakterisiert, d. h. als eine bewußt feindselige Maßnahme des ägyptischen Pharaos, um den politisch unzuverlässigen Bevölkerungsteil unter Kontrolle zu halten. Die Rettung der Israeliten durch ein besonderes Eingreifen Jahwes wird damit erzählerisch in wirksamer Weise vorbereitet.

Ein neuer König, der von Joseph nichts mehr wußte, trat über Ägypten die Herrschaft an. Er sprach zu seinem Volke: »Fürwahr, das Volk der Söhne Israels ist bereits größer und stärker als wir. Wohlan, wir müssen uns klug ihm gegenüber verhalten, damit es nicht noch zahlreicher wird und im Kriegsfalle sich unseren Feinden anschließt, gegen uns kämpft und sich des Landes bemächtigt.« Man setzte also Fronvögte über die Israeliten ein, die sie mit ihren Frondiensten bedrücken sollten; sie mußten Proviantstädte für den Pharao bauen, nämlich Pitom und Ramses[1]. Je mehr man sie aber unterdrückte, desto größer wurde ihre Zahl, und um so mehr breiteten sie sich

---

[1] Pitom und Ramses, zwei im östlichen Nildelta gelegene Städte, wurden von dem Pharao Ramses II (1292 bis 1225 v. Chr.) erbaut. Zu seiner Zeit ist vermutlich der Auszug der Israeliten aus Ägypten erfolgt.

aus; man bekam vor den Kindern Israels ein Grauen. Also gab der Pharao seinem ganzen Volke den Befehl: »Werft jeden Knaben, der den Hebräern geboren wird, in den Nil, alle Töchter aber laßt am Leben!«

(2 Mose 1, 8—12.22)

Das Kind im Schilf

Die Auszugserzählung hat im Laufe der mündlichen Überlieferung anderes Erzählungsgut an sich gezogen. Dazu gehören auch die Erzählungen von Mose. Die Geburtslegende, mit der Mose eingeführt wird, hat man sich in der Antike ähnlich auch von anderen großen Männern erzählt. In ihr spricht sich etwas von der Ehrfurcht aus, mit der das spätere Israel auf die Gestalt des Mose zurückblickte: Jahwe selbst hat ihn schon als Kind in höchster Gefahr bewahrt und seinem Volk damit einen Retter gegeben. Das erzählerisch Reizvolle der Mose-Legende liegt darin, daß sie den künftigen Gegenspieler des Pharao gerade unter dessen eigener Obhut heranwachsen läßt.

Ein Mann aus dem Hause Levi ging hin und nahm sich eine Tochter Levis zur Frau. Diese empfing und gebar einen Sohn; sie sah, daß er schön war, und verbarg ihn deshalb drei Monate lang. Länger konnte sie ihn aber nicht verbergen. Sie nahm deshalb ein Kästchen aus Binsen und überzog es mit Asphalt und Pech. Dann legte sie das Kind hinein und setzte es im Schilf am Ufer des Nils aus. (Seine Schwester stellte sich von ferne auf, um in Erfahrung zu bringen, was mit ihm geschehen würde [2].) Da kam Pharaos Tochter herab, um im Nil zu baden. Ihre Dienerinnen gingen am Ufer des Nils auf und ab. Sie sah das Kästchen im Schilf und ließ es durch ihre Leibmagd holen. Sie öffnete es, sah das Kind, und siehe da, ein weinendes Knäblein. Da ward sie von Mitleid gerührt und sprach: »Dies ist eines von den Kindern der Hebräer.« (Seine Schwester aber sprach zur Tochter Pharaos: »Soll ich hingehen und dir eine Amme von den Hebräerinnen kommen lassen, die dir das Kind stillen kann?« Die Tochter des Pharaos sprach zu ihr: »Ja, gehe!« Das Mädchen ging nun und rief die Mutter des Kindes. Pharaos Tochter sprach zu ihr: »Bring dieses Kind weg und stille es mir; ich will es dir lohnen.« Die Frau nahm das Kind und stillte es. Der Knabe wurde groß, und sie brachte ihn zur Tochter des Pharao [2].) Diese nahm ihn an Sohnes Statt an und nannte ihn »Mose«. Sie sprach dabei: »Ich habe ihn ja aus dem Wasser gezogen.«[3]

(2 Mose 2, 1—10)

---

2 Daß das Kind durch Vermittlung einer älteren Schwester von seiner eigenen Mutter gestillt wurde, ist eine spätere Erweiterung der Erzählung. Nach der ursprünglichen Fassung war Mose das erstgeborene Kind.

3 »Mose« ist ein ägyptischer Name. Für israelitische Ohren klang darin das hebräische Wort für »herausziehen« an. Unbefangen legt der Erzähler der ägyptischen Prinzessin eine hebräische Namenserklärung in den Mund. Solche volkstümlichen Namensdeutungen finden sich in den folgenden Erzählungen noch öfter.

Die Begegnung am Gottesberg

An einem »Gottesberg« im Lande Midian, so erzählt eine andere Mose-Geschichte, stößt Mose unverhofft auf Jahwe. Ähnlich wie später die Propheten wird Mose zu Jahwes Boten gegenüber dem Volk Israel berufen. Am »Gottesberg« hat sich Jahwe erstmals bekannt gemacht, ist er zuerst aus seiner Verborgenheit hervorgetreten. Daß er sich dabei auf ein Gespräch mit Mose einläßt, daß er auf dessen Einwände eingeht, mag für die Hörer das Erregendste an dieser Erzählung gewesen sein. Schon damals war er als der erschienen, als den Israel ihn durch seine gesamte Geschichte hindurch erfahren hatte, als ein Gott nämlich, der sich in seinem Wort offenbart und der dem Menschen auch die Freiheit gibt, Einwände und Widerspruch zu erheben.

Mose weidete das Kleinvieh seines Schwiegervaters, des Priesters von Midian. Er trieb die Herde bis hinter die Wüste und kam zum Gottesberg[4]. Da erschien ihm der Bote Jahwes in einer Feuerflamme, mitten aus einem Dornbusch heraus. Er schaute, und siehe da, der Dornbusch brannte zwar im Feuer, wurde aber dabei nicht verzehrt[5]. Mose sprach: »Ich will näher hingehen und diese gewaltige Erscheinung ansehen, wie es kommt, daß der Dornbusch nicht verbrennt.« Jahwe sah, wie jener herankam, um nachzusehen. Da rief Gott mitten aus dem Dornbusch und sprach: »Mose! Mose!« Da antwortete er: »Hier bin ich!« Und er sprach: »Tritt nicht näher heran. Ziehe deine Schuhe von deinen Füßen; denn der Ort, auf dem du stehst, ist heiliger Boden.«

Jahwe sagte: »Ich sah gar wohl das Elend meines Volkes in Ägypten, und ihr Schreien angesichts ihrer Treiber hörte ich; ja, ich kenne ihre Schmerzen. Ich bin herabgekommen, um sie aus der Hand der Ägypter zu befreien. Geh und versammle die Ältesten Israels und sprich zu ihnen: ›Jahwe, der Gott eurer Väter, ist mir erschienen und hat gesprochen: Genau beobachtet habe ich euch und alles, was euch in Ägypten angetan wird. Darum habe ich mich entschlossen, euch aus dem Elend in Ägypten herauszuführen.‹«

Mose erwiderte und sprach: »Wenn sie mir aber nicht glauben und nicht auf meine Stimme hören, sondern sagen: ›Jahwe ist dir nicht erschienen‹?« Da antwortete ihm Jahwe: »Was ist das in deiner Hand?« Er erwiderte: »Ein Stab.« Und Gott sprach: »Wirf ihn zu Boden!« Er warf ihn zu Boden, und der Stab ward zur Schlange, so daß Mose vor ihr floh. Weiter sprach Jahwe zu Mose: »Strecke deine Hand aus und fasse sie am Schwanz!« Er

---

4 Wo der »Gottesberg« der Midianiter zu suchen ist, wissen wir nicht. In späterer Zeit hatten die Midianiter, weithin gefürchtete Kamelnomaden, ihre Weidegebiete im nordwestlichen Arabien auf der Ostseite des Golfes von Akaba. Nachträglich hat man den »Gottesberg« mit dem »Sinai« oder »Horeb«, dem Berg der großen Gotteserscheinung und Gesetzesverkündigung, gleichgesetzt.

5 Hinter dem Erzählungsmotiv vom brennenden Dornbusch steht vielleicht eine dem Elmsfeuer ähnliche elektrische Lichterscheinung, die an einer bestimmten Stelle in der Wüste regelmäßig auftrat und deren Ursprung man auf die Begegnung Moses mit Jahwe zurückführte.

streckte seine Hand aus und ergriff sie; da wurde sie in seiner Hand wieder zum Stabe. Und Jahwe fuhr fort: »Stecke deine Hand in den Bausch deines Gewandes!« Er steckte seine Hand in den Bausch seines Gewandes und zog sie wieder heraus. Sie war vom Aussatz weiß geworden wie Schnee. Dann sagte er: »Stecke deine Hand noch einmal in den Bausch deines Gewandes!« Er steckte sie hinein, zog sie wieder heraus, und sie war wie sein übriges Fleisch.

Mose aber sagte zu Jahwe: »Ich bin kein redegewandter Mann, weder gestern noch vorher, seitdem du zu deinem Knecht redest; vielmehr bin ich schwerfällig mit dem Mund und der Zunge.« Jahwe erwiderte ihm: »Wer hat dem Menschen den Mund gegeben, oder wer macht ihn stumm oder taub, klar sehend oder blind? Bin nicht ich es, Jahwe? Gehe also hin, ich werde mit deinem Munde sein und werde dich lehren, was du reden sollst.«
(2 Mose 3, 1–5.7 f.16 f.; 4, 1–4.6 f.10–12)

Der Name Gottes

Von dem Gespräch zwischen Gott und Mose gibt es noch eine zweite Fassung, die uns in der elohistischen Quellenschrift überliefert ist. Dieser Überlieferung zufolge ist am »Gottesberg« der Jahwe-Name offenbart worden.

Nach antiker Auffassung vermittelt der Name etwas von dem ureigensten Wesen seines Trägers. Indem Jahwe seinen Namen bekanntmacht, erschließt er sich seinem Volk, gibt er sich denen, die ihn bei Namen nennen, preis. Seine Namensoffenbarung ist gleichbedeutend mit der Offenbarung seines Heilswillens.

Nichts hat Israel so anhaltend beschäftigt wie der Eigenname seines Gottes. Immer wieder hat man die Vokabel »Jahwe« zu deuten, hat man ihr eine inhaltliche Füllung zu geben versucht, um so das Zentrum des eigenen Glaubens freizulegen. In die Kette dieses Mühens gehört der folgende Text hinein. Es ist gerade die Not des Verfassers, daß der Gott Israels nicht einfach Gott heißt, sondern Jahwe. Wie mag es gewesen sein, als das sichtbar wurde? Was mögen da für Worte gefallen sein? Der Leser soll in die Spannung und das Geheimnis des allerersten Anfangs versetzt werden.

»Und nun höre: Das Wehgeschrei der Kinder Israels ist zu mir gedrungen, und gesehen habe ich die Drangsal, mit der die Ägypter sie bedrängen. Jetzt also gehe hin. Ich will dich zum Pharao senden. Führe mein Volk, die Kinder Israels, aus Ägypten heraus.« [6] Mose erwiderte Gott: »Wer bin ich denn, daß ich zum Pharao hingehen und die Kinder Israels aus Ägypten herausführen soll?« Jener erwiderte: »Ich will mit dir sein. Dies soll dir zum Zeichen sein, daß ich es bin, der dich gesandt hat: Wenn du das Volk herausführst aus Ägypten, so werdet ihr auf diesem Berge Gott verehren.« Mose sprach zu Gott: »Wenn ich nun zu den Kindern Israels komme und zu ihnen spreche:

---

[6] Mose wird nicht nur, wie in der vorigen Erzählung, zum Boten der Errettung berufen, er selbst soll die Rettung herbeiführen. Die Bedeutung des Mose wird hier also viel größer gesehen.

›Der Gott eurer Väter hat mich zu euch gesandt‹, und sie mich dann fragen werden: ›Was ist sein Name?‹, was soll ich ihnen dann antworten?« Gott entgegnete dem Mose: »Ich bin, der ich bin.« Er fuhr fort: »So sollst du zu den Israeliten sprechen: Der ›Ich bin‹ hat mich zu euch gesandt.« [7]

(2 Mose 3, 9–14)

Die Plagen

Bei ihrer erzählerischen Ausgestaltung ist die Auszugsüberlieferung auch um das Erzählungsthema der ägyptischen Plagen bereichert worden. Zusammen mit der nachfolgenden Passa-Legende soll es veranschaulichen, daß allein die überlegene Wundermacht Jahwes den Israeliten den Auszug aus Ägypten ermöglicht hat. Das Thema selbst hat die volkstümliche Fabulierkunst der alten Erzähler zu immer neuen Variationen angeregt. In einer Vielzahl ähnlich gebauter, in sich abgerundeter kleiner Szenen hat es im überlieferten Text der Auszugserzählung seinen Niederschlag gefunden.

Ihren erzählerischen Zusammenhalt und ihre innere Rechtfertigung erhält die Plagen-Reihe durch den regelmäßig wiederkehrenden Gedanken, daß »Jahwe das Herz des Pharao verstockte«. Jahwe wirkt nicht nur die Wunder, er selbst verhindert auch, daß der Pharao durch sie zur Einsicht kommt. Diese ständige Rückfälligkeit des Pharao bietet dem Erzähler die Möglichkeit, den Lobpreis von Jahwes Wundermacht immer neu zu beginnen. Und nur darum geht es bei der Verstockung. Sie ist durch die Technik des Erzählens motiviert. Das hört man heraus, wenn der Erzähler Jahwe zu Mose sagen läßt: »Geh hin zum Pharao! Denn ich selbst habe sein Herz und das Herz seiner Diener verstockt, um diese meine Wunderzeichen in ihrer Mitte zu tun, auf daß du deinen Kindern und Enkeln erzählen kannst, wie ich mit den Ägyptern umgesprungen bin und welche Wunderzeichen ich unter ihnen gewirkt habe, damit ihr erkennt, daß ich Jahwe bin.« (2 Mose 10, 1–2)

Darauf sagte Jahwe zu Mose: »Verstockt ist des Pharao Herz; er weigert sich, das Volk zu entlassen. Geh morgen in der Frühe zum Pharao, wenn er gerade hinausgeht zum Wasser. Tritt ihm entgegen am Nilufer und nimm dabei den Stab, der in eine Schlange verwandelt ward, in deine Hand. Sprich zu ihm: Jahwe, der Gott der Hebräer, hat mich zu dir gesandt und befiehlt: Gib mein Volk frei. Sie sollen mir in der Wüste dienen. Du jedoch hast bis dahin nicht hören wollen. Darum spricht Jahwe: Daran sollst du erkennen, daß ich Jahwe bin: Siehe, ich schlage mit dem Stabe in meiner Hand auf das Wasser im Nil, und es verwandelt sich in Blut. Die Fische im Nil werden sterben, der Nil wird stinken, und die Ägypter werden nicht mehr imstande sein, Wasser aus dem Nil zu trinken.« Und er erhob den Stab und schlug das Wasser im Nil vor den Augen des Pharao und seiner Diener. Da verwandelte

---

[7] Der Name »Jahwe« klingt in der hebräischen Sprache wie die Worte »er ist«. Dieses »ist« oder Sein bedeutet nach alttestamentlichem Denken ein Da-Sein oder Wirksam-Sein für jemanden. Das geheimnisvolle »Ich bin, der ich bin« ist also keine Wesensdefinition Gottes, wie es die abendländische Metaphysik immer wieder gedeutet hat; es soll vielmehr die Beständigkeit des göttlichen Wirkens für sein Volk andeuten.

sich alles Wasser im Nil zu Blut. Die Fische im Nil starben, der Nil stank, und die Ägypter vermochten kein Wasser mehr aus dem Nil zu trinken.

Darauf sagte Jahwe zu Mose: »Geh zum Pharao und sage ihm: So spricht Jahwe: Entlasse mein Volk, sie sollen mir dienen. Wenn du aber die Freilassung verweigerst, dann schlage ich dein ganzes Gebiet mit Fröschen. Wimmeln soll der Nil von Fröschen; sie sollen heraufsteigen und bis in deinen Palast kommen, ja bis in dein Schlafgemach und bis auf deine Lagerstatt, in die Häuser deiner Diener und zu deinem Volk, auch in deine Backöfen und Backtröge. Sogar an dir, deinem Volk und an allen deinen Dienern sollen die Frösche hinaufkriechen.«

Da rief Pharao Mose herbei und sagte: »Flehe zu Jahwe, daß er die Froschplage von mir und meinem Volke abwende; dann will ich das Volk entlassen, daß es dem Herrn Opfer darbringe.« Mose antwortete Pharao: »Verfüge über mich. Wann soll ich mich für dich, deine Diener und dein Volk verwenden, auf daß die Frösche von dir und deinen Häusern beseitigt werden?« Er sagte: »Für morgen.« Jener antwortete: »Nach deinem Wunsch soll es geschehen, damit du erkennst, daß niemand Jahwe, unserm Gott, gleich ist. Die Frösche werden also von dir, von deinen Häusern, von deinen Dienern und von deinem Volke weichen; nur im Nil werden sie bleiben.« Darauf verließ Mose den Pharao, und Mose schrie zu Jahwe wegen der Froschplage, die er dem Pharao auferlegt hatte. Und Jahwe tat, wie Mose gebeten: Die Frösche verendeten in den Häusern, auf den Höfen und Feldern. Man schüttete sie scheffelweise auf Haufen, so daß das Land davon stank. Als Pharao sah, daß die Erleichterung eingetreten war, verstockte er sein Herz und hörte nicht mehr auf sie – ganz wie Jahwe vorausgesagt hatte.

Darauf sagte Jahwe zu Mose: »Strecke deine Hand zum Himmel empor, und es wird eine solche Finsternis über das Land Ägypten kommen, daß man die Finsternis greifen kann.« Mose streckte seine Hand zum Himmel empor, und es herrschte drei Tage tiefste Finsternis im ganzen Ägypterland. Kein Mensch konnte den anderen sehen, niemand konnte sich drei Tage lang von seinem Platz rühren; in den Wohnstätten aller Israeliten aber war Licht. Da ließ der Pharao den Mose rufen und sagte: »Geht und dient Jahwe! Nur euer Kleinvieh und Großvieh soll bleiben; auch eure Kinder mögen mit euch ziehen.« Mose erwiderte: »Du selbst mußt uns sogar Schlachtopfer und Brandopfer mitgeben, damit wir sie Jahwe, unserem Gott, darbringen können. Aber auch unser Vieh soll mit uns ziehen, es soll keine Klaue zurückbleiben; denn davon wollen wir ja nehmen, um Jahwe, unserm Gott, zu dienen. Wir selbst wissen ja noch nicht, womit wir Jahwe dienen können, bevor wir dorthin gekommen sind.« Jahwe verstockte aber das Herz des Pharao; er wollte sie nicht freigeben. Der Pharao sprach zu ihm: »Hinweg von mir! Hüte dich, mir noch einmal vor das Angesicht zu treten. Denn sobald du mir noch einmal vor das Angesicht trittst, mußt du sterben.« Mose entgegnete: »So, wie du gesagt hast, wird es sein: Ich werde nicht noch einmal vor dein Angesicht treten.« (2 Mose 7, 14–18.20 f.26–29; 8, 4–11; 10, 21–29)

Das nächtliche Passa-Opfer und der Aufbruch aus Ägypten

Die letzte Plage, durch die Gott den Pharao zur Freigabe Israels zwingt, besteht in der nächtlichen Tötung der menschlichen Erstgeburt der Ägypter, während zur gleichen Zeit die Israeliten das Passa-Opfer feiern und in großer Hast ihren Aufbruch aus Ägypten vorbereiten. Wie ist diese eigentümliche Verbindung zwischen dem Plagen-Motiv und dem Passa-Fest zustande gekommen?

Das Passa-Opfer war eine nächtliche Kulthandlung, die alljährlich einmal in den Behausungen der israelitischen Großfamilien – nicht am Heiligtum – gefeiert wurde. Der Urspung dieses Festes ist in einem alten *Hirtenritus* aus der Zeit vor der Seßhaftwerdung der israelitischen Stämme zu suchen. Ehe die Nomaden mit ihren Herden von den Winterweiden in der Steppe aufbrachen, um auf die Sommerweiden am Rande des Kulturlandes überzuwechseln, versuchten sie durch ein Tieropfer die unheilvollen Mächte abzuwehren, die Mensch und Tier auf der Wanderung Gefahr bringen könnten. Zu diesem kultischen Fest gehörten ein besonderer Blutritus an den Zeltpfosten, das Verzehren ungesäuerten Brotes und die Marschbereitschaft der Opferteilnehmer.

Diese Bedeutung des Passa im Jahreszyklus des Nomadenlebens ist infolge der Seßhaftwerdung verloren gegangen. Den Ritus aber hat Israel weiter zelebriert, wenn auch in einem ganz veränderten Sinn: Man hat ihn nach Ägypten zurückverlegt und damit in eine Stiftung der Heilsgeschichte verwandelt. Auf diesem Wege ist aus der Gefährdung der tierischen Erstgeburt, wie sie der Nomadenbrauch voraussetzt, die Tötung der menschlichen Erstgeburt der Ägypter geworden, während Israel ohne eigenes Zutun verschont bleibt. Diese Verschonung des Gottesvolkes ist der Kern der heutigen Passa-Erzählung.

Das Passa wird noch heute von den Juden zur alljährlichen Vergegenwärtigung der Herausführung aus Ägypten gefeiert. Durch die Bereitschaft zum Aufbruch und das Essen der ungesäuerten Brote nehmen die Opfernden teil an dem einen großen Aufbruch Israels am Anfang seiner Geschichte.

Da sprach Jahwe zu Mose: »Nur noch eine Plage will ich über den Pharao und Ägypten kommen lassen. Danach wird er euch von hier freilassen, ja, wenn er euch entläßt, wird er euch sogar von hier fortjagen. Präge dem Volke nachdrücklich ein: Es soll jeder Mann von seinem Nachbarn und jede Frau von ihrer Nachbarin Silber- und Goldgeräte erbitten.« Jahwe verschaffte dem Volke Gunst in den Augen der Ägypter. Auch der Mann Mose genoß großes Ansehen im Lande Ägypten, bei den Dienern des Pharao und beim Volke. Mose sprach: »So spricht Jahwe: Um Mitternacht ziehe ich mitten durch Ägypten. Sterben werden alle Erstgeborenen im Ägypterland, vom Erstgeborenen des Pharao, der auf seinem Thron sitzt, bis zum Erstgeborenen der Magd hinter der Handmühle, ebenso aller Erstlingswurf des Viehs. Es wird ein großes Wehgeschrei im ganzen Ägypterland anheben, wie es noch nie gewesen ist und nie sein wird. Aber gegen die Kinder Israels wird nicht einmal ein Hund seine Zunge spitzen, weder gegen einen Menschen noch gegen das Vieh, damit ihr erkennt, daß Jahwe einen Unterschied macht zwischen Ägypten und Israel.«

Darauf berief Mose alle Ältesten Israels und sprach zu ihnen: »Geht hin und sucht euch das Kleinvieh für eure Familien aus und schlachtet das Passa.

Nehmt dann einen Sprengwedel aus Ysop[8], taucht ihn in das Blut, das sich in der Schale befindet, und streicht von dem Blut in der Schale an die Oberschwelle und die beiden Türpfosten. Niemand darf dann bis zum Morgen aus der Türe seines Hauses treten. Jahwe wird umhergehen, Ägypten zu schlagen; sieht er dann das Blut an der Oberschwelle und an den beiden Türpfosten, dann wird er diese Türe übergehen und wird es dem ›Verderber‹[9] nicht gestatten, in eure Häuser einzutreten, um euch zu schlagen. Beobachtet diese Anordnung als ein immerwährendes Gesetz für euch und eure Kinder. Wenn ihr in das Land kommt, das Jahwe euch geben wird, wie er es verheißen hat, dann beobachtet diesen religiösen Brauch. Und wenn euch dann eure Kinder fragen: Welchen religiösen Brauch pflegt ihr da?, alsdann sollt ihr antworten: Es ist das Passaopfer für Jahwe, der in Ägypten an den Häusern der Israeliten vorüberging, als er die Ägypter schlug, aber unsere Häuser verschont ließ.« Das Volk verneigte sich tief und warf sich in Ehrfurcht nieder.

Um Mitternacht begab es sich, daß Jahwe alle Erstgeburt im Ägypterland vom Erstgeborenen des Pharao, der auf seinem Thron saß, bis zum Erstgeborenen des Gefangenen im Kerker und alle Erstgeburt des Viehs schlug. Da erhob sich der Pharao in jener Nacht und mit ihm alle seine Diener und alle Ägypter. Ein großes Wehgeschrei entstand in Ägypten; denn es gab kein Haus, in dem nicht eine Leiche lag. Noch in der Nacht ließ er Mose rufen und sprach: »Auf, zieht fort aus meinem Volke, sowohl ihr selbst als auch die Kinder Israels. Geht und dient Jahwe, wie ihr verlangt habt. Auch euer Klein- und Großvieh nehmt mit, wie ihr verlangt habt; nur geht und bittet auch für mich um Segen.« Auch die Ägypter drängten das Volk, um es schleunigst aus dem Lande zu entfernen; denn sie sagten sich: »Sonst sind wir alle des Todes.«

Da nahmen die Leute ihren Brotteig, ehe er noch durchsäuert war, indem sie ihre Backschüsseln, in Mäntel eingewickelt, auf den Schultern trugen. Auch hatten die Israeliten nach der Weisung des Mose gehandelt und sich von den Ägyptern silberne und goldene Geräte und Kleider erbeten, und Jahwe hatte dem Volk Gunst bei den Ägyptern verschafft, so daß sie ihnen willfährig waren. Und so beraubten sie die Ägypter[10]. Die Kinder Israels brachen von Ramses auf in Richtung Sukkot, ungefähr 600000 Mann zu

---

8 Der Ysop ist ein aromatisch duftender Strauch, dem man reinigende Kräfte zuschrieb und der darum im Kultus, vor allem in den kultischen Reinigungsriten eine wichtige Rolle spielte.

9 Der »Verderber«, der hier als Helfer Jahwes erscheint, war im Zusammenhang des ursprünglichen Hirtenritus jene gefahrbringende dämonische Macht, die man durch das Passa-Opfer abzuwehren suchte.

10 In der Hast des Geschehens vergessen die Ägypter, die verliehenen Wertgegenstände zurückzufordern. Dieses befremdliche Motiv der »Beraubung« ist auf die Freude des Erzählers an der geglückten Überlistung Fremder zurückzuführen.

Fuß, Frauen und Kinder nicht gerechnet[11]. Auch viel Mischvolk zog mit ihnen, dazu Kleinvieh und Großvieh, eine riesengroße Herde. Sie buken mit dem Teig, den sie aus Ägypten mitgenommen hatten, ungesäuerte Brotfladen; denn er war noch ungesäuert. Sie waren ja von Ägypten weggetrieben worden, und so konnten sie nicht länger säumen und auch keine Reisekost herrichten.   (2 Mose 11, 1–7; 12, 21–27.29–39)

Die Errettung am Meer

Kern der gesamten Auszugsüberlieferung ist die wunderbare Errettung der flüchtigen Israeliten vor den nachsetzenden Ägyptern. Wann immer Israel später davon redete, daß Jahwe es »aus Ägypten herausgeführt« habe, war diese Errettung gemeint. Ort und genauer Hergang lassen sich zwar nicht mehr eindeutig bestimmen, es ist aber nicht zu bezweifeln, daß hier ein historisches Ereignis zugrunde liegt. Am Mittelmeer oder im Gebiet der flachen Seen nördlich von Suez, durch das heute der Suez-Kanal hindurchführt, ist eine ägyptische Streitwagentruppe bei dem Versuch, entwichene »Hebräer« gewaltsam zurückzuholen, einer Naturkatastrophe zum Opfer gefallen. Welcher Art diese Katastrophe gewesen ist, läßt sich nicht mehr ausmachen. Unsere moderne Frage nach den Naturgesetzen, nach denen das Ereignis verlaufen ist, wäre aber den unmittelbar Betroffenen auch belanglos erschienen. Sie sahen sich in einem Augenblick höchster Lebensgefahr aus einer ausweglosen Situation plötzlich ohne eigenes Zutun gerettet. Das haben sie als ein göttliches Wunder erfahren und von Generation zu Generation weiter verkündet.

Bei der Bedeutung, die dieses Heilsgeschehen für Israel gehabt hat, verwundert es nicht, daß die Erzähler das Wunder immer neu geschildert und dabei auch voneinander abweichende Vorstellungen über seinen Ort und seine technischen Einzelheiten entwickelt haben. Im folgenden Text sind mindestens zwei solcher ursprünglich selbständigen Schilderungen kunstvoll ineinander verflochten worden.

Sie brachen von Sukkot auf und lagerten in Etam am Rande der Wüste. Jahwe zog am Tage vor ihnen in einer Wolkensäule her, um ihnen den Weg zu zeigen, bei Nacht aber in einer Feuersäule, um ihnen Licht zu spenden, so daß sie bei Tag und Nacht wandern konnten. Nicht wich die Wolkensäule bei Tag und nicht die Feuersäule bei Nacht von der Spitze des ziehenden Volkes.

Dem König von Ägypten wurde gemeldet, daß das Volk entflohen sei; da änderte sich die Stimmung des Pharao und seiner Diener dem Volke gegenüber. Sie sprachen: »Was haben wir da getan, daß wir Israel entlassen haben aus unserem Dienste.« Er ließ seine Streitwagen anspannen und nahm seine Kriegsleute mit sich. Er führte 600 auserlesene Streitwagen und alle anderen Streitwagen Ägyptens mit und auf jedem drei Mann Besatzung. Jahwe aber verhärtete das Herz des Pharao, des Königs von Ägypten, so daß er den

---

[11] Die angegebene Zahl der Ausziehenden ist übertrieben hoch gegriffen; vermutlich hat es sich nur um eine geringe Zahl von nomadischen Großfamilien gehandelt; vgl. oben S. 25.

Kindern Israels nachsetzte, während die Israeliten mit erhobener Hand auszogen [12].

Die Ägypter verfolgten und erreichten sie mit allen Gespannen und Wagen des Pharao, mit deren Mannschaften und dem gesamten Heer, als jene sich am Meer lagerten; es war bei Pi-Hachirot gegenüber von Baal-Zaphon. Der Pharao kam näher und näher; die Kinder Israels erhoben ihre Augen und erblickten die Ägypter; die hinter ihnen her waren. Da erschraken die Kinder Israels gar sehr und schrieen zu Jahwe. Sie sprachen zu Mose: »Es gab offenbar in Ägypten keine Gräber. Darum hast du uns weggeholt, damit wir in der Wüste sterben. Was hast du uns da angetan, daß du uns aus Ägypten herausgeführt hast. Haben wir es dir nicht schon in Ägypten gesagt: ›Laß uns in Ruhe. Wir wollen den Ägyptern dienen; denn besser ist es für uns, den Ägyptern zu dienen, als in der Wüste zu sterben.‹« Mose entgegnete dem Volk: »Fürchtet euch nicht. Haltet stand und seht die Hilfe Jahwes, die er euch heute gewähren wird. Denn wie ihr die Ägypter heute seht, so werdet ihr sie niemals mehr wiedersehen. Jahwe wird für euch kämpfen, ihr aber könnt schweigend zuschauen.«

Darauf sagte Jahwe zu Mose: »Warum schreist du zu mir? Sage den Israeliten, sie sollen aufbrechen. Du aber sollst deinen Stab erheben, deine Hand über das Meer ausstrecken und es spalten, damit die Israeliten inmitten des Meeres auf trockenem Boden hindurchgehen können. Ich aber will das Herz der Ägypter verhärten; sie werden hinter ihnen herrücken; sodann will ich aber am Pharao und an seinem ganzen Heer, seinen Wagen und deren Besatzung meine Macht beweisen [13]. Die Ägypter werden erkennen, daß ich Jahwe bin, wenn ich am Pharao, seinen Streitwagen und deren Besatzung meine Macht beweise.« Da wechselte der Gottesengel, der vor dem Wanderzug Israels einherging, seinen Platz und zog hinterher; auch die Wolkensäule brach von der Spitze auf und stellte sich hinter sie. Sie zog zwischen dem Heer der Ägypter und zwischen dem Heer der Israeliten, und sie verdunkelte auf der einen Seite und erhellte auf der anderen Seite die Nacht; niemand konnte während der ganzen Nacht an den anderen herankommen [14].

---

12 »Mit erhobener Hand« heißt soviel wie: im Gefühl der Sicherheit.

13 Die eine Erzählungsvariante hat sich das Meerwunder folgendermaßen vorgestellt: Gleich nach dem »Schreien« des Volkes und seinem Aufbegehren gegen Mose gibt Gott Mose die Anweisung, mit seinem Zauberstab das Meer zu »spalten«, so daß zwischen den Wassermassen, die links und rechts »wie eine Mauer« aufgetürmt stehen, eine Schlucht entsteht, durch die Israel auf die andere Seite des Meeres gelangen kann. Dort angekommen, läßt Gott Mose abermals seinen Stab erheben, worauf die Wassermassen über den nachfolgenden Ägyptern zusammenschlagen.

14 Die »Wolken-« bzw. »Feuersäule« wird als Erscheinung von Gottes Gegenwart gedacht; sie tritt zwischen die beiden Lager, um einen nächtlichen Überfall der Ägypter zu verhindern. – Eine andere Erzählungsvariante läßt die schützende Gegenwart Gottes durch den »Engel«, einen menschengestaltig gedachten Abgesandten Gottes, repräsentiert sein.

Mose streckte seine Hand aus über das Meer. Jahwe aber ließ mit einem starken Ostwind die ganze Nacht hindurch das Meer zurücktreten und legte so das Meer trocken [15]. Da spalteten sich die Wasser. Die Kinder Israels schritten aber inmitten des Meeres auf trockenem Boden hindurch, während ihnen die Wasser eine Mauer zu ihrer Rechten und zu ihrer Linken bildeten. Die Ägypter rückten ihnen nach, und alle Rosse des Pharao, seine Wagengespanne und deren Mannschaft zogen hinter ihnen her, mitten in das Meer hinein. In der Zeit der Morgenwache schaute aber Jahwe von der Feuer- und Wolkensäule auf das Lager der Ägypter, und er brachte das ägyptische Heer in Verwirrung [16]. Er hemmte die Räder ihrer Kriegswagen und ließ sie nur mit Schwierigkeiten vorankommen. Die Ägypter riefen: »Fliehen wir doch vor Israel. Denn Jahwe kämpft für sie gegen die Ägypter.«

Da sagte Jahwe zu Mose: »Strecke deine Hand aus über das Meer, daß die Wasser auf die Ägypter zurückfluten, auf ihre Streitwagen und deren Mannschaften.« Da streckte Mose seine Hand über das Meer aus, und das Wasser flutete um das Morgengrauen an seinen alten Platz zurück, während die Ägypter ihm gerade entgegenflohen [17]. So stürzte der Herr die Ägypter mitten ins Meer hinein. Die Wasser fluteten zurück und bedeckten die Streitwagen samt den Mannschaften der gesamten Heeresmacht des Pharao, die hinter ihnen ins Meer gezogen waren. Kein einziger von ihnen blieb mehr übrig. Die Kinder Israels aber waren auf trockenem Boden inmitten des Meeres gegangen, weil die Wasser ihnen eine Mauer zur Rechten und Linken gebildet hatten. Jahwe rettete an jenem Tag Israel aus der Hand der Ägypter. Die Israeliten aber sahen, wie die Ägypter tot am Ufer des Meeres lagen [18]. Als Israel sah, mit welch gewaltiger Hand Jahwe unter den Ägyptern wirkte, fürchtete das Volk Jahwe; sie vertrauten auf Jahwe und auf Mose, seinen Knecht. (2 Mose 13, 20–22; 14, 5–31)

---

15 Die andere Erzählungsvariante stellt sich den Hergang des Wunders weniger auffällig vor; auch läßt sie es nicht durch die Person des Mose vermittelt sein: In der Nacht, während die Israeliten und die Ägypter dicht beieinander lagern, läßt Gott, von beiden unbemerkt, das Meer »trockenlegen«, und zwar durch einen »starken Ostwind«; »um die Zeit der Morgenwache« aber bringt er das Lager der Ägypter in »Verwirrung« und läßt, während die Ägypter über den trockenen Meerboden fliehen, die Wasser wieder zurückfluten, so daß sie darin umkommen. – Die beiden verschiedenen Darstellungen des Wundervorgangs laufen im Text durcheinander.

16 Die »Verwirrung« bezeichnet eine Art panischen Schreckens; sie gehört in den Vorstellungskreis des Heiligen Krieges; vgl. unten S. 146 f.

17 Hiermit wird die erste Erzählungsvariante geendet haben.

18 Dieser letzte Satz ist wohl ein Rudiment einer dritten Variante, der zufolge die Israeliten von der Katastrophe selbst gar nichts bemerkt haben, sondern nur ihr Ergebnis, in Form der angeschwemmten Leichen ihrer Verfolger, zu sehen bekamen.

Gottes Sieg

Wohl noch ganz unter dem Eindruck der Errettung ist ein kurzer Siegeshymnus entstanden, der mit zu den ältesten Dokumenten Israels gehört:
»Singet Jahwe, denn hoch erhaben hat er sich gezeigt,
Roß und Reiter warf er ins Meer!« (2 Mose 15, 21)
Aus diesem alten Siegeslied hat ein Späterer einen umfangreichen Hymnus komponiert und Mose in den Mund gelegt. In seinem staunenden Ausruf: »Jahwe ist ein Kriegsheld!« hat das Erlebnis der Herausführung wohl seinen stärksten Ausdruck gefunden. Kleinviehnomaden mit ihren schwerfälligen Schaf- und Ziegenherden waren naturgemäß kriegsuntüchtig; vollends einer Streitwagentruppe hatten sie militärisch nichts entgegenzusetzen. Am »Schilfmeer« werden sie das Phänomen des Krieges wohl zum ersten Mal aus der Sicht des Siegers erlebt haben. Ihren Hirtengott als einen Sieger *im Kampf* zu erfahren, wird für sie ebenso überraschend wie beglückend gewesen sein.

»Damals sangen Mose und die Israeliten dieses Lied zu Ehren Jahwes; sie sangen:
Singen will ich Jahwe, denn hoch erhaben hat er sich gezeigt;
Roß und Reiter warf er ins Meer!
Meine Kraft und meine Stärke ist Jahwe,
er ward mir zum Heil.
Er ist mein Gott, preisen will ich ihn,
meines Vaters Gott, ihn will ich rühmen!
Jahwe ist ein Kriegsheld,
›Jahwe‹ ist sein Name!
Die Wagen des Pharao und seine Streitmacht warf er ins Meer;
die besten seiner Kämpfer versanken im Schilfmeer.
Fluten bedeckten sie;
sie fuhren zur Tiefe wie Steine.
Deine Rechte, Jahwe, mächtig an Kraft,
deine Rechte, Jahwe, zerschmettert den Feind.
In deiner Hoheit Fülle stürzest du deine Gegner;
deine Zornesglut entsendest du, die verzehrt sie wie Stoppeln.
Vor dem Schnauben deiner Nase türmten sich die Wasser,
standen die Wogen da wie ein Wall,
erstarrten die Fluten mitten im Meer.
Der Feind sprach: ›Nachjagen! Fassen! Beute verteilen!
Meine Gier laben! Schwert ziehen! Meine Faust soll sie vertilgen!‹
Da bliesest du mit deinem Odem,
und schon deckte sie das Meer;
wie Blei versanken sie in den gewaltigen Wassern.
Wer ist dir gleich unter den Göttern, Jahwe?
Wer gleicht dir strahlend in Heiligkeit?
Furchtbar an Ruhmestaten, Wunder vollbringend!« (2 Mose 15, 1–11)

B. Die Führung durch die Wüste

Neben der Herausführung aus Ägypten ist die Hereinführung nach Palästina das zweite große Heilsereignis in der Frühzeit Israels. Auszug und Einzug sind die beiden Eckpfeiler des gesamtisraelitischen Glaubensbekenntnisses (vgl. oben S. 21 f.). Gott, so ist es gedacht, hat die Israeliten aus Ägypten herausgeführt mit dem Ziele, sie nach Palästina hineinzuführen.

Ursprünglich jedoch sind die Überlieferungen vom Auszug aus Ägypten und von der Landnahme in Palästina unabhängig voneinander gewesen, es hat kein Verweis des einen Ereignisses auf das andere bestanden. Die Nomaden, die aus Ägypten geflohen waren, haben zwar später ihr Hirtenleben in der Steppe aufgegeben und sind zusammen mit andern Nomadenverbänden im palästinischen Kulturland ansässig geworden, sie sind aber nicht aus Ägypten geflohen *mit der Absicht*, nach Palästina einzuwandern! Auszugs- und Einzugsüberlieferung sind erst miteinander verbunden worden, als das seßhafte Israel begann, aufgrund seines Glaubens an den *einen*, gemeinsam verehrten Gott nach dem *einen*, übergreifenden Sinnzusammenhang in den verschiedenen Überlieferungen der Einzelstämme zu fragen. Dabei blieb man sich jedoch dessen bewußt, wie weit die Ereignisse des Auszugs und der Landnahme räumlich und zeitlich auseinander lagen. Was war in der Zwischenzeit geschehen? Wie war Israel von Ägypten nach Palästina gelangt?

Auf diese Fragen antworten die Erzählungen über die Wüstenwanderung. Sie verbinden die Auszugsüberlieferung und die Einzugsüberlieferung, indem sie den Auszug als den Anfang und den Einzug als das Ziel des einen großen Weges erscheinen lassen, den Gott sein Volk geführt hat.

Auch diese Erzählungen sind ursprünglich einmal selbständiges Überlieferungsgut gewesen. Sie waren vermutlich bei den Stämmen beheimatet, die ganz im Süden des palästinischen Kulturlandes siedelten. Dort wußte man um die Beschwernisse und Gefahren einer Wanderung durch die nahe Wüste; dort auch wußte man von ihren eigentümlichen Naturerscheinungen zu erzählen. War die Auszugsüberlieferung von einem einmaligen geschichtlichen Erlebnis der Nomaden ausgegangen, so geht es bei den Erzählungen über die Wüstenwanderung gleichsam um das Alltagsleben der Steppennomaden mit seinem ständigen Auf-dem-Weg-Sein, seiner Bedrohung durch Hunger und Durst und seinem Angefochtensein durch die »Fleischtöpfe Ägyptens«, d. h. durch die verführerische Sicherheit einer seßhaften Lebensweise. Für Nomaden ist das die Form der religiösen Glaubensanfechtung, denn ihr Gott ist ein Gott auf dem Wege, der mitwandert wie der Horizont und nur soweit Führung verheißt, wie man bereit ist, ihm zu folgen.

Dieses ganz elementare Wissen um die Gefährdung des menschlichen Lebens hat sich das Volk Israels als Ganzes zu eigen gemacht durch das Bild, das es von der Wüstenwanderung erstellt hat. Sie wird als eine Kette schwerer religiöser Krisen, als ein ständiges »Murren« Israels gegen Gott dargestellt.

Die einzelnen Erzählungen über die Wüstenwanderung haften zumeist an eigentümlichen Naturerscheinungen. d. h. an Phänomenen, zu deren geistiger Bewältigung es besonderer Anstrengung bedarf. In der Antike hat man solche Erscheinungen nur durch die Annahme göttlicher Wunder erklären können. Erzählungen, die den Ursprung einer Eigentümlichkeit in der Natur, in der Namengebung, im religiösen und profanen Zusammenleben erklären wollen, nennt man in der Wissenschaft »ätiologische Sagen« oder auch einfach »Ätiologien«. Ätiologische Erzählungen sind immer bestimmt von der Frage nach dem Ursprung einer Sache. Sie wollen die »bis auf diesen Tag« andauernden Sachverhalte in der Weise verständlich machen, daß sie eine ihnen vorausliegende Wirklichkeit erfragen, von der sie abhängen. Eigentümlich für die Ätiologien Israels ist, daß sie diesen Verständnisgrund nicht in einer zeitlosen Naturgesetzlichkeit, sondern in einmaligen geschichtlichen Ereignissen suchen. Alle Ätiologien des Alten Testaments werden in der gemeinsamen Geschichte zwischen Jahwe und seinem Volk verankert.

Der Kampf gegen die Amalekiter

Eine ätiologische Sage dieser Art ist die Erzählung von Israels Kampf gegen die Amalekiter. Die Amalekiter waren ein kriegerischer Nomadenverband der Sinaiwüste, der seine Raubzüge zuweilen bis ins palästinische Kulturland ausdehnte. Vor allem die Südstämme auf dem judäischen Gebirge und im Negeb hatten ständig unter ihnen zu leiden. Dort wußte man sich zu erzählen, daß auch schon die Väter während der Wüstenwanderung mit ihnen in Konflikt geraten waren. Irgendwo am Nordrand der Wüste, noch im Blickfeld der Kulturlandbewohner, gab es einen Hügel mit einem auffällig geformten Stein. Auf diesem Stein, so dachte man sich, hatte Mose damals gesessen und durch eine magische Handlung Israel zum Sieg über die Amalekiter verholfen. Zugleich gab es, vielleicht sogar auf demselben Hügel, einen Altar mit Namen »Jahwe ist mein Feldzeichen«, der ein Sammelplatz der Israeliten in den Kämpfen gegen die Amalekiter gewesen zu sein scheint. – Dieser Hügel mit seinem Stein und seinem Altar ist der ursprüngliche Haftpunkt der folgenden Erzählung gewesen, die vermutlich bei Kämpfen der Israeliten gegen die Amalekiter den Kriegern die Gewißheit von Jahwes Beistand vor Augen führen sollte.

Da rückten die Amalekiter heran und kämpften gegen die Israeliten. Mose wandte sich an Josua [19]: »Suche uns Männer aus, ziehe aus und kämpfe morgen gegen die Amalekiter. Ich will mich aber auf den Gipfel der Anhöhe stellen, den Gottesstab in meiner Hand.« Josua tat, wie Mose ihm geboten hatte. Er zog in den Kampf gegen Amalek. Mose, Aaron und Hur stiegen aber auf den Gipfel der Anhöhe. Solange Mose nun seine Hände erhob, obsiegte Israel; sobald er aber seine Hände sinken ließ, waren die Amalekiter

---

19 Die Gestalt Josuas taucht hier erstmals auf. Die spätere Überlieferung hat ihm eine wichtige Rolle bei der Einnahme Palästinas zugewiesen; man nahm darum an, daß er Israel auch bereits in diesem Kampf gegen die Amalekiter geführt habe.

überlegen. Doch Moses Hände ermatteten; deshalb nahm man einen Stein und schob ihn unter ihn. Er setzte sich darauf, Aaron und Hur aber stützten seine Hände, einer von dieser Seite, der andere von jener; so blieben denn seine Hände unbeweglich, bis die Sonne unterging. So besiegte Josua Amalek und sein Kriegsvolk mit der Schärfe des Schwertes. Darauf sagte Jahwe zu Mose: »Schreibe dies zum Gedächtnis in eine Buchrolle und präge es dem Josua fest ein. Denn ich will vertilgen, ja vertilgen will ich unter dem Himmel das Andenken an Amalek.« Mose aber baute einen Altar und nannte ihn »Jahwe ist mein Feldzeichen«. Er sprach: »Auf, die Hand an das Feldzeichen Jahwes! Streit hat Jahwe mit Amalek von Geschlecht zu Geschlecht.« [20]

(2 Mose 17, 8–16)

Wasser aus dem Felsen

In der Sinaiwüste gab es eine Quelle, die auf ganz eigentümliche Weise aus einem Felsen hervorsprudelte. Sie hieß Meriba, »Anklageort«, vermutlich, weil dort die Nomaden zusammenzukommen pflegten, wenn es galt, Rechtsstreitigkeiten untereinander auszutragen. – Israel hat dieser Quelle und ihrem Namen eine eigene ätiologische Deutung gegeben: Es sah in ihr ein Mahnmal seiner einstigen Anklage gegen Gott und Mose. Zum ersten Mal tritt hier das Motiv des »Murrens«, das für die ganze Überlieferung der Wüstenwanderung bestimmend ist, hervor.

Das Volk aber hatte kein Wasser zu trinken. Da klagte das Volk Mose an. Sie sprachen: »Gebt uns Wasser zu trinken.« Mose erwiderte: »Warum klagt ihr mich an?« Und das Volk dürstete dort nach Wasser; es murrte wider Mose und sprach: »Warum hast du uns denn aus Ägypten herausgeführt, um uns, unsere Kinder und unseren Viehbestand vor Durst sterben zu lassen?« Da schrie Mose zu Jahwe: »Was soll ich mit diesem Volk tun? Es fehlt nur noch wenig, so steinigen sie mich.« Jahwe sagte zu Mose: »Geh dem Volk voraus und nimm mit dir einige von den Ältesten Israels. Nimm auch deinen Stab, mit dem du auf den Nil schlugst, in deine Hand und gehe hin. Siehe, ich werde dort vor dir auf dem Felsen stehen. Wenn du auf den Felsen schlägst, wird aus ihm Wasser hervorquellen, und das Volk kann trinken.« So tat Mose vor den Augen der Ältesten Israels. Er aber nannte den Ort ›Meriba‹, weil die Israeliten dort angeklagt hatten, indem sie sprachen: »Ist Jahwe nun mitten unter uns oder nicht?« (2 Mose 17, 1–7)

---

20 Der Spruch, der Israel auffordert, sich um das »Feldzeichen Jahwes« zu sammeln, scheint das Losungswort gewesen zu sein, mit dem in Israel zum Kampf gegen die Amalekiter aufgerufen wurde.

Die Speisung durch das Manna

Das Manna, noch heute von den Bewohnern der Sinaihalbinsel »mann« genannt, ist eine Ausscheidung an den Blättern der Manna-Tamariske, die durch Stiche der Blattlaus hervorgerufen wird. Die tropfenförmige Absonderung erstarrt auf dem nächtlich kühlen Wüstenboden, zerschmilzt jedoch wieder in der Hitze des Tages. Sie schmeckt süßlich und wird bis heute von den Bewohnern der nahrungsarmen Landschaft gegessen.

Israel hat sich diese eigentümliche Naturerscheinung durch eine Erzählung zurechtgelegt, in der das Manna auf ein göttliches Wunder zurückgeführt wird. Bei dem bloßen Wunder bleibt die Erzählung aber nicht stehen, vielmehr will sie vermittels des Wunders zu der Einsicht führen, daß man mit dem Gott, der hinter diesem Wunder steht, offensichtlich nur von der Hand in den Mund leben kann. Eine solche geistige Durchdringung des Wunders ist in der Regel das Zeichen für eine schon vorgerückte Zeit, die einer eigenen Wunder*deutung* bedarf, um sich den überkommenen Wunderbericht zu eigen machen zu können. Die folgende Erzählung ist uns denn auch in der jüngsten Quellenschrift, der Priesterschrift, überliefert. Durch die priesterliche Überlieferung ist wohl auch die zusätzliche Pointe hineingekommen, daß Israel durch das Sammeln des Manna die göttliche Verordnung der Sabbatruhe entdeckt. Vielleicht ist für die Priesterschrift sogar diese Entdeckung und nicht das Manna als solches der Gegenstand des Verwunderns gewesen.

Sie brachen von Elim auf, und es kam die ganze Gemeinde der Kinder Israels zur Wüste Sin, die zwischen Elim und dem Sinai liegt; es war am 15. Tag des 2. Monats seit ihrem Auszug aus Ägypten. Die ganze Gemeinde der Israeliten murrte wider Mose und Aaron in der Wüste. Die Kinder Israels sprachen zu ihnen: »O daß wir doch durch die Hand Jahwes in Ägypten gestorben wären, da wir an den Fleischtöpfen saßen und Brot genug zu essen hatten. Ihr habt uns aber in die Wüste geführt, um diese ganze Schar den Hungertod sterben zu lassen.«

Darauf sagten Mose und Aaron zu allen Israeliten: »Am heutigen Abend werdet ihr erfahren, daß Jahwe es war, der euch aus Ägypten geführt hat. Und morgen früh werdet ihr die Herrlichkeit Jahwes schauen, da er eure murrenden Reden wider Jahwe gehört hat. Doch was sind wir, daß ihr gegen uns murrt?« Mose sprach zu Aaron: »Sage der ganzen Gemeinde der Israeliten: ›Nähert euch Jahwe, denn er hat euer Murren gehört.‹« Während nun Aaron zur ganzen Gemeinde der Kinder Israels noch redete, wandten sie sich in Richtung nach der Wüste. Da erschien die Herrlichkeit Jahwes in der Wolke [21].

Und Jahwe sprach zu Mose: »Ich habe das Murren der Kinder Israels gehört; sage ihnen folgendes: ›Heute gegen Abend werdet ihr Fleisch essen und morgen in der Frühe euch an Brot sättigen; daran sollt ihr erkennen,

---

[21] Was hier mit »Herrlichkeit Jahwes« übersetzt wird, bezeichnet die spezifisch priesterliche Vorstellung von der Erscheinungsform Gottes. Gedacht ist an ein feuriges Lichtphänomen, das von einer schützenden Wolke umgeben ist, weil sein Anblick sonst für den Menschen tödlich wäre.

daß ich Jahwe bin, euer Gott.«« Und es geschah am Abend, da kam ein Wachtelschwarm angeflogen und bedeckte das Lager. Am Morgen aber war rings um das Lager ein Taubelag. Als aber der Taubelag aufstieg, da lag auf der Oberfläche der Wüste etwas Feines, Knisterndes, fein wie Reif am Boden. Die Kinder Israels sahen es und sprachen zueinander: »Man hu? (Was ist das?)« Sie wußten nämlich nicht, was es war. Da sprach Mose zu ihnen: »Das ist das Brot, das Jahwe euch zur Nahrung gibt. Folgendes nun gebietet Jahwe: Jeder sammle davon, soviel er zur Nahrung braucht: einen Gomer auf den einzelnen Kopf. Jeder von euch hole nach der Anzahl der Personen, die zu seiner Zeltgemeinschaft gehören.« Die Israeliten taten so und sammelten, viel oder auch wenig. Sie maßen es mit dem Gomer. Da hatte der, welcher viel gesammelt hatte, keinen Überschuß, und wer wenig gesammelt hatte, keinen Mangel. Jeder hatte, soviel er zur Nahrung brauchte. Mose sagte darauf zu ihnen: »Niemand lasse davon bis zum nächsten Morgen übrig.« Einige hörten aber nicht auf Mose und ließen doch bis zum nächsten Morgen etwas übrig; das wurde dann faul, wurmig und stinkend. Mose aber war über sie böse. Sie sammelten es Morgen für Morgen, jeder soviel er zur Nahrung brauchte. Wenn aber die Sonne heiß schien, dann zerschmolz es. Am sechsten Tage aber hatten sie die doppelte Nahrungsmenge gesammelt, nämlich zwei Gomer für den einzelnen. Da kamen alle Sprecher der Gemeinde und meldeten es Mose. Er sagte zu ihnen: »Was Jahwe hiermit verordnet hat, ist dieses: Ein Ruhetag, heiliger Sabbat für Jahwe, ist morgen; was ihr backen wollte, das backt, und was ihr kochen wollt, das kocht. Aber alles, was übrig bleibt, legt hin und bewahrt es auf für morgen.« Sie legten es bis zum Morgen zurück, wie Mose befohlen hatte; es wurde nicht stinkend, und es zeigten sich auch keine Würmer darin. Mose sprach: »Eßt dies heute, denn Sabbat ist heute für Jahwe; nichts werdet ihr heute auf dem Felde finden. Sechs Tage sollt ihr es sammeln, am siebten Tag ist Sabbat, an diesem gibt es keines.« Aber am siebten Tag gingen doch einige vom Volk hinaus, um zu sammeln. Sie fanden aber wirklich nichts.   (2 Mose 16, 1–3.6 f.9–27)

Die Speisung mit Wachteln

Wie ein Leitmotiv zieht sich das »Murren« Israels gegen Jahwe durch die Erzählungen von der Wüstenwanderung hindurch. Das Volk, das Gott aus Ägypten erlöst hat, erscheint als ein ungläubiger und widerspenstiger Haufe, der sich vornehmlich in Klagen und Verwünschungen ergeht. Statt sich Gottes Führung zu überlassen, lamentiert Israel um Wasser, Brot und Fleisch, womit es nicht weniger als die grundlegende Heilstat der Herausführung aus Ägypten in Frage stellt. Sich selbst hat Israel im Rückblick als das versagende, nicht als das triumphierende Volk gesehen. Alles Positive, von dem es zu berichten weiß, hat es von sich selbst fortgenommen und auf die Gestalt des Mose gelegt.

In der Erzählung von den Wachteln ist das Motiv des »Murrens« am schärfsten herausgearbeitet. Hier klagt nicht nur das Volk, hier klagt auch Mose. Mose aber klagt nicht wegen Essen und Trinken, er klagt wegen der ihm aufgebürdeten Last der

Verantwortung für das ungehorsame Volk. In seiner Klage wird schon etwas von den stellvertretenden Leiden sichtbar, von denen später die Propheten sprechen werden (vgl. unten S. 477 f.).

Auch die Wachtel-Erzählung ist eine ätiologische Sage. Regelmäßig im Frühjahr und Herbst überfliegen große Wachtelschwärme die Mittelmeerküste der Sinaihalbinsel, wo die vom langen Flug ermüdeten und ohnehin recht plumpen Vögel sich niederlassen, so daß man sie bei einigem Geschick mit bloßen Händen fangen kann. Die Erzählung deutet die Erscheinung als eine Gabe Gottes, die doch zugleich, wegen ihrer Überfülle, eine Strafe gewesen ist, nämlich eine Strafe für das maßlose »Gelüste« des Volkes nach Fleisch.

Das Volk aber erging sich in Klagen vor den Ohren Jahwes, daß es ihm schlechtgehe. Jahwe hörte es, und sein Zorn entbrannte. Da brach unter ihnen Feuer aus, von Jahwe gesandt, und fraß an den Randteilen des Lagers. Da schrie das Volk zu Mose, und Mose legte Fürbitte bei Jahwe ein, worauf das Feuer erlosch. Er nannte jenen Ort »Tabera«, weil Feuer von Jahwe unter ihnen »gelodert« hatte.

Das zugelaufene Gesindel, das unter ihnen war, bekam Gelüste. Da fingen auch die Israeliten wieder zu klagen an und sprachen: »Wer wird uns Fleisch zu essen geben? Wir denken an die Fische, die wir in Ägypten umsonst zu essen bekamen, an die Gurken, die Melonen, den Lauch, die Zwiebeln und den Knoblauch. Jetzt aber verschmachten wir, nichts ist mehr da; nur das Manna bekommen wir noch zu sehen.« Mose hörte das Volk, nach Sippen geteilt, klagen, und zwar jeden Mann am Eingang seines Zeltes. Da entbrannte der Zorn Jahwes gewaltig, und auch Mose mißfiel es sehr. Mose sprach zu Jahwe: »Warum handelst du an deinem Knecht so übel? Warum fand ich keine Gnade in deinen Augen, da du die Last für dieses ganze Volk auf mich gelegt hast? Habe ich etwa das ganze Volk da im Schoße getragen? Habe ich es etwa geboren, daß du mir zumutest, ich soll es an meiner Brust tragen wie die Amme den Säugling, in das Land, das du eidlich seinen Vätern versprochen hast? Woher soll ich Fleisch nehmen, um es diesem ganzen Volke auszuteilen?« (Da antwortete Jahwe:) »Sage dem Volk: Heiligt euch [22] für morgen. Ihr werdet Fleisch zu essen bekommen; denn vor den Ohren Jahwes habt ihr gejammert: ›Wer gibt uns Fleisch zu essen? Wie gut ging es uns doch in Ägypten.‹ Jetzt wird Jahwe euch Fleisch zu essen geben. Nicht nur einen Tag oder zwei, fünf, zehn oder zwanzig Tage, sondern einen ganzen Monat lang, bis ihr es nicht mehr riechen könnt und es euch zum Ekel wird. Denn ihr habt Jahwe mißachtet in eurer Mitte und habt vor ihm gejammert: ›Warum sind wir denn aus Ägypten herausgezogen?‹« Mose erwiderte: »600 000 Mann zu Fuß zählt das Volk, unter dem ich lebe. Da sagst du: ›Fleisch will ich ihnen geben, daß sie einen ganzen Monat lang zu essen ha-

---

[22] »Sich heiligen« heißt: sich Jahwe übereignen; dazu waren ein bestimmter kultischer Vollzug (Weihen und Reinigungen) und geschlechtliche Enthaltsamkeit erforderlich.

ben.« Kann man ihnen Schafe und Rinder schlachten, daß es für sie reicht? Oder kann man alle Fische des Meeres für sie fangen, daß es ihnen genügt?« Jahwe antwortete Mose: »Ist Jahwes Hand etwa zu schwach? Alsbald wirst du sehen, ob mein Wort eintrifft oder nicht.« Darauf ging Mose hinaus und teilte dem Volk die Worte Jahwes mit.

Da erhob sich von Jahwe her ein Wind, führte vom Meere Wachteln herbei und ließ sie über dem Lager niederfallen in einem Umkreis von einer Tagereise. Sie bedeckten den Boden etwa zwei Ellen hoch. Da machte sich das Volk den ganzen Tag, die ganze Nacht und den ganzen folgenden Tag daran und sammelte die Wachteln. Wer nur wenig sammelte, der kam auf zehn Haufen. Die Leute legten sie rings um das Lager aus. Noch war das Fleisch zwischen ihren Zähnen, bevor sie es aufgezehrt hatten, da entbrannte Jahwes Zorn gegen das Volk. Jahwe schlug das Volk mit einer sehr schweren Heimsuchung. Daher heißt jener Ort »Lustgräber«, weil man dort die Leute begrub, die Gelüste hatten.   (4 Mose 11, 1–6.10–13.18–24.31–34)

C. Die Hereinführung nach Palästina

Das altisraelitische Glaubensbekenntnis gipfelt in dem Satz, daß Jahwe Israel nach Palästina *hereingeführt* habe. Dieses Ereignis hat Israel als die letzte, alles krönende Heilstat seines Gottes angesehen. Mit ihm geht in Erfüllung, was der Erzväter- und der Mose-Generation nur in der Form der Verheißung gegeben war.

Ebenso wie die übrigen Teile des Glaubensbekenntnisses ist auch der Satz von der Hereinführung ins Kulturland Gegenstand vielfältigen Erzählens gewesen. Eine Reihe solcher Landnahmeerzählungen sind im Buch Josua zusammengefaßt worden. Dabei wird die Landnahme als eine *militärische Großaktion* dargestellt, bei der die israelitischen Stämme in geschlossener Phalanx den Jordan überschreiten und in kurzer Zeit eine Stadt Palästinas nach der andern im Kampfe erobern.

Dieses Bild von der Landnahme entspricht jedoch nicht ihrem tatsächlichen Verlauf. Was im Josua-Buch als eine hochdramatische religiös-kriegerische Aktion erscheint, war zunächst eine ganz unscheinbare und geräuschlose Bevölkerungsverschiebung auf dem Wege über den sogenannten »*Weidewechsel*«. Wie noch heute die Beduinen im Vorderen Orient es tun, zogen alljährlich im Frühjahr, wenn die beginnende Hitze den Graswuchs der Steppe auszudörren begann, die Kleinviehnomaden mit ihren Herden an die Ränder des regenreicheren Kulturlandes. Dort fanden sie mit stillschweigender Duldung der Kulturlandbewohner den Sommer über Nahrung für ihre Tiere. Eines Tages sind Gruppen solcher Nomaden zu Beginn der Regenzeit im Herbst nicht wieder in die Steppe zurückgekehrt, sondern haben sich als Kleinbauern im Lande festgesetzt. Sie haben bald ihr Zelt gegen das feste Wohnhaus vertauscht und zusätzlich zu ihrer Viehzucht mit dem Anbau von Wein und Feldfrüchten begonnen. Andere Gruppen sind in kleineren oder größeren Abständen ihrem Beispiel gefolgt. Nach und nach und auf verschiedenen Wegen sind so allmählich jene Sippen und Stämme nach Palästina eingesickert, die dann später zu der Kultgemeinschaft Israel zusammentraten. Dieser Landnahmeprozeß war ein Teil der sogenannten »*aramäischen Wanderung*«, die im Zeitraum vom 14. bis zum 12. Jahrhundert v. Chr. zahlreiche aramäisch sprechende Nomadenvölker aus der syrisch-arabischen Wüste an die Ränder des Kulturlandes gebracht hat. Außer den Israeliten gehören dazu die Edomiter, die Moabiter, die Ammoniter und die Aramäer von Damaskus.

In der ersten Phase ihrer Ansiedlung haben die Israeliten wohl nur die unbesiedelten Teile Palästinas, nämlich die ärmeren Gebirgsgegenden in Besitz genommen, während die fruchtbaren Täler in der Hand der alten kanaanäischen Stadtstaaten blieben. Zu kriegerischen Auseinandersetzungen mit den Alteingesessenen ist es erst in einer späteren Phase der Landnahme gekommen, nachdem sich die Neusiedler zu Stämmen und Stämmegruppen zusammengefunden hatten, die einander wirksamen militärischen Beistand leisten konnten.

Israels Landnahme ist also ein vielschichtiger, über Jahrhunderte sich erstreckender *Siedlungsprozeß* gewesen. Die Landnahmeüberlieferung des Josua-Buches hingegen hat ihn auf einen ganz kurzen Zeitraum zusammengerafft und als einen militärischen Feldzug dargestellt, bei dem Jahwe der Feldherr und Josua sein Adjutant ist. Dieses Geschichtsbild ist erwachsen aus der Überzeugung, daß Jahwe es bei der Landnahme, ebenso wie früher bei der Herausführung und der Wüstenwanderung, mit ganz Israel zu tun gehabt habe und daß es von Anfang an Jahwes Wille gewesen sei, dem Volk das ganze Land zu übereignen. Dieser Anspruch auf ganz Palästina wird den ersten Siedlern noch ferngelegen haben. Es handelt sich um eine Glaubensforderung aus späterer Zeit, die in die geschichtliche Vergangenheit zurückprojiziert worden ist; und das hat dazu geführt, daß die Erinnerungen an den langwierigen und komplizierten Verlauf der Landnahme zu dem Bilde eines einzigen großen Eroberungskrieges gestaltet worden sind.

Betrachtet man die Landnahmeüberlieferung des Josua-Buches im einzelnen, so sieht man denn auch, daß die Erzählungen von sich aus die spätere Deutung gar nicht zulassen. Diese Überlieferung nämlich besteht aus einer Reihe ätiologischer Sagen, die zumeist im *Siedlungsraum des Stammes Benjamin*, nordwestlich des Toten Meeres, beheimatet sind. Ursprünglich haben sie nur von der Landnahme dieses einen Stammes erzählen wollen und nicht von der Landnahme aller israelitischen Stämme insgesamt. Die anderen Stämme werden ihre eigenen Landnahmeerzählungen gehabt haben, nur wissen wir davon fast nichts, weil sie in der gesamtisraelitischen Überlieferungsbildung durch die des Stammes Benjamin verdrängt worden sind. Der Stamm Benja-

min hat zusammen mit Ephraim und Manasse, den beiden Stämmen des
»Hauses Joseph«, zu den führenden Stämmen in der Frühzeit Israels gehört.
Man hat sogar vermutet, daß erst diese relativ spät seßhaft gewordenen
Stämme Mittelpalästinas es gewesen sind, die den Jahweglauben mit ins Land
gebracht haben.

Denn so unwahrscheinlich es ist, daß alle israelitischen Stämme zur gleichen
Zeit und auf dem gleichen Wege nach Palästina eingewandert sind, so unwahrscheinlich ist es, daß sie vor ihrer Einwanderung bereits alle Jahweverehrer waren. In der Erzählung vom »Landtag zu Sichem« scheint sich eine
Erinnerung daran erhalten zu haben, daß das »Haus Joseph«, vertreten durch
seinen Sprecher Josua, die anderen neu eingewanderten Stämme auf die alleinige Verehrung seines Gottes Jahwe verpflichtet hat. Josua, so heißt es
dort, habe am Heiligtum von Sichem zwischen allen Stämmen Israels und
Jahwe einen »*Bund*« geschlossen und daraufhin das Gottesrecht über Israel
verkündet.

Diesen Josua hat man später als die Zentralfigur der ganzen Landnahme
angesehen, obwohl die ätiologischen Sagen aus dem ersten Teil des Josua-Buches nur ganz locker und darum sicher nicht ursprünglich mit seiner Person verbunden sind. Er verkörpert für Israel die Geschichte der Erfüllung
und des Sieges, so wie Mose die Geschichte des Aufbruchs und der Versuchung verkörpert hatte.

Der Einzug in Palästina

Die benjaminitischen Landnahmeüberlieferungen scheinen am Jahwe-Heiligtum von
Gilgal gesammelt und überliefert worden zu sein. An diesem Heiligtum im unteren
Jordangraben hat das seßhafte Israel wohl regelmäßig ein Landnahmefest gefeiert,
bei dem die Hereinführung nach Palästina in Form einer kultischen Prozession mit
der Lade vergegenwärtigt worden ist [23]. Der Ablauf dieses Festes scheint sich in der
Erzählung vom Durchzug der Israeliten durch den Jordan niedergeschlagen zu haben.
Dem kultischen Charakter des Festes entsprechend spielen in der Schilderung des
Einzugs in Palästina nicht Hirten oder Krieger, sondern die Priester als die Träger
der Lade Jahwes die Hauptrolle.

In der Frühe des nächsten Morgens machte sich Josua mit allen Israeliten auf
den Weg. Man brach von Sittim auf, kam bis an den Jordan und übernachtete dort, bevor man hinüberzog. Da sprach Josua zu den Leuten: »Heiligt
euch! Denn morgen wird Jahwe in eurer Mitte Wunder tun. Seht, die Lade

---

23 Die ›Lade‹ war ein tragbares Heiligtum in der Gestalt eines hölzernen Kastens,
auf dem man sich Gott unsichtbar thronend dachte. In Friedenszeiten stand sie an dem
gesamtisraelitischen Heiligtum, in Kriegszeiten wurde sie auf das Schlachtfeld mitgenommen. Bei Festen, wie denen in Gilgal, scheint sie in Prozessionen herumgetragen worden zu sein.

Jahwes, des Herrn der ganzen Erde wird vor euch her durch den Jordan ziehen. Sobald die Fußsohlen der Priester, der Träger der Lade Jahwes, des Herrn der ganzen Erde, auf das Jordanwasser treten, wird das Jordanwasser gespalten; das Wasser, das von oben herabfließt, wird dastehen wie ein Damm.« Da nun die Leute aus ihren Zelten aufbrachen, um den Jordan zu überschreiten, befanden sich die Priester als Träger der Bundeslade an der Spitze des Volkes. Als die Träger der Lade an den Jordan kamen und die Priester, die die Lade trugen, ihre Füße am Rand in das Wasser tauchten – der Jordan pflegt die ganze Erntezeit hindurch über seine Ufer zu treten –, da blieb das Wasser stehen. Was von oben her zufloß, staute sich wie ein einziger Damm in weiter Entfernung von der Ortschaft Adam, die seitlich von Zaretan liegt; das zum Steppensee (Salzmeer) fließende Wasser verschwand vollständig. So konnte das Volk Jericho gegenüber hindurchziehen. Die Priester aber als die Träger der Bundeslade Jahwes standen fest auf trokkenem Boden mitten im Jordan, während ganz Israel auf dem Trockenen hinüberzog. Da sprach Jahwe zu Josua: »Wählt euch aus dem Volk zwölf Männer, aus jedem Stamm einen Mann. Befehlt ihnen: Nehmt euch von hier mitten aus dem Jordan, da, wo der Priester Füße feststanden, zwölf Steine, schafft sie hinüber und legt sie an dem Platz nieder, an dem ihr diese Nacht zubringen werdet.« Die Israeliten taten so, wie Josua befohlen hatte; sie nahmen die zwölf Steine mitten aus dem Jordan, wie Jahwe dem Josua aufgetragen hatte, gemäß der Anzahl der Stämme Israels, schafften sie mit sich hinüber zur Raststätte und legten sie dort nieder. Zwölf Steine errichtete Josua mitten im Jordan an der Stelle, wo die Füße der Priester, der Träger der Bundeslade, gestanden hatten. Sie befinden sich dort bis zum heutigen Tage [24]. Die Priester, welche die Lade trugen, standen mitten im Jordan, bis alles fertig war, was Jahwe dem Josua befohlen hatte, dem Volk aufzutragen. Die Leute aber zogen in Eile hinüber. Als das ganze Volk den Durchzug vollendet hatte, zog auch die Lade Jahwes hinüber. Etwa 40 000 kampfgerüstete Männer waren vor Jahwe zum Kampf in die Steppen von Jericho hinübergezogen. Da kehrte das Jordanwasser wieder an seinen Ort zurück und trat dann wie früher wieder über alle seine Ufer.

Das Volk aber war am zehnten Tage des ersten Monats aus dem Jordan heraufgestiegen und lagerte in Gilgal an der östlichen Flurgrenze von Jericho. Jene zwölf Steine aber, die man aus dem Jordan mitgenommen hatte, stellte Josua in Gilgal auf [24]. Er sprach zu den Israeliten: »Fragen eure Kinder später einmal ihre Väter: ›Was bedeuten diese Steine?‹, so sollt ihr euren Kindern kundtun: ›Auf trockenem Boden durchzog Israel hier den Jordan.‹ Denn Jahwe, euer Gott, ließ das Jordanwasser vor euch austrocknen, bis ihr durch-

---

24 Von den Erinnerungssteinen gibt es zwei verschiedene Überlieferungen. Die eine haftet an einer Gruppe von 12 Steinen, die es offenbar im heiligen Bezirk von Gilgal gegeben hat, die andere an einer Gruppe von 12 Steinen, die eine Furt im nahen Jordanbett markiert haben wird.

gezogen wart, wie Jahwe, euer Gott, es mit dem Schilfmeer machte, das er vor uns her bis nach unserem Durchzug austrocknen ließ.«
Als aber alle Könige der Amoriter jenseits des Jordans im Westen und alle Könige der Kanaaniter am Meer vernahmen, wie Jahwe das Jordanwasser vor den Israeliten hatte austrocknen lassen, bis sie hindurchgezogen waren, da verzagte ihr Herz, und der Mut wich von ihnen angesichts der Israeliten.
(Jos 3, 1.5.11.13–17; 4,1–3.8–11.13.18–23; 5, 1)

Die Eroberung Jerichos

Das Heiligtum von Gilgal hat in der Nähe der Stadt Jericho gelegen. Archäologische Ausgrabungen haben ergeben, daß diese Stadt mit einem starken Mauerring umgeben war, der zu Beginn des 13. Jahrhunderts v. Chr. – also noch vor der Einwanderung der Israeliten – zerstört worden ist. Seitdem lag die Stadt in Trümmern. Erst die neu ins Land kommenden Israeliten haben auf den Ruinen wieder zu siedeln begonnen, ohne freilich die Mauer wieder aufzubauen. Von den kanaanäischen Bewohnern scheinen sie nur noch die eine Familie Rahab vorgefunden zu haben.

Die imposanten Fundamente der Stadtmauer und dieses »Haus der Rahab«, das wohl in einem übriggebliebenen Mauerrest stand, sind die Ansatzpunkte der beiden ätiologischen Sagen, mit denen Israel die längst geschehene Zerstörung Jerichos in seine Landnahmeüberlieferung einbezogen hat. Die eine führt den Zusammensturz der Mauer auf ein Gotteswunder zurück, die andere läßt die Stadt durch den Verrat der Dirne Rahab in Israels Hände fallen. Auch diese zweite Ätiologie wird indirekt auf Gottes Tun zurückgeführt, denn Rahab begründet ihren Verrat mit der Kunde, die sie von Jahwes Tun und Jahwes Verheißung an Israel erhalten hat.

Beide Erzählungen müssen unabhängig voneinander entstanden sein, weil sie inhaltlich miteinander konkurrieren. Erst nachträglich sind sie von einem Sammler miteinander verknüpft worden, und zwar so, daß das Ende der Verratsgeschichte (die Begnadigung der Familie Rahabs) in die zweite Erzählung eingearbeitet worden ist. Die so verkürzte Verratsgeschichte ist dann der ganzen Sammlung ätiologischer Einzelerzählungen über den Landnahmeprozeß als Einleitung vorangestellt worden, so daß sie von der Erzählung über die Zerstörung Jerichos getrennt wurde.

Josua, der Sohn Nuns, entsandte von Sittim zwei Männer in aller Stille als Spione und gab ihnen folgenden Auftrag: »Geht und beschaut euch das Land samt Jericho.« Sie gingen fort und kamen in das Haus einer Dirne, die Rahab hieß. Dort legten sie sich nieder. Da ward dem König von Jericho gemeldet: »Es sind für diese Nacht Männer von den Israeliten gekommen, um das Land auszukundschaften.« Der König von Jericho sandte hierauf zu Rahab mit dem Auftrag: »Gib die Männer, die zu dir in dein Haus gekommen sind, heraus! Sie kamen nur, um das ganze Land auszukundschaften.« Die Frau aber versteckte die beiden Männer und sagte: »Ja, es kamen Männer zu mir, ich weiß aber nicht, woher! Als das Tor in der Abenddämmerung geschlossen werden sollte, sind die Männer weggegangen; wohin sie gegangen sind, weiß ich nicht. Macht euch eiligst hinter ihnen her, dann holt ihr sie sicher noch ein.« Sie hatte aber die Männer auf das Dach gebracht und unter den Flachsbündeln versteckt, die sie auf dem Dach aufgeschichtet hatte. Den Männern also setzte man in Richtung des Jordans bis zu den Furten nach, und das Tor verschloß man, sobald ihre Verfolger draußen waren. Bevor jene sich nun schlafen legten, kam Rahab zu ihnen aufs Dach und sprach zu den Männern: »Ich weiß, daß Jahwe euch das Land gibt; Angst vor euch hat uns befallen; alle Bewohner des Landes verzagen vor euch. Wir hörten davon, wie Jahwe das Wasser des Schilfmeeres vor euch bei eurem Wegzug aus Ägypten vertrocknen ließ. Und als wir es hörten, da verzagte unser Herz, und in keinem hielt der Mut euch gegenüber stand; denn Jahwe, euer Gott, ist Gott droben im Himmel und unten auf der Erde. Da ich euch Treue erwiesen habe, leistet mir einen Eid bei Jahwe: Handelt an der Familie meines Vaters ebenso gut und gebt mir dafür ein sicheres Zeichen. Laßt meinen Vater, meine Mutter, meine Brüder und Schwestern und all die Ihrigen am Leben; rettet uns vor dem Tode.« Die Männer antworteten ihr: »Unser Leben steht für das eurige als Pfand.« Sie ließ jene dann an einem Strick durch das Fenster hinab; ihr Haus lag nämlich an der Wand der Stadtmauer, so daß sie in der Stadtmauer wohnte. Sie sagte zu ihnen noch: »Geht ins Gebirge, damit die Häscher nicht auf euch treffen. Verbergt euch dort drei Tage lang, bis die Häscher zurück sind; danach zieht eures Weges weiter.« Die Männer entgegneten ihr: »Du mußt, wenn wir in das Land kommen, diese Schnur aus Purpurfäden an das Fenster binden, durch das du uns hinabließest. Deinen Vater, deine Mutter, deine Brüder sowie die gesamte Familie deines Vaters mußt du zu dir in dein Haus holen. Ein jeder, der aus der Tür deines Hauses auf die Straße geht, haftet selbst für sein Leben, wir tragen keine Schuld; wer aber bei dir im Hause bleibt, für dessen Leben haften wir, falls ihm etwas geschieht. Verrätst du aber diese unsere Sache, so sind wir des Eides ledig, den du uns abgenommen hast.« Sie erwiderte: »Wie ihr sagt, so geschehe es.« Damit entließ sie jene auf die Flucht und band die Purpurschnur an das Fenster. Die Männer machten sich aus dem Staube, kamen ins Gebirge und blieben dort drei Tage, bis die Häscher zurück waren. Diese hatten auf dem ganzen Weg nach ihnen gesucht, ohne sie zu finden. Die zwei Männer machten sich nun auf den Rückweg, stiegen vom Gebirge herab, setzten über und kamen zu Josua, dem Sohne Nuns. Ihm berichteten sie alles, was ihnen begegnet war. Sie sprachen zu Josua: »Jahwe hat das gesamte Land in unsere Gewalt gegeben, und alle Landesbewohner verzagen vor uns.«

Jericho war nach außen und innen fest versperrt wegen der Israeliten. Niemand kam heraus oder hinein. Da sprach Jahwe zu Josua: »Siehe, ich gebe Jericho in deine Gewalt, seinen König und seine Kriegsmannen. Zieht nun, sämtliche streitbaren Männer, um die Stadt herum und umkreist sie einmal. So sollt ihr sechs Tage lang tun. Am siebten Tage aber zieht siebenmal um die Stadt [25]. Wird dann das Widderhorn geblasen, so erhebe das ganze Volk

---

[25] Hinter dem Erzählungsmotiv von der wiederholten feierlichen Umkreisung der Stadt stehen alte magische Vorstellungen.

ein mächtiges Kriegsgeschrei [26]. Es wird die Stadtmauer in sich zusammenstürzen, und das Volk steige ein, jeder da, wo er sich gerade befindet.« Und er (Josua) sprach zum Volke: »Zieht hin und geht um die Stadt herum.« Es geschah nach der Anweisung Josuas an das Volk. Dem Kriegsvolk aber gebot Josua: »Erhebt kein Kriegsgeschrei, laßt eure Stimme nicht hören, kein Laut komme aus eurem Munde, bis ich euch sage: ›Schreit!‹ Dann erhebt das Kriegsgeschrei.« Früh am Morgen machte sich Josua auf, und man umkreiste die Stadt einmal und kehrte darauf ins Lager zurück. In ähnlicher Weise geschah es sechs Tage lang. Am siebten Tage aber machte man sich beim Anbruch der Morgenröte auf und zog in derselben Weise siebenmal um die Stadt herum. Beim siebten Male jedoch rief Josua dem Volke zu: »Schreit laut, denn Jahwe hat die Stadt in eure Gewalt gegeben. Die Stadt aber verfalle dem Bann; alles, was darin ist, gehöre Jahwe. Nur die Dirne Rahab und alle ihre Familienangehörigen sollen am Leben bleiben; denn sie hat die Boten versteckt, die wir aussandten. Alles Silber und Gold und alle Geräte aus Erz und Eisen seien Jahwe geweiht; in die Schatzkammer Jahwes sollen sie kommen.« Da erhob das Volk ein lautes Kriegsgeschrei, und die Mauer stürzte in sich zusammen. Die Leute stiegen in die Stadt ein, und zwar da, wo jeder gerade stand. So nahmen sie die Stadt ein. Sie vollstreckten an allem, was zur Stadt gehörte, den Bann, an Mann und Frau, an Kind und Greis, an Ochsen, Schafen und Eseln, mit des Schwertes Schärfe.

Den beiden Männern aber, die das Land ausgekundschaftet hatten, befahl Josua: »Geht in das Haus der Dirne und schafft die Frau nebst all den Ihrigen dort heraus, wie ihr es ihr eidlich versprochen habt.« Da begaben sich die jungen Männer, die Kundschafter, hin, brachten Rahab, ihren Vater, ihre Mutter, ihre Brüder und alle Ihrigen heraus; auch all ihre Anverwandten führten sie heraus und brachten sie außerhalb des israelitischen Lagers unter. Die Stadt aber und alles, was sich darin befand, steckten sie in Brand; nur das Silber und Gold und die Geräte von Erz und Eisen brachte man in den Schatz des Hauses Jahwes. Die Dirne Rahab aber, ihre Familie und alle Ihrigen ließ Josua am Leben. Sie blieb unter den Israeliten wohnen bis auf diesen Tag. So war Jahwe mit Josua, und sein Ruhm verbreitete sich im ganzen Lande. (Jos 2, 1–24; 6, 1–5.7 f.10.12.14–25.27)

Die List der Gibeoniten

In Gilgal hat es offensichtlich Familien aus der kanaanäischen Stadt Gibeon gegeben, die im Dienst des Heiligtums allerlei niedrige Dienste verrichteten und diese Beschäftigung von Generation zu Generation weitervererbten. Außerdem scheint zwischen vier kanaanäischen Städten im Bereich des Stammes Benjamin, darunter der

---

[26] Die göttliche Siegeszusage am Anfang, das Blasen des Widderhorns, das Kriegsgeschrei und der Bann sind Bestandteile des Jahwekrieges; siehe dazu unten S. 146 f.

Stadt Gibeon, und den israelitischen Siedlern ein besonderer Schutzvertrag bestanden zu haben, den das spätere, anspruchsvoller gewordene Israel als anstößig empfand und doch als weiterhin rechtsgültig ansehen mußte.

Zwischen diesen beiden Sachverhalten hat die Erzählung von der List der Gibeoniten einen ursächlichen Zusammenhang hergestellt: Die Gibeoniten erschleichen sich durch ein vorgetäuschtes Jahwebekenntnis den Schutzvertrag, werden dafür aber von den übertölpelten Israeliten zu Sklaven am Jahwe-Heiligtum in Gilgal gemacht. Wir haben es hier mit einer ätiologischen Sage zu tun, die etwas von einer Humoreske an sich hat.

Als die Bewohner von Gibeon hörten, was Josua an Jericho und an Ai getan hatte, da handelten auch sie, und zwar hinterlistig. Sie machten sich auf den Weg, versahen sich mit Eßwaren und nahmen alte Säcke mit für ihre Esel sowie alte, zerrissene und umwickelte Weinschläuche. Alte und geflickte Schuhe trugen sie an den Füßen, alte Kleider hatten sie angezogen, und all ihr Brot für die Reise war trocken und ganz zerbröckelt. Sie kamen zu Josua in das Lager nach Gilgal und sprachen zu ihm und den Israeliten: »Aus fernem Land kommen wir; schließt nun ein Bündnis mit uns.« Die Israeliten erwiderten den Hewitern: »Vielleicht wohnt ihr mitten unter uns. Wie könnten wir da einen Bund mit euch schließen?« Sie sprachen aber zu Josua: »Deine Knechte sind wir!« Josua fragte sie: »Wer seid ihr denn, und woher kommt ihr?« Sie erwiderten ihm: »Aus einem gar fernen Land kommen deine Knechte, bewogen vom berühmten Namen Jahwes, deines Gottes. Denn wir haben Kunde von ihm und von allem erhalten, was er in Ägypten gewirkt hat. Unsere Ältesten und alle unsere Landesbewohner sprachen zu uns: ›Nehmt euch Reisevorrat für den Weg, geht ihnen entgegen und sprecht zu ihnen: Eure Knechte sind wir; schließt nunmehr mit uns einen Bund.‹ Hier unser Brot, noch warm war es, als wir es zu Hause für die Reise einsteckten am Tage unseres Auszuges zu euch; doch nun seht, es ist trocken und völlig zerbröckelt. Und hier die Weinschläuche, die neu waren, als wir sie anfüllten, und nun seht, sie sind zerrissen; hier unsere Kleider und unsere Schuhe, sie sind ganz abgenutzt infolge des weiten Weges.« Da nahmen die Leute etwas von deren Reisevorrat; doch den Bescheid Jahwes holten sie nicht ein. Josua traf mit ihnen ein friedliches Abkommen und schloß mit ihnen einen Vertrag, sie am Leben zu lassen. Die Sprecher der Gemeinde leisteten ihnen einen Eid. Drei Tage, nachdem sie mit ihnen den Vertrag geschlossen hatten, hörte man, daß sie ganz aus der Nähe waren und mitten unter ihnen wohnten. Ihre Ortschaften waren Gibeon, Kephira, Beerot und Kirjat-Jearim. Da sagten alle Sprecher zu der ganzen Gemeinde: »Wir haben ihnen bei Jahwe, dem Gott Israels, geschworen, und jetzt dürfen wir ihnen nichts antun. So wollen wir an ihnen handeln: sie am Leben lassen, damit nicht etwa das Zorngericht über uns kommt wegen des Schwures, den wir ihnen geleistet haben.« Josua ließ sie rufen und sprach zu ihnen: »Warum habt ihr uns betrogen und behauptet: Wir wohnen sehr weit von euch entfernt? Dabei wohnt ihr ja mitten unser uns. So seid nun verflucht, und für immer sollt ihr

Sklaven für das Haus meines Gottes ein.« Sie gaben Josua zur Antwort: »Wir sind in deiner Gewalt! Tu an uns, wie es dich gut und recht dünkt.« Da verfuhr er mit ihnen folgendermaßen: Er rettete sie aus der Gewalt der Israeliten, daß diese sie nicht töteten. Josua aber machte sie an jenem Tag zu Holzhauern und Wasserschöpfern für die Gemeinde und für den Altar Jahwes; und das sind sie geblieben bis auf den heutigen Tag.

(Jos 9, 3–9.11–17.19 f.22 f.25–27)

Die Schlacht bei Gibeon

Die Erinnerung an einen kriegerischen Zusammenstoß mit den kanaanäischen Stadtstaaten während der zweiten Phase der Landnahme hat sich in der Erzählung von der Schlacht bei Gibeon erhalten. Es handelt sich um eine Kriegserzählung, deren eigentlicher Held Jahwe ist, denn er bringt den panischen Schrecken über das Lager der fünf Könige und verhilft Josua auf diesem Wege zu einem nächtlichen Überrumpelungssieg. (Näheres zu diesen Jahwekriegen siehe unten S. 146 ff.). Es ist nicht unwahrscheinlich, daß die Benjaminiten durch ihre Bündnispflicht der Stadt Gibeon gegenüber zuerst in die kriegerischen Auseinandersetzungen der Kanaanäer untereinander hineingezogen worden sind.

Als der König Adonizedek von Jerusalem hörte, daß die Bewohner von Gibeon mit Israel Frieden geschlossen hatten und sich nun mitten unter ihnen befanden, da fürchtete er sich sehr; denn Gibeon war eine große Stadt, gleich einer von den Königsstädten. So sandte denn der König Adonizedek von Jerusalem an Hoham, den König von Hebron, und an Piram, den König von Jarmut, an Japhia, den König von Lachis, und an Debir, den König von Eglon, und forderte sie auf: »Zieht zu mir herauf und kommt mir zu Hilfe. Wir wollen Gibeon schlagen, weil es sich mit Josua und den Israeliten friedlich geeinigt hat.« Die fünf Amoriterkönige schlossen sich zusammen und zogen herbei: Die Könige von Jerusalem, von Hebron, von Jarmut, von Lachis und von Eglon mit all ihren Heerlagern nahmen Stellung vor Gibeon und eröffneten den Kampf. Da sandten die Männer von Gibeon zu Josua ins Lager nach Gilgal mit der Bitte: »Ziehe deine Hand von deinen Knechten nicht zurück. Komm schleunigst zu uns, rette uns und hilf uns. Denn alle Könige der Amoriter, die auf dem Gebirge wohnen, haben sich wider uns zusammengetan.« Josua zog von Gilgal aus mit seinem ganzen Kriegsvolk, lauter tapferen Helden. Da sprach Jahwe zu Josua: »Fürchte dich vor ihnen nicht, denn ich gebe sie in deine Gewalt. Niemand von ihnen wird vor dir standhalten.« Josua stieß unversehens auf sie. Die ganze Nacht hindurch war er von Gilgal aus marschiert. Und Jahwe versetzte sie vor Israel in Panik; die Israeliten brachten ihnen bei Gibeon eine schwere Niederlage bei und verfolgten sie in Richtung zur Steige von Bet-Choron. Sie waren auf der Flucht vor Israel beim Abhang von Bet-Choron. Da ließ Jahwe große Steine vom Himmel her auf sie fallen, so daß sie umkamen. Die durch Hagelsteine endeten, waren zahlreicher als jene, welche die Israeliten mit dem Schwert erschlugen.

Damals redete Josua zu Jahwe, und er sagte vor den Augen Israels:
Du, Sonne, in Gibeon verhalte dich still,
und du, Mond, in der Ebene von Ajalon.
Und es verhielt sich stille die Sonne und der Mond,
bis er sich am Volke seiner Feinde gerächt hatte.

Das steht doch geschrieben im »Buch der Aufrechten« [27]. So blieb denn die Sonne stehen mitten am Himmel und beeilte sich nicht unterzugehen, etwa einen vollen Tag lang. Einen Tag wie diesen gab es weder vorher noch nachher, daß Jahwe auf die Stimme eines Menschen gehört hätte. Denn Jahwe kämpfte für Israel. Dann kehrte Josua und mit ihm ganz Israel in das Lager nach Gilgal zurück. (Jos 10, 1–15)

Der Landtag von Sichem

Das Josua-Buch endet mit der Erzählung vom sogenannten »Landtag von Sichem«. Diese Erzählung ist eine der wichtigsten Quellen für unser heutiges Verständnis der Frühgeschichte Israels. In ihr wird berichtet, das »Haus Joseph« habe eines Tages die anderen neu eingewanderten Stämme zur Abkehr von ihren alten Göttern bewogen und auf die ausschließliche Verehrung Jahwes verpflichtet. Josua, der Sprecher des »Hauses Joseph«, habe daraufhin einen »Bund« zwischen allen israelitischen Stämmen und Jahwe geschlossen.

Diese Erzählung hat eine Erinnerung bewahrt, die sich nicht in das Geschichtsbild der 5 Bücher Mose und des Josua-Buches einfügen läßt. Sie setzt nämlich voraus, daß nicht alle Stämme schon Jahweverehrer waren, als sie nach Palästina einwanderten, daß vielmehr die meisten von ihnen erst im Kulturland mit dem Jahweglauben bekannt geworden und von anderen Miteinwanderern in die Entscheidung für oder gegen ihn hineingezwungen worden sind. Ohne diese Voraussetzung, die dem sonstigen Geschichtsbild widerspricht, wäre die Erzählung gar nicht entstanden. Wir müssen uns zwar hüten, sie mit allen ihren Einzelheiten wie einen historischen Tatsachenbericht zu lesen; vieles aber spricht dafür, daß sie uns dem historischen Ursprung Israels recht nahe bringt. Der Zusammenschluß der einzelnen israelitischen Sippen und Stämme durch den gemeinsamen Jahwekult ist sicher erst auf dem Boden des palästinischen Kulturlandes erfolgt, und es ist durchaus glaubwürdig, daß dieses für die Geschichte Israels grundlegende Ereignis in dem zentral gelegenen Heiligtum von Sichem stattgefunden hat. Dort jedenfalls dürfte die folgende Erzählung entstanden und überliefert worden sein.

Josua versammelte alle Stämme Israels in Sichem, und sie traten vor Gott hin. Josua sprach zu dem ganzen Volke: »So spricht Jahwe, der Gott Israels: ›Jenseits des Stromes haben dereinst eure Urahnen gewohnt; sie haben andern

---

27 Das »Buch der Aufrechten«, aus dem der Erzähler zitiert, ist wohl eine Sammlung poetischer Stücke zu einzelnen geschichtlichen Ereignissen gewesen.

Göttern gedient. Da nahm ich euren Ahnherrn Abraham aus dem Lande jenseits des Stromes und führte ihn durch das ganze Land Kanaan. Ich machte seine Nachkommenschaft zahlreich und schenkte ihm den Isaak. Dem Isaak aber schenkte ich Jakob und Esau. Dem Esau gab ich das Gebirge Seir. Jakob aber und seine Söhne zogen hinab nach Ägypten. Sodann schlug ich Ägypten mit Wundertaten, die ich in seiner Mitte wirkte. Danach führte ich euch hinweg; und ihr gelangtet an das Meer. Mit eigenen Augen habt ihr gesehen, was ich an Ägypten tat. Ihr verweiltet dann lange Zeit hindurch in der Wüste. Ich brachte euch dann in das Land der Amoriter, jenseits des Jordans. Sie kämpften mit euch, und ich gab sie in eure Gewalt. Ihr konntet ihr Land besetzen. Sodann trat Balak auf, der Sohn des Zippor, der König von Moab, und stritt wider Israel. Und ich rettete euch aus seiner Hand. Ihr überschrittet den Jordan und kamt nach Jericho. Die Männer von Jericho stritten wider euch. Ich aber gab sie in eure Gewalt. Ich verlieh euch ein Land, um das du dich nicht bemüht hast, Städte, die ihr nicht gebaut habt, aber doch bewohnen dürft. Weinberge und Olivengärten, die ihr nicht gepflanzt, dienen euch zur Nahrung.‹ So fürchtet nun den Herrn, dient ihm mit ungeteilter Hingabe und Treue, entfernt die Götter, denen eure Väter jenseits des Stromes dienten, und dienet Jahwe! Gefällt es euch aber nicht, Jahwe zu dienen, so wählt euch heute aus, wem ihr dienen wollt: den Göttern, denen eure Ahnen jenseits des Stromes gedient haben, oder den Göttern der Amoriter, in deren Land ihr wohnt. Ich aber und mein Haus, wir wollen Jahwe dienen.« [28]

Da antwortete das Volk und sprach: »Fern sei es von uns, Jahwe zu verlassen, um anderen Göttern zu dienen! Denn Jahwe, unser Gott, war es, der uns aus dem Ägypterland heraufführte, aus dem Hause der Sklaverei, der vor unseren Blicken jene großen Wunderzeichen tat und uns auf allen unseren Wegen und unter allen Völkern, durch die wir mitten hindurchgezogen sind, behütete. Jahwe vertrieb vor uns alle Völker und die Amoriter, die Landesbewohner. Auch wir wollen Jahwe dienen; denn er ist unser Gott.«

Da schloß Josua für das Volk an jenem Tag einen Bund. Er gab ihm Satzung und Recht zu Sichem. Josua schrieb jene Worte in das Gesetzbuch Gottes; er nahm einen großen Stein und errichtete ihn daselbst unter der Terebinthe, die im Heiligtum Jahwes steht. Und Josua sprach zum ganzen Volke: »Hier, dieser Stein sei Zeuge gegen uns; denn er hörte alle Worte Jahwes, die er zu uns geredet hat. Er sei auch Zeuge gegen euch, damit ihr euren Gott nicht verleugnet.« [29] Danach entließ Josua das Volk, einen jeden in sein Besitztum.

(Jos 24, 1–11.13–18.25–28)

---

[28] Das heilsgeschichtliche Bekenntnis, das Josua vor der Gemeinde ablegt, ist für den Erzähler die Begründung für den Ausschließlichkeitsanspruch Jahwes. Wer sich zu der Geschichte Israels bekennt, kann nur einem Herrn dienen. Josuas Bekenntnis gleicht in seinen Hauptzügen dem oben S. 21 f.

[29] Die Erzählung bringt den Bundesschluß von Sichem mit einem »großen Stein« und einer Terebinthe in Verbindung, die im Heiligtum von Sichem zu sehen waren.

Der Widerstand der Kanaanäer

Die Darstellung, die das Buch Josua von der Landnahme gibt, ist bestimmt von dem Bekenntnis, Jahwe habe seinem Volk das *ganze* Land Palästina zu eigen gegeben. Historisch wird damit freilich ein Zustand vorausgesetzt, der erst zwei bis drei Jahrhunderte nach der ersten Einwanderung erreicht worden ist, als es David gelang, die alten kanaanäischen Stadtstaaten zu erobern und Israel in einen Territorialstaat umzuwandeln. Bis dahin hatten sich die einzelnen israelitischen Stämme mit einem mehr oder minder lückenhaften Besitz des Landes begnügen müssen.

In der Einleitung zum Richter-Buch ist uns ein Text erhalten, der diesen Tatbestand mit aller Deutlichkeit hervorhebt. Dort werden in einer listenmäßigen Zusammenstellung all jene Gebiete aufgeführt, die die Stämme *nicht* in Besitz nehmen konnten. Diese Liste ist älter und historisch zuverlässiger als die Darstellung des Josua-Buches. Das geht schon daraus hervor, daß sie die Landnahme als eine Summe von geglückten oder auch mißglückten Unternehmungen der Einzelstämme und nicht als eine einzige Großaktion aller Stämme insgesamt erscheinen läßt. Konnte man der Erzählung vom »Landtag zu Sichem« entnehmen, daß nicht alle Stämme von Anfang an Jahwe-Verehrer gewesen sind, so kann man aus der folgenden Liste ersehen, daß sie Palästina nicht in einem einzigen Feldzug erobert haben und auch militärisch dazu gar nicht in der Lage gewesen wären.

Aber Gaza und sein Gebiet, Askalon, Ekron und sein Gebiet nahm Juda nicht ein. Jahwe war mit Juda; er konnte zwar das Gebirge besetzen, aber die Bewohner der Ebene konnte er nicht vertreiben; denn ihnen standen eiserne Streitwagen zur Verfügung. Dem Kaleb gab man Hebron, wie Mose angeordnet hatte; von dort vertrieb er die drei Söhne Enaks. Doch die Jebusiter in Jerusalem konnten von den Nachkommen Benjamins nicht vertrieben werden, und die Jebusiter blieben bei den Benjaminiten in Jerusalem wohnen bis zum heutigen Tag. Manasse konnte aber Bet-Schean, Taanach, die Einwohner von Dor, Jibleam und Megiddo samt allen ihren Tochterstädten nicht in Besitz nehmen. Die Kanaaniter waren entschlossen, in diesem Gebiet wohnen zu bleiben. Als Israel aber allmählich stärker wurde, machte es die Kanaaniter fronpflichtig; völlig vertrieben hat man sie nicht. Auch Ephraim vertrieb die Kanaaniter in Geser nicht; so blieben die Kanaaniter in seiner Mitte wohnen, in Geser. Sebulun vertrieb die Bewohner von Kitron und die Bewohner von Nahalol nicht. Die Kanaaniter blieben in seiner Mitte, wurden indes fronpflichtig. Asser vertrieb die Bewohner von Akko, Sidon, Machaleb, Achsib, Aphek und Rechob ebenfalls nicht. Es wohnten die Asseriten inmitten der Kanaaniter, der eigentlichen Landesbewohner; denn man konnte sie nicht vertreiben. Die vom Stamme Naphtali vertrieben die Bewohner von Bet-Schemesch und Bet-Anat nicht. Sie blieben mitten unter den Kanaanitern, den eigentlichen Landesbewohnern; doch die Leute von Bet-Schemesch und Bet-Anat wurden ihnen fronpflichtig. Die Amoriter drängten die vom Stamme Dan auf das Gebirge und ließen sie nicht in die Ebene hinabsteigen. Die Amoriter entschlossen sich, in Har-Cheres, in Ajalon und in Schaalbim zu bleiben. Aber das Haus Joseph zwang sie, fronpflichtig zu werden.

(Ri 1, 18–21.27–35)

D. Die Offenbarung Jahwes am Sinai

Die alten Bekenntnisformeln lassen das Volk von Ägypten aus geradewegs durch die Wüste nach Palästina ziehen (vgl. oben S. 21 f. und S. 53). Im Erzählungszusammenhang des Pentateuch hingegen wird dieser Weg durch einen längeren Aufenthalt am Sinai unterbrochen. Das deutet darauf hin, daß die Erzählungen von der Sinaioffenbarung ein ursprünglich selbständiges Überlieferungsgut gewesen sind und ihr Eigenleben auch dann noch bewahrt haben, als die anderen Überlieferungen aus der Nomadenzeit schon zu dem Geschichtsbild der Bekenntnisformeln zusammengefügt worden waren. Die Sinaiüberlieferung ist erst nachträglich in die schon festgefügte Ereignisfolge: Erzväter – Auszug aus Ägypten – Wüstenwanderung – Landnahme mit eingereiht worden. In ihrem jetzigen Zusammenhang wirkt sie wie eine Episode. Der Zug zum Sinai gleicht einem Abstecher, den die Israeliten auf ihrem Wege von Ägypten nach Palästina machen. Ihrem eigentlichen Ziel, dem verheißenen Land, kommen sie dadurch um keinen Schritt näher.

Daß sich die Sinaiüberlieferung so lange gegen die Einreihung in eine geschichtliche Ereignisfolge gesperrt hat, erklärt sich von ihrem Inhalt her, denn sie stellt das Verhältnis zwischen Jahwe und Israel auf andere Weise dar als die sonstigen Überlieferungen. In den Erzählungen von den Erzvätern, von Ägypten, von der Wüste und von der Landnahme ist Israel ständig auf der Wanderung, von Jahwe geführt, einem von ihm verheißenen Ziel entgegen. Am Sinai hingegen ist von einer Führung oder Verheißung Gottes keine Rede. Hier scheint die Zeit stillzustehen. Das Volk verharrt am Fuße des Berges, während oben auf dem Gipfel die Gebote geoffenbart und der »Bund« geschlossen werden. Israel nimmt aus Jahwes Hand die allzeit gültigen Ordnungen seines rechtlichen und kultischen Zusammenlebens entgegen. – Die Sinaiüberlieferung ist geprägt von der Vorstellungswelt des Rechtslebens.

Der geschichtliche Ursprung dieser Überlieferung liegt im dunkeln. Wir wissen nicht einmal, wo der Sinai gelegen hat. Vermutlich war er ein heiliger Berg, zu dem Nomaden regelmäßige Wallfahrten unternommen haben. Von Nomaden, die Verehrer des Gottes vom Sinai waren, sind wohl einzelne Sippen mit nach Palästina eingewandert und dort in den Kreis der israelitischen Stämme eingegangen. Weiter läßt sich vermuten, daß man am Heiligtum von Sichem regelmäßig ein Kultfest gefeiert hat, auf dem die Sinaioffenbarung kultisch nachvollzogen, der Bundesschluß zwischen Gott und dem Volk wiederholt und das Recht Jahwes über Israel neu ausgerufen worden ist. Durch solch ein Wallfahrtsfest, zu dem die Pilger von weither zusammenströmten, scheint die Sinaiüberlieferung zum Besitz aller israelitischen Stämme geworden zu sein. Die Vorstellung, daß alle zwölf Stämme ehedem geschlossen zum Sinai gepilgert seien, ist ein Ausdruck dieser gesamtisraelitischen Deutung der Sinaiüberlieferung. Sie zeigt, in welchem

Maße sich Israel als Ganzes durch das betroffen fühlte, was einzelnen von ihnen einst am Sinai widerfahren war.

Israel wußte sein ganzes Rechtsleben dem Anspruch des Gottes vom Sinai unterworfen. Das hat dazu geführt, daß die verschiedenartigsten Materialien aus der Rechts- und Kultgeschichte von der Nomadenzeit bis hinab in die Epoche nach dem babylonischen Exil in die Sinaiüberlieferung einbezogen worden sind. Sie alle galten als von Jahwe am Sinai geoffenbart. Der Sinaiabschnitt hat dadurch eine unförmige Breite erhalten; er nimmt fast ein Drittel des gesamten Pentateuch ein.

1. Bund und Recht

Das Alte Testament kennt zwei Grundformen eines Vertrags- oder Bundesschlusses: einmal das Abkommen, das zwei gleichgestellte Partner miteinander treffen – ein Beispiel dafür ist der Vertrag zwischen Laban und Jakob; vgl. unten S. 105 –, zum andern das Schutzbündnis, das ein Stärkerer einem Schwächeren gewährt – zum Beispiel der Vertrag, den Josua mit den Gibeoniten schließt; vgl. oben S. 50. Der Bund zwischen Jahwe und Israel ist immer als Schutzverhältnis gedacht, bei dem Jahwe der Gebende, Israel der Empfangende und Beschenkte ist. Israel seinerseits kann den Bund nicht setzen, es kann ihn lediglich annehmen oder ablehnen.

Ein solches Schutzbündnis schließt eine beiderseitige Verpflichtung ein. Die Sinai-Bundesformel lautet: »Ich will ihr Gott sein, und sie sollen mein Volk sein.« Jahwe bindet sich in gleichem Maße an Israel, wie er Israel an sich bindet. *Der Gott vom Sinai ist der eifernde Gott.* »Ich bin Jahwe dein Gott, du sollst keine andern Götter neben mir haben.« Dieses Gebot ist eine Heilszusage und eine Rechtsforderung zugleich. Bund und Recht gehören unlöslich zusammen. Das Recht steht nicht auf sich allein, seine Aufgabe ist es, das vorgegebene Bundesverhältnis zu schützen; es soll Israel davor bewahren, aus dem Bund herauszufallen. Nie hat Israel die Gebote als eine Last empfunden, vielmehr als eine Art Lebenshilfe, die den Weg anzeigt, wie es sich im Alltag als Gottes auserwähltes Volk zu bewähren habe. Die Mitteilung der Gebote wurde als ein Heilsereignis, als der Akt der Erwählung Israels angesehen. Darin liegt der innere Grund, weshalb die Überlieferung von der Rechtsoffenbarung auf dem Sinai schließlich mit in die Kette der heilsgeschichtlichen Ereignisse eingereiht werden konnte.

Wir nehmen als erstes die Erzählungen vom Bundesschluß für sich. Die Gebote und die kultischen Verordnungen, die den Inhalt des Bundes ausmachen, folgen danach.

Die Erscheinung Jahwes

Wo der Sinai gelegen hat, läßt sich nicht mit Sicherheit sagen. Weil die Schilderung der Gotteserscheinung von Rauch, Feuer und einem Beben des Berges spricht, hat man vermutet, es müsse sich um einen tätigen Vulkan gehandelt haben. Vulkane aber finden sich nur im nordwestlichen Saudi-Arabien, auf der Ostseite des Golfes von Akaba. Seit frühchristlicher Zeit hingegen hat man einen hohen Berg im Süden der Sinaihalbinsel, den »Mose-Berg« oder den benachbarten »Katharinen-Berg«, für den Berg der Offenbarung gehalten.

Wann immer man in Israel von Offenbarung sprach, dachte man in erster Linie an die Offenbarung auf dem Sinai. Sie war das große Heilsereignis, durch das Jahwe zum Gott Israels und Israel zu seinem Volk geworden war. Diese heilsame Zuwendung galt aber zugleich als eine äußerste Bedrohung der Existenz Israels. Als Jahwe erscheint, um mit seinem Volk den Bund zu schließen, ist nur einer da, der vor ihm, dem Heiligen, bestehen, der sich ihm »nahen« kann, nämlich Mose. So wird Mose zum Vermittler des Bundes zwischen Gott und seinem Volk bestellt.

Im dritten Monat seit dem Auszug der Kinder Israels aus Ägypten, an eben diesem Tage, gelangten sie in die Wüste Sinai. Sie waren von Rephidim aufgebrochen, kamen in die Wüste Sinai und schlugen in der Wüste ein Lager auf. Es lagerte dort Israel gegenüber dem Berge. Mose aber stieg hinauf zu Gott. Da sprach Jahwe zu Mose: »Geh hin zum Volk, und sie sollen sich heute und morgen heilig halten und ihre Kleider waschen. Sie sollen für den dritten Tag bereit sein. Du sollst dem Volke ringsherum eine Grenze ziehen und ihm sagen: ›Hütet euch davor, auf den Berg zu steigen, ja nur sein Fußende zu berühren. Jeder, der den Berg berührt, muß sterben.‹ Keine Hand darf ihn berühren, sonst würde er gesteinigt oder erschossen werden. Ob Tier oder Mensch, er würde nicht am Leben bleiben. Erst wenn das Widderhorn geblasen wird, sollen sie auf den Berg hinaufsteigen.« Mose stieg vom Berge zum Volk hinab. Er befahl dem Volk, sich zu heiligen; auch wuschen sie ihre Kleider. Er sprach zu ihnen: »Seid bereit für den dritten Tag, nähert euch keiner Frau.«

Am dritten Tag, als es Morgen geworden war, brachen Donner los, und Blitze zuckten, schweres Gewölk hing über dem Berg, und überaus stark schmetternder Posaunenschall war zu hören. Das ganze Volk im Lager bebte. Mose führte das Volk Gott entgegen aus dem Lager heraus. Sie stellten sich am Fuß des Berges auf. Der Berg Sinai war ganz mit Rauch bedeckt, weil Jahwe im Feuer auf ihn herabgekommen war. Der Rauch stieg wie der Rauch eines Schmelzofens auf. Der ganze Berg zitterte gewaltig. Der Posaunenschall ward stärker und stärker. Mose redete, und Gott antwortete ihm unter Donnerschall. Jahwe war auf den Sinaiberg, und zwar auf die Spitze, herabgekommen. Er rief den Moses auf die Spitze des Berges, und Mose stieg hinauf.

Das ganze Volk nahm die Donnerschläge, die Blitze, den Posaunenschall und den rauchenden Berg wahr; da fürchteten sich die Leute, zitterten und blieben von fern stehen. Sie sprachen zu Mose: »Rede du mit uns, wir wollen darauf hören. Aber Gott soll mit uns nicht reden, sonst müßten wir sterben.«

Da antwortete Mose dem Volke: »Fürchtet euch nicht. Denn um euch zu prüfen, ist Gott gekommen; damit die Furcht vor ihm bei euch herrsche, auf daß ihr nicht sündigt.« Das Volk blieb von ferne stehen, Mose aber näherte sich der dunklen Wolke, in der Gott war.

(2 Mose 19, 1–3.10–20; 20, 18–21)

Das Bundesmahl

Über die Art, wie der Bundesschluß am Sinai erfolgt sei, hat es in Israel verschiedene Vorstellungen gegeben. Der einen Erzählung zufolge wurde er durch ein gemeinsames Mahl in Jahwes Gegenwart vollzogen. Die Tischgemeinschaft, die man mit jemandem eingeht, hat nach alttestamentlicher Meinung rechtsverbindliche Konsequenzen für das weitere Zusammenleben der Beteiligten. Das Mahl ist eine Dokumentation innerster Verbundenheit. Darum erachtet es die Erzählung als selbstverständlich, daß sich die Partner Israel und Jahwe bundesgemäß verhalten haben, ohne daß ihr Bundesverhältnis durch Satzungen im einzelnen näher bestimmt zu werden brauchte.

Er sprach sodann zu Mose: »Steigt hinauf zu Jahwe, du und Aaron, Nadab und Abihu und 70 von den Ältesten Israels, und werft euch von fern nieder. Mose aber soll allein zu Jahwe herantreten, die anderen dürfen nicht herantreten, und das Volk soll nicht mit ihm hinaufsteigen.« Da stiegen Mose und Aaron, Nadab, Abihu und 70 von den Ältesten Israels hinauf. Sie schauten den Gott Israels. Unter seinen Füßen war es wie Saphirplatten und wie der Himmel selber in seiner strahlenden Reinheit. Er aber streckte seine Hand nicht aus gegen die Edlen der Israeliten; und sie schauten Gott und aßen und tranken [30].

(2 Mose 24, 1 f. 9–11)

Das Blut des Bundes

Ein zweites Erzählungsstück stellt sich den Bundesschluß am Sinai als eine gemeinsame Opferhandlung beider Vertragspartner vor. Mose vermittelt den Bund, indem er das Volk auf die »Worte Jahwes« verpflichtet, die ihm, Mose, zuvor offenbart worden waren und die er in das »Bundesbuch« geschrieben hatte. Was man sich ursprünglich einmal als Inhalt dieser »Worte Jahwes« gedacht hat, ist nicht mehr auszumachen. Die spätere Tradition hat sie als »Rechtssatzungen« verstanden und dabei wohl in erster Linie an die sogenannten »Zehn Gebote« gedacht. – Der Bundesschluß erfolgt nach dieser Überlieferung nicht auf dem Gipfel des Berges, sondern an seinem Fuße.

Mose kam und erzählte dem Volk alle Worte Jahwes, alle Rechtssatzungen. Alles Volk antwortete wie mit einer Stimme und sprach: »Alles, was Jahwe

---

30 Gott nahe zu kommen oder ihn anzuschauen brachte nach alttestamentlicher Vorstellung den sofortigen Tod. Darum bedeutet es etwas ganz Außerordentliches, daß die »Edlen« Israels auf dem Sinai Jahwe »schauen«, ohne dadurch Schaden zu nehmen.

gesagt hat, wollen wir tun.« Mose schrieb alle Worte Jahwes auf. Am frühen Morgen des anderen Tages baute er einen Altar am Fuß des Berges und zwölf Gedenksteine für die zwölf Stämme Israels. Dann beauftragte er die Jungmannschaft der Israeliten, Brandopfer darzubringen und Stiere als Friedopfer für den Herrn zu schlachten. Dann nahm Mose die Hälfte des Blutes und goß es in Schalen; die andere Hälfte des Blutes sprengte er auf den Altar [31]. Er nahm das Buch des Bundes und las es dem Volke vor. Es sagte: »Alles, was Jahwe gesprochen, wollen wir gehorsam tun.« Hierauf nahm Mose das Blut, besprengte damit das Volk und sprach: »Seht das Blut des Bundes, den Jahwe mit euch auf Grund dieser Satzungen geschlossen hat.« (2 Mose 24, 3–8)

Die Zehn Gebote

Auf dem Sinai werden, der Überlieferung zufolge, die Gebote erlassen, die das Verhältnis zwischen Jahwe und Israel und das Zusammenleben der Israeliten untereinander regeln sollen. Diese Gebote sind für Israel so etwas wie Grenzmarken des Bundes. Sie wollen weder das kultische und soziale Leben in seinen Einzelheiten normieren, noch wollen sie überhaupt eine Gemeinschaftsordnung erstellen, denn diese Ordnung ist ihnen durch den Bund vorgegeben. Das geht schon aus der zumeist negativen Formulierung der Gebote als Verbote hervor.

Die Gebote sind in der Regel in Reihen, in kleineren Reihen von zwei und drei oder auch in größeren Reihen von zehn und zwölf, zusammengestellt worden. Der Gesichtspunkt ihrer Zusammenstellung kann verschieden sein. Es geht entweder darum, einen bestimmten Lebensbereich von verschiedenen Seiten her einzugrenzen, oder darum, bestimmte Verhaltensweisen innerhalb verschiedener Lebensbereiche einem gemeinsamen Gesichtspunkt zu unterwerfen. Hinter solchen Gebotsreihen steht ein hohes Maß theologischer Abstraktionsfähigkeit, denn sie sollen für alle möglichen religiösen und sozialen Verhältnisse die Punkte bezeichnen, an denen es für Israel kein Wenn und Aber geben kann, weil dort der Bund mit Jahwe in Gefahr steht.

Die bekannteste Gebotsreihe sind die sogenannten »Zehn Gebote«. Ähnlich wie andere Gebotsreihen haben auch sie zunächst für sich bestanden. Erst später sind sie in die Sinaiüberlieferung eingefügt worden, und zwar an einer ganz zentralen Stelle, nämlich direkt nach der Erzählung von der Erscheinung Jahwes, so daß sie in ihrem jetzigen Zusammenhang als die eigentliche Offenbarungsrede des Gottes vom Sinai erscheinen. Diese herausragende Stellung hat man ihnen wohl gegeben, weil man in ihnen Jahwes Willen über Israel in äußerster Dichte ausgedrückt fand.

Nun sprach Gott alle die folgenden Worte: »Ich bin Jahwe, dein Gott, der dich aus dem Lande Ägypten, dem Sklavenhause herausgeführt hat. Du sollst keine anderen Götter neben mir haben.

Du sollst dir kein Schnitzbild machen noch irgendein Abbild von dem, was droben im Himmel oder auf der Erde unten oder im Wasser unter der Erde ist [32]. Du sollst dich vor ihnen nicht niederwerfen und sollst sie nicht

---

[31] Der Altar repräsentiert Jahwe, den göttlichen Vertragspartner.
[32] Die strikte Untersagung jeder bildlichen Vergegenständlichung der Gottheit unterscheidet den Jahwe-Glauben von allen anderen Religionen.

verehren; denn ich, Jahwe, dein Gott, bin ein eifersüchtiger Gott, der die Schuld der Väter an den Kindern, am dritten und vierten Geschlecht heimsucht bei denen, die mich hassen. Ich erweise aber meine Gnade bis ins tausendste Geschlecht denen, die mich lieben und meine Gebote halten.

Du sollst den Namen Jahwes, deines Gottes, nicht unnütz aussprechen; denn Jahwe läßt denjenigen nicht ungestraft, der seinen Namen unnütz ausspricht.

Gedenke des Sabbattages, um ihn heilig zu halten. Sechs Tage lang sollst du arbeiten und all deine Geschäfte verrichten. Doch der siebte Tag ist ein Ruhetag für Jahwe, deinen Gott. Du sollst an ihm keinerlei Arbeit tun, weder du selbst noch dein Sohn, noch deine Tochter, noch dein Knecht, noch deine Magd, noch dein Vieh, noch dein Fremdling, der sich in deinen Toren befindet. Denn in sechs Tagen hat Jahwe den Himmel, die Erde, das Meer und alles, was in ihnen ist, erschaffen; doch am siebten Tage ruhte er. Darum segnete Jahwe den Sabbat und erklärte ihn für heilig.

Ehre deinen Vater und deine Mutter, damit du lange lebst in dem Lande, das Jahwe, dein Gott, dir gibt [33].

Du sollst nicht töten.

Du sollst nicht ehebrechen.

Du sollst nicht stehlen [34].

Du sollst gegen deinen Nächsten kein falsches Zeugnis abgeben [35].

Du sollst nicht das Haus deines Nächsten begehren. Du sollst nicht begehren die Frau deines Nächsten und auch nicht seinen Knecht, seine Magd, sein Rind, seinen Esel und nichts von dem, was deinem Nächsten gehört.« [36]

(2 Mose 20, 1–17)

Zwölfmal Fluch

Eine andere, höchst altertümliche Verbotsreihe betrifft alle Vergehen, die im Verborgenen geschehen, für die es also in der Regel weder Zeugen noch Kläger gibt. Gegen diese Vergehen wird der Fluch aufgeboten. Ein Fluch ist nach altorientalischer Anschauung eine fast dingliche Macht, die, einmal in Bewegung gesetzt, nicht eher zur Ruhe kommt, bis sie ihr Ziel erreicht hat. Ihr Ziel ist die Ächtung des Gesetzesübertreters und damit sein Ausschluß aus aller Gemeinschaft. Denn wer mit einem Fluch beladen ist, bringt seine Mitmenschen in Gefahr. Wollen sie nicht selbst vom Fluch betroffen werden, müssen sie den Fluchträger töten oder vertreiben.

---

33 Das Elterngebot war nicht an Kinder gerichtet, sondern an Familienoberhäupter, die ihre alt gewordenen Eltern in Obhut hatten.

34 Das Verbot des Diebstahls bezog sich ursprünglich auf Menschenraub an einem Israeliten zum Zweck seiner Versklavung.

35 Das Verbot untersagt falsche Zeugenaussagen vor Gericht.

36 Das mit »begehren« übersetzte hebräische Wort bezeichnet nicht nur die dunkle Absicht, sondern jedes Tun, mit dem einer unrechtmäßig etwas an sich zu bringen versucht. Mit »Haus« ist das Hauswesen im umfassenden Sinne gemeint.

Die folgende Verbotsreihe scheint zum Ritual eines Kultfestes in Sichem gehört zu haben, durch das in regelmäßigen Abständen der Bundesschluß zwischen Jahwe und Israel erneuert und das Volk wieder auf das Gottesrecht verpflichtet worden ist (vgl. oben S. 55). Die Priester sprechen die Flüche aus, und die Gemeinde bekräftigt mit: »Amen« (»So sei es«). Sie lenkt damit den Fluch auf sich selbst zurück für den Fall, daß sie nicht die mit dem Fluch belegten Verfehlungen durch Ächtung der Täter ahndet.

Mose und die levitischen Priester sprachen zu ganz Israel: »Schweige und höre, Israel. Heute bist du das Volk Jahwes, deines Gottes, geworden. Höre denn auf die Stimme Jahwes, deines Gottes; halte seine Gebote und Satzungen, die ich dir heute gebiete.«

An jenem Tag gab Mose dem Volk folgende Anweisung: »Wenn ihr den Jordan überschritten habt, sollen sich die einen zur Segnung des Volkes auf dem Berge Garizim aufstellen: Simeon, Levi, Juda, Issachar, Joseph und Benjamin; die andern aber sollen sich zum Aussprechen des Fluches auf dem Berg Ebal aufstellen: Ruben, Gad, Aser, Sebulun, Dan und Naphtali.

Die Leviten sollen feierlich zu Gesamtisrael mit erhobener Stimme sprechen:

›Verflucht ist, wer ein Schnitzbild oder Gußbild – ein Greuel für Jahwe –, ein Machwerk von Künstlerhand, verfertigt und insgeheim aufstellt.‹ Das ganze Volk soll antworten: ›So sei es.‹

›Verflucht ist, wer seinen Vater oder seine Mutter verwünscht.‹ Das ganze Volk soll sprechen: ›So sei es.‹

›Verflucht ist, wer die Grenze seines Nachbarn verschiebt.‹ Das ganze Volk soll sprechen: ›So sei es.‹

›Verflucht ist, wer einen Blinden auf dem Weg in die Irre führt.‹ Das ganze Volk soll sprechen: ›So sei es.‹

›Verflucht ist, wer das Recht des Fremdlings, der Waise und der Witwe beugt.‹ Das ganze Volk soll sprechen: ›So sei es.‹

›Verflucht ist, wer der Frau seines Vaters beiwohnt, denn er hat die Decke seines Vaters aufgedeckt.‹ Das ganze Volk soll sprechen: ›So sei es.‹

›Verflucht ist, wer irgendeinem Tier beiwohnt.‹ Das ganze Volk soll sprechen: ›So sei es.‹

›Verflucht ist, wer seiner Schwester, sei es die Tochter seines Vaters oder seiner Mutter, beiwohnt.‹ Das ganze Volk soll sprechen: ›So sei es.‹

›Verflucht ist, wer seiner Schwiegermutter beiwohnt.‹ Das ganze Volk soll sprechen: ›So sei es.‹

›Verflucht ist, wer seinen Nächsten heimlich totschlägt.‹ Das ganze Volk soll sprechen: ›So sei es.‹

›Verflucht ist, wer für Bestechungsgeld unschuldiges Blut vergießt.‹ Das ganze Volk soll sprechen: ›So sei es.‹

›Verflucht ist, wer den Worten dieses Gesetzes nicht durch ihre Erfüllung Geltung verschafft.‹ Das ganze Volk soll sprechen: ›So sei es.‹«

(5 Mose 27, 9–26)

Das kasuistische Recht

Die Gebote bzw. Verbote sind in persönlicher Anrede formuliert: »Du sollst...«, »ihr sollt...« bzw. »du sollst nicht...«, »ihr sollt nicht...« Daneben gibt es eine andere Art von Rechtssätzen, die unpersönlich formuliert sind: »Wenn einer das und das tut, so soll das und das geschehen.« Besondere Begleitumstände des Falles werden in erläuternden Zusätzen geregelt: »Falls aber..., so soll...«
Dieser äußere Unterschied weist auf einen verschiedenen Ursprung der betreffenden Rechtsüberlieferungen hin. Während die Gebote und Verbote eine spezifisch israelitische Rechtsüberlieferung sind, die von der Nomadenzeit her in den Großfamilien gepflegt wurde, gehören die Kasualbestimmungen in die Rechtstradition des palästinischen Kulturlandes, wie wir sie ähnlich auch in den anderen Kulturen des Alten Orients finden. In dem gleichen Maße, wie Israel in die Lebensverhältnisse Palästinas hineinwuchs, hat es von den Kanaanäern deren Recht übernommen und der Hoheit seines Gottes Jahwe unterstellt, obwohl dieses Recht ein profanes Alltagsrecht war, das von sich aus kein Verhältnis zu den religiösen Überlieferungen Israels besaß.
Eine Reihe dieser profanen Rechtsbestimmungen sind im sogenannten »Bundesbuch« zusammengefaßt worden. In der Wissenschaft hat man es so benannt nach dem Dokument, in dem Mose die »Worte Jahwes« zusammengefaßt haben soll (vgl. oben S. 58). Ursprünglich ist das »Bundesbuch« eine selbständige Größe gewesen. Ähnlich wie die »Zehn Gebote« ist es erst später in den Sinaiabschnitt eingefügt worden, damit auch seine Forderungen dem Gott vom Sinai unterworfen würden.

Das stößige Rind. Wenn ein Rind einen Mann oder eine Frau so stößt, daß sie sterben, dann soll das Rind gesteinigt werden. Man darf sein Fleisch nicht essen; der Herr des Rindes aber ist straffrei. Falls aber das Rind schon längere Zeit hindurch stößig war und sein Besitzer verwarnt wurde, es aber trotzdem nicht bewachte, so soll das Rind, falls es einen Mann oder eine Frau tötet, gesteinigt werden, und auch der Besitzer sei des Todes. Wird ihm aber ein Sühnegeld auferlegt, dann soll er als Loskaufsgeld für sein Leben so viel zahlen, als ihm auferlegt wird. Stößt es einen Sohn oder eine Tochter, dann soll nach demselben Rechtsgrundsatz an ihm gehandelt werden. Wenn das Rind aber einen Sklaven oder eine Sklavin stößt, dann hat der Besitzer an ihren Herrn 30 Silberstücke zu bezahlen, das Rind aber werde gesteinigt.

Wenn eines Mannes Rind das Rind seines Nächsten stößt, so daß es verendet, so soll man das lebende Rind verkaufen und den Erlös aufteilen, und das verendete Tier soll man ebenfalls teilen. Wenn es aber bekannt ist, daß das Rind schon länger stößig war, und sein Besitzer hat es nicht bewacht, dann muß er voll und ganz ersetzen, Rind für Rind; aber das verendete Tier ist sein Eigentum. (2 Mose 21, 28–32.35 f.)

Der offene Brunnen. Wenn jemand eine Zisterne offenläßt oder wenn er eine Zisterne gräbt und nicht zudeckt, und es fällt ein Rind oder ein Esel hinein, dann soll der Besitzer der Zisterne Ersatz leisten; er soll dem Tierbesitzer den Geldwert zahlen, das verendete Tier aber ist sein Eigentum.
(2 Mose 21, 33 f.)

Körperverletzung. Wenn Männer sich streiten und einer den andern mit einem Stein oder mit einer Hacke schlägt, so daß dieser zwar nicht stirbt, aber bettlägerig wird, dann bleibt der Schläger straffrei, muß jenem aber Entgelt für seine Arbeitsunfähigkeit geben und für seine Heilung sorgen, wenn dieser so aufkommt, daß er draußen mit dem Stock gehen kann.

(2 Mose 21, 18 f.)

Vergewaltigung. Wenn jemand eine noch nicht verlobte Jungfrau verführt und ihr beiwohnt, dann muß er sie um den vollen Heiratspreis einer Frau nehmen. Weigert sich aber ihr Vater, sie ihm zu geben, dann muß er den vollen Brautpreis für Jungfrauen zahlen. (2 Mose 22, 15 f.)

Das Vieh deines Feindes. Wenn du das Rind deines Feindes oder seinen Esel, die sich verlaufen haben, antriffst, so führe ihm diese zurück! Wenn du siehst, daß der Esel deines Widersachers unter seiner Last zusammenbricht, dann sollst du aufhören, ihm aus dem Weg zu gehen; du sollst gemeinsam mit deinem Gegner Hilfe leisten! (2 Mose 23, 4 f.)

Vergeltungsgrundsatz. Wenn ein Schaden entsteht, so sollst du geben Leben für Leben, Auge für Auge, Zahn für Zahn, Hand für Hand, Fuß für Fuß, Brandmal für Brandmal, Wunde für Wunde, Strieme für Strieme [37].

(2 Mose 21, 23–25)

Sozialgesetze

Die Gebote sind nicht so sehr auf den Staat oder die größere Gesellschaft als vielmehr auf die Welt der Großfamilie bezogen. Die Großfamilie, die stabilste soziale Gruppe in Israel, ist der Hauptträger der israelitischen Rechtsüberlieferung gewesen. Dabei ist es um so verwunderlicher, daß Israel gerade für die sozial Gefährdeten am Rande der Großfamilie, für die Witwen und Waisen, für die Sklaven und Fremden ein geschärftes Rechtsbewußtsein entwickelt hat. Sie wußte man in besonderer Weise dem Rechtsschutz Jahwes unterstellt.

Erntevorschriften. Wenn ihr euer Land aberntet, so erntet das Feld nicht bis zum äußersten Ende ab und haltet keine Nachlese nach der Ernte. Auch in deinem Weinberg halte keine Nachlese und lies nicht abgefallene Beeren in deinem Weinberg auf; überlasse sie dem Armen und Fremden: Ich bin Jahwe, euer Gott [38]. (3 Mose 19, 9 f.)

---

37 Diese sogenannte »Talionsformel«, die ebenfalls kanaanäischem Rechtsdenken entstammt, fordert Proportionalität der Vergeltung in Fällen von Körperverletzung oder Tötung. Sie soll die äußersten Grenzen, bis zu der das persönliche Verlangen nach Rache gehen darf, bezeichnen.

Gegen Hinterlist. Du sollst deinen Nächsten nicht bedrücken und berauben; der Lohn des Tagelöhners soll bei dir nicht bis zum Morgen bleiben. Du sollst einen Tauben nicht schmähen und einem Blinden kein Hindernis in den Weg legen; fürchte dich vor deinem Gott: Ich bin Jahwe [38]. (3 Mose 19, 13 f.)

Nächstenliebe. Du sollst deinen Bruder in deinem Herzen nicht hassen; du sollst sorgfältig entscheiden über deinen Gefährten und ihm eine Verfehlung nicht zur Last legen. Du sollst die Angehörigen deines Volkes nicht rachsüchtig und nicht nachtragend behandeln, vielmehr deinen Nächsten lieben wie dich selbst: Ich bin Jahwe [38]. (3 Mose 19, 17 f.)

Gerechtes Maß. Du sollst nicht zweierlei Gewichtssteine, einen schwereren und einen leichteren, in deinem Beutel haben. Du sollst in deinem Hause nicht zweierlei Hohlmaße haben, ein größeres Epha und ein kleineres.
(5 Mose 25, 13 f.)

Gegen Unterdrückung. Einen Fremdling sollst du nicht unterdrücken und ihn nicht bedrängen. Denn Fremdlinge seid ihr selbst gewesen im Lande Ägypten [39]. Eine Witwe oder eine Waise sollt ihr nicht unterdrücken. Wenn du sie aber irgendwie unterdrückst und sie schreit zu mir, fürwahr, ich werde auf ihr Schreien hören. Mein Zorn entbrennt dann; ich werde euch mit dem Schwerte töten, und eure Frauen werden Witwen und eure Kinder Waisen. (2 Mose 22, 20–23)

Leihbestimmungen. Falls du einem meiner armen Volksgenossen neben dir Geld leihst, so sollst du ihm gegenüber nicht wie ein Wucherer handeln. Ihr dürft ihm keinen Zins auferlegen. Falls du wirklich deines Nächsten Mantel zum Pfande nimmst, dann sollst du ihm diesen bis zum Sonnenuntergang wieder zurückgeben. Denn es ist ja seine einzige Decke. Es ist seine Umhüllung für seinen Leib. Worin soll er sonst schlafen? Wenn er aber zu mir schreit, so will ich ihn erhören; denn barmherzig bin ich. (2 Mose 22, 24–26)

2. Der Beginn des Kultus

Israel hat nicht nur sein gesamtes Rechtsleben, sondern auch die Welt des Kultus vom Bundesschluß am Sinai her begründet. Im Sinaibund sind Recht und Kultus aufs engste miteinander verbunden. Das erste Gebot: »Ich bin

---

[38] Der Nachsatz ist eine verkürzte Fassung der Sinai-Bundesformel (vgl. oben S. 56) und soll den Rechtssatz theologisch begründen.
[39] Der Hinweis auf Ägypten dient wiederum als theologische Begründung.

Jahwe, dein Gott. Du sollst keine andern Götter neben mir haben« ist in erster Linie auf den Gottesdienst bezogen. Es proklamiert das ausschließliche Recht Jahwes, in Israel kultisch verehrt zu werden. Kein zweiter Gott hat darauf einen rechtmäßigen Anspruch. Im Kultus sah sich Israel unmittelbar der Eiferheiligkeit seines Gottes ausgesetzt. Dort stand nichts mehr zwischen ihnen. Man wurde in eine Machtsphäre versetzt, die von anderen Gesetzen beherrscht ist als der Bereich des profanen Lebens. Darum bedurfte es des Schutzes durch besondere Ordnungen, wollte man an dem Schreckenerregenden und Unberechenbaren dieser Machtsphäre nicht zu Schaden kommen.

Solchen Schutz gewähren die Kultordnungen. Sie erst ermöglichen dem Menschen den Verkehr mit dem Göttlichen. Darum hat Israel die Stiftung des Kultus ebenso als ein Heilsereignis angesehen wie den Erlaß der Rechtsverordnungen. Ebenso wie die gesamte Rechtsüberlieferung Israels ist auch der ganze Komplex seiner Bestimmungen über das Heiligtum, die Priesterschaft, die verschiedenen Opferhandlungen und die Kultfeste in den Rahmen der Sinaiüberlieferung eingeordnet worden.

Diese kultischen Überlieferungen sind vor allem von den Priestern am Tempel in Jerusalem gepflegt worden. Es werden die gleichen Priesterkreise gewesen sein, aus denen die dritte und jüngste Erzählungsversion des Pentateuch, die »Priesterschrift«, hervorgegangen ist. Tatsächlich gehören denn auch die umfangreichen Berichte über die Herstellung des Heiligtums und seines Inventars, über die Amtseinsetzung der Priester, über die Verfügung der einzelnen Opferarten usw. alle der Priesterschrift an. Für sie ist auf dem Sinai nichts anderes geschehen als die Stiftung des israelitischen Kultus. Jahwe hat dort dem Mose die himmlischen »Modelle« der einzelnen Kultgegenstände gezeigt und ihn veranlaßt, die irdischen Gegenstücke dazu anzufertigen. Bei Jahwe war die ganze Welt des Kultus schon in einer Vorform präsent. Auf dem Sinai hat er sie auf die Erde herabgelassen und seinem Volk übereignet.

Diese ausschließlich kultische Deutung der Sinaioffenbarung weicht sehr stark von den alten Vorstellungen über den Bundesschluß vom Sinai ab. Das Ereignishafte des Geschehens und das reale Handeln der beiden Bundespartner sind verlorengegangen. Die Priesterschrift spricht denn auch gar nicht mehr von einem Bundesschluß am Sinai.

Die Erscheinung der »Herrlichkeit Jahwes«

Im Vergleich zu den älteren Schilderungen des Sinai-Geschehens ist die Darstellung der Priesterschrift von abgeklärter Erhabenheit. Wir erfahren nichts über die gefährliche Heiligkeit des Berges oder die Furcht des Volkes, wir hören weder von Donner und Blitzen noch vom Beben und Rauchen des Sinai. Lediglich eine Wolke, in der sich die »Herrlichkeit Jahwes« (vgl. oben S. 40) auf dem Berg niederläßt und dort schweigend sechs Tage lang verharrt, zeigt die bedeutungsvolle Begegnung zwischen Jahwe und Mose an. Das Unvorhersehbare und Überraschende, das dieser Begegnung in den anderen Versionen innewohnt, fehlt. Hier atmet alles die Ruhe und Würde eines nach ehernen Gesetzen ablaufenden sakralen Vorgangs.

Die Wolke aber bedeckte den Berg, und die Herrlichkeit Jahwes ließ sich auf dem Berg Sinai nieder, und die Wolke bedeckte ihn sechs Tage lang. Am siebten Tage rief er den Mose mitten aus dem Gewölk. Die Herrlichkeit des Herrn aber erschien den Israeliten wie ein loderndes Feuer auf dem Bergesgipfel. Mose ging in die Wolke hinein, stieg den Berg hinauf und verblieb 40 Tage und 40 Nächte auf dem Berge.

Jahwe aber sprach zu Mose folgendermaßen: »Sage den Israeliten, sie sollen für mich eine Abgabe erheben. Von jedem, der von Herzen gern gibt, sollt ihr diese Abgabe für mich erheben. Die Abgabe, die ihr von ihnen erheben sollt, sei folgende: Gold, Silber und Kupfer, violette Purpurwolle, roter Purpur und karmesinfarbener Stoff, Byssus und Ziegenhaare, rotgefärbte Widderfelle, Tachaschhäute [40] und Akazienholz. Sie sollen mir ein Heiligtum errichten, und ich will in ihrer Mitte wohnen. So wie ich dir das Modell der heiligen Wohnung und das Modell all ihrer Geräte zeige, so sollt ihr es machen. (2 Mose 24, 15–18; 25, 1–5.8 f.)

Die heilige Wohnung

Um eine Vorstellung von der kultischen Deutung der Sinaioffenbarung in der Priesterschrift zu vermitteln, geben wir die Anweisungen wieder, die Jahwe Mose für die Errichtung des Heiligtums und für die Einsetzung der Priester erteilt.
Die heilige »Wohnung« wird teils als ein Zelt, teils als ein festes Gebäude dargestellt. Bei ihrer Beschreibung hat der Verfasser einerseits an ein Zeltheiligtum gedacht, wie es bei Wandervölkern nichts Ungewöhnliches war und wie es auch in einer alten israelitischen Überlieferung als »Zelt der Begegnung« erwähnt wird. Nur ein solches zerlegbares und leicht zu transportierendes Zeltheiligtum konnte nach Meinung des Verfassers die Israeliten auf ihrem Weg ins Kulturland begleiten. Auf der anderen Seite aber hat er den Jerusalemer Tempel vor Augen. So beträgt die Länge und Breite des hölzernen Innenraums genau die Hälfte der entsprechenden Maße des salomonischen Tempels; auch die Aufteilung des Innenraums in ein »Heiliges« und ein »Allerheiligstes« ist von dort entnommen.
Indem der Autor auf diese Weise seinem Zeltheiligtum die Gestalt und die kultische Ausstattung des späteren salomonischen Tempels gibt, führt er diesen Tempel auf die Begegnung Jahwes mit Mose zurück. Er will zeigen, daß Jahwe schon auf dem Sinai die Voraussetzungen für den Kult in Jerusalem geschaffen hat, daß also dieser Kult bis in alle Einzelheiten von Jahwe verfügt worden ist.

Die Wohnung sollst du aus zehn Zeltdecken herstellen; aus gezwirntem Byssus, violetter Purpurwolle, aus rotem Purpur, karmesinfarbigem Stoff mit Kerubim; wie sie ein Stoffwirker macht, sollst du sie fertigen. Die Länge jeder einzelnen Decke soll 28 Ellen betragen und vier Ellen die Breite; alle

---

40 »Tachaschhäute« waren wahrscheinlich die Häute einer bestimmten Delphinart.

Zelttücher sollen ein und dasselbe Maß haben. Fünf der Zeltbahnen sollen zusammengefügt sein, eine an der andern; die anderen fünf ebenso. Mache Schleifen aus violetter Purpurwolle an der Außenkante der einen Zeltbahn, die das Ende des zusammengesetzten Stückes bildet, und ebenso an der Außenkante der letzten Zeltbahn des zweiten zusammengesetzten Teiles. 50 Schleifen bringe an der einen Zeltbahn an, ebenso 50 Schleifen am Ende der Zeltdecke, die zum zweiten zusammengesetzten Stück gehört; die Schleifen sollen einander gegenüberstehen. Forme dann 50 Haken aus Gold und verbinde die Zeltdecken mit den Haken, eine mit der andern; so soll es eine einzige Wohnstätte werden.

Fertige sodann Zeltdecken aus Ziegenhaar für ein Zelt über der Wohnstätte; in einer Anzahl von elf Stück sollst du sie herstellen. Die Länge jeder einzelnen Zeltdecke soll 30 Ellen sein, und vier Ellen sei ihre Breite; alle elf Zeltdecken sollen ein und dasselbe Maß haben. Füge fünf zu einem Stück zusammen, ebenso die anderen sechs Zeltdecken zu einem Stück, lege dabei die Hälfte der sechsten Zeltbahn, die für die Vorderseite des Zeltes da ist, doppelt. Am Saume der letzten Zeltdecke des einen zusammengesetzten Stückes mache 50 Schleifen und ebenso am Zeltdeckensaum des zweiten zusammengesetzten Stückes. Sodann fertige 50 Haken aus Kupfer, hänge die Haken in die Schleifen ein und verbinde so die Zeltbahnen, daß es ein einziges Zelt werde. Den bei den Zeltbahnen überhängenden Teil, der überschüssig ist, lasse zur Hälfte an der Rückseite der Wohnstätte herabhängen. Eine Elle soll hüben und drüben auf den beiden Längsseiten der Wohnstätte herabhängen von dem, was an den Zeltdecken zu lang ist. Es soll die Wohnstätte bedecken. Endlich stelle für das Zelt eine rot gegerbte Decke aus Widderfellen her und oben darauf eine Decke aus Tachaschleder.

Danach fertige Bretter für die Wohnstätte; sie sollen aus Akazienholz sein und zum Aufstellen dienen. Zehn Ellen sei die Länge eines Brettes und eineinhalb Ellen seine Breite. Jedes Brett soll durch zwei Zapfen gegenseitig in Verbindung gebracht werden; so mache es mit allen Brettern der Wohnstätte. Für die Wohnstätte sollst du an Brettern 20 für die Südseite herstellen. Stelle auch 40 silberne Sockel her als Unterlage für die 20 Bretter, zwei Sockel als Unterlage eines Brettes für seine beiden Zapfen. Ebenso für die andere Längsseite der Wohnstätte, die Nordseite, 20 Bretter, dazu noch 40 silberne Fußsockel, zwei Sockel als Unterlage für ein Brett. Für die Rückseite der Wohnstätte, die nach Westen hin liegt, verfertige sechs Bretter. Und zwei Bretter stelle als Eckstücke für die Rückseite der Wohnstätte her. Sie seien unten und oben doppelt aufgebaut und sollen sich bei dem einen Ring treffen; sie mögen die beiden Ecken ausmachen. Es seien also acht Bretter, und ihre silbernen Fußgestelle sollen 16 betragen, nämlich je zwei Fußgestelle als Unterlage für ein Brett.

Verfertige einen Vorhang aus violetter Purpurwolle und rotem Purpur, karmesinfarbigem Stoff und gezwirntem Byssus; als Werk eines Stoffwirkers sollst du ihn mit Kerubimfiguren herstellen. Hänge ihn an vier Säulen aus vergoldetem Akazienholz – auch ihre Nägel sollen aus Gold sein –, die auf vier silbernen Sockeln stehen sollen. Bringe den Vorhang unterhalb der Haken an, und stelle dortselbst in den Raum hinter den Vorhang die Lade des Zeugnisses; der Vorhang soll euch als Scheidewand zwischen dem Heiligen und dem Allerheiligsten dienen. Setze die Deckplatte auf die Lade des Zeugnisses im Allerheiligsten. Stelle den Tisch außerhalb des Vorhangs auf, den Leuchter gegenüber dem Tisch auf der Südseite der Wohnstätte; den Tisch aber rücke gegen die Nordseite.

Für das Eingangstor des Zeltes stelle einen Vorhang aus violetter Purpurwolle, rotem Purpur, karmesinfarbigem Stoff und gezwirntem Byssus her in Buntwirkerarbeit! Für den Vorhang stelle fünf Säulen aus Akazienholz auf und überziehe sie mit Gold – auch ihre Nägel seien aus Gold – und gieße für sie fünf kupferne Sockel. (2 Mose 26, 1–25.31–37)

Die Einsetzung der Priester

Auf die Anweisung zur Errichtung des Heiligtums, seines Inventars und der Priestergewänder läßt die Priesterschrift die Bestimmungen über die Amtseinsetzung der Priester folgen. Das Priesteramt hat für dieses Erzählungswerk eine überragende Bedeutung: Es ist die einzige sakrale Institution, über die Jahwe mit Israel verkehrt. Die Priester allein vertreten Israel vor Gott, und ausschließlich durch die Priester handelt Jahwe an seinem Volk.

Das Priesteramt ist das älteste sakrale Amt in Israel und reicht sicher bis in die Anfänge des Jahweglaubens zurück. Das Ritual, das die Priesterschrift schon für die Amtseinsetzung der ersten Priester voraussetzt, entstammt jedoch erst der nachexilischen Zeit. Die Zurückführung auf die Sinaioffenbarung soll die unverbrüchliche Gültigkeit dieses Rituals ausdrücken.

Dies ist die Vorschrift, die du bei ihnen anwenden sollst, wenn du sie mir zum priesterlichen Dienst weihst[41]: Nimm einen Jungstier und zwei fehlerlose Widder und ungesäuerte Brote, mit Öl angerührte Ringbrote und ungesäuerte, mit Öl bestrichene Fladen; aus Weizenmehl sollst du sie herstellen. Lege sie in einen Korb und bringe sie im Korb herbei, dazu den Jungstier und die beiden Widder. Dann laß Aaron und seine Söhne an den Eingang des Offenbarungszeltes treten und wasche sie mit Wasser! Nimm die Gewänder und bekleide Aaron mit dem Leibrock, dem Obergewand des Ephod, dem Ephod selbst und dem Brustschild[42]; du sollst ihm mit einer Binde das Ephod festmachen. Setze ihm den Turban auf sein Haupt und befestige das heilige Stirnblatt am Turban. Nimm das Salböl, gieße es auf sein Haupt und salbe ihn. Alsdann laß seine Söhne herantreten und bekleide sie mit Leibröcken. Umgürte sie mit dem Gürtel und binde ihnen die Kopf-

---

41 Gemeint sind Aaron und seine Söhne.
42 Der »Ephod« und das »Brustschild« sind Teile der Priesterkleidung.

tracht um. So soll ihnen als ewig gültige Satzung das Priesteramt zufallen, und so sollst du die Hand Aarons und seiner Söhne füllen [43].

Laß den Jungstier vor das Offenbarungszelt bringen. Aaron und seine Söhne sollen ihre Hände auf den Kopf des Stieres stemmen [44]. Dann schlachte den Stier vor dem Herrn am Eingang des Offenbarungszeltes. Nimm von dem Stierblut und streiche davon mit deinem Finger an die Hörner des Altares. Alles übrige Blut aber gieße an den Fuß des Altares. Nimm dann das ganze Fett, das die Eingeweide bedeckt, sowie den Leberlappen und die beiden Nieren, auch das Fett daran, und laß es auf dem Altar in Rauch aufgehen. Das Fleisch des Jungstieres aber, sein Fell und seinen Mageninhalt sollst du im Feuer außerhalb des Lagers verbrennen; handelt es sich doch um ein Sühnopfer.

Hole dann den einen Widder; Aaron und seine Söhne sollen ihre Hände auf den Kopf des Widders legen. Schlachte darauf den Widder, nimm sein Blut und sprenge es ringsum an den Altar. Den Widder selbst zerlege in seine Teile, wasche seine Eingeweide und Unterschenkel und lege sie zu den anderen Teilen und zu seinem Kopf. Alsdann laß den ganzen Widder auf dem Altar in Rauch aufgehen; es ist ja ein Ganzopfer für Jahwe, ein lieblicher Wohlgeruch, ein Feueropfer für Jahwe.

Hole dann den zweiten Widder; Aaron und seine Söhne sollen ihre Hände auf den Kopf dieses Widders legen. Schlachte den Widder, nimm von seinem Blut und streiche davon an das rechte Ohrläppchen Aarons und seiner Söhne, an den Daumen ihrer rechten Hand und an die große Zehe ihres rechten Fußes; das andere Blut sprenge ringsum an den Altar. Nimm auch von dem Blut auf dem Altar und von dem Salböl und besprenge damit Aaron und seine Gewänder und auch seine Söhne und deren Gewänder. Er und seine Gewänder sollen geweiht sein und mit ihm auch seine Söhne und deren Gewänder. Dann nimm von dem Widder das Fett, und zwar den Fettschwanz und das Fett, das die Eingeweide bedeckt, den Leberlappen, die beiden Nieren und das Fett daran und die rechte Keule – denn es handelt sich um einen Weihewidder –, dazu ein rundes Brot, ein mit Öl zubereitetes Ringbrot und einen Fladen aus dem Korb der ungesäuerten Brote, der vor dem Herrn steht. Dies alles lege Aaron und seinen Söhnen auf die Hände und laß sie es hin und her schwingen als Weihegabe vor dem Herrn. Sodann nimm ihnen alles wieder aus den Händen und laß es auf dem Altar als Ganzopfer in Rauch aufgehen zu einem lieblichen Wohlgeruch vor Jahwe; ein Feueropfer ist es für Jahwe.

Nimm alsdann den Einweihungswidder und koche sein Fleisch an heiliger Stätte. Aaron und seine Söhne sollen das Widderfleisch und das Brot im

---

[43] Die »Hand füllen« ist alttestamentlicher Fachausdruck für die Amtseinsetzung eines Priesters.

[44] Mit dem »Aufstemmen« ihrer Hände gehen die Opfernden eine geheimnisvolle, enge Verbindung zu dem Opfertier ein.

Korb am Eingang des Offenbarungszeltes essen. Sie sollen also das essen, womit für sie die Sühne vollzogen wurde, um sie ins Priesteramt einzusetzen und sie zu heiligen; kein Außenstehender darf davon essen, denn es ist heilig. Wenn aber von dem Fleisch des Einsetzungsopfers und von dem Brot etwas bis zum Morgen übrigbleibt, dann sollst du das Übriggebliebene im Feuer verbrennen; man darf es nicht mehr genießen; denn es ist heilig. Also tue mit Aaron und seinen Söhnen, genau, wie ich es dir geboten habe; sieben Tage lang sollst du ihre Amtseinsetzung durchführen. (2 Mose 29, 1–25.31–35)

E. Israels Erzväter

Ebenso wie die Erzählungen von der Herausführung aus Ägypten, der Wüstenwanderung, der Landnahme und der Sinaioffenbarung waren auch die Erzählungen von den Erzvätern Abraham, Isaak und Jakob ursprünglich einmal selbständig. Man erkennt es daran, daß sie nichts von Israel als Volk und nichts von der Offenbarung der Rechts- und Kultordnungen wissen, auch nichts davon wissen, daß Jahwe ein »Kriegsheld« sei. Die Erzvätergeschichten sind beheimatet in der Welt der nomadischen Großfamilie, die in der Gemeinschaft des Zeltes zusammenlebt und ihren Herden von Weideplatz zu Weideplatz folgt. Alles Geschehen dreht sich um Mensch und Tier, um Mann und Frau, um Eltern und Kinder; alle Erwartungen sind auf die Nachkommenschaft gerichtet: auf den männlichen Erben, von dem die Fortexistenz der Familie abhängt, und auf die Vermehrung der Herden, die den Lebensunterhalt sichert.

Aus dieser Welt stammen auch die Gotteserfahrungen, von denen die Erzvätergeschichten sprechen. Verglichen mit dem Meerwunder, der Sinaioffenbarung oder der Landnahme unter Josua wirkt das Handeln Gottes an den Erzvätern verhaltener und weniger dramatisch, dafür aber um so menschlicher. Es scheint, als sei Jahwe hier dem Alltäglichen, dem Menschlich-Allzumenschlichen näher als dort.

Wer waren Abraham, Isaak und Jakob, diese drei Männer, denen Israel einen so bedeutenden Platz am Anfang seiner Geschichte eingeräumt hat? Vermutlich sind sie Stammesführer von Nomadenverbänden gewesen, deren Erinnerung von ihren Nachkommen mit ins Kulturland hineingebracht wurde. In der Erzvätergeschichte erscheinen sie zwar als Vater, Sohn und Enkel, ursprünglich aber haben sie nichts miteinander zu tun gehabt. Jeder hatte nur für eine einzelne Nomadensippe Bedeutung: Abraham für die Abraham-Sippe, Isaak für die Isaak-Sippe, Jakob für die Jakob-Sippe. Erst als die verschiedenen Einwanderergruppen im Kulturland zusammenwuchsen, sind auch ihre einzelnen Vätergestalten in einer Ahnenreihe vereinigt worden.

Die wissenschaftliche Erforschung der Erzväterüberlieferung hat überraschenderweise gezeigt, daß die Erzväter gar keine Jahweverehrer waren. Sie sind es erst nachträglich geworden, als die Überlieferungen von ihnen in das gesamtisraelitische Geschichtsbild eingeordnet wurden. Die Götter, denen die Erzväter dienten, hatten keine Eigennamen. Man nannte sie nach dem Namen dessen, dem sie sich zuerst offenbart hatten und von dem sie zuerst als Gott verehrt worden waren. Sie hießen der »Gott Abrahams«, der »Schrecken Isaaks« und der »Starke Jakobs«. Schon dieser Art der Benennung zeigt, wie eng die Vätergötter an eine bestimmte menschliche Gemeinschaft und deren Geschichte gebunden sind. Wer diese Götter anrufen will, wer von diesen Göttern erzählen will, muß von dem erzählen, was seinen Vätern widerfahren ist, muß sich zu dem Weg seiner Vorfahren bekennen, muß sich in die von ihnen ausgehende Überlieferung hineinstellen; anders kann er diese Götter gar nicht benennen.

Der Vätergott-Glaube ist später, in dem gleichen Maße, wie die Verehrer der Vätergötter in das Zwölf-Stämme-Volk hineinwuchsen, vom Jahweglauben Israels absorbiert worden. Mit der Gleichsetzung zwischen Jahwe und den Vätergöttern hat sich Israel als Ganzes zu der Geschichte der Vätergott-Verehrer bekannt, d. h. ihre Väter zu Erzvätern aller Israeliten werden lassen. Die so entstehende gesamtisraelitische Deutung der Erzväterüberlieferung hat deren ursprünglichen Gültigkeitsbereich beträchtlich erweitert. Andererseits ist auch die Geschichte Israels durch die neu hinzugewonnenen Ahnherrn um eine ganze Dimension bereichert worden, denn durch die Erzväter gewann man erstmals ein Wissen davon, wie denn Jahwe in der Zeit vor Mose, vor der Herausführung aus Ägypten und der Sinaioffenbarung gehandelt habe.

Allerdings ließen sich die Erzvätererzählungen nicht ganz reibungslos mit den anderen Überlieferungen der Frühzeit verbinden. Der Kern der Erzväterüberlieferung besteht nämlich in dem Satz, daß die Vätergötter den Vätern den Besitz des ersehnten Kulturlandes und eine reiche Nachkommenschaft verheißen haben. Diese Überlieferung ist also ursprünglich einmal eine Landnahmeüberlieferung gewesen, die davon erzählt hat, wie die Väter in den Besitz des Landes gekommen sind. Die Vätergötter der Nomadenzeit sind wohl auch nur deshalb von den Nachkommen der Väter im Kulturland weiterhin verehrt worden, weil sich ihre Verheißungen wirklich erfüllt hatten.

Wie sollte nun Israel diese Landnahme, die den Vätern von ihren Göttern verheißen worden war, damit in Einklang bringen, daß Jahwe es gewesen war, der Israel in das Land hineingeführt hatte? Zunächst werden die beiden parallelen Landnahmeüberlieferungen unabhängig voneinander bei verschiedenen Einwanderungsgruppen gepflegt worden sein. Später jedoch, als man lernte, Jahwe und die Vätergötter zusammenzusehen, mußten sie in Konkurrenz zueinander treten. Die entstandene Spannung ist dann durch die etwas komplizierte Vorstellung ausgeglichen worden, daß Jahwe zwar als Gott der Väter die Ahnen schon einmal nach Palästina hineingeführt hat, daß aber die

Landnahmeverheißung damit nur in einem *vorläufigen* Sinne in Erfüllung gegangen sei. Jakob, der letzte Erzvater, muß das verheißene Land wieder verlassen und nach Ägypten ziehen. Erst dort, wo aus seinen Nachkommen ein zahlreiches und starkes Volk wird (vgl. oben S. 25), beginnt dann die Geschichte, die auf die *endgültige* Erfüllung der Landnahme unter Josua hinführt. Israel hat in der Verheißung, die den Erzvätern gegeben wurde, mehr gesehen, als was an den Erzvätern selbst in Erfüllung gegangen war. Die anderen Überlieferungen aus der Frühzeit Israels sind alle mit in die Erzväterverheißung einbezogen worden, so daß deren Erfüllung sich immer weiter hinausverlagerte, bis schließlich die verschiedenen Einzelerzählungen von den Erzvätern, von Ägypten, vom Sinai, von der Wüstenwanderung und von der Landnahme unter Josua sich unter dem Spannungsbogen von Verheißung und Erfüllung zu einem einzigen großen Heilsgeschehen zusammenfügten. Aus der Erzväterüberlieferung hat Israel das Leitmotiv seiner Geschichte gewonnen, nämlich das Motiv der Verheißung.

Zum Schluß unserer Einleitung noch eine Bemerkung zum formalen Charakter der Erzväterüberlieferung. Auch sie besteht aus vielen ursprünglich selbständigen Einzelerzählungen von räumlich und zeitlich verschiedenem Herkommen. Die einen stammen ganz aus dem Süden Palästinas, die andern waren im Ostjordanland beheimatet; die einen reichen bis in die Nomadenzeit zurück, gehören also wirklich in die Zeit, von der sie berichten wollen; die andern hingegen sind erst Jahrhunderte später, in der Epoche Davids und Salomos entstanden, als die Überlieferung von den Erzvätern bereits zum Gegenstand theologischer Meditation und künstlerischen Gestaltens geworden war.

Der Leser muß daher zunächst einmal die Einzelerzählungen aus sich und ihrer Umwelt heraus verstehen lernen. Danach aber muß dann auch zur Geltung kommen, daß die Einzelgeschichten ja nicht einfach beziehungslos nebeneinander gestellt worden sind. Schon sehr früh wurden alle Abrahamerzählungen, alle Isaakerzählungen und alle Jakoberzählungen zusammengetragen. In einem zweiten Schritt hat man dann diese drei Erzählungskreise zu der uns vertrauten Geschichte von Vater, Sohn und Enkel aneinandergefügt. Die Komposition dieses großen Ganzen ist also eine selbständige Leistung von Sammlern und Redaktoren, die eigene Aufmerksamkeit verdient. In der Regel haben die Sammler zwar wie gute Treuhänder das überlieferte Gut unverändert weitergereicht, an einigen Stellen aber haben sie Ergänzungen vorgenommen, und in ganz seltenen Fällen auch einmal selbst zur Feder gegriffen. Wollen wir verstehen, wie die Erzvätergeschichte in ihrer Endfassung gelesen werden will, dann müssen wir also insbesondere auf die Zuordnung der Einzelerzählungen und auf die redaktionellen Zwischenstücke achten.

1. Abraham, Lot und Isaak

Die Erzählungen von *Abraham* sind ursprünglich bei jenen Stämmen beheimatet gewesen, die am Südrand des palästinischen Kulturlandes seßhaft geworden waren. Auch die *Isaak*überlieferung stammt aus dem Bereich dieser Südstämme. Vermutlich hat die räumliche Nähe der beiden Überlieferungen dazu geführt, daß sie sich miteinander vermischt haben und daß ihre beiden Hauptfiguren sehr früh als Vater und Sohn einander zugeordnet wurden.

Außerdem hat man beide Überlieferungen noch um andere Stoffe bereichert, wie etwa um die Erzählung von Lot und Ismael. Die Gestalt *Lots* war in der Umgebung des Toten Meeres zu Hause. Ähnlich wie Isaak zum Sohn Abrahams ist Lot zum Neffen Abrahams geworden. *Ismael* war anscheinend der Ahnherr eines Sippenverbandes, der enge Beziehungen mit den Isaak-Leuten unterhielt. Die Verbundenheit der beiden Sippenverbände hat Ismael zum Halbbruder Isaaks werden lassen; zusammen mit diesem ernannte man dann auch ihn zum Sohn Abrahams.

Die Überlieferungen von Abraham und Isaak, von Lot und Ismael wurden zur Geschichte einer einzigen Familie miteinander verknüpft. Das besondere Interesse der Gesamterzählung gilt dem Ahnherrn dieser Familie, Abraham. In den übrigen Gestalten spiegelt sich, in positiver oder negativer Weise, lediglich der verschlungene Weg der Abraham zuteil gewordenen Verheißung. Israel hat in seinem ersten Erzvater zwar keinen Idealmenschen gesehen, den es nachzuahmen gälte, wohl aber einen Menschen, der die Wirklichkeit Gottes in einer einzigartigen Dichte erfahren hat. Mit ihm hat alles begonnen: die *Erwählung* durch Gott, aber auch die *Versuchung* durch ihn, der *Glaube* an ihn, aber auch der *Ungehorsam* gegen ihn. Es ist, als ob Abraham in seinem Leben schon einmal im voraus alle Höhen und Tiefen der Geschichte des Gottesvolkes ausgemessen hätte.

Verheißung und Auszug

Die Erzvätergeschichte beginnt mit einer ungeheuren Zumutung: Jahwe greift sich aus der Vielzahl der Völker einen einzelnen Menschen heraus und verlangt von ihm, er solle seine Heimat verlassen, um in ein Land zu ziehen, von dem er nicht mehr erfährt, als daß Jahwe es ihm zeigen werde. Zugleich aber wird diesem einzelnen, aus allen sichernden Lebensbedingungen Herausgerissenen eine unermeßlich große Verheißung mit auf den Weg gegeben: Er, Abraham, soll zur Quelle des Segens für alle Völker werden.

Gegenüber der Fülle dieser Verheißung wirkt das erste Stück auf seinem Wege geradezu trostlos. Er kommt nach Sichem – aber dort sitzen bereits die Kanaanäer; er zieht nach Betel und dann weiter, ohne ein bestimmtes Ziel, nach Süden. Lediglich zwei Altäre deuten die Spur der göttlichen Verheißung an. – Der Abschnitt gehört nicht zum alten Erzählungsgut, sondern ist vom Jahwisten frei gestaltet worden. Ihm war es darum zu tun, gleich am Anfang die Verheißung in einer Größe und Fülle erscheinen zu lassen, die weit über das hinausweist, was an dem Erzvater Abraham in Erfüllung gegangen ist.

Und Jahwe sprach zu Abram [45]: »Zieh hinweg aus deiner Heimat, aus deiner Verwandtschaft und aus deinem Vaterhause in ein Land, das ich dir zeigen werde. Ich will dich zu einem großen Volke machen und dich segnen und deinen Namen groß machen; sei du ein Segen! Segnen will ich, die dich segnen, und wer dich verflucht, dem will auch ich fluchen. In dir sollen alle Geschlechter der Erde gesegnet sein.«

Abram brach auf, wie Jahwe ihm geboten hatte, und Lot zog mit ihm. Abram stand damals im Alter von 75 Jahren, als er von Charan auszog. Abram nahm seine Frau Sarai und seinen Neffen Lot, ferner allen Herdenbesitz, den sie erworben hatten, und alle Leute, die sie in Charan gewonnen hatten. Sie brachen auf, um ins Land Kanaan zu ziehen; und sie kamen ins Land Kanaan. Abram durchzog das Land bis zum Ort Sichem zur Orakelterebinthe. Damals waren die Kanaaniter im Lande. Jahwe erschien dem Abram und sprach: »Deinen Nachkommen will ich dieses Land geben.« Jener baute dort einen Altar für Jahwe, der ihm erschienen war. Von da rückte er weiter dem Gebirge zu, östlich von Betel. Hier schlug er sein Zelt auf, Betel im Westen, Ai im Osten. Sodann baute er Jahwe einen Altar und rief den Namen Jahwes an. Abram zog immer weiter und weiter dem Südland zu.

(1 Mose 12, 1–9)

Die Trennung

Die Erzählung vom Auseinandergehen Abrahams und Lots bereitet die spätere Geschichte vom Untergang Sodoms vor. Die Loterzählungen bilden eine Art Gegengeschichte zu der Geschichte Abrahams; an ihnen wird negativ deutlich, wie sehr die Verheißung Jahwes auf den *einen* Mann Abraham konzentriert ist: Nicht einmal der nahe Blutsverwandte hat Anteil an ihr. Er glaubt das bessere Teil zu erwählen, aber diese Wahl wird ihn ins Verderben führen.

Abram war sehr reich an Vieh, an Silber und Gold. Er zog Strecke um Strecke vom Südland nach Betel, und zwar dorthin, wo zu Anfang sein Zelt war, zwischen Betel und Ai an den Ort des Altars, den er zuerst dort errichtet hatte; dort rief Abram den Namen Jahwes an. Aber auch Lot, der mit Abram gezogen war, hatte Kleinvieh, Rinder und Zelte. Das Land reichte nicht aus, sie beieinander wohnen zu lassen; denn ihr Besitz war zu groß, als daß sie hätten beisammen wohnen können. Ein Streit war zwischen den Hirten Abrams und denen Lots ausgebrochen; auch wohnten damals noch die Kanaaniter und Perisiter im Lande. Da sprach Abram zu Lot: »Es soll doch kein Streit sein zwischen mir und dir, zwischen meinen und deinen Hirten; denn wir sind ja Brüder. Liegt nicht das ganze Land vor dir? Trenne dich

---

45 Die Namen des ersten Erzvaters und seiner Hauptfrau sind in zwei verschiedenen Formen überliefert worden: Abram oder die Dehnform Abraham, Sarai oder Sara.

doch von mir; gehst du nach links, so gehe ich rechts; wenn du nach rechts gehst, so gehe ich links.« Da erhob Lot seine Augen. Er sah, daß das ganze Jordangelände vollständig bewässert war (es war, bevor der Herr Sodom und Gomorra zerstörte) wie der Garten Jahwes, wie das Land Ägypten, bis hin nach Zoar [46]. Da wählte sich Lot das ganze Jordangelände. Er brach auf nach Osten, und so trennten sie sich voneinander. Abram wohnte nunmehr im Land Kanaan, Lot dagegen in den Städten des Gaues. Er schlug seine Zelte bis nach Sodom hin auf. Die Leute von Sodom aber waren böse und schwere Sünder vor Jahwe.

Jahwe sprach zu Abram, nachdem sich Lot von ihm getrennt hatte: »Erhebe deine Augen und schau vom Orte aus, auf dem du stehst nach Norden, Osten und Westen. Denn das ganze Land, das du siehst, will ich für alle Zeit dir und deinen Nachkommen schenken. Deine Nachkommen will ich so zahlreich machen wie den Staub der Erde. Kann jemand den Staub der Erde zählen, so wird sich auch deine Nachkommenschaft zählen lassen. Wohlan! Durchziehe das Land in seiner Länge und Breite; denn dir will ich es schenken.« Abram kam, schlug sein Zelt auf und wohnte bei der Terebinthe von Mamre bei Hebron [47]; er baute daselbst einen Altar für Jahwe.

(1 Mose 13, 2–18)

Abrahams Gerechtigkeit

Über den Beginn der Geschichte Gottes mit Abraham gibt es noch eine zweite Überlieferung, die uns in der elohistischen Quellenschrift erhalten ist. Ihr zufolge ist das Verhältnis zwischen Gott und dem Erzvater nicht primär, wie beim Jahwisten, auf die Landverheißung und die Verheißung des Segens für die Völker, sondern auf die Verheißung der Nachkommenschaft gegründet worden. Abraham ist kinderlos, als er sich auf den Weg macht, und zweifelt darum an dem Sinn seines Aufbruchs. In diesen Zweifel stellt Gott die Nachkommenverheißung hinein.

Nach diesen Begebenheiten erging Jahwes Wort in einem Gesicht an Abram: »Fürchte dich nicht, Abram; ich verleihe dir deinen überreichen Lohn.« Abram antwortete: »Herr, Jahwe, was wirst du mir geben, da ich doch kinderlos davonziehe und der Verwalter meines Hauses Elieser ist?« Abram fuhr fort: »Nachkommenschaft hast du mir ja keine gegeben; siehe, mein Leibeigener wird mich beerben.« Aber da erging Jahwes Wort an ihn: »Nicht dieser wird dein Erbe sein, sondern ein leiblicher Sohn von dir wird dich beerben.« Er führte ihn hinaus ins Freie und sprach: »Schau doch auf zum

---

46 Die alten Erzähler vermuteten, daß das Tote Meer und seine Umgebung einstmals eine fruchtbare Ebene waren.

47 Die »Terebinthe von Mamre« war ein vorisraelitisches Baumheiligtum in der Nähe der alten kanaanäischen Stadt Hebron auf der Höhe des judäischen Gebirges. Noch im 5. nachchristlichen Jahrhundert ist die Stätte ihrer besonderen Heiligkeit wegen von Juden, Arabern und Christen in gleicher Weise verehrt worden.

Himmel und zähle die Sterne, wenn du sie zählen kannst!« Und er versicherte ihm: »So wird deine Nachkommenschaft sein.« Er aber glaubte an Jahwe, und dieser rechnete es ihm als Gerechtigkeit an [48].

(1 Mose 15, 1–6)

Gottes Bundesschluß mit Abraham

Die Erzählung von dem nächtlichen Bundesschluß Gottes mit Abraham ist höchst altertümlich; sie dürfte bis in die Väterzeit selbst zurückgehen. Auch diese Erzählung zielt auf den Anfang der Geschichte Gottes mit dem Erzvater, nur wird der Anfang nicht, wie im vorigen Text, durch die Nachkommenverheißung, sondern durch die Landverheißung gesetzt. Die Verheißung wird in ein reales Handeln Gottes eingebettet, das für einen Zweifel Abrahams gar keinen Raum läßt.

Dann sprach er zu ihm: »Ich bin Jahwe, der dich aus Ur in Chaldäa geführt hat, um dir dies Land zum Erbteil zu geben.« Dieser aber antwortete: »Herr, Jahwe, woran soll ich erkennen, daß ich es erben werde?« Er sprach zu ihm: »Hole mir ein dreijähriges Kalb, eine dreijährige Ziege, einen dreijährigen Widder, eine Turtel- und eine Jungtaube.« Alle diese Tiere holte er. Er teilte sie in der Mitte und legte die Hälften einander gegenüber; nur die Vögel teilte er nicht [49]. Da stießen Raubvögel auf die Tierleichen herab. Abram scheuchte sie fort [50]. Die Sonne war eben am Untergehen, da fiel ein Tiefschlaf auf Abram [51]. Auch Angst und große Dunkelheit lasteten auf ihm. Die Sonne war untergegangen; stockfinster war es geworden. Da zeigten sich ein rauchender Backofen und eine Feuerflamme, die zwischen jenen Fleischstükken hindurchfuhr [52]. An jenem Tage schloß Jahwe mit Abram einen Bund:

---

48 Der Erzähler bricht die Darstellung auf dem Höhepunkt des Geschehens ab; den Schluß konstatiert er wie ein Außenstehender. Dabei läßt er dem Ereignis eine ganz grundsätzliche Bewertung zuteil werden, die das Verhalten des Erzvaters als beispielhaft hinstellen soll: »Glauben« meint nach alttestamentlichem Sprachgebrauch ein Sicheinlassen, ein Vertrauen auf die Zusage eines anderen. »Gerechtigkeit« kommt jemandem zu, der sich einem bestehenden Gemeinschaftsverhältnis gegenüber richtig einstellt. Ein solches Gemeinschaftsverhältnis hat Gott durch seine Verheißung gestiftet; Abraham geht darauf ein, das heißt: er ist »gerecht«.

49 Die Vorbereitungen sind Teil eines Bundesschlußrituals, das ähnlich auch bei andern Völkern des Alten Orients bekannt war. Die Vertragspartner mußten durch die zerteilten Tiere hindurchgehen, womit anscheinend eine Art Selbstverwünschung vollzogen wurde: Für den Fall, daß einer den Bund brechen würde, sollte es ihm ebenso ergehen wie den Tieren.

50 Die Raubvögel hat der Erzähler wohl im Sinne einer Bedrohung des Bündnisses verstanden.

51 Der »Tiefschlaf« ist als eine Art Wunderschlaf gedacht, der die natürlichen Sinnesorgane ausschaltet, dafür aber den Menschen in ein Wachsein höherer Art versetzt.

52 Die beiden sonderbaren Phänomene sind Anzeichen der Gegenwart Gottes; ihr Verhältnis zu Gott selbst wird aber nicht näher festgelegt.

»Deinen Nachkommen werde ich dieses Land geben, vom Strom Ägyptens bis zum großen Euphratstrome, nämlich die Keniter, die Kenissiter, die Kadmoniter, die Hethiter, die Perisiter, die Rephaiter, die Amoriter, die Kanaaniter, die Girgasiter und die Jebusiter.« (1 Mose 15, 7–12.17–21)

Gottes Einkehr bei Abraham

Hinter der Erzählung von dem Besuch der drei Männer bei Abraham in Mamre steht ein Sagenmotiv, das in der Antike weit verbreitet war: Die Götter weilen unerkannt unter den Menschen, um ihre Gastfreundschaft zu erproben und sie entsprechend zu belohnen oder zu bestrafen. Israel hat eine solche Sage über die Erscheinung dreier himmlischer Wesen wahrscheinlich bei seinen kanaanäischen Nachbarn kennengelernt und von dort auf Jahwe übertragen. Wie sehr die alte Erzählung noch durch ihre israelitische Ausformung hindurchschimmert, sieht man daran, daß die Gäste bald als drei selbständige Personen, bald als die gemeinsame Verkörperung der einen Person Jahwes erscheinen. Vielleicht hat der israelitische Erzähler diese Spannung bewußt nicht ausgleichen wollen, damit Jahwe nicht nur für Abraham und Sara, sondern auch für den Hörer und Leser unerkannt im dunkeln bleibe. Die Erzählung gipfelt in der Verheißung eines Sohnes an Abraham. Vielleicht wollte sie ursprünglich so verstanden sein, daß Abraham hier erstmals von Jahwe diese Zusage erhalten hat. An ihrer jetzigen Stelle im Zusammenhang der Abrahamgeschichte führt sie das zuvor bereits mehrfach angeklungene Sohnes-Motiv zu einem Höhepunkt: In einem Augenblick, in dem nach menschlichem Ermessen nicht einmal mehr die natürlichen Voraussetzungen dazu gegeben sind, wird Abraham ein Termin für die Geburt eines Sohnes genannt. Die Spannung zwischen der göttlichen Verheißung und der tatsächlichen Lage der Verheißungsempfänger wird damit ins Unerträgliche gesteigert. Im Lachen der Sara und im Schweigen Abrahams findet diese Spannung beredten Ausdruck.

Es erschien ihm aber Jahwe bei der Terebinthe von Mamre; er saß gerade an dem Zelteingang zur heißen Tageszeit. Als er seine Blicke erhob, siehe, da standen drei Männer vor ihm. Sobald er sie erblickte, lief er ihnen vom Zelteingang entgegen und beugte sich tief zur Erde nieder. Er sprach: »Meine Herren, habe ich Gunst vor euch gefunden, so eilt doch nicht an eurem Knecht vorüber. Es werde ein wenig Wasser geholt; wascht eure Füße und ruht unter den Bäumen aus. Ich hole einen Bissen Brot; labt euch dann und wandert nachher weiter; denn darum seid ihr ja bei eurem Knechte vorbeigekommen.« Sie sprachen: »Tue, wie du gesagt hast.« Da eilte Abraham in das Zelt zu Sara und sprach: »Eile doch! Nimm drei Maß Mehl, und zwar Weizengrieß, knete es und backe Kuchen.« Abraham lief zur Rinderherde, suchte sich ein zartes und schönes Jungrind und gab es dem Knechte; der beeilte sich, es zu bereiten. Er holte Sahne und Milch und das hergerichtete Jungrind und setzte es ihnen vor. Er selbst wartete ihnen auf unter den Bäumen, während sie aßen.

Dann fragten sie ihn: »Wo ist deine Frau Sara?« Er antwortete: »Hier im Zelt.« Darauf sagte er: »Gewiß werde ich dich übers Jahr wiederum besuchen; dann hat deine Frau Sara einen Sohn.« Sara aber horchte im Zelteingang hinter ihm. Abraham und Sara waren alt, vorgerückt an Tagen: Sara ging es nicht mehr nach der Frauen Regel. Sara lachte in sich hinein und dachte: »Ich bin doch verblüht; da soll mir noch Liebeswonne werden? Und auch mein Gatte ist schon ein Greis.« Jahwe sprach zu Abraham: »Warum hat Sara denn gelacht und gedacht: ›Soll ich wahrhaftig noch gebären, da ich doch alt bin?‹ Ist für Jahwe etwas unmöglich? Übers Jahr zur festgesetzten Zeit kehre ich zu dir zurück; dann hat Sara einen Sohn.« Sara versuchte zu heucheln und sprach: »Ich habe nicht gelacht.« Denn sie fürchtete sich. Er aber sprach: »Doch, du hast gelacht.«[53] Von dort erhoben sich die Männer und wandten sich nach Sodom. Abraham ging mit ihnen, sie zu geleiten.

(1 Mose 18, 1–16)

Hagar

Entgegen Gottes Verheißung blieb Abraham zunächst ohne Kinder. Hatte Jahwe etwa seine Verheißung zurückgenommen? Dies ist die unausgesprochene Frage, mit der die Erzählung von Hagar einsetzt. Sie zeigt die Verheißungsträger, Abraham und Sara, im Begriff, ihr Schicksal selbst in die Hand zu nehmen.

Die Erzählung geht von einer im altorientalischen Recht nicht unbekannten Praxis aus. Wenn eine Frau keine eigenen Kinder bekam, konnte sie ihrem Mann ihre persönliche, von ihr mit in die Ehe gebrachte Sklavin zur Nebenfrau geben. Das aus einer solchen Verbindung hervorgegangene Kind galt als rechtmäßiges Kind der Herrin. Im Falle Abrahams läuft dieser an sich legitime Vorgang, wie die daraus entstehenden Verwicklungen erkennen lassen, dem Willen Jahwes zuwider. Der Fortgang der Erzählung läßt keinen Zweifel an Jahwes Urteil über die Eigenmächtigkeit der Abraham-Familie: Wohl steht auch das Kind der Hagar unter seinem Schutz, aber der Erbe der Verheißung ist es nicht. Alles ist wieder ebenso offen wie am Anfang.

Sarai aber hatte eine ägyptische Magd; die hieß Hagar. Sarai sprach zu Abram: »Sieh nur, Jahwe hat mir Kindersegen verwehrt[54]; gehe also zu meiner Magd, vielleicht lebe ich durch sie in einem Kinde weiter.« Abram folgte dem Wunsche der Sarai. Er ging zu Hagar. Sie empfing, und als sie das merkte, verlor ihre Herrin die Achtung in ihren Augen. Da sprach Sarai zu Abram: »Das Unrecht, das ich leide, komme auf dich! Ich gab dir meine Magd an deine Brust. Als sie aber merkte, daß sie empfangen hatte, verlor ich die Achtung in ihren Augen; Jahwe richte zwischen mir und dir!« Abram antwortete der Sarai: »Siehe, deine Magd ist in deiner Hand, tu mit ihr, was dich gut dünkt.« Da nun Sarai sie hart behandelte, entfloh sie ihr.

Aber der Engel Jahwes[55] fand sie am Wasserquell in der Wüste, an jener

---

53 Der viermalige Hinweis auf das Lachen Saras deutet bereits auf den Namen »Isaak« hin, aus dem hebräische Ohren das Wort »lachen« heraushören konnten.

54 Kinderlosigkeit galt in Israel und im übrigen Alten Orient als das schlimmste Los, das eine Frau treffen konnte. Es kam einer Strafe Gottes gleich.

55 Das meist mit »Engel« übersetzte Wort bezeichnet im Hebräischen einfach den »Boten«. Die »Boten Jahwes« hat sich Israel menschengestaltig vorgestellt. Sie verkörpern die hilfreiche Hinwendung Jahwes zu seinem Volk. Zuweilen wird, so auch

Quelle, die auf dem Wege nach Schur liegt. Er sprach: »Hagar, Magd der Sarai, woher kommst du und wohin gehst du?« Sie antwortete: »Vor meiner Herrin Sarai bin ich auf der Flucht.« Da sagte der Engel Jahwes zu ihr: »Kehre zu deiner Herrin zurück und sei ihr gefügig!« Und der Engel Jahwes fuhr fort: »Überaus zahlreich will ich deine Nachkommenschaft machen, so daß sie vor Menge nicht gezählt werden kann.« Ferner sprach der Engel Jahwes zu ihr: »Siehe, du hast empfangen und wirst einen Sohn gebären, Ismaęl sollst du ihn heißen; denn ›Jahwe hat dein Elend erhört‹ [56]. Ein Wildeselmensch wird er werden; seine Hand wird gegen jedermann und jedermanns Hand gegen ihn sein. Allen seinen Brüdern wird er auf der Nase sitzen.« Sie rief den Namen Jahwes an, der mit ihr geredet hatte: »Du bist der Gott des Schauens!« Denn sie sprach: »Habe ich hier nicht den gesehen, der mich sah?« Darum nennt man den Brunnen »Brunnen des Lebendigen, der mich sieht«. Er liegt zwischen Kades und Bared [57]. (1 Mose 16, 1 f. 4–14)

Noch einmal Hagar

Die Überlieferung von der Vertreibung Hagars ist uns noch in einer zweiten Fassung erhalten, die in die elohistische Erzählung von der Geburt Isaaks verwoben worden ist. In den Grundzügen stimmen beide Fassungen überein, die elohistische Version wirkt jedoch im ganzen vergeistigter als ihre jahwistische Parallele. Das Besondere des Geschehens wird jetzt ins Typische erhoben. Der Tenor der Erzählung lautet nicht mehr: So hat Jahwe einst an Abraham und seiner Familie gehandelt, sondern: Seht, auf welche Weise Gott seine Pläne verwirklicht.

Die Erzählung wendet sich betont an die Anteilnahme der Zuhörer und Leser. Mit sparsamsten Mitteln weiß der Erzähler Spannung zu erzeugen: der geringe Proviant, mit dem Hagar ins Ungewisse zieht, ihre Verzweiflung angesichts des baldigen Todes ihres Kindes. Mit alledem werden die Hörer aufs stärkste angesprochen und unmittelbar in das Geschehen einbezogen.

Jahwe aber nahm sich der Sara an, wie er verheißen hatte; er tat an ihr, wie er gesprochen. Sara empfing und schenkte dem Abraham in seinem Greisenalter einen Sohn. Da sprach Sara: »Ein Lachen hat mir Gott geschaffen; jeder, der davon vernimmt, wird meinetwegen lachen.« [58] Sie fuhr fort: »Wer hätte je dem Abraham vorausgesagt, daß Sara noch Kinder stillen wird?

---

in der Hagarerzählung, nicht genau zwischen Jahwe und seinem »Boten« unterschieden, letzterer wird damit zu der dem Menschen sichtbaren Erscheinungsform Jahwes.

56 Ismael (»Gott hat erhört«) galt als Stammvater der Ismaeliter. Dieser Beduinenstamm lebte in der Steppe südlich des palästinischen Kulturlandes und stand anscheinend in enger Beziehung zu dem Quellenheiligtum Beer-Lahai-Roi (»Brunnen des Lebendigen, der mich sieht«).

57 Die beiden Sätze versuchen, die Namen der Quelle und der Gottheit aus den Worten der Hagar zu deuten.

58 Die beiden Sätze spielen mit dem Stichwort »lachen« auf den Namen Isaak an. »Isaak« bedeutet wörtlich »Er (= Gott) möge lachen«.

Dennoch habe ich ihm in seinem Greisenalter einen Sohn geboren.« Das Kind wuchs heran und wurde entwöhnt. Abraham veranstaltete am Tage von Isaaks Entwöhnung ein großes Festmahl [59].

Da sah Sara den Sohn, den die Ägypterin Hagar dem Abraham geboren hatte, wie er mit ihrem Sohn Isaak scherzte [60]. Sie sprach zu Abraham: »Vertreibe diese Magd und ihren Sohn; denn der Sohn dieser Magd darf nicht zusammen mit meinem Sohn Isaak erben!« Das mißfiel Abraham sehr um seines Sohnes willen. Gott sprach zu Abraham: »Mache dir um des Knaben und deiner Magd wegen keine Sorgen. Gehorche der Sara in allem, was sie dir sagt; denn nach Isaak wird deine Nachkommenschaft ihren Namen erhalten. Aber auch den Sohn der Magd will ich zu einem großen Volke machen; denn auch er ist ja dein Sproß.« Früh am Morgen stand Abraham auf, nahm Brot und einen Schlauch mit Wasser. Er gab alles der Hagar, indem er es auf ihre Schultern legte, dazu das Kind, und er schickte sie weg. Sie ging und irrte in der Steppe von Beerseba umher. Als das Wasser im Schlauche aufgebraucht war, warf sie das Kind unter einen der Steppensträucher. Sie ging hin und setzte sich abseits, einen Bogenschuß weit. Denn sie sagte sich: »Ich kann des Kindes Sterben nicht mit ansehen.« Sie saß ihm gegenüber, erhob ihre Stimme und weinte.

Aber Gott hörte das Schreien des Knaben. Der Engel Gottes rief Hagar vom Himmel aus zu und sprach zu ihr: »Was ist dir, Hagar? Fürchte dich nicht; denn Gott hat die Stimme des Knaben dort, wo er liegt, gehört [61]. Auf! Nimm den Knaben, halte deine Hand schützend über ihn; denn ich will ihn zu einem großen Volke machen.« Gott öffnete ihr die Augen, und sie sah einen Wasserbrunnen. Sie ging hin, füllte den Schlauch mit Wasser und ließ das Kind trinken. Gott war mit dem Knaben. Er wuchs heran und ward ein Wüstenbewohner, ein Bogenschütze. Er siedelte in der Steppe Paran. Seine Mutter nahm ihm eine Frau aus dem Lande Ägypten. (1 Mose 21, 1 f.6–21)

Zwiegespräch

Nach dem Besuch der drei Männer in Mamre begleitet Abraham seine Gäste auf dem Wege nach Sodom. Dabei kommt es zu dem berühmten Gespräch zwischen Abraham und Jahwe über die bevorstehende Vernichtung der sündhaften Stadt. Dieses Gespräch stammt aus der Feder eines Sammlers, vielleicht sogar aus der des Jahwisten selbst (vgl. unten S. 133 f.).

Es handelt sich um eine in Dialogform entfaltete Reflexion über die Frage, wonach sich das Urteil Gottes über eine Gemeinschaft bemißt, nach der Bosheit der Vielen

---

59 Die Kinder wurden gewöhnlich erst mit drei Jahren entwöhnt.
60 Auch das hebräische Wort für »scherzen« soll, dem gleichen Wortstamm wie das Wort für »lachen« zugehörig, hier auf den Namen Isaaks hindeuten.
61 Mit der Wendung »Gott hat gehört« soll, wie schon in der jahwistischen Fassung, der Name Ismael gedeutet werden.

oder nach der Unschuld der wenigen Gerechten. Wird Jahwe zusammen mit den Schuldigen auch die Unschuldigen vernichten, oder müßte er nicht vielmehr um der Unschuldigen willen, und seien es nur eine Handvoll, auch die große Menge der Schuldigen verschonen?

Diese Frage ist um so bedeutender, als es dem älteren Israel selbstverständlich war, daß eine Gemeinschaft immer als Ganzes für die Vergehen einzelner ihrer Glieder zu haften hatte, gegenüber Jahwe ebenso wie gegenüber einem irdischen Richter. Indem der Verfasser Abrahams aufdringlich-kühnen Handel mit Gott gelingen läßt, will er den Erzvater zum Kronzeugen für ein neues Verständnis der *Gerechtigkeit* Jahwes machen. Wie gewagt ihm sein Dialog erschienen ist, sieht man daran, daß er den Anstoß mittelbar von Gott ausgehen läßt. Er beginnt mit einem Selbstgespräch Gottes – in einer alten Erzählung wäre eine monologische Gottesrede etwas ganz Undenkbares! –, in dem Gott sich die Frage stellt, ob er es nicht dem Verheißungsträger schuldig sei, ihm Einsicht in den Vorgang der göttlichen Urteilsbildung zu gewähren.

Jahwe aber erwog: »Soll ich vor Abraham verbergen, was ich tun will? Abraham soll doch zu einem großen und starken Volke werden; gesegnet werden sollen durch ihn alle Völker der Erde. Ihn habe ich ja auserkoren, daß er seinen Söhnen und seiner Nachkommenschaft gebiete, sie sollen den Weg Jahwes beobachten durch Übung von Recht und Gerechtigkeit, damit Jahwe über Abraham das bringen kann, was er ihm verheißen hat.«

Dann sprach Jahwe: »Das Klagegeschrei wider Sodom und Gomorra ist groß; ihre Sünde ist überaus schwer. Ich will hinab und sehen, ob das Klagegeschrei, das zu mir gedrungen ist, ihren Taten entspricht oder nicht. Ich muß mich darum kümmern.« Die Männer wandten sich von dort und gingen Sodom zu. Abraham stand immer noch vor dem Herrn. Da trat Abraham dicht heran und fragte: »Willst du wirklich Fromme und Frevler dahinraffen? Vielleicht sind fünfzig Fromme in der Stadt; willst du sie wirklich vertilgen? Willst du dem Orte nicht lieber verzeihen um der fünfzig Frommen willen, die in der Stadt sind? Fern sei es von dir, also zu handeln, Fromme zusammen mit Frevlern zu töten. Dann müßte ja der Fromme gleich dem Frevler sein; das sei ferne von dir. Muß nicht der ganzen Welt Richter das tun, was recht ist?« Da antwortete Jahwe: »Wenn ich in Sodom fünfzig Fromme innerhalb der Stadt finde, so will ich dem ganzen Orte um ihretwillen vergeben.« Abraham entgegnete und sprach: »Siehe, ich habe gewagt, zu meinem Herrn zu reden, wiewohl ich nur Staub und Asche bin. Vielleicht fehlen an den fünfzig Frommen nur fünf. Willst du um dieser fünf willen die ganze Stadt vernichten?« Er aber sagte: »Nein, sofern ich dort 45 finde.« Er fuhr fort, mit ihm zu reden, und sprach: »Vielleicht finden sich dort nur 40.« Er erwiderte: »Ich will es nicht tun um dieser 40 willen.« Darauf jener: »Zürne doch nicht, mein Herr, wenn ich weiterrede. Vielleicht finden sich dort nur 30.« Er sprach: »Ich will es nicht tun, wenn ich dort 30 finde.« Da sagte er: »Siehe doch, ich habe gewagt, zu meinem Herrn zu reden. Vielleicht finden sich dort nur 20.« Er antwortete: »Ich will nicht vernichten um der 20 willen.« Darauf jener: »Zürne doch nicht, mein Herr, nur noch dieses Mal will ich reden. Vielleicht finden sich dort nur 10.« Er sagte: »Ich will nicht vernichten um der 10 willen.« Als er das Gespräch mit Abraham beendet hatte, ging der Herr hinweg. Abraham jedoch kehrte an seinen Ort zurück.

(1 Mose 18, 17–33)

Der Untergang Sodoms

Die Erzählung vom Untergang Sodoms ist ursprünglich eine selbständige ätiologische Sage gewesen, die die Entstehung des Toten Meeres und des Wüstengebietes im unteren Jordangraben erklären wollte. Man meinte, das Gebiet sei ehedem fruchtbare Niederung (vgl. oben S. 75) gewesen, dann aber wegen der Unzucht ihrer Bewohner, die nicht einmal vor den Boten Gottes haltgemacht habe, in die heutige tote Landschaft verwandelt worden. Diese Sage ist schließlich mit Lot verbunden worden und hat so Eingang in die Erzvätergeschichte gefunden.

In ihrem jetzigen Zusammenhang will sie als Gegenstück zu der Einkehr Jahwes in Mamre verstanden werden. Wie bei Abraham, so erscheinen auch bei Lot unbekannte Besucher und werden von ihm gastfreundlich aufgenommen; und wie bei Abraham so erweist sich auch bei Lot der Besuch als eine Gottesbegegnung, nur daß sie nicht Segen bedeutet, wie für Abraham, sondern Gericht. Die Engel kommen, um letztgültig zu prüfen, ob die Sünde Sodoms wirklich so groß ist, wie das bis zum Himmel dringende Zetergeschrei befürchten läßt.

Die beiden Engel kamen abends nach Sodom. Lot saß gerade am Stadttor von Sodom. Als er sie sah, stand er vor ihnen auf und verneigte sich tief zur Erde. Er sprach: »O meine Herren, kehrt doch ein ins Haus eures Knechtes. Übernachtet und wascht euch die Füße. Am frühen Morgen könnt ihr dann aufstehen und eures Weges ziehen.« Sie aber antworteten: »Nein, wir wollen im Freien übernachten.« Er nötigte sie inständig; deshalb kehrten sie bei ihm ein. Sie kamen in sein Haus, und er bereitete ihnen ein Mahl. Er buk ungesäuertes Brot, und man aß. Noch waren sie nicht schlafen gegangen, da umringten die Männer der Stadt, Sodoms Leute, das Haus. Jung und alt waren dabei, das Volk insgesamt vom äußersten Ende her. Sie riefen Lot zu und sprachen zu ihm: »Wo sind denn die Männer, die heute nacht zu dir gekommen sind? Führe sie heraus zu uns, wir wollen sie erkennen.« Lot ging zu ihnen hinaus vor die Tür, er schloß sie aber hinter sich zu. Er sagte: »Meine Brüder, handelt doch nicht so verwerflich. Seht, ich habe zwei Töchter, die noch keinen Mann kennen; ich will sie zu euch herausbringen. Tut mit ihnen, wie es euch gut dünkt; nur diesen Männern tut nichts; denn sie sind doch nun einmal unter den Schatten meines Daches getreten.« Sie aber sprachen: »Hinweg da!« Sie sagten: »Da ist ein einzelner Fremdling hierher gekommen und wirft sich jetzt zum Richter auf. Dir wollen wir noch schlimmer zusetzen als jenen!« Sie drangen ungestüm auf Lot ein und waren nahe daran, die Tür aufzubrechen. Die Männer aber streckten ihre Hand aus, um Lot zu sich ins Haus zu ziehen. Die Tür verschlossen sie. Dann schlugen sie die Leute vor dem Tor des Hauses mit Blindheit, klein und groß, so daß sie sich vergebens bemühten, das Tor zu finden.

Die Männer sprachen zu Lot: »Hast du noch jemand hier, einen Schwiegersohn, deine Söhne und Töchter oder sonst noch einen aus der Stadt? Bringe sie fort von diesem Orte! Denn wir wollen diesen Ort vernichten; groß ist nämlich das Klagegeschrei, das vor Jahwe über ihn gekommen ist. Jahwe hat uns gesandt, ihn zu vernichten.« Lot ging hinaus und redete zu seinen Schwiegersöhnen, die seine Töchter heiraten sollten: »Auf! Verlaßt diesen Ort. Denn vernichten wird der Herr diese Stadt.« Er aber kam seinen Schwiegersöhnen vor wie einer, der zu scherzen beliebte.

Als aber die Morgenröte aufstieg, drängten die Engel den Lot und sprachen: »Auf! Nimm deine Frau und deine beiden Töchter, die da sind, damit du nicht durch die Schuld der Stadt dahingerafft wirst.« Er zauderte noch; da ergriffen die Männer ihn, seine Frau und seine beiden Töchter bei den Händen, weil der Herr mit ihm Mitleid hatte. Sie führten ihn hinaus und ließen ihn außerhalb der Stadt rasten. Während sie jene hinausbrachten, sprach der eine: »Rette dein Leben, blicke nicht hinter dich, bleibe nicht stehen im ganzen Umkreis, sondern rette dich ins Gebirge, damit du nicht dahingerafft wirst.« Lot antwortete ihnen: »Nicht doch, Herr! Dein Knecht fand ja Gnade vor deinen Augen. Große Gunst hast du mir erwiesen, mein Leben zu erhalten; ich jedoch kann mich nicht ins Gebirge retten; sonst könnte mich das Unheil einholen, und ich müßte sterben. Diese Stadt da ist doch nahe, um dahin zu entweichen; sie ist nur klein; dahin will ich mich retten. Ist sie nicht klein genug, daß ich am Leben bleiben kann?« Er antwortete ihm: »Auch darin gebe ich dir nach. Ich will die Stadt, von der du gesprochen hast, nicht zerstören. Eilends rette dich dorthin! Denn ich kann nichts tun, bis du dort ankommst.« Daher nannte man die Stadt Zoar (Kleinheit). Die Sonne war eben über der Erde aufgegangen, und Lot war in Zoar angekommen. Da ließ Jahwe auf Sodom und Gomorra [62] Schwefel und Feuer vom Himmel herabregnen und vernichtete von Grund auf jene Städte, die ganze Umgebung, alle Einwohner der Städte und was auf dem Erdboden wuchs. Lots Frau sah hinter sich und erstarrte zur Salzsäule [63].

Abraham begab sich in der Morgenfrühe zu dem Orte, wo er vor Jahwe gestanden hatte. Er blickte nach Sodom und Gomorra aus und schaute das ganze Gefilde jenes Landes, und siehe, Rauch stieg aus dem Erdboden wie der Rauch eines Schmelzofens. (1 Mose 19, 1–28)

---

62 Eine breitgestreute alttestamentliche Überlieferung nennt neben Sodom regelmäßig auch Gomorra als in gleicher Weise verdorbene und von Jahwe gestrafte Stadt. Die ausschließliche Erwähnung Sodoms in der Lotgeschichte empfand man von daher später als ungewöhnlich und hat den Namen Gomorras hier nachgetragen.

63 Aus dem schnell verwitternden Salzgestein in der Umgebung des Toten Meeres bilden sich bizarr geformte Steinsäulen heraus. In einem solchen Felsgebilde meinte man in alter Zeit die Frau Lots zu erkennen. Man glaubte, sie sei deswegen zu Stein geworden, weil sie entgegen einem ausdrücklichen Verbot Gott bei seinem Werk hatte zusehen wollen.

Die Gehorsamsprobe

Die Erzählung von der Opferung Isaaks ist die abgründigste aller Vätergeschichten. Zwar stellt sie das Geschehen, wie es alle alten Erzählungen tun, ganz vordergründig dar, ohne den Versuch einer Deutung zu unternehmen; sie läßt den Leser aber spüren, wie wenig naiv dieser Realismus in Wahrheit ist.

Jahwe fordert von Abraham, er solle Isaak als Brandopfer darbringen. Der Leser erfährt zwar, daß Gott damit nur die »Gottesfurcht«, d. h. den Gehorsam Abrahams auf die Probe stellen will, für Abraham selbst aber hat die Forderung tödlichen Ernst. Wie er beim Auszug aus seiner Heimat mit der Vergangenheit brechen mußte, so muß er jetzt seine Zukunft aufs Spiel setzen. Isaak ist sein einziger Sohn; auf ihm ruht die göttliche Verheißung der Nachkommenschaft. Gottes Befehl, ihn zu töten, ist also etwas schlechthin Unbegreifliches. Will Gott das Unterpfand seiner Verheißung zurücknehmen? Will er sein eigenes Werk zerstören?

Nach diesen Ereignissen versuchte Gott den Abraham. Er rief ihn: »Abraham!« Dieser antwortete: »Hier bin ich!« Und Gott sprach: »Nimm deinen einzigen Sohn, den du lieb hast, den Isaak, begib dich in das Land Moria und bringe ihn dort auf einem der Berge, den ich dir noch zeigen werde, zum Brandopfer dar.« Abraham stand am frühen Morgen auf, sattelte seinen Esel und nahm seine beiden Diener und seinen Sohn Isaak mit sich. Er spaltete Holz zum Brandopfer. Dann machte er sich auf und ging an den Ort, den Gott genannt hatte. Am dritten Tage erhob Abraham seine Augen und sah von ferne den Ort. Abraham sprach zu seinen Dienern: »Bleibt ihr hier bei dem Esel! Ich aber und der Knabe wollen dorthin gehen. Wir wollen uns zur Anbetung niederwerfen und dann zu euch zurückkehren.« Da nahm Abraham das Holz zum Brandopfer und legte es seinem Sohn Isaak auf. Er selbst trug das Feuer und das Messer in seiner Hand. So gingen die beiden miteinander. Isaak sprach zu seinem Vater Abraham: »Mein Vater!« Der antwortete: »Hier bin ich, mein Sohn!« Jener sagte: »Hier ist das Feuer und das Holz; wo aber ist das Schaf zum Brandopfer?« Abraham antwortete: »Gott selbst wird schon für das Schaf zum Brandopfer sorgen, mein Sohn.« So gingen die beiden miteinander.

Sie kamen an den Ort, den Gott ihnen genannt hatte. Abraham baute daselbst den Altar, er richtete das Holz zurecht, band seinen Sohn Isaak fest und legte ihn auf den Altar, oben auf die Holzstücke. Dann streckte Abraham seine Hand aus und nahm das Messer, um seinen Sohn zu schlachten.

Da rief ihm der Engel Jahwes vom Himmel her zu und sprach: »Abraham! Abraham!« Der antwortete: »Hier bin ich!« Jener sprach: »Strecke deine Hand nicht nach dem Knaben aus. Tue ihm nichts an; denn jetzt erkenne ich, daß du ein gottesfürchtiger Mann bist und selbst deinen einzigen Sohn mir nicht vorenthalten hast.« Abraham aber hob seine Augen empor, schaute hin und erblickte einen Widder, der sich mit seinen Hörnern im Gestrüpp verfangen hatte. Abraham ging hin, nahm den Widder und brachte

ihn statt seines Sohnes zum Brandopfer dar[64]. Er nannte den Namen jenes Ortes »Jahwe sieht«. Heute noch sagt man: »Auf dem Berge, wo Jahwe gesehen wird«[65].

Der Engel Jahwes rief dem Abraham vom Himmel her zum zweitenmal zu[66]: »Ich schwöre bei mir selbst, so ist Jahwes Ausspruch, weil du dies getan hast und deinen einzigen Sohn mir nicht vorenthalten hast, will ich dich segnen mit reichem Segen und will deine Nachkommen überaus zahlreich machen wie die Himmelssterne und wie den Sand am Ufer des Meeres, und deine Nachkommen sollen das Tor ihrer Feinde in Besitz nehmen. Und durch deine Nachkommenschaft sollen gesegnet werden alle Völker der Erde, weil du meinem Rufe gehorchtest.« Dann kehrte Abraham zu seinen Dienern zurück. Sie brachen auf und gingen gemeinsam nach Beerseba, und Abraham blieb in Beerseba wohnen. (1 Mose 22, 1–19)

Brautwerbung für Isaak

Von ganz anderer Art als die bisherigen Vätererzählungen ist die Erzählung von der Brautwerbung für Isaak. Allein schon ihr Umfang – sie ist etwa dreimal so lang wie eine der üblichen Vätersagen – ist ungewöhnlich. Im Unterschied zu jenen knappen, prall mit Handlung gefüllten Sagen enthält die Brautwerbungsgeschichte nur wenig äußere Handlung. Um so auffälliger sind die breiten Reden, die die Hauptpersonen miteinander wechseln. Das eigentliche, *innere* Geschehen der Erzählung spielt sich in diesen Reden ab. Hier fallen die Entscheidungen, die die Ereignisse vorantreiben; die äußere Handlung ist nur der Rahmen dazu.

Daneben fällt die Liebe ins Auge, mit der die einzelnen Gestalten gezeichnet sind: gewissenhaft und fromm der Brautwerber, bescheiden, anmutig und hilfsbereit das Mädchen, ein wenig berechnend und habgierig der Bruder des Mädchens. Im Unterschied zu den meisten anderen Vätererzählungen ist die Brautwerbungsgeschichte an keinen bestimmten Ort gebunden, sie bewegt sich vielmehr unbekümmert in großer Weiträumigkeit. Jahwe selbst tritt an keiner Stelle der Erzählung handelnd oder redend auf. Es geschehen auch keine äußerlich sinnfälligen Wunder. Das »Wunder«, um das es in der Geschichte geht, ist das einer verborgenen göttlichen Führung.

Es ist ein gegenüber den älteren Sagen ganz neues Bild, das auf diese Weise von Jahwe gezeichnet wird. Jahwe tritt hinter das äußere Geschehen zurück; alles läuft scheinbar streng nach innerweltlicher Gesetzmäßigkeit ab. Und doch wird gerade in der Art und Weise, in der sich die beteiligten Personen verhalten und ihre Entscheidungen treffen, deutlich, daß Jahwe selbst es ist, der dies in ihrem Herzen bewirkt.

---

64 Die Erzählung von Isaaks Opferung baut auf einer alten ätiologischen Sage auf, die davon erzählt hat, wie einst das Kinderopfer durch das Tieropfer abgelöst worden sei. Diese Kultsage wird an einem Bergheiligtum in dem uns unbekannten »Land Moria« beheimatet gewesen sein.
65 An der Stelle des vieldeutigen Wortspiels von »Jahwe sieht« und »Jahwe wird gesehen« hat in der alten Sage vermutlich der Name des Heiligtums gestanden.
66 Die Erzählung hat ursprünglich mit der Benennung des heiligen Ortes durch Abraham geendet. Die folgenden Sätze sind später nachgetragen worden, um das Ereignis unter dem Leitgedanken der Verheißung in den Gesamtzusammenhang der Abrahamgeschichte einzuordnen.

Die genannten Eigentümlichkeiten machen es wahrscheinlich, daß die folgende Erzählung sehr viel jüngeren Ursprungs ist als die andern Vätergeschichten, etwa die ganz altertümliche von Gottes Bundesschluß mit Abraham (oben S. 76 f.). Vermutlich ist sie erst in der Epoche Salomos entstanden, also zu einer Zeit, als andere Erzvätererzählungen schon Jahrhunderte alt waren.

Abraham war alt und hochbetagt. Jahwe hatte ihn in allem gesegnet. Er sprach zu dem ältesten Hausknechte, der all sein Eigentum verwaltete: »Lege deine Hand unter meine Hüfte. Ich will dir einen Eid bei Jahwe, dem Gott des Himmels und der Erde, abnehmen: Du sollst für meinen Sohn keine Frau unter den Töchtern der Kanaaniter suchen, in deren Mitte ich wohne. Vielmehr sollst du in mein Heimatland und zu meiner Verwandtschaft ziehen und dort für meinen Sohn Isaak eine Frau suchen.« Der Knecht entgegnete ihm: »Vielleicht wird die Frau mir in dieses Land nicht folgen wollen. Soll ich dann deinen Sohn in das Land zurückbringen, von dem du hergekommen bist?« Abraham darauf: »Hüte dich ja, meinen Sohn dorthin zurückzubringen. Jahwe, der Himmelsgott, der mich aus meinem Vaterhaus und aus meiner Verwandtschaft geholt hat, der hat zu mir gesprochen und mir geschworen: ›Deinen Nachkommen will ich dieses Land geben.‹ Er wird seinen Engel vor dir hersenden, und du wirst eine Frau für meinen Sohn dorther holen. Will aber die Frau dir nicht folgen, so bist du dieses Eides ledig; nur meinen Sohn bringe dorthin nicht mehr zurück.« Da legte der Knecht seine Hand unter seines Herrn Abraham Hüfte und leistete ihm in dieser Angelegenheit einen Eid. Dann nahm der Knecht zehn von den Kamelen seines Herrn. Er machte sich auf den Weg und nahm alle möglichen Kostbarkeiten seines Herrn mit. Er brach auf und reiste in das Aramäerland am Euphrat, in die Stadt Nahors. Er ließ dort die Kamele sich lagern. Es war außerhalb der Stadt am Brunnen zur Abendzeit, da die Frauen und Mädchen herauskamen, um Wasser zu schöpfen. Er betete: »Jahwe, Gott meines Herrn Abraham! Füge es doch heute günstig für mich und erweise Huld meinem Herrn Abraham. Siehe, hier stehe ich am Wasserbrunnen. Die Töchter der Stadtleute kommen, Wasser zu holen. Das Mädchen aber, zu dem ich spreche: ›Neige deinen Krug, denn ich will trinken‹, und das mir dann sagt: ›Trinke, und auch deine Kamele will ich tränken‹ – das hast du für deinen Knecht Isaak bestimmt. Hieran will ich erkennen, daß du meinem Herrn Huld erwiesen hast.« Noch bevor er zu Ende gebetet hatte, kam Rebekka. Sie war die Tochter Betuels, des Sohnes der Milka; diese war die Frau Nahors, des Bruders Abrahams. Sie trug auf ihrer Schulter einen Krug. Das Mädchen aber sah sehr schön aus; als Jungfrau hatte sie noch kein Mann erkannt. Sie stieg zur Quelle hinab, füllte ihren Krug und kam herauf. Der Knecht lief ihr entgegen und sprach: »Laß mich doch ein wenig Wasser aus deinem Krug trinken!« Sie entgegnete: »Ja, trinke, mein Herr!« Eilends ließ sie den Krug auf ihre Hand herab und gab ihm zu trinken. Als sie seinen Durst gestillt hatte, sagte sie: »Auch für deine Kamele will ich schöpfen, bis sie genug getrunken haben.« Eilends leerte sie ihren Krug in die Tränkrinne. Sie lief nochmals zum Brunnen, um zu schöpfen. Für alle seine Kamele schöpfte sie. Der Mann aber schaute ihr schweigend zu. Er wollte erfahren, ob Jahwe seine Reise gelingen ließ oder nicht.

Als die Kamele zu trinken aufgehört hatten, nahm der Mann einen goldenen Nasenring, einen halben Sekel schwer, und zwei Spangen für ihre Arme, zehn Goldsekel schwer. Dann fragte er: »Wessen Tochter bist du? Sage mir doch, ob im Hause deines Vaters für uns Platz zum Übernachten ist.« Sie antwortete ihm: »Ich bin die Tochter Betuels, des Sohnes der Milka, den sie dem Nahor geboren hat.« Sie fuhr fort: »Stroh und Futter ist bei uns reichlich, auch Platz zum Übernachten ist da.« Der Mann verbeugte sich und betete Jahwe an. Er sprach: »Gepriesen sei Jahwe, der Gott meines Gebieters Abraham, daß er es an seiner Gnade und Huld meinem Herrn gegenüber nicht fehlen ließ. Hat er mich doch auf geradem Wege in das Haus der Verwandten meines Herrn geführt.« Das Mädchen lief fort und erzählte davon im Hause seiner Mutter. Rebekka hatte einen Bruder mit Namen Laban; der lief zu dem Manne hinaus an die Quelle. Er hatte nämlich den Nasenring und die Armspangen seiner Schwester gesehen. Die Worte seiner Schwester hatte er gehört: »So hat der Mann zu mir geredet.« Er kam also zu dem Manne; aber siehe, der stand immer noch bei den Kamelen an der Quelle. Jener sprach: »Komm, du Gesegneter Jahwes! Warum stehst du draußen? Ich habe schon das Haus aufgeräumt, und Platz für die Kamele ist vorhanden.« Der Mann begab sich in das Haus, und man schirrte die Kamele ab und brachte Stroh und Futter für sie, auch Wasser zum Waschen der Füße für ihn und seine Begleiter. Dann wurde ihm zu essen vorgesetzt. Er aber sprach: »Ich esse nicht, ehe ich meine Angelegenheit vorgebracht habe.« Da sagten sie: »Erzähle!«

Er begann: »Ich bin ein Knecht Abrahams. Jahwe hat meinen Gebieter mit reichlichem Segen bedacht und ihn wohlhabend gemacht. Er gab ihm Kleinvieh und Großvieh, Silber und Gold, Knechte und Mägde, Kamele und Esel. Seine Frau Sara gebar noch in ihrem hohen Alter meinem Herrn einen Sohn. Ihm übergab er all sein Eigentum. Er hat mich einen Eid schwören lassen: ›Du sollst für meinen Sohn keine Frau aus den Töchtern der Kanaaniter nehmen, in deren Land ich wohne. Vielmehr ziehe in mein Vaterhaus und zu meiner Sippe und hole dort eine Frau für meinen Sohn.‹ Ich sagte zu meinem Herrn: ›Vielleicht wird die Frau mir nicht folgen.‹ Er aber antwortete mir: ›Jahwe, vor dessen Angesicht ich wandle, wird seinen Engel mit dir senden; er wird deinen Weg glücken lassen. Du wirst für meinen Sohn eine Frau gewinnen aus meiner Sippe und aus meinem Vaterhaus. Nur dann aber bist du von meinem Eide befreit, wenn du zu meiner Sippe kommst und man dir die Frau nicht gibt. Dann also bist du von meinem Eide frei.‹ Ich kam heute zur Quelle und betete: O Herr, du Gott meines Herrn Abraham, lasse doch die Reise gelingen, auf der ich mich befinde. Ich stehe an der Wasserquelle; nun soll gelten: Das Mädchen, das zum Wasserschöpfen kommt und zu dem ich sage: ›Gib mir ein wenig Wasser aus deinem Kruge zu trinken‹, und das mir dann antwortet: ›Trinke, und auch deinen Kamelen will ich Wasser schöpfen‹, dieses ist die Gattin, die der Herr dem Sohn meines Herrn bestimmt hat. Ich hatte meine Gedanken noch nicht zu Ende gedacht, da kam schon Rebekka mit einem Krug auf ihrer Schulter. Sie stieg zur Quelle hinab und schöpfte. Ich sprach zu ihr: ›Gib mir zu trinken.‹ Eilends ließ sie ihren Krug herab und sagte: ›Trinke, und auch deine Kamele will ich tränken.‹ Ich trank, und sie tränkte auch die Kamele. Danach fragte ich sie: ›Wessen Tochter bist du?‹ Sie antwortete: ›Ich bin Betuels Tochter, des Sohnes Nahors, den ihm die Milka geboren hat.‹ Da legte ich ihr den Ring an die Nase und die Spangen an die Arme. Dann verneigte ich mich, warf mich vor Jahwe nieder und pries ihn, den Gott meines Herrn Abraham, der mich auf den rechten Weg geführt hat, die Tochter des Bruders meines Herrn für seinen Sohn zu gewinnen. Wollt ihr jetzt meinem Herrn Liebe und Treue erweisen, so sagt es mir; wenn nicht, dann sagt es mir auch. Ich will dann nach rechts oder nach links weiterziehen.«

Laban und Betuel antworteten und sprachen: »Von Jahwe ist diese Angelegenheit ausgegangen. Wir können weder in gutem noch in bösem Sinne etwas dazu sagen. Rebekka steht vor dir. Nimm sie und ziehe hin. Sie sei die Frau des Sohnes deines Herrn, wie Jahwe gesagt hat.« Der Knecht Abrahams hörte ihre Worte. Da warf er sich vor Jahwe zur Erde nieder. Dann holte er silberne und goldene Geräte und Kleider hervor. Er schenkte sie der Rebekka. Ihrem Bruder und ihrer Mutter gab er ebenfalls kostbare Sachen. Er und seine Begleitmänner aßen und tranken und legten sich schlafen. Früh am Morgen standen sie auf, und er sagte: »Laßt mich wieder zurück zu meinem Herrn!«

Da erwiderten ihre Mutter und ihr Bruder: »Das Mädchen möge noch einige Tage, etwa zehn, hier bleiben, dann mag es abreisen.« Er aber sagte ihnen: »Haltet mich doch nicht auf! Jahwe hat meine Reise gelingen lassen. Laßt mich fort, ich will zu meinem Herrn zurück.« Sie antworteten: »Wir wollen das Mädchen rufen und es selbst fragen.« Sie riefen also Rebekka und fragten sie: »Willst du mit diesem Manne ziehen?« Sie antwortete: »Ja!« Da gaben sie ihrer Schwester Rebekka, ihrer Amme und dem Knechte Abrahams mit seinen Leuten das Geleit. Sie beglückwünschten Rebekka mit den Worten: »O unsere Schwester, werde du zu Tausenden, ja Unzähligen, deine Nachkommen sollen das Tor ihrer Widersacher in Besitz nehmen!«

Rebekka brach mit ihren Mägden auf. Sie ritten auf Kamelen und folgten dem Manne. Der Knecht nahm Rebekka entgegen und reiste ab. Isaak aber kam vom »Brunnen des Lebendigen, der mich sieht«. Er war nämlich im Südland ansässig. Isaak war um die Abendzeit aufs Feld hinausgegangen. Er erhob seine Augen und erblickte die ankommenden Kamele. Auch Rebekka erhob ihre Augen und sah den Isaak. Sie ließ sich vom Kamel herab. Sie fragte den Knecht: »Wer ist jener Mann dort, der uns auf dem Felde entgegenkommt?« Der Knecht antwortete: »Das ist mein Herr.« Da griff sie zum Schleier und verhüllte sich. Der Knecht erzählte dem Isaak alles, was er ausgerichtet hatte. Isaak brachte sie ins Zelt seiner Mutter Sara. Er nahm dann die Rebekka, und sie wurde seine Frau. Er gewann sie lieb und tröstete sich über das Ableben seiner Mutter. (1 Mose 24, 1–67)

Erzählungen über Isaak

Von Isaak weiß die Überlieferung nur wenig zu berichten. Die Erzählungen von seiner Geburt und seiner beabsichtigten Opferung sind Abrahamsgeschichten, und die Erzählung von der Brautwerbung ist eine späte novellistische Dichtung über die Führung Gottes, in der Isaak nur am Rande eine Rolle spielt. Als eigentliche Isaakerzählung verbleibt dann nur eine Reihe von kurzen Erzählungsstücken, die, lose miteinander verknüpft, in die Erzvätergeschichte aufgenommen worden sind.

Isaak erscheint hier als einer jener Wanderhirten, die sich im Zuge des Weidewechsels vorübergehend im Kulturland niederlassen und sogar Ackerbau betreiben, ohne sich jedoch fest im Lande anzusiedeln. In den Erzählungen spiegeln sich nicht nur die Auseinandersetzungen mit den Kulturlandbewohnern um Wasserstellen und Weideplätze, sondern auch das Mißtrauen der Nomaden gegenüber den in ihren Augen sittlich verderbten Bewohnern der Städte.

Isaak in Gerar. Es war Hungersnot im Lande. Da begab sich Isaak zum Philisterkönig Abimelech nach Gerar [67]. Jahwe erschien ihm und sprach: »Ziehe nicht nach Ägypten hinab; bleibe in dem Lande wohnen, das ich dir nennen werde. Weile als Fremdling in diesem Lande, so will ich mit dir sein und dich segnen.« So blieb Isaak in Gerar wohnen. (1 Mose 26, 1–3.6)

Isaaks Reichtum. Isaak hatte in jenem Lande ausgesät. In diesem Jahre erntete er hundertfältig. Jahwe hatte ihn gesegnet. So wurde der Mann wohlhabend und immer wohlhabender, bis er über die Maßen wohlhabend war. Er besaß Herden von Klein- und Großvieh und viele Sklaven, so daß die Philister auf ihn eifersüchtig wurden. (1 Mose 26, 12–14)

Streit um die Brunnen. Da sprach Abimelech zu Isaak: »Ziehe fort von uns, denn du bist uns zu mächtig geworden.« Isaak zog also von dort weg, schlug sein Lager im Tale von Gerar auf und wohnte daselbst. Isaaks Knechte gruben in dem Tale dort und fanden einen Brunnen mit Quellwasser. Da stritten die Hirten von Gerar mit den Hirten Isaaks: »Uns gehört das Wasser!« Er nannte also den Namen des Brunnens »Streit«; denn sie hatten sich mit ihm gestritten. Sie gruben einen neuen Brunnen, und man geriet auch seinetwegen in Streit. Er nannte ihn »Fehde«. Dann zog er von dort weg und grub wieder einen Brunnen. Seinetwegen gerieten sie nicht in Streit. Er nannte sei-

---

67 Die Stadt Gerar lag vermutlich in der Nähe von Gaza in der fruchtbaren Küstenebene am Mittelmeer.

nen Namen »Weitraum« und sprach: »Jetzt hat uns der Herr einen weiten Raum geschaffen; wir können uns im Lande ausbreiten.«

(1 Mose 26, 16 f.19–22)

Der Schwurbrunnen

Die Erzählung, die jetzt am Ende der kleinen Sammlung von Isaaküberlieferungen steht, bildet einen wirkungsvollen Kontrast zu der Episode von Isaaks Vertreibung aus Gerar: Jahwe hat Isaak in einer Weise groß gemacht, daß selbst der mißgünstige Abimelech es für ratsam hält, sich durch Vertrag das Wohlwollen dieses in solch beängstigendem Maße von seinem Gott gesegneten Mannes zu sichern.

Von dort zog er hinauf nach Beerseba. In jener Nacht erschien ihm Jahwe und sprach: »Ich bin der Gott deines Vaters Abraham. Fürchte dich nicht! Denn ich bin mit dir. Ich will dich segnen und will deinen Samen zahlreich machen um meines Knechtes Abraham willen.« Er baute dort einen Altar und rief Jahwes Namen an. Hier spannte er sein Zelt aus. Die Knechte des Isaak gruben daselbst einen Brunnen.

Abimelech kam zu ihm von Gerar her, mit ihm Achussat, sein Vertrauter, und Pichol, sein Heerführer. Isaak fragte sie: »Warum seid ihr denn zu mir gekommen? Ihr habt mich doch gehaßt und mich von euch vertrieben.« Sie antworteten: »Wir haben deutlich gesehen, daß Jahwe mit dir ist. Wir dachten also, es solle ein Eidesvertrag zwischen uns und dir zustande kommen. Wir wollen einen solchen Vertrag mit dir schließen. Du darfst uns nichts Böses antun, wie wir ja auch dich nicht angetastet und dir nur Gutes erwiesen haben. Wir haben dich auch in Frieden ziehen lassen; du bist doch nun einmal von Jahwe gesegnet.« Da veranstaltete er ihnen ein Gastmahl. Man aß und trank. Am anderen Morgen standen sie früh auf und leisteten sich gegenseitig den Eidschwur. Isaak gab ihnen das Geleite, sie gingen von ihm in Frieden. An demselben Tage kamen Isaaks Knechte und berichteten ihm über den Brunnen, den sie gegraben hatten. Sie sprachen zu ihm: »Wir haben Wasser gefunden.« Er nannte ihn »Schwur«; darum heißt die Stadt Beerseba (Schwurbrunnen) bis auf den heutigen Tag.

(1 Mose 26, 23–33)

Das Motiv von der Gefährdung der Ahnfrau

Dreimal wird in der Erzvätergeschichte von einer Gefährdung der Ahnmutter erzählt. Israel hat dem Motiv immer neue Variationen abgewonnen. Beispielhaft kann man hieran sehen, wie die alten Überlieferungen immer wieder erzählt und dabei auf neue Fragestellungen hin abgehorcht worden sind.

Rebekka und Abimelech. Die wohl älteste Fassung ist diejenige, die man sich von Isaak, Rebekka und Abimelech erzählt hat. Bei ihr handelt es sich um eine gänzlich unreflektierte, geradezu profane Geschichte. Nur von ferne sieht man die Gefahr, in die Isaak die Ahnmutter bringt.

Die ortsansässigen Männer erkundigten sich nach seiner Frau. Er gab die Auskunft: »Meine Schwester ist sie.« Denn er fürchtete sich zu sagen: »Sie ist meine Frau!« Sonst – so dachte er – könnten mich die Ortsbewohner der Rebekka wegen umbringen; denn sie sah schön aus. Als er dort schon längere Zeit geweilt hatte, schaute einmal der Philisterkönig Abimelech durch das Fenster und sah wie Isaak seine Frau Rebekka liebkoste. Abimelech ließ darauf den Isaak rufen und sagte ihm: »Sie ist ja doch deine Frau! Wie konntest du denn behaupten: ›Sie ist meine Schwester‹?« Isaak entgegnete: »Ich dachte, sonst müßte ich vielleicht ihretwegen sterben.« Abimelech sprach: »Was hast du uns angetan? Wie leicht konnte sich einer von meinen Leuten zu deiner Frau hinlegen? Dann hättest du eine Schuld über uns gebracht.« Dann gab Abimelech dem ganzen Volk die Weisung: »Wer diesen Mann oder seine Frau anrührt, soll des Todes sterben!« (1 Mose 26, 7–11)

Sara und der Pharao. In ganz anderer Absicht wird die gleiche Geschichte von Abraham, Sara und dem ägyptischen Pharao erzählt. Diese Erzählungsvariante steht unmittelbar hinter dem Abschnitt über Verheißung und Auszug Abrahams (vgl. oben S. 73 f.). Dorthin hat der Redaktor sie gestellt, weil er mit ihr zeigen möchte, wie schon der erste Schritt, den der Verheißungsträger in eigener Vollmacht unternimmt, den ganzen Heilsplan Gottes umzustoßen droht. Jahwe muß rettend eingreifen, um die Ahnmutter Israels aus der Gefahr zu befreien, in die Abraham sie gebracht hat.

Eine Hungersnot brach aber damals im Lande aus; daher zog Abram nach Ägypten, um dort seinen Aufenthalt zu nehmen; denn der Hunger lastete schwer auf dem Lande. Es begab sich, kurz bevor er Ägypten betrat, daß Abram zu seiner Frau Sarai sprach: »Ich weiß, daß du eine schön aussehende Frau bist. Wenn dich die Ägypter nun sehen und dabei denken: ›Sie ist seine Frau‹, dann werden sie mich töten und dich am Leben lassen. Gib doch an, daß du meine Schwester seist, damit es mir gut gehe um deinetwillen und ich am Leben bleibe deinetwegen.« Als Abram nun nach Ägypten kam, sahen die Ägypter, wie überaus schön die Frau war. Die Höflinge Pharaos erblickten sie. Preisend empfahlen sie diese für Pharao. So ward die Frau in den Palast des Pharao gebracht. Dem Abram aber erwies er Gutes um ihretwillen; er bekam Kleinvieh und Großvieh, Esel, Knechte, Mägde, Eselinnen und Kamele. Jahwe aber schlug den Pharao mit schweren Plagen und auch seinen ganzen Hof wegen Sarais, der Frau des Abram. Der Pharao ließ nun Abram rufen und sprach: »Was hast du mir da angetan? Warum hast du mir nicht mitgeteilt, daß sie deine Frau ist? Warum hast du gesagt, sie sei deine Schwester? So nahm ich sie mir zur Frau. Nun, hier hast du deine Frau; nimm sie und geh!« Und der Pharao entbot für ihn Leute; diese geleiteten ihn, seine Frau und all seine Habe. (1 Mose 12, 10–20)

Sara und Abimelech. Die dritte Erzählungsversion läßt das Ereignis zwischen Abraham, Sara und Abimelech von Gerar spielen. Diese Fassung ist die vergeistigste und zugleich kunstvollste unter den drei Parallelerzählungen. Hier wird sehr viel geredet und erklärt, begründet und motiviert. Die Erzählung rechnet mit nachdenklichen und für feine erzählerische und theologische Zwischentöne empfänglichen Lesern.

Die göttliche Bewahrung tritt in dieser Fassung ein wenig in den Hintergrund. Wichtiger ist hier etwas anderes: die Schuld Abimelechs. Obwohl subjektiv unschuldig, hat der König sich durch seinen Einbruch in die Ehe eines anderen eines schweren Vergehens schuldig gemacht. Das Eingreifen Jahwes hat darum hier das Ziel, Abimelech vor noch größerer Schuld zu bewahren und das Geschehene wieder zu sühnen. Abraham, an dessen Schuldanteil die Erzählung keinen Zweifel läßt, wird dabei von Jahwe in die Rolle eines prophetischen Fürsprechers für Abimelech versetzt.

Abraham brach in das Südland auf. Er wohnte zwischen Kades und Schur und weilte in Gerar als Fremdling. Abraham sagte von seiner Frau Sara aus, daß sie seine Schwester sei. Abimelech, der König von Gerar, ließ sie also holen. Doch kam Gott zu Abimelech in einem nächtlichen Traume und sprach zu ihm: »Wehe, du mußt sterben wegen der Frau, die du dir geholt hast; denn sie gehört einem Ehemann.« Abimelech war ihr noch nicht nahegetreten und antwortete: »O Herr, willst du etwa ein gerechtes Volk töten? Ist sie nach seinen Angaben nicht seine Schwester? Sie sagte auch selbst: ›Mein Bruder ist er.‹ Mit arglosem Herzen und mit reinen Händen habe ich dies getan.« Gott erwiderte ihm im Traume: »Auch ich weiß, daß du dies mit arglosem Herzen getan hast. Ich habe dich auch selbst davor bewahrt, gegen mich zu sündigen. Darum ließ ich es nicht zu, daß du jene berührtest. Nunmehr aber gib die Frau dem Manne zurück, denn er ist ein Prophet. Er wird für dich Fürbitte einlegen, dann bleibst du am Leben. Gibst du sie aber nicht zurück, so wisse, daß du bestimmt sterben mußt, du selbst und alle die Deinen.«

Abimelech stand am frühen Morgen auf, rief all seine Diener herbei und berichtete ihnen alle Vorgänge. Die Männer gerieten in große Furcht. Dann ließ Abimelech den Abraham rufen und sprach zu ihm: »Was hast du uns angetan? Womit habe ich mich gegen dich verfehlt, daß du eine so große Sünde auf mich und mein Reich gebracht hast? Was nicht vorkommen dürfte, hast du mir angetan.« Und Abimelech fragte Abraham: »Was hast du denn beabsichtigt, daß du so gehandelt hast?« Abraham entgegnete: »Ich habe nur gedacht: ›Es herrscht keine Gottesfurcht an diesem Orte, und darum wird man mich meiner Frau wegen umbringen.‹ Sie ist ja auch wirklich meine Schwester, die Tochter meines Vaters, nur nicht meiner Mutter. So ist sie denn meine Frau geworden. Als aber Gott mich aus meinem Vaterhaus in die Ferne wandern ließ, sagte ich zu ihr: ›Diese Gefälligkeit mußt du mir tun: Wohin immer wir kommen, sage von mir: Er ist mein Bruder.‹«

Abimelech ließ Kleinvieh und Großvieh, Knechte und Mägde holen und gab sie dem Abraham. Auch seine Frau Sara erstattete er zurück. Und Abimelech sprach: »Schau, mein ganzes Land steht dir zur Verfügung. Laß dich nach Belieben irgendwo nieder.« Zu Sara sagte er: »Hier schenke ich deinem Bruder 1000 Silberstücke. Sie sollen für dich eine Augendecke sein vor deiner ganzen Umgebung, damit du in allem gerechtfertigt dastehst.« [68] Daraufhin legte Abraham für Abimelech bei Gott Fürsprache ein. Er heilte ihn und auch seine Frau und seine Mägde, so daß sie wieder gebären konnten. Denn Jahwe hatte jeglichen Mutterschoß in Abimelechs Hause verschlossen wegen Sara, der Frau des Abraham. (1 Mose 20, 1–18)

2. Jakob

Während die Geschichte von Abraham und Isaak aus vielen kleinen, nur lose miteinander verbundenen Einzelerzählungen zusammengesetzt ist, besteht die Geschichte vom Erzvater Jakob aus zwei großen, in sich abgerundeten Erzählungsblöcken. Der eine handelt von Jakob und seinem älteren Bruder Esau, den er auf hinterlistige Weise um sein Erstgeburtsrecht betrügt; der andere handelt von dem Aufenthalt Jakobs bei seinem Onkel Laban, wo er – auch das nicht ganz ohne List und Tücken – zu Familie und Reichtum gelangt.

Diese beiden Erzählungsblöcke sind miteinander verbunden durch zwei Einzelerzählungen über nächtliche Erscheinungen Gottes vor Jakob. Die eine Begegnung wird ihm in Betel zuteil, in dem Augenblick, als er, vor seinem Bruder fliehend, das Heilige Land verläßt, um bei der Familie seiner Mutter unterzukommen. Die andere Begegnung widerfährt ihm, als er, von dort mit reicher Habe zurückkehrend, bei Pnuel den Jabbok überschreitet und damit wieder in den Gesichtskreis seines Bruders eintritt.

Diese beiden Texte haben die Jakob-Esau-Erzählungen und die Jakob-Laban-Erzählungen zu Teilen einer einzigen, fortlaufenden Geschichte werden lassen. Ihnen kommt also schon aus kompositorischen Gründen eine besondere Bedeutung für das Verständnis der Jakobüberlieferung zu. Darüber hinaus sind sie die einzigen Jakoberzählungen, die ausdrücklich von einem Handeln Jahwes an Jakob berichten. Ansonsten nämlich sind die Jakoberzählungen äußerst profan. Verglichen etwa mit den Abrahamerzählungen, in denen jeder Schritt und jede menschliche Regung des Erzvaters vor Gottes Augen ausgebreitet zu sein scheint, wirken sie geradezu ungeistlich; über weite Strecken hin verliert der Leser wegen des Allzumenschlichen, das sich da vor seinen Augen ausbreitet, den heilsgeschichtlichen Plan Gottes, der seit der Verheißung an Abraham das Geschehen bestimmt, ganz aus den Augen.

Fragen wir nach den geschichtlichen Hintergründen der Jakoberzählung, so zeigen schon die Namen Betel und Pnuel, daß sie nicht, wie die Abraham- und Isaakerzählung ganz im Süden, sondern im mittleren Palästina beheima-

---

68 Abimelech tut alles, um Abraham und Sara nicht bloßzustellen. Er nennt Abraham ihren »Bruder« und gibt ihm reiche Geschenke; die »Augendecke« soll den Außenstehenden zeigen, daß Sara nicht in Schande aus dem königlichen Harem verstoßen, sondern mit allen Ehren von Abimelech entlassen worden war.

tet gewesen ist, in dem Raum östlich und westlich des Jordan, der vom »Haus Joseph« (Ephraim und Manasse) besiedelt wurde. In den *Jakob-Esau*-Geschichten scheint sich die Erinnerung an einen kulturgeschichtlichen Wechsel in der Besiedlung des Ostjordanlandes erhalten zu haben. Dieses waldreiche Gebiet war ursprünglich der Lebensraum von Bevölkerungsgruppen gewesen, die allein von der Jagd lebten. Später, als Siedler des Stammes Ephraim dort zu roden begannen, mußten die Jäger den Hirten und Bauern weichen. Die Jakobgeschichte personifiziert diesen Vorgang: Esau, der Jäger, wird von seinem jüngeren Bruder Jakob, dem Hirten, aus seinen angestammten Rechten verdrängt. In Jakob haben die ostjordanischen Siedler ihr eigenes Wesen verkörpert gesehen; in dem, was sie sich von ihm erzählten, haben sich die Erfahrungen gesammelt, die sie selbst in ihrer neuen Heimat machten.

Einen ganz anderen geschichtlichen Hintergrund haben die *Jakob-Laban*-Erzählungen. In ihnen spiegeln sich die ersten Erlebnisse Israels mit den nordöstlich benachbarten Aramäern wieder. Diesen Aramäern fühlte sich Israel einerseits verwandt, war es doch im Zuge der gleichen Wanderbewegung zusammen mit ihnen seßhaft geworden (vgl. oben S. 44); andererseits wußte es sich von ihnen unterschieden, und zwar so unterschieden, wie der Stärkere sich von dem Unterlegenen unterschieden weiß. Laban erscheint in den Erzählungen als der Typ des Aramäers, Jakob als der Typ des Israeliten. Sie beide führen einen Rivalitätskampf mit allen Mitteln, die unter Verwandten gerade noch erlaubt sind. Es versteht sich von selbst, daß Jakob gewinnt. Andernfalls hätte es in Israel sicher keine Jakob-Laban-Erzählung gegeben.

Die feindlichen Zwillinge

Die Jakobgeschichte beginnt mit einer Einleitung, durch die der Erzähler Neugier erregen und damit Zuhörer gewinnen will. Wie wird es mit Zwillingsbrüdern enden, von denen der eine offenbar schon im Mutterleib versucht hat, den andern um sein Erstgeburtsrecht zu bringen?

Isaak hatte für seine Frau zu Jahwe gebetet; denn sie war unfruchtbar. Jahwe ließ sich von ihm erbitten, und seine Frau Rebekka wurde guter Hoffnung. Die Kinder stießen einander im Mutterleibe; da sprach sie: »Wenn dem so ist, wozu lebe ich dann noch?« Sie ging hin, Jahwe zu befragen. Jahwe antwortete ihr: »Zwei Völker sind in deinem Schoße, zwei Nationen werden sich aus deinem Leibe lösen; die eine Nation wird stärker sein als die andere, die ältere wird der jüngeren dienstbar sein.«

Die Tage kamen heran, da sie gebären sollte; es waren Zwillinge in ihrem Schoße. Der erste, der hervorkam, war rötlich, ganz mit Haaren bedeckt wie ein Mantel. Man nannte ihn Esau. Danach kam sein Bruder; dessen Hand hielt die Ferse Esaus fest; man nannte ihn Jakob. (1 Mose 25, 21–26)

Der Verkauf der Erstgeburt

Schon die erste Erzählung läßt den ganz ungeistlichen, volkstümlich-derben Charakter der Jakobgeschichte hervortreten. Der Realismus läßt hier wirklich nichts zu wünschen übrig. Wenig schmeichelhaft sind die beiden Brüder gezeichnet: von rötlicher Hautfarbe, stark behaart, ungebunden und aus dem Augenblick heraus lebend der eine – ein Jäger; seßhaft, an vorgegebene Ordnungen gebunden, vorausschauend klug, aber auch skrupellos in der Wahl seiner Mittel der andere – ein Hirte. In dieser Charakterisierung spiegelt sich nicht nur die unterschiedliche Lebensart der Jäger und der Hirten aus der Sicht der letzteren, sondern man hört zugleich auch den Volkswitz heraus, der die seltsamen Nachbarn tüchtig aufs Korn nimmt, ohne das eigene Volk zu schonen.

Die Knaben wuchsen heran. Esau war der Jagd kundig, ein Mann des freien Feldes; Jakob dagegen ein zurückgezogener Mann, der bei den Zelten blieb. Isaak liebte den Esau, denn Wildbret schmeckte ihm gut; Rebekka dagegen liebte den Jakob. Jakob kochte einst ein Gericht, als Esau von der Steppe heimkam und ganz erschöpft war. Esau sagte zu Jakob: »Laß mich doch rasch von dem Roten, von diesem Roten da schlingen[69]; denn ich bin erschöpft!« Darum nannte man ihn auch Edom. Jakob entgegnete: »Verkaufe mir zuvor deine Erstgeburt!« Da antwortete Esau: »Siehe, ich bin dem Tode nahe. Was soll mir da die Erstgeburt?« Jakob erwiderte: »Schwöre es mir zuerst!« Da schwur er ihm und verkaufte seine Erstgeburt an Jakob. Jakob gab dem Esau Brot und gekochte Linsen. Der aß und trank, stand auf und ging davon. So gering achtete Esau die Erstgeburt. (1 Mose 25, 27–34)

Der erschlichene Segen

Die Erzählung von der Erlistung des väterlichen Segens ist thematisch eine Parallele zu der Erzählung vom Linsengericht. Ging es dort um das Erstgeburtsrecht, so steht hier der väterliche Segen und damit letztlich die Verwirklichung der dem Geschlecht Abrahams gegebenen göttlichen Zusage auf dem Spiel.

Die Erzählung ist kunstvoll aufgebaut. In fünf klar voneinander abgesetzten Szenen, die jeweils von einem Zwiegespräch beherrscht sind, läuft das Geschehen ab. In scharfen Strichen werden die Spannungen aufgezeigt, der die Familie des Verheißungsträgers ausgesetzt wird. Der mit dem Namen Jahwes gedeckte Betrug Jakobs, das anfängliche Mißtrauen Isaaks und sein Erschrecken über seinen Irrtum, die Verzweiflung und die Rachegefühle Esaus – all das wird plastisch dargestellt.

Daß Jahwe sich eines Betruges bedient, um seine Verheißung zum Ziel zu führen, ist eine ganz unerhörte Zumutung, die an den Leser gestellt wird, ohne daß ihm irgendein erleichternder Hinweis an die Hand gegeben würde. Aber dem Erzähler liegt wohl auch gar nichts an unserem moralischen Urteil über das, was er berichtet. Er will nur unsere Anteilnahme für die, die auf so erschreckende Weise in das unbegreifliche Handeln Gottes verstrickt sind.

---

69 Esau galt als Stammvater der Edomiter. »Edom« aber klingt ähnlich wie *adom*, das hebräische Wort für »rot«.

Isaak war alt geworden, und seine Augen waren erloschen, so daß sie nicht mehr sehen konnten. Da rief er seinen älteren Sohn Esau und sprach zu ihm: »Mein Sohn!« Der antwortete: »Hier bin ich!« Isaak erwiderte: »Siehe doch, ich bin alt geworden; ich weiß nicht, wann ich sterben werde. Nimm also dein Jagdgerät, deinen Köcher und deinen Bogen. Geh hinaus in die Steppe und erjage mir ein Wildbret. Dann bereite mir einen Leckerbissen, wie ich ihn gern habe, und bringe ihn mir. Ich will essen und dich dann segnen, bevor ich sterbe.«[70]

Rebekka aber hatte zugehört, während Isaak sprach. Esau zog hinaus in die Steppe, um ein Wild zu erjagen und es heimzubringen. Da sagte Rebekka zu ihrem Sohne Jakob: »Höre, ich vernahm, wie dein Vater zu deinem Bruder Esau sagte: ›Bringe mir ein Wildbret und mache mir einen Leckerbissen. Ich will essen und dich vor Jahwe segnen, bevor ich sterbe.‹ Nun höre, mein Sohn, auf den Rat, den ich dir gebe: Gehe hin zum Kleinvieh und suche mir dort zwei schöne Ziegenböckchen aus. Ich will sie zu einem Leckerbissen zubereiten für deinen Vater, wie er es gern hat. Bringe ihn dann deinem Vater. Er wird essen, um dich noch vor seinem Tod zu segnen.«

Jakob antwortete seiner Mutter Rebekka: »Mein Bruder Esau ist aber behaart, und ich bin glatt. Vielleicht wird mein Vater mich betasten, und dann werde ich für ihn sein wie einer, der sich lustig machen will. Dann bringe ich Fluch auf mich, aber keinen Segen.« Seine Mutter sagte ihm darauf: »Dein Fluch soll auf mich fallen, mein Sohn; höre nur auf mich, gehe hin und bringe es mir.« Er ging hin, holte es und brachte es seiner Mutter. Sie bereitete daraus einen Leckerbissen, wie ihn sein Vater liebte. Rebekka nahm die kostbaren Kleider ihres älteren Sohnes Esau, die sie bei sich im Hause hatte, und bekleidete damit ihren jüngeren Sohn Jakob. Mit den Fellen der Ziegenböcke bedeckte sie seine Hände und seinen glatten Nacken. Daraufhin gab sie die Leckerbissen samt dem Brot, das sie bereitet hatte, ihrem Sohne Jakob in die Hand.

Dieser ging zu seinem Vater hinein und sprach: »Mein Vater!« Der antwortete: »Hier bin ich! Wer bist du, mein Sohn?« Jakob entgegnete seinem Vater: »Ich bin Esau, dein Erstgeborener. Was du mir gesagt hast, habe ich getan. Setze dich nun aufrecht hin und iß von meinem Wildbret, damit du mich dann segnen kannst.« Isaak sprach zu seinem Sohne: »Wie rasch hast du doch etwas gefunden, mein Sohn.« Dieser antwortete: »Jahwe, dein Gott, hat es mir glücklich begegnen lassen.« Isaak fuhr fort: »Komm doch einmal näher heran. Ich will dich betasten, ob du mein Sohn Esau bist oder nicht.« Jakob kam nahe an seinen Vater Isaak heran. Dieser betastete ihn und sprach: »Die Stimme ist Jakobs Stimme, die Hände aber sind Esaus Hände.« Er erkannte ihn also nicht, denn seine Hände waren behaart wie seines Bruders

---

[70] Nach Vorstellung der Alten hängt die Kraft des Segens auch von der körperlichen Verfassung des Segnenden ab. Deshalb will Isaak sich vor dem Segen durch ein Festmahl kräftigen.

Esau Hände. Er sprach: »Bist du mein Sohn Esau?« Jener antwortete: »Ja!« Da sagte er: »Setze mir vor! Ich will von dem Wildbret meines Sohnes essen, um dich zu segnen.« Er setzte ihm vor, und jener aß. Dann brachte er ihm auch Wein, und jener trank. Sein Vater Isaak sprach zu ihm: »Komm näher zu mir heran und küsse mich, mein Sohn.« Dieser trat hinzu und küßte ihn; da roch er den Duft seiner Kleider. Er segnete ihn alsdann und sprach: »Fürwahr, meines Sohnes Geruch ist wie des Feldes Geruch, das Jahwe gesegnet hat. Gott gebe dir vom Tau des Himmels und von der Erde Fett und Überfluß an Korn und Most. Völker sollen dir dienen, und Nationen sollen sich vor dir niederwerfen. Sei Gebieter über deine Brüder; die Söhne deiner Mutter sollen vor dir sich beugen. Wer dich verflucht, der sei verflucht; wer dich segnet, sei gesegnet!«

Eben hatte Isaak den Segensspruch über Jakob vollendet; kaum war dieser von seinem Vater Isaak weggegangen, da kam sein Bruder Esau von der Jagd zurück. Er hatte ebenfalls Leckerbissen zubereitet, brachte sie seinem Vater und sprach: »Mein Vater möge sich aufrichten und essen vom Wildbret seines Sohnes, damit du mich segnen kannst.« Sein Vater Isaak fragte ihn: »Wer bist du?« Er antwortete: »Ich bin Esau, dein erstgeborener Sohn.« Da erfaßte Isaak ein gewaltiger, maßloser Schrecken, und er rief aus: »Wer war denn jener, der Wildbret erjagte und mir brachte? Ich aß von allem, bevor du kamst. Dann habe ich ihn gesegnet; nun wird er auch gesegnet bleiben.« Esau hörte die Worte seines Vaters. Sogleich erhob er ein gellendes und überaus bitteres Wehgeschrei und bat seinen Vater: »Segne auch mich, mein Vater!« Er aber antwortete: »Dein Bruder kam hinterlistigerweise und hat dir deinen Segen weggeholt.« Esau sprach: »Ist sein Name nicht Jakob? Schon zweimal hat er mich überlistet[71]! Meine Erstgeburt hat er entwendet, und jetzt hat er noch meinen Segen geraubt!« Er fragte: »Hast du für mich keinen Segen übrigbehalten?« Isaak antwortete und sprach zu Esau: »Fürwahr, zum Gebieter über dich habe ich ihn gemacht; alle seine Brüder habe ich zu seinen Knechten bestellt, mit Korn und Most habe ich ihn reichlich bedacht. Was kann ich da nun noch für dich tun, mein Sohn?« Esau entgegnete seinem Vater: »Hast du denn nur einen Segen, mein Vater? So segne doch auch mich!« Und Esau erhob seine Stimme und weinte. Sein Vater Isaak erwiderte und sprach zu ihm: »Fürwahr, fern von der Erde Fettgefilden seien deine Wohnsitze und fern vom Tau des Himmels droben. Von deinem Schwerte sollst du leben, und deinem Bruder sollst du dienen. Wenn du dich aber auflehnst, dann wirst du sein Joch abschütteln von deinem Nacken.«[72]

---

71 In den Worten Esaus wird der Name Jakobs, wie in dem Bericht über die Geburt der Zwillinge, im Sinne von »an der Ferse haltend = hinterhältig« gedeutet.

72 Der einmal gesprochene Segen ist unwiderruflich; als Isaak auch noch seinen Lieblingssohn zu segnen versucht, verwandeln sich die Worte in seinem Munde zum Fluch. Als Verheißung bleibt nur, daß sich Esau = Edom dereinst der politischen Abhängigkeit von Jakob = Israel entwinden wird.

Esau aber war wegen seines Vaters Segen dem Jakob feindlich gesinnt, und Esau dachte bei sich selbst: »Die Trauertage um meinen Vater werden kommen; dann werde ich meinen Bruder Jakob totschlagen.« Der Rebekka wurden die Pläne ihres ältesten Sohnes Esau zugetragen. Sie sandte hin, ließ ihren jüngeren Sohn rufen und sprach zu ihm: »Höre, dein Bruder Esau will sich an dir rächen, er will dich ermorden. Nun aber höre, mein Sohn, auf meine Stimme, mache dich auf und fliehe zu meinem Bruder Laban nach Haran. Bleibe bei ihm einige Zeit, bis sich deines Bruders Zorn gelegt hat. Sobald der Groll deinen Bruders von dir abläßt und er vergißt, was du ihm angetan hast, will ich senden und dich von dort holen lassen. Warum soll ich an einem Tage euch beide verlieren?«[73] (1 Mose 27, 1–45)

Die Gottesoffenbarung in Betel

Nach den höchst profanen Jakob-Esau-Erzählungen wird der Leser unvermittelt in den Bereich des Sakralen versetzt. Die Erzählung von Jakobs Traum in Betel ist von ganz anderer Art als die bisherigen. Wir haben es hier nämlich mit einer »heiligen« Erzählung, mit einer Kultätiologie zu tun, die erklären will, wie das später weit berühmte Pilgerheiligtum von Betel entstanden ist. Wer hat den großen Stein aufgerichtet, der im Heiligtum von Betel stand und bei kultischen Begehungen von den Pilgern mit Öl begossen wurde; und warum mußte man dort den Zehnten von allen Ernteerträgen als Abgabe entrichten? Darauf hat die ursprünglich einmal selbständige, in Betel beheimatete Jakoberzählung antworten wollen. Die Erzählung, allein genommen, läßt auch noch durchscheinen, daß die Gottesoffenbarung in Betel ursprünglich einmal als die Offenbarung verstanden worden ist, in der der »Gott Jakobs« dem Erzvater zum ersten Mal erschienen war, um ihm die Verheißung des Landbesitzes und der Nachkommenschaft zu geben. Innerhalb der Jakobüberlieferung hat sie also wohl die gleiche Bedeutung gehabt wie innerhalb der Abrahamüberlieferung die Erzählung von der Berufung Abrahams und von Gottes Bund mit Abraham.

In ihrem jetzigen Zusammenhang soll die Erzählung die Verbindung zwischen der Jakob-Esau- und den Jakob-Laban-Erzählungen herstellen. In dem Augenblick, wo Jakob aus dem Land seiner Väter fliehen muß, weil er den Erzvätersegen auf betrügerische Weise an sich gebracht hat, wird er unverhofft von Gott in die Abrahamverheißung hineingenommen.

Jakob aber ging fort von Beerseba und reiste nach Haran. Da erreichte er einen Ort, wo er übernachtete; denn die Sonne war gerade untergegangen. Er nahm einen von den Steinen der Stätte und legte ihn sich zu Häupten; dann schlief er an jenem Platze. Und er träumte: Eine Treppe stand auf der Erde, ihre Spitze berührte den Himmel. Gottes Engel stiegen auf und nieder. Oben stand Jahwe und sprach: »Ich bin Jahwe, der Gott deines Vaters Abraham und der Gott Isaaks; das Land, auf dem du schläfst, will ich dir und deinen Nachkommen schenken. Deine Nachkommen werden zahlreich sein

---

73 Das heißt den einen durch Mord und den andern durch die Blutrache der Verwandten.

wie der Staub der Erde. Du wirst dich ausbreiten nach Westen, Osten, Norden und Süden. In dir sollen gesegnet sein alle Geschlechter der Erde, und in deinen Nachkommen. Siehe, ich bin mit dir; ich werde dich behüten überall, wohin du gehst. Ich werde dich heimkehren lassen in dieses Land; ich will dich nicht verlassen, bis ich getan habe, was ich dir gesagt.« Jakob erwachte aus seinem Schlafe und sprach: »Fürwahr, Jahwe ist an diesem Ort, und ich wußte es nicht!« Er ängstigte sich und sprach: »Wie schauerlich ist doch dieser Ort! Hier ist nichts anderes als Gottes Haus; und hier ist das Himmelstor.« [74] Jakob stand am frühen Morgen auf, nahm den Stein zu seinen Häupten und setzte ihn zu einem Denkstein; dann goß er Öl auf seine Spitze. Er nannte jenes Ortes Namen »Betel«; hingegen hieß die Stadt in früherer Zeit Lus.

Jakob tat folgendes Gelübde: »Wenn Gott mit mir ist, mich auf diesem meinem Wege behütet, mir Brot zur Speise und Kleidung zum Anziehen gibt und mich in Frieden in mein Vaterhaus heimkehren läßt, dann soll Jahwe mein Gott sein; und dieser Stein, den ich zu einem Gedenkstein gesetzt habe, soll zum Gotteshaus werden. Alles, was du mir schenken wirst, will ich dir getreulich verzehnten.« (1 Mose 28, 10–22)

Begegnung am Brunnen

Die Reihe der Jakob-Laban-Erzählungen wird eröffnet mit einem Vorspiel, das die Leser mit den Hauptfiguren bekannt machen soll. Dabei zeigen sie sich alle von ihrer besten Seite. Von den Konflikten, die sich aus ihrem Zusammenleben ergeben werden, ist noch nichts zu sagen.
Die Erzählung ähnelt der Geschichte von der Brautwerbung für Isaak. Ähnlich wie dort wird auch hier sehr stark die Empfindsamkeit der Leser angesprochen. Es sind die menschlichen Regungen der Beteiligten, die den Erzähler vor allem interessieren: Jakobs Ungeduld im Gespräch mit den wortkargen Hirten, seine Rührung bei der Begegnung mit der verwandten Rahel und Labans ehrliche Herzlichkeit.

Jakob machte sich auf die Weiterreise und ging in das Land der Söhne des Ostens [75]. Da sah er einen Brunnen auf dem Felde, um den drei Kleinviehherden lagerten; an diesem Brunnen tränkte man die Herden. Ein großer

---

74 Hinter der Traumschilderung steht ein geschlossener, auch anderwärts im Alten Testament wiederkehrender Vorstellungskreis: Himmlische und irdische Welt sind durch eine »Treppe« verbunden, die vom »Himmelstor« heruntergelassen ist; dort, wo sie auf der Erde aufsetzt, ist die »Wohnung Gottes« oder das »Gotteshaus«, d. h. die Stätte von Gottes unmittelbarer Gegenwart. Betel heißt denn auch wörtlich nichts anderes als »Haus Gottes«. Die Engel, die auf der Treppe auf und nieder steigen, sind Boten, die die göttlichen Befehle auf die Erde bringen und nachher wieder im Himmel Bericht erstatten; vgl. unten S. 488.
75 Als »Söhne des Ostens« werden ebenso die südöstlichen arabischen wie die östlichen aramäischen Nachbarn Israels bezeichnet.

Stein aber bedeckte die Öffnung des Brunnens. Dorthin wurden alle Herden zusammengetrieben. Man wälzte den Stein von der Öffnung des Brunnens und tränkte das Kleinvieh. Dann brachte man den Stein wieder auf die Öffnung des Brunnens an seinen Platz zurück. Jakob sprach zu den Hirten: »Meine Brüder, woher seid ihr?« Sie antworteten: »Von Haran.« Er fragte sie weiter: »Kennt ihr Laban, den Sohn Nahors?« Sie antworteten: »Ja!« Er entgegnete ihnen: »Geht es ihm wohl?« Sie sagten: »Ja, seine Tochter Rahel kommt gerade mit dem Kleinvieh.« Darauf sprach er: »Es ist früh am Tage und noch nicht Zeit, das Vieh zusammenzutreiben. Tränkt das Kleinvieh und laßt es noch weiden.« Sie sprachen: »Wir können es nicht, bis alle Herden beisammen sind. Dann erst wälzt man den Stein von der Öffnung des Brunnens weg, und wir tränken das Kleinvieh.« [76]

Noch redete er mit ihnen, da kam Rahel mit der Herde ihres Vaters; denn sie war eine Hirtin. Als Jakob die Rahel, die Tochter seines Onkels Laban, und das Herdenvieh seines Onkels Laban sah, kam er näher, wälzte den Stein von der Öffnung des Brunnens und tränkte das Vieh seines Onkels Laban. Da küßte Jakob die Rahel und weinte laut. Dann teilte er der Rahel mit, daß er ein Verwandter ihres Vaters sei, und zwar Rebekkas Sohn. Nun lief sie weg und erzählte es ihrem Vater. Laban vernahm die Kunde von Jakob, seinem Neffen. Er lief ihm entgegen, küßte ihn und brachte ihn in sein Haus. Dann erzählte er Laban alle diese Begebenheiten. Laban sprach zu ihm: »Fürwahr, mein Bein und mein Fleisch bist du!« Dieser blieb bei ihm etwa einen Monat. (1 Mose 29, 1–14)

Jakob und die beiden Schwestern

Ganz anders wird die Gestalt Labans in der Erzählung von Jakobs Verheiratung mit Lea und Rahel gezeichnet. Er erscheint jetzt als der gerissene Aramäer, der, unbedenklich in der Wahl seiner Mittel, andere zu übervorteilen versteht und dabei immer noch den Schein des Rechts für sich hat. Man glaubt das Augenzwinkern zu sehen, mit dem die alten Erzähler diesen Streich des Gauners zu begleiten pflegten! Gegenüber einem solchen Onkel mußte sich der ebenfalls nicht kleinliche Jakob als der Unterlegene erweisen: Leidenschaftlich verliebt, muß er einen Höchstpreis zahlen für eine Frau, die er gar nicht haben wollte.

Mit der Einführung der Lea kommt ein weiteres Element der Spannung in die Jakoberzählungen: Welche Rolle wird diese Frau, von der es heißt, daß sie weniger schön war als Rahel und von Jakob weniger geliebt wurde als ihre Schwester, im Leben des Verheißungsträgers spielen?

Laban sprach zu Jakob: »Willst du mir umsonst dienen, weil du mein Verwandter bist? Sage mir doch, welchen Lohn willst du haben?« Laban aber hatte zwei Töchter, die ältere hieß Lea, die jüngere Rahel. Leas Augen waren

---

76 Die verschiedenen Hirten hatten gleiche Rechte an dem Brunnen. Deshalb durfte der Stein, der ihn bedeckte, nur von allen gemeinsam weggenommen werden.

matt; Rahel dagegen war schön von Gestalt und eine hübsche Erscheinung. Jakob liebte die Rahel und sprach: »Ich will dir um deine jüngere Tochter Rahel sieben Jahre dienen.« Laban antwortete: »Besser ist es, sie dir zu geben als einem fremden Mann; bleibe bei mir.« So diente denn Jakob um Rahel sieben Jahre; sie kamen ihm bei der Liebe, die er für sie empfand, wie wenige Tage vor.

Danach sprach Jakob zu Laban: »Nun gib mir meine Frau; denn meine Tage sind um, und ich will sie heiraten.« Laban versammelte alle Leute des Ortes und hielt ein Festmahl. Am Abend nahm er seine Tochter Lea und führte sie ihm zu, so daß er zu ihr einging [77]. Am Morgen aber, siehe, da war es Lea! Er sagte zu Laban: »Was hast du mir da angetan? Habe ich bei dir nicht um Rahel gedient? Warum hast du mich betrogen?« Laban erwiderte: »Hier an unserem Orte ist es nicht Brauch, die jüngere Tochter vor der älteren zu verheiraten. Feiere die Brautwoche mit dieser zu Ende. Dann wird dir auch Rahel zuteil, und zwar für den Dienst, den du mir noch weitere sieben Jahre leisten mußt.«

Jakob tat so und führte die Brautwoche mit dieser zu Ende. Dann gab jener ihm auch seine Tochter Rahel zur Frau. Da ging er auch zu Rahel ein; er hatte ja auch die Rahel lieber als die Lea. Er diente Laban noch weitere sieben Jahre. (1 Mose 29, 15-30)

Die Kinder Jakobs

Der folgende Abschnitt berichtet, wie Lea und Rahel nun mit allen Mitteln um die Gunst Jakobs ringen und dabei die Kinder, die sie ihm gebären, nach dem jeweiligen Verhältnis zu ihm benennen. Der Text ist keine eigentliche Erzählung, sondern die erzählerische Ausgestaltung eines Stämmeverzeichnisses.

Einerseits werden die Namen der einzelnen israelitischen Stämme spielerisch ausgedeutet; andererseits soll im Bilde des Familienlebens das Verhältnis der Stämme zueinander und zum Volksganzen charakterisiert werden.

Historisch sachgemäß werden die am frühesten nach Palästina eingewanderten und darum »älteren« Stämme im Süden (Ruben, Simeon, Levi, Juda, Issachar und Sebulon) als Söhne der älteren Lea dargestellt, während die erst später eingewanderten, »jüngeren« Stämme Mittelpalästinas (Ephraim und Manasse, die zusammen das »Haus Joseph« bilden) als Söhne der jüngeren Rahel erscheinen. Die weniger bedeutenden Stämme des Ostjordanlandes und des galiläischen Gebirges (Dan, Naphtali, Gad und Asser) werden auf die beiden Nebenfrauen Jakobs verteilt.

Hinter einer solchen Zuordnung der Stämme steht natürlich ein ganz bestimmtes Urteil über die Bedeutung der einzelnen für das Volksganze. Ganz offensichtlich haben wir es hier mit dem Urteil der mittelpalästinischen Stämme zu tun, denn sie führen sich auf Rahel, Jakobs Lieblingsfrau, zurück. Sie wollen auf diese Art zu verstehen geben, daß sie dem Herzen des Erzvaters näher stehen als die andern Stämme, die Lea oder gar die Nebenfrauen zur Ahnmutter haben.

---

77 Die Braut war, wenn sie am Abend des Hochzeitstages zu ihrem Bräutigam ins Brautgemach geführt wurde, tief verschleiert.

Aber Jahwe sah, daß Lea weniger geliebt wurde. Deshalb öffnete er ihren Mutterschoß, während Rahel unfruchtbar blieb. Lea empfing und gebar einen Sohn. Sie nannte ihn »Ruben«, indem sie sprach: »Gesehen hat der Herr auf mein Elend; denn jetzt wird mein Mann mich lieben.« Sie empfing nochmals und gebar einen Sohn und sprach: »Erhört hat der Herr; denn eine Zurückgesetzte war ich. Darum gab er mir auch diesen.« Sie nannte ihn »Simeon«. Sie empfing wiederum und gebar einen Sohn und sprach: »Jetzt wird mein Mann endlich an mir hängen, denn schon drei Söhne habe ich ihm geboren.« Darum nannte sie ihn »Levi«. Dann empfing sie abermals und gebar einen Sohn und sagte: »Dieses Mal will ich Jahwe lobpreisen.« Darum nannte sie ihn »Juda«. Weiterhin bekam sie keine Kinder mehr.

Rahel sah, daß sie dem Jakob keine Kinder gebar. Sie wurde deshalb auf ihre Schwester eifersüchtig und sagte zu Jakob: »Schaffe mir Kinder, oder ich muß sterben!« Jakob wurde auf Rahel zornig und sprach: »Stehe ich denn an Gottes Stelle, der dir die Leibesfrucht versagt hat?« Sie antwortete darauf: »Hier hast du meine Leibmagd Bilha! Gehe zu ihr! Sie soll auf meinen Knien gebären, damit auch ich durch sie zu Kindern komme.« Sie gab ihm ihre Leibmagd Bilha, und Jakob hatte Umgang mit ihr. Bilha empfing und gebar dem Jakob einen Sohn. Da sprach Rahel: »Recht hat mir Gott verschafft. Er hat auch meine Stimme erhört und mir einen Sohn geschenkt.« Darum nannte sie ihn »Dan«. Jene empfing wiederum, und Rahels Magd Bilha gebar dem Jakob einen zweiten Sohn. Da sprach Rahel: »Gewaltige Gotteskämpfe habe ich mit meiner Schwester ausgefochten; ich siegte sogar.« Darum nannte sie seinen Namen »Naphtali«.

Lea sah, daß sie nicht mehr gebären konnte. Da nahm sie ihre Magd Silpa und gab sie Jakob zum Weibe. Die Leamagd Silpa gebar dem Jakob einen Sohn. Da sprach Lea: »O welch ein Glück!« Sie nannte seinen Namen »Gad«. Hierauf gebar die Leamagd Silpa dem Jakob einen zweiten Sohn. Lea sprach: »O ich Glückselige! Denn die Töchter werden mich glückselig preisen.« Deshalb nannte sie ihn »Asser«. Zur Zeit der Weizenernte ging Ruben aus und fand Liebeszauberfrüchte auf dem Felde. Er brachte sie seiner Mutter Lea. Da sprach Rahel zu Lea: »Gib mir doch von den Früchten deines Sohnes!« Diese entgegnete ihr: »Ist es dir noch nicht genug, meinen Mann genommen zu haben? Jetzt willst du noch die Liebesäpfel meines Sohnes nehmen.« Rahel sagte: »Gut, er soll heute nacht bei dir liegen für die Liebeszauberfrüchte deines Sohnes.« Jakob kam abends vom Felde. Lea ging ihm entgegen und sprach: »Zu mir mußt du kommen; denn gar reichen Lohn habe ich für dich bezahlt mit den Liebesäpfeln meines Sohnes.« Und er legte sich in jener Nacht mit ihr zusammen. Gott erhörte Lea; sie empfing und gebar dem Jakob einen fünften Sohn. Da sagte Lea: »Gott hat mir den Lohn gegeben dafür, daß ich meine Magd meinem Manne darbot.« Sie nannte ihn darum »Issachar«. Lea empfing wiederum und gebar dem Jakob den sechsten Sohn. Sie sprach: »Gott hat mich mit einem schönen Geschenk bedacht; nunmehr wird mein Mann mich als Frau anerkennen; denn sechs Söhne habe ich ihm

geboren.« Sie nannte ihn »Sebulon«. Später gebar sie noch eine Tochter und nannte sie Dina.
Gott gedachte der Rahel, erhörte sie und öffnete ihren Mutterschoß. Sie empfing und gebar einen Sohn und sprach: »Gott hat die Schmach von mir genommen.« Sie nannte ihn »Joseph« und sprach: »Der Herr gebe mir noch einen anderen Sohn!« (1 Mose 29, 31–35; 30, 1–24)

Jakobs Flucht

So wie die Jakob-Esau-Erzählungen mit der Flucht Jakobs vor Esau geendet hatten, enden die Jakob-Laban-Erzählungen mit der Flucht Jakobs vor Laban. Jakob ist in den Besitz einer zahlreichen Familie und großer Herden gelangt, und dieser Reichtum hat bei Laban Mißgunst geweckt. Um dem unerträglich werdenden Verhältnis ein Ende zu setzen, wartet er die günstige Zeit der Schafschur ab und zieht mit seinen Frauen, Kindern und Herden in Richtung auf das ostjordanische Gebirgsland davon.

Die Erzählung, die von dieser Flucht berichtet, unterscheidet sich dadurch von den anderen Jakoberzählungen, daß sie bemüht ist, ein möglichst makelloses Bild von Jakob zu geben. Weitläufig wird sein Verhalten motiviert und gerechtfertigt, wird seine Unschuld an den Tag gekehrt.

Jakob brach auf; er setzte seine Kinder und Frauen auf die Kamele. Er führte hinweg allen Viehbestand und alle Habe, die er erworben hatte. Er wollte zu seinem Vater Isaak in das Land Kanaan ziehen. Laban aber ging zur Schafschur. Währenddessen stahl Rahel den Teraphim [78] ihres Vaters. Jakob überlistete den Aramäer Laban, indem er ihm von seiner Flucht nichts mitteilte. Er ergriff mit allem, was ihm gehörte, die Flucht, machte sich auf den Weg, überschritt den Euphrat und wandte sich in die Richtung nach dem Gebirge Gilead. Am dritten Tag wurde dem Laban gemeldet, daß Jakob entflohen sei. Er bot seine Sippengenossen auf und verfolgte ihn sieben Tagreisen weit. Beim Gebirge Gilead holte er ihn ein. Da erschien Gott dem Aramäer Laban des Nachts im Traume und sprach zu ihm: »Hüte dich, Jakob irgendwelche Vorwürfe zu machen!« Als Laban den Jakob eingeholt hatte, lagerte dieser mit seinem Zelte auf dem Berge. Auch Laban mit seinen Sippengenossen schlug sein Zelt auf dem Gebirge Gilead auf.

Laban sagte zu Jakob: »Was hast du getan? Hinters Licht führtest du mich. Meine Töchter hast du wie Kriegsgefangene verschleppt. Warum bist du so heimlich ausgerückt? Warum hast du mich bestohlen? Warum teiltest du mir nichts mit, damit ich dir mit Wonnejauchzen, Liedern, Pauken und

---

78 Der »Teraphim« war vermutlich ein Hausgott, der als Schutz gegen Dämonen und allerlei Böses galt. Wir wissen, daß in Assyrien solche Hausgötter dem Haupterben zufielen; ihr Besitz verlieh also einen bestimmten Anspruch auf das Erbe. Vielleicht ist die rätselhafte Tat Rahels von einer solchen Erbrechtsauffassung her zu verstehen.

Harfen das Abschiedsgeleit hätte geben können? Keine Möglichkeit gabst du mir, meine Kinder und Töchter zum Abschied zu küssen. Töricht hast du gehandelt! Es stünde durchaus in meiner Macht, dir etwas Böses zu tun; aber der Gott eures Vaters sagte gestern nacht zu mir: ›Hüte dich, Jakob irgendwelche Vorwürfe zu machen!‹ Nun gut; gegangen bist du, weil du Heimweh nach deinem Vaterhause hattest. Warum hast du mir aber meine Götter gestohlen?« Jakob erwiderte und sprach zu Laban: »Ich fürchtete mich, weil ich dachte, du könntest mir deine Töchter wieder entreißen. Der soll jedoch nicht am Leben bleiben, bei dem du deine Götter findest; im Beisein unserer Sippengenossen sieh durch, was ich bei mir habe, und nimm das Deine!« Jakob ahnte nicht, daß Rahel den Diebstahl begangen hatte.

Dann ging Laban in das Zelt Jakobs, in das der Lea und in das der beiden Mägde hinein, ohne etwas zu finden. Aus dem Zelte der Lea kam er in das Zelt der Rahel. Rahel aber hatte den Teraphim genommen und ihn in die Satteltasche des Kamels gelegt. Sie hatte sich auf diese gesetzt. Laban durchsuchte das ganze Zelt, ohne etwas zu finden. Zu ihrem Vater sagte sie: »Zürne doch nicht, mein Herr! Ich kann nicht aufstehen vor dir. Denn es geht mir so, wie es Frauen zu gehen pflegt.« So suchte und suchte er, fand jedoch den Teraphim nicht [79].

Da ergrimmte Jakob und setzte sich mit Laban auseinander. Er hub an und sprach: »Was ist denn meine Schuld, was meine Verfehlung, daß du so hitzig hinter mir her bist? Du hast alle meine Sachen durchwühlt. Was hast du von den Dingen, die dir gehören, gefunden? Lege es doch hierher im Beisein meiner und deiner Verwandten! Mögen sie Schiedsrichter zwischen uns sein! Es sind bereits zwanzig Jahre, daß ich bei dir bin; nie hatten Mutterschafe und Ziegen einen Fehlwurf getan, und die Widder deiner Herde habe ich nicht verzehrt. Ein zerrissenes Stück habe ich dir nie gebracht, sondern ich ersetzte es dir; von meiner Hand hast du es gefordert, gleich ob es am Tage oder des Nachts geraubt wurde. So war es mit mir: Am Tage verzehrte mich die Hitze und in der Nacht die Kälte, meine Augen floh der Schlaf. Zwanzig Jahre lang habe ich in deinem Hause Dienst geleistet, vierzehn Jahre um deine beiden Töchter und sechs Jahre um dein Vieh; du aber hast zehnmal meinen Lohn geändert. Wenn nicht meines Vaters Gott, der Gott Abrahams und der Schrecken Isaaks, mit mir gewesen wäre, so hättest du mich jetzt mit leeren Händen fortgeschickt; doch dieser hat mein Elend und die Mühsal meiner Hände geschaut und hat gestern nacht die Entscheidung gefällt.« Laban antwortete und sprach zu Jakob: »Die Töchter sind meine Töchter, die Söhne sind meine Söhne, das Vieh ist mein Vieh, und alles, was du da siehst,

---

[79] Die Szene, wie Laban lamentierend die Zelte durchwühlt, um den Gott zu suchen, auf dem sich seine verschlagene Tochter in ihrer Unreinheit niedergelassen hat, gleicht einer Posse. Der Erzähler will diesen Götzen der Lächerlichkeit preisgeben.

gehört mir [80]. Aber meinen Töchtern, was soll ich ihnen oder ihren Kindern, die sie geboren haben, heute tun?« (1 Mose 31, 17–43)

Der Vertrag mit Laban

Als die Auseinandersetzung mit Jakob ihren Höhepunkt erreicht hat, lenkt Laban plötzlich ein. Diese unmotivierte Wendung des Geschehens erklärt sich daraus, daß im Schlußteil der Fluchterzählung auf eine ätiologische Überlieferung, die an einem Steinhaufen im Gebirge Gilead haftete, zurückgegriffen wird. Von diesem Steinhaufen hieß es, Jakob und Laban hätten ihn einst aufgerichtet, um die Hoheitsbereiche der Aramäer und der Israeliten voneinander abzugrenzen. In dem Vertragsschluß, von dem in dieser alten Überlieferung die Rede war, hat der Erzähler den gütigen Abschluß der Familienstreitigkeit zwischen Jakob und seinem aramäischen Schwiegervater gesehen.

»Wohlan! Ich und du, wir wollen einen Vertrag schließen, und dieser mag Zeuge zwischen mir und dir sein!« Da nahm Jakob einen Steinblock und richtete ihn als Denkstein auf.

Jakob sprach zu seinen Sippengenossen: »Sammelt Feldsteine!« Sie taten es, errichteten einen Steinhügel und hielten auf ihm ein Mahl. Laban nannte ihn »Jegar sahaduta«, und Jakob nannte ihn »Gal ed«. Jetzt sprach Laban: »Dieser Hügel soll Zeuge sein zwischen mir und dir am heutigen Tage.« Daher nannte er ihn Zeugenhügel und ebenso auch »Mizpa« (Warte), indem er sprach: »Jahwe soll Wache halten zwischen mir und dir, wenn wir uns nicht mehr sehen. Wenn du meine Töchter schlecht behandelst und zu ihnen noch andere Frauen nimmst, dann ist zwar kein Mensch bei uns, aber Gott ist Zeuge zwischen mir und dir.« Weiter sprach Laban zu Jakob: »Siehe, dieser Steinhügel und dieser Denkstein, den ich zwischen mir und dir aufgerichtet habe – ein Zeuge sei dieser Steinhügel, und Zeuge sei dieser Denkstein, daß ich diesen Steinhügel gegen dich nicht überschreiten werde und daß auch du ihn und diesen Denkstein gegen mich nicht überschreiten wirst in böser Absicht. Der Gott Abrahams und der Gott Nahors seien Richter zwischen uns.« Da leistete Jakob einen Eid bei dem Schrecken seines Vaters Isaak. Jakob brachte auf dem Berge ein Opfer dar und lud seine Sippengenossen zur Mahlzeit ein. Sie hielten das Mahl und übernachteten auf dem Berge. Am frühen Morgen stand Laban auf, küßte seine Enkelkinder und Töchter und sprach Segenswünsche. Dann kehrte Laban in seine Heimat zurück. (1 Mose 31, 44–54; 32, 1)

---

80 Hinter Labans Worten steht möglicherweise ein Rechtsanspruch, der sich aus einer eigentümlichen Eheform, der sogenannten Sadika-Ehe ergab. In ihr löste sich nicht die Frau aus ihrem angestammten Familienverband, um in den Familienverband ihres Mannes überzuwechseln, sondern der Mann wechselte in den Familienverband der Frau über. Falls Jakobs Ehen Sadika-Ehen gewesen sein sollten, gehörten Lea und Rahel samt ihren Kindern rechtens tatsächlich ihrem Vater und Jakob hätte sich wirklich des Diebstahls schuldig gemacht.

Der Kampf am Fluß

Nur mit Grauen wird man die Erzählung von Jakobs Kampf am Jabbok vernommen haben. Daß die Gottheit wie ein Dämon nachts einen Menschen überfällt, von diesem im Kampf bezwungen wird, um Freilassung betteln muß und schließlich nur um den Preis eines besonderen Segens wieder freikommt – das sind Vorstellungen, die selbst für das alte Israel am äußersten Rande des Erträglichen lagen. Gleichwohl hat man sich nicht gescheut, solch eine Geschichte auf Jahwe zu übertragen, denn ursprünglich ist sie wohl von einem namenlosen Flußdämon, der nach kanaanäischer Vorstellung bei Pnuel an der Furt über den Jabbok hauste, erzählt worden.

Vielleicht war es gerade das Unheimliche des Geschehens, worin Israel etwas von seiner eigenen Geschichte mit Gott wiedererkannt hat. In Jakob, der unter Einsatz seines Lebens mit Gott kämpfen muß und ihm dabei den Segen abringt, hat Israel sich selbst wiedergefunden. Das wird durch die Umbenennung Jakobs in »Israel« zum Ausdruck gebracht. – Im Zusammenhang der Jakobgeschichte gesehen, scheint es, als werde erst jetzt ausgetragen, was seit der Erschleichung des Erzvätersegens unerledigt zwischen Gott und Jakob gestanden hat.

Noch in jener Nacht erhob er sich, nahm seine beiden Frauen, seine beiden Mägde und seine elf Kinder und durchschritt die Furt des Jabbok. Er nahm sie und setzte sie über den Fluß, desgleichen schaffte er all sein Eigentum hinüber. Jakob blieb für sich allein zurück. Da führte ein Mann einen Ringkampf mit ihm bis zum Beginn der Morgenröte. Als dieser merkte, daß er ihn nicht besiegen konnte, schlug er auf die Gelenkpfanne an seiner Hüfte. Da wurde das Hüftgelenk Jakobs ausgerenkt [81], während er mit ihm rang. Jener sprach: »Laß mich los; denn die Morgenröte steigt auf!« [82] Dieser antwortete: »Ich lasse dich nicht, es sei denn, du segnest mich!« Darauf der andere: »Wie heißt du?« Er antwortete: »Jakob!« Jener fuhr fort: »Nicht Jakob, sondern Israel soll fürderhin dein Name sein; denn mit Gott und mit Menschen hast du gestritten und dabei den Sieg erfochten.« [83] Nun fragte Jakob: »Tu mir auch deinen Namen kund!« Jener erwiderte: »Warum fragst du nach meinem Namen?« Er segnete ihn daselbst. Jakob nannte dieses Ortes Namen »Pnuel«: »Denn ich habe Gott von Angesicht zu Angesicht gesehen, und mein Leben ist doch erhalten geblieben.« [84] Die Sonne ging eben auf, als er durch Pnuel hindurchschritt; er hinkte an seiner Hüfte. (1 Mose 32, 23–32)

---

81 Der ursprünglichen Fassung der Erzählung nach hat anscheinend Jakob seinem Gegner auf die Hüftpfanne geschlagen und ihn damit kampfunfähig gemacht; Späteren erschien diese Vorstellung so ungeheuerlich, daß sie durch einen Nachsatz den Sachverhalt gerade umgedreht haben.

82 Als Zeit der Geister und Dämonen gilt nach weit verbreiteter Vorstellung die Nacht; mit dem ersten Strahl der Sonne ist die Macht solcher Wesen gebrochen.

83 Der Name Israel, vielleicht mit »Gott möge herrschen« wiederzugeben, wird hier im Sinne von »Gottesstreiter« gedeutet.

84 Der Ortsname Pnuel oder Pniel klang für hebräische Ohren wie »Angesichts Gottes«.

Die Begegnung der beiden Brüder

Die Erzählung von der Begegnung und Versöhnung Jakobs mit Esau will als Gegenstück zu der unmittelbar vorausgehenden Pnuel-Sage verstanden werden: In beiden Begegnungen steht für Jakob alles auf dem Spiel, und aus beiden geht er wohlbehalten und bereichert hervor. Dieser innere Zusammenhang der beiden Erzählungen wird ausdrücklich hervorgehoben, indem der Erzähler Jakob sagen läßt, er habe Esaus Gesicht »wie das Gesicht Gottes« gesehen. – Zugleich bringt die Erzählung die Jakobsgeschichte im ganzen zum Abschluß. In ihr klingt die Spannung aus, die durch die Geburtsgeschichte erregt worden war.

Jakob blickte auf, und siehe, Esau kam mit 400 Mann heran. Er verteilte die Kinder auf Lea und Rahel und die beiden Mägde. Die Mägde mit ihren Kindern stellte er an die Spitze, dahinter Lea mit ihren Kindern und zuletzt Rahel mit Joseph. Er selbst schritt ihnen voran, verneigte sich siebenmal zur Erde und kam so näher an seinen Bruder heran. Esau lief ihm entgegen, umarmte ihn, fiel ihm um den Hals und küßte ihn. Sie weinten. Er erhob seine Augen, erblickte die Frauen mit ihren Kindern und fragte: »Wer sind diese dort in deiner Begleitung?« Er antwortete: »Es sind die Kinder, die Gottes Güte deinem Knecht geschenkt hat.« Da traten die Mägde samt ihren Kindern näher heran und verneigten sich. Lea kam ebenfalls mit ihren Kindern, und sie verneigte sich; zum Schluß kam auch Joseph mit Rahel, und sie verneigten sich.

Er fragte: »Was hat denn dieser ganze Lagerzug, auf den ich gestoßen bin, zu bedeuten?« Jener antwortete: »Ich tat's, um Gnade vor meinem Herrn zu finden.« Esau sagte: »Ich habe ja viel Besitz, lieber Bruder; behalte doch, was dein ist.« Jakob antwortete: »Nicht doch; wenn ich Gnade vor dir gefunden habe, so nimm doch mein Geschenk von mir an; denn ich habe dein Angesicht geschaut, wie das Angesicht Gottes; und du bist gnädig zu mir gewesen. Nimm doch also mein Begrüßungsgeschenk an, das dir gebracht wurde. Gott hat sich mir gnädig erwiesen. Ich habe vollauf genug.« So drängte er ihn, bis er es annahm. Darauf sagte er: »Wir wollen aufbrechen und weiterwandern; ich will dir zur Seite herziehen.« Doch jener erwiderte ihm: »Mein Herr weiß, daß die Kinder noch empfindlich sind. Auch säugendes Kleinvieh und säugende Rinder sind noch bei mir. Treibt man sie zu rasch an, auch nur eine Tagereise weit, dann würde alles Vieh sterben. Mein Herr möge doch vor seinem Knechte herziehen. Ich will mich gemächlich weiterbewegen nach dem Schritt meines vor mir trabenden Viehes und nach dem Schritt der Kinder, bis ich zu meinem Herrn nach Seir komme.« Esau sprach: »Ich will dir wenigstens einige von meinen Leuten zugesellen.« Er antwortete: »Wozu das? Möge ich doch Zustimmung finden bei meinem Herrn.« An jenem Tage kehrte Esau von seinem Wege um in Richtung auf Seir.

Jakob brach auf nach Sukkot und baute dort für sich ein Haus; und für sein Vieh errichtete er Hütten, darum nennt man jenen Ort »Sukkot« (Hütten). Jakob kam nach Sichem. Er schlug bei der Stadt ein Lager auf. Er erwarb das Grundstück, auf dem er sein Zelt ausgespannt hatte, für hundert Kesita von den Söhnen Charmors, des Vaters Sichems. Dort erbaute er einen Altar und nannte ihn »El ist der Gott Israels«. (1 Mose 33, 1–20)

3. Die Josephsgeschichte

Unter den Erzvätererzählungen nimmt die Josephsgeschichte eine Sonderstellung ein. Mit ihren etwa 400 Versen, gegenüber 20 bis 30 bei den übrigen Vätererzählungen, fällt sie allein schon dem Umfang nach aus dem Rahmen des Üblichen heraus. Aber auch hinsichtlich ihres literarischen Charakters ist sie einzigartig. Die Geschichte Abrahams, Isaaks oder Jakobs ist aus lauter Einzelerzählungen zusammengesetzt, die über Generationen hin mündlich weitergegeben und erst bei ihrer Niederschrift durch die biblischen Verfasser in einen mehr oder weniger lockeren Zusammenhang gebracht worden sind. Die Josephsgeschichte hingegen ist von Anfang an als ein geschlossenes Ganzes geplant und niedergeschrieben worden. Sie ist Literatur im besten Sinne des Wortes.

Das umfangreiche Werk ist in zahlreiche, in sich relativ abgeschlossene Einzelszenen gegliedert, die sich wie die Steine eines Mosaiks aneinanderfügen und von denen erst der letzte dem Beschauer das ganze Bild verständlich werden läßt. Kaum ein Abschnitt des Werkes könnte fehlen, und kein einziger ist ohne die anderen aus sich heraus voll verständlich. Ähnlich wie in der Erzählung von der Brautwerbung für Isaak spielen auch in der Josephsgeschichte die Reden der Beteiligten eine große Rolle. An den entscheidenden Punkten des Handlungsablaufs wird der Leser durch diese Reden in die innere Dramatik des Geschehens einbezogen. Er soll nicht nur dem Handlungsablauf folgen, er soll auch die handelnden Personen in ihren Motiven verstehen.

Im Unterschied zu den anderen Erzvätergeschichten, die die Hauptfiguren nur episodisch und aus ständig wechselndem Blickwinkel charakterisieren, bemüht sich die Josephsgeschichte, ein möglichst genaues Bild ihres »Helden« zu zeichnen. Der Leser erlebt mit, wie sich Joseph seinen Mitgefangenen gegenüber verhält, wie er der Frau seines Vorgesetzten begegnet, wie er seine Brüder behandelt. Wir erfahren etwas von den Gefühlen, denen die Beteiligten unterworfen sind, von dem Haß der enttäuschten Frau des Potiphar, von dem Mißtrauen Jakobs gegen seine Söhne oder von deren anhaltenden Schuldgefühlen. Joseph selbst wird in allem, was er tut, den Lesern als Vorbild vor Augen gestellt. Er verwaltet klug und umsichtig sein Amt, weiß sich in Zucht zu halten, ist demütig und gottesfürchtig und beherrscht die große Kunst der Rede. All das waren offenbar die Tugenden, die man zu der Zeit, als die Josephsgeschichte entstand, in Israel von einem gebildeten Mann erwartete. Der Joseph, den die Josephsgeschichte darstellt, verkörpert das Idealbild einer ganzen Epoche.

Aber noch in einem andern Punkt unterscheidet sich die Josephsgeschichte von den übrigen Erzvätererzählungen: in der Art nämlich, wie sie das Handeln Gottes darstellt. In älterer Zeit erfuhr Israel seinen Gott im Kultus, in den Schlachten der heiligen Kriege oder in den Orakeln der Priester. In der Josephsgeschichte findet sich von alledem nichts. Alles Geschehen läuft scheinbar ganz profan und auf durchaus einsichtige Weise vor dem Leser ab, von einem direkten Eingreifen Jahwes ist nirgends die Rede. Und doch ist die Josephsgeschichte für die Zeitgenossen so etwas wie eine moderne Erzählung von Jahwes Geschichtshandeln gewesen. Joseph selbst sind die hierfür entscheidenden Sätze in den Mund gelegt. Als er sich in Ägypten seinen Brüdern zu erkennen gibt, läßt ihn der Verfasser sagen: »Ich bin euer Bruder Joseph, den ihr nach Ägypten verkauft habt. Nun aber grämt euch nicht und betrübt euch nicht, daß ihr mich hierher verkauft habt, denn um Leben zu retten, hat mich Gott vor euch hergesandt... Darum hat Gott mich vor euch hergesandt, um euer Leben zu erhalten. Nicht ihr habt mich also hierher gesandt, sondern Gott.« Und in der Schlußszene sagt Joseph zu seinen Brüdern: »Fürchtet euch nicht! Bin ich denn an Gottes Stelle? Ihr gedachtet mir Böses zu tun, Gott aber hat es zum Guten gelenkt.« Gott wirkt also verborgen in den Herzen der Menschen, ja, er handelt gleichsam quer durch die guten und bösen Taten und Absichten der Menschen hindurch auf das von ihm gesetzte Ziel hin. Das Weltgeschehen scheint ohne ihn abzulaufen, als ob er sich daraus zurückgezogen hätte. In Wahrheit aber ist er überall gegenwärtig. Darum erübrigt es sich, einzelne Ereignisse aus dem Fluß des Geschehens herauszulösen, um nur sie als von Gott gewirkte Wunder anzusehen. Für den älteren Jahwe-Glauben, der doch immer am Außergewöhnlichen hing, ist diese Ansicht sicherlich eine revolutionäre Neuerung gewesen.

Die genannten Eigentümlichkeiten – literarisches Gestaltungsvermögen, die Fähigkeit psychologischer Einfühlung und das neue Verständnis von Jahwes Geschichtshandeln – weisen die Josephsgeschichte als ein Kind der Epoche Davids und Salomos aus. Während dieser Epoche ist erstmals in Israel der Mensch als einzelner seiner selbst bewußt geworden. Er als einzelner begann über sich und seine Rolle in der Welt nachzudenken und nach seinem persönlichen Anteil an der Heilsgeschichte des Volkes zu fragen. In der Wissenschaft hat man geradezu von einer »Aufklärung« und einem »Humanismus« der Epoche Salomos gesprochen (Näheres unten S. 248). Jeder Humanismus aber ist der Vergangenheit zugewandt und entwickelt aus ihr das Bild einer alten guten, einer klassischen Zeit, die der Gegenwart als Norm vorgehalten wird. Israels Bild von der »klassischen Heilsgeschichte« (Abraham bis Josua) hat denn auch seine entscheidende theologische Prägung erst zur Zeit Salomos erhalten.

Der Verfasser der Josephsgeschichte hat sich einen kurzen Abschnitt dieser Heilsgeschichte, nämlich den Übergang vom letzten Erzvater Jakob zum

Aufenthalt des Volkes in Ägypten, herausgegriffen und zum Gegenstand einer künstlerischen Nacherzählung gemacht. Sie vermag beispielhaft zu zeigen, wie man in der frühen Königszeit versucht hat, die alten Überlieferungen Israels geistig zu durchdringen und für die Gegenwart neu zum Reden zu bringen.

Die Mißgunst der Brüder

Israel aber liebte den Joseph mehr als seine anderen Söhne; denn er war ihm ein Sohn des Greisenalters. Er ließ ihm ein Ärmelkleid anfertigen. Die Brüder aber sahen, daß ihr Vater ihn lieber hatte als alle seine Brüder. Sie haßten ihn und konnten mit ihm kein gutes Wort mehr reden.

Joseph hatte einmal einen Traum; er erzählte ihn seinen Brüdern, und diese haßten ihn daraufhin noch mehr. Er sprach zu ihnen: »Hört, was ich geträumt habe: Wir banden Garben mitten auf dem Felde; da richtete sich meine Garbe auf, und sie stand; eure Garben aber stellten sich ringsum und verneigten sich tief vor meiner Garbe.« Seine Brüder erwiderten ihm: »Willst du wohl König über uns werden? Willst du über uns Herrschermacht ausüben?« Sie haßten ihn noch mehr wegen seines Traumes und seiner Reden. Er hatte noch einen anderen Traum, den er seinen Brüdern erzählte: »Hört, ich hatte noch einen anderen Traum: Die Sonne, der Mond und elf Sterne haben sich tief vor mir verneigt.« Da er dies seinem Vater und seinen Brüdern erzählte, schalt ihn sein Vater und sagte zu ihm: »Was hat das zu bedeuten, was du träumtest? Sollen etwa ich, deine Mutter und deine Brüder herankommen und uns vor dir auf den Boden werfen?« Seine Brüder wurden auf ihn eifersüchtig; es merkte sich aber sein Vater die Sache.

Da zogen seine Brüder fort, um das Vieh ihres Vaters bei Sichem zu weiden. Da sagte Israel zu Joseph: »Weiden deine Brüder nicht zu Sichem das Vieh? Mache dich auf, ich will dich zu ihnen schicken!« Er erwiderte ihm: »Ich bin bereit!« Er sprach zu ihm: »Gehe doch, schau einmal, wie es mit deinen Brüdern und mit den Schafen steht, und bringe mir darüber Nachricht.« Er sandte ihn aus dem Tal von Hebron weg, und jener kam nach Sichem. Als er auf dem Gefilde umherirrte, traf ihn ein Mann. Der Mann fragte ihn: »Was suchst du?« Er antwortete: »Ich suche meine Brüder; sage mir doch, wo sie jetzt gerade ihr Vieh hüten.« Der Mann sprach: »Sie sind von hier weggezogen; denn ich hörte sie reden: ›Wir wollen nach Dotan ziehen!‹« Joseph folgte seinen Brüdern und fand sie in Dotan. Sie sahen ihn von ferne, doch bevor er sich ihnen näherte, berieten sie einen hinterlistigen Anschlag, ihn umzubringen. Sie sprachen zueinander: »Seht, da kommt dieser Träumer! Jetzt aber los! Wir wollen ihn umbringen, in eine der Zisternen werfen und dann sagen: ›Ein wildes Tier hat ihn gefressen.‹ Dann wollen wir sehen, was aus seinen Träumereien wird!« Das hörte Ruben. Er wollte ihn aus ihrer Hand retten und sprach: »Wir wollen ihn nicht ums Leben brin-

gen.« Ruben sprach zu ihnen: »Vergießt kein Blut, werft ihn in diese Zisterne hier in der Steppe, legt aber nicht Hand an ihn.« Er wollte ihn aus ihrer Hand retten, um ihn seinem Vater zurückzubringen. Als Joseph nun bei seinen Brüdern ankam, zogen sie ihm den Rock aus, den Ärmelrock, den er anhatte. Dann nahmen sie ihn und warfen ihn in die Zisterne; diese aber war leer, sie enthielt kein Wasser. Sie setzten sich nieder, um zu essen. Als sie nun ihre Augen erhoben, siehe, da kam eine Ismaeliterkarawane aus Gilead. Ihre Kamele trugen Tragakant, Mastix und Ladanum [85]; sie war auf der Reise nach Ägypten. Da sprach Juda zu seinen Brüdern: »Welchen Gewinn haben wir, wenn wir unseren Bruder totschlagen und die Bluttat an ihm verheimlichen? Kommt, verkaufen wir ihn den Ismaelitern; unsere Hand komme aber nicht über ihn; denn er ist unser Bruder und unser Fleisch.« Seine Brüder hörten auf ihn. Als nun midianitische Kaufleute vorbeikamen, zogen sie Joseph heraus und holten ihn aus der Zisterne hervor. Sie verkauften Joseph den Ismaelitern um 20 Silberstücke. Diese brachten den Joseph nach Ägypten. Ruben kehrte zur Zisterne zurück; Joseph aber war nicht mehr darin. Da zerriß er seine Kleider, kam wieder zu seinen Brüdern und sprach: »Der Knabe ist nicht mehr da, und ich, wohin soll ich gehen?« [86]
Sie nahmen Josephs Gewand, schlachteten einen Ziegenbock und tauchten es ins Blut. Sie sandten den Ärmelrock und ließen ihn ihrem Vater bringen und ihm sagen: »Dies da haben wir gefunden, schau her, ob es deines Sohnes Gewand ist oder nicht!« Der schaute hin und rief aus: »Meines Sohnes Gewand! Ein wildes Tier hat ihn gefressen; zerrissen, zerrissen ist Joseph!« Jakob zerriß sein Gewand, gürtete einen Trauerschurz um die Hüften und hielt lange Zeit Trauer um seinen Sohn. Alle seine Söhne und Töchter versuchten, ihn zu trösten. Er aber wollte sich nicht trösten lassen und sprach: »In Trauer will ich zu meinem Sohn hinabsteigen ins Totenland!« So beweinte ihn sein Vater. Die Midianiter aber verkauften Joseph nach Ägypten an Potiphar, einen Hofbeamten des Pharao, den Obersten der Leibwache.

(1 Mose 37, 3–36)

Die fremde Frau

Potiphar, der Oberste der Leibwache, ein Ägypter, kaufte ihn von den Ismaelitern, welche ihn dorthin gebracht hatten. Jahwe aber war mit Joseph,

---

[85] Verschiedene Produkte aus Harz, die als Heilmittel verwendet wurden.
[86] Von der Josephsgeschichte scheint es zwei, in Einzelheiten geringfügig voneinander abweichende Versionen gegeben zu haben. Der einen zufolge wurde Joseph von seinen Brüdern an die Ismaeliter verkauft, der andern zufolge haben ihn Midianiter aus der Zisterne gestohlen, bevor Ruben ihn wieder herausholen konnte, um ihn zu retten. Beide Versionen sind durch einen Redaktor ineinandergeschoben worden.

so daß er in allem Erfolg hatte. Er blieb im Hause seines ägyptischen Herrn. Sein Dienstherr aber sah, daß Jahwe mit Joseph war und alles, was dieser tat, ihm gelingen ließ. Joseph fand Gnade in seinen Augen, und er erkor ihn zu seinem Leibdiener; ja, er machte ihn zu seinem Hausverwalter und übergab ihm alles, was er hatte. Von der Zeit an, als er ihn über sein Haus und all seinen Besitz gesetzt hatte, segnete Jahwe das Haus des Ägypters um Josephs willen. Der Segen Jahwes war über allem, was er hatte, im Haus und auf dem Felde. Er gab alles in die Hand Josephs, kümmerte sich neben ihm um nichts als um die Speise, die er aß. Joseph aber war schön von Gestalt und Aussehen.

Kurz darauf warf die Frau seines Herrn ihre Augen auf Joseph und sprach: »Lege dich zu mir hin!« Er aber weigerte sich und sagte zur Frau seines Herrn: »Siehe, mein Herr kümmert sich neben mir um nichts, was in seinem Haus ist, und sein ganzes Besitztum hat er mir übergeben. Er selbst ist in diesem Hause nicht größer als ich. Nichts hat er mir vorenthalten als dich, weil du seine Frau bist. Wie sollte ich dieses große Unrecht tun und wider Gott sündigen?« Und obwohl sie tagtäglich auf Joseph einredete, hörte er nicht auf sie und legte sich nicht zu ihr, um mit ihr Umgang zu pflegen. Eines Tages nun kam Joseph in das Haus zur Arbeit. Niemand von den Hausangestellten war im Gebäude. Da faßte sie ihn an seinem Kleide und sprach: »Lege dich zu mir!« Er aber ließ sein Kleid unter ihrer Hand und floh ins Freie.

Als sie nun sah, daß er sein Kleid in ihrer Hand gelassen hatte und hinausgeflohen war, da rief sie die Hausangestellten und sprach zu ihnen: »Seht, da hat er uns einen Hebräer [87] gebracht, daß er seinen Mutwillen mit uns treibe! Er kam nämlich zu mir, um bei mir zu liegen, ich aber habe mit lauter Stimme geschrieen. Als er nun hörte, daß ich meine Stimme erhob und schrie, da ließ er sein Kleid bei mir und floh hinaus ins Freie.« Sie ließ sein Kleid neben sich liegen, bis sein Herr nach Hause kam. Da erzählte sie ihm die gleiche Geschichte und sprach: »Kam doch dieser hebräische Sklave, den du uns gebracht hast, um seinen Mutwillen mit mir zu treiben! Als ich aber meine Stimme erhob und schrie, da ließ er sein Kleid neben mir und floh ins Freie.«

Als sein Herr nun die Worte seiner Frau gehört hatte: »Ganz so, wie ich erzählte, hat an mir dein Sklave getan«, da ward er sehr zornig. Josephs Herr nahm ihn und ließ ihn ins Gefängnis an den Ort werfen, wo die Gefangenen des Königs eingesperrt waren. Dort saß er im Gefängnis. Jahwe aber war mit Joseph. Er machte ihn beliebt und ließ ihn Gnade finden beim Obersten des Gefängnisses. Dieser gab alle Gefangenen, die im Kerker waren, in die Hand Josephs. Alles, was man dort tat, geschah durch ihn. Der Gefängnisvorsteher kümmerte sich um nichts, was durch Joseph geschah. Denn Jahwe war mit ihm, und alles, was er tat, ließ er wohlgeraten.

(1 Mose 39, 1–23)

---

87 Zur Bedeutung des Wortes Hebräer siehe oben S. 24 f.

Der Mundschenk und der Bäcker

Einige Zeit darauf vergingen sich der Mundschenk des Ägypterkönigs und der Bäcker wider ihren Herrn, den König von Ägypten. Der Pharao wurde über beide Hofbeamte zornig, über den Obersten der Mundschenken und den Obersten der Bäcker. Er legte sie in Gewahrsam, in das Haus des Obersten der Leibwache, ins Gefängnis, dorthin, wo Joseph in Haft saß. Der Oberste der Leibwache gab ihnen den Joseph bei; er leistete Dienste für sie, und so waren sie eine Zeitlang im Gefängnis [88].

Nun hatten beide Männer in derselben Nacht jeder einen Traum, jeder einen Traum von unterschiedlicher Bedeutung, der Mundschenk und der Bäcker des Ägypterkönigs, die im Gefängnis in Haft saßen. Joseph kam am anderen Morgen zu ihnen hinein und sah, daß sie niedergeschlagen waren. Er fragte die Hofbeamten des Pharao, die mit ihm im Hause seines Herrn in Haft lagen: »Warum seht ihr denn heute so mißmutig aus?« Sie antworteten ihm: »Wir haben einen Traum gehabt, und niemand ist da, der ihn deuten kann.« Er sagte zu ihnen: »Ist nicht das Deuten von Träumen Gottes Sache? Doch erzählt mir einmal!«

Da erzählte der Oberste der Mundschenken seinen Traum und sprach zu ihm: »In meinem Traume sah ich einen Weinstock vor mir. An dem Weinstock waren drei Ranken. Er begann zu treiben, seine Blüte sproß empor, seine Trauben bekamen reife Beeren. Ich hielt den Becher des Pharao in meiner Hand, nahm die Beeren und preßte sie aus in den Becher Pharaos. Sodann gab ich dem Pharao den Becher in die Hand.« Joseph antwortete ihm: »Dies die Deutung: Die drei Ranken sind drei Tage. Noch drei Tage, dann wird der Pharao dein Haupt erheben und dich wiederum in dein Amt einsetzen. Du wirst nach der früheren Ordnung dem Pharao den Becher reichen wie zur Zeit, als du sein Mundschenk warst. Wenn es dir aber wieder gut geht, so erinnere dich meiner! Tu mir doch die Liebe an, erinnere den Pharao an mich, und befreie mich aus diesem Hause! Denn schmählich bin ich aus dem Lande der Hebräer gestohlen worden. Und auch hier habe ich nichts getan, weswegen man mich hätte ins Gefängnis werfen müssen.«

Der Oberbäcker sah, daß er Gutes gedeutet hatte. Er sprach zu Joseph: »Auch ich hatte einen Traum: Ich hatte drei Körbe mit Weißbrot auf meinem Haupte. In dem obersten Korb war allerlei Backwerk für den Pharao. Aber die Vögel fraßen es aus dem Korb auf meinem Haupte.« Joseph antwortete und sprach: »Dies ist die Deutung: Die drei Körbe bedeuten drei Tage. Nur

---

88 Auch die Stellung Josephs im Gefängnis wird von den beiden Erzählungsversionen unterschiedlich dargestellt. Während die eine Joseph schnell zum Gefängnisaufseher hatte aufsteigen lassen, läßt die andere ihn zum Sklaven der beiden anderen prominenten Gefangenen werden.

noch drei Tage, dann wird der Pharao dein Haupt erheben [89]. Er wird dich an einen Baum aufhängen lassen, und die Vögel werden dir das Fleisch abfressen.«

Am dritten Tage aber (es war der Geburtstag des Pharao) veranstaltete dieser all seinen Dienern ein Mahl. Er erhob das Haupt des Obermundschenken und das Haupt des Oberbäckers inmitten seiner Diener. Den Obermundschenk setzte er wieder in sein Amt ein, so daß er dem Pharao den Becher reichen durfte. Den Oberbäcker aber ließ er aufhängen, so wie es ihnen Joseph gedeutet hatte. Doch der Obermundschenk dachte nicht mehr an Joseph; er vergaß ihn. (1 Mose 40, 1–23)

Die Hungersnot

Es war zwei Jahre später. Da hatte der Pharao einen Traum: Er stand am Nil. Aus dem Flusse stiegen sieben schön aussehende und fettfleischige Kühe und weideten im Riedgras. Nach ihnen stiegen aber aus dem Nil sieben schlecht aussehende und magere Kühe. Sie traten neben die Kühe, die schon am Nilufer standen. Dann fraßen die schlecht aussehenden und mageren die sieben schön aussehenden und fetten Tiere. Hierauf erwachte der Pharao. Er schlief wieder ein, und es träumte ihm ein zweites Mal: Siehe, sieben Ähren wuchsen empor auf einem Halm, dicht und schön. Da sproßten nach ihnen sieben magere und vom Ostwind ausgetrocknete Ähren empor. Es verschlangen die mageren die sieben fetten und vollen Ähren. Der Pharao erwachte, und siehe, es war nur ein Traum. Am Morgen aber ward sein Geist ruhelos hin und her getrieben. Er schickte hin und ließ alle Wahrsagepriester und Weisen Ägyptens zusammenrufen. Dann erzählte er ihnen seine Träume, keiner aber war da, der sie dem Pharao deuten konnte. Da sagte der Obermundschenk dem Pharao: »Ich muß heute meine Verfehlung in Erinnerung bringen. Als der Pharao auf seine Diener erzürnt war und sie in Gewahrsam bringen ließ in das Haus des Obersten der Leibwache, nämlich mich und den Oberbäcker, da hatten wir in ein und derselben Nacht einen Traum, ich und er, ein jeder einen Traum von besonderer Bedeutung. Dort war bei uns ein hebräischer Jüngling, ein Sklave des Obersten der Leibwache. Wir erzählten ihm unsere Träume, und er deutete sie uns; einem jeden gab er die seinem Traum entsprechende Deutung. Und so, wie er uns gedeutet hat, ist es geschehen. Mich hat man wieder in meine Stellung eingesetzt, den Oberbäcker hat man aufgehängt.«

Pharao ließ Joseph rufen, und man holte ihn schleunigst aus dem Gefäng-

---

89 Der Erzähler legt Joseph hier ein makabres Wortspiel in den Mund. Die Wendung »das Haupt erheben« bedeutete für den Mundschenken die Begnadigung: Der auf seinem Thron sitzende Pharao würde in einer Audienz dem vor ihm Knienden mit einer huldvollen Geste das demütig gesenkte Haupt erheben. Im Falle des Bäckers umschreibt die gleiche Wendung den Akt der Hinrichtung.

nis. Joseph schor sich, wechselte seine Kleider und kam zum Pharao. Der Pharao sprach zu Joseph: »Ich hatte einen Traum; keiner ist da, der ihn mir zu deuten vermag; doch ich erfuhr von dir, daß du einen Traum nur zu hören brauchst, um ihn deuten zu können.« Joseph erwiderte dem Pharao: »Ich keineswegs! Gott selbst wird dem Pharao zum Heile eine Antwort geben.« Da sagte Pharao zu Joseph: »In meinem Traume war es mir, als stünde ich am Ufer des Nils. Es stiegen aus dem Nil sieben fettfleischige und gut aussehende Kühe und weideten im Riedgras. Und siehe da, es kamen sieben andere Kühe heraus nach ihnen, unansehnlich, sehr häßlich aussehend und mager; ich habe noch nie im ganzen Ägypterland so häßliche gesehen wie diese. Da fraßen die mageren und häßlichen Kühe die sieben ersten, fetten Kühe auf. Diese verschwanden in ihrem Inneren; man merkte es jedoch nicht, daß sie in ihren Bauch gelangt waren. Denn ihr Aussehen blieb so häßlich, wie es war. Ich wachte auf. Weiter schaute ich im Traum: Sieben Ähren wuchsen auf einem Halm, voll und schön. Und nach ihnen sprossen sieben unfruchtbare, dünne und vom Ostwind vertrocknete Ähren auf. Darauf verschlangen die dünnen Ähren die sieben schönen Ähren. Dies erzählte ich den Wahrsagepriestern, niemand konnte mir aber Bescheid geben.«

Joseph sprach zum Pharao: »Des Pharao Traum ist ein und derselbe. Was Gott tun will, hat er dem Pharao angezeigt. Die sieben schönen Kühe, das sind sieben Jahre, die sieben schönen Ähren sind ebenfalls sieben Jahre. Es ist ein und derselbe Traum. Die sieben mageren und häßlichen Kühe, die hinter ihnen heraufstiegen, sind sieben Jahre; die sieben leeren und vom Ostwind vertrockneten Ähren werden sieben Hungerjahre sein. Folgendes ist der Inhalt, wovon ich zum Pharao sagte: ›Gott hat dem Pharao angezeigt, was er tun will‹: Siehe, es kommen sieben Jahre, da wird im ganzen Ägypterlande großer Überfluß sein. Danach werden sieben Hungerjahre kommen; da wird all die Fülle im Ägypterland vergessen sein, und der Hunger wird das Land aufreiben. Man wird nichts mehr wissen von der Fülle im Lande angesichts des Hungers, der hernach kommt; denn er wird überaus drückend sein. Daß sich aber der Traum des Pharao in zweifacher Form wiederholt hat, bedeutet: Fest beschlossen ist die Sache bei Gott. Gott wird es eilends verwirklichen.

Nun sehe sich der Pharao nach einem verständigen und weisen Manne um und setze ihn über das Land Ägypten. Der Pharao möge auch Aufseher über das Land einsetzen und vom Ägypterlande den fünften Teil in den sieben Jahren der Fülle erheben lassen. Diese sollen den gesamten Speisevorrat der sieben kommenden guten Jahre sammeln und das Getreide zur Verfügung des Pharao als Vorrat in den Städten aufspeichern und gut aufbewahren. Dieser Vorrat wird dann dem Lande für die sieben Hungerjahre, die über das Ägypterland kommen, als Rücklage dienen. So wird das Land durch Hungersnot nicht umkommen.«

Die Rede gefiel dem Pharao und allen seinen Dienern. Der Pharao sprach zu seinen Dienern: »Finden wir wohl einen Mann, in dem Gottes Geist so wäre wie in diesem?« Zu Joseph gewandt, sagte er: »Nachdem dich Gott dies alles wissen ließ, gibt es niemand, der so verständig und weise wäre wie du. Du sollst über meinem Hause stehen, deinem Munde soll mein ganzes Volk gehorchen, nur um den Thron will ich größer als du sein.« Der Pharao fuhr zu Joseph fort: »Siehe, ich setze dich über ganz Ägypten.« Dann zog der Pharao seinen Siegelring vom Finger und steckte ihn an Josephs Finger. Er ließ ihm linnene Gewänder anziehen und legte die goldene Kette um seinen Hals. Auf seinem zweiten Wagen ließ er ihn fahren. Vor ihm her rief man: »Achtung!« So setzte er ihn über ganz Ägypten. Der Pharao wandte sich an Joseph: »Pharao bin ich! Doch ohne dich soll niemand in ganz Ägypten seinen Arm oder seinen Fuß regen.« Sodann gab der Pharao Joseph einen anderen Namen: »Zaphenat-Paneach« [90]. Er gab ihm die Asenat, die Tochter des Potiphera, des Priesters von On, zur Frau. So stieg Joseph empor über das ganze Land Ägypten.

Joseph war aber 30 Jahre alt, als er vor Pharao, den König von Ägypten, trat. Joseph ging von ihm fort und durchzog das ganze Ägypterland. Das Land aber trug in den sieben Jahren Überfluß in Menge. Joseph ließ allen Speisevorrat der sieben Jahre, den es im Lande Ägypten gab, sammeln und legte den Vorrat in den Städten nieder, und zwar in jeder Stadt den Vorrat von den Feldern rings um sie her. So speicherte denn Joseph das Getreide auf in überaus großer Menge wie den Meeressand, so daß er schließlich aufhörte zu messen; denn es gab kein Maß dafür.

Dem Joseph wurden zwei Söhne geboren, bevor die Hungersnot kam. Asenat, die Tochter Potipheras, des Priesters von On, hatte sie ihm geschenkt. Joseph nannte den Erstgeborenen Manasse; denn »Gott hat mich all mein Elend und mein Vaterhaus vergessen lassen«. Den Namen des zweiten nannte er Ephraim; denn »Gott hat mich in meines Unglücks Land *fruchtbar* werden lassen«. Die sieben Jahre des Überflusses, die im Lande geherrscht hatten, gingen zu Ende. Und es nahten gemäß der Verheißung des Joseph die sieben Jahre des Hungers. Die Hungersnot aber wütete in allen Ländern; nur im ganzen Lande Ägypten gab es Brot. Sobald nun das Volk im Ägypterland zu hungern anfing und alles zum Pharao um Brot schrie, sagte dieser zu allen Ägyptern: »Geht zu Joseph, und was er euch sagt, das tut!« Der Hunger dehnte sich über die ganze Erde aus. Joseph öffnete alle Speicher und verkaufte den Ägyptern Getreide. Die Hungersnot wurde immer stärker im Lande Ägypten. Alle Welt kam nach Ägypten, um bei Joseph Getreide zu kaufen; denn stark war der Hunger auf der ganzen Erde. (1 Mose 41, 1–57)

---

90 Der neue Name Josephs heißt wörtlich: »Der Gott spricht und er lebt.«

Der Großwesir und seine Brüder

Jakob erfuhr, daß es in Ägypten Getreide gäbe. Er sprach zu seinen Söhnen: »Warum zögert ihr?« Dann sagte er: »Seht, ich habe gehört, daß es in Ägypten noch Korn gibt. Zieht dorthin, und kauft uns von dorther Getreide, damit wir am Leben bleiben und nicht sterben.« Die Brüder Josephs zogen (es waren ihrer zehn) fort, um von Ägypten Getreide zu kaufen. Josephs Bruder Benjamin aber schickte Jakob nicht mit seinen Brüdern; denn er dachte, es könnte ihm etwa ein Unfall zustoßen. Die Söhne Israels kamen also mitten unter allen anderen zum Getreidekauf; denn der Hunger wütete im Lande Kanaan.

Joseph war der Gebieter über das Land. Er verkaufte allen Bewohnern des Landes Getreide. Die Brüder Josephs kamen und warfen sich mit dem Angesicht vor ihm zur Erde nieder. Joseph erblickte seine Brüder, und er erkannte sie. Er stellte sich aber fremd gegen sie und redete gar streng mit ihnen. Er sprach zu ihnen: »Woher seid ihr gekommen?« Sie antworteten: »Vom Lande Kanaan, um Nahrung zu kaufen.« Joseph erkannte seine Brüder, sie aber erkannten ihn nicht. Da erinnerte sich Joseph an die Träume, die er von ihnen gehabt hatte. Er sprach zu ihnen: »Kundschafter seid ihr! Die Blöße des Landes auszuspähen, seid ihr gekommen.« Sie antworteten ihm: »Nicht doch, mein Herr! Deine Knechte kamen, um Nahrung zu kaufen. Alle miteinander sind wir Söhne eines einzigen Mannes; ehrliche Leute sind wir, deine Knechte sind keine Kundschafter.« Er sagte zu ihnen: »Nein, ihr seid gekommen, die Blöße des Landes auszuspähen.« Sie antworteten: »Wir, deine Knechte, waren unser zwölf Brüder, Söhne eines einzigen Mannes in Kanaan. Der Jüngste ist jetzt bei unserem Vater, und der eine ist nicht mehr da.« Joseph erwiderte ihnen: »So ist es, wie ich euch gesagt habe, Kundschafter seid ihr! Darin sollt ihr geprüft werden: Beim Leben Pharaos! Ihr dürft nicht von hier fort, wenn nicht euer jüngster Bruder hierher kommt. Schickt daher einen von euch, der soll euren Bruder holen; euch aber lasse ich fesseln. Es sollen eure Worte geprüft werden [91], ob es sich mit euch so verhält oder nicht. Beim Leben des Pharao! Ihr seid doch Kundschafter!« Er ließ sie drei Tage in Gewahrsam bringen. Am dritten Tage sprach Joseph zu ihnen: »Tut dieses, und ihr bleibt am Leben! Denn ich bin gottesfürchtig. Wenn ihr wirklich ehrliche Leute seid, so soll einer von euch Brüdern in eurem Kerker als Gefangener dableiben; ihr anderen aber geht, und schafft das Korn heim, um den Hunger in euren Familien zu stillen. Euren jüngsten

---

[91] Die »Prüfung«, die hier zweimal erwähnt wird, bezieht sich nicht nur auf die Behauptung der Brüder, sondern Joseph will zugleich prüfen, ob sich ihre Gesinnung als Brüder geändert hat oder ob sie die gleichen geblieben sind wie damals, als sie ihn nach Ägypten verkauften. Um diese »Prüfung« geht es im ganzen zweiten Teil der Josephsgeschichte.

Bruder aber bringt her zu mir, damit sich eure Worte als wahr erweisen und ihr nicht sterben müßt.« Da stimmten sie zu. Dann sagten sie unter sich: »Wehe, schuldig sind wir an unserem Bruder geworden! Wir haben seine Herzensangst miterlebt, als er unser Erbarmen anflehte; wir aber achteten nicht darauf. Darum ist jetzt diese Drangsal über uns gekommen.« Ruben erklärte ihnen: »Habe ich es nicht zu euch gesagt: ›Versündigt euch nicht an diesem Knaben!‹? Ihr aber wolltet nicht hören. Nun wird sein Blut gefordert.« Sie aber merkten nicht, daß Joseph sie verstand. Denn es war ein Dolmetscher zwischen ihnen. Er wandte sich von ihnen ab und weinte. Dann kam er wieder hinzu und redete mit ihnen. Er ließ von ihnen den Simeon festnehmen und vor ihren Augen fesseln. Dann gab Joseph den Befehl, die Behälter sollten mit Getreide gefüllt, das Geld eines jeden sollte in seinen Sack zurückgelegt und Reisevorrat ihnen mitgegeben werden. Das tat man ihnen. Sie aber luden ihr Korn auf ihre Esel und zogen von dannen. Einer von ihnen öffnete seinen Sack, um seinem Esel in der Herberge Futter zu geben. Er erblickte sein Geld – es lag oben in seinem Kornsack. Er rief seinen Brüdern zu: »Zurückgetan ist mein Geld; hier in meinem Kornsack ist es!« Ihr Herz begann zu beben, und zitternd sprachen sie zueinander: »Was hat Gott uns da angetan?«

Sie kamen zu ihrem Vater Jakob in das Land Kanaan und berichteten ihm alles, was sich mit ihnen zugetragen hatte. Sie sprachen: »Jener Mann, der Gebieter des Landes, hat mit uns gar hart geredet. Er hat uns für Kundschafter gehalten. Wir haben ihm zwar gesagt: ›Ehrliche Leute sind wir, wir sind keine Spione. Zwölf Brüder waren wir, Söhne unseres Vaters. Einer ist nicht mehr, und der Jüngste ist jetzt bei unserem Vater im Lande Kanaan.‹ Jener Mann aber, der Gebieter des Landes, sprach zu uns: ›Daran will ich erkennen, daß ihr ehrliche Leute seid: Einen von euch Brüdern laßt bei mir zurück; dann nehmt das Getreide für den Hunger eurer Familien und zieht davon. Aber bringt euren jüngsten Bruder zu mir. Daran will ich erkennen, daß ihr keine Spione seid, sondern ehrliche Leute. Euren Bruder gebe ich euch zurück, und dann könnt ihr im Lande Handel treiben.‹« Sie leerten ihre Säcke, und ein jeder fand seinen Geldbeutel in seinem Sack. Sie sahen ihre Geldbeutel, sie selbst und auch ihr Vater, und sie fürchteten sich. Ihr Vater Jakob wandte sich an sie: »Ihr macht mich kinderlos; Joseph ist nicht mehr, Simeon ist nicht mehr, den Benjamin nehmt ihr auch fort; all dieses ist über mich gekommen.« Ruben antwortete seinem Vater: »Meine beiden Söhne magst du töten, wenn ich ihn dir nicht zurückbringe. Vertraue ihn doch nur meiner Hand an; ich bringe ihn dir bestimmt wieder.« Er aber sagte: »Mein Sohn wird nicht mit euch hinabziehen; sein Bruder ist tot, und er allein ist noch übrig. Stieße ihm aber auf dem Wege, den ihr zieht, ein Unfall zu, dann würdet ihr mein graues Haar mit Kummer in das Totenland hinunterbringen.« (1 Mose 42, 1–38)

Die zweite Reise

Der Hunger lastete schwer auf dem Lande. Als sie nun das aus Ägypten mitgebrachte Getreide ganz aufgezehrt hatten, sprach ihr Vater zu ihnen: »Geht noch einmal, und kauft uns etwas Nahrungsvorrat!« Juda antwortete ihm: »Der Mann hat uns nachdrücklichst eingeschärft: ›Ihr dürft nicht mehr vor mein Antlitz treten, es sei denn, euer Bruder ist bei euch.‹ Wenn du also unseren Bruder mit uns schickst, dann wollen wir hinabziehen und dir Nahrung besorgen. Wenn du ihn aber nicht mitschickst, dann ziehen wir auch nicht hinab; denn jener Mann hat zu uns gesagt: ›Ihr dürft mein Angesicht nicht sehen, es sei denn, daß euer Bruder bei euch ist.‹« [92] Israel entgegnete darauf: »Warum habt ihr mir dieses Leid zugefügt und dem Manne überhaupt gesagt, daß ihr noch einen Bruder habt?« Sie antworteten: »Neugierig hat der Mann nach uns und der Verwandtschaft gefragt: ›Lebt euer Vater noch? Habt ihr noch einen Bruder?‹ Da haben wir ihm der Wahrheit gemäß Auskunft gegeben. Konnten wir denn ahnen, daß er sagen würde: ›Bringt mir euren Bruder her‹?«

Juda [93] bat seinen Vater Israel: »Schicke doch den Knaben mit mir; dann wollen wir aufbrechen und hinziehen. Wir werden alsdann am Leben bleiben und nicht sterben, weder wir selbst noch du und unsere Kinder. Ich verbürge mich für ihn. Von meiner Hand magst du ihn zurückfordern. Wenn ich ihn dir nicht zurückbringe und vor dein Angesicht stelle, dann will ich immerdar vor dir in Schuld sein. Hätten wir nicht so lange gezaudert, so wären wir schon zum zweitenmal zurück.« Ihr Vater Israel sprach zu ihnen: »Wenn es so steht, dann tut folgendes: Nehmt von den besten Erzeugnissen des Landes in eure Säcke und bringt sie dem Mann als ein Geschenk: etwas Balsam, etwas Honig, Tragakant und Ladanum, Pistazien und Mandeln. Nehmt auch Geld entsprechend dem Kaufpreis mit. Das Geld, das man oben in eure Säcke gelegt hat, bringt wieder zurück. Vielleicht war es ein Irrtum. Dann nehmt euren Bruder, brecht auf, und tretet wieder hin vor den Mann. Der allmächtige Gott schenke euch Barmherzigkeit vor dem Manne. Er übergebe euch euren anderen Bruder und auch Benjamin. Ich aber bin kinderlos, kinderlos!«

Die Männer nahmen das Huldigungsgeschenk und den doppelten Geldbetrag in ihre Hand, dazu den Benjamin. Dann brachen sie auf, zogen nach Ägypten hinab und traten vor Joseph hin. Joseph sah bei ihnen den Benja-

---

92 Dieser Erzählungsversion zufolge hat Joseph seinen Brüdern lediglich eingeschärft, beim nächsten Mal nicht ohne Benjamin zu erscheinen. Sie weiß offensichtlich nichts davon, daß Simeon beim ersten Mal gewaltsam von Joseph zurückgehalten worden war.

93 In der vorigen Erzählungsvariante war Ruben der Wortführer der Brüder gegenüber dem Vater, der dort Jakob hieß; in dieser Erzählungsvariante ist Juda ihr Wortführer, und der Vater wird Israel genannt; vgl. oben S. 117 f.

min. Er sagte zu seinem Hausverwalter: »Führe die Leute ins Haus, laß schlachten und zurüsten. Denn die Männer sollen am Mittag mit mir speisen.« Der Mann tat, wie ihm Joseph befohlen hatte, und führte die Leute in Josephs Haus. Da gerieten die Männer in Angst, weil sie in Josephs Haus geschafft wurden, und sprachen: »Es geschieht des Geldes wegen, das vordem in unsere Säcke gekommen ist, daß man uns dorthin bringt. Man wird sich auf uns stürzen, wird über uns herfallen und uns zu Sklaven machen mitsamt unseren Eseln.« Sie traten also an den Hausverwalter Josephs heran und verhandelten mit ihm am Hauseingang. Sie sprachen: »Bitte, Herr! Schon früher einmal sind wir hergekommen, um Nahrungsvorrat zu kaufen. Wir kamen zur Herberge, öffneten unsere Kornsäcke, und siehe da, eines jeden Geldbetrag lag oben in seinem Sack, unser Geld nach seinem vollen Gewicht. Wir brachten es wieder zurück. Wir haben auch noch anderes Geld bei uns, Getreide zu besorgen. Wir wissen nicht, wer unser Geld wieder in unsere Säcke hineingelegt hat.« Er antwortete: »Es ist schon gut. Seid nicht bange, euer Gott und der Gott eures Vaters hat einen Schatz in eure Säcke hineingetan. Das Geld kam richtig an mich.« Dann brachte er ihnen den Simeon heraus. Die Männer führte er in Josephs Haus, reichte ihnen Wasser zum Füßewaschen und gab ihren Eseln Futter. Sie aber richteten bis zu Josephs Ankunft um die Tagesmitte das Huldigungsgeschenk her; denn sie hatten erfahren, daß sie dort essen sollten.

Joseph kam in das Haus, sie brachten ihm das Geschenk, das sie bei sich hatten, und verneigten sich vor ihm bis zum Boden. Er aber erkundigte sich nach ihrem Befinden und fragte: »Geht es eurem greisen Vater, von dem ihr erzählt habt, gut? Ist er noch am Leben?« Sie antworteten: »Es geht deinem Knechte, unserem Vater, gut; er ist noch am Leben.« Dabei verneigten sie sich und warfen sich nieder. Als er aufblickte und seinen Bruder Benjamin, den Sohn seiner Mutter, sah, sprach er: »Ist dies euer jüngster Bruder, von dem ihr mir erzählt habt?« Er sprach: »Gott erweise seine Huld an dir, mein Sohn!« Dann aber eilte Joseph davon, denn sein Inneres ward seines Bruders wegen aufgewühlt. Die Tränen kamen ihm; er ging in die Kammer und weinte dort. Dann wusch er sein Antlitz, kam wieder heraus und beherrschte sich. Dann sprach er: »Tragt das Essen auf!« Man trug auf; und zwar ihm besonders und ihnen besonders und den Ägyptern, die mit ihm aßen, wieder besonders. Die Ägypter dürfen nämlich nicht mit den Hebräern speisen; denn das gilt den Ägyptern als Greuel. Sie nahmen nun vor ihm Platz: der Erstgeborene nach seiner Erstgeburt und der Jüngste nach seiner Jugend. Darob schauten die Männer einander verwundert an. Da ließ er ihnen Gerichte von dem, was vor ihm stand, bringen. Der Anteil Benjamins war fünfmal so groß wie die Anteile aller übrigen. Sie tranken mit ihm und wurden guter Dinge. (1 Mose 43, 1–34)

Die letzte Prüfung

Er gebot seinem Hausverwalter: »Fülle die Kornsäcke der Männer mit Nahrungsmitteln, soviel sie fassen können. Lege das Geld eines jeden oben in seinen Sack! Und meinen Becher, den Becher aus Silber, sollst du oben in den Sack des Jüngsten legen und dazu das Geld für sein Getreide.« Er tat nach Josephs Anordnungen. Beim Aufleuchten der Morgenröte wurden die Männer verabschiedet und zogen mit ihren Eseln los. Sie waren noch nicht allzu weit aus der Stadt hinaus, da gebot Joseph seinem Hausverwalter: »Auf, jage den Männern nach, hole sie ein und sprich zu ihnen: ›Warum habt ihr Gutes mit Bösem vergolten? Warum habt ihr mir den Silberbecher gestohlen? Ist das nicht der, aus dem mein Herr trinkt und mit dem er wahrsagt[94]? Da habt ihr etwas Schlimmes angerichtet!‹« Er holte sie ein und redete mit ihnen in diesem Sinne. Sie antworteten ihm: »Warum spricht unser Herr solche Worte? Fern liegt es deinen Knechten, solches zu tun. Siehe, das Geld, das wir oben in unseren Säcken fanden, haben wir dir aus dem Lande Kanaan zurückgebracht. Wie sollten wir also aus dem Hause deines Herrn Silber oder Gold stehlen? Bei welchem von deinen Knechten er sich befindet, der soll sterben, und auch wir anderen wollen unserem Herrn Sklaven sein!« Er antwortete: »Gut denn, es sei, wie ihr gesagt! Bei wem er gefunden wird, der sei mein Sklave, ihr andern aber seid straffrei.« Eilends ließ ein jeder seinen Sack auf die Erde herunter und öffnete ihn. Er durchstöberte alles, beim Ältesten fing er an, und beim Jüngsten hörte er auf. Der Becher fand sich im Sacke Benjamins. Sie zerrissen nunmehr ihre Gewänder; ein jeder belud seinen Esel, und sie kehrten in die Stadt zurück. Juda und seine Brüder kamen in das Haus Josephs, als er noch dort war; sie warfen sich vor ihm zu Boden nieder. Joseph herrschte sie an: »Was ist das für eine Untat, die ihr begingt? Wußtet ihr denn nicht, daß ein Mann wie ich wahrsagen kann?« Juda sprach: »Was sollen wir unserem Herrn sagen, was sollen wir sprechen, womit uns rechtfertigen? Gott hat die Schuld deiner Knechte zu finden gewußt; siehe, als Sklaven sind wir Eigentum unseres Herrn, sowohl wir alle als auch der, bei dem der Becher sich fand.« Er antwortete: »Fern sei es von mir, so zu handeln! Derjenige, bei dem der Becher sich fand, soll mein Sklave sein. Ihr aber zieht unbehelligt zu eurem Vater.«

Da trat Juda näher zu ihm und sprach: »Bitte, mein Herr, dein Knecht darf ein Wort vor den Ohren meines Herrn sprechen; dein Zorn entbrenne nicht wider deinen Knecht, denn du bist dem Pharao gleich! Mein Herr frag-

---

94 Das Weissagen aus einem Becher war im Altertum weit verbreitet. Man warf kleine Gegenstände in den Becher und versuchte aus der Wirkung, die sich in der Flüssigkeit zeigte, Hinweise auf die Zukunft zu entnehmen. Solch ein Becher war ein heiliger Gegenstand; auf dem Diebstahl von Kultgegenständen aber stand die Todesstrafe (vgl. S. 104).

te seine Knechte: ›Habt ihr noch einen Vater oder Bruder?‹ Wir sprachen zu unserem Herrn: ›Wir haben noch einen alten Vater und einen kleinen, ihm im Greisenalter geborenen Bruder. Da sein anderer Bruder tot ist, blieb er von seiner Mutter allein übrig, und sein Vater liebt ihn besonders.‹ Du aber sagtest zu deinen Knechten: ›Bringt ihn her zu mir! Ich möchte ihn zu Gesicht bekommen.‹ Wir sprachen darauf zu unserem Herrn: ›Der Knabe kann seinen Vater nicht verlassen; täte er es, dann würde dieser sterben.‹ Du aber sagtest zu deinen Knechten: ›Kommt euer jüngster Bruder nicht mit euch, dann dürft ihr nicht mehr vor mein Angesicht treten!‹ Als wir nun zu deinem Knecht, unserem Vater, hinaufkamen, erzählten wir ihm die Worte unseres Herrn. Und wieder sprach unser Vater: ›Macht euch von neuem auf, und kauft uns etwas Nahrungsvorrat.‹ Wir antworteten: ›Wir können nicht hinabziehen. Nur wenn unser jüngster Bruder bei uns ist, ziehen wir hinab; denn wir können vor das Angesicht dieses Mannes nicht hintreten, ohne daß unser jüngster Bruder bei uns ist.‹ Darauf entgegnete unser Vater, dein Knecht: ›Ihr wißt es, daß mir meine Frau zwei Söhne geboren hat. Der eine ging von mir; ich mußte mir sagen: Gewiß ist er zerrissen worden! Gesehen habe ich ihn bis heute nicht mehr. Nehmt ihr mir nun auch noch diesen fort und stieße ihm ein Unfall zu, dann würdet ihr mein graues Haar mit Leid in das Totenland hinunterbringen.‹ Wenn ich jetzt also zu deinem Knechte, meinem Vater, käme, und der Knabe, an dem sein Herz so sehr hängt, wäre nicht bei uns, und er würde sehen, daß der Knabe nicht dabei ist, so wäre das sein Tod. Deine Knechte hätten dann das graue Haar deines Knechtes, unseres Vaters, mit Kummer in das Totenland gebracht. Denn dein Knecht hat sich ja für den Knaben vor seinem Vater verbürgt, indem er sagte: ›Wenn ich ihn dir nicht wiederbringe, dann will ich dauernd schuldig sein vor meinem Vater.‹ Deswegen möge dein Knecht anstatt des Knaben dableiben und als Sklave meinem Herrn gehören. Der Knabe aber soll wieder hinaufziehen mit seinen Brüdern. Wie könnte ich denn heimkehren zu meinem Vater, ohne daß der Knabe bei mir ist? Ich könnte das Leid nicht anschauen, das meinen Vater dann träfe.« (1 Mose 44, 1–34)

Das Wiedererkennen

Da konnte sich Joseph vor allen, die um ihn herumstanden, nicht länger beherrschen. Er rief: »Laßt alle von mir wegtreten!« Niemand war dabei, als Joseph sich seinen Brüdern zu erkennen gab. Er erhob weinend seine Stimme. Die Ägypter hörten es; es hörte davon der Palast Pharaos. Joseph sprach zu seinen Brüdern: »Ich bin Joseph! Lebt mein Vater noch?« Seine Brüder aber konnten ihm keine Antwort geben; denn sie waren verwirrt. Joseph sagte zu seinen Brüdern: »Kommt näher zu mir heran!« Sie kamen näher. Er sprach: »Ich bin euer Bruder Joseph, den ihr nach Ägypten verkauft habt. Nun aber grämt euch nicht, und betrübt euch nicht, daß ihr mich hierher verkauft habt;

denn um Leben zu retten, hat Gott mich vor euch hergesandt. Zwei Jahre wütet schon die Hungersnot im Lande, und noch fünf Jahre wird es weder Pflügen noch Ernten geben. Dann hat Gott mich vor euch hergesandt, um euch ein Fortbestehen im Lande zu sichern und euer Leben zu erhalten für ein großes Rettungswerk. Nicht ihr habt mich also hierher gesandt, sondern Gott. Er selbst hat mich zum Vater für den Pharao gemacht, zum Herrn über sein ganzes Haus und zum Gebieter über ganz Ägypten. Eilt! Zieht hinauf zu meinem Vater und sagt ihm: So spricht dein Sohn Joseph: ›Gott hat mich zum Herrn über ganz Ägypten gesetzt; komm zu mir und zögere nicht! Wohnen sollst du im Lande Gosen [95], mir nahe sollst du sein, du selbst, deine Söhne, deine Enkel, dein Klein- und Großvieh und alles, was dir gehört! Ich will dich dort versorgen; denn noch fünf Jahre lang wird die Hungersnot wüten; du, dein Haus und alles, was du hast, sollen nicht verarmen! Eure Augen und die meines Bruders Benjamin sehen es ja selbst, daß ich es bin, dessen Mund zu euch redet. Erzählt meinem Vater von meiner hohen Würde in Ägypten und von allem, was ihr gesehen habt. Beeilt euch und bringt meinen Vater hierher!« Dann fiel er seinem Bruder Benjamin um den Hals und weinte, und auch Benjamin weinte an seinem Halse. Er küßte alle seine Brüder und schloß sie weinend in seine Arme. Danach erst konnten seine Brüder mit ihm reden. Im Palast des Pharao vernahm man die Kunde: »Die Brüder Josephs sind angekommen.« Der Pharao und seine Diener sahen das gern. Der Pharao sprach zu Joseph: »Befiehl deinen Brüdern: ›Tut folgendes: Beladet eure Esel und zieht dann ins Land Kanaan. Holt euren Vater und eure Familien und kommt zu mir. Ich will euch das Beste des Ägypterlandes geben. Ihr sollt das Fett des Landes verzehren!‹ Du aber hast den Auftrag: Tut folgendes: Nehmt euch aus Ägypten Wagen für eure Kleinkinder und eure Frauen, bringt euren Vater und kommt. Laßt eure Augen nicht betrübt sein wegen eures Hausrats; denn die Güter des ganzen Ägypterlandes gehören euch!«

Die Söhne Israels taten so. Joseph stellte ihnen auf Befehl des Pharao Wagen zur Verfügung und gab ihnen Reisevorrat. Allen gab er Feierkleider, dem Benjamin aber schenkte er 300 Silberstücke und fünf Feierkleider. Seinem Vater sandte er folgendes: zehn Esel, beladen mit den besten Erzeugnissen Ägyptens, und zehn Eselstuten, beladen mit Getreide, Nahrung und Zehrung für seines Vaters Reise. Er entließ seine Brüder, und sie zogen fort; er aber sagte noch zu ihnen: »Habt keine Angst auf der Reise!«

So zogen sie aus Ägypten hinauf und kamen ins Land Kanaan zu ihrem Vater Jakob. Sie berichteten ihm: »Joseph lebt noch! Er ist Gebieter über ganz Ägypten.« Sein Herz aber blieb kalt; denn er glaubte ihnen nicht. Sie

---

95 Das »Land Gosen« ist wahrscheinlich die flache Senke des Wadi Tumilat, das die Landenge von Suez in ostwestlicher Richtung durchzieht. Zur befristeten Ansiedlung fremder Bevölkerungselemente in Gosen vgl. S. 24.

erzählten ihm nun alles, was Joseph zu ihnen gesprochen hatte. Als er die Wagen sah, die Joseph geschickt hatte, um ihn abzuholen, da lebte der Geist ihres Vaters Jakob wieder auf. Israel rief aus: »Es ist genug! Mein Sohn Joseph lebt! Ich will hingehen und ihn schauen, bevor ich sterbe!«

(1 Mose 45, 1–28)

Übersiedlung nach Ägypten

So brach Israel auf mit allem, was ihm gehörte. Er kam nach Beerseba und brachte dem Gott seines Vaters Isaak Opfer dar. Gott sprach zu Israel in Nachtgesichten: »Jakob! Jakob!« Er erwiderte: »Hier bin ich!« Dann fuhr er fort: »Ich bin Gott, der Gott deines Vaters. Hab keine Furcht, nach Ägypten zu ziehen, denn zu einem großen Volke werde ich dich dort machen. Ich werde mit dir hinabziehen nach Ägypten, und ich werde dich auch wieder herausführen; Joseph wird dir die Augen zudrücken.«

Jakob brach von Beerseba auf, und die Söhne Israels hoben ihren Vater Jakob, ihre Kleinkinder und ihre Frauen auf die Wagen, die der Pharao geschickt hatte, um ihn zu holen. Den Juda aber sandte er vor sich her zu Joseph, damit dieser im voraus nach Gosen Weisung gebe. So kamen sie im Lande Gosen an. Joseph ließ seinen Wagen anspannen und reiste seinem Vater Israel nach Gosen entgegen. Als er ihn sah, fiel er ihm um den Hals und weinte an seinem Halse. Israel sprach zu Joseph: »Jetzt will ich gerne sterben, nachdem ich dein Angesicht gesehen habe; denn du bist noch am Leben.«

Joseph sprach zu seinen Brüdern und zu seines Vaters Familie: »Ich will hingehen, um dem Pharao Mitteilung zu machen und ihm zu sagen: ›Meine Brüder und meines Vaters Familie, die im Lande Kanaan lebten, sind zu mir gekommen. Die Männer sind Kleinviehhirten, sie treiben Viehzucht. Sie haben Kleinvieh, ihre Rinder und ihren gesamten Besitz mitgebracht.‹ Der Pharao wird euch nun rufen lassen und euch fragen: ›Was ist euer Beruf?‹ Dann müßt ihr antworten: ›Deine Knechte waren Viehzüchter von Jugend auf bis jetzt, sowohl wir selbst als auch unsere Väter‹, damit ihr im Lande Gosen euch ansiedeln könnt. Denn ein Greuel sind den Ägyptern alle Schafhirten.« [96]

Joseph kam dann, machte dem Pharao Mitteilung und sprach: »Mein Vater, meine Brüder, ihr Kleinvieh und ihr Großvieh, mit allem, was ihnen gehört, sind aus dem Lande Kanaan angekommen. Sie sind jetzt im Lande Gosen.« Aus der Zahl seiner Brüder nahm er fünf und stellte sie dem Pharao vor. Pharao sprach zu den Brüdern: »Was ist euer Beruf?« Sie antworteten dem Pharao: »Kleinviehhirten sind deine Knechte, wir wie auch unsere Vä-

---

[96] Das politische Risiko, das fremde Bevölkerungsgruppen in einer wichtigen Grenzprovinz des Landes darstellten, wird, gemessen an dem Abscheu der Ägypter vor allen Viehzüchtern, als das kleinere Übel empfunden. Damit rechnet Joseph und hofft somit, eine Ansiedlung im Landesinnern verhindern zu können.

ter.« Sie fuhren fort: »Um als Schutzbürger im Lande zu weilen, sind wir gekommen, denn es gab für das Kleinvieh deiner Knechte keine Weide mehr, weil Hunger auf dem Lande Kanaan lastet. Jetzt möchten deine Knechte sich im Gebiet von Gosen niederlassen.« Pharao sprach zu Joseph: »Dein Vater und deine Brüder sind zu dir gekommen. Ägypten steht dir zur Verfügung. Im besten Landesteil siedle deinen Vater und deine Brüder an; sie mögen sich ansiedeln im Gefilde von Gosen. Und wenn du weißt, daß unter ihnen besonders tüchtige Männer sind, dann setze sie zu Aufsehern über meinen Herdenbesitz.«

So wurde Israel in Ägypten seßhaft, im Lande Gosen; sie setzten sich darin fest, wurden fruchtbar und mehrten sich sehr.

(1 Mose 46, 1–5.28–34; 47, 1–6.27)

Gottes Führung

Die Zeit nahte heran, da Israel sterben sollte. Er rief seinen Sohn Joseph und sprach zu ihm: »Habe ich Gnade vor dir gefunden, so lege deine Hand unter meine Hüfte zum Eid, daß du liebevoll und treu an mir handeln wirst: Begrabe mich nicht in Ägypten! Wenn ich nun zu meinen Vätern entschlafe, so bringe mich fort von Ägypten, und begrabe mich an ihrem Grabe.« Er sagte daraufhin: »Deinem Wunsche gemäß werde ich handeln.« Jener sprach: »So schwöre mir!« Er schwur ihm. Da neigte sich Israel nach dem Kopfende seines Lagers hin. Er verschied und ward zu seiner Sippe versammelt.

Als nun die Brüder Josephs sahen, daß ihr Vater gestorben war, da sprachen sie: »Wie, wenn Joseph sich nun feindselig gegen uns stellt und uns all das Böse, das wir ihm angetan haben, reichlich vergilt?« So ließen sie Joseph wissen: »Dein Vater hat vor seinem Tode folgendes angeordnet: So sollt ihr zu Joseph sprechen: ›Vergib deinen Brüdern ihre Schuld und Sünde, daß sie dir Böses angetan haben.‹ Verzeih jetzt den Dienern des Gottes, den dein Vater verehrte, ihre Missetat.« Joseph weinte, als sie dies zu ihm sprachen. Seine Brüder gingen dann selbst zu ihm hin, fielen vor ihm nieder und beteuerten: »Hier sind wir! Deine Knechte wollen wir sein!« Joseph sprach zu ihnen: »Fürchtet euch nicht! Bin ich denn an Gottes Stelle? Ihr gedachtet, mir Böses zu tun, Gott hat es aber zum Guten gelenkt, um das zu tun, was heute geschieht, nämlich viel Volk am Leben zu erhalten. Nun aber, fürchtet euch nicht! Ich will euch und eure Kinder versorgen.« So tröstete er sie und redete mit ihnen freundlich.

(1 Mose 47, 29–31; 49, 33; 50, 15–21)

F. Die Urgeschichte

Die wohl bekanntesten Erzählungen des Alten Testaments sind die von der Schöpfung, vom Paradies, von Kain und Abel, von der Sintflut und vom Turmbau zu Babel. Nirgends ist in ihnen von Israel und seiner besonderen Führung durch Gott die Rede; hier geht es vielmehr um Dinge, die jeden Menschen betreffen; hier wird, um das Stichwort zu gebrauchen, mit dem diese Erzählungen am Anfang der Bibel zusammengefaßt werden, »Ur-Geschichte« geboten, und zwar Urgeschichte nicht im Sinne einer längst vergangenen mythischen Vorzeit, sondern im Sinne dessen, was immer wieder geschieht, was jeder am eigenen Leibe neu durchleben muß. Es geht um die Grunderfahrungen der Menschheit: um den geschlechtlichen Trieb zwischen Mann und Frau, um das Phänomen der Schuld, die plötzlich in ein heiles Lebensgefüge einbricht und es durch Erregung von Scham und Furcht zerstört, und um das tägliche Mühen, mit dem der Mensch der Erde seinen Lebensunterhalt abringen muß; es geht darum, daß Menschen einander in einem ganz elementaren Sinne nicht mehr verstehen, weil sie verschiedene Sprachen sprechen, oder es geht um die segensreiche und doch zugleich zerstörerische Kraft des Wassers sowie um die Rhythmen von Tag und Nacht, von Sommer und Winter, denen alles Leben unterworfen ist.

Wie fügen sich diese auf das Allgemeinmenschliche ausgerichteten Erzählungen in den Jahwe-Glauben Israels ein? Fragt man nach ihrem Ort in der heilsgeschichtlichen Überlieferung Israels, so wird man sagen müssen, daß sie eher ans Ende als an den Anfang gehören. Die alten Glaubensbekenntnisse (vgl. oben S. 21 f., 53) wissen nichts von einer Urgeschichte; sie beginnen erst mit den Erzvätern, also mit der Erwählung Israels. Das Thema einer Urgeschichte der Menschheit ist erst ganz spät zu den übrigen Themen der Heilsgeschichte hinzugefügt worden, und zwar hinzugefügt als eine Art Ätiologie für die Erwählung Israels. Die Urgeschichte will als eine Vorgeschichte Abrahams gelesen werden. Der Standort, von dem aus sie entworfen ist, ist der Erwählungsglaube der Erzvätertradition. Von dort ausgehend hat ihr Verfasser sich die Frage gestellt: Wie ist es zu der ersten Erwählung Abrahams gekommen? Was ist eigentlich der letzte Sinn alles dessen, was mit den Erzvätern begonnen hat?

Darauf antwortet er, indem er eine Geschichte der Menschheit vor Abraham erzählt, die er bis zu den allerersten Anfängen der Welt zurückverfolgt. Das ganze Universum und die Menschheit in der Vielheit ihrer Völker bietet er auf, um die Erwählung des einen Abraham zu erklären. Durch den Vorbau der Urgeschichte stellt er Israel in den Horizont der Menschheitsgeschichte hinein. Die Urgeschichte läßt also Israel als Gottes Antwort auf die Urfragen der Menschheit erscheinen. Was mit den Erzvätern begonnen hat, weist letztlich noch über die Geschichte Israels hinaus auf die Geschichte aller Menschen.

Die Urgeschichte der Genesis besteht aus zwei Parallelerzählungen; die eine gehört zum jahwistischen Geschichtswerk, die andere zur Priesterschrift. Beide Urgeschichten sind von einem späteren Redaktor zusammengearbeitet worden. Man kann sie jedoch ohne große Mühe wieder voneinander trennen; und das ist erforderlich, um ein klares Bild von dem eigentümlichen theologischen Gepräge der einen und der anderen zu gewinnen. Wir beginnen mit der Urgeschichte des Jahwisten.

1. Die Urgeschichte des Jahwisten

Der Verfasser des jahwistischen Geschichtswerkes scheint der erste gewesen zu sein, der der Erzvätererzählung eine Urgeschichte vorangestellt hat. Es läßt sich heute kaum noch ermessen, welch ein geistiges Wagnis dieser Schritt einmal bedeutet hat; denn es war ein Schritt, der über den Horizont des herkömmlichen Jahweglaubens hinaus in theologisch unbegangenes Neuland führte. Bisher war Israel ausschließlich mit seiner eigenen Geschichte beschäftigt gewesen. Was wußten die alten Überlieferungen von der Herausführung aus Ägypten, von der Wüstenwanderung und der Landnahme schon über die Menschheit im allgemeinen zu sagen? Die Erzväterüberlieferung war zwar in das Glaubensbekenntnis Israels mit einbezogen worden, dabei aber war man auch stehengeblieben. Der Jahwist hingegen konnte sich mit einem solchen abrupten Beginn der Geschichte Israels irgendwo mitten in der Völkergeschichte nicht zufriedengeben; er wollte noch mehr und noch Größeres von Israel sagen, als man bisher gesagt hatte. Dazu aber mußte er es wagen, sich mit dem heilsgeschichtlichen Wissen Israels den Fragen zu stellen, mit denen die Umwelt Israels von altersher beschäftigt war.

In den Hochkulturen des Alten Orients, in Babylon, Ägypten, aber auch in Kanaan, hat es eine Fülle von Schöpfungs- und Urstandsmythen der verschiedensten Art gegeben. Sie waren das Ergebnis religiösen Grübelns, aber auch Ergebnis dessen, was wir heute Wissenschaft nennen würden, denn in diesen Göttergeschichten geht es letztlich darum, den Kosmos zu deuten, um auf die Fragen, mit denen er den Menschen bedrängt, eine Antwort zu geben. Der Jahwist hat verschiedene dieser Urzeitmythen aus der Umwelt Israels zusammengetragen und aus ihnen, unter Hinzufügung weniger selbstverfaßter Zwischenstücke, seine Urgeschichte komponiert. Dabei hat er den mythischen Charakter der Überlieferungen fast ganz zerstört. Im Zusammenhang der jahwistischen Urgeschichte sind sie zu wirklichen Erzählungen geworden, die in einer nüchternen, ja geradezu »aufgeklärten« Weise die einzelnen Stationen markieren, die die Geschichte der Menschheit passiert hat, ehe ihr durch die Berufung des einen Menschen Abraham ein neuer Anfang geschenkt wurde.

Die Urgeschichte, die uns der Jahwist vor Augen stellt, ist eine Geschichte des Scheiterns. Zwar steht an ihrem Anfang ein Bild des reinen, unverhüllten Lebens vor Gott, aber was darauf folgt, ist ein Prozeß der ständig wachsenden Entfernung von ihm. Wir sehen, wie sich die Menschen, einmal von ihrem Schöpfer abgewandt, tiefer und tiefer in ihre eigene Schuld verstrikken. Wir sehen auch, wie Gott ihnen jedesmal nachsetzt mit seinen Strafen, aber auch mit seiner bewahrenden Barmherzigkeit. Am Ende jedoch, nach dem Turmbau von Babel, ist seine Langmut erschöpft. Es scheint, als gäbe er seinen ersten Versuch mit der Menschheit für verloren; denn die Berufung Abrahams bedeutet einen völlig neuen Anfang. Sie geschieht in einem Augenblick, in dem die Kluft zwischen Gott und der Völkerwelt unüberbrückbar geworden ist. Mitten in diese Kluft hat der Jahwist die Geschichte Israels eingebettet.

Der Mensch

Die jahwistische Urgeschichte beginnt mit der Erschaffung des Menschen. Der Mensch steht im Mittelpunkt der Schöpfung; um ihn herum baut Gott nach und nach die übrige Welt auf: den Garten, die Tiere, die Frau. An der Entstehung des Universums ist der Jahwist ganz uninteressiert. Aber auch der paradiesische Urzustand des Menschen wird nicht um seiner selbst willen geschildert, denn die Paradieserzählung gibt nur den Hintergrund zu der Sündenfallgeschichte ab. Der Jahwist hat zugleich Größe und Elend des Menschen vor Augen: sein Umsorgtsein von Gott, seine Verfügungsgewalt über die Natur und die Macht der Liebe zu seiner Frau; aber auch seine Schuld vor Gott, seine Scham vor dem andern Menschen und die Mühsal seiner täglichen Arbeit auf dem Felde. Woher kommt all das? Vor allem: Woher kommen die düstern Mächte, die das Leben des Menschen zu einer ständigen Last werden lassen? Wer trägt die Verantwortung für sie? Um diese Fragen geht es.

Die Erschaffung des Menschen. Als Gott die Erde machte und den Himmel, da gab es noch keinen Steppenstrauch auf Erden, und Grünkraut sproßte noch nicht auf dem Felde; denn Gott, Jahwe, hatte noch nicht regnen lassen auf die Erde, und kein Mensch war da, den Boden zu bebauen. Nur Feuchtigkeit stieg von der Erde auf und wässerte die gesamte Fläche des Erdbodens. Da bildete Gott, Jahwe, den Menschen aus dem Staub der Ackerscholle und blies in seine Nase den Odem des Lebens; so ward der Mensch zu einem lebendigen Wesen [97]. Darauf pflanzte Gott, Jahwe, einen Garten in Eden, gegen Osten, und versetzte dorthin den Menschen, den er gebildet hatte. Und Gott, Jahwe, ließ aus dem Erdboden allerlei Bäume aufsprießen, lieblich zum Anschauen und gut zur Nahrung, den Lebensbaum aber mitten im Garten und auch den Baum der Erkenntnis von Gut und Böse.

---

97 Der Jahwist sieht den Menschen als ein Wesen, dessen Leiblichkeit dem »Staub« der Erde zugehört, dessen Leben aber direkt von Gott stammt – also kann ihm auch nur durch Gottes persönliche Zuwendung seine Hinfälligkeit gestundet werden.

Die Paradiesesströme. Ein Strom entsprang in Eden zur Bewässerung des Gartens. Von da an teilt er sich in vier Arme. Der eine heißt Pischon; er umfließt ganz Chawila, das Goldland. Das Gold jenes Landes ist kostbar; auch Balsamharz und Karneolsteine sind dort vorhanden. Der zweite Strom heißt Gichon; er umfließt ganz Kusch. Der dritte Strom, der Tigris, fließt östlich von Assur, und der vierte trägt den Namen Euphrat [98].

Der Baum der Erkenntnis. Gott, Jahwe, nahm den Menschen und setzte ihn in den Garten Eden, damit er ihn bebaue und erhalte. Gott, Jahwe, gebot dem Menschen: »Von allen Bäumen des Gartens darfst du essen, nur vom Baum der Erkenntnis von Gut und Böse darfst du nicht essen [99]; denn am Tage, da du davon ißt, mußt du sterben.«

Das Weib. Gott, Jahwe, sprach: »Es ist nicht gut, daß der Mensch allein sei; ich will ihm eine Hilfe machen als sein Gegenstück.« So bildete Gott, Jahwe, aus der Erde allerlei Tiere des Feldes und alle Vögel des Himmels und brachte sie zum Menschen, um zu sehen, wie er sie benennen würde; und ganz wie der Mensch jedes Lebewesen benannte, so lautet sein Name. Der Mensch gab allem Vieh, allen Vögeln des Himmels und allem Feldgetier Namen; aber für den Menschen fand sich keine Hilfe als sein Gegenstück. Da ließ Gott, Jahwe, einen Tiefschlaf auf den Menschen fallen, so daß er einschlief, nahm ihm eine seiner Rippen und verschloß deren Stelle mit Fleisch. Gott, Jahwe, baute die Rippe, die er dem Menschen entnommen hatte, zu einer Frau aus und führte sie ihm zu. Da sprach der Mensch: »Das ist nun endlich Bein von meinem Gebein und Fleisch von meinem Fleisch. Diese soll man Männin heißen; denn vom Manne ist sie genommen.« Darum wird ein Mann seinen Vater und seine Mutter verlassen und seiner Frau anhangen, und beide werden zu einem Fleisch [100]. Beide aber, der Mann und seine Frau, waren nackt; doch sie schämten sich nicht voreinander.

Die Versuchung. Die Schlange aber war listiger als alle anderen Tiere des Feldes, die Gott, Jahwe, gebildet hatte. Sie sprach zur Frau: »Hat Gott wirk-

---

98 Der Garten wird irgendwo hoch auf einem Berge vorgestellt; die vier Ströme, die von dort ausgehen, versorgen die ganze Welt mit Wasser, so unermeßlich groß ist also der Wassersegen im Paradies. – Mit den vier Strömen soll eine Weltkarte skizziert werden, nur können wir sie nicht mehr rekonstruieren, weil wir nicht wissen, welche Ströme mit »Pischon« und »Gichon« gemeint sind.

99 Die »Erkenntnis von Gut und Böse« meint nicht in erster Linie das sittliche Urteilsvermögen des Menschen. »Gut und Böse« bedeutet nach alttestamentlichem Sprachgebrauch so viel wie »alles«. »Erkenntnis von Gut und Böse« ist also gleichbedeutend mit Allwissenheit.

100 Der Jahwist läßt die Erzählung von der Erschaffung des Menschen ausmünden in eine Erklärung des Phänomens der Liebe. Die Liebe zwischen Mann und Frau ist die letzte und geheimnisvollste Schöpfungsgabe Gottes; erst sie bringt dem Menschen die Erfüllung seines kreatürlichen Daseins. – Die Erzählung hat also einen ätiologischen Charakter; vgl. dazu oben S. 38.

lich gesagt: ›Ihr dürft von keinem Baum des Gartens essen‹?« Da sprach die Frau zur Schlange: »Von den Früchten der Gartenbäume dürfen wir essen. Nur von den Früchten des Baumes in der Mitte des Gartens hat Gott gesagt: ›Eßt nicht davon, ja rührt sie nicht an, sonst müßt ihr sterben!‹« Die Schlange sprach zur Frau: »O nein, auf keinen Fall werdet ihr sterben! Vielmehr weiß Gott, daß euch, sobald ihr davon eßt, die Augen aufgehen, und ihr wie Gott sein werdet, indem ihr Gutes und Böses erkennt.« Da sah die Frau, daß der Baum gut sei zum Essen und eine Lust zum Anschauen und begehrenswert, um weise zu werden. Sie nahm von seiner Frucht, aß und gab auch ihrem Manne neben ihr, und auch er aß. Da gingen beider Augen auf, und sie erkannten, daß sie nackt waren. Sie hefteten Feigenlaub zusammen und machten sich Schürzen daraus.

Scham und Furcht. Da vernahmen sie das Geräusch Gottes, Jahwes, der im Garten beim Windhauch des Tages einherging. Und es versteckten sich der Mann und seine Frau vor dem Angesicht Gottes, Jahwes, mitten unter den Bäumen des Gartens. Gott, Jahwe, aber rief dem Menschen zu und sprach zu ihm: »Wo bist du?« Er antwortete: »Dein Geräusch hörte ich im Garten; ich hatte Scheu; denn nackt bin ich ja; daher versteckte ich mich.« Er sprach: »Wer tat dir kund, daß du nackt bist? Hast du etwa von jenem Baume gegessen, von dem zu essen ich dir verboten habe?« Der Mensch entgegnete: »Die Frau, die du mir als Gefährtin gegeben, hat mir vom Baume gereicht, und ich aß.« Da sprach Gott, Jahwe, zur Frau: »Was hast du getan?« Die Frau erwiderte: »Die Schlange hat mich betört, und ich aß.«

Die Strafen. Da sprach Gott, Jahwe, zur Schlange: »Weil du dies getan hast, sei verflucht aus allem Vieh und allem Getier des Feldes! Auf deinem Bauche sollst du kriechen und Staub fressen dein Leben lang. Feindschaft will ich stiften zwischen dir und der Frau, zwischen deinem Samen und ihrem Samen; er wird dir den Kopf zertreten, und du wirst nach seiner Ferse schnappen.« Zur Frau sprach er: »Zahlreich will ich deine Beschwerden machen und deine Schwangerschaften: Unter Schmerzen sollst du Kinder gebären. Und doch steht dein Begehren nach deinem Manne, er aber soll herrschen über dich.« Zum Manne sprach er: »Du hast auf die Stimme deiner Frau gehört und vom Baume gegessen, von dem zu essen ich dir streng verboten habe; darum soll der Ackerboden verflucht sein um deinetwillen; mühsam sollst du dich von ihm nähren alle Tage deines Lebens. Dornen und Gestrüpp soll er dir sprießen, und Kraut des Feldes sollst du essen. Im Schweiße deines Angesichts sollst du dein Brot verzehren, bis du zum Ackerboden wiederkehrst, von dem du genommen bist. Denn Staub bist du, und zum Staub sollst du heimkehren!« [101]

---

[101] Gottes Strafworte sollen das Mißverhältnis zwischen Mensch und Tier, zwischen dem Mühen des Menschen und dem Sichversagen der Erde erklären; auch hier steht also eine ätiologische Frage im Hintergrund.

Die Vertreibung. Gott, Jahwe, machte Adam und seiner Frau Fellröcke und bekleidete sie. Dann sprach er: »Ja, der Mensch ist jetzt wie einer von uns geworden, da er Gutes und Böses erkennt. Nun geht es darum, daß er nicht noch seine Hand ausstrecke, sich am Baume des Lebens vergreife, davon esse und ewig lebe.« So wies Gott, Jahwe, ihn aus dem Garten Eden fort, daß er den Ackerboden bearbeite, von dem er genommen war. Er vertrieb den Menschen, ließ ihn östlich vom Garten Eden wohnen und stellte die Kerubim und die flammende Schwertklinge auf, den Weg zum Baum des Lebens zu behüten [102].

(1 Mose 2, 4–25; 3, 1–19.21–24)

Der Brudermord

Hat sich der Mensch erst einmal über das Gebot seines Schöpfers hinweggesetzt, dann wird er alsbald vor nichts mehr haltmachen – das will der Jahwist zum Ausdruck bringen, wenn er unmittelbar an die Sündenfallgeschichte die Geschichte von dem Brudermord der ersten Menschenkinder anfügt.

Hinter der Erzählung von Kain und Abel steht wohl eine alte Stammessage, die von den Kenitern handelte. Diese Keniter waren ein kriegerischer Beduinenstamm, der an den Rändern des palästinischen Kulturlandes ein unstetes Dasein führte. Sie waren Jahweverehrer, ja sogar fanatische Jahweeiferer, obwohl sie nicht zu der von Jahwe erwählten Bundesgemeinde Israels gehörten und auch keinen Anteil an dem von Jahwe verheißenen Kulturland hatten. In der alten Erzählung von Kain, dem Stammvater der Keniter, scheint sich Israel mit den befremdlichen und doch herausfordernden Eigentümlichkeiten seiner Nachbarn beschäftigt zu haben. Der Jahwist hat dann die Erzählung aufgegriffen, sie ihres stammesätiologischen Charakters entkleidet und ihr dafür einen allgemeinmenschlichen Sinn unterlegt. Im Schicksal Kains wollte er beispielhaft verwirklicht sehen, wie tief ein Mensch fällt, wenn er erst einmal aus dem Gehorsam Gottes gefallen ist.

Der Mensch erkannte seine Frau Eva; sie empfing und gebar den Kain. Sie sprach: »Ich habe einen Sohn erworben mit Hilfe Jahwes.« Weiter gebar sie seinen Bruder Abel. Abel ward Kleinviehhirt, Kain ein Ackerbauer.

Nach geraumer Zeit begab es sich, daß Kain von den Früchten des Bodens Jahwe ein Opfer darbrachte. Aber auch Abel opferte von den Erstlingen seiner Herde und ihrem Fett. Jahwe blickte auf Abel und seine Opfergabe, aber auf Kain und sein Opfer sah er nicht [103]. Da ward Kain sehr zornig, und sein Angesicht verfinsterte sich. Da sprach Jahwe zu Kain: »Warum bist du

---

102 Trotz des Geschehenen hält Gott am Menschen fest. Statt ihn, wie angekündigt, sofort dem Tode zu überantworten, bestraft er ihn nur mit der Vertreibung aus dem Paradiesgarten, ja, er macht ihm sogar Kleider, trifft also neue Fürsorge für das Leben, in das er den Menschen hinausschickt.

103 Kain ist ein Bauer, Abel ein Hirte; die Brüder verkörpern also zwei verschiedene Arten der Jahweverehrung. Warum Jahwe die Opfergabe Abels lieber ist als die Kains, wird mit keinem Wort gesagt.

zornig, und warum ist dein Angesicht finster? Ist es nicht so: Wenn du gut bist, so kannst du es frei erheben, bist du aber nicht gut, so lauert die Sünde vor der Türe. Nach dir steht ihr Begehren; du aber sollst herrschen über sie!«

Kain sprach zu seinem Bruder Abel: »Komm, wir wollen aufs Feld gehen!« Als sie auf dem Felde waren, stürzte sich Kain auf seinen Bruder Abel und erschlug ihn. Jahwe sprach zu Kain: »Wo ist dein Bruder Abel?« Er antwortete: »Ich weiß es nicht. Bin ich denn meines Bruders Hüter?« Er aber sprach: »Was hast du getan? Die Stimme des Blutes deines Bruders schreit zu mir von der Ackererde empor[104]. Und nun sollst du verflucht sein von der Ackererde hinweg, die ihren Rachen aufgerissen hat, deines Bruders Blut aus deiner Hand aufzunehmen! Wenn du die Ackererde bebaust, wird sie dir fortan ihre Frucht nicht mehr bringen; ziel- und heimatlos sollst du sein auf Erden!« Kain erwiderte Jahwe: »Meine Schuld ist zu groß, als daß ich sie tragen könnte. Siehe, du verjagst mich heute von der Ackererde weg; vor deinem Antlitz muß ich mich verbergen. Ziel- und heimatlos werde ich sein auf Erden; jeder, der mich findet, wird mich erschlagen.« Da sprach zu ihm Jahwe: »Nein! Jeder, der Kain erschlägt, an dem wird es siebenfach gerächt.« Jahwe machte dem Kain ein Zeichen, damit ihn niemand erschlage, wer immer ihn finde[105]. Kain ging vom Angesicht des Herrn hinweg und wohnte im Lande nordöstlich von Eden. (1 Mose 4, 1–16)

Die Heroen der Urzeit

Der Abschnitt über die Engel-Ehen läßt den ursprünglich mythischen Charakter der dahinter stehenden Überlieferung noch deutlich erkennen: Sie wird in der Art der antiken Göttersagen erzählt haben, wie einst aus der Verbindung der Götter mit den Menschen halbgöttliche Wesen, die »Heroen der Urzeit« hervorgegangen sind.

Der Jahwist, der seinen Leser nur mit knappen Strichen an diese ihnen bekannten Heroen erinnert, sieht in ihrer Existenz das Indiz für einen zweiten Versuch der Menschheit, die ihr von Gott gesetzte Grenze zu durchbrechen. Durch die Verbindung mit den Engelwesen war etwas von der göttlichen Lebenskraft in das Menschengeschlecht gekommen; der Mensch drohte, sich aus seiner Rolle als Geschöpf zu befreien und ein Halbgott zu werden. Für den Jahwisten ist es darum nur folgerichtig, daß Gott nicht diejenigen bestraft, die den Frevel begangen hatten, sondern die, denen er zugute kam, die Menschen. Seine Strafe besteht in einer strengen Begrenzung der menschlichen Lebenszeit.

---

104 Die Erzählung setzt offenbar voraus, daß Kain die Leiche verscharrt hat und sich deshalb sicher glaubt; er wußte noch nicht, daß das Blut, das als der Sitz des Lebens galt, zum Himmel schreit und so Gott, den Herrn des Lebens, auf den Plan ruft.

105 Der Fluch über Kain ist nicht Gottes letztes Wort, vielmehr stellt er den Verfluchten durch ein besonderes Zeichen unter seinen persönlichen Schutz. – Vielleicht haben die Keniter zum Zeichen ihres Jahweeifers eine Tätowierung getragen.

Es begab sich, daß die Menschen auf Erden sich zu vermehren begannen und ihnen auch Töchter geboren wurden. Da sahen die Engelwesen, daß die Töchter der Menschen schön waren, und sie nahmen sich zu Frauen, welche sie nur mochten [106]. Nun sprach Jahwe: »Mein Geist soll nicht ewig im Menschen mächtig sein, da auch er Fleisch ist; seine Tage sollen nur noch 120 Jahre sein.« Zu jenen Zeiten waren Riesen auf Erden, auch nachher noch, als die Engelwesen mit den Töchtern der Menschen verkehrten und diese ihnen gebaren; das sind die Heroen der Urzeit, die Hochberühmten. (1 Mose 6, 1–4)

Die große Flut

Erzählungen von einer großen Flut, die alles Leben auf Erden vernichtete, gehören zum Sagengut vieler Völker und Kulturen. Israel hat solch eine Sintflutsage von seinen kanaanäischen Nachbarn übernommen. Sie weist einige Übereinstimmungen mit der Flutgeschichte auf, die uns aus Babylon bekannt ist. Die israelitische Überlieferung von der Flut liegt uns in einer priesterschriftlichen und einer jahwistischen Fassung vor; beide Fassungen sind im überkommenen biblischen Text kunstvoll ineinander verzahnt, lassen sich jedoch wieder voneinander ablösen, so daß die Eigenheiten jeder Version deutlich hervortreten. Zunächst wird der jahwistische Text allein abgedruckt.

Der Jahwist sieht in der großen Flut Jahwes Antwort auf die von Geschlecht zu Geschlecht angewachsene Sünde der Menschen. Aber wie in den vorangegangenen Erzählungen die Strafe Gottes immer von einem Akt der Barmherzigkeit begleitet war, so findet auch in der Flutgeschichte der Gerichtswille Jahwes an seinem Gnadenwillen eine Grenze: Nicht alle Menschen sollen ausgerottet werden; Noa und seine Familie bleiben erhalten.

Diese Spannung zwischen Strafe und Barmherzigkeit Gottes ist noch verschärft worden durch die theologische Rahmung, die der Jahwist der alten Fluterzählung mitgegeben hat. Im Prolog spricht er davon, daß es Gott wegen der Bosheit des menschlichen Herzens »gereut« habe, überhaupt etwas geschaffen zu haben – und das ist wohl eine der kühnsten Aussagen des Alten Testaments. Im Epilog hingegen läßt er Gott beschließen, nie wieder die Erde um des Menschen willen zu vernichten, denn der Mensch sei nun einmal von Grund auf böse. Der gleiche Sachverhalt also, der Jahwe veranlaßt hatte, die Flut zu schicken, wird jetzt als Grund dafür genannt, daß Jahwe den Bestand der Erde und ihrer natürlichen Ordnungen für immer garantiert.

Prolog. Jahwe sah, wie groß die menschliche Bosheit auf Erden war und daß jegliches Gebilde ihrer Herzensgedanken allzeit nur böse war. Es reute ihn, den Menschen gemacht zu haben auf Erden, und er bekam Kummer in seinem Herzen. Jahwe sprach: »Ich will den Menschen, den ich geschaffen, vom Erdboden vertilgen, vom Menschen bis zum Vieh und zum Kriechtier und zu den Himmelsvögeln. Denn es reut mich, sie gemacht zu haben.« [107] Nur Noa fand Gnade in Jahwes Augen.

---

106 Daß der Raum zwischen Gott und den Menschen von allerlei himmlischen Wesen bevölkert wird, ist eine dem Alten Testament geläufige Vorstellung.
107 Die Art, wie der Jahwist Gott sich über seine eigenen Empfindungen aussprechen läßt, ist die gleiche wie in dem Selbstgespräch vor dem Dialog mit Abraham (vgl. oben S. 81).

Der Flutbericht. Da sprach Jahwe zu Noa: »Gehe hinein in die Arche mit deiner ganzen Familie; denn dich habe ich gerecht angetroffen vor meinem Angesichte unter diesem Geschlecht [108]. Von allen reinen Tieren [109] nimm dir je sieben Stück, je ein Männchen und ein Weibchen, von den unreinen Tieren je zwei, ein Männchen und ein Weibchen. Auch von den Vögeln des Himmels je sieben Männchen und Weibchen, damit Nachwuchs am Leben erhalten bleibe auf der ganzen Erde. Denn noch sieben Tage, dann will ich regnen lassen auf die Erde vierzig Tage und vierzig Nächte lang und will jegliches Wesen, das ich geschaffen habe, vom Erdboden vertilgen.« Und Noa tat alles, was ihm Jahwe befohlen hatte. Da gingen Noa und seine Söhne, seine Frau und die Frauen seiner Söhne vor den Wassern der Flut in die Arche; und Jahwe schloß hinter ihnen zu. Von den reinen und unreinen Tieren, von den Vögeln und von allem am Boden kriechenden Getier kamen je zwei zu Noa in die Arche, ein Männchen und ein Weibchen, wie Gott ihm geboten hatte. Nach Ablauf von sieben Tagen kamen nun die Wasser der Flut über die Erde. Und es ergoß sich ein Regen auf die Erde vierzig Tage und vierzig Nächte lang. Die Wasser wuchsen an und hoben die Arche hoch, so daß sie über der Erde dahinschwamm. Alles, was Lebensodem in sich hat und auf dem Trockenen lebt, das starb. So ward denn alles vertilgt, was auf dem Erdboden war, Menschen sowohl als auch Vieh, Kriechtiere und die Vögel des Himmels; sie wurden von der Erde vertilgt. Noa allein und die mit ihm in der Arche waren, blieben übrig.

Nach 40 Tagen aber wurde dem Regen vom Himmel her Einhalt geboten. Das Wasser sank auf der Erde mehr und mehr. Da öffnete Noa das Fenster der Arche, das er gebaut hatte, und ließ die Taube hinaus, um zu sehen, ob das Wasser auf der Erde weniger geworden sei. Die Taube fand aber keine Stätte für ihren Fuß und kehrte zu ihm in die Arche zurück; denn noch war Wasser auf der ganzen Erde. Da streckte Noa seine Hand aus, ergriff sie und nahm sie zu sich in die Arche zurück. Dann wartete er weitere sieben Tage und sandte wiederum die Taube aus der Arche. Die Taube flog gegen Abend zu ihm zurück, aber siehe, sie trug ein frisches Ölblatt in ihrem Schnabel. Noa wußte nun, daß das Wasser auf Erden gefallen war. Nach weiteren sieben Wartetagen schickte Noa die Taube wieder aus; sie kehrte nicht mehr zu ihm zurück. Noa entfernte das Dach von der Arche; er schaute aus, und schon war die Erdoberfläche trocken. Da baute Noa Jahwe einen Altar und nahm von allem reinen Vieh und allen reinen Vögeln und brachte Brandopfer auf dem Altar dar.

---

108 Bei der Zusammenarbeit der jahwistischen und der priesterschriftlichen Fluterzählung ist der Anfang der jahwistischen Fassung verlorengegangen. Darin war erzählt worden, daß Noa von Gott den Auftrag erhalten hatte, ein Schiff zu bauen. Er hatte dem Befehl gehorcht; und dieser Gehorsam ist gemeint, wenn gesagt wird, Jahwe habe Noa »gerecht« befunden.

109 »Rein« waren Tiere, die geopfert und verzehrt werden durften.

Epilog. Jahwe roch den lieblichen Wohlgeruch und sprach bei sich selbst: »Ich will fortan nicht noch einmal die Erde verfluchen um des Menschen willen; denn der Trieb des menschlichen Herzens ist zum Bösen geneigt von Jugend an [110]. Fürderhin will ich alles Lebendige nicht mehr schlagen, wie ich es getan habe. Solange die Erde steht, sollen Saat und Ernte, Frost und Hitze, Sommer und Winter, Tag und Nacht nicht mehr aufhören.«
(1 Mose 6, 5–8; 7, 1–5.7.16.8–12. 17.22 f.; 8, 6.2 f. 6.8–13.20–22)

Der Turmbau zu Babel

Die Erzählung vom Turmbau zu Babel konfrontiert den Leser mit dem Phänomen der Völkerwelt. Wie kommt es, daß die Menschheit in verschiedene Völker zerspalten ist und diese Völker jeweils andere Sprachen sprechen, so daß sie einander nicht verstehen können? Darauf soll die Turmbaugeschichte eine theologische Antwort geben.

Auch diese Erzählung hat der Jahwist bereits fertig vorgefunden. Sie knüpft ätiologisierend an vage Kenntnisse an, die man im alten Palästina von dem mächtigen babylonischen Reich im Osten hatte. Man wußte von dem Völkergemisch in seiner Hauptstadt, man rätselte an deren eigenartigem Namen »Babel« herum, und vor allem: man bestaunte deren mächtigen, aus Lehmziegeln erbauten Tempelturm. Die Babylonier verstanden solche Tempeltürme als Thronsitze der Gottheiten, die sie ihnen errichten mußten. Die Erzählung hingegen sieht in ihnen den Ausdruck höchster Vermessenheit, zu der es nur aufgrund der ökonomischen Zusammenarbeit vieler Völkerschaften kommen konnte.

Der Jahwist hat die Turmbausage seiner Urgeschichte als Schlußszene eingefügt. Mit der Zerstreuung der Völker in alle Winde scheint die Geschichte Gottes mit den Menschen ein Ende gefunden zu haben. Bei allen vorausgegangenen Verfehlungen hatte Gott die Menschen zwar gestraft, aber hatte ihnen zugleich jeweils neue Lebensmöglichkeiten eröffnet. Die Turmbaugeschichte jedoch endet mit dem Völkerchaos – ohne eine barmherzige Tat Gottes an den Menschen. Wie wird es weitergehen? So steht die Turmbauerzählung wie ein großes Fragezeichen am Ende der Urgeschichte.

Alle Welt hatte nur eine Sprache und dieselben Laute. Als man vom Osten her aufbrach, fand man im Lande Sinear [111] eine Ebene und wohnte daselbst. Sie sprachen zueinander: »Wohlan, laßt uns Ziegel streichen und sie hart brennen!« Und es diente ihnen der Ziegel als Stein, und das Erdpech diente ihnen als Mörtel. Dann riefen sie: »Auf! Laßt uns eine Stadt und einen Turm bauen, dessen Spitze bis in den Himmel reicht. Wir wollen uns einen Namen machen, damit wir nicht in alle Welt zerstreut werden.« Jahwe aber fuhr herab, um sich die Stadt und den Turm, den sich die Menschen erbaut hatten, anzuschauen. Jahwe sprach: »Siehe, sie sind ein Volk, und nur eine Sprache haben sie alle; das ist aber erst der Anfang ihres Tuns. Nichts von dem, was sie vorhaben, wird ihnen unmöglich sein. Wohlan, laßt uns hinabstei-

---

110 Dieses düstere Bild von der Natur des Menschen hat für den Jahwisten programmatischen Charakter; es ist Gottes Urteil!
111 »Sinear« ist Bezeichnung für Babylonien.

gen! Wir wollen dort ihre Sprache verwirren, daß keiner mehr die Rede des andern versteht.« Und Jahwe zerstreute sie von da aus über die ganze Erde hin; sie hörten mit dem Städtebau auf. Darum heißt die Stadt »Babel«[112]; denn dort hat Jahwe die Sprache der ganzen Welt verwirrt, und von da aus hat er sie über die ganze Erde hin zerstreut. (1 Mose 11, 1–9)

Die Berufung Abrahams

Abrupt verläßt der Jahwist den weltweiten Horizont der Völker und den Bereich des Allgemeinmenschlichen. Die Szene verengt sich auf einen einzelnen, bis dahin völlig unbekannten Menschen, den Gott willkürlich aus der Völkerwelt herausgreift.

Aber gerade in der Verheißung, die diesem einen mit auf den Weg gegeben wird, wird auch eine Antwort auf die ungelöste Frage, in die die Urgeschichte ausmündet, sichtbar: An dem Segen, der Abraham zugesprochen wird, sollen einmal »alle Geschlechter der Erde« teilhaben. Der Abrahamsegen verknüpft die Geschichte Israels mit der Geschichte der Völker. Ein neues Verhältnis zwischen Jahwe und der Menschheit kündigt sich an.

Und Jahwe sprach zu Abram: »Zieh hinweg aus deiner Heimat, aus deiner Verwandtschaft und aus deinem Vaterhause in ein Land, das ich dir zeigen werde. Ich will dich zu einem großen Volke machen und dich segnen und deinen Namen groß machen; sei ein Segen! Segnen will ich, die dich segnen, und wer dich verflucht, dem will auch ich fluchen. In dir sollen alle Geschlechter der Erde gesegnet sein.« (1 Mose 12, 1–3)

2. Die Urgeschichte der Priesterschrift

Von ganz anderer Art als die jahwistische Urgeschichte ist die der Priesterschrift. Schon äußerlich unterscheidet sie sich von ihr: Sie ist kürzer, weniger farbig und der Form nach mehr eine Aufzählung von Sachverhalten als eine Erzählung von Geschehnissen. Selbst die beiden ausgeführten Erzählungen über die Schöpfung und die Sintflut sind kühl und zurückhaltend; ihr Stil hat fast etwas Protokollarisches.

Auch ihrer inneren Zielsetzung nach ist sie anders: Während der Jahwist darum bemüht ist, allgemeinmenschliche Erfahrungen der Not, der Angst und der Hoffnung theologisch aufzuschlüsseln, um sie erzählerisch aussagbar zu machen, läßt die priesterschriftliche Urgeschichte den Menschen mit seinen Fragen gar nicht recht zu Wort kommen. Ihr theologisches Interesse ist ausschließlich auf die Ordnungen und Erlasse gerichtet, die von Gott her über die Welt verfügt worden sind.

---

112 Babel heißt vermutlich »Tor Gottes«; hebräische Ohren hörten aus dem Namen das Wort *balal* = »verwirren, vermengen« heraus.

Schließlich ist auch das Geschichtsbild der Priesterschrift ein anderes als das des Jahwisten. Der Jahwist sieht den Zeitraum von der Erschaffung des Menschen bis zur Zerstreuung der Völker nach dem Turmbau als eine geschlossene Epoche an, die durch einen tiefen Einschnitt von der nachfolgenden Epoche der Erzvätergeschichte getrennt ist. Die Priesterschrift weiß nichts von dieser Zäsur zwischen Völkerwelt und Berufung Abrahams. Auch sie unterscheidet zwar zwei große Geschichtsepochen, setzt die Zäsur aber nicht bei Abraham, sondern bei Noa und der Sintflut an. Die Sintflut wird in der Priesterschrift viel stärker herausgehoben als beim Jahwisten. Beim Jahwisten steht sie in einer Reihe mit den andern Katastrophen der Urmenschheit (Sündenfall, Brudermord, Engel-Ehen, Turmbau). In der Priesterschrift hingegen steht sie allein; sie ist das eine große Gericht, das Gott wegen der »Gewalttat« der Menschen über die Welt bringt, durch das aber auch nicht weniger als das ganze Schöpfungswerk gefährdet wird. Dieser Heraushebung der Sintflut entspricht, daß nur die Priesterschrift von einem »Bund« zu berichten weiß, den Jahwe nach der Flut mit Noa schließt. Durch diesen Bund erneuert Gott sein Ja zur Schöpfung und seine Heilszusage für die Menschheit, die beide durch die Flut in Frage gestellt worden waren. Schöpfungsbericht und Noa-Bund sind also die beiden wichtigsten Texte zum Verständnis der priesterschriftlichen Urgeschichte.

Als literarisches Werk ist die Priesterschrift etwa 400 bis 500 Jahre jünger als das jahwistische Geschichtswerk (vgl. oben S. 23). Dennoch sind die Stoffe, die darin verarbeitet worden sind, zum Teil sehr alt; das gilt vor allem für die priesterschriftliche Urgeschichte. Wir müssen annehmen, daß die Texte, ehe sie ihre heutige Gestalt angenommen haben, jahrhundertelang in Priesterkreisen mündlich weitergegeben und dabei immer erneut durchdacht und überarbeitet worden sind.

Die Weltschöpfung

Wie die jahwistische Urgeschichte, so beginnt auch die priesterschriftliche mit einem Schöpfungsbericht. Dieser priesterschriftliche Schöpfungsbericht ist bei der redaktionellen Verschmelzung der beiden Urgeschichten dem jahwistischen Schöpfungsbericht vorgeordnet worden, so daß dieser in der Gesamtdarstellung stark in den Hintergrund trat; denn der priesterschriftliche Schöpfungsbericht ist ein Text von solcher Schwere und solcher Erhabenheit, daß er einen zweiten Text neben sich kaum zur Geltung kommen läßt. Hier wird nicht in Bildern erzählt, wie beim Jahwisten, hier werden in gestanzter Form letztgültige kosmologische und theologische Erkenntnisse präsentiert. Jedes Wort ist überlegt; jedes Wort will ganz unbildlich so genommen werden, wie es dasteht.

Das Ganze mutet wie ein Baubericht an: Stück für Stück wird das große Weltgebäude vom göttlichen Baumeister aufeinandergesetzt. Es beginnt, rational kaum noch faßbar, mit dem Chaos, das in der Form der Nacht und der die Erde umspülenden Meere seinen Platz innerhalb der Schöpfung erhalten hat, und führt über den ersten Einbruch des Lichtes, über die Errichtung des Himmelsgewölbes und die Bevölkerung der Erde mit Lebewesen bis hin zur Erschaffung des Menschen als Mann und Frau.

Je näher die einzelnen Schöpfungswerke an den Menschen heranrücken, um so näher ist auch ihr Verhältnis zu Gott, denn allein der Mensch ist Gottes »Ebenbild«.

Diese theologische Auszeichnung des Menschen bedeutet eine polemische Abkehr von dem Weltverständnis der gesamten Antike. Die Priesterschrift nimmt der Natur die göttliche Eigenmächtigkeit, die man ihr in Babylon, aber auch noch in der griechischen Philosophie, die den Kosmos das »Götterbild« nannte, beilegte. Wenn sie etwa Sonne und Mond als »Leuchten« bezeichnet, deren Aufgabe nur darin besteht, dem Menschen als Lichtquelle und Zeitmesser zu dienen, so ist das eine gewollte Entmythisierung dieser überall in der Antike als göttlich verehrten Gestirne. Die Natur wird religiös degradiert; der Mensch wird zu dem für Gott stellvertretenden Herrscher über sie ernannt. – Dieser aus dem Jahweglauben erwachsene Durchbruch durch das mythische Weltverständnis der Antike bedeutete eine wichtige Vorentscheidung für die Neuzeit mit ihrem profanen wissenschaftlichen Verhältnis zur Natur.

Im Anfang schuf Gott den Himmel und die Erde. Die Erde war wüst und leer, Finsternis lag über der Urflut, und ein großer Sturm schwebte über den Wassern. Da sprach Gott: »Es werde Licht!« Und es ward Licht[113]. Gott sah, daß das Licht gut war. Da trennte Gott Licht von Finsternis. Gott nannte das Licht Tag, die Finsternis aber Nacht. Es ward Abend, und es ward Morgen: ein Tag. Dann sprach Gott: »Es entstehe ein Firmament inmitten der Wasser, und es bilde eine Scheidewand zwischen den Wassern!« Gott bildete das Firmament und schied zwischen den Wassern oberhalb und unterhalb des Firmaments, und es geschah so. Gott nannte das Firmament[114] Himmel. Es ward Abend, und es ward Morgen: zweiter Tag.

Sodann sprach Gott: »Es werde das Wasser unterhalb des Himmels an einen Ort gesammelt, und das Trockene werde sichtbar!« Und es geschah so. Gott nannte das Trockene Erde, und das zusammengeflossene Wasser nannte er Meer. Und Gott sah, daß es gut war. Da sprach Gott: »Die Erde lasse Grünes hervorsprießen, samentragende Pflanzen sowie Fruchtbäume, die Früchte bringen nach ihrer Art, in denen Samen ist auf Erden!« Und es geschah so. Die Erde brachte Grünes hervor, samentragende Pflanzen nach ihrer Art und Bäume, die Früchte bringen, in denen ihr Same ist nach ihrer Art. Und Gott sah, daß es gut war. Es ward Abend, und es ward Morgen: dritter Tag.

Dann sprach Gott: »Es sollen Leuchten werden am Gewölbe des Himmels, um zu scheiden zwischen der Nacht und dem Tag, und sie sollen als Zeichen dienen sowohl für die Festzeiten als auch für die Tage und Jahre! Sie sollen Lichtspender an dem Gewölbe des Himmels sein, um zu leuchten über die Erde.« Und es geschah so. So machte denn Gott die beiden großen Leuchten: die größere, daß sie den Tag beherrsche, die kleinere zur Beherrschung der

---

[113] Die Schöpfung durch das *Wort* soll die Mühelosigkeit von Gottes Schaffen und zugleich die seinsmäßige Verschiedenheit zwischen Schöpfer und Geschöpf zum Ausdruck bringen.

[114] Das Firmament bedeckt wie eine Glocke die als Scheibe vorgestellte Erde und hält so die Wasser des Himmelsozeans von der Erde fern.

Nacht und dazu die Sterne. Gott setzte sie als Leuchten über die Erde an das Gewölbe des Himmels, zu beherrschen Tag und Nacht und zu trennen zwischen Licht und Finsternis. Und Gott sah, daß es gut war. Es ward Abend, und es ward Morgen: vierter Tag.

Dann sprach Gott: »Es sollen wimmeln die Gewässer von Lebewesen und Vögel am Himmelsgewölbe fliegen über der Erde!« Gott schuf die großen Seeungetüme und alle sich regenden lebendigen Wesen, von denen nach ihren Arten das Wasser wimmelt, und alle geflügelten Vögel nach ihren Arten. Und Gott sah, daß es gut war. Gott segnete sie und sprach: »Seid fruchtbar, mehrt euch und erfüllt das Wasser in den Meeren. Die Vögel aber mögen sich vermehren auf Erden.« Es ward Abend, und es ward Morgen: fünfter Tag.

Da sprach Gott: »Die Erde bringe lebende Wesen nach ihrer Art hervor: Vieh, Kriech- und Feldtiere, nach ihren Arten!« Und es geschah so. Gott bildete die Feldtiere, das Vieh und alle Kriechtiere des Erdbodens jeweils nach ihren Arten. Und Gott sah, daß es gut war. Dann sprach Gott: »Laßt uns Menschen machen nach unserem Abbild, uns ähnlich; sie sollen herrschen über des Meeres Fische, über die Vögel des Himmels, über das Vieh, über alle Landtiere und über alle Kriechtiere am Boden!« So schuf Gott den Menschen nach seinem Abbild, nach Gottes Bild [115] schuf er ihn, als Mann und Frau erschuf er sie. Gott segnete sie und sprach zu ihnen: »Seid fruchtbar und mehrt euch, füllt die Erde und macht sie untertan und herrscht über des Meeres Fische, die Vögel des Himmels und über alles Getier, das sich auf Erden regt.« Gott sprach weiter: »Seht, ich gebe euch alles Grünkraut, das Samen trägt, und alle Bäume mit samenhaltigen Früchten; dies diene euch als Nahrung. Allem Getier des Feldes und allen Vögeln des Himmels und allen am Boden kriechenden Tieren, in denen Lebenshauch atmet, gebe ich hingegen alles Grünkraut zur Nahrung.« Und es geschah so. Gott sah alles, was er gemacht hatte, und fürwahr, es war sehr gut. Es ward Abend, und es ward Morgen: sechster Tag.

So wurden vollendet der Himmel und die Erde und all ihr Heer. Gott vollendete am sechsten Tag sein Werk, das er verrichtet hatte, und ruhte am siebten Tage von all seinem Werke, das er vollbracht hatte. Und Gott segnete den siebten Tag und heiligte ihn [116]. Denn an ihm hat er von all seinem Werke geruht, das Gott wirkend schuf. Dies ist der Werdegang des Himmels und der Erde, da sie geschaffen wurden.

(1 Mose 1, 1–31; 2, 1–4)

---

115 Bei der Schaffung des Menschen schließt sich Gott mit den Engelwesen seines himmlischen Hofstaates zusammen, so daß man die Gottebenbildlichkeit des Menschen wohl nicht direkt auf Gott, sondern in einer gewissen Unbestimmtheit auf die Gott umgebenden himmlischen Wesen beziehen soll.

116 Die Ruhe des siebenten Tages wird von Gott »gesegnet« und »geheiligt«, sie ist offenbar als eine eigene heilsame Wirklichkeit gedacht, die Gott über die Schöpfung gelagert hat.

Die Bedrohung des Kosmos

Wie die jahwistische Urgeschichte, so weiß auch die priesterschriftliche von einer großen Urflut zu berichten. Die Erzählung darüber unterscheidet sich aber von der jahwistischen in drei charakteristischen Eigentümlichkeiten: erstens durch die Art, wie sie die Arche, ihre Bewohner und die einzelnen Phasen der Flut mit genauen Maß- und Zahlangaben registriert; das wirkt fast pedantisch, dahinter steht aber die Überzeugung, daß Gottes Handeln immer von äußerster Präzision sei. Zweitens hat die Flut ein sehr viel größeres Ausmaß. Der Jahwist hatte sie als einen wolkenbruchartigen Dauerregen dargestellt, der auf die Erde niedergeht und Mensch und Tier ertränkt. In der Priesterschrift hingegen wird der ganze Kosmos von ihr erfaßt: Die unter der Erdscheibe und über dem Himmelsgewölbe aufgestaute Urflut, d. h. das Chaos, das am Anfang war, bricht wieder in die Schöpfung ein und droht das ganze Werk Gottes zu zerstören. Und drittens macht die Priesterschrift keinen Versuch, ein Verständnis für die *innere* Motivation der Katastrophe anzubieten. Der Jahwist ließ seinen Leser teilhaben an Gottes Überlegungen vor und nach der Flut und rechtfertigte Jahwes Tun durch die Erinnerung an die ganze Kette der menschlichen Verfehlungen von Adam und Eva an. Die Priesterschrift hingegen konstatiert mit dem Stichwort »Gewalttat« einfach die Verdorbenheit der Menschen und setzt dagegen Jahwes feierliche Ankündigung, nunmehr »alles Fleisch« mitsamt der Erde vernichten zu wollen.

Daß Gott, der den Kosmos geschaffen und ihm seine Ordnung gegeben hatte, seine Schöpfung selbst wieder zunichte machen kann, war eine Vorstellung, die ein langes Nachdenken über Gottes Freiheit und Macht voraussetzte. Gegenüber dem so scharf zum Ausdruck gebrachten Gerichtswillen Gottes scheint die Errettung Noas und die damit verbundene Erhaltung der Menschheit als ein kaum faßbares Wunder.

Dies ist die Geschlechterfolge Noas. Noa war ein gerechter und vollkommener Mann unter seinen Zeitgenossen und wandelte mit Gott. Und Noa zeugte drei Söhne, den Sem, den Ham und den Japhet. Aber die Erde war verderbt vor den Augen Gottes, und sie füllte sich mit Gewalttat. Gott schaute sich die Erde an, und siehe, sie war verderbt; denn alle Menschen auf Erden gingen verderbliche Wege.

Da sprach Gott zu Noa: »Das Ende aller Lebewesen habe ich beschlossen, denn voll Gewalttat ist die Erde wegen der Menschen. Wohlan, ich will sie vertilgen mitsamt der Erde. Mache dir eine Arche aus Nadelholz mit Schilfrohr dazwischen und verdichte sie von innen und außen mit Pech. So sollst du sie herstellen: 300 Ellen lang, 50 Ellen breit und 30 Ellen hoch. Ein Giebeldach sollst du an der Arche anbringen und sie dadurch um eine Elle höher machen; die Tür der Arche sollst du an ihrer Seite anbringen; ein unteres, ein mittleres und ein oberes Stockwerk sollst du bauen. Ich lasse nämlich eine Wasserflut über die Erde kommen, damit sie unter dem Himmel alle Wesen, in denen Lebensodem ist, vertilge; alles auf Erden soll umkommen. Meinen Bund aber will ich mit dir schließen; gehe also in die Arche hinein, du und deine Söhne, deine Frau und die Frauen deiner Söhne mit dir. Von allen lebendigen Wesen aber nimm je zwei mit in die Arche hinein, um sie mit dir am Leben zu erhalten, ein Männchen und ein Weibchen. Von den Vogelarten, von den Vieharten, von allem am Boden kriechenden Getier nach seiner Art sollen je zwei zu dir kommen, damit ihr Leben erhalten bleibe. Auch von allem Eßbaren nimm etwas; sammle es bei dir an, damit es dir und ihnen zur Nahrung diene.« Und Noa tat alles so, wie es Gott ihm geboten hatte.

Noa aber war 600 Jahre alt, als die Flut auf die Erde kam. Es war im 600. Lebensjahr Noas, im 2. Monat, am 17. Tage des Monats. An diesem Tage brachen alle Quellen der großen Urflut auf, und die Fenster des Himmels öffneten sich. An eben diesem Tage gingen Noa, Sem, Ham und Japhet, die Söhne Noas, seine Frau und die drei Frauen seiner Söhne mit ihm hinein in die Arche; außer ihnen alle Arten von Wild, von Vieh, von dem am Boden kriechenden Getier und sämtliche Arten von Vögeln, alle Geflügelten. Sie kamen zu Noa in die Arche, je zwei von allen Wesen, in denen Lebenshauch war. Die da kamen, waren je ein Männchen und Weibchen von allen Tieren, wie Gott ihm befohlen hatte.

Die Flut ergoß sich über die Erde. Die Wasser schwollen an und mehrten sich gewaltig auf der Erde; die Arche aber fuhr auf den Wassern dahin. Und die Wasser nahmen immer mehr zu; alle hohen Berge unter dem ganzen Himmel wurden bedeckt. Fünfzehn Ellen darüber stiegen die Wasser; so wurden die Berge bedeckt. Alles Leben, das auf Erden sich bewegte, Vögel, Vieh, Wild und alles Kleingetier, das auf der Erde wimmelte, und alle Menschen gingen unter. Und die Wasser stiegen auf Erden an, 150 Tage lang.

Da gedachte Gott an Noa und alles Wild und alle Tiere, die mit ihm in der Arche waren, und er ließ einen Wind über die Erde hin wehen, so daß die Wasser sanken. Die Quellen der Urflut versiegten, und die Fenster des Himmels wurden geschlossen. So nahm das Wasser ab nach 150 Tagen. Im siebten Monat, am 17. Tage des Monats, ruhte die Arche auf dem Gebirge von Ararat. Die Fluten gingen bis zum zehnten Monat immer mehr zurück. Am ersten des zehnten Monats wurden die Gipfel der Berge sichtbar. Er ließ einen Raben ausfliegen; der flog hin und zurück, bis das Wasser von der Erde vertrocknet war. Im 601. Lebensjahr des Noa am ersten Tag des ersten Monats war das Wasser auf dem Erdboden vertrocknet. Am 27. Tage des zweiten Monats war die Erde trocken.

Da sprach Gott zu Noa: »Geh aus der Arche, du und deine Frau, deine Söhne und die Frauen deiner Söhne mit dir! Alles Getier, das bei dir ist von allen Lebewesen, Vögel, Vieh und alle auf Erden kriechenden Tiere, laß mit dir hinaus; sie sollen sich tummeln auf Erden, fruchtbar sein und sich vermehren auf dem Erdboden.« Da ging Noa hinaus und seine Söhne, seine Frau und die Frauen seiner Söhne mit ihm. Alles Getier, alle Kriechtiere, alle Vögel, alles, was sich auf Erden regt, verließ, je nach seinen Sippen, die Arche. (1 Mose 6, 9–22; 7, 6.11.13–21.24; 8, 1–5.7.13–19)

Gottes Bund mit Noa

Mit der Sintflut endet für die Priesterschrift die Epoche der von Adam herkommenden Menschheit, die einmal als »sehr gut« (vgl. oben S. 139) aus Gottes Händen hervorgegangen war. Mit Noa beginnt eine neue Menschheitsepoche, die bis in die Gegenwart andauert. Sie ist gezeichnet von Mord und Gewalttat unter den Menschen und Feindschaft zwischen Mensch und Tier. Trotz dieser Gewalttätigkeit aber zieht der Schöpfer seine Hand nicht von der Schöpfung zurück. In dem Bund, den er mit Noa schließt, werden die dem Menschen einmal gegebenen Zusagen ausdrücklich bestätigt: Der Segen zur Vermehrung und der Auftrag, sich die Erde untertan zu machen, werden erneuert. Also hat die Sintflut den Heilswillen Gottes nicht zerstört. Neu aber ist das Recht, daß die Menschen um der Erhaltung ihres eigenen Lebens willen Tiere töten dürfen. Ja, die Menschen werden sogar beauftragt, im Falle eines Mordes stellvertretend für Gott einen anderen Menschen zu töten. Dabei handelt es sich aber nur um Konzessionen Gottes an die Menschheit; es sind Notverordnungen, die noch Schlimmeres verhüten wollen. – Als bleibendes Zeichen für die im Noa-Bund verfügte Neuordnung der Menschheit stiftet Gott den Regenbogen.

Gott segnete den Noa und seine Söhne und sprach zu ihnen: »Seid fruchtbar, mehrt euch und erfüllt die Erde! Furcht vor euch und Schrecken sei bei allen Erdentieren, bei allen Himmelsvögeln, bei allem, was auf dem Erdboden kriecht, und bei allen Fischen des Meeres; in eure Hand sind sie gegeben. Alles, was sich regt und lebendig ist, diene euch zur Nahrung; wie das Grünkraut gebe ich euch alles. Jedoch lebendiges Fleisch, mit seinem Blut noch verbunden, sollt ihr nicht essen [117]. Aber euer Blut werde ich fordern, und zwar für jeden einzelnen von euch; von jeglichem Tier will ich es fordern und vom Menschen, von jedermanns Bruder werde ich das Leben des Menschen fordern. Wer Menschenblut vergießt, dessen Blut soll durch Menschen vergossen werden! Denn nach seinem Bilde hat Gott den Menschen gemacht. Ihr aber seid fruchtbar und mehrt euch, wimmelt auf der Erde und mehrt euch auf ihr!«

Dann sprach Gott zu Noa und seinen Söhnen: »Ich aber, ich stifte meinen Bund mit euch und eurem Samen nach euch und mit allen lebendigen Wesen, die bei euch sind, Vögeln, Vieh und allem Wild des Landes bei euch, mit allen, die aus der Arche herausgekommen sind. Meinen Bund stifte ich mit euch. Hinfort soll nicht mehr alles Fleisch von den Wassern der Flut vernichtet werden, und die Flut soll nicht mehr auf Erden kommen, die Erde zu verderben.« Und Gott sprach: »Dies ist das Zeichen des Bundes, den ich zwischen mir und euch und allen lebenden Wesen bei euch für ewige Geschlechter setze: Meinen Bogen setze ich in die Wolken. Er soll ein Bundeszeichen zwischen mir und der Erde sein. Wenn ich nun Gewölk über der Erde balle und wenn der Bogen in den Wolken erscheint, so will ich meines

---

[117] Das Blut galt nach alttestamentlicher Vorstellung als der eigentliche Sitz des Lebens und gehörte darum Gott.

Bundes gedenken, der zwischen mir und euch und allen lebenden Wesen besteht, und niemals mehr soll das Wasser zur Flut werden, um jegliches Leben zu verderben. Wenn der Bogen in den Wolken steht, dann werde ich ihn ansehen, um des immerwährenden Bundes zu gedenken, der zwischen Gott und allen Lebewesen jeglicher Art auf Erden besteht.« Gott sprach zu Noa: »Dies ist das Zeichen des Bundes, den ich zwischen mir und allen Lebewesen auf Erden stifte.« (1 Mose 9, 1–17)

Die Welt der Völker

Die nachsintflutliche Epoche ist für die Priesterschrift die Zeit der Völkerwelt. Staunend vermerkt sie, wie das Segenswort Jahwes an Noa: »Seid fruchtbar und mehret euch!« in dem vielfältig bunten Völkergemisch zum Ziel gekommen ist.

In einer großen Völkerliste hat die Priesterschrift die gottgewollte Verzweigung der Menschheit dargestellt. Wie der Schöpfungsbericht ist auch die Völkertafel mit ihren vielen Namen der Ertrag jahrhundertelangen priesterlichen Sammelns und Nachdenkens. Erstaunlich an dieser Liste ist der weite Horizont, den sie abschreitet. Im Alten Orient gibt es nichts Vergleichbares. Sie umfaßt das Gebiet vom Schwarzen Meer im Norden bis zur Somaliküste im Süden, von der spanischen Mittelmeerküste im Westen bis zum Hochland von Iran im Osten. Innerhalb dieses weitgefaßten Rahmens werden die Namen der Völker nicht nach Rassen oder Sprachfamilien, sondern nach ihren politisch-geschichtlichen Beziehungen gegliedert.

Israel selbst wird in der Liste gar nicht erwähnt. Erst in einem späteren priesterschriftlichen Stammbaum wird Abraham, der Stammvater Israels, als Nachkomme des Arpakschad ausgewiesen. Ähnlich wie in dem jahwistischen Abschnitt über die Berufung Abrahams wird auch hier deutlich, daß Israel keinen mythisch-naturhaften Ursprung für sich in Anspruch genommen hat. Es hat sich vielmehr als eine Größe verstanden, die zu einer bestimmten geschichtlichen Stunde – im Vergleich zu den altorientalischen Kulturen sogar zu einem sehr späten Zeitpunkt! – in die Welt der Völker eingetreten ist.

Dies ist der Stammbaum der Söhne Noas, des Sem, Ham und Japhet. Ihnen wurden nach der Flut Söhne geboren. Die Söhne Japhets: Gomer, Magog, Mada, Jawan, Tubal, Mescheck und Tiras. Die Söhne Gomers: Aschkenas, Riphat und Togarma. Die Söhne Jawans[118]: Elisa und Tarsis, die Kittim und Dodanim. Von diesen zweigten sich die Inselvölker ab. Das sind die Söhne Japhets in ihren Ländern, jeder gemäß seiner Sprache, nach ihren Geschlechtern, in ihren Völkerschaften.

Die Söhne Hams: Kusch, Mizraim, Put[119] und Kanaan. Die Söhne Kuschs: Seba, Chawila, Sabta, Rama und Sabteka. Die Söhne von Rama sind Saba und Dedan. Das sind die Söhne Hams gemäß ihren Geschlechtern, gemäß ihren Sprachen, in ihren Ländern, nach ihren Völkern.

---

118 »Jawan« sind die griechischen Inseln, »Elisa« ist vermutlich Zypern, und »Tarsis« war das im südwestlichen Spanien gelegene Tartessus.
119 »Kusch« = Äthiopien, »Mizraim« = Ägypten, »Put« = Lybien.

Die Söhne Sems: Elam, Assur, Arpakschad, Lud, Aram[120]. Und die Söhne Arams: Uz, Chul, Geter, Masch. Dies sind die Söhne Sems nach ihren Geschlechtern, in ihren Sprachen, in ihren Ländern, nach ihren Völkerschaften.

Dies ist der Stammbaum der Noasöhne nach ihrer Geschlechterfolge, in ihren Völkerschaften. Von ihnen haben sich die Völker auf der Erde nach der Flut verzweigt. (1 Mose 10, 1–7.20.22 f.31 f.)

---

[120] Die Elamiter, die südöstlichen Nachbarn der Assyrer, saßen nördlich des Persischen Golfs; »Lud« sind die kleinasiatischen Lyder, »Aram« die Aramäer.

II. Die Frühzeit Israels

Das Bild, das sich Israel von seinen Anfängen gemacht hat, hat für sein geschichtliches Denken grundlegende Bedeutung bekommen. In dem Geschehen, das sich zwischen der Berufung Abrahams und der Landnahme ereignet hatte, wußte das seßhaft gewordene Israel seine Existenz begründet. Immer wieder hat Israel darum die alten Überlieferungen aufgenommen, sie von seiner Gegenwart her befragt und neu gedeutet. Dabei hat es auch die Erfahrungen aus seiner späteren Geschichte in das Bild von seinen Anfängen eingetragen: Die jeweilige Gegenwart wurde in die Vergangenheit mit einbezogen.

Die Überlieferungen von den Anfängen haben in den rund drei Jahrhunderten von der Landnahme bis zur Zeit Salomos im wesentlichen die Gestalt angenommen, in der sie uns von den großen Quellenwerken des Alten Testaments übermittelt worden sind. Es ist darum sicher kein Zufall, daß es in jener Zeit zunächst nicht zu größeren Neubildungen in der israelitischen Überlieferung gekommen ist. Das alte Handeln Jahwes stand Israel übermächtig vor Augen, ein vergleichbares neues göttliches Handeln war noch nicht sichtbar geworden. Mit der Landnahme schien die Geschichte Jahwes mit seinem Volk zunächst einmal ein Ende gefunden zu haben.

Dennoch lief die Geschichte Israels auch in der Zeit unmittelbar nach der Landnahme weiter. Wir wissen freilich nicht viel über diese Epoche. Die in das Land eingewanderten Sippen und Stämme scheinen sich schon bald als eine Einheit, als Angehörige *Israels*, verstanden zu haben. Man hat vermutet, daß die israelitischen Stämme in einer Kultgemeinschaft miteinander verbunden waren. Solche »Amphiktyonien« gab es in der griechischen Antike und im alten Italien: Sechs oder zwölf benachbarte Stämme fanden sich in der Verehrung und Pflege eines gemeinsamen Heiligtums zusammen. Obwohl politisch selbständig, unterwarfen sie sich innerhalb dieser Kultgemeinschaft bestimmten Normen in ihren Beziehungen untereinander. Manches scheint dafür zu sprechen, daß auch die Stämme Israels solch eine Amphiktyonie gebildet haben. Das von ihnen gemeinsam verehrte Heiligtum war vermutlich die *Lade*. Sie hatte in der vorköniglichen Zeit Israels keinen festen Standort, sondern ist anscheinend nacheinander an verschiedenen, zentral gelegenen heiligen Stätten gehütet worden.

Andeutungsweise nur hören wir im Alten Testament etwas über ein Amt, das gesamtisraelitischen Charakter zu haben schien. In einer Liste werden die

Namen von sechs Männern aus verschiedenen Stämmen genannt, die »Israel« in ununterbrochener Reihenfolge – insgesamt fast 80 Jahre lang – »gerichtet« haben. Aus den knappen Angaben über die Männer geht nicht hervor, in welchem Sinne dieses »Richten« zu verstehen ist. Wahrscheinlich aber waren die *Richter* für die Pflege des »Gottesrechtes« verantwortlich, für jene Gebote und Verbote also, in denen sich Israel dem direkten Anspruch Jahwes gegenübergestellt wußte (vgl. oben S. 56, 59 ff.). Aufgabe der Richter könnte es gewesen sein, das Gottesrecht genau zu kennen, es auszulegen, auf neue Situationen hin weiterzuentwickeln und über seine Einhaltung zu wachen. Vielleicht haben sie es auch bei besonderen Anlässen den Stämmen oder ihren Vertretern öffentlich verkündet.

Eine besondere Rolle in der sehr spärlichen Überlieferung über die Frühzeit Israels spielen die *Jahwekriege*. In diesen »heiligen« Kriegen hat das seßhaft gewordene Israel ein neues Handeln seines Gottes erfahren. Die nomadischen Einwanderer sahen sich schon bald von allen Seiten bedrängt. Sie gerieten nicht nur mit den Bewohnern der kanaanäischen Stadtstaaten in Konflikt, sondern sie waren auch ständigen Überfällen durch ihre Nachbarn im Osten, Süden und Westen ihres Siedlungsbereichs ausgesetzt. In diesen kriegerischen Auseinandersetzungen stand nicht nur die Existenz der israelitischen Stämme auf dem Spiel, sondern auch die Glaubwürdigkeit ihres Gottes. Würde Jahwe, der Gott des Auszugs, sich auch im Kulturland als Retter seines Volkes erweisen? Eine Reihe siegreich geführter Jahwekriege gab den Stämmen das Bewußtsein, daß Jahwe seinem Volk auch nach der Seßhaftwerdung zur Seite stand. Die Heilsgeschichte, die mit der Landnahme zu Ende gegangen schien, ging weiter, Jahwe war mit seinem Volk in das Kulturland eingezogen. Zunächst waren es nur einzelne Stämme oder Stämmegruppen, die diese Erfahrung machten. Das spätere, unter einem König geeinte Israel jedoch sah in jenen Siegen Taten, die Jahwe für sein Volk als Ganzes vollbracht hatte. Damals schon hatte etwas begonnen, was dann im Königtum Davids eine aller Welt sichtbare Gestalt angenommen hatte. Damals schon wurden die Anfänge eines neuen Handelns Jahwes an seinem Volk erkennbar, das sich nicht mehr in das alte kanonische Bild von der Heilsgeschichte einordnen ließ.

Den Verlauf der Jahwekriege können wir uns nicht vielfältig genug vorstellen. Die Stärke des Gegners, die Art seiner Bewaffnung und die landschaftlichen Gegebenheiten am Ort des Kampfes haben jedem einzelnen Krieg sein eigenes Gesicht gegeben. Da die Israeliten es meist mit einem überlegenen Gegner zu tun hatten, dem sie sich nicht in einer offenen Feldschlacht stellen konnten, waren im Einzelfall Verrat, Kriegslist und das Moment der Überraschung für den Ausgang des Krieges bestimmend. Die spätere Überlieferung hat den »heiligen« Charakter der Jahwekriege besonders hervorgehoben, d. h. sie hat die sakralen Ordnungen und Riten, mit denen die Jahwekriege verbunden waren, in den Vordergrund gerückt. Sie hat damit das höchst vielfältige Bild von den Jahwekriegen vereinheitlicht und schematisiert. Wenn man manche alttestamentliche Schilderungen von Jahwekriegen liest, kann man den Eindruck gewinnen, daß ein Krieg wie der andere abgelaufen sei.

So wenig dieses gleichförmige und monotone Bild dem spontanen und improvisierten Charakter der Jahwekriege gerecht wird, so läßt es doch einige Grundzüge erkennen, die für die »heiligen« Kriege Israels bestimmend gewesen sind. So mußten sich die Krieger vor dem Kampf durch besondere Riten weihen, Opfer wurden dargebracht, und Jahwe wurde über den Ausgang der bevorstehenden Schlacht befragt. Anführer in einem Jahwekrieg konnte jeder Israelit sein, der sich in der Stunde der Gefahr dazu berufen wußte, seine Stammesangehörigen aus der Feindesnot zu erretten. Vom »Geist Jahwes« ergriffen und im Vertrauen auf die göttliche Zusage, daß Jahwe ihm die Feinde »in die Hand gegeben« habe, zog dieser Berufene mit den eilends zusammengerufenen kriegsfähigen Männern seines Stammes, dem Heerbann, in den Kampf. Die Schlacht wurde mit einem großen Kriegsgeschrei eröffnet. Entschieden wurde sie von Jahwe mit einem mächtigen »Gottesschrecken«, der die Feinde in wilder Panik fliehen und sich selbst zerfleischen ließ. Jahwe also war es, der für sein Volk den Sieg errang, die israelitischen Krieger kamen ihm dabei nur »zu Hilfe«. Der Krieg endete mit dem Bann, d. h. der Feind und all sein Besitz wurden Jahwe übereignet: Menschen und Tiere wurden getötet, die Städte zerstört, und die eroberten Sachwerte gingen in den »Schatz Jahwes«, also in den Besitz der Heiligtümer, über. Mit dem Ruf »Zu deinen Zelten, Israel!« wurden die Heerbannpflichtigen schließlich wieder in ihre Heimatorte entlassen.

A. Die Retter Israels

Einige Erzählungen über Jahwekriege sind im Richterbuch zusammengestellt. Diese Kriegserzählungen sind einst an verschiedenen Orten und unabhängig voneinander entstanden. Sie rankten sich um einzelne Stammeshelden, deren außergewöhnliche kriegerische Taten sich der Nachwelt eingeprägt hatten. Später, vermutlich in davidisch-salomonischer Zeit, als »Israel« innerhalb der Völkerwelt zu einer politischen Größe geworden war, begann man in den lokal begrenzten Erfolgen jener geistbegabten Männer Taten zu sehen, die sie für ganz Israel vollbracht hatten: Durch sie hatte Jahwe an seinem Volk als Ganzem gehandelt. Unter diesem gesamtisraelitischen Aspekt sind vermutlich nicht lange danach die Erzählungen über die verschiedenen Helden zu einer lockeren Sammlung von »Rettererzählungen« zusammengestellt worden.

Im Richterbuch sind die Rettererzählungen in einen umfassenden geschichtlichen Zusammenhang eingeordnet. Die verschiedenen Rettergestalten treten jetzt nacheinander auf, wobei ihr Wirken in einen eigentümlich monotonen geschichtlichen Rhythmus eingebettet ist. Immer wenn Israel sich anderen Göttern zuwendet, liefert Jahwe es zur Strafe der Vorherrschaft seiner Nachbarn aus. Statt es jedoch unter deren politischem Druck zugrunde gehen zu lassen, schickt er seinem Volk einen Retter, wenn es sich in höchster Bedrängnis wieder zu ihm bekehrt. Solange der Retter lebt und, meist runde 40 Jahre lang, als »Richter« über Israel wirkt, bleibt das Volk seinem Gott treu. Nach seinem Tod fällt es jedoch wieder von Jahwe ab.

Diese geschichtliche Einordnung der Rettergestalten ist das Werk dessen, der dem Richterbuch seine Gestalt gegeben hat. Es war wahrscheinlich der Verfasser des sogenannten »Deuteronomistischen Geschichtswerkes« (vgl. unten S. 448 ff.). Für den zur Zeit des Exils lebenden Schriftsteller war die Geschichte seines Volkes von der Landnahme an bis zur Zerstörung Jerusalems im Jahre 587 eine Geschichte des fortwährenden Ungehorsams Israels gegen Jahwe. Diesem theologischen Leitgedanken seiner Geschichtsdarstellung hat er auch die Rettererzählungen dienstbar gemacht – nicht zuletzt darum, weil ihm für die Zeit zwischen der Landnahme und dem Beginn des Königtums unter Saul kaum anderes Material zur Verfügung stand. Die Taten der Retter waren für ihn Ausdruck der unermeßlichen Barmherzigkeit, mit der Jahwe trotz der Untreue Israels an seinem Volk festgehalten hatte. Unter der Hand des Bearbeiters sind damit aus den alten Kriegserzählungen theologisch durchdachte Glaubenserzählungen geworden. Ursprünglich hatten sie nur von der Errettung aus politischer Not erzählen wollen; in der Bearbeitung des deuteronomistischen Geschichtsschreibers spiegeln sie die geistliche Not, in die sich Israel durch seinen Abfall zu fremden Göttern gebracht hatte.

Ehud

Die Erzählung über das Attentat des Benjaminiten Ehud führt in eine Zeit zurück, in der das Ostjordanland noch kaum von Israeliten besiedelt war. In jener Frühzeit hielten vorübergehend die *Moabiter* die östliche Hälfte der unteren Jordanebene besetzt. Die Erzählung setzt voraus, daß sie von hier aus gemeinsam mit ihren nördlichen Nachbarn, den Ammonitern, und dem Nomadenverband der Amalekiter über den Jordan hinweg in das gegenüberliegende Gebiet des Stammes Benjamin eingedrungen waren und sich die dortigen Bewohner unterworfen hatten.

In behaglicher Breite und mit naiver Freude an den Einzelheiten wird das Attentat Ehuds an dem moabitischen König erzählt. Das Ereignis leitete einen Jahwekrieg ein, in dem die eingedrungenen Moabiter über den Jordan zurückgeschlagen wurden.

Die Israeliten taten aufs neue, was Jahwe mißfiel. Jahwe ließ deshalb den König Eglon von Moab stark werden über Israel, weil sie taten, was Jahwe mißfiel. Im Bunde mit den Ammonitern und Amalekitern zog er heran, schlug Israel und besetzte die Palmenstadt (Jericho). Die Israeliten wurden dem König Eglon von Moab 18 Jahre lang untertan. Da schrieen die Israeliten zu Jahwe. Jahwe ließ ihnen einen Retter erstehen, den Benjaminiten

Ehud, Geras Sohn, einen Linkshänder. Durch ihn sandten die Israeliten Tribut an den König Eglon von Moab. Nun machte sich Ehud einen zweischneidigen Dolch, eine Spanne lang, und gürtete ihn unter sein Gewand an die rechte Hüfte. So brachte er dem König Eglon von Moab den Tribut. Eglon aber war sehr fettleibig. Als Ehud die Abgabe überreicht hatte, entließ er die Leute, die den Tribut getragen hatten. Er selbst kehrte aber bei den Gottesbildern[1] von Gilgal um und sprach: »Ich habe eine geheime Botschaft an dich, o König.« Dieser sagte: »Geheim!«, und alle, die um ihn standen, gingen fort. Ehud trat zu ihm heran, während Eglon im kühlen Obergemach saß, das ihm allein gehörte. Ehud sprach: »Einen Gottesspruch habe ich für dich!« Da erhob er sich von seinem Sitz. Ehud streckte seine linke Hand aus, ergriff den Dolch von seiner rechten Hüfte und stieß ihm diesen in den Leib. Nach der Klinge drang auch der Griff ein, und das Fett umschloß die Klinge, denn Ehud hatte den Dolch nicht aus dem Leib herausgezogen. Ehud aber gelangte durch ein Schlupfloch hinaus, nachdem er die Türen des Obergemaches hinter sich verschlossen und verriegelt hatte. Nachdem er weggegangen war, kamen die Diener und bemerkten, daß die Türen zum Obergemach verriegelt waren. Sie meinten: »Er verrichtet gewiß in der kühlen Kammer seine Notdurft.« So warteten sie lange, lange Zeit. Niemand aber öffnete ihnen die Türen zum Obergemach. Sie holten sich also den Schlüssel und schlossen auf; da lag ihr Herr tot am Boden. Ehud aber war entkommen, während sie zögerten. Er ging an den Gottesbildern vorbei und entkam nach Seïra.

Sobald er heimkam, stieß er auf dem Gebirge Ephraim in die Posaune. Die Israeliten sollten mit ihm vom Gebirge herabziehen, er selbst an ihrer Spitze. Er befahl ihnen: »Mir nach! Denn Jahwe gibt eure Feinde, die Moabiter, in eure Gewalt!« Da stiegen sie ihm nach zu Tal, besetzten vor Moab die Jordanfurten und ließen niemand hinüber. Sie erschlugen von den Moabitern damals ungefähr 10 000 Mann, lauter starke und streitbare Männer; niemand entkam. Moab mußte sich zu jener Zeit unter Israels Faust beugen, und das Land hatte 80 Jahre lang Ruhe. (Ri 3, 12–30)

Debora und Barak

In dem Maße, in dem sich die israelitischen Stämme ausdehnten, gerieten sie mit den kanaanäischen Stadtstaaten, die zumeist die fruchtbaren Ebenen beherrschten, in Konflikt. Die folgende Erzählung schildert einen Jahwekrieg der auf dem galiläischen Gebirge ansässigen Stämme Sebulon und Naphtali gegen Sisera, einen Stadtkönig der Jesreel-Ebene, der über eine ansehnliche Streitwagenmacht verfügte. Die Israeliten besaßen in jener Frühzeit noch keine Pferde und erst recht keine Streitwagen. Militä-

---

[1] Die »Gottesbilder« waren vermutlich eine in der Nähe von Jericho gelegene Gruppe von heiligen Steinen.

risch hatten sie der »schweren Waffe« der Kanaanäer nichts entgegenzusetzen (vgl. oben S. 36 zu 2 Mose 15).

Ungewöhnlich an diesem Jahwekrieg ist, daß sich zwei Personen in die Führerschaft teilen. Die eigentliche Initiative geht von der mit prophetischen Gaben ausgestatteten Richterin Debora aus. Sie beruft den Helden Barak aus Naphtali zum Anführer des israelitischen Heerbannes und zieht mit ihm in den Kampf.

Die Israeliten aber taten wiederum, was Jahwe mißfiel. Es war nach Ehuds Tode. Da verkaufte sie Jahwe in die Gewalt Jabins, des Königs von Kanaan, der in Hazor herrschte. Sein Feldherr hieß Sisera; er wohnte in Haroschet der Fremdvölker. Die Israeliten schrieen zu Jahwe; denn jener verfügte über 900 eiserne Streitwagen und bedrängte die Israeliten 20 Jahre lang hart.

Debora, eine prophetisch begabte Frau, die Frau des Lappidot, richtete zu jener Zeit Israel. Sie hielt ihre Sitzungen unter der Deborapalme zwischen Rama und Betel auf dem Gebirge Ephraim. Die Israeliten zogen zu ihr hinauf, um ihre Entscheidung einzuholen. Sie schickte hin und ließ Barak, den Sohn Abinoams, aus Kedesch [2] in Naphtali holen. Sie sprach zu ihm: »Fürwahr, Jahwe, der Gott Israels, befiehlt: Auf, zieh zum Berge Tabor und nimm mit dir 10 000 Mann von den Naphtaliten und Sebuloniten! Dann will ich den Sisera, den Feldherrn Jabins, und seine Streitmacht zu dir an den Kischonbach heranlocken und ihn in deine Gewalt geben!« Barak sprach zu ihr: »Gehst du mit mir, dann will ich gehen, gehst du aber nicht mit, so gehe ich nicht!« Sie erwiderte: »Gewiß will ich mit dir gehen, jedoch wird der Ruhm bei dem Unternehmen, das du vorhast, nicht dir zufallen, sondern in eines Weibes Gewalt wird Jahwe den Sisera verkaufen!« Debora erhob sich und ging mit Barak nach Kedesch. Barak bot Sebulon und Naphtali nach Kedesch auf. Ihm leisteten 10 000 Mann Gefolgschaft. Auch Debora zog mit ihm. Der Keniter Heber hatte sich von Kajin, einem der Söhne Hobabs, des Schwiegervaters des Moses, getrennt und sein Zelt zur Eiche bei Zaanaim in der Nähe von Kedesch verlegt.

Man meldete dem Sisera, daß Barak, der Sohn Abinoams, auf den Berg Tabor hinaufgezogen sei. Da entbot Sisera all seine Streitwagen – 900 Streitwagen aus Eisen – und alles Kriegsvolk, das bei ihm war, von Haroschet der Fremdvölker bis an den Kischonbach. Nun sprach Debora zu Barak: »Auf! Denn heute ist der Tag, an dem Jahwe Sisera in deine Gewalt gibt! Fürwahr, Jahwe zieht vor dir her!« Da zog Barak vom Berge Tabor hinunter, 10 000 Mann in seiner Gefolgschaft. Jahwe aber brachte Sisera, sein ganzes Wagenaufgebot und sein ganzes Heerlager vor Barak in Verwirrung. Sisera stieg vom Streitwagen herunter und entwich zu Fuß. Barak aber setzte hinter den Wagen und dem Heerlager her bis nach Haroschet der Fremdvölker. Das ganze Heer Siseras fiel unter des Schwertes Schärfe; niemand blieb übrig.

---

[2] Der Ort Kedesch (»Heiligtum«) liegt im galiläischen Gebirge, im äußersten Norden des von den israelitischen Stämmen besiedelten Gebietes.

Sisera kam fliehend zu Fuß zum Zelte der Jael, der Frau des Keniters Heber; denn zwischen Jabin, dem König von Hazor, und der Familie des Keniters Heber herrschte Frieden. Jael kam heraus, ging Sisera entgegen und sprach zu ihm: »Kehr doch ein, Herr, kehr doch ein bei mir! Sei ohne Furcht!« Er kehrte zu ihr ein ins Zelt, und sie deckte ihn mit einem Tuch zu. Da sprach er zu ihr: »Gib mir doch etwas Wasser zu trinken, denn mich dürstet!« Sie öffnete den Milchschlauch, gab ihm zu trinken und deckte ihn zu. Weiter sagte er zu ihr: »Bleibe am Eingang des Zeltes stehen! Wenn jemand kommt und dich fragt: ›Ist hier jemand?‹, dann antworte: ›Nein!‹« Da nahm Jael, die Frau Hebers, einen Zeltpflock, ergriff einen Hammer, trat leise an ihn heran und durchschlug mit dem Pflock seine Schläfe bis in die Erde. Er war vor Erschöpfung eingeschlummert. So starb er denn. Plötzlich erschien Barak, der Sisera verfolgte. Jael ging hinaus, ihm entgegen und sprach zu ihm: »Komm, ich zeige dir den Mann, den du suchst!« Jener trat zu ihr ein, und siehe, Sisera lag tot hingestreckt, den Zeltpflock noch in seiner Schläfe.

So demütigte Gott an jenem Tage den König Jabin von Kanaan vor den Israeliten. Die Faust der Israeliten lastete immer schwerer auf dem König Jabin von Kanaan, bis sie ihn völlig vernichtet hatten. (Ri 4, 1–24)

»Vom Himmel her kämpften die Sterne ...«

Der Kampf Deboras und Baraks gegen Sisera ist auch in einem *Siegeslied* besungen worden, das vermutlich nicht lange nach den geschilderten Ereignissen entstanden ist. Es stammt etwa aus der Zeit um 1200 v. Chr. und gehört zu den ältesten uns erhaltenen israelitischen Liedern.

In dramatischer Bewegtheit, den Standort des Beschauers immer wieder wechselnd, wird hier das Geschehene besungen. Deutlicher als in der Erzählung tritt dabei Jahwe als der eigentlich Handelnde hervor. In einer machtvollen Gotteserscheinung kommt er vom Gebirge Seïr, d. h. aus dem Bergland von Edom, um sein Volk zu retten. Dem Siegeslied liegt dabei die Vorstellung zugrunde, daß Jahwe in der Steppe außerhalb des Kulturlandes wohnt. Der Kampf selbst nimmt kosmische Dimensionen an: Die Sterne und die Naturgewalten kämpfen auf seiten der israelitischen Stämme.

Trotz seines hohen Alters setzt das Siegeslied bereits voraus, daß an dem Kampf ganz Israel beteiligt gewesen sei. Darum auch werden einige Stämme ihres Fernbleibens wegen gerügt, die Stadt Meros sogar deswegen feierlich verflucht.

Daß Führer führten in Israel,
daß sich das Volk freiwillig stellte,
dafür preist Jahwe!
Ihr Könige, hört, merkt auf, ihr Fürsten:
Ich will Jahwe, will ihm singen,
spielen will ich Jahwe, Israels Gott!
Jahwe, du zogst aus von Seïr,
von Edoms Gefilde schrittst du her;

die Erde erbebte, es gossen die Himmel,
die Wolken gossen das Wasser!
Die Berge wankten vor Jahwe,
vor Jahwe, dem Gott Israels.
In den Tagen Samgars, des Anatsohnes,
in den Tagen Jaels verschwanden die Karawanen;
die sonst auf offenen Wegen gingen,
suchten verschlungene Pfade.
Es verschwand das freie Volk, es verschwand in Israel,
bis du aufstandest, Debora,
dich erhobst als Mutter in Israel.
Man wählte sich neue Götter, die ihnen früher unbekannt waren;
doch Schild und Lanze blinkten nicht
bei den 40 000 in Israel!
Mein Herz den Gebietenden Israels!
Ihr Freiwilligen aus dem Volke,
rühmt Jahwe!
Die ihr reitet auf hellgrauen Eselinnen,
die ihr auf Teppichen sitzt,
die ihr wandert des Weges, eilt herbei
beim Klang der Trompetenbläser am Brunnen!
Dort preist man die Heilstat Jahwes,
seine Heilstat am freien Volk in Israel.
Dann steige das Volk Jahwes zu den Toren hinab!
Auf! Auf denn, Debora! Auf! Auf! Singe dein Lied [3]!
Erhebe dich, Barak, führe deine Gefangenen weg, Abinoams Sohn!
Dann ziehen die Kampfentronnenen glanzvoll hinab,
das Kriegsvolk Jahwes ziehe hinab als Helden,
Fürsten von Ephraim der Ebene zu,
Benjamin hinter dir drein bei deinen Leuten!
Von Machir steigen Gebieter hinab
und von Sebulon Beamte mit Schreiberstäben;
die Fürsten von Issaschar mit Debora,
dann Issaschar selbst; desgleichen ist Barak
schon talwärts entsandt mit seinem Fußvolk.
In Rubens Reihen gab es schwere Bedenken.
Was hockst du da am warmen Herd,
Pfeifentöne der Hirten zu hören?
Gilead jenseits des Jordans blieb ruhig,
und Dan weilt fern bei den Schiffen.

---

[3] Das »Lied«, das Debora singen soll, ist wohl ein die Krieger anfeuernder Kampfgesang.

Asser sitzt fest am Strande des Meeres,
wohnt ruhig bei seinen Landeplätzen.
Sebulon schätzt sein Leben gering, ist zum Tode bereit,
auch Naphtali auf den Höhen des Geländes.
Könige kamen und stritten.
Damals kämpften Kanaans Könige
zu Taanach an den Wassern Megiddos.
Beute an Silber machten sie nicht.
Vom Himmel her kämpften die Sterne,
von ihren Bahnen aus stritten sie mit Sisera.
Der Kischonbach schwemmte sie fort,
der Kischonbach trat ihnen entgegen.
Spanne, meine Seele, die Kraft!
Da stampften die Hufe der Rosse,
da dröhnte der Hengste Stieben und Traben.
Verfluchet Meros, spricht der Engel Jahwes,
verfluchet seine Bewohner!
Denn sie kamen Jahwe nicht zu Hilfe,
zu Hilfe Jahwe unter den Helden.
Unter den Frauen sei Jael gepriesen,
die Frau des Keniters Heber,
unter den Frauen im Zelte gepriesen!
Um Wasser bat er, Milch spendete sie,
in prachtvoller Schale reichte sie Rahm.
Ihre Hand greift nach dem Zeltpflock,
ihre Rechte nach dem Hammer;
sie zerhämmert Sisera, zerschlägt sein Haupt,
zerschmettert, durchbohrt seine Schläfe.
Zu ihren Füßen gekrümmt, gefallen, liegt er da,
zu ihren Füßen, gekrümmt, gefallen;
da, wo er hinsank, liegt er erschlagen.
Durchs Fenster schaut sie und blickt hinab,
Siseras Mutter durchs Gitter:
»Warum zögert sein Wagen zu kommen,
warum säumen seiner Streitwagen Räder?«
Die klügste ihrer Fürstinnen antwortet ihr,
und sie wiederholt sich selbst deren Worte:
»Sicherlich finden und teilen sie Beute;
ein, zwei Weiber für jeden Mann!
Beute an Tüchern für Sisera, Beute an Tüchern!
Ein Bunttuch, zwei Bunttücher für meinen Hals als Beute.«
Wer immer dir feind ist, möge vergehen, Jahwe!
Doch die dich liebhaben, seien wie Sonnenaufgang in seiner Kraft.

(Ri 5, 2–31)

Gideon

Den Hintergrund für die Gideon-Erzählungen bildet die Bedrohung der mittelpalästinischen Stämme durch die *Midianiter*. Dieser weitverbreitete Nomadenverband gehörte zu jenen Bewohnern der Wüstengebiete im Osten und Süden Palästinas, denen es etwa um 1100 v. Chr. gelungen war, das Kamel als Reittier abzurichten. Ihre so gewonnene größere Beweglichkeit nutzten die Midianiter zu Raubzügen gegen ihre Nachbarn aus. Alljährlich fielen sie in das Westjordanland ein, weideten mit ihren Tieren die keimende Saat ab, raubten das Vieh und die Ernteerträge der Siedler und verschwanden wieder. Ihre Überfälle lösten unter den Landesbewohnern lähmendes Entsetzen aus, denn für die Bauern hatten die schnellen Kamelreiter in ihrer Fremdartigkeit und Wildheit etwas Furchterregendes. Ihrer großen Beweglichkeit wegen waren sie außerdem praktisch unschlagbar.

Gideon aus dem Stamm Manasse scheint erkannt zu haben, daß die Kamelreiter nur durch einen nächtlichen Überfall auf ihr Lager zu besiegen waren. Mit einer mutigen Tat hat er dem Midianiterschrecken ein Ende gemacht.

In den Erzählungen von Gideon und seiner Rettertat hat sich ein eigentümlich vergeistigtes Verständnis des Jahwekrieges niedergeschlagen. Hier ist der Blick ganz auf das Wunderhafte des göttlichen Eingreifens gerichtet. Die menschlichen Akteure sind nur noch Statisten. Durch Zeichen und einen Traum erhält Gideon die göttliche Bestätigung seiner Berufung zum Retter »Israels«, und mit einer kleinen Schar nur rückt er gegen die Feinde vor. Im Kampf selbst tun er und seine Mannschaft keinen Schwertstreich. Jahwe allein erringt den Sieg, er ist auf die Hilfe Israels nicht angewiesen. Eine solch sublimierte Sicht des Jahwekrieges war erst in einer Zeit möglich, für die die Jahwekriege bereits einer idealen Vergangenheit angehörten.

Alle Midianiter, Amalekiter und Ostleute scharten sich zusammen, zogen herüber und lagerten in der Ebene Jesreel. Da ergriff der Geist Jahwes Gideon, er stieß in die Posaune, und Abieser ward zur Heeresfolge aufgerufen. Er entsandte Boten nach ganz Manasse, und auch dieses ließ sich zur Heeresfolge aufbieten. Dann schickte er Boten durch Asser, Sebulon und Naphtali, und sie zogen ihnen entgegen.

Da sprach Gideon zu Gott: »Willst du wirklich Israel durch meine Hand befreien, wie du gesagt hast, siehe, so lege ich frischgeschorene Wolle auf die Tenne. Wenn sich auf der Wolle allein Tau befindet, während sonst auf dem Boden alles trocken bleibt, dann weiß ich, daß du Israel durch meine Hand befreien wirst, wie du gesagt hast.« So geschah es. In der Frühe des anderen Morgens drückte er die Wolle aus und preßte Tau heraus, eine ganze Schale voll Wasser. Gideon aber sprach zu Gott: »Es entbrenne dein Zorn nicht gegen mich, wenn ich nur noch dieses eine Mal rede: Ich will es noch einmal mit dieser Wolle versuchen: die Wolle allein bleibe trocken, und sonst befinde sich überall Tau!« In jener Nacht ließ es Gott so geschehen: Es war die Wolle allein trocken, auf dem übrigen Boden aber lag Tau.

In der Frühe des anderen Morgens bezogen Jerubbaal[4] und alle Leute mit

---

4 In einem Teil der Überlieferung wird Gideon der Name Jerubbaal beigelegt.

ihm Lager an der Harodquelle. Das Heerlager Midians aber befand sich in der Ebene nördlich vom Hügel More. Da sprach Jahwe zu Gideon: »Zu zahlreich ist das Kriegsvolk bei dir, als daß ich Midian in seine Gewalt geben könnte. Sonst rühmt sich Israel wider mich und spricht: ›Meine eigene Hand hat mich gerettet.‹ Verkünde also jetzt dem Kriegsvolk: Wer furchtsam und verzagt ist, kehr um!« Gideon sichtete sie also, da kehrten von den Kriegsleuten 22 000 Mann um, nur noch 10 000 blieben zurück. Dann sprach Jahwe zu Gideon: »Noch ist das Kriegsvolk zu zahlreich; führe sie also ans Wasser hinunter, dort will ich sie dir sichten. Die ich dir nenne, mögen mit dir gehen, von welchen ich aber sage, sie sollen nicht mit dir gehen, diese sollen nicht mit dir ziehen!« Er führte die Leute zum Wasser hinab. Jahwe sprach zu Gideon: »Wer mit der Zunge Wasser leckt, so wie der Hund es tut, den stelle besonders, und ebenso jeden, der seine Knie beugt, um zu trinken.« Es belief sich die Zahl derer, die mit der Zunge leckten, auf 300 Mann, alle übrigen Kriegsleute beugten ihre Knie, um Wasser aus der Hand zu trinken und es in den Mund zu führen. Da sprach Jahwe zu Gideon: »Mit den 300 Mann, die das Wasser leckten, will ich euch erretten und die Midianiter in deine Gewalt geben, alles übrige Kriegsvolk aber soll nach Hause zurückkehren.« [5] Da nahmen sie die Verpflegung der Leute und ihre Posaunen in ihre Hände. Er entließ alle Israeliten, jeden in sein Zelt; nur die 300 Mann behielt er. Das Heerlager der Midianiter aber befand sich unter ihm in der Ebene.

In jener Nacht sprach Jahwe zu ihm: »Auf! Steige hinab ins Lager, ich gebe es in deine Gewalt. Fürchtest du dich aber, allein hinabzugehen, so geh doch mit deinem Burschen Pura hinunter in das Lager! Lausche, was man dort spricht, dann wirst du Mut gewinnen und wirst ins Lager selbst einbrechen!« Er ging also mit seinem Burschen Pura bis in die unmittelbare Nähe der Lagerwachen. Midian, Amalek und alle Ostleute hatten sich in der Ebene gelagert, so massenhaft wie Heuschreckenschwärme, und ihre Kamele waren nicht zu zählen; sie waren so zahlreich wie der Sand am Ufer des Meeres. Gideon kam hin, da erzählte gerade einer seinem Kameraden einen Traum und sagte: »Da habe ich doch einen Traum gehabt: Es war ein Laib Gerstenbrot, der rollte ins midianitische Lager. Er kam bis zum Häuptlingszelte, stieß daran, so daß es umfiel, und drehte es nach oben um. Das Zelt war gefallen.« [6] Sein Kamerad antwortete und sprach: »Nichts anderes ist dies als das Schwert Gideons, des Sohnes des Joasch, des Israeliten. Gott gibt in seine Hand Midian und das ganze Heerlager!«

---

5 Die Ängstlichen unter den Heerbannpflichtigen nach Hause zu schicken entsprach einem Brauch im Jahwekrieg (vgl. 5 Mose 20, 8 unten S. 391). Die Trinkprobe dagegen ist ein rein erzählerisches Stilmittel. Die, die das Wasser wie Hunde »lecken«, sollen ausgewählt werden, weil es vermutlich nur sehr wenige sein werden und darauf kam es dem Erzähler an.

6 Gerstenbrot und Zelt sind Bilder für die israelitischen Bauern und die midianitischen Nomaden.

Als Gideon das Gespräch vom Traum und seine Deutung gehört hatte, warf er sich anbetend nieder; dann kehrte er ins israelitische Lager zurück und befahl: »Auf, Jahwe gibt das midianitische Lager in eure Gewalt!« Er teilte die 300 Mann in drei Gruppen und gab allen Posaunen in ihre Hand und leere Krüge; in den Krügen aber waren Fackeln. Dann sagte er ihnen: »Schaut auf mich und macht alles nach! Aufgepaßt! Ich dringe bis in die nächste Nähe des Lagers vor, und wie ich es dann mache, so tut auch ihr! Stoße ich in die Posaune samt allen, die bei mir sind, dann stoßt auch ihr rings um das ganze Lager in die Posaunen und ruft: ›Für Jahwe und Gideon!‹«

Gideon und die 100 Mann mit ihm drangen bis in die nächste Nähe des Lagers vor zu Beginn der mittleren Nachtwache; soeben hatte man die Wachen aufgestellt. Da stießen sie in die Posaunen und zerschmetterten die Krüge in ihrer Hand. Dann stießen die drei Gruppen in die Hörner und brachen die Krüge entzwei. Sie faßten mit ihrer linken Hand die Fackeln, mit der Rechten die Posaunen zum Blasen und riefen: »Schwert für Jahwe und Gideon!« Jeder blieb da, wo er gerade war, um das Lager herum stehen; im Lager selbst lief alles hin und her, lärmte und floh. Als man in die 300 Posaunen stieß, da richtete Jahwe das Schwert des einen gegen den anderen im ganzen Lager. Und das Lager floh bis nach Bet-Schitta nach Zereda zu, bis zum Ufergelämde von Abel-Mehola bei Tabbat. (Ri 6, 33–40; 7, 1–22)

Jephta

Jephta läßt sich nur schwer in das übliche Bild eines Anführers im Jahwekrieg einfügen. Er wird nicht jäh vom Geist Gottes ergriffen, sondern in hartnäckigen Verhandlungen müssen ihn die Ältesten seines Stammes erst für seine Retteraufgabe gewinnen. Wegen seiner unehelichen Abkunft war er vom Erbe seines Vaters ausgeschlossen und zum kriegserfahrenen Anführer einer Schar von Freibeutern geworden. Als Preis für seine Rückkehr in den Stamm fordert er jetzt das Stammesführertum. Die Überlieferung weiß davon zu berichten, daß er auch mit den Gegnern zunächst verhandelt habe, bevor er schließlich den Kampf eröffnete. All dies Verhandeln und Taktieren hat nur noch wenig mit einem Jahwekrieg in der Art der Debora zu tun.

Schauplatz der Jephta-Erzählungen ist das Gebirge Gilead im Ostjordanland. Die südlich des Jabbok gelegene Landschaft hatte ursprünglich zum Siedlungsbereich der Ammoniter gehört. Die Jephta-Erzählungen führen in eine Zeit, in der die Ammoniter wieder so stark geworden waren, daß sie nicht nur das Gebirge Gilead von den Israeliten zurückerobern, sondern auch über den Jordan hinweg in die gegenüberliegenden Stammesgebiete von Ephraim, Benjamin und Juda eindringen konnten.

Der Gileadit Jephta war ein tapferer Held, aber der Sohn einer Dirne. Ein Gileadit war Jephtas Vater; und eine Gileaditin gebar diesem noch weitere Söhne. Die Söhne der Frau wuchsen heran und vertrieben den Jephta. Sie sprachen zu ihm: »Du darfst in unserer Familie nicht miterben; denn du bist der Sohn eines anderen Weibes.« So floh Jephta vor seinen Brüdern und siedelte sich im Lande Tob an. Es scharten sich nun um Jephta haltlose Leute und zogen mit ihm auf Abenteuer aus. Einige Zeit verging, da begannen die Ammoniter mit Israel Krieg zu führen. Als aber die Ammoniter den Kampf mit Israel eröffneten, machten sich die Ältesten Gileads auf den Weg, um Jephta aus dem Lande Tob zu holen. Sie sprachen zu Jephta: »Komm, werde unser Anführer, dann wollen wir gegen die Ammoniter kämpfen!« Jephta entgegnete den Ältesten Gileads: »Habt ihr mich denn nicht gehaßt und mich aus meiner Familie vertrieben? Warum kommt ihr jetzt zu mir, da ihr in Not seid?« Darauf erwiderten die Ältesten Gileads dem Jephta: »Eben darum haben wir uns jetzt wieder an dich gewandt; komm mit uns, kämpfe gegen die Ammoniter und werde Oberhaupt von uns, nämlich von allen Bewohnern Gileads!« Jephta antwortete den Ältesten Gileads: »Ihr wollt mich also zurückholen, damit ich den Kampf gegen die Ammoniter eröffne. Wenn Jahwe sie nun mir preisgibt, werde ich dann wirklich euer Oberhaupt?« Da beteuerten die Ältesten Gileads dem Jephta: »Jahwe ist Ohrenzeuge zwischen uns; wir schwören, daß wir nach deinem Verlangen tun!« Jephta ging mit den Ältesten Gileads. Das Volk bestellte ihn als Haupt und Führer über sich. Jephta trug all seine Anliegen Jahwe in Mizpa [7] vor.

Da kam der Geist Jahwes über Jephta. Er zog durch Gilead und Manasse und dann nach Mizpa in Gilead, und von Mizpa in Gilead rückte er vor gegen die Ammoniter. Jahwe überlieferte sie seiner Hand. Er warf sie von Aroer bis nach Minnit – es waren 20 Städte – und bis nach Abel-Keramim in heftigem Schlage nieder. Die Ammoniter mußten sich vor den Israeliten demütigen. (Ri 11, 1–11.29.32 f.)

Simson

Die Erzählungen über Simson sind im Stamm Dan beheimatet. In einer frühen Phase der Landnahme hatte sich dieser Stamm am Westabhang des judäischen Berglandes in unmittelbarer Nähe der Philister angesiedelt. Das Verhältnis zwischen den Nachbarn war gespannt: Beide Seiten nahmen jede Gelegenheit wahr, einander zu schaden oder sich einen Streich zu spielen.

In diesem nachbarschaftlichen Kleinkrieg hat sich Simson hervorgetan. Auf Simson ruhte der »Geist Jahwes«. Aber wie hat er diesen göttlichen Geist genutzt? Die Anekdoten über seine »Heldentaten« geben darauf die Antwort: Er hat ihn vergeudet! Simson läuft den Frauen nach, zündet die Kornfelder der Philister an, erschlägt deren dreißig, um eine verlorene Wette einzulösen, wird schließlich überlistet, geblendet und muß den Philistern die Mühle drehen! All das hat nichts mehr mit den Taten der großen Rettergestalten wie Debora, Ehud oder Gideon zu tun.

Aber durch all seine Streiche und Späße hindurch hat die Überlieferung den Einzelgänger Simson in einem großen heilsgeschichtlichen Zusammenhang gesehen. Der Bearbeiter des Richterbuches hat ihn den großen Rettergestalten aus der Frühzeit Israels zugesellt. Für ihn war er der, der damit »angefangen« hat, »Israel aus der Hand der Philister zu retten«. Damit wurde Simson zum Vorläufer von Saul und David, den eigentlichen Rettern aus Philisternot.

---

[7] Das ostjordanische Mizpa war das Zentralheiligtum der Gileaditen.

Brautschau und Hochzeit. Simson begab sich hinab nach Timna. Dort sah er eine von den Töchtern der Philister. Er ging wieder hinauf und erzählte seinem Vater und seiner Mutter: »Ich habe in Timna eine von den Töchtern der Philister gesehen. Werbt sie für mich als Frau!« Sein Vater und seine Mutter erwiderten ihm: »Gibt es denn unter den Töchtern deiner Stammesbrüder und in meinem ganzen Volk keine Frau, daß du hingehst, um dir ein Weib von den unbeschnittenen Philistern zu holen?« Simson erwiderte seinem Vater: »Um diese wirb für mich, denn sie gefällt mir!« Seine Eltern aber wußten nicht, daß es eine Fügung Jahwes war. Er suchte nämlich nach einer Gelegenheit zum Streit mit den Philistern. Denn damals herrschten die Philister über Israel.

Simson ging nun mit seinem Vater und seiner Mutter hinab nach Timna. Als sie an die Weingärten von Timna kamen, sprang ihnen ein junger Löwe brüllend entgegen. Da überkam Simson der Geist Jahwes; er zerriß den Löwen, wie man ein Böcklein zerreißt; dabei hatte er keinen einzigen Gegenstand in seiner Hand. Seinen Eltern aber berichtete er nichts von dem, was er vollbracht hatte. Er begab sich dann hinab, sprach mit der Frau, und sie gefiel Simson. Nach einiger Zeit kehrte er wieder zurück, um sie zu heiraten; dabei machte er einen kleinen Umweg, um nach dem toten Löwen zu schauen, und siehe, im Aas des Löwen befanden sich ein Bienenschwarm und Honig. Er nahm ihn in seine Hand und aß davon, während er weiterging. Darauf begab er sich zu seinen Eltern, gab ihnen davon, und sie aßen gleichfalls. Er berichtete ihnen aber nicht, daß er den Honig dem Aas des Löwen entnommen hatte. Sein Vater begab sich nun zu der Frau. Simson aber veranstaltete dort ein festliches Gelage, wie es die jungen Männer zu machen pflegen. Als man ihn zu Gesicht bekam, bestellte man dreißig Brautgefährten, die ihm Gesellschaft leisteten. Simson sprach zu ihnen: »Ein Rätsel will ich euch aufgeben: Wenn ihr mir innerhalb von sieben Tagen, solange die Hochzeitsfeierlichkeiten dauern, die Lösung sagt, gebe ich euch 30 Leinenkleider und 30 Festgewänder. Könnt ihr mir aber die Lösung nicht angeben, so müßt ihr mir 30 Leinenkleider und 30 Festgewänder geben.« Sie antworteten ihm: »Gib uns dein Rätsel auf, wir möchten es hören!« So sprach er zu ihnen: »Vom Fresser strömt Futter, vom Starken quillt Süßigkeit hervor.« Sie konnten aber die Lösung des Rätsels drei Tage lang nicht angeben. Am vierten Tag sprachen sie zu Simsons Frau: »Überrede doch deinen Mann, daß er uns des Rätsels Lösung sage, sonst verbrennen wir dich samt deinem Vaterhaus! Habt ihr uns deshalb hierher eingeladen, um uns arm zu machen?« Da weinte die Frau des Simson an seinem Halse und sprach: »Du magst mich nicht und liebst mich nicht! Du hast den Söhnen meines Volkes das Rätsel aufgegeben und mir davon nichts verraten!« Er entgegnete ihr: »Sogar meinen Eltern habe ich nichts davon mitgeteilt, und dir sollte ich es nun sagen?« So weinte sie an seinem Halse den Rest der sieben Tage hindurch, solange das festliche Gelage dauerte. Am siebten Tage endlich teilte er es ihr mit, weil sie ihn so hart belästigte. Sie aber verriet das Rätsel ihren Landsleuten.

Da sagten die Männer der Stadt am siebten Tage zu ihm, bevor er in die Kammer ging: »Was ist süßer als Honig, was stärker als der Löwe?« Er aber antwortete ihnen: »Hättet ihr nicht mit meinem Kalb gepflügt, meine Rätsel hättet ihr nicht gelöst.« Da kam der Geist Jahwes über ihn. Er schritt hinab nach Askalon und erschlug von den dortigen Einwohnern 30 Mann. Er nahm ihre Gewänder ab und gab die Festkleider denen, die das Rätsel gelöst hatten. Er war von Zorn entbrannt und begab sich hinauf in seines Vaters Haus. Die Frau des Simson bekam einer von den Brautgefährten, die bei ihm gewesen waren.

Rache an den Philistern. Nach einiger Zeit, in den Tagen der Weizenernte, kam Simson mit einem Ziegenböcklein, um seine Frau zu besuchen [7a]. Er sprach: »Ich will zu meiner Frau in die Kammer gehen!« Doch ihr Vater verbot ihm den Eintritt. Der Vater sprach: »Ich war der Meinung, du seist ihr völlig abgeneigt geworden. Deshalb gab ich sie einem deiner Brautgefährten. Aber ist nicht ihre jüngste Schwester schöner als sie? Diese kannst du an ihrer Stelle haben.« Simson erklärte ihm darauf: »Diesmal bin ich schuldlos gegenüber den Philistern, wenn ich ihnen auch Böses zufüge.« Und Simson ging hin und fing 300 Füchse. Dann nahm er Fackeln, kehrte einen Schwanz zum anderen und befestigte jeweils eine Fackel zwischen zwei Schwänzen in der Mitte. Nun zündete er die Fackeln an und ließ jene auf das noch stehende Korn der Philister los. Er verbrannte Garben und Halme, Weinberge und Ölbäume. Die Philister fragten: »Wer hat dies getan?« Man erwiderte: »Simson, der Schwiegersohn des Timniters! Weil er ihm seine Frau genommen und seinem Gefährten gegeben hat.« Da zogen die Philister heran und verbrannten die Frau samt ihrem Vaterhaus. Simson sprach zu ihnen: »Tut ihr schon solches, so werde ich an euch Rache nehmen und dann erst nachgeben!« Er schlug wahllos auf sie ein mit gewaltigen Hieben, ging dann hinab und nahm in der Felskluft von Etam Wohnung.

Simsons Tod und Begräbnis. Die Fürsten der Philister kamen zusammen, um ihrem Gotte Dagon ein großes Opfer darzubringen und fröhlich zu sein. Dabei sprachen sie: »Unser Gott gab den Simson, unseren Feind, in unsere Gewalt!« Als die Leute ihn sahen, rühmten sie ihren Gott und sprachen: »Unser Gott gab in unsere Gewalt unseren Feind, der unser Land verwüstet, der viele von uns umgebracht hat!« Als sie nun in guter Stimmung waren, kamen sie auf den Gedanken: »Ruft doch den Simson herbei, er soll uns belustigen!« Da rief man den Simson aus dem Gefängnis herbei; er mußte ihnen als Spaßmacher dienen, und man stellte ihn zwischen die Säulen. Simson sprach zu dem Knaben, der ihn an seiner Hand hielt: »Laß mich doch, daß

[7a] Eine bestimmte orientalische Eheform, die Sadika-Ehe, gestattete es der Frau, im Hause ihres Vaters wohnen zu bleiben (vgl. oben S. 105, Anm. 80 zu 1 Mose 31, 43).

ich die Säulen betasten kann, auf denen das Haus ruht, um mich daran zu lehnen!« Der Palast war von Männern und Frauen angefüllt. Dort waren alle Fürsten der Philister beisammen. Auch auf dem Dach waren etwa 3000 Menschen, Männer und Frauen, die sich den Spaß mit Simson anschauten. Da rief Simson Jahwe an und sprach: »O Herr Jahwe, gedenke meiner und gib mir nur noch dieses eine Mal Kraft, o Gott! Ich möchte doch an den Philistern Rache nehmen wenigstens für das eine meiner beiden Augen!« Dann packte Simson die beiden Säulen, auf denen das Haus in der Mitte ruhte, und stemmte sich gegen sie, gegen die eine mit seiner Rechten, gegen die andere mit seiner Linken. Simson sprach: »Ich will sterben mit den Philistern!« Er streckte sich mit voller Kraft; da stürzte der Palast auf die Fürsten und alle Leute, die darin waren. Es waren der Toten, die er bei seinem Sterben umbrachte, mehr als derer, die er in seinem Leben getötet hatte.

Nun kamen seine Brüder und all seine Familienangehörigen herab, holten ihn, brachten ihn hinauf und begruben ihn zwischen Zora und Eschtaol im Grabe seines Vaters Manoah. (Ri 14, 1–20; 15, 1–8; 16, 23–31)

Ungehorsam und Barmherzigkeit

Als der Verfasser des Deuteronomistischen Geschichtswerkes die verschiedenen Rettererzählungen unter dem Schema von Abfall und Strafe, Bekehrung und Rettung in einen inneren Zusammenhang miteinander brachte, hat er ihnen einen Abschnitt vorangestellt, in dem er seine Deutung der »Richterzeit« entfaltet. Er wollte damit seinen Lesern einen Leitfaden zum Verständnis der alten, zum Teil sehr profanen Erzählungen an die Hand geben. Ein solches Verfahren ist im Alten Testament einzigartig. Dahinter wird der Anspruch eines Theologen der Exilszeit deutlich, eine ganze Epoche gleichsam aus der Sicht Gottes zu überschauen. Dem Verfasser kam es darauf an, zu zeigen, wie ergebnislos in der »Richterzeit« Jahwes Handeln an seinem Volk geblieben war: Die Geschichte Israels hatte sich in dieser Epoche scheinbar immerzu im Kreis gedreht, ohne wirklich voranzukommen. Den Ungehorsam Israels gegen Jahwe erblickte der Verfasser einseitig in einem Abfall zu den kanaanäischen Göttern. Er trug damit das Problem einer wesentlich späteren Zeit (vgl. unten S. 286 ff. zu Elia und Elisa) in jene Epoche der »Richter« ein. Die alten Stammeserzählungen wissen, mit einer Ausnahme, davon noch nichts. Gerade in diesem Punkt wird der Abstand zwischen den alten Rettererzählungen und ihrer späteren Deutung besonders deutlich.

Die Israeliten taten Dinge, die Jahwe mißfielen. Sie verehrten die Baale [8]. Da entbrannte der Zorn Jahwes wider Israel; er gab sie in die Gewalt von Räubern, die sie ausraubten, und verkaufte sie in die Hand ihrer Feinde ringsum. Sie konnten vor ihren Feinden nicht mehr standhalten. Wohin immer sie zogen, war die Hand Jahwes wider sie zum Unheil, wie Jahwe es gesagt und ihnen eidlich angedroht hatte. Er brachte sie in große Drangsal. Dann ließ Jahwe Richter auftreten; diese retteten sie aus der Hand der Aus-

---

[8] Die Baale waren kanaanäische Fruchtbarkeitsgötter; vgl. dazu unten S. 324 ff.

plünderer. Wenn Jahwe ihnen Richter erstehen ließ, dann half er dem Richter und errettete jene aus der Gewalt ihrer Feinde, solange der Richter lebte. Denn Jahwe hatte Mitleid, wenn sie über ihre Bedrücker und Bedränger stöhnten. Starb aber der Richter, so handelten sie von neuem noch schlimmer als ihre Väter, liefen hinter fremden Göttern her, dienten ihnen und warfen sich vor ihnen nieder. Sie ließen nicht ab von ihren Taten und ihrem verstockten Lebenswandel. (Ri 2, 11.14–16.18 f.)

B. Saul

Erst spät in seiner Geschichte hat Israel einen König bekommen. Während die benachbarten Edomiter, Moabiter und Ammoniter, die ungefähr gleichzeitig mit den Israeliten seßhaft geworden waren, sich jeweils schon bald unter einem König zusammengefunden hatten, blieb Israel noch lange Zeit ein lockerer Verband einzelner Stämme ohne eine feste staatliche Ordnung. Daß es schließlich doch noch zu einem König kam, ist zu einem großen Teil das Verdienst der Philister.

Dieses Volk war etwa um 1200 v. Chr. aus dem Mittelmeerraum an die Westküste Palästinas gekommen, hatte die älteren Landesbewohner unterworfen und sich als Herrenschicht in einer Reihe größerer Küstenstädte festgesetzt. Bald jedoch versuchten die Philister, ihren Machtbereich über die Küstenebene hinaus auszudehnen und das gesamte Westjordanland unter ihre Kontrolle zu bringen. Früher oder später mußten sie darum mit den israelitischen Stämmen auf dem westjordanischen Gebirge zusammenstoßen.

Die Kräfte freilich waren sehr ungleich verteilt: Den hervorragend ausgebildeten und schwerbewaffneten Söldnern der Philisterfürsten vermochte Israel nur seine ungenügend ausgerüsteten und militärisch wenig erfahrenen Stammesheerbanne entgegenzusetzen. Israel hatte nur dann eine Chance, der Übermacht standzuhalten, wenn es den feindlichen Angriff als Ganzes abwehren konnte, d. h. wenn die Heerbanne der Stämme unter *einem* Anführer geschlossen gegen die Militärmacht der Nachbarn antraten. Israel brauchte einen König.

In dieser Lage trat Saul auf den Plan. Saul war zunächst nicht mehr als ein vom Geist Jahwes berufener Heerbannführer, der, wie die übrigen Rettergestalten vor ihm, eine Schar kriegsfähiger Männer in einen Jahwekrieg führte. Allerdings hatte er im Unterschied zu jenen den vereinigten Heerbann nahezu *aller* Stämme hinter sich. Nach seinem ersten Sieg über die Philister wurde Saul vom Volk zum König gewählt.

Damit hat Israel eine für seine Zukunft bedeutungsvolle und, wie sich bald zeigen sollte, zugleich problematische Entscheidung getroffen: Aus dem nur zeitlich begrenzten Auftrag eines geistbegabten Heerführers wurde die auf

Dauer gerichtete Institution des Königtums. Es konnte nicht ausbleiben, daß der König mit den Überlieferungen und Ordnungen des Stämmeverbandes in Konflikt geriet, denn diese boten keinen Raum für solch eine zentrale Institution. Das neue Königsrecht trat in Widerspruch zu dem alten Jahwerecht. Saul ist an diesem Gegensatz schließlich gescheitert.

Die alttestamentliche Überlieferung läßt Saul in einem eigentümlichen Zwielicht erscheinen. Auf der einen Seite gehört er zu den großen, vom Geist Jahwes erfüllten Rettergestalten in der Frühzeit Israels, ja, er ist diesen an Macht und Autorität sogar weit überlegen. Andererseits aber ist er nur der Vorläufer Davids. In der göttlichen Erwählung Davids und des Zion hat Israel ein neues, großes Handeln Jahwes erfahren. Saul stand für Israel nur an der Schwelle zu diesem neuen Gotteshandeln in der Geschichte Israels. In dem Maß, in dem David von Jahwe zum Königtum über ganz Israel geführt wird, muß Saul in den Hintergrund treten. Er wird von Jahwe zum Scheitern verurteilt, um einem Größeren Platz zu machen. So hat die Überlieferung Saul als die tragische Gestalt zwischen der Frühzeit des Gottesvolkes und der neuen Heilszeit, die Jahwe hatte mit David beginnen lassen, betrachtet. Sauls Geschichte liest sich wie ein Vorwort zur Davidsgeschichte.

Verlust und Rückkehr des Ladeheiligtums

Die historische Lage, die dem Heerkönigtum Sauls vorausgegangen war, wird in einer Erzählung über das alte Ladeheiligtum deutlich. Die ständigen Reibereien zwischen Philistern und Israeliten, wie sie im Hintergrund der Simson-Erzählungen zu erkennen waren, haben schließlich zu einer Kraftprobe größeren Stils geführt. Sie endete mit einer zweifachen Niederlage der Israeliten, in deren Verlauf sogar das Ladeheiligtum in die Hände der Sieger fiel.

Als bewegliches Heiligtum scheint diese Lade in den Kriegen Israels eine wichtige Rolle gespielt zu haben. Sie stand zuletzt in *Silo,* einem Ort im mittelpalästinischen Gebirge auf halbem Weg zwischen Sichem und Betel. Der Verlust der Lade war für die Israeliten ein unfaßbares Ereignis. Wie konnte so etwas geschehen? War Jahwe den Göttern der Philister im Kampf unterlegen?

Israel hat dem Unfaßbaren dieses Geschehens in der sogenannten »Ladeerzählung« Ausdruck zu geben versucht: Was zunächst als das Ende der Geschichte Jahwes mit Israel erscheint, wird zu einem ungeahnten Triumph Jahwes über die Feinde Israels und ihre Götter. Jahwe erweist sich gegenüber Israeliten und Heiden gleichermaßen als der Heilige.

Der Verlust der Lade. Israel aber zog gegen die Philister in den Krieg und schlug bei Eben-Eser ein Lager auf; die Philister lagerten bei Aphek. Sie stellten sich Israel gegenüber in Schlachtordnung auf, der Kampf tobte heftig, und Israel wurde von den Philistern geschlagen. Fast 4000 Mann fielen in der Schlacht auf freiem Feld. Als das Volk ins Lager kam, fragten die Ältesten der Israeliten: »Warum hat Jahwe uns heute durch die Philister geschlagen? Wir wollen aus Silo die Bundeslade Jahwes herbeischaffen! Er komme in unsere Mitte und befreie uns aus der Gewalt unserer Feinde!« Das Kriegsvolk sandte nach Silo, und man brachte von dort die Bundeslade Jahwe Zebaots, der auf den Keruben thront. Die beiden Söhne Elis, Hophni und Pinehas, geleiteten die Bundeslade Gottes [9]. Als nun die Bundeslade Jahwes ins Lager kam, erhob ganz Israel ein gewaltiges Jubelgeschrei, so daß die Erde dröhnte. Die Philister vernahmen die Freudenrufe und fragten: »Was soll dieses laute Geschrei im hebräischen Lager?« Da erfuhren sie, daß die Lade Jahwes ins Lager gekommen sei. Die Philister bekamen Angst, denn sie dachten: Gott ist in das Lager gekommen. Sie riefen aus: »Wehe uns! Solches ist zuvor noch nie geschehen. Wehe uns! Wer wird uns aus der Faust dieses starken Gottes erretten? Das ist ja der Gott, der die Ägypter mit vielen Schlägen in der Wüste heimgesucht hat! Seid stark und mannhaft, Philister, damit ihr nicht den Hebräern dienen müßt, wie sie euch dienten. Seid mannhaft und kämpft!« Die Philister eröffneten den Kampf, und Israel wurde geschlagen, und jeder floh zu seinem Heimatzelt. Die Niederlage war sehr schwer. Von Israel fielen 30 000 Mann Fußvolk. Auch die Lade Gottes wurde geraubt, und die beiden Söhne Elis, Hophni und Pinehas, kamen ums Leben.

Der Tod Elis. Ein Mann aus Benjamin flüchtete aus der Schlacht und kam noch am gleichen Tag nach Silo. Seine Kleider waren zerrissen, und Staub bedeckte sein Haupt. Als er ankam, saß Eli gerade auf dem Stuhl und spähte nach der Straße zu; denn sein Herz beunruhigte sich um die Lade Gottes. Als nun der Mann eintraf, um der Stadt die Niederlage zu berichten, schrie die ganze Stadt auf. Eli hörte es und fragte: »Was ist das für ein tosender Lärm?« Der Mann kam eiligst herbei und machte Eli Mitteilung. Eli war 98 Jahre alt; seine Augen waren erstarrt, und er konnte nicht mehr sehen. Der Mann berichtete Eli: »Ich komme aus der Schlacht. Ich bin heute aus dem Kampf geflohen.« Jener fragte: »Wie steht es damit, mein Sohn?« Der Bote antwortete: »Israel ist vor den Philistern geflohen, das Volk hat eine schwere Niederlage erlitten; auch deine beiden Söhne Hophni und Pinehas sind tot, die Lade Gottes ist geraubt.« Als er die Lade Gottes erwähnte, fiel Eli rücklings vom Stuhl neben das Tor, brach sich das Genick und starb; denn er war alt und schwerfällig geworden.

Die Lade bei den Philistern. Die Philister nahmen die Lade Gottes, brachten sie von Eben-Eser nach Asdod und von dort in den Tempel des Dagon und stellten sie neben Dagon. Als die Leute von Asdod am anderen Morgen aufstanden, lag Dagon vor der Lade Jahwes auf seinem Angesicht am Boden. Man nahm ihn und stellte ihn wieder an seinen Platz. Am folgenden Morgen fanden sie nach dem Aufstehen Dagon wieder am Boden liegend vor der Lade Jahwes. Sein Haupt und seine beiden Hände lagen abgetrennt auf der

---

[9] Eli und seine Söhne waren Priester am Heiligtum in Silo.

Schwelle; nur der Rumpf Dagons war übriggeblieben [10]. Daher betreten die Priester Dagons und alle, die in den Dagontempel kommen, die Schwelle Dagons in Asdod bis heute nicht. Schwer lastete die Hand Jahwes auf den Bewohnern von Asdod. Er richtete unter ihnen Verheerungen an und schlug sie mit Geschwüren in Asdod und dessen Gebiet. Als die Bewohner von Asdod ihre Lage erkannten, sagten sie sich: »Die Lade des Gottes Israels darf nicht bei uns bleiben; denn seine Hand drückt uns und unseren Gott Dagon schwer!« Sie sandten hin, versammelten alle Philisterfürsten bei sich und fragten: »Was tun wir mit der Lade des Gottes Israels?« Diese erklärten: »Nach Gat werde sie gebracht!« Da überführte man die Lade des Gottes Israels. Nachdem man sie dorthin überführt hatte, entstand durch die Hand Jahwes eine überaus große Bestürzung in der Stadt. Er schlug die Stadtbewohner, groß und klein, so daß Geschwüre an ihnen aufbrachen. Da sandten sie die Lade Gottes nach Ekron. Die Einwohner Ekrons aber schrieen: »Man hat die Lade des Gottes Israels zu mir gebracht, um mich und mein Volk zu töten!« Sie sandten hin und versammelten alle Fürsten der Philister und verlangten: »Sendet die Lade des Gottes Israels zurück, wo sie hingehört! Sie soll mich und mein Volk nicht töten!« Denn tödliche Bestürzung herrschte in der ganzen Stadt. Die Hand Gottes lastete schwer auf ihr. Die Menschen, die nicht starben, wurden mit Geschwüren geschlagen. Das Geschrei der Stadt stieg zum Himmel empor.

Die Rückkehr der Lade. Die Lade Jahwes blieb sieben Monate im Gebiet der Philister. Dann riefen die Philister ihre Priester und Wahrsager und fragten: »Was tun wir mit der Lade Jahwes? Laßt uns wissen, wie wir sie zurücksenden können, wo sie hingehört!« Diese antworteten: »Gebt ihr die Lade des Gottes Israels zurück, dann dürft ihr sie nicht leer zurücksenden, sondern müßt eine Sühne leisten. Alsdann werdet ihr Heilung finden, und es wird euch kund, warum seine Hand nicht von euch weicht.« Da fragten sie: »Welche Sühne sollen wir ihm denn leisten?« Sie entgegneten: »Entsprechend der Zahl der Philisterfürsten fünf goldene Beulen und fünf goldene Mäuse; denn dieselbe Heimsuchung traf euch alle und auch eure Fürsten. Fertigt also Bilder eurer Beulen an und Bilder der Mäuse, die das Land verheeren [11], und gebt dem Gott Israels die Ehre! Vielleicht wird er dann seine Hand leichter werden lassen über euch, euren Göttern und eurem Lande. Warum verhärtet ihr denn euer Herz, wie die Ägypter und Pharao ihr Herz verhärteten? Mußte man sie nicht fortziehen lassen, als er ihnen arg mitspielte? Nun wohlan, richtet einen neuen Wagen her und nehmt zwei säugende

---

10 Daß Dagon vor der Lade Jahwes »auf sein Angesicht« gefallen war, ist Zeichen der Unterwerfung des Philistergottes unter den Gott Israels; seine »Enthauptung« bedeutet seine völlige Entmachtung.

11 Gleiches durch Gleiches abzuwenden ist ein Grundsatz in der Magie aller Völker.

Kühe, auf denen noch kein Joch geruht hat; spannt die Kühe an den Wagen und treibt ihre Kälber von ihnen weg nach Hause! Dann nehmt die Lade Jahwes und stellt sie auf den Wagen! Die goldenen Gegenstände, die ihr ihm als Sühne erstatten wollt, legt in eine Satteltasche daneben und laßt sie dann davonziehen! Seht dabei auf folgendes: Wenn die Lade nach Bet-Schemesch [12] hinauf ihre Wegrichtung nach Hause nimmt, dann hat Israels Gott über uns dieses große Unheil gebracht; wenn nicht, so wissen wir, daß nicht seine Hand uns schlug, sondern daß uns nur ein Zufall getroffen hat.« Die Männer taten so. Sie nahmen zwei säugende Kühe und spannten sie an den Wagen. Die Kälber hielten sie daheim zurück. Dann stellten sie die Lade Jahwes auf den Wagen, dazu die Satteltasche mit den goldenen Mäusen und mit den Abbildern ihrer Geschwüre. Die Kühe liefen in gerader Richtung nach Bet-Schemesch, genau die gleiche Richtung hielten sie ein und brüllten unaufhörlich. Sie wichen weder nach rechts noch nach links. Die Fürsten der Philister folgten hinter ihnen her bis zum Gebiet von Bet-Schemesch. Die Leute von Bet-Schemesch hielten gerade Weizenernte im Tal. Sie schauten auf, und als sie die Lade erblickten, gingen sie ihr freudig entgegen. Der Wagen kam auf das Feld Josuas von Bet-Schemesch und blieb dort stehen. Hier lag ein großer Stein. Man spaltete das Holz des Wagens und brachte die Kühe Jahwe als Brandopfer dar. Die fünf Fürsten der Philister sahen zu und kehrten noch am gleichen Tage nach Ekron zurück. Folgende sind die goldenen Geschwüre, welche die Philister Jahwe als Sühne erstatteten: eines für Asdod, eines für Gaza, eines für Askalon, eines für Gat und eines für Ekron, und dazu die goldenen Mäuse, entsprechend der Gesamtzahl der Philisterstädte unter den fünf Fürsten, sowohl der festen Städte als auch der Dörfer des offenen Landes. Der große Stein, auf den man die Lade Jahwes gestellt hatte, liegt noch bis heute auf dem Felde Josuas von Bet-Schemesch.

Jahwe aber schlug die Einwohner von Bet-Schemesch, weil sie in die Lade Jahwes hineingeschaut hatten. Er schlug vom Volke 70 Mann. Nun wurde das Volk sehr betrübt, weil Jahwe einen schweren Schlag wider die Leute geführt hatte. Da sagten die Einwohner von Bet-Schemesch: »Wer vermag vor dem Angesicht Jahwes, dieses heiligen Gottes, standzuhalten? Zu wem soll er von uns aus ziehen?« Sie sandten Boten zu den Bewohnern von Kirjat-Jearim und ließen sagen: »Die Philister haben die Lade Jahwes zurückerstattet. Kommt herab und holt sie zu euch hinauf!« Da kamen die Männer von Kirjat-Jearim und holten die Lade Jahwes. Man brachte sie in das Haus Abinadabs auf dem Hügel und weihte seinen Sohn Eleasar, daß er Hüter über die Lade Jahwes sei [13]. (1 Sam 4, 1–18; 5, 1–12; 6, 1–21; 7, 1)

---

12 Bet-Schemesch (»Sonnenhaus«), am inneren Rand der Küstenebene gelegen, war die erste Ortschaft auf israelitischem Gebiet.

13 Der Bearbeiter der Samuel-Bücher hat die Ladeerzählung an dieser Stelle unterbrochen. Ihren Schluß, den Bericht von der Überführung der Lade nach Jerusalem, bringt er im Zusammenhang der Davidsgeschichte (vgl. unten S. 203 f.).

1. Sauls Berufung zum König

Immer wieder hat das spätere Israel über die Rolle des Königtums in der Geschichte Jahwes mit seinem Volk nachgedacht. Von den Erfahrungen seiner jeweiligen Gegenwart her hat es nach dem Ursprung und dem Sinn des Königtums zurückgefragt. Die Antworten auf dieses Fragen sind im einzelnen sehr verschieden ausgefallen, sie lassen jedoch erkennen, daß Israel sich durchaus der Versuchungen und Gefahren, die mit dem Königsamt verbunden waren, bewußt gewesen ist.

Die Schatten der späteren Königsgeschichte sind es, die das Bild Sauls in der alttestamentlichen Überlieferung so dunkel erscheinen lassen. Saul war nicht nur der erste in der langen Reihe von Königen, die über Israel geherrscht haben. Er war zugleich der Gesalbte Jahwes, der an seinem Auftrag scheiterte, weil Jahwe selbst seine Hand wieder von ihm abgezogen hatte. Es nimmt darum nicht wunder, daß spätere Generationen insbesondere die Frage nach dem Beginn von Sauls Königsherrschaft beschäftigt hat, denn in dieser Frage ging es letztlich um das Gesamturteil über das Königtum, an dessen Anfang Saul steht. Drei verschiedene Erzählungen antworten in jeweils besonderer Weise darauf.

Sauls Sieg über die Ammoniter

Die Schlacht bei Aphek, in der die Lade in die Hände der Philister gefallen war, hat schwere Folgen für die israelitischen Stämme gehabt. Die Philister haben wahrscheinlich das Zentralheiligtum in Silo, wo die Lade zuletzt gestanden hatte, zerstört und im gesamten westjordanischen Gebirge Besatzungsposten eingesetzt. Die Israeliten mußten alle ihre Waffen abliefern. Um zu verhindern, daß sie wiederaufrüsteten, verboten die Philister den Schmieden das Handwerk. Ihre Äxte, Pflugscharen und Ochsenstachel mußten sich die israelitischen Bauern für teures Geld bei den Philistern anfertigen lassen.

Diese Schwäche der Israeliten nutzten die *Ammoniter*, um nachzuholen, woran Jephta sie gehindert hatte: Sie besetzten weite Teile des von Israeliten bewohnten Ostjordanlandes und belagerten die Stadt Jabesch. Auf das Hilfegesuch der Bewohner von Jabesch hin hat Saul, vom Geist Gottes ergriffen, den Heerbann der Stämme zusammengerufen, ist mit ihnen über den Jordan gezogen und hat die bedrängte Stadt in letzter Minute befreit.

Die Erzählung über diesen Sieg gegen die Ammoniter schildert Saul als einen Heerbannführer in der Art der Retter des Richterbuches. Sie hat damit vermutlich am getreuesten die Ereignisse bewahrt, die Saul schließlich auf den israelitischen Königsthron gebracht haben.

Der Ammoniter Nachasch zog heran und lagerte vor Jabesch in Gilead. Alle Bewohner von Jabesch erklärten Nachasch: »Schließe einen Vertrag mit uns, wir wollen dir dienen!« Der Ammoniter Nachasch erwiderte ihnen: »Insofern will ich mit euch einen Vertrag schließen, als ich jedem von euch das rechte Auge aussteche und damit Schmach über ganz Israel bringe.« Da sprachen die Ältesten von Jabesch zu ihm: »Gib uns eine Frist von sieben Tagen, wir wollen Boten senden in das gesamte Gebiet Israels. Ist dann niemand da, der uns hilft, dann gehen wir zu dir!« Die Boten kamen nach dem Gibea Sauls [14] und sagten dies vor den Ohren des Volkes. Da schrien alle Leute laut auf und weinten. Nun kam gerade Saul hinter den Rindern her vom Felde heim. Er fragte: »Was haben die Leute, daß sie weinen?« Man erzählte ihm, was die Männer von Jabesch gesagt hatten. Da ward der Geist Gottes in Saul wirksam, als er jene Worte hörte, und sein Zorn entbrannte heftig. Er nahm ein Rindergespann, hieb es in Stücke und ließ diese durch Boten in alle Teile Israels bringen und ausrufen: »Wer nicht hinter Saul her auszieht, dessen Rindern soll dasselbe geschehen!« Da fiel der Schrecken Jahwes auf das Volk, so daß sie einmütig auszogen. Er musterte sie zu Besek; es waren der Israeliten 300 000 Mann und der Judäer 30 000 Mann [15]. Man sagte den angekommenen Boten: »So sprecht zu den Männern von Jabesch in Gilead: Morgen wird euch Hilfe, sobald die Sonne heiß brennt!« Die Boten gingen hin und meldeten es den Männern von Jabesch, die sich darüber sehr freuten. Die Männer von Jabesch erklärten: »Morgen wollen wir zu euch hinausziehen! Ihr könnt dann an uns tun, was immer euch beliebt.« Am folgenden Tage teilte Saul das Kriegsvolk in drei Gruppen. Sie kamen in das Lager um die Zeit der Morgenwache und schlugen Ammon, bis der Tag sehr heiß wurde. Der Überrest zerstreute sich derart, daß von ihnen nicht zwei beieinander blieben. Da zog das ganze Volk nach Gilgal. Sie schlachteten dort Heilsopfer vor Jahwe. Saul und alle israelitischen Mannen waren überaus fröhlich.

(1 Sam 11, 1–11.15)

Der Gottesmann und die Eselinnen

In einem ganz anderen Licht läßt eine zweite Erzählung die Berufung Sauls zum König erscheinen. Hier ist alles in die geheimnisvolle Lenkung und Fürsorge Gottes eingebettet. Saul ist der unvermutet von Jahwe Gerufene und mit der Führung Israels Beauftragte. Um die Eselinnen seines Vaters zu suchen, zieht er aus und kehrt mit einer Königskrone zurück.

Ein lebendiges Geschehen spielt sich vor unseren Augen ab: Ständig wechseln die Szenen, ständig treten neue Personen auf. Sie alle, ob Gottesmann, neugieriger Onkel oder geschwätzige junge Mädchen werden anschaulich charakterisiert. Märchenhafte und legendäre Züge geben der Erzählung ein ausgesprochen volkstümliches Gepräge.

---

14 Gibea *(tell el-fūl)* lag etwa eine Stunde nördlich von Jerusalem im Stammesgebiet von Benjamin. Ausgrabungen auf dem *tell el-fūl* haben die Grundmauern einer etwa 50 × 35 m großen Burg zutage gefördert, in der Saul offenbar residiert hat. Den Namen »Gibea Sauls« hat die Stadt erst nach dem politischen Aufstieg ihres prominenten Bürgers erhalten.

15 Die Zahlen über die Krieger sind übertrieben hoch; sie sollen den Jahweschrecken veranschaulichen, den Sauls drastische Aufforderung, ihm zu folgen, über die Stämme gebracht hatte.

Auf der Suche nach den Eselinnen. Da war ein Mann aus Benjamin namens Kisch, der Sohn Abiels, des Sohnes Zerors, des Sohnes Bechorats, des Sohnes Aphiachs, ein Benjaminit, ein Mann mit Vermögen. Dieser hatte einen Sohn namens Saul, auserlesen und schön. Unter den Israeliten gab es keinen stattlicheren als ihn. Von der Schulter an überragte er das ganze Volk. Einst hatten sich die Eselinnen des Kisch, des Vaters Sauls, verlaufen. Da befahl Kisch seinem Sohne Saul: »Nimm dir einen der Knechte, mache dich auf den Weg und suche die Eselinnen!« Er zog über das Gebirge Ephraim, durchquerte das Gebiet von Schalischa, ohne etwas zu finden. Sie kamen in die Gegend Schaalim, doch ohne Erfolg. Sie zogen dann durch das Land Benjamin und fanden wieder nichts. Als sie aber in die Gegend von Zuph kamen, sagte Saul zu seinem Knechte, der bei ihm war: »Komm! Kehren wir um! Mein Vater gibt am Ende die Eselinnen verloren und sorgt sich um uns.« Jener antwortete ihm: »Es wohnt doch in dieser Stadt ein Gottesmann[16], der hochgeschätzt wird. Alles, was er sagt, trifft ein. Gehen wir also hin, vielleicht gibt er uns Auskunft über unsere Wegrichtung, die wir zu gehen haben.« Da entgegnete Saul seinem Knecht: »Wenn wir hingehen, was sollen wir dann dem Manne schenken? Das Brot in unserem Beutel ist ausgegangen, und eine Gabe, die wir dem Gottesmann geben könnten, haben wir nicht. Was haben wir bei uns?« Der Knecht entgegnete Saul: »Ich habe gerade noch den vierten Teil eines Silberstückes. Den werde ich dem Gottesmann geben, und er wird uns unsere Wegrichtung anzeigen.« Saul sprach zu seinem Knecht: »Gut ist dein Vorschlag. Komm, gehen wir hin!« Und sie begaben sich zur Stadt, wo der Gottesmann wohnte. Als sie aber zur Stadt hinaufgingen, trafen sie Mädchen, die hinausgingen, Wasser zu schöpfen. Man fragte sie: »Wohnt hier der Seher?«[17] Diese antworteten ihnen: »Ja, er wohnt in deiner Richtung. Eile jetzt, denn er kam heute in die Stadt, weil das Volk heute auf der Höhe ein Opferfest[18] feiert! Wenn ihr in die Stadt kommt, werdet ihr ihn noch treffen, bevor er auf die Höhe zur Opfermahlzeit hinaufgeht. Das Volk beginnt erst dann zu essen, wenn er da ist. Er segnet ja das Opfer. Erst dann essen die geladenen Gäste. Jetzt aber geht hinauf, denn nunmehr werdet ihr ihn antreffen!« Sie gingen in die Stadt hinauf. Als sie durch das Stadttor schritten, kam Samuel heraus, ihnen entgegen, um die Höhe zu ersteigen.

---

16 Mit dem Ehrentitel *Gottesmann* werden im Alten Testament mit bestimmten Gaben ausgestattete, im Auftrag Jahwes wirkende Männer benannt.

17 Als *Seher* bezeichnete man in älterer Zeit Männer, die Verborgenes »schauten« und das Wort Jahwes »hörten«. Man befragte sie in alltäglichen Dingen, aber auch bei schweren Entscheidungen; sie wurden für ihre Dienste mit Naturalien oder Geld entlohnt.

18 Mit Ausnahme von Blut und Fett, das Jahwe dargebracht wurde, und einem besonderen Anteil für die Priester wurde das Schlachtopfer von geladenen Gästen am Heiligtum gemeinsam verzehrt.

Sauls Begegnung mit Samuel. Jahwe aber hatte am Tage, bevor Saul ankam, dem Samuel das Ohr geöffnet und gesagt: »Morgen um diese Zeit sende ich zu dir einen Mann aus dem Lande Benjamin; salbe ihn zum Fürsten über mein Volk Israel! Er soll mein Volk aus der Gewalt der Philister befreien, denn ich habe auf mein Volk herabgesehen, und sein Rufen gelangte zu mir.« Als Samuel Saul erblickte, gab ihm Jahwe ein: »Dies ist der Mann, von dem ich dir sagte: Er soll über mein Volk herrschen!« Saul näherte sich Samuel im Tor und sprach: »Sage mir doch: Wo ist hier das Haus des Sehers?« Samuel erwiderte Saul: »Der Seher bin ich! Gehe vor mir her die Höhe hinauf; ihr sollt heute mit mir speisen, und morgen in der Frühe werde ich dich fortsenden. Alles, was du auf deinem Herzen hast, werde ich dir kundtun. Um die Eselinnen nämlich, die dir heute vor drei Tagen abhanden gekommen sind, mache dir keine Sorge; denn sie sind gefunden. Wem aber gehört alles Kostbare in Israel, etwa nicht dir und der Familie deines Vaters?« Saul entgegnete: »Bin ich nicht aus Benjamin, einem der kleinsten Stämme in Israel? Und ist nicht mein Geschlecht das geringste unter allen Geschlechtern des Stammes Benjamin? Warum redest du solches zu mir?« Samuel nahm Saul und seinen Knecht, führte sie in die Halle und gab ihnen einen Platz an der Spitze der geladenen Gäste; es waren ungefähr 30 Mann. Dann befahl Samuel dem Koch: »Reiche das Stück, das ich dir gab, von dem ich vorher zu dir sagte: Behalte es bei dir!« Da trug der Koch die Keule und den Fettschwanz auf und setzte sie Saul vor. Er sprach: »Hier der Rest! Lege ihn dir vor und iß; denn für diese Zeit wurde er aufbewahrt für dich, als ich das Volk einlud!« So aß Samuel mit Saul an jenem Tage zusammen. Sie kamen dann von der Höhe hinab zur Stadt, und man bereitete dem Saul ein Lager auf dem Dach. Er legte sich schlafen.

Die Salbung zum König. Als aber die Morgenröte heraufzog, rief Samuel zu Saul nach dem Dach hinauf: »Stehe auf, ich will dir das Geleit geben!« Saul erhob sich, und beide, er und Samuel, gingen hinaus. Als sie zum Ende der Stadt gelangt waren, sprach Samuel zu Saul: »Befiehl dem Knecht, daß er uns vorausgehe« – dieser ging voraus –, »du aber bleibe jetzt stehen; denn ich habe dir ein Gotteswort zu verkünden!«

Da nahm Samuel den Ölkrug, goß ihn über Sauls Haupt, küßte ihn und sprach: »Hiermit hat Jahwe dich zum Fürsten über sein Eigentum gesalbt[19]! Gehst du heute von mir fort, so triffst du beim Grab Rahels an der Grenze Benjamins zu Zelzah zwei Männer. Diese werden dir sagen: ›Gefunden haben sich die Eselinnen, die zu suchen du fortgingst. Nun hat dein Vater die Angelegenheit mit den Eselinnen vergessen und macht sich um euch Sorge. Er fragt: Was soll ich für meinen Sohn tun?‹ Ziehst du dann von dort weiter und kommst zur Eiche Tabor, so werden dich drei Männer antreffen, die

---

19 Die Salbung war eine sakramentale Handlung, mit der Priestern und Königen die Weihe und der Segen Jahwes übermittelt wurden.

zu Gott nach Betel hinaufgehen. Einer trägt drei Böcklein, der zweite drei Laibe Brot und der dritte einen Schlauch Wein. Sie werden dich begrüßen und dir zwei Brote geben, die du von ihnen auch annehmen sollst. Danach kommst du nach dem Gibea Gottes, wo der Beamte der Philister [20] wohnt. Kommst du dort in die Stadt, dann wirst du eine Gruppe Propheten [21] antreffen, die von der Höhe herabsteigen. Ihnen werden Harfen, Pauken, Flöten und Zithern voranziehen. Sie selbst werden als Propheten in Verzückung sein. Der Geist Jahwes wird auf dich herabkommen, und du wirst mit ihnen als Prophet verzückt und in einen anderen Menschen verwandelt werden. Treffen nun diese Zeichen bei dir ein, so tue das, was sich dir aufdrängt, denn Gott ist mit dir! Steige mir voran hinab nach Gilgal; ich werde dann zu dir hinabkommen, um Brandopfer darzubringen und Heilsopfer zu schlachten! Warte sieben Tage lang, bis ich bei dir eintreffe und dir das verkünde, was du zu tun hast!«

Saul unter den Propheten. Sobald er seinen Rücken gewandt hatte, um von Samuel fortzugehen, verwandelte Gott sein Herz. Alle jene Zeichen trafen noch am gleichen Tage ein. Als sie von dort nach Gibea kamen, begegnete ihm eine Prophetengruppe. Der Geist Gottes kam über ihn, und er ward in deren Mitte zum Propheten. Alle Leute aber, die ihn von früher her kannten, sahen das Schauspiel, wie er in prophetische Verzückung geriet. Sie fragten einander: »Was ist denn dem Sohne des Kisch geschehen? Ist Saul auch unter den Propheten?« Ein Mann von dort erwiderte: »Wer ist denn ihr Vater?« So entstand das Sprichwort: »Ist auch Saul unter den Propheten?« [22]

Als die Verzückung vorbei war, kam er nach Gibea. Sauls Oheim aber sprach zu ihm und seinem Knechte: »Wohin seid ihr gegangen?« Er antwortete: »Die Eselinnen zu suchen! Da merkten wir, daß sie nicht zu finden waren, und so gingen wir zu Samuel.« Der Oheim entgegnete: »Erzähle mir doch, was Samuel zu euch gesagt hat!« Saul antwortete seinem Oheim: »Er

---

20 Einer jener Besatzungsposten, mit denen die Philister das Gebiet der Israeliten unter Kontrolle hielten.
21 *Propheten* galten als vom »Jahwegeist« oder »Gottesgeist« ergriffene Männer. Sie erlebten Zustände höchster innerer Erregung bis hin zur Ekstase, die sie Außenstehenden als »Verrückte« erscheinen ließ. Die Propheten waren entweder Einzelgänger, oder sie gehörten einem *Prophetenhaufen* an, also einer Prophetengemeinschaft, die von einem hervorragenden Propheten angeführt wurde. Über das Leben solcher Prophetengemeinschaften oder Prophetenschulen erfahren wir einiges in den Elisa-Geschichten (vgl. unten S. 295 ff.).
22 Der Erzähler führt eine in Israel anscheinend geläufige Redewendung auf Sauls Begegnung mit der Prophetenschar zurück; das Wort wird an anderer Stelle noch anders erklärt. Es soll etwa sagen: Wie kommt dieser angesehene Mann unter eine solch zweifelhafte Gesellschaft? Daß die Propheten im Volk nicht besonders geschätzt wurden, geht aus der eingestreuten Bemerkung hervor, daß sie »keinen Vater« haben, also als hergelaufenes Volk galten.

teilte uns mit, daß die Eselinnen gefunden seien.« Aber von der Angelegenheit des Königtums, über die Samuel zu ihm gesprochen hatte, verriet er nichts. (1 Sam 9, 1–8.10–27; 10, 1–16)

Sauls Königswahl

Eine dritte Erzählung über den Anfang von Sauls Königtum ist von einer eigentümlichen inneren Spannung durchzogen. Auf der einen Seite macht sie unüberhörbar deutlich, daß Israel mit seiner Forderung nach einem König seinen eigentlichen »Retter« verleugnet hat; es hat den Weg, den Jahwe es von Ägypten geführt hat, verlassen. Zugleich läßt aber auch diese Erzählung keinen Zweifel daran, daß Jahwe selbst es war, der Israels ersten König in sein Amt eingesetzt hat. In der Person Samuels nimmt die zwiespältige Beurteilung des israelitischen Königtums lebendige Gestalt an.

Die Erzählung über die Wahl Sauls zum König ist das Werk des Verfassers des Deuteronomistischen Geschichtswerkes. Er hat den Samuel-Büchern ihre letzte Gestalt gegeben und seine Erzählung zwischen die beiden anderen von den verlorenen Eselinnen und vom Sieg Sauls über die Ammoniter eingefügt. Der überkommene alttestamentliche Text erweckt dadurch jetzt den Eindruck, als würden nacheinander drei verschiedene Ereignisse erzählt, die jeweils nur einen weiteren Schritt auf dem Weg Sauls zum Königsthron markieren: seine geheime göttliche Berufung – seine öffentliche Kundmachung und Bestätigung durch das Volk – seine erste kriegerische Bewährung.

Samuel berief das Volk zu Jahwe nach Mizpa. Er sprach zu den Israeliten: »Also kündet Jahwe, der Gott Israels: Ich habe Israel aus Ägypten fortgeführt und euch aus der Gewalt der Ägypter und aller Königreiche, die euch bedrängten, befreit. Ihr aber habt heute euren Gott verworfen, der euch ein Helfer in allen euren Schwierigkeiten und Nöten war! Ihr erklärtet: ›Nein, setze einen König über uns!‹ Jetzt tretet also vor Jahwe, geordnet nach euren Stämmen und Tausendschaften!« Samuel ließ nun alle Stämme Israels antreten. Der Stamm Benjamin wurde vom Los getroffen. Er ließ den Stamm Benjamin nach seinen Geschlechtern antreten. Das Los traf das Geschlecht Matri. Danach wurde Saul ausgelost, der Sohn des Kisch. Man suchte ihn, er war aber nicht zu finden. Da fragten sie nochmals Jahwe: »Ist der Mann hierher gekommen?« Jahwe antwortete: »Er hat sich beim Gepäck versteckt.« Man lief hin und holte ihn von dort. Er stand inmitten des Volkes und überragte alles Volk von der Schulter an. Da sprach Samuel zum ganzen Volk: »Seht, wen Jahwe erwählt hat! Niemand gleicht ihm im ganzen Volk!« Da jubelten alle Leute und riefen: »Es lebe der König!« Samuel trug dem Volke das Königsrecht [23] vor, schrieb es in eine Buchrolle und legte sie vor Jahwe nieder. Dann entließ Samuel alles Volk, jeden in sein Haus. Auch Saul begab sich in seine Heimat nach Gibea. Mit ihm zog eine Heerschar,

---

23 Wie dieses »Königsrecht« ausgesehen hat, wissen wir nicht mehr. Der Bearbeiter der Samuel-Bücher legt an anderer Stelle auch dem Propheten Samuel ein solches »Königsrecht« in den Mund (1 Sam 8, 11–17; vgl. unten S. 173).

deren Herz Gott gerührt hatte. Nichtswürdige Leute aber erklärten: »Was wird dieser uns helfen?« Sie verachteten ihn und brachten ihm kein Geschenk. Er aber verhielt sich dazu schweigend. (1 Sam 10, 17–27)

2. Der Widerstand gegen das Königtum

Solange es in Israel ein Königtum gab, gab es Kreise, die diesem Königtum seine göttliche Legitimation absprachen. Vor allem für die noch fest in die alten Stammesordnungen gebundene Landbevölkerung brachte die neue Institution empfindliche Eingriffe in angestammte Rechte und Freiheiten mit sich. Aber auch die Prophetie stand dem Königtum weitgehend ablehnend gegenüber. Durch die ganze Königszeit hindurch können wir den Gegensatz zwischen König und Prophet, zwischen der Staatsräson und der Forderung Jahwes verfolgen. Ja, die Auseinandersetzung mit dem Königsamt und seinen Trägern ist geradezu das Merkmal der vorexilischen Prophetie.

Sehr deutlich hat sich der Widerstand gegen das Königtum in der Überlieferung von Samuel niedergeschlagen. Samuel hat offenbar, wie die vorangegangenen Erzählungen schon haben erkennen lassen, bei der Erhebung Sauls zum König einen wichtigen Anteil gehabt. Worin seine Rolle im einzelnen bestand, wissen wir nicht. Die spätere Überlieferung hat sein Verhältnis zum Königsamt und seinem ersten Träger recht widerspruchsvoll dargestellt. Auf der einen Seite erscheint Samuel als der, der Saul im Auftrag Jahwes zum »Fürsten« über Israel salbt – so in der Erzählung von den Eselinnen –, auf der anderen Seite ist er es, der das Volk eindringlich vor einem König warnt und später dem König die Forderungen Jahwes entgegenhält. Diesen kritischen Zug im Bild Samuels hat der Bearbeiter der Samuel-Bücher und Verfasser des Deuteronomistischen Geschichtswerkes stark hervortreten lassen.

Der Anspruch Jahwes und die Ansprüche des Königs

Samuel war wie Debora Richter: In schwierigen Rechtsfällen holten die Stämme seine Entscheidung ein. Er wohnte in Rama, einer Stadt mitten im Stammesgebiet von Benjamin; von dort aus machte er Jahr für Jahr seine Runde bei den nahegelegenen Heiligtümern Betel, Gilgal und vielleicht auch Mizpa, um dort Recht zu sprechen.

Für den Bearbeiter der Samuel-Bücher gehört Samuel zu jenen von Jahwe berufenen Rettergestalten, die Israel in der Stunde der Gefahr aus der Hand seiner Feinde befreit und danach als »Richter« über Israel geherrscht haben. Für ihn ist Samuel der letzte der geistbegabten Führer Israels und zugleich der, der das Königtum heraufgeführt hat. Wenn er Samuel die Rolle des Königsmachers nur widerstrebend und zögernd übernehmen läßt, wird dahinter seine eigene kritische Einstellung zum israelitischen Königtum sichtbar. Das Königtum bedeutete für ihn die Abkehr Israels von Jahwes alleiniger Führung: Mit der Forderung nach einem König hatte Israel bewußt sein besonderes Verhältnis zu seinem Gott preisgegeben und sich den Heidenvölkern gleichgemacht. Der Bearbeiter hat dieser Bewertung des Königtums, die er auch in der Erzählung von der Wahl Sauls zum König hat anklingen lassen, in einem besonderen Erzählungsstück Gestalt gegeben. Er hat es den drei von ihm zusammengefügten Erzählungen über Sauls göttliche Erwählung als Einleitung vorangestellt.

Als Samuel alt geworden war, setzte er seine Söhne zu Richtern über Israel ein [24]. Sein erstgeborener Sohn hieß Joel, sein zweiter Abia. Sie übten die Richtertätigkeit in Beerseba aus. Aber seine Söhne wandelten nicht auf seinem Wege, zeigten sich gewinnsüchtig, nahmen Bestechungsgeschenke an und beugten das Recht.

Also taten sich alle Ältesten in Israel zusammen und begaben sich nach Rama zu Samuel. Sie erklärten ihm: »Siehe, du bist alt, und deine Söhne wandeln nicht auf deinen Wegen. Setze doch einen König über uns ein, der uns regieren soll, wie es bei allen Völkern Brauch ist!« Die Sache mißfiel Samuel, da sie gesagt hatten: »Gib uns einen König, der uns regieren soll!« Und Samuel betete. Da sprach Jahwe zu ihm: »Höre auf die Stimme des Volkes in allem, was sie von dir verlangen; denn nicht dich haben sie verworfen, sondern mich verwarfen sie: Ich soll nicht mehr König über sie sein. Ganz so, wie sie seit dem Tage, da ich sie aus Ägypten fortführte, an mir gehandelt haben, wie sie mich verließen und anderen Göttern dienten, so handeln sie auch gegen dich. Nun höre auf ihr Verlangen! Jedoch bezeuge es ihnen eindringlich, und verkünde ihnen den Rechtsanspruch des Königs, der über sie herrschen wird!«

Samuel teilte alle Worte Jahwes dem Volke mit, das von ihm einen König verlangte. Er sagte: »Dies ist der Rechtsanspruch des Königs, der über euch herrschen wird: Er wird eure Söhne nehmen und sie an seinen Wagen und seine Pferde stellen, und sie werden vor seinem Wagen einherlaufen. Er wird für sich Vögte über 1000 und Vögte über 50 einsetzen, um sein Ackerfeld pflügen, seine Ernte einheimsen, seine Kriegswaffen und Wagengeräte anfertigen zu lassen. Eure Töchter wird er zur Salbenbereitung, zum Kochen und zum Backen heranziehen. Eure schönsten Felder, Weinberge und Ölbäume wird er nehmen und sie seinen Dienern geben. Von euren Saaten und Weinbergen wird er den Zehnten erheben und seinen Hofbeamten und Angestellten auszahlen. Eure Knechte und Mägde, eure tüchtigsten Jungmänner sowie eure Esel wird er nehmen und in seinen Dienst stellen. Euer Kleinvieh wird er verzehnten, und ihr selbst werdet seine Knechte sein. Aufschreien werdet ihr dann wegen eures Königs, den ihr euch erwählt habt; doch Jahwe wird euch zu jener Zeit nicht erhören.« Das Volk lehnte es ab, auf Samuel zu hören, und erklärte: »Nein! Ein König soll über uns herr-

---

[24] Die Söhne Samuels haben anscheinend kommissarisch einen Teil der Aufgaben ihres Vaters wahrgenommen.

schen! Wir wollen sein wie alle Völker. Unser König soll uns Recht sprechen, er soll vor uns ausrücken und unsere Kriege führen.« Samuel hörte alle Worte des Volkes an und trug sie vor. Da sprach Jahwe zu Samuel: »Höre auf sie und gib ihnen einen König!« Samuel sagte zu den Männern Israels: »Geht heim, ein jeder in seine Stadt!« (1 Sam 8, 1–22)

Das Vermächtnis Samuels

Mit der Wahl Sauls zum König sieht der Bearbeiter der Samuel-Bücher eine neue Epoche in der Geschichte Israels anbrechen: die Zeit der Könige.

An diesem Wendepunkt zieht er darum noch einmal das Fazit aus der von ihm zuletzt geschilderten Epoche. Die Forderung nach einem König ist für ihn der schlimmste Treuebruch, dessen Israel sich schuldig gemacht hatte. Aber noch einmal, so sieht er es, hatte Jahwe sich erbarmt und dem Willen des Volkes nachgegeben: Wenn Israel und sein König von jetzt an Jahwe dienen, kann das Königtum zum Segen für das Volk werden; wo nicht, so wird Jahwe sie beide vernichten. Diese Darstellung soll den Leser verstehen lassen, warum die Geschichte der Königszeit zwangsläufig in der Katastrophe enden mußte: Israel hat die letzte Chance, die Jahwe ihm gegeben hatte, vertan!

Der Bearbeiter der Samuel-Bücher gibt seiner vorausschauend-rückschauenden Deutung der Königszeit die Gestalt einer »Vermächtnisrede« (vgl. dazu unten S. 387), die er dem greisen Samuel in den Mund legt. In dieser Rede gibt Samuel das Amt der Leitung Israels an den neuen König ab; er selbst behält aber das des Propheten, der dem Volk den Willen Jahwes verkündet und ihm den »guten und rechten Weg« zeigt. König und Prophet werden sich also, so läßt der Bearbeiter durchblicken, künftig gegenüberstehen.

Samuel sprach zu ganz Israel: »Seht, ich habe eurem Verlangen stattgegeben in allem, was ihr mir gesagt habt! Ich habe einen König über euch eingesetzt. Nun seht, ihr habt einen König, der vor euch herzieht! Ich bin alt und ergraut, und schon sind meine Söhne unter euch. Von meiner Jugend an bis heute bin ich vor euch hergegangen. Da bin ich! Antwortet mir in Gegenwart Jahwes und seines Gesalbten, ob ich jemandes Ochsen oder Esel geraubt, ob ich jemanden unterdrückt oder unrecht behandelt, ob ich von jemandem ein Bestechungsgeschenk angenommen und meine Augen dabei verhüllt habe! Ich will es euch zurückerstatten.« Sie antworteten: »Du hast uns nicht unterdrückt und nicht unrecht behandelt und von niemandem etwas angenommen.« Da sprach er zu ihnen: »Jahwe sei mein Zeuge unter euch, und Zeuge sei heute auch sein Gesalbter, daß ihr nichts in meiner Hand gefunden habt!« Sie erwiderten: »Ja, Zeugen sind sie!«

Danach fuhr Samuel, zum Volk gewandt, fort: »Jahwe war es, der Mose und Aaron geschaffen und eure Väter aus dem Ägypterland fortgeführt hat. Tretet nunmehr her, ich will mit euch vor Jahwe ins Gericht gehen wegen aller Wohltaten Jahwes, die er euch und euren Vätern erwies! Da Jakob nach Ägypten gekommen war und eure Väter Jahwe riefen, sandte Jahwe Mose und Aaron. Diese führten eure Väter aus Ägypten fort und siedelten sie hier an. Sie aber vergaßen Jahwe, ihren Gott. Er verkaufte sie an Sisera, den Feldherrn von Hazor, an die Philister und den König von Moab. Diese führten Krieg wider sie. Da riefen sie zu Jahwe und gestanden: ›Wir haben uns verfehlt, weil wir Jahwe verlassen und den Baalen und Astarten dienten. Doch nun rette uns aus der Gewalt unserer Feinde! Wir wollen dir dienen!‹ Da sandte Jahwe Jerubbaal, Barak, Jephta und Samuel und befreite euch aus der Gewalt eurer Feinde ringumher, damit ihr in Sicherheit wohnen konntet. Ihr merktet aber, daß der Ammoniterkönig Nachasch gegen euch heranzog, und sagtet daher zu mir: ›Nein, ein König soll über uns regieren‹, obwohl doch Jahwe, euer Gott, euer König ist! Nun seht, ihr habt den König, den ihr erwählt und den ihr verlangt habt! Seht, Jahwe selbst hat einen König über euch eingesetzt. Fürchtet ihr nun Jahwe, dient ihr ihm, hört ihr auf seine Stimme und widersetzt ihr euch nicht dem Gebot Jahwes, dann folgt ihr und euer König, der über euch herrschen wird, Jahwe, eurem Gott, nach. Hört ihr aber nicht auf Jahwe und widersetzt ihr euch seinem Gebot, dann wird Jahwes Hand gegen euch sein, wie sie gegen eure Väter war. Auch jetzt tretet heran und schaut dies große Werk, das Jahwe vor euren Augen tut! Ist nicht gerade heute Weizenernte? Ich will Jahwe anrufen, und er wird donnern und regnen lassen [25]. So erkennt ihr und seht es ein, daß ihr ein großes Unrecht vor den Augen Jahwes tatet, da ihr einen König haben wolltet.«

Und Samuel rief Jahwe an, und Jahwe ließ an jenem Tag donnern und regnen. Das ganze Volk aber geriet in große Furcht vor Jahwe und vor Samuel. Das gesamte Volk flehte zu Samuel: »Lege doch Fürsprache für deine Knechte bei Jahwe, deinem Gott, ein, damit wir nicht sterben; denn wir haben zu all unseren Verfehlungen das Unrecht hinzugefügt, einen König für uns zu verlangen.« Samuel redete weiter zum Volke: »Seid guten Mutes! Ihr habt zwar all dies Üble getan, doch weicht nicht von Jahwe ab, sondern dient ihm mit eurem ganzen Herzen! Lauft nicht hinter den nichtigen Götzen her, die weder nützen noch helfen können, da sie ja nichtig sind. Aber Jahwe verstößt sein Volk nicht um seines großen Namens willen; denn Jahwe hat es gefallen, euch zu seinem Volk zu machen. Auch mir liegt es fern, gegen Jahwe zu sündigen und aufzuhören, für euch Fürsprache einzulegen. Ich will euch den rechten und guten Weg lehren. Nur fürchtet Jahwe und dient ihm aufrichtig aus eurem ganzen Herzen! Seht, was er Großes an euch getan hat! Wenn ihr aber frevlerisch handelt, so werdet ihr samt eurem König dahingerafft!« (1 Sam 12, 1–25)

---

25 Zur Zeit der Weizenernte im Mai gibt es in Palästina normalerweise keine Gewitter mehr. Das Wunder soll Samuels Worte bestätigen.

Die Fabel vom Dornstrauch, der König wurde

Ihren stärksten Ausdruck hat die grundsätzliche Ablehnung des Königtums in der Fabel vom Dornstrauch gefunden. Hier wird das Königsamt unter einem rein sozialen Aspekt ins Auge gefaßt und verworfen: Die nützlichsten unter allen Bäumen lehnen es ab, König zu werden, um nicht auf ihre eigentliche Aufgabe verzichten zu müssen. Der Dornstrauch jedoch, der niemandem Nutzen bringt, nimmt das Angebot bereitwillig an und fordert arrogant die anderen Bäume auf, sich in seinem »Schatten« zu bergen.

Einst gingen die Bäume hin,
sich einen König zu salben.
Zum Ölbaum sprachen sie: »Werde König über uns!«
Der Ölbaum antwortete ihnen darauf:
»Soll ich mein Fett aufgeben,
mit dem man Götter und Menschen ehrt,
und hingehen, über die Bäume zu herrschen?«
Da sprachen die Bäume zum Feigenbaum:
»Auf, sei du unser König!«
Der Feigenbaum entgegnete ihnen:
»Soll ich meine Süßigkeit lassen
und meine köstlichen Früchte
und hingehen, um über die Bäume zu herrschen?«
Da sprachen die Bäume zum Weinstock:
»Auf, sei du unser König!«
Der Weinstock sagte zu ihnen:
»Soll meinen Most ich lassen,
der Götter und Menschen erfreut,
und hingehen, zu herrschen über die Bäume?«
Da sprachen die Bäume zum Stechdorn:
»Auf, sei du unser König!«
Darauf erwiderte der Stechdorn den Bäumen:
»Fürwahr, wenn ihr mich salben wollt,
damit ich König über euch sei,
so kommt, sucht Zuflucht in meinem Schatten!
Falls nicht, so bricht Feuer aus dem Stechdorn hervor
und verzehrt die Zedern des Libanon!«

(Ri 9, 8–15)

3. Sauls Philisterkrieg und Verwerfung

Saul konnte dem Expansionsdrang der Philister nur vorübergehend Einhalt gebieten. Schließlich ist er ihrer militärischen Übermacht erlegen.

Die Überlieferung hat Sauls politisches Scheitern in einen größeren heilsgeschichtlichen Zusammenhang gestellt: Daß der Gesalbte Jahwes von der geschichtlichen Bühne abtreten mußte, ohne Israel aus der Hand der Philister zu erretten, lag im Plan Jahwes begründet. Jahwe hatte Saul verworfen, weil er sich schon einen anderen Retter für Israel ausersehen hatte, nämlich David. Den Grund für die göttliche Verwerfung Sauls hat das spätere Israel in einem Verstoß des Königs gegen das Jahwe-Gesetz gesehen. Historisch dürfte diese Deutung den Sachverhalt wohl insofern einigermaßen treffen, als das Königtum Sauls von Anfang an im Gegensatz zu den Ordnungen des Stämmeverbandes stand und dadurch bei den israelitischen Stämmen nur einen schwachen Rückhalt besaß.

Ein Sieg über die Philister

Wohl bald nach seiner Erhebung zum König hat Saul aus ausgewählten Kriegern des israelitischen Heerbannes eine Art stehendes Heer zusammengestellt. Den größeren Teil dieser Truppe hat er selbst befehligt, während der Rest von seinem Sohn Jonatan angeführt wurde. Die Überlieferung schreibt Jonatan eine wichtige Rolle in den Anfangserfolgen Sauls im Kampf gegen die Philister zu. Durch seinen Wagemut hat er, so erzählte man sich, in einer militärisch aussichtslosen Situation mit Jahwes Hilfe das Blatt zugunsten Israels gewendet, so daß Saul das westjordanische Gebirge von den philistäischen Besatzungsposten säubern konnte.

Die Erzählung über dieses Ereignis, eine mit sagenhaften Motiven durchsetzte Geschichtserzählung, schildert Jonatan in der Art der Heldenerzählungen des Richterbuches als gehorsames Werkzeug Jahwes, durch das dieser sein Volk aus der Hand der Philister errettet.

Saul war ... Jahre alt, als er König wurde; er regierte zwei Jahre über Israel[26]. Da erwählte sich Saul 3000 Israeliten. 2000 davon waren mit Saul zu Michmas und auf dem Gebirge von Betel und 1000 mit Jonatan zu Geba in Benjamin. Den Rest des Kriegsvolkes hatte er entlassen, einen jeden in sein Zelt. Da erschlug Jonatan den Beamten der Philister, der in Gibea wohnte[27]. Die Philister hörten davon. Saul ließ im ganzen Lande in die Posaune stoßen und verkünden: »Die Hebräer sollen es hören!« Ganz Israel vernahm davon, daß Saul den Beamten der Philister erschlagen und daß Israel bei den Philistern sich verhaßt gemacht habe. Das Kriegsvolk wurde zu Saul nach Gilgal aufgeboten. Die Philister scharten sich zum Kampfe gegen Israel mit 3000 Streitwagen, 6000 Mann Besatzung und einem Fußvolk, das so zahlreich war wie der Sand am Ufer des Meeres. Sie rückten heran und bezogen Lager bei Michmas östlich von Bet-Awen. Die Israeliten erkannten, daß sie bedrängt und die Leute in Not seien. Deshalb versteckten sie sich in Höhlen, in Lö-

---

26 Die Zahl über Sauls Alter bei Regierungsantritt ist anscheinend im Laufe der schriftlichen Überlieferung irgendwann einmal ausgefallen; unsicher ist auch die Zahlenangabe über die Dauer seiner Herrschaft.

27 Vgl. oben S. 170, Anm. 20 zu 1 Sam 10, 5.

chern, in Felsspalten, in Gewölben und Zisternen. Große Scharen gingen über den Jordan nach Gad und Gilead.

Der Rest der Leute zog hinter Saul her dem Kriegsvolk entgegen und kam von Gilgal nach Geba in Benjamin. Saul musterte die Leute, die sich bei ihm befanden, es waren gegen 600 Mann. Saul, sein Sohn Jonatan und das Kriegsvolk saßen zu Geba in Benjamin, während die Philister zu Michmas Lager bezogen hatten. Da zog eine brandschatzende Truppe aus dem Lager der Philister in drei Abteilungen aus. Die eine wandte sich Ophra zu in das Gebiet von Schual, die andere nach Bet-Horon und die dritte in das Gebiet, das über dem Tal Zeboim gegen die Steppe hin ansteigt. Ein Posten der Philister aber rückte auf den Engpaß von Michmas zu.

Eines Tages sprach Jonatan, der Sohn Sauls, zu seinem Waffenträger: »Komm, wir gehen hinüber zum Philisterposten, der drüben auf der anderen Seite steht!« Doch seinem Vater teilte er nichts mit. Saul saß an der Grenze von Geba unter dem Granatapfelbaum, der bei Migron steht. Das Kriegsvolk, das bei ihm war, zählte etwa 600 Mann. Achia, der Sohn Achitubs, des Bruders Ikabods, des Sohnes des Pinehas, des Sohnes Elis, der Priester in Silo war, trug das priesterliche Ephod. Das Volk wußte nicht, daß Jonatan fort war. Zwischen den Übergängen, durch die Jonatan zum Wachtposten der Philister hinüber wollte, waren zwei Felszacken, der eine diesseits, der andere jenseits, der eine hieß Bozez, der andere Senne. Der eine Grat schaute von Norden nach Michmas hinüber, der andere von der Südseite nach Geba. Jonatan sprach zu seinem Waffenträger: »Komm, wir gehen zum Posten der Unbeschnittenen hinüber! Vielleicht hilft uns Jahwe. Denn es ist für ihn nicht schwer, durch viele oder wenige Leute zu helfen.« Sein Waffenträger entgegnete ihm: »Tue alles, was dein Herz dir sagt, mach den Abstecher! Siehe, ich stehe zu dir nach deiner Absicht!« Jonatan sprach: »Auf, wir gehen zu den Leuten hinüber und zeigen uns ihnen! Wenn sie uns zurufen: ›Haltet ein, bis wir zu euch kommen‹, dann bleiben wir auf unserer Seite stehen und steigen nicht zu ihnen hinauf. Rufen sie aber: ›Kommt zu uns‹, dann wollen wir zu ihnen hinaufsteigen, denn Jahwe hat sie in unsere Hand gegeben. Das sei uns ein Zeichen.« Beide zeigten sich also den Philisterposten. Die Philister sprachen: »Seht doch, Hebräer sind aus den Löchern gekommen, in denen sie sich verborgen hatten!« Die Männer des Wachtpostens riefen Jonatan und seinem Waffenträger zu und sprachen: »Kommt zu uns herauf, wir wollen euch etwas lehren!« Da sagte Jonatan zu seinem Waffenträger: »Mir nach! Denn Jahwe hat sie in die Hand Israels gegeben.« Jonatan kletterte auf Händen und auf Füßen hinauf und sein Waffenträger ihm nach. Jene fielen vor Jonatan, und der Waffenträger tötete sie hinter ihm. Es waren derer, die Jonatan und sein Waffenträger mit dem ersten Schlage trafen, gegen 20 Mann auf einem halb so großen Feld, wie es ein Ochsengespann zu pflügen vermag [28]. Schrecken entstand im Feldlager und unter dem gesamten

---

[28] Die etwas unklare Bemerkung scheint die Größe des Kampfplatzes anzugeben.

Kriegsvolk. Auch der Posten und die brandschatzende Truppe schraken zusammen. Dazu erbebte die Erde und verursachte einen Gottesschrecken.
Die Späher Sauls zu Geba in Benjamin bemerkten, daß das Getümmel hin und her wogte. Da befahl Saul dem Kriegsvolk, das bei ihm war: »Zählt nach und seht, wer von uns fortgegangen ist!« Man zählte und vermißte Jonatan und seinen Waffenträger. Saul gebot dem Achia: »Bringe die Lade Gottes herbei!« Sie war nämlich an jenem Tage bei den Israeliten [29]. Während Saul mit dem Priester redete, ward das Getümmel im Lager der Philister immer stärker. Saul sprach zum Priester: »Laß davon ab!« Saul und alles Kriegsvolk, das bei ihm war, schrieen laut und mischten sich in den Kampf. Da war das Schwert des einen gegen den anderen gerichtet, ein überaus großer Wirrwarr. Auch die Hebräer, die seit langem zu den Philistern hielten und mit ihnen ins Lager gekommen waren, schwenkten ab, um sich den Israeliten unter Saul und Jonatan anzuschließen. Alle Israeliten, die sich auf dem Gebirge Ephraim versteckt hatten, hörten, daß die Philister auf der Flucht waren. Sie hefteten sich ebenfalls kämpfend an ihre Fersen. So half Jahwe an jenem Tage Israel.   (1 Sam 13, 1–7.15–18.23; 14, 1–23)

Sauls Verwerfung

Die spätere Überlieferung hat Sauls politisches Scheitern als die Folge seiner göttlichen Verwerfung betrachtet. Eine jüngere, wahrscheinlich aus prophetischen Kreisen stammende Erzählung nennt als Grund für die göttliche Verwerfung einen Verstoß Sauls gegen das Banngebot des Jahwekrieges. Die eigentliche Aussage der Erzählung führt jedoch weit über das geschilderte Ereignis hinaus. Beispielhaft wird hier der Konflikt zwischen dem Königtum und den altüberkommenen Ordnungen des Jahwevolkes, zwischen »Staatsräson« und Willen Jahwes über Israel veranschaulicht. Sauls persönliche Lauterkeit und Treue zu Jahwe werden nicht angezweifelt, ja, er wird sogar in ausgesprochen warmen Farben gezeichnet.
Die Erzählung über Sauls Verwerfung ist das Ergebnis eines langen Nachdenkens über Israels Geschichte. In ihr kristallisieren sich die weiträumigen Erfahrungen, die Israel über Jahrhunderte hin mit seinem Königtum gemacht hat. Indem der Erzähler diese Erfahrungen in einem Ereignis zur Zeit Sauls verankert, erhebt er den Konflikt in den Rang eines Vorzeichens, das die ganze nachfolgende Königszeit bestimmt.

Samuel sprach zu Saul: »Mich hat Jahwe gesandt, dich zum König über sein Volk Israel zu salben. Nun höre die klaren Worte Jahwes. Ich habe genau beobachtet, was Amalek an Israel getan hat, daß es sich ihm bei seinem Fortzug von Ägypten in den Weg stellte. Gehe nun hin und schlage Amalek, vollstrecke an allem, was ihm gehört, den Bann und verschone nichts; töte Männer und Frauen, Kinder und Säuglinge, Rinder und Schafe, Kamele und

---

29 Daß die Lade im Heer Sauls gewesen sei, ist eine Überlieferung, die jener anderen zuwiderläuft, nach der das Heiligtum zur Zeit Sauls in Kirjat-Jearim gestanden hat (vgl. 1 Sam 7, 1 oben S. 165).

Esel!« Da benachrichtigte Saul das Volk und musterte es in Telam: 200 000 Mann zu Fuß und davon 10 000 Mann aus Juda. Dann rückte Saul gegen die Stadt der Amalekiter aus und legte einen Hinterhalt im Tal. Den Kenitern ließ Saul sagen: »Geht, sondert euch ab und tretet aus den Reihen der Amalekiter hinaus, denn sonst raffe ich euch mit ihnen hinweg! Ihr habt euch ja freundlich gegen alle Israeliten verhalten, als sie aus Ägypten heraufzogen.« Da sonderten sich die Keniter von den Amalekitern ab. Saul aber schlug Amalek von Hawila bis Schur, das Ägypten gegenüber liegt. Agag, den König der Amalekiter, ergriff er lebend. Am ganzen Volk vollzog er den Bann mit der Schärfe des Schwertes. Doch verschonten Saul und sein Kriegsvolk Agag und die besten Stücke Kleinvieh und Großvieh, die Masttiere und die Lämmer und alles, was wertvoll war. Sie sollten daran den Bann nicht vollziehen; nur was wertlos und unbrauchbar war, belegten sie mit dem Bann.

Da erging das Wort Jahwes an Samuel: »Es reut mich, daß ich Saul zum König gemacht habe; denn er hat sich von mir abgewandt und meine Befehle nicht ausgeführt!« Samuel wurde sehr erregt und flehte zu Jahwe die ganze Nacht. Am andern Morgen machte er sich auf, um Saul zu treffen. Es wurde Samuel gemeldet: »Saul ist zum Karmel gegangen und hat sich ein Denkmal errichtet. Dann bog er ab und ist weiter nach Gilgal hinabgezogen.« Als Samuel zu Saul kam, begrüßte ihn Saul: »Gesegnet sollst du sein von Jahwe! Ich habe den Befehl Jahwes vollführt.« Samuel entgegnete: »Was soll denn dieses Blöken von Schafen, das an mein Ohr dringt, und das Brüllen von Rindern, das ich hören muß?« Saul entgegnete: »Von den Amalekitern hat man sie gebracht. Das Kriegsvolk hat die wertvollsten Schafe und Rinder geschont, um sie Jahwe, deinem Gott, zu opfern. Das übrige haben wir dem Bann übergeben!« Samuel aber fiel Saul in die Rede: »Nun mache Schluß! Verkünden will ich dir, was Jahwe in der Nacht zu mir sprach!« Jener antwortete ihm: »Rede!« Samuel sagte: »Bist du nicht, obwohl du dich selbst für gering hieltst, das Oberhaupt der Stämme Israels? Denn Jahwe hat dich zum König über Israel gesalbt. Nun hat dich Jahwe auf den Kriegspfad geschickt und gesagt: ›Gehe hin und vollziehe den Bann an den frevlerischen Amalekitern. Kämpfe gegen sie, bis du ihnen ein Ende bereitet hast!‹ Warum folgtest du nicht der Stimme Jahwes? Warum hast du nach der Beute gegriffen und Übles in den Augen Jahwes getan?« Saul erwiderte Samuel: »Ich habe doch auf die Stimme Jahwes gehört und zog des Weges, den Jahwe mich sandte. Ich brachte den Amalekiterkönig Agag herbei und bannte Amalek. Nur das Kriegsvolk hat aus der Beute Schafe und Rinder, das Beste vom Banngut, herausgegriffen, um es Jahwe, deinem Gott, in Gilgal zu opfern.« Samuel sprach:

»Hat denn Jahwe an Brand- und Schlachtopfern Wohlgefallen
gleichwie am Gehorsam gegen Jahwes Befehl?
Wertvoller als Opfer ist Gehorsam.
Folgsamkeit besser als Widderfett!

> Widerspenstigkeit ist Sünde wie Zauberei,
> Eigensinn ist Sünde wie schuldbarer Götzendienst.
> Weil du Jahwes Wort verworfen hast,
> verwirft er dich als König.«

Saul gestand Samuel: »Ich versündigte mich, weil ich Jahwes Ausspruch und deine Worte übertreten habe. Ich fürchtete die Kriegsleute und hörte auf ihre Wünsche. Und nun, verzeihe meine Sünde und kehre um mit mir, ich will Jahwe anbeten!« Samuel entgegnete dem Saul: »Ich werde mit dir nicht umkehren. Weil du das Wort Jahwes verworfen hast, wird auch Jahwe dich verwerfen: Du kannst nicht mehr König über Israel sein!« Samuel wandte sich, um fortzugehen; da ergriff jener den Zipfel seines Obergewandes. Dieses zerriß. Samuel sprach zu ihm: »Jahwe hat heute das Königtum über Israel von dir gerissen. Er hat es einem anderen gegeben, der besser ist als du. Er, Israels Ruhm, lügt nicht und bereut nicht; denn er ist nicht ein Mensch, daß er bereuen müßte.« Jener aber sprach: »Ich habe gesündigt, doch erweise mir wenigstens vor den Ältesten meines Volkes und vor Israel die Ehre! Kehre um mit mir, daß ich Jahwe, deinen Gott anbete!« Da kehrte Samuel um und folgte Saul, und Saul betete Jahwe an.

Samuel aber gab den Befehl: »Bringt den Amalekiterkönig Agag zu mir!« Agag ging in froher Stimmung auf ihn zu und dachte sich: »Sicherlich ist abgebogen des Todes Bitterkeit!« Samuel aber sprach:

> »Wie dein Schwert Frauen kinderlos machte,
> so soll auch unter den Frauen deine Mutter kinderlos werden.«

Dann hieb Samuel Agag in Stücke vor dem Angesicht Jahwes in Gilgal. Samuel ging nach Rama. Saul aber zog hinauf in sein Haus nach dem Gibea Sauls. In Zukunft sah Samuel Saul nicht mehr bis zu seinem Tode, denn er trauerte um Saul. Jahwe aber reute es, daß er Saul zum König über Israel gemacht hatte. (1 Sam 15, 1–35)

III. Das Großreich Davids

A. Davids Aufstieg

Nach dem Überraschungssieg Sauls über die Philister hatten die Israeliten anscheinend für kurze Zeit Ruhe. Freilich war zu erwarten, daß die Philister bei nächster Gelegenheit versuchen würden, die aufsässigen Nachbarn endgültig zu unterwerfen und den für sie gefährlichen König zu beseitigen, zumal sie in der Schlacht am Paß von Michmas sicher nicht ihre ganze militärische Macht aufgeboten hatten.

Die spätere Überlieferung hat die Pause in den Auseinandersetzungen zwischen Israeliten und Philistern zum Anlaß genommen, die Gestalt *Davids* einzuführen, indem sie an dieser Stelle die Geschichte Sauls mit der »Geschichte vom Aufstieg Davids« verknüpft hat. Dieses Literaturwerk ist vermutlich gegen Ende der Königsherrschaft Davids am Hof von Jerusalem entstanden. Es schildert zusammenhängend den Weg Davids vom Saitenspieler am Hof Sauls über seine Taten als Söldnerführer im Dienst der Philister bis zum Beginn seiner Herrschaft über Juda und Israel in Jerusalem.

In der »Geschichte vom Aufstieg Davids« haben wir den ersten Versuch einer umfassenden Geschichtsdarstellung vor uns. Die Gestalt Davids hat in Israel erstmals jenes literarische Gestaltungsvermögen freigesetzt, aus dem später die großen Geschichtsentwürfe Israels herausgewachsen sind: das Jahwistische Geschichtswerk, die Priesterschrift, das Deuteronomistische und das chronistische Geschichtswerk. In David hat das zeitgenössische Israel unvermutet und auf neue Weise das Handeln seines Gottes erfahren. In der »Geschichte vom Aufstieg Davids« spürt es dem Geheimnis nach, von dem das Werden des großen Gesalbten Jahwes durchzogen ist. Hier geht es für Israel um die verborgene Vorbereitung dessen, was Jahwe durch David an seinem Volk gewirkt hat.

Trotz ihres hohen theologischen Anspruchs bedient sich die »Geschichte von Davids Aufstieg« einer ausgesprochen nüchternen Sprache. Sachlich und verhalten, ohne Pathos, fast vordergründig wird erzählt, wie der junge David Schritt um Schritt seinem angestrebten Ziel näher kommt; wie er weitsichtig plant, ausgedehnte persönliche Verbindungen zu verschiedenen Gruppen in Israel und Juda anknüpft, wie er seinen Einflußbereich von Mal zu

Mal zu erweitern versteht, die Zeit für sich arbeiten läßt und das jeweils Erreichbare klug abzuschätzen weiß. Nur gelegentlich sind in die Schilderung dieser höchst profanen Begebenheiten kurze Bemerkungen eingestreut, die zu erkennen geben, daß das, was sich hier abspielt, von Anfang an das unsichtbare Werk Jahwes ist.

1. David am Hof Sauls

Die Geschichte Davids beginnt mit drei Erzählungen, die auf verschiedene Weise schildern, wie Jahwe den noch sehr jungen David aus dem Kreis seiner Familie herauslöst und ihn auf sein künftiges Amt vorbereitet. Zwei dieser Erzählungen berichten, daß David als junger Mann an den Hof Sauls gekommen sei. Wie dies geschah – darüber hat jede ihre eigene Meinung.

Der Saitenspieler

Nach der älteren der beiden Erzählungen war David als Saitenspieler an den Hof des Königs gekommen und bald darauf zum Gefolgsmann Sauls geworden. Die Erzählung wird mit dem Satz eröffnet: »Der Geist Jahwes war von Saul gewichen, und ein böser Geist von Jahwe erschreckte ihn.« David hingegen wird schon bei seiner ersten Erwähnung als einer geschildert, »mit dem Jahwe ist«. Behutsam zwar, aber unüberhörbar wird er damit gleich zu Beginn der Aufstiegsgeschichte als der gottbestimmte Nachfolger Sauls eingeführt.

Der Geist Jahwes war von Saul gewichen, und es beunruhigte ihn ein böser Geist, den Jahwe geschickt hatte [1]. Die Knechte Sauls sprachen zu ihm: »Siehe, es erschreckt dich ein böser Geist Gottes. Unser Herr braucht nur zu reden; deine Knechte stehen dir zu Diensten. Sie werden jemanden suchen, der sich auf das Zitherspiel versteht. Sooft dann der böse Geist Gottes über dich kommt, spiele er mit seiner Hand; dann wird dir wohl zumute.« Saul befahl seinen Knechten: »Seht euch nach jemandem für mich, der sich auf das Spiel versteht, und bringt ihn her zu mir!« Da antwortete einer von den jungen Männern und sprach: »Ich kenne einen Sohn Isais aus Bethlehem, der gut zu spielen vermag. Er ist auch sonst ein Held, kriegstüchtig, redegewandt, von schöner Gestalt, und Jahwe ist mit ihm.« [2] Saul sandte Boten zu Isai und ließ ihm sagen: »Schicke zu mir deinen Sohn David, der bei der

---

[1] Von welchem Leiden Saul befallen war, bleibt im dunkeln; dem Erzähler war nur wichtig, daß hier Jahwe selbst am Werk war.
[2] David werden hier jene Eigenschaften zugeschrieben, die die spätere Salomonische Zeit als die Merkmale eines gebildeten jungen Mannes ansah: soziale Unabhängigkeit, musische Begabung, militärische Tüchtigkeit, Gewandtheit der Rede und eine angenehme äußere Erscheinung.

Schafherde weilt!« Isai nahm einen mit Brot beladenen Esel, einen Schlauch Wein und ein Ziegenböcklein und schickte sie durch seinen Sohn David zu Saul. Als David zu Saul kam und vor seinem Angesichte stand, faßte dieser so große Zuneigung zu ihm, daß er sein Waffenträger wurde. Auch sandte Saul zu Isai und ließ sagen: »David soll ständig bei mir bleiben, denn er hat Huld in meinen Augen gefunden.« Sooft nun der Geist über Saul kam, nahm David die Zither und spielte. Saul wurde es leichter zumute, sein Zustand besserte sich, und der böse Geist wich von ihm. (1 Sam 16, 14–23)

Der Zweikampf

In einem ganz anderen Licht läßt eine jüngere Erzählung Davids erstes Auftreten in der Öffentlichkeit erscheinen. Es ist die bekannte Geschichte vom Zweikampf mit dem Philister Goliat. Wir haben hier eine Art theologischer Lehrerzählung vor uns. Dem Erzähler der Geschichte kam es nicht so sehr auf die ungewöhnliche Begebenheit selbst an, die er schildert; sie diente ihm vielmehr nur als Rahmen für zahlreiche Reden, die er den Hauptbeteiligten in den Mund legt und in denen er seinen Lesern deutlich zu machen versucht, was er eigentlich sagen will. Jene Reden, die den Ablauf der Ereignisse immer wieder unterbrechen und damit in die Schilderung ein besonderes Element der Spannung eintragen, gipfeln in dem Bekenntnis Davids zu »Jahwe Zebaot, dem Gott der Schlachtreihen Israels«. Angeredet ist in dem Bekenntnis nicht in erster Linie der Philister Goliat, sondern die »ganze Gemeinde« Israels. Sie soll durch das Hören oder Lesen der Geschichte zum Glauben geführt werden. Deutlich wird ihr vor Augen gestellt, daß »Jahwe nicht mit Schwert oder Lanze zu helfen braucht«. Seine Hilfe wird auch in dem scheinbar Schwachen mächtig.

Die Philister sammelten ihre Heerlager zum Kampf. Sie scharten sich bei Socho in Juda zusammen und lagerten in Ephes-Dammim zwischen Socho und Aseka. Auch Saul und die Israeliten scharten sich zusammen, lagerten im Eichengrund und ordneten ihre Schlachtreihen zum Kampf gegen die Philister. Diese standen am Berge auf der einen Seite und die Israeliten am Berge auf der anderen Seite, während die Talsohle dazwischen lag.

Da trat der Vorkämpfer aus dem Lager der Philister hervor, namens Goliat aus Gat[3]. Er war sechs Ellen und eine Handspanne groß, hatte einen ehernen Helm auf seinem Kopf und war mit einem Schuppenpanzer bekleidet. Dessen Gewicht betrug 5000 Sekel[4] Erz. An den Beinen hatte er eherne Schienen, und auf den Schultern trug er einen ehernen Wurfspeer. Der

---

[3] Goliat, der »Mann zwischen den Fronten«, war ein Einzelkämpfer aus der Elitetruppe der Philister. Diese den Helden Homers ähnlichen Krieger mit ihren schweren eisernen Rüstungen und einem ganzen Arsenal gefährlicher Waffen waren den Israeliten unheimlich. In ihren Schilderungen wurden daher die hervorstechenden Merkmale solcher Einzelkämpfer oft, so auch hier, ins Phantastische gesteigert. David hat als König später ebenfalls eine Schar von Einzelkämpfern um sich gehabt.
[4] Etwa 80 kg.
[5] Ungefähr 10 kg.

Schaft seiner Lanze war wie ein Weberbaum, und die Lanzenspitze wog 600 Sekel[5] Eisen. Sein Schildträger ging vor ihm her. Er stellte sich hin und rief den Reihen Israels zu: »Warum zieht ihr denn aus und rüstet euch zum Streite? Bin ich nicht der Philister? Seid ihr nicht Sauls Knechte? Erwählt euch einen Mann, der soll zu mir herabkommen! Ist er imstande, mit mir den Kampf zu bestehen, und erschlägt er mich, dann wollen wir eure Knechte sein; bin aber ich ihm überlegen und erschlage ihn, dann sollt ihr unsere Knechte sein und uns dienen!« Der Philister rief: »Ich habe heute die Schlachtreihen Israels verhöhnt. Nun trete ein Mann hervor! Wir wollen miteinander kämpfen!« Saul und ganz Israel hörten die Hohnworte des Philisters. Sie erschraken und fürchteten sich sehr.

Da sprach David zu Saul: »Niemand soll seinetwegen mutlos werden! Dein Knecht wird hingehen und mit diesem Philister kämpfen.« Doch Saul erwiderte David: »Du kannst nicht einfach diesem Philister gegenübertreten und mit ihm kämpfen; denn du bist ein Knabe, er aber ist ein Kriegsmann von Jugend auf.« David aber sprach zu Saul: »Dein Knecht hütete seinem Vater die Schafe. Kam nun ein Löwe oder ein Bär und trug ein Schaf aus der Herde fort, dann lief ich hinter ihm drein, erschlug ihn und riß das Tier aus seinem Rachen. Wenn er sich aber gegen mich stellte, ergriff ich ihn bei seiner Mähne, erschlug und tötete ihn. Ja, Löwen und Bären hat dein Knecht erschlagen, und diesem unbeschnittenen Philister wird es ergehen wie einem von diesen; denn er hat die Schlachtreihen des lebendigen Gottes verhöhnt.« David fuhr fort: »Jahwe, der mich aus den Tatzen der Löwen und Bären befreit hat, wird mich auch aus der Hand dieses Philisters befreien.« Da sagte Saul: »Geh hin, Jahwe wird mit dir sein.«

Saul bekleidete David mit seinem Waffenrock. Er setzte ihm einen ehernen Helm aufs Haupt und zog ihm einen Panzer an. David umgürtete sich mit dessen Schwert über seinem Waffenrock; doch er konnte nicht gehen; denn er hatte es darin noch nie versucht. Daher sprach David zu Saul: »Ich vermag darin nicht zu gehen; denn ich habe es noch nie versucht.« Und er legte die Rüstung wieder von sich ab. Er nahm seinen Stab in die Hand, suchte sich fünf glatte Steine aus dem Bachtal, legte sie in die Hirtentasche, die er bei sich führte, nahm eine Schleuder zur Hand und ging dem Philister entgegen.

Der Philister kam näher und näher an David heran, während der Schildträger vor ihm einherschritt. Der Philister blickte auf und sah sich den David an. Er verachtete ihn, denn er war ein Knabe, rötlichbraun und von schönem Aussehen. Der Philister rief David zu: »Bin ich denn ein Hund, daß du mit Stöcken bewaffnet zu mir kommst?« Der Philister verfluchte David bei seinen Göttern. Dann sprach er zu David: »Komm her zu mir, ich will dein Fleisch den Vögeln des Himmels und den Tieren des Feldes geben!« David entgegnete: »Du kommst zu mir mit Schwert, Lanze und Wurfspeer. Ich aber komme zu dir im Namen Jahwe Zebaots, des Gottes der Schlachtreihen Israels, die du geschmäht hast! Heute wird dich Jahwe meiner Gewalt überantworten. Ich werde dich erschlagen und deinen Kopf von deinem Rumpfe abtrennen. Ausliefern werde ich die Leichname des Philisterheeres heute noch den Vögeln des Himmels und den wilden Tieren der Erde. Alle Welt soll erkennen, daß Israel einen Gott hat! Diese ganze Versammlung soll einsehen, daß Jahwe nicht durch Schwert und Lanze Hilfe bringt. Denn Jahwe führt den Kampf; er wird euch in unsere Gewalt geben!«

Der Philister machte sich auf, schritt voran und näherte sich David. Da lief David rasch auf die Schlachtreihe zu, dem Philister entgegen. David griff mit seiner Hand in die Tasche, holte einen Stein heraus, schleuderte und traf den Philister auf die Stirn. Der Stein drang in die Stirn ein, und jener fiel mit dem Gesicht zur Erde hin. David lief hin, stellte sich vor den Philister, ergriff dessen Schwert, zückte es aus der Scheide und tötete ihn, indem er ihm den Kopf abhieb. Die Philister sahen, daß ihr stärkster Held tot war, und flohen. Da brachen die Männer Israels und Judas auf, erhoben ein Kriegsgeschrei und verfolgten die Philister bis Gat und zu den Toren Ekrons. Erschlagene Philister aber lagen auf dem Wege nach Schaaraim bis Gat und Ekron. Die Israeliten kehrten von der hitzigen Verfolgung der Philister um und plünderten deren Heerlager. David aber nahm des Philisters Haupt und brachte es nach Jerusalem. Seine Waffen legte er im Zelte Jahwes nieder.

(1 Sam 17, 1–11.32–49.51–54)

Sauls Mißtrauen

David ist nur kurze Zeit am Hof Sauls geblieben. Während ihn, wie dies die Überlieferung in mannigfacher Ausgestaltung erzählt, eine herzliche Freundschaft mit Sauls Sohn Jonatan verband und ihm anscheinend auch die Saultochter Michal zugetan war, ist das Verhältnis zwischen dem König und seinem Gefolgsmann schon bald recht gespannt gewesen. Der Grund dürfte in Davids wachsender Popularität bei Hof und im Volk zu suchen sein. Darin mußte Saul eine Gefahr für seine eigene Stellung als König erblicken, zumal David inzwischen vom Waffenträger zum Anführer einer Tausendschaft emporgestiegen war.

Die Überlieferung hat das Mißtrauen Sauls in drei kleinen, nur lose miteinander verknüpften Episoden dargestellt. Die letzte dieser kurzen Erzählungen spricht deutlich aus, daß David darum so erfolgreich und beliebt war, weil »Jahwe mit ihm« war.

Als David von der Erschlagung des Philisters heimkehrte, zogen beim Einzug die Frauen aus allen Städten Israels singend und Reigen tanzend dem König Saul entgegen. Sie schlugen Pauken, jubelten und spielten auf Triangeln. Die Frauen sangen in Wechselchören zum Reigentanz und riefen: »Saul hat seine Tausend erschlagen, David aber seine Zehntausend!« Saul ergrimmte gar sehr; denn diese Wort mißfielen ihm. Er sprach: »Zehntausend hat man dem David gegeben, mir aber nur Tausend; ihm fehlt nur noch das Königtum.«

Von diesem Tag an betrachtete er David dauernd mit Argwohn. Am andern Tage kam ein böser Geist Gottes über Saul, und er gebärdete sich in seinem Hause wie ein Rasender; David aber spielte die Harfe, wie er es täglich zu tun pflegte. Saul hatte eine Lanze in seiner Hand, schleuderte sie ge-

gen David und dachte: »Ich will David an die Wand spießen!« David aber entwich ihm zweimal.
Saul fürchtete sich vor David; denn Jahwe war mit ihm, von Saul aber war er gewichen. Daher entfernte Saul David aus seiner Nähe und machte ihn zum Obersten einer Tausendschaft. Er zog an der Spitze seiner Krieger aus. David hatte Erfolg bei all seinen Unternehmungen, und Jahwe war mit ihm. Saul sah, daß er so großen Erfolg hatte, und empfand ein Grauen vor ihm. Ganz Israel und Juda liebten David, denn er zog an ihrer Spitze aus und ein.
(1 Sam 18, 6–16)

2. Der Söldnerführer

Die Feindschaft Sauls ließ es David schließlich geraten erscheinen, aus der Nähe des Königs zu fliehen. Er zog sich in den südlichsten Teil des judäischen Gebirges zurück, wo er einen Haufen von allerlei unzufriedenen und sozial gestrandeten Männern um sich sammelte und mit ihnen eine Zeitlang von allerlei Beutezügen lebte. David hat von jener Zeit an, wie es scheint, planmäßig auf die Königsherrschaft hingearbeitet. Sein Bruch mit Saul war nicht mehr rückgängig zu machen. Diesem mußte er von jetzt an als Rivale erscheinen, den es auszuschalten galt, bevor er sich größeren Einfluß zu schaffen verstand. Königliche Streifscharen waren dem Bandenführer unentwegt auf den Fersen. David seinerseits hat den »Gesalbten Jahwes« nicht angetastet, was die Überlieferung immer wieder anerkennend hervorhebt. Darüber hinaus aber hat er in jener Zeit seinen bunten Haufen zu einer schlagkräftigen und ihm ergebenen Privattruppe entwickelt und im übrigen mit den im äußersten Süden des judäischen Gebirges wohnenden Stämmen enge persönliche Beziehungen angeknüpft – nicht zuletzt dadurch, daß er zwei Frauen aus jener Gegend heiratete.

Jagd auf David

Besonders ausführlich und in zahlreichen Episoden hat die Überlieferung das gegensätzliche Verhalten der beiden »Rivalen« dargestellt: Sauls militärische Anstrengungen, des Bandenführers habhaft zu werden, und Davids Ehrerbietung gegen den König.
Eine dieser Erzählungen spielt in dem Weidegebiet südöstlich von Hebron, das nach dem Namen zweier Orte als »Wüste Siph« und, weiter im Süden, als »Wüste Maon« bezeichnet wird. Die Erzählung ist ganz von dem Bekenntnis getragen, daß Jahwe selbst David in jener Zeit vor Saul bewahrt hat. Mit ihren ständig wechselnden Ortsangaben vermittelt sie einen lebendigen Eindruck von dem unsteten und gefahrvollen Leben Davids und seiner Männer.

David hielt sich nun in der Wüste in Bergfestungen auf. Er blieb im Bergland der Wüste Siph. Saul suchte ihn die ganze Zeit; doch Gott gab ihn nicht in seine Gewalt. David sah wohl, daß Saul ausgezogen war, um ihm nach dem Leben zu trachten.

Einige Siphiter aber kamen zu Saul nach Gibea und sagten: »David hält sich tatsächlich bei uns auf den Bergfestungen in Horescha versteckt, auf dem Hügel Hachila, der südlich von Jeschimon liegt. Wenn dein Herz begehrt, o König, herabzukommen, so komme! Unsere Sache ist es dann, ihn deiner Gewalt zu überliefern!« Saul antwortete: »Gesegnet seid ihr vor Jahwe, weil ihr so gütig mit mir fühlt! Geht nun hin, haltet euch weiter bereit, und merkt euch genau den Ort, den sein stets flüchtiger Fuß berührt; denn man sagte mir, daß er sehr schlau sei. Schaut euch um, und forscht nach allen Verstecken, in denen er sich verkriecht! Dann kehrt zu mir zurück an einen festgelegten Ort, und ich will mit euch ziehen! Ist er dann noch im Lande, so werde ich ihn unter den Tausendschaften Israels schon aufspüren.« Sie brachen auf und gingen Saul voraus nach Siph.

David aber und seine Mannen waren damals in der Wüste Maon in der Steppe südlich von Jeschimon. David wurde gemeldet, daß Saul sich mit seinen Leuten auf die Suche nach ihm begebe. Er zog zum Felsen hinab, der in der Wüste Maon liegt. Saul erfuhr davon und folgte David in die Wüste Maon. Saul mit seinen Leuten ging auf der einen Seite des Berges, David und seine Männer auf der anderen Seite. David beeilte sich, Saul aber und seine Leute gingen bereits daran, David und seine Männer zu umzingeln, um sie zu fangen. Doch da kam ein Bote zu Saul und meldete: »Komm schnell! Die Philister sind ins Land eingefallen!« Saul verzichtete nun auf die Verfolgung Davids und zog gegen die Philister. Daher nennt man jene Stelle »Fels der Scheidung«. (1 Sam 23, 14 f. 19–28)

Begegnung in Engedi

Als Gegenstück zu der vorangegangenen Erzählung will die unmittelbar anschließende Geschichte verstanden werden. Im Rahmen einer Episode erklärt sie Davids ehrerbietiges Verhalten gegenüber dem König: Saul ist für David noch immer der Erwählte Gottes, der »Gesalbte Jahwes«; ihn zu bekämpfen, würde für David bedeuten, dem Willen Jahwes vorzugreifen. Der Erzähler gibt seiner Geschichte dadurch einen besonderen Akzent, daß der »Gesalbte Jahwes« selbst schließlich David als den künftigen König über Israel anerkennen muß.

Von dort zog David hinauf und setzte sich in den Bergfestungen von Engedi[6] fest. Saul kehrte vom Philisterfeldzug zurück, und man meldete ihm, daß David in der Wüste von Engedi sei. Da holte er sich 3000 auserlesene Kriegsleute aus ganz Israel und zog gegen die Steinbockfelsen, um David und

---

[6] Engedi (heute 'en dschidi) lag am Ostabhang des judäischen Gebirges zum Toten Meer hin.

seine Leute zu suchen. Er kam zu den Schafhürden am Wege. Dort war eine Höhle, in die Saul eintrat, um seine Notdurft zu verrichten. David aber und seine Mannen saßen im Hintergrund der Höhle. Da sprachen Davids Männer zu ihm: »Das ist der Tag, an dem Jahwe zu dir spricht: Siehe, ich gebe deinen Feind in deine Gewalt! Tue mit ihm nach deinem Belieben!« David erhob sich und schnitt Saul heimlich den Zipfel seines Obergewandes ab. Danach aber pochte David das Herz, weil er den Zipfel vom Obergewand Sauls abgeschnitten hatte. Zu seinen Leuten aber sprach er: »Fern sei es von mir, daß ich meinem Gebieter, dem Gesalbten Jahwes, etwas Derartiges antue und Hand an ihn lege; denn er ist der Gesalbte Jahwes.« David aber wies seine Leute mit erregten Worten zurecht und gestattete ihnen nicht, sich gegen Saul zu erheben.

Saul machte sich aus der Höhle fort und ging seines Weges. Auch David erhob sich danach, trat aus der Höhle und rief Saul nach: »Mein Herr und König!« Saul blickte zurück, und David warf sich auf sein Antlitz nieder und brachte eine Huldigung dar. Dann sprach David zu Saul: »Warum hörst du auf das Gerede von Leuten, die da sagen: ›David sinnt auf dein Verderben.‹? Siehe, am heutigen Tage haben deine eigenen Augen geschaut, daß Jahwe dich in der Höhle in meine Gewalt gegeben hat und mir nahelegte, dich zu töten. Doch ich schonte dich und sagte mir: Ich will nicht Hand anlegen an meinen Gebieter; denn er ist der Gesalbte Jahwes. Schau doch einmal, mein Vater, sieh den Zipfel deines Obergewandes in meiner Hand! Ich habe den Zipfel deines Mantels abgeschnitten, getötet habe ich dich aber nicht. Daraus kannst du schließen, daß mir Bosheit und Auflehnung ferne sind und daß ich gegen dich nicht gesündigt habe; du aber jagst mir nach meinem Leben und willst es mir nehmen. Jahwe sei zwischen mir und dir Richter! Jahwe sei mein Rächer an dir; aber meine Hand soll nicht über dich kommen! So sagt denn auch das alte Sprichwort: ›Von Frevlern geht Frevel aus, doch meine Hand soll nicht über dich kommen!‹ Gegen wen zieht der König von Israel zu Felde? Wen verfolgst du? Einen toten Hund oder einen einzelnen Floh? Jahwe soll Richter sein! Er soll zwischen dir und mir entscheiden! Er soll hinsehen, meinen Streit führen und mir vor deiner Hand zum Recht verhelfen!«

Als David seine Worte an Saul beendet hatte, fragte dieser: »Ist das deine Stimme, mein Sohn David?« Und Saul fing laut an zu weinen. Er sagte zu David: »Du bist doch edler als ich! Denn du erwiesest mir Gutes, während ich dir Böses zufügte. Heute hast du kundgetan, was du mir an Gutem erwiesen hast. Jahwe hat mich ja in deine Gewalt gegeben, doch du hast mich nicht getötet. Trifft jemand seinen Feind an, gibt er ihm dann wohl friedliches Geleite? So möge dir Jahwe mit Gutem vergelten, was du heute an mir tatest! Nun, ich weiß genau, daß du einmal König wirst, und daß in deiner Hand die Königswürde über Israel beständig sein wird! So schwöre mir jetzt bei Jahwe, daß du meine Nachkommen nicht ausrotten und meinen Namen aus meiner Familie nicht austilgen wirst!« David leistete Saul diesen

Eid, und Saul kehrte in sein Haus zurück, während David und seine Männer zur Bergfestung hinaufstiegen. (1 Sam 24,1–23)

Der Lehnsmann der Philister

Auf die Dauer war es David nicht möglich, den Nachstellungen Sauls zu entgehen. Er ist darum eines Tages mit seiner gesamten Mannschaft und deren Familien als Söldnerführer in den Dienst des Philisterfürsten Achisch von Gat getreten. Dieser hat ihm bald darauf die Stadt Ziklag zu Lehen gegeben. Als Gegenleistung war David dem Fürsten zur Heeresfolge verpflichtet.

In einem Augenblick, in dem die israelitischen Stämme gegen die Philister um ihre Existenz zu kämpfen hatten, mußte der Frontwechsel Davids seinen Stammesbrüdern als Verrat erscheinen. Wohl war David jetzt vor Saul sicher, aber gab er damit nicht seine ihm von Jahwe zugedachte Rolle preis? Das ist die Frage, von der die Erzählung über diesen Schritt geleitet wird. David war sich der Problematik seiner Entscheidung bewußt und hat darum in jener Zeit ein gewagtes Doppelspiel gespielt: Er überfiel die südlichen Nachbarn der israelitischen Stämme, gab aber vor, südjudäische Sippen auszuplündern. Ausgesprochen kritisch mußte die Lage für ihn werden, wenn er, in Erfüllung seiner Lehenspflichten, mit den Philistern gegen die Israeliten in den Kampf zu ziehen hatte.

David dachte in seinem Herzen: »Nun werde ich eines Tages doch durch Sauls Hand dahingerafft. Ich kann nichts Besseres tun als mich im Lande der Philister in Sicherheit bringen. Saul wird dann von mir ablassen und mich in ganz Israel nicht mehr suchen, und ich werde seiner Hand entronnen sein.« So machte er sich denn auf und ging mit 600 Mann, die bei ihm waren, zu Achisch, dem Sohne Maochs, dem König von Gat. David wohnte mit seinen Leuten bei Achisch zu Gat, ein jeder mit seiner Familie, David aber mit seinen beiden Frauen Achinoam aus Jesreel und Abigail, der Witwe Nabals, aus Karmel. Als Saul gemeldet wurde, daß David nach Gat entflohen sei, suchte er ihn nicht mehr.

David bat nun den Achisch: »Habe ich Gnade in deinen Augen gefunden, so gebe man mir einen Platz in einer der Siedlungen auf dem Lande, damit ich dort wohnen kann! Wozu soll dein Knecht in der königlichen Stadt bei dir bleiben?« Achisch gab ihm damals Ziklag. Daher ist Ziklag Eigentum der Könige von Juda bis auf den heutigen Tag. Die Anzahl der Tage, die David im Philisterland verbrachte, betrug ein Jahr und vier Monate.

David zog mit seinen Leuten hinauf, und sie plünderten die Geschuriter, die Girsiter und Amalekiter. Diese waren nämlich von alters her die Landesinsassen in Richtung Schur und bis zum Lande Ägypten. David schlug das Land und ließ weder Mann noch Frau am Leben. Er nahm Kleinvieh und Großvieh, Esel, Kamele und Kleider weg und kehrte zu Achisch zurück. Wenn Achisch ihn fragte: »Wo habt ihr heute geplündert?«, so entgegnete David: »Im Südland von Juda« oder »Im Südland bei den Jerachmeelitern«

oder »Im Südland bei den Kenitern«[7]. Weder Mann noch Frau ließ David am Leben, um sie etwa nach Gat zu bringen; denn er dachte: »Diese könnten gegen uns aussagen und berichten: ›So hat David sich aufgeführt, und so pflegt er sich zu verhalten, seitdem er im Philisterland wohnt.‹« Achisch faßte Vertrauen zu David, weil er sich sagte: »Er hat sich bei seinem Volk, bei Israel, unmöglich gemacht; so wird er für immer mein Knecht bleiben!«

In jenen Tagen zogen die Philister ihre Heere zusammen, um gegen Israel zum Kampf zu ziehen. Da sprach Achisch zu David: »Du wirst wissen, daß du und deine Leute in meinem Heere auszuziehen haben.« David antwortete Achisch: »Gut, auch du wirst wissen, was dein Knecht leisten kann.« Achisch sprach zu David: »Dafür mache ich dich zu meinem Leibwächter für immer.«[8] (1 Sam 27, 1–12; 28, 1 f.)

Kein zuverlässiger Gefolgsmann?

David ist es erspart geblieben, auf seiten der Philister gegen die Israeliten kämpfen zu müssen. Den obersten Befehlshabern der Philister erschien er im Kriege gegen die Israeliten als zweifelhafter, ja gefährlicher Bundesgenosse. Nach einer Truppenparade vor Beginn des Kampfes konnte er mit seiner Mannschaft wieder nach Ziklag zurückkehren.

Die Philister zogen ihre gesamten Heere in Aphek zusammen, während die Israeliten bei der Quelle in Jesreel lagerten. Die Philisterhäuptlinge zogen auf mit ihren Hundert- und Tausendschaften, und am Schluß marschierten David und seine Männer zusammen mit Achisch. Da fragten die Philisterfürsten: »Was wollen diese Hebräer hier?« Achisch erwiderte ihnen: »Das ist doch David, der Knecht des Saul, des Königs von Israel, der nun seit Jahr und Tag bei mir ist. Ich habe vom Tage seines Übertrittes zu mir bis heute nichts an ihm auszusetzen gefunden.« Doch die Philisterfürsten gerieten über ihn in Zorn und forderten von ihm: »Schicke doch den Mann fort! Mag er an den Ort zurückkehren, den du ihm angewiesen hast; aber in den Kampf soll er an unserer Seite nicht ziehen! Er könnte uns ja ein Widersacher im Kriege werden. Womit könnte er sich bei seinem Herrn in größere Gunst setzen als mit den Köpfen unserer Männer? Ist das nicht derselbe David, dem zu Ehren man abwechselnd beim Reigentanze gesungen hat: Saul erschlug seine Tausend, David aber seine Zehntausend?«

Achisch rief nun David und sprach zu ihm: »So wahr Jahwe lebt, ich halte dich für redlich, und es wäre mir recht, wenn du mit mir im Lager aus- und

---

7 Die Jerachmeeliter und die Keniter wohnten ganz im Süden des judäischen Gebirges und waren, zusammen mit anderen kleineren Stämmen, mit Juda in einem lockeren Stämmeverband zusammengeschlossen.

8 Daß David zum Leibwächter des Philisterfürsten »befördert« wurde, war vermutlich eine Vorsichtsmaßnahme seines Lehensherrn, der ihn auf diese Weise immer in seiner Nähe hatte.

einziehen würdest. Denn ich habe an dir, seitdem du zu mir kamst, bis heute nichts Schlimmes gefunden. Jedoch den Fürsten paßt deine Person nicht. Kehre also um, und ziehe hin in Frieden, und du sollst nichts tun, was den Augen der Philisterfürsten mißfällt!« Doch David entgegnete dem Achisch: »Was habe ich denn schon getan? Was hast du vom Tage meiner Ankunft bei dir bis heute an deinem Knecht gefunden, daß ich nicht an den Kämpfen wider die Feinde meines Herrn, des Königs, teilnehmen dürfte?« Achisch antwortete darauf: »Ich weiß, daß du in meinen Augen so wert bist wie ein Bote Gottes. Nur die Philisterfürsten haben verlangt: Er darf mit uns nicht in den Krieg ziehen. Morgen in der Frühe mach dich auf mit den Knechten deines Herrn, die mit dir gekommen sind! Geht hin an den Ort, den ich euch angewiesen habe! Und denke nichts Schlimmes; denn du bist mir lieb! So macht euch also früh am Morgen, wenn es hell wird, auf und geht!« David machte sich also in der Frühe mit seinen Leuten auf den Weg, um in das Philisterland zurückzukehren. Die Philister aber zogen nach Jesreel hinauf.

(1 Sam 29, 1–11)

Das Orakel von Endor

Der Aufmarsch der Philister in der Jesreel-Ebene beendete die kurze Zeit relativer Unabhängigkeit, die Saul den israelitischen Stämmen durch die Vertreibung der philistäischen Besatzungsposten verschafft hatte.

Eine volkstümliche Erzählung berichtet, daß Saul angesichts der militärisch hoffnungslosen Lage eine Totenbeschwörerin aufgesucht habe, um ein Orakel über den Ausgang der bevorstehenden Schlacht zu bekommen. Die Erzählung läßt das Grauen ahnen, mit dem die Zeitgenossen an dem tragischen Geschick des Königs teilgenommen haben: Der einst von Jahwe Erwählte sucht, vom Geist Jahwes verlassen und seinen Untergang ahnend, Zuflucht in der Magie und verstrickt sich damit nur noch tiefer in Schuld. Für den jahwetreuen Israeliten war die Beschäftigung mit magischen Praktiken gleichbedeutend mit dem Abfall von Jahwe.

Samuel war tot. Gesamtisrael hatte ihm die Totenklage gehalten und ihn zu Rama, seiner Stadt, begraben. Saul aber hatte die Totenbeschwörer und Wahrsager aus dem Lande verbannt.

Nun sammelten sich die Philister, marschierten und lagerten bei Sunem. Auch Saul bot Gesamtisrael auf, und sie lagerten auf Gilboa. Saul ließ seine Augen über das Philisterlager schweifen, geriet in Furcht, und sein Herz verzagte sehr. Da befragte Saul Jahwe; doch Jahwe antwortete ihm nicht, weder durch Träume noch durch die heiligen Lose, noch durch Propheten. Daher befahl Saul seinen Knechten: »Sucht mir eine Frau, eine Totenbeschwörerin! Zu ihr will ich gehen und sie befragen.« Seine Knechte sagten ihm: »In Endor wohnt eine Frau, die Tote beschwören kann.« Saul machte sich unkenntlich, verkleidete sich und ging mit zwei Begleitern hin [9]. Sie ka-

---

9 Endor war anscheinend nicht von den Philistern besetzt.

men nachts zu der Frau, und er sprach: »Wahrsage mir doch durch einen Totengeist, und führe mir den herauf, den ich dir bezeichnen werde!« Doch die Frau antwortete ihm: »Du weißt es ja, was Saul getan hat: daß er die Totenbeschwörer und die Wahrsager aus dem Lande verbannt hat. Warum stellst du mir eine Falle, um mich zu töten?« Da leistete Saul bei Jahwe einen Eid: »So wahr Jahwe lebt, es soll dich in dieser Angelegenheit keine Schuld treffen!« Da sprach die Frau: »Wen soll ich dir heraufrufen?« Er antwortete: »Hole mir Samuel herauf!« Als die Frau den Namen Samuel hörte, schrie sie laut auf und sprach zu Saul: »Warum hast du mich betrogen? Du selbst bist Saul!« Der König antwortete ihr: »Fürchte dich nicht, was siehst du denn?« Die Frau sprach zu Saul: »Ein gottähnliches Wesen sehe ich aus der Erde aufsteigen.« Er fragte sie: »Wie schaut es aus?« Sie sagte: »Ein alter Mann steigt empor, der in einen Mantel gehüllt ist.« Nun erkannte Saul, daß es Samuel war. Er warf sich mit dem Antlitz zur Erde und huldigte.

Samuel sprach zu Saul: »Warum hast du mich aus meiner Ruhe gestört und mich heraufkommen lassen?« Saul antwortete [10]: »In großer Not bin ich. Die Philister kämpfen gegen mich. Gott wich von mir; er gibt mir keine Antwort mehr, weder durch die Propheten noch durch Träume. Daher habe ich dich gerufen, um von dir belehrt zu werden, was ich tun soll.« Samuel entgegnete: »Warum fragst du mich, da Jahwe doch von dir gewichen und dein Widersacher geworden ist? Morgen wirst du mit deinen Söhnen bei mir sein. Auch das Heerlager Israels wird Jahwe der Gewalt der Philister überantworten.«

Sogleich stürzte Saul seiner ganzen Länge nach zu Boden und geriet in große Angst wegen der Worte Samuels. Es war auch keine Kraft mehr in ihm; denn er hatte den ganzen Tag und die ganze Nacht keine Nahrung zu sich genommen. Als die Frau zu Saul kam und bemerkte, daß er ganz gebrochen war, sprach sie zu ihm: »Schau, deine Magd hat auf dich gehört. Ich habe mein Leben aufs Spiel gesetzt und deine Anordnung befolgt, die du mir gabst. Jetzt höre auch du auf deine Magd! Ich setze dir ein wenig Brot vor; nimm es zu dir, dann kommst du wieder zu Kräften und kannst deines Weges weitergehen!« Er aber weigerte sich und erklärte, er wolle nicht essen. Seine Knechte aber und die Frau nötigten ihn, so daß er ihnen nachgab. Er stand vom Boden auf und setzte sich auf das Ruhelager. Die Frau hatte ein Mastkalb im Hause. Sie schlachtete es in aller Eile, nahm Mehl, knetete es und buk daraus ungesäuerte Kuchen. Das setzte sie Saul und seinen Knechten vor. Diese aßen, standen dann auf und zogen noch in jener Nacht weiter.

(1 Sam 28, 3–16.19–25)

---

10 Die Meinung des Erzählers ist offenbar die, daß Saul im Unterschied zu der Totenbeschwörerin den Geist Samuels zwar nicht sah, sich aber doch mit ihm unterhalten konnte.

Die Schlacht am Berg Gilboa

Sauls Heer war der Übermacht der Philister nicht gewachsen. Die Israeliten wurden vernichtend geschlagen, der Rest des Heerbannes flüchtete und zerstreute sich. Die Philister konnten abermals weite Teile des israelitischen Siedlungsgebiets besetzen. Saul und seine Söhne fanden in der Schlacht den Tod. – Ohne Pathos, aber mit unverkennbarer Anteilnahme wird dieser letzte Abschnitt in der Geschichte Sauls geschildert.

Die Philister kämpften gegen Israel, und die Israeliten mußten vor den Philistern fliehen. Erschlagene lagen auf dem Gebirge Gilboa. Die Philister verfolgten Saul und seine Söhne hartnäckig und erschlugen Jonatan, Abinadab und Malkischua, die Söhne Sauls. Auch um Saul herum entbrannte der Kampf mit aller Heftigkeit. Die Bogenschützen erreichten ihn, und er wurde von ihnen schwer verwundet. Saul sprach zu seinem Waffenträger: »Zücke dein Schwert und durchbohre mich, damit nicht jene Unbeschnittenen kommen, mich erstechen und mit mir ihren Spott treiben!« Aber sein Waffenträger wollte nicht, da er sich zu sehr fürchtete. Da nahm Saul selbst sein Schwert und stürzte sich hinein. Als der Waffenträger sah, daß Saul tot war, stürzte auch er sich in sein Schwert und starb mit ihm zusammen. So fanden Saul, seine drei Söhne, sein Waffenträger und alle seine Männer an jenem Tage gemeinsam den Tod. Die Israeliten jenseits der Ebene und jenseits des Jordans erfuhren, daß die israelitischen Truppen geflohen waren und Saul samt seinen Söhnen den Tod gefunden hatte. Sie verließen daher ihre Städte und flüchteten, und die Philister kamen und wohnten darin.

Am folgenden Tage erschienen die Philister, um die Erschlagenen auszuplündern, und sie fanden Saul und seine drei Söhne, die auf dem Gebirge Gilboa gefallen waren. Sie hieben ihm den Kopf ab, zogen ihm seine Rüstung aus und sandten im Philisterland ringsum Boten, die in ihren Götzentempeln und dem Volk die Freudennachricht verkünden sollten. Seine Rüstung legten sie im Tempel der Göttin Astarte nieder, seinen Leichnam aber hängten sie an der Mauer von Bet-Schean auf.

Die Bewohner von Jabesch in Gilead erfuhren, was die Philister Saul angetan hatten. Alle kampfesfähigen Männer machten sich nun auf den Weg und gingen die ganze Nacht hindurch. Sie nahmen die Leichen Sauls und seiner Söhne von der Mauer Bet-Scheans herab, brachten sie nach Jabesch und verbrannten sie dort. Dann nahmen sie ihre Gebeine, beerdigten sie unter der Tamariske zu Jabesch und fasteten sieben Tage lang. (1 Sam 31, 1–13)

3. David, König von Juda

Für David war die Nachricht vom Tode Sauls anscheinend nicht unerwartet gekommen. Bald nach dem Tod des Königs ist er mit seiner gesamten Truppe und deren Anhang von Ziklag in das judäische Hebron umgezogen. Dort wurde er von den ihm freundlich gesinnten Südstämmen zum König des »Hauses Juda« erhoben. Dieses Königtum stand nicht wie das des Sauls auf den schwachen Füßen einer geistbegabten Führerschaft im Jahwekrieg, sondern es gründete sich auf eine vertragliche Abmachung zwischen den Vertretern der Südstämme und dem Söldnerführer David. Davids Herrschaft über das »Haus Juda« ruhte also von Anfang an auf einer rein politischen Grundlage.

Ganz anders entwickelte sich nach Sauls Tod das Königtum bei den mittel- und nordpalästinischen Stämmen. In ihrem Bereich versuchte Sauls Feldhauptmann Abner, der die Schlacht am Berg Gilboa überlebt hatte, nach dem Vorbild der Nachbarvölker in Israel eine erbliche Monarchie zu begründen. Er brachte den einzigen noch lebenden Sohn Sauls, Ischbaal, ins Ostjordanland und machte ihn dort zum König »über ganz Israel«.

Davids Klage über Saul und Jonathan

Sauls Niederlage und Tod gaben David den Weg auf den Königsthron frei. Dennoch hat die Überlieferung den von Jahwe zum Nachfolger Sauls erkorenen David nicht als den Triumphierenden gesehen, sondern als einen von der Todesnachricht zutiefst Getroffenen und Klagenden. Seiner Trauer gibt ein Klagelied über Saul und Jonatan Ausdruck, das mit dem Debora-Lied (vgl. oben S. 151 ff.) zu den ältesten und eindrucksvollsten Zeugnissen altisraelitischer Dichtung gehört.

»Die Zierde, o Israel, auf deinen Höhen liegt sie erschlagen!
Wie sind doch die Helden gefallen!
Kündet es nicht in Gat,
meldet es nicht in den Straßen von Askalon!
Der Philister Töchter sollen sich nicht freuen,
nicht sollen jubeln die Töchter der Unbeschnittenen!
Ihr Berge von Gilboa, weder Tau noch Regen gebe es auf euch,
kein Feld mit Erstlingsgarben!
Denn dort ward entweiht der Heldenschild,
der Schild Sauls, nicht mehr mit Öl gesalbt.
Ohne Erschlagener Blut, ohne der Helden Mark
kehrte Jonatans Bogen nie heim;
Sauls Schwert kam niemals erfolglos zurück!
Saul und Jonatan, einander so lieb und hold,
in ihrem Leben und in ihrem Sterben blieben sie ungeschieden!
Hurtiger als Adler waren sie, stärker als Löwen!
Israels Töchter, weint um Saul,
der euch in Purpur und Zier gehüllt,
der Goldschmuck auf euer Gewand geheftet!
Wie sind doch die Helden gefallen im Streit!

Jonatan liegt auf deinen Höhen erschlagen!
Wie weh ist mir um dich, mein Bruder Jonatan!
Du warst mir so lieb!
Köstlicher war deine Liebe mir als die Minne der Frauen!
Wie sind doch die Helden gefallen,
umgekommen die streitbaren Krieger!« (2 Sam 1, 19–27)

David in Hebron

Nach dem Tod Sauls ist David mit seiner Mannschaft aus dem philistäischen Exil in israelitisches Gebiet zurückgekehrt. Als neuen Wohnsitz wählte er Hebron. Die Stadt lag im Zentrum des judäischen Gebirges und beherbergte mit dem Baumheiligtum von Mamre den kultischen Mittelpunkt des »Hauses Juda«. Zum »Haus Juda« gehörten außer dem Hauptstamm Juda noch fünf weitere kleinere Stämme in seiner südlichen Nachbarschaft. Von diesem Verband der Südstämme wurde David zum König erhoben.

Die Philister haben anscheinend die Erhebung ihres Lehnsmannes zum König über Juda nicht ungern gesehen, denn in ihren Augen schien dieser Akt eine Festigung ihrer Vorherrschaft über den Süden Israels zu bedeuten. Unter dem gleichen Blickwinkel haben sie vermutlich auch das Königtum Ischbaals betrachtet: Zwei miteinander rivalisierende Königreiche schienen ihnen die Gewähr dafür zu bieten, daß Israel nicht eines Tages unter einem einzigen König wieder zu einer Gefahr für sie werden konnte.

Darauf befragte David Jahwe: »Soll ich in eine der Städte Judas hinaufziehen?« Jahwe gab ihm zur Antwort: »Ziehe hinauf!« Darauf David: »Wohin soll ich ziehen?« Jahwe entschied: »Nach Hebron!«[11] So zog David denn dorthin, mit ihm seine beiden Frauen, Achinoam von Jesreel und Abigail, die Witwe Nabals aus Karmel. Auch die Männer, die David bei sich hatte, ließ er samt ihren Familien hinaufziehen. Sie siedelten sich in den Ortschaften um Hebron an. Die Männer von Juda kamen und salbten David zum König über das Haus Juda[12].

Man brachte ihm die Nachricht, die Männer von Jabesch in Gilead hätten den Saul begraben. Da sandte David Boten zu den Männern von Jabesch in Gilead und ließ ihnen sagen: »Seid gesegnet von Jahwe, da ihr eine solche Liebestat an eurem Gebieter Saul getan und ihn begraben habt!« Nun erweise Jahwe euch Liebe und Treue! Ich will euch gleichfalls dafür belohnen, daß ihr diese Tat vollbracht habt. Jetzt aber seid stark und tapfer; denn tot ist euer Gebieter Saul! Mich aber hat das Haus Juda zu seinem König gesalbt.«

---

11 Die der Gottheit in einem Losorakel vorgelegten Fragen waren vermutlich so formuliert, daß sie mit einfachem »Ja« oder »Nein« beantwortet werden konnten. Entschieden wurde über die Antwort durch das Ja- oder Nein-Los.

12 Die Salbung Davids zum König war ein sakraler Weiheakt, der an einem Heiligtum, also wohl in Mamre, von einem Priester vorgenommen wurde. Die eigentliche Erhebung zum König durch die Männer Judas ging dieser Salbung voraus. Der Text zieht beide Handlungen zusammen.

Abner indes, der Sohn Ners und Feldherr Sauls, holte Ischbaal, den Sohn Sauls, und führte ihn nach Machanaim. Er machte ihn zum König über Gilead, Asser, Jesreel, Ephraim, Benjamin, also über ganz Israel [13]. Vierzig Jahre alt war Ischbaal, Sauls Sohn, als er König über Israel wurde; zwei Jahre lang regierte er [14]. Nur das Haus Juda bekannte sich zu David. Die Zeit, in welcher David in Hebron über das Haus Juda als König herrschte, umfaßte sieben Jahre und sechs Monate.   (2 Sam 2, 1–11)

Abner

Zwischen den beiden Königreichen kam es bald zu kriegerischen Auseinandersetzungen. Ein Ende schien sich erst anzubahnen, als Abner, der »starke Mann« im Reich Israel, sich mit seinem König überwarf und Verhandlungen mit David aufnahm, in denen er diesem anbot, auch den Rest der Stämme seiner Herrschaft zuzuführen. David reagierte zurückhaltend und forderte als Unterpfand die Saultochter Michal. Damit sicherte er sich einen legitimen Anspruch auf das Erbe und die Nachfolge Sauls für den Fall, daß keine männlichen Nachkommen Sauls mehr da sein sollten.

Zweimal erwähnt Abner ein Wort Jahwes, in dem David die Herrschaft über ganz Israel verheißen wird. Möglicherweise hat es ein entsprechendes Wort eines Propheten schon damals gegeben. Im Ganzen der Aufstiegsgeschichte gehören die Sätze zu den behutsam gezogenen Leitlinien, die dem Leser deutlich machen sollen, daß in dieser ganzen Geschichte mit ihrem politischen Kalkül, mit Haß, Intrigen und Mord in verborgener Weise der Plan Jahwes zu seinem Ziel findet.

In der Zeit des Krieges zwischen dem Hause Saul und dem Hause David war Abner der stärkste Mann im Hause Saul. Saul hatte nun eine Nebenfrau gehabt, die Rizpa hieß und eine Tochter Ajas war. Diese hat Abner sich geholt. Ischbaal aber machte dem Abner den Vorwurf: »Warum bist du zur Nebenfrau meines Vaters herangetreten?« Abner war über Ischbaals Worte sehr ergrimmt und rief: »Bin ich denn ein Hundskopf aus Juda? Liebe erweise ich heute dem Hause deines Vaters Saul, seinen Brüdern und Freunden. Ich ließ dich nicht in die Hände Davids fallen. Und da willst du mich heute wegen des Fehltritts mit dem Weibe zur Rechenschaft ziehen? Ich schwöre – und Gott möge Abner strafen! –, daß ich für David das tun werde, was Jahwe ihm zugeschworen hat. Ich werde das Königtum vom Hause Sauls wegbringen und Davids Thron über Israel und Juda von Dan bis Beerseba errichten.« Ischbaal war außerstande, dem Abner noch ein Wort zu erwidern, denn er fürchtete ihn.

Abner schickte Boten an seiner Statt zu David und ließ sagen: »Wem ge-

---

13 »Israel« bezeichnet hier schon nicht mehr den Gesamtverband aller Stämme, sondern meint den vom »Haus Juda« unterschiedenen Rest der Stämme, das Nordreich.
14 Ähnlich wie bei Saul (vgl. 1 Sam 13, 1 und oben S. 177) so scheint auch bei seinem Sohn Ischbaal die Regierungszeit mit zwei Jahren zu niedrig angegeben zu sein. Sie war vermutlich nur wenig kürzer als Davids Herrschaft über Juda in Hebron, die mit siebeneinhalb Jahren angegeben wird.

hört das Land?« und dann: »Schließe einen Vertrag mit mir! Siehe, meine Hand wird mit dir sein, um dir ganz Israel zuzuführen!« David entgegnete: »Gut, ich will mit dir einen Vertrag schließen! Nur das eine verlange ich von dir: Du darfst mir nur dann unter die Augen treten, wenn du mir Michal, die Tochter Sauls, mitbringst, sobald du herkommst und vor mir erscheinst!« David sandte nun Boten an Ischbaal, den Sohn Sauls, und verlangte: »Gib mir meine Frau Michal wieder, die ich mir um den Preis von 100 Philistervorhäuten gefreit habe!« Ischbaal sandte hin und ließ sie von ihrem Manne Paltiel, dem Sohn des Laisch, holen. Ihr Mann folgte ihr unter ständigem Weinen bis Bachurim. Dort befahl ihm Abner: »Fort! Kehre um!« Da kehrte er zurück.

Abner hatte auch mit den Ältesten Israels verhandelt und gesprochen: »Schon lange habt ihr David als König über euch begehrt. Nun handelt! Denn Jahwe hat David verheißen: Durch die Hand meines Knechtes David befreie ich mein Volk Israel aus der Gewalt der Philister und all seiner Feinde!« Abner redete auch mit Benjamin. Dann ging er hin, um auch David in Hebron über alles zu berichten, was Israel und das ganze Haus Benjamin für gut ansahen.

Abner kam also mit 20 Mann zu David nach Hebron, und David gab Abner und seinen Leuten zu Ehren ein Gastmahl. Abner äußerte sich David gegenüber: »Ich will aufbrechen, hinziehen und Gesamtisrael um meinen Herrn, den König, scharen. Man wird einen Bund mit dir schließen, und du wirst als König herrschen, wie immer es dein Herz begehrt!« Dann gab David dem Abner das Geleite, und er ging in Frieden weg. (2 Sam 3, 6–21)

Der Mord an Abner

Abners Pläne kamen nicht zur Ausführung. Auf dem Rückweg von Hebron wurde er von Davids Feldhauptmann Joab ermordet. Joab sah in dem Überläufer Abner einen für seine eigene Stellung im Heer Davids gefährlichen Nebenbuhler. Als Vorwand für seine Tat diente ihm sein Anspruch auf Blutrache für seinen Bruder Asahel, den Abner in den vorangegangenen Kämpfen getötet hatte.

David hat sich von diesem Mord seines Heerführers distanziert. Der Erzählung über die Ermordung Abners liegt daran, den unpolitischen, privaten Hintergrund der Ereignisse hervorzuheben. Bei der Nachwelt sollte auch nicht die Spur eines Zweifels an Davids Unschuld aufkommen.

Als Joab von David weggegangen war, sandte er Boten hinter Abner her. Diese brachten ihn von Bor-Hassira zurück, ohne daß David etwas wußte. Abner kam so wieder nach Hebron, und Joab führte ihn in die Mitte des Tores. Er tat so, als wollte er heimlich mit ihm reden, versetzte ihm dort aber einen Stich in den Unterleib. So mußte er sterben, um das Blut Asahels, des Bruders Joabs, zu sühnen.

David erfuhr hinterher davon und rief aus: »Ich und mein Königtum sind für immer am Blute Abners, des Sohnes Ners, schuldlos. Es komme auf das Haupt Joabs und auf seine ganze Familie! Nie soll es im Hause Joabs an solchen fehlen, die an Ausfluß und an Aussatz leiden, die Krücken festhalten, durch das Schwert fallen oder Hunger leiden!« Joab und sein Bruder Abischai haben Abner ermordet, weil er ihren Bruder Asahel bei Gibeon im Kampf getötet hat.

David befahl dem Joab und allem Volk, das bei ihm war: »Zerreißt eure Kleider, umgürtet euch mit Trauergewändern und haltet vor Abner die Totenklage!« Der König David ging hinter der Bahre her. Man begrub den Abner zu Hebron, und der König weinte mit lauter Stimme an Abners Grab. Das ganze Volk weinte ebenfalls. David stimmte dann auch Abner ein Klagelied an und rief:

»Mußte denn Abner wie ein Tor sterben!
Deine Hände waren nicht gebunden,
deine Füße nicht in Ketten gelegt!
Wie man vor Verbrechern fällt, so fielst du!«

Darauf weinte das Volk noch mehr um ihn. Dann kam die ganze Volksmenge, um David noch im Laufe des Tages zum Essen zu bewegen. David aber schwur: »Möge Gott mich bestrafen, wenn ich vor Sonnenuntergang Brot oder sonst irgend etwas zu mir nehme!« Alles Volk vernahm das, und es gefiel ihnen gut, wie überhaupt alles, was der König tat, dem ganzen Volke wohlgefiel. Alle Kriegsleute und Gesamtisrael erkannten an jenem Tage, daß es nicht vom König ausgegangen war, Abner, den Sohn Ners, zu ermorden. Der König sprach zu seinen Knechten: »Bedenkt ihr es wohl, daß ein Fürst und ein ganz Großer in Israel heute gefallen ist? Ich aber bin heute gar schwach, obgleich gesalbter König. Doch diese Männer, die Söhne der Zeruja, sind härter als ich. Jahwe vergelte dem Übeltäter entsprechend seiner Untat!«

(2 Sam 3, 26–39)

4. Die Doppelmonarchie Israel–Juda

Abners Tod hatte die mittel- und nordpalästinischen Stämme ihres eigentlichen politischen Führers beraubt. Zwei Offiziere aus Ischbaals Heer machten sich die allgemeine Verwirrung zunutze, überfielen ihren König beim Mittagsschlaf und ermordeten ihn. Seinen Kopf brachten sie zu David nach Hebron. Hatte schon der Mord an Abner den Verdacht aufkommen lassen können, daß David sich mit Gewalt die Herrschaft über ganz Israel aneignen wolle, so schien dies jetzt ganz offenkundig. David hat die beiden Mörder hinrichten und den Kopf Ischbaals in Abners Grab in Hebron beisetzen lassen. Anscheinend ist es ihm auch dieses Mal gelungen, alle Verdächtigungen zu entkräften.

Die Stämme des Nordreiches haben aus der neuen Lage die einzig mögliche Konsequenz gezogen. Eine Rückkehr zum alten Stämmeverband war nicht mehr möglich, nachdem die Südstämme durch die Wahl eines Königs eigene Wege gegangen waren. Mit Ausnahme eines gelähmten Sohnes Jonatans waren keine männlichen Nachkommen Sauls mehr am Leben. Eine andere Persönlichkeit aus ihren eigenen Reihen konnten sie offenbar nicht finden. Der einzige, der für sie als König in Frage kam, war – der König von Juda, David. Daß dieser der Schwiegersohn Sauls war, daß er sich bereits eine Reihe von Jahren bewährt hatte und in dieser Zeit freundschaftliche Beziehungen zu einzelnen ihrer Stämme gepflegt hatte, mochte ihn zusätzlich empfehlen.

König zweier Königreiche

Der Entschluß der Nord-Stämme bedeutete nicht einfach deren Anschluß an das Königreich Juda. Sondern in der Form eines Vertrages erkannte David ihre Eigenständigkeit an und verpflichtete sie auf ein an seine Person gebundenes Treueverhältnis. Als König von Juda war David nunmehr zugleich König von Israel; nur in der Person des Königs waren die beiden Reiche miteinander verbunden.

Nun kamen alle Stämme Israels zu David nach Hebron und erklärten: »Wir sind doch dein Fleisch und Bein! Schon längst, als Saul noch über uns herrschte, warst du es, der Israel in den Krieg führte und wieder zurückbrachte. Und auch Jahwe hat zu dir gesprochen: Du sollst mein Volk Israel weiden und Fürst über Israel sein.« Alle Ältesten Israels kamen zum König nach Hebron; der König David schloß mit ihnen zu Hebron einen Bund im Angesicht Jahwes. Darauf salbte man David zum König über Israel.

David war 30 Jahre alt, als er zu herrschen anfing, 40 Jahre regierte er. In Hebron regierte er über Juda sieben Jahre und sechs Monate und in Jerusalem 33 Jahre über Gesamtisrael und Juda. (2 Sam 5, 1–5)

B. Davids Herrschaft in Jerusalem

Die Philister hatten die Zersplitterung der israelitischen Stämme in zwei miteinander rivalisierende Königreiche gewiß als Stärkung ihrer Vorherrschaft angesehen, zumal David noch immer ihr Lehensmann war. In dem Augenblick aber, da dieser beide Königreiche in seiner Hand vereinigen konnte, mußte er ihnen gefährlich werden. Zweimal versuchten sie, seiner Herrschaft ein Ende zu machen, zweimal wurden sie von David in der Rephaim-Ebene südwestlich von Jerusalem geschlagen. Damit war die Vorherrschaft der Philister über Palästina gebrochen.

Der Sieg Davids über Israels Erzfeinde war der Auftakt für den bedeutungsvollsten Abschnitt in der Geschichte Israels. Unter der Hand eines starken Königs wurde binnen weniger Jahrzehnte aus einem locker gefügten Stämmeverband ein gut durchorganisiertes, politisch selbstbewußtes Staatswesen, in das auch nichtisraelitische Völkerschaften einbezogen waren. Israel, das nicht lange zuvor noch um seine Existenz zu kämpfen hatte, wurde damit zur tragenden Kraft eines Vielvölkerstaates, der auf dem Boden Palästinas vorher und nachher nicht seinesgleichen hatte. Von nun an mußte Israel unter einem gemeinsamen Großkönig mit Völkern zusammenleben, die es nicht lange zuvor noch als seine Feinde angesehen hatte. Diese enge Nachbarschaft mit anderen Völkern und die weitgespannten außenpolitischen Verbindungen des Großreiches brachten die israelitischen Bauern in Berührung mit fremder Lebensart, ließen sie den Anschluß an eine jahrtausendealte Kultur finden und vermittelten ihnen die Kenntnis fremder Götter und ihrer Kulte.

Israel hat sich erstaunlich schnell in seine neue Rolle gefunden. Daß es den ungeheuren sozialen, kulturellen und geistigen Wandel, den es innerhalb nur weniger Jahrzehnte erlebte, so verhältnismäßig reibungslos überstanden hat, daran hat der Jahweglaube einen entscheidenden Anteil gehabt. Was Israel in dieser Zeit widerfuhr, erlebte es als Werk seines Gottes Jahwe, desselben Jahwe, der in vorköniglicher Zeit die Rettergestalten des Richterbuches hatte erstehen lassen, desselben Jahwe auch, der einst eine Reihe von Sippen aus Ägypten geführt hatte. Davids Jerusalemer Herrschaft über ein Reich, das den größten Teil von Palästina–Syrien umfaßte, war ein neuer Heilsbeweis des alten Gottes. Das Bewußtsein, daß Jahwe David und Jerusalem »erwählt« habe, hat Israel auch dann nicht verloren, als etwa 80 Jahre später das Reich Davids in die beiden Teilreiche Juda und Israel zerfiel; ja, es wurde zu einer die Wirklichkeit überspringenden Hoffnung, als nach 400 Jahren Jerusalem in Trümmer sank und die Dynastie Davids erlosch.

1. David als Stadtkönig von Jerusalem

Zur inneren Festigung seiner Herrschaft über die beiden Reiche Israel und Juda mußte sich David zunächst ein Regierungszentrum schaffen. Um keinen der beiden Staaten zu bevorzugen und damit den andern zurückzusetzen, wählte David eine Stadt zu seiner Residenz, die zu keinem der beiden Staaten gehörte und außerdem geographisch auf der Grenze zwischen beiden Staatsgebieten lag: Jerusalem.

Jerusalem wurde von einer kanaanäischen Bevölkerungsgruppe, den Jebusitern, bewohnt und von einem Stadtkönig beherrscht. David eroberte die Stadt und schuf sich in ihr ein von Israel und Juda unabhängiges Machtzentrum.

Mochte die geographische Lage und die politische Eigenständigkeit Jerusalem als die geradezu ideale Metropole der Doppelmonarchie erscheinen lassen, so stellte ihre Wahl David doch zugleich vor ein schwieriges Problem: Jerusalem war eine durch und durch *kanaanäische* Stadt. Die israelitischen Stämme aber konnten unmöglich eine kanaanäische Stadt als Hauptstadt ihrer beiden Staaten und als Sitz ihres gemeinsamen Königs anerkennen. David mußte also einen Weg finden, Jerusalem zu einer *israelitischen* Stadt zu machen, der sich beide Staaten verpflichtet fühlten.

David hat das Problem gelöst, indem er die Lade nach Jerusalem brachte. Dieser eigenmächtige Schritt ist für die weitere Geschichte des Jahweglaubens von großer Bedeutung gewesen. Die Lade wurde von allen Stämmen gemeinsam verehrt, ja, sie ist wahrscheinlich der sakrale Mittelpunkt des alten Stämmeverbandes gewesen. Mit der Überführung der Lade nach Jerusalem hat David den Stämmen nach der Zerstörung des Tempels in Silo ein neues kultisches Zentrum gegeben. Zugleich hat er damit sein Königtum in höchst wirkungsvoller Weise mit der Institution des Stämmeverbandes verknüpft und so auf eine feste Grundlage gestellt.

Die Einnahme Jerusalems

Der Bericht über die Einnahme Jerusalems durch David läßt die Tragweite des Ereignisses kaum ahnen. Knapp und eher beiläufig wird im Annalenstil vermerkt, daß David nach Jerusalem zog, die »Feste Zion« einnahm und sich dort niederließ. Wie es David gelang, die schwer zugängliche und stark befestigte Stadt einzunehmen, läßt der Text nicht erkennen. Möglicherweise hatte David die Wasserversorgung der Stadt lahmlegen können und sie damit übergabereif gemacht.

David hat Jerusalem nicht mit dem Heerbann der Stämme, sondern mit »seinen Männern«, d. h. als unabhängiger Söldnerführer erobert. Nach dem Eroberungsrecht ging die Stadt damit in sein persönliches Eigentum über, sie war von jetzt ab die »Stadt Davids«. Der besiegte König von Jerusalem mußte seine Herrschaft an David abtreten. Dieser war jetzt nicht nur König von Juda und König von Israel, sondern zugleich auch Stadtkönig von Jerusalem.

Die Einnahme Jerusalems ist die letzte Szene in der umfangreichen »Geschichte von Davids Aufstieg«. Sie mündet ein in die Feststellung, daß Jahwe »mit ihm« gewesen sei. Damit ist das entscheidende Leitwort aus der ersten Szene, in der David eingeführt worden war (vgl. oben S. 183), wieder aufgenommen.

Der König zog mit seinen Kriegern gegen Jerusalem und die Jebusiter, welche die Gegend bewohnten. Sie sagten zu David: »Du kommst nicht hinein, sondern die Blinden und Lahmen werden dich daran hindern, die da sagen: David kommt hier nicht hinein!« Doch David eroberte die Burg Zion [15], das ist die Davidsstadt. David hatte damals gesagt: »Jeder, der die Jebusiter totschlägt, den Wassertunnel erreicht und die Blinden und Lahmen wegschafft, die David haßt, soll Hauptmann werden!« Darum heißt es: »Blinde und Lah-

---

[15] »Zion« ist wahrscheinlich der Name des Stadthügels, auf dem das Jerusalem der Zeit Davids lag. Die »Burg Zion« ist die gesamte durch Mauern befestigte Stadt.

me kommen nicht in das Haus hinein.«[16] David ließ sich in der Burg nieder und nannte sie Davidsstadt. Er baute die Stadt ringsum vom Millo[17] an nach innen zu. David wurde mächtiger und nahm an Bedeutung zu; denn Jahwe, der Gott der Heerscharen, war mit ihm.

Hiram, der König von Tyrus, schickte Boten an David mit Zedernholz, Zimmerleuten und Steinmetzen. Diese bauten David einen Palast. David erkannte, daß Jahwe ihn zum König über Israel bestimmt und sein Königtum um seines Volkes Israel willen erhöht hatte. (2 Sam 5, 6–12)

Die Überführung der Lade

Mit dem Bericht über die Einholung der Lade nach Jerusalem begegnen wir wieder einem Stück der *Ladeerzählung,* deren Anfang der Bearbeiter der Samuel-Bücher – historisch vermutlich zu Recht – dem Auftreten Sauls vorangestellt hatte (vgl. oben S. 162 ff.).

Hier nun, im letzten Abschnitt der Ladeerzählung, wird das Ziel sichtbar, an dem der lange Weg der Lade sein Ende findet: Jahwe selbst hat sich auf wunderbare Weise Jerusalem zur Stätte seiner Verehrung erwählt. Das Wanderheiligtum hatte seinen endgültigen Standort gefunden, Jahwe wohnte von nun an in Jerusalem.

Nochmals versammelte David alle Auserlesenen in Israel, 30 000 an der Zahl. Dann machte er sich auf den Weg und zog mit dem ganzen Volke nach Baala in Juda, um von dort die Lade Gottes zu holen, die nach dem Namen Jahwes der Heerscharen benannt ist, der auf den Keruben thront. Man stellte die Lade Gottes auf einen neuen Wagen und holte sie weg aus dem Haus Abinadabs, das auf dem Hügel stand. Ussa und Achjo, die Söhne Abinadabs, lenkten den Wagen, beladen mit der Lade Gottes, wobei Achjo der Lade vorausging. David und das ganze Haus Israel tanzten vor Jahwe unter dem Spiel von Klappern aus Zypressenholz, von Zithern, Harfen, Pauken, Schellen und Zimbeln. Als sie aber zur Tenne Nachons kamen, griff Ussa nach der Lade Gottes und faßte sie an; denn die Rinder waren durchgegangen. Da entbrannte der Zorn Jahwes gegen Ussa. Gott schlug ihn dort wegen der Unehrerbietigkeit. Er starb daselbst bei der Lade Gottes. David wurde tief erschüttert darüber, daß Jahwe Ussa so weggerissen hat. Man nennt daher heute noch diesen Ort Perez-Ussa (»Wegriß Ussas«). Damals geriet David in Furcht vor Jahwe und dachte: »Wie soll da die Lade Jahwes zu mir kommen?« David verzichtete also darauf, die Lade Jahwes zu sich in

---

16 Die in ihrem ursprünglichen Sinn recht dunkle Redensart ist erst nachträglich mit der Einnahme Jerusalems in Verbindung gebracht und auf diese Weise erklärt worden.

17 Der »Millo« war anscheinend ein Teil der alten jebusitischen Stadtanlage. Vielleicht handelt es sich dabei um ein System künstlich aufgeschütteter Terrassen am Osthang der Stadt.

die Davidsstadt zu schaffen, und er brachte sie in das Haus des Obed-Edom aus Gat. So weilte die Lade Jahwes drei Monate lang im Haus des Obed-Edom. Jahwe aber segnete Obed-Edom und sein ganzes Haus.

Dem König David ward berichtet: »Jahwe hat das Haus des Obed-Edom und all sein Eigentum um der Lade Gottes willen gesegnet!« David zog also hin und holte frohen Herzens die Lade Gottes aus dem Hause des Obed-Edom in die Davidsstadt hinauf. Als aber die Träger der Lade Jahwes die ersten sechs Schritte getan hatten, opferte er ein Rind und einen Büffel. David drehte sich im Tanz mit aller Kraft vor Jahwe, mit dem Ephod [18] aus Linnen umgürtet. So brachten David und das ganze Haus Israel die Lade Jahwes unter Jubel und Posaunenklang hinauf. Während die Lade in die Davidsstadt einzog, blickte Michal, die Tochter Sauls, durch das Fenster. Sie sah, wie der König David vor Jahwe hüpfte und sich im Tanz drehte, und hegte Verachtung für ihn in ihrem Herzen. Man brachte die Lade Jahwes hinein und stellte sie an den für sie bestimmten Platz in der Mitte des Zeltes, das David dafür errichtet hatte. David brachte Brand- und Heilsopfer vor Jahwe dar. Als er die Brand- und Heilsopfer vollzogen hatte, segnete er das Volk im Namen Jahwes der Heerscharen [19]. Er verteilte dem ganzen Volk, der ganzen Menge Israels, Männern und Frauen, jedem ein Ringbrot, einen Dattelkuchen und einen Rosinenkuchen. Dann gingen alle weg, ein jeder in sein Haus.

David kehrte heim, um seinem Haus den Segensgruß zu entbieten. Da trat ihm Michal, die Tochter Sauls entgegen. Sie sprach: »Wie würdevoll hat sich doch heute der König von Israel aufgeführt, da er sich heute vor den Dienstmägden seiner Untertanen entblößte, wie sich sonst höchstens einer vom Gesindel bloßstellt!« [20] David gab jedoch Michal zur Antwort: »Vor Jahwe, der mich vor deinem Vater und seinem ganzen Hause bevorzugt und mich zum Fürsten über das Volk Jahwes, über Israel, bestellt hat, will ich tanzend spielen! Ja, noch mehr als diesmal will ich mich erniedrigen und vor mir selbst ganz gering werden! Vor den Dienstmägden aber, von denen du sprichst, werde ich Ansehen genießen.« Michal aber, die Tochter Sauls blieb kinderlos bis zu ihrem Tode. (2 Sam 6, 1–23)

---

18 Der aus Leinen gefertigte »Ephod« ist ein kurzer Lendenschurz, den die israelitischen Priester zur Zeit Davids bei kultischen Handlungen trugen.

19 Das Darbringen der Opfer und die Segensverleihung kamen allein einem Priester zu. David übt also, wie auch der »Ephod« (siehe vorige Anm.) erkennen läßt, priesterliche Funktionen aus.

20 Eine Entblößung während einer gottesdienstlichen Handlung, wie sie bei dem kurzen Ephod geschehen konnte, galt nach israelitischer Anschauung als unwürdig.

2. Das Erbe der Jebusiterstadt

Als über tausend Jahre alter kanaanäischer Stadtstaat hatte Jerusalem eine lange und tief eingewurzelte kultische Tradition. Die Stadt besaß nicht nur ein eigenes Heiligtum mit der dazu gehörigen Priesterschaft und mannigfaltig ausgebildeten Überlieferungen, sondern sie verehrte auch eine eigene Stadtgottheit.

Für den Jahweglauben und seine Überlieferungen bedeutete die Begegnung mit den Jerusalemer Kulttraditionen eine ernste Bewährungsprobe, und dies um so mehr, als David die eingesessene jebusitische Bevölkerung in Jerusalem wohnen ließ und nur mit seinem Hof in die Stadt einzog: Mit der Überführung der Lade war Jahwe in das Kraftfeld einer kanaanäischen Gottheit geraten; würde er sich in dieser fremden Atmosphäre behaupten können oder würde er ihr erliegen?

Die im vordavidischen Jerusalem verehrte Gottheit des El Eljon gehörte zu den mannigfachen Verkörperungen des kanaanäischen Gottes El, denen die israelitischen Einwanderer schon früh an den kanaanäischen Heiligtümern im Lande begegnet waren. El stand, ähnlich wie der Zeus der Griechen, an der Spitze einer Götterhierarchie und wurde anscheinend als Schöpfergott verehrt.

Israel hat die Vorstellungen und Eigenschaften, die ursprünglich El zugehörten, weitgehend aufgenommen und auf Jahwe übertragen. Einen ersten Schritt auf diesem Weg bedeutet die Verschmelzung der Vätergötter mit den lokalen El-Gottheiten der kanaanäischen Heiligtümer. Entscheidend aber für die Gleichsetzung von El und Jahwe war die Überführung der Lade nach Jerusalem durch David. In Jerusalem ist aus dem Nomadengott der Schöpfer und Herr der Welt geworden, als den ihn Israel von der Königszeit an verehrt hat. So wie David Jerusalem erobert hatte, hat Jahwe den Stadtgott El Eljon entmachtet und sich auf seinen Thron gesetzt. Er hat seinen Namen als Beinamen übernommen und sich das Pantheon der kanaanäischen Götter unterworfen. Diese lebten in der weiteren Geschichte des Jahweglaubens nur noch als Jahwes Boten und Ratgeber oder als Angehörige seines Hofstaates weiter.

Der Vorgang der Aufnahme und Überwindung des El-Glaubens ist für den Jahweglauben keine geringe Leistung gewesen, wenn man bedenkt, daß sich in Jahwe und El ein schlichter Nomadengott und ein Stadtgott, Götterkönig und Schöpfergott zugleich, gegenüberstanden. Der noch junge Jahweglaube hat die Kraft gehabt, die mit El verbundenen Vorstellungen aufzunehmen, ohne von ihnen aufgesogen zu werden.

Mit der Übertragung auf Jahwe haben die alten kanaanäischen Vorstellungen eine neue Bedeutung bekommen. In dieser umgestalteten Form hat sie uns das Alte Testament überliefert. Der Prozeß ihrer Übernahme und Umformung durch den Jahwekult hat sich über einen größeren Zeitraum er-

streckt, die Weichen dazu sind jedoch bereits in der Epoche Davids und
Salomos gestellt worden.

Der Stadtgott von Jerusalem

Eine sicher erst nach David entstandene kleine Erzählung hat die Erinnerung an die
Gottheit El Eljon bewahrt, die im vordavidischen Jerusalem von den Jebusitern verehrt wurde. Die Erzählung, die eine Begegnung zwischen Abraham und dem Priester-
könig Melchisedek von »Salem« schildert, will dem Mißtrauen entgegentreten, mit
dem die israelitische Landbevölkerung noch lange Zeit dem Davidischen Königtum in
Jerusalem begegnet ist. Man fühlte sich nach wie vor den alten Stammesordnungen
mehr verpflichtet als dem König; außerdem empfand man die zuweilen recht hohen
Steuern als eine bedrückende Last. Die Erzählung will diese Vorbehalte entkräften,
indem sie schildert, daß bereits Abraham von dem Vorgänger Davids den göttlichen
Segen empfangen habe und daß schon Abraham, obwohl ein freier Mann, Jerusalem
und seinem König freiwillig eine Steuer entrichtet habe.

Für israelitische Ohren war El Eljon, der »Höchste Gott«, dem Abraham seine Ver-
ehrung entgegengebracht hatte, kein anderer als Jahwe selbst. Tatsächlich ist die
Ehrenbezeichnung »Höchster«, die von Hause aus der kanaanäischen El-Gottheit von
Jerusalem angehörte, bald nur noch als Beinamen Jahwes verstanden worden.

Melchisedek, der König von Salem, brachte Brot und Wein heraus[21]; er war
nämlich ein Priester des Höchsten Gottes. Er segnete ihn und sprach: »Gesegnet sei Abram vom Höchsten Gott, der Himmel und Erde erschaffen hat.
Gepriesen sei der Höchste Gott, der deine Feinde in deine Hand ausgeliefert
hat!« Da gab jener ihm den Zehnten von allem. (1 Mose 14, 18–20)

Die Gottesstadt

Für die Jebusiter war Jerusalem die »Gottesstadt« gewesen, die »heiligste der Wohnungen Eljons«. Zum Bild einer Gottesstadt gehörte nach weitverbreiteter altorientalischer Vorstellung ein mehrarmiger, Fruchtbarkeit spendender Strom (vgl. den
»Paradiesesstrom« im Schöpfungsbericht des Jahwisten oben S. 129). Als Wohnung
ihres Gottes hielten die Jebusiter ihre Stadt für uneinnehmbar. Eljon hatte einstmals,
so besangen sie es in ihren Hymnen, einen Ansturm feindlicher Könige auf Jerusalem
durch seine Anwesenheit und sein Erscheinen vor den Feinden zunichte gemacht.

Die Israeliten haben alle diese Vorstellungen auf ihren Gott und ihre Stadt übertragen. Mit der Lade war Jahwe in Jerusalem eingezogen; sie war zu seiner Stadt, er
zu ihrer »Zuflucht« und »Stärke« geworden.

Gott ist uns Zuflucht und Stärke,
als Hilfe in Nöten vielfach bewährt.
Darum fürchten wir nichts, mag auch die Erde schwanken,
mögen Berge taumeln in Meerestiefen.

---

21 Aus Jerusalem.

Mögen seine Wasser tosen und brausen,
mögen Berge erbeben, wenn es sich aufbäumt:
Jahwe der Heerscharen ist mit uns,
eine Burg ist für uns der Gott Jakobs [22]. Sela [23].

Ein Strom, dessen Arme die Gottesstadt erfreuen,
die heiligste der Wohnungen Eljons.
Gott ist in ihrer Mitte, sie wird nie wanken;
ihre Hilfe ist Gott beim Anbruch des Morgens.
Völker toben, Reiche wanken;
er läßt seine Donnerstimme ertönen, und die Erde zergeht.
Jahwe der Heerscharen ist mit uns,
eine Burg ist für uns der Gott Jakobs. Sela.

Kommt und schaut die Werke Jahwes,
der Entsetzen verbreitet auf Erden!
Kriegen macht er ein Ende bis an der Erde Grenzen.
Bogen zerbricht er, Speere zerschlägt er,
Wagen verbrennt er im Feuer.
»Gebt nach und erkennt, daß ich Gott bin,
erhaben unter den Völkern, erhaben auf Erden!«
Jahwe der Heerscharen ist mit uns,
eine Burg ist für uns der Gott Jakobs. Sela.   (Ps 46, 2–12)

Der Gottesberg

Ähnlich wie sich die Griechen ihre Götter auf dem Olymp versammelt dachten, kannten auch die syrisch-palästinischen Völker einen Götterberg, den »Zaphon«. Dieser Zaphon, der heutige *dschebel el-aqra* in Nordsyrien, wurde seiner »prachtvollen Anhöhe« wegen als »Wonne der ganzen Welt« gepriesen und verehrt. Zur Verherrlichung ihres Gottes El Eljon hatten die Jebusiter die mit dem Gottesberg verbundenen Vorstellungen auf ihren eigenen Stadtberg, den Zion, übertragen. Dieser kleine Hügel war für sie der »Gipfel des Zaphon«, auf dem ihr Gott wohnte.

Der Jahweglaube hat auch diese Vorstellung übernommen, als er in Jerusalem heimisch wurde. Seit der Königszeit war es in Juda und Jerusalem ein fester Glaubenssatz, daß Jahwe »auf dem Zion thront«. Immer wieder ist dieses Thema hymnisch abgewandelt worden.

Groß ist Jahwe und hoch zu preisen
in unseres Gottes Stadt.

---

[22] Jede der drei Strophen schließt mit einem gleichbleibenden Kehrvers ab.
[23] »Sela« ist wahrscheinlich eine Anweisung für den Vortrag des Liedes im Gottesdienst.

Sein heiliger Berg in ragender Pracht
ist die Wonne der ganzen Welt,
der Zionsberg, der Gipfel des Zaphon, des Großkönigs Stadt.

Gott erweist sich in ihren Palästen als Schutzburg.
Sieh doch, Könige traten zusammen,
rückten gemeinsam heran!
Kaum, daß sie schauten, da wurden sie ratlos,
gerieten in Schrecken und Angst.
Beben erfaßte sie dort,
Zittern gleich einer Mutter in Wehen,
wie wenn Ostwind Schiffe von Tarsis [24] zerschmettert.

Wie wir es gehört, so sahen wir es nun
in der Stadt unseres Gottes!
Auf ewig hat Gott sie gegründet! Sela.
Wir erwägen, Jahwe, deine Huld
im Innern deines Tempels.
Wie dein ruhmvoller Name, o Gott,
so reicht dein Lobpreis über die Grenzen der Erde.
Voll von Gerechtigkeit ist deine Rechte.
Des freut sich der Zionsberg,
es jauchzen die Landstädte Judas
ob deiner Gerichtsentscheide.

Umschreitet den Zion, zieht um ihn herum
und zählt seine Türme!
Beachtet seinen Wall, umsäumt auch seine Paläste!
Dann könnt ihr dem künftigen Geschlecht erzählen:
»Ganz so ist Jahwe, unser Gott, für immer und ewig!
Er wird uns führen in Ewigkeit!« (Ps 48, 2–15)

3. Davids Herrschaft über die Völker

Als König von Juda, Israel und Jerusalem hat David alsbald damit begonnen, ein Großreich aufzubauen, wie man es auf palästinischem Boden zuvor noch nie erlebt hatte. Zunächst hat er die zahlreichen kanaanäischen Stadtstaaten, die sich bisher den Israeliten gegenüber hatten behaupten können, in sein Reich eingegliedert. Vor allem in der Küstenebene nördlich und südlich des

---

24 Zu den »Schiffen von Tarsis« vgl. unten S. 350, Anm. 40.

Karmelgebirges, in der Jesreelebene und im Ostjordanland gab es noch eine große Anzahl bis dahin politisch selbständiger Städte. David hat sie zur Anerkennung seiner Oberhoheit gezwungen, hat ihnen aber in der Regel ihre althergebrachte innere Ordnung belassen. Unter Verzicht auf nationale Geschlossenheit seines Reiches hat er damit ein territorial abgerundetes Staatswesen geschaffen, in dem Kanaanäer und Israeliten in engster Nachbarschaft miteinander lebten.

Zu diesen inneren Grenzbereinigungen trat die äußere Erweiterung des Herrschaftsgebietes. In einer Reihe siegreicher Feldzüge hat David die unmittelbar an Israel und Juda angrenzenden Völker unterworfen. Als schließlich sein Sohn Salomo die Regierung übernahm, erstreckte sich sein Einflußbereich »vom (Euphrat-)Strom bis an die Grenze Ägyptens«.

Daß David binnen weniger Jahrzehnte ein Großreich von solchen Ausmaßen hat schaffen können, verdankte er trotz seiner großen militärischen und politischen Fähigkeiten letztlich den Machtverhältnissen im damaligen Orient. Ägypten, das mehrere Jahrhunderte lang die Oberherrschaft über Syrien-Palästina ausgeübt hatte, war innerlich so schwach geworden, daß es seinen Herrschaftsanspruch über dieses Gebiet nur mehr nominell aufrechtzuerhalten vermochte. Das Hethiterreich, das von Kleinasien aus zeitweilig Nordsyrien beherrscht hatte, war ebenfalls zugrunde gegangen. Schließlich kam es auch im Zweistromland zwischen dem 12. und 9. Jahrhundert nicht zu größeren Machtbildungen, die nach Westen hätten übergreifen können. Die Herrschaft Davids fiel also in eine Periode, in der Syrien-Palästina einige Jahrhunderte lang sich selbst überlassen blieb, bevor es abermals zwischen die Mühlsteine der Weltmächte an Euphrat und Nil geriet.

Die Liste der Besiegten

Nüchtern, fast trocken werden Davids entscheidende Siege über die Nachbarvölker aufgezählt. Der Bericht, dem vielleicht amtliche Aufzeichnungen des Jerusalemer Hofes zugrunde liegen, nennt neben den Namen der Gegner jeweils nur noch die wichtigsten Maßnahmen Davids. Trotzdem kommt dem Abschnitt großes theologisches Gewicht zu. Alles, was hier berichtet wird, will im Licht der göttlichen Erwählung Davids verstanden werden: Jahwe selbst hat David vor aller Welt »einen Namen« gemacht. Hinter dieser Deutung wird das Staunen hörbar, mit dem die Zeitgenossen und die folgenden Generationen das Reich Davids betrachtet haben: Wie war so etwas möglich gewesen? Zweimal gibt der Verfasser des Abschnitts darauf die Antwort: »So half Jahwe David, sooft er auszog.« Es war ein Jahwekrieg großen Stils, mit dem David nach Meinung des Verfassers sein großes Reich zusammengebracht hat.

Danach schlug David die Philister und unterwarf sie. Er entriß Gat und seine Tochterstädte der Hand der Philister [25].

---

[25] Die beiden ersten Sätze greifen noch einmal auf früher Berichtetes zurück.

Er schlug die Moabiter und maß sie mit der Schnur ab, wobei sie sich auf den Boden legen mußten. Je zwei Schnüre maß er über jene, die er tötete, und eine Schnur länger für jene, die er am Leben erhalten wollte [26]. So wurden die Moabiter Davids Knechte und tributpflichtig.

Ferner überwältigte David Hadadeser, den Sohn des Rehob, den König von Zoba [27]. Dieser war ausgezogen, um seine Macht am Euphrat wieder herzustellen. David nahm von ihm 1700 Wagenkämpfer und 20 000 Mann Fußvolk gefangen. Alle Wagenpferde ließ David lähmen; nur 100 Wagengespanne ließ er davon übrig. Die Aramäer von Damaskus kamen dem König Hadadeser von Zoba zu Hilfe. David schlug von ihnen 22 000 Mann. Er setzte im aramäischen Damaskus Vögte ein. Die Aramäer wurden Davids Knechte und tributpflichtig. Jahwe half David bei allen Kriegszügen. David nahm auch die goldenen Rundschilde, die Hadadesers Leute hatten, und schaffte sie nach Jerusalem. Aus Tebah und Berotai, den Städten Hadadesers, erbeutete der König David Erz in großer Menge.

Als Toï, der König von Hamat [28], vernahm, daß David die gesamte Streitmacht Hadadesers geschlagen hatte, sandte er seinen Sohn Hadoram zum König David, um ihn zu begrüßen und ihm Glück zu wünschen, daß er gegen Hadadeser gestritten und ihn geschlagen habe. – Toï stand nämlich mit Hadadeser auf Kriegsfuß. – Er brachte silberne, goldene und eherne Gefäße mit. Auch sie weihte der König David Jahwe samt dem Silber und dem Gold, das er von allen unterworfenen Völkern geweiht hatte, nämlich von Aram, Moab, den Ammonitern, Philistern, Amalek und von der Beute Hadadesers, des Sohnes Rehobs, des Königs von Zoba. So machte David sich einen Namen. Als er zurückkehrte, schlug er die Edomiter im Salztal, 18 000 Mann. Er legte nach Edom eine Besatzung. So wurden alle Edomiter Davids Knechte. Jahwe half David bei allen seinen Unternehmungen. (2 Sam 8, 1–14)

Der Krieg gegen die Ammoniter

Sehr viel ausführlicher als die vorangegangene knappe Skizze ist der Bericht über den Krieg Davids gegen die Ammoniter. Der Grund für die breitere Darstellung mag der außergewöhnliche Anlaß der Auseinandersetzung gewesen sein. Vielleicht haben auch die politischen Folgen das Ereignis so bedeutsam werden lassen: Nach dem Sieg machte sich David zum König der Ammoniter, so daß das Königreich Ammon innerhalb des Davidischen Großreichs nun gleichrangig neben Juda, Israel und Jerusalem stand.

Auch der Bericht über den Ammoniterkrieg geht vermutlich auf ein offizielles, für das Staatsarchiv bestimmtes Schriftstück zurück, das bald nach den geschilderten Ereignissen abgefaßt worden ist. Die uns überkommene Darstellung ist in den großen Zusammenhang der sogenannten »Thronnachfolgegeschichte« (vgl. unten S. 212 ff.)

---

26 Das heißt, David ließ zwei Drittel aller moabitischen Krieger hinrichten.
27 Das Königreich Zoba lag nördlich von Damaskus. Der Einfluß seines Königs reichte offenbar zeitweilig bis an den oberen Euphrat.
28 Die Stadt Hamat lag im nördlichen Syrien.

eingefügt, in der sie durch die Verbindung mit der Batseba-Geschichte eine wichtige Rolle spielt.

Danach begab es sich, daß Nahasch, der Ammoniterkönig, starb und sein Sohn Hanun an seiner Stelle König wurde. David überlegte: »Ich will mich freundlich gegen Hanun, den Sohn des Nahasch, betragen, wie sein Vater gegen mich freundlich war.« Daher sandte David hin und ließ ihm durch seine Diener zum Verlust seines Vaters Beileid aussprechen. Die Diener Davids kamen also in das Ammoniterland. Da sprachen die Ammoniterfürsten zu ihrem Herrn Hanun: »Wenn David Trostboten zu dir gesandt hat, bedeutet das etwa, daß er deinem Vater vor dir Ehre erweisen will? Sandte er nicht deswegen seine Diener zu dir, die Stadt zu erforschen, auszukundschaften und sie von Grund auf zu zerstören?« Da ließ Hanun die Diener Davids ergreifen, ihnen den Bart zur Hälfte abscheren und ihre Kleider zur Hälfte bis zum Gesäß abschneiden. Dann ließ er sie gehen. Man meldete dies dem David. Er sandte ihnen entgegen; denn die Männer fühlten sich sehr beschämt. Er befahl: »Bleibt in Jericho, bis euer Bart wieder gewachsen ist, dann erst kehrt heim!«

Die Ammoniter merkten, daß sie sich bei David verhaßt gemacht hatten. Sie sandten also hin und warben die Aramäer von Bet-Rehob und die Aramäer von Zoba mit 20 000 Mann Fußvolk, ferner den König von Maacha mit 1000 Mann und die Einwohner von Tob mit 12 000 Mann an. David hörte davon und sandte Joab mit dem ganzen Heer von Kriegshelden [29]. Die Ammoniter rückten vor und ordneten ihre Schlachtreihen am Eingang der Stadt. Die Aramäer von Zoba und Rehob sowie die Männer von Tob und Maacha standen abgesondert auf freiem Feld. Joab erkannte, daß ihm von vorn und vom Rücken die Kriegsfront drohte. Er traf also eine Auswahl aus allen Kerntruppen Israels und richtete gegen Aram die Schlachtreihen aus. Die übrigen Kriegsleute übergab er seinem Bruder Abischai, und dieser trat den Ammonitern entgegen. Joab sprach: »Sind die Aramäer stärker als ich, so komme du mir zu Hilfe! Sind aber die Ammoniter stärker als du, so eile ich herbei und komme dir zu Hilfe. Sei tapfer! Wir müssen stark sein für unser Volk und für die Städte unseres Gottes. Jahwe aber tue, was ihm wohlgefällt!« Joab und seine Leute gingen zum Angriff gegen die Aramäer über, und diese flohen vor ihm. Die Ammoniter merkten, daß Aram floh. Sie ergriffen also vor Abischai die Flucht und zogen sich in die Stadt zurück. Dann ließ Joab von den Ammonitern ab und kam nach Jerusalem.

Um die Jahreswende, zur Zeit, da die Könige in den Krieg zu ziehen pflegen, sandte David den Joab mit seinen Leuten und ganz Israel aus. Man verheerte das Land der Ammoniter und belagerte Rabba [30]. David selbst blieb in Jerusalem.

---

29 Die »Kriegshelden« waren die Söldnertruppe Davids.
30 Rabba (»Die Große«), gelegentlich auch Rabbat Ammon genannt, ist das heutige Amman, die Hauptstadt Jordaniens.

Joab kämpfte gegen Rabba, die Hauptstadt der Ammoniter. Er hatte bereits die Königsstadt eingenommen. Da sandte er Boten zu David und ließ berichten: »Ich habe gegen Rabba gekämpft und auch die Wasserstadt[31] erobert. Biete nun den Rest des Kriegsvolkes auf; belagere die Stadt und nimm sie ein, damit nicht ich die Stadt erobere und mein Name über ihr aufgerufen[32] wird!«

David bot das ganze Kriegsvolk auf, zog gegen Rabba und eroberte es im Kampf. Er nahm ihrem König die Krone vom Haupt. Sie war von Gold, ein Talent schwer, und an ihr prangte ein wertvoller Edelstein; sie kam auf Davids Haupt. Überaus reiche Beute brachte er aus der Stadt weg. Ihre Bevölkerung führte er fort und stellte sie an die Steinsägen, Eisengeräte, eisernen Äxte und ließ sie in Ziegeleien arbeiten. So verfuhr er mit allen Städten der Ammoniter. Danach kehrte David mit dem gesamten Kriegsvolk nach Jerusalem zurück. (2 Sam 10, 1–14; 11, 1; 12, 26–31)

C. Der Streit um die Nachfolge Davids

Ein Reich von der Größe des davidischen stand und fiel mit der Person seines Königs. Wer aber würde dieses Reich nach dem Tode Davids übernehmen? Diese Frage beschäftigte die Zeitgenossen um so mehr, je älter David wurde. Noch kannte das junge Königtum keine geschichtlich bewährte Ordnung der Thronfolge. Bei der unbezweifelten Autorität, die David bei den israelitischen Stämmen besaß, kam es ausschließlich ihm zu, die Thronfolge zu regeln. David jedoch hat in diesem Punkt versagt. Er, der klug und vorausschauend, mutig und entschlossen seinen Weg vom geächteten Söldnerführer zum König eines Großreiches gegangen war, wirkte in der für die Zukunft des Reiches entscheidenden Frage unentschlossen und schwach. So kam es noch zu seinen Lebzeiten unter seinen Söhnen zu blutigen Auseinandersetzungen um die Nachfolge, in denen der alternde König eine recht unkönigliche Figur machte; das Gesetz des Handelns lag in den Händen seiner miteinander rivalisierenden Söhne und ihres Anhanges bei Hof. Aus den Wirren ging schließlich Salomo als Thronfolger hervor.

Die Thronwirren werden ausführlich in der sogenannten »Geschichte von der Thronfolge Davids« geschildert, einem großen Geschichtswerk, das noch zur Zeit Salomos entstanden ist. Im Unterschied zu der »Geschichte von Davids Aufstieg« ist dieses Geschichtswerk von vornherein als ein geschlos-

---

[31] Die »Wasserstadt« war ein von der übrigen Stadt gesonderter Stadtteil.
[32] Das Ausrufen des Namens war ein Rechtsakt, mit dem das Eigentumsrecht an einer Sache öffentlich kundgemacht wurde. Wie über der »Davidsstadt« Jerusalem, so sollte Davids Name auch über Rabba »ausgerufen« werden.

senes Ganzes angelegt. Es ist das wohldurchdachte, folgerichtig aufgebaute Werk eines Schriftstellers, der seinen Stoff frei und souverän gestaltet hat, ohne sich an eine vorgegebene mündliche Überlieferung gebunden zu wissen. Charakteristisch für das Werk ist eine Fülle von Reden, die in den Handlungsablauf eingebettet sind und jeweils den Höhepunkt kleinerer, in sich abgeschlossener Szenen bilden. Die Ereignisse laufen scheinbar nach ganz profanen machtpolitischen und psychologischen Gesetzmäßigkeiten ab. Nur an drei Stellen hat der Verfasser Positionslichter gesetzt, die dem Leser zu verstehen geben sollen, daß alles Geschehen auf verborgene Weise von Jahwe selbst gelenkt wird.

Die Natan-Weissagung

Seine göttliche Legitimation hat das davidische Königtum in der sogenannten Natan-Weissagung erhalten. Das einstmals wohl recht knappe Prophetenwort ist in der späteren Überlieferung erzählerisch ausgedeutet und erweitert worden. In seiner uns überkommenen Gestalt enthält es eine doppelte Aussage. Im ersten Teil wird es David von Jahwe verwehrt, ihm einen Tempel zu bauen; im zweiten Teil spricht Jahwe dem Geschlecht Davids für alle Zeiten die Königsherrschaft zu.

Die Natan-Weissagung ist ursprünglich eine eigenständige Überlieferung gewesen. Der Verfasser der Thronnachfolgegeschichte hat sie in den theologischen Spannungsbogen seiner Darstellung einbezogen und sie so in einen größeren geschichtlichen Zusammenhang eingeordnet. Er hat die Verheißung Jahwes, die der Dynastie Davids ewige Dauer zusagt, an den Anfang seiner Geschichtsdarstellung gesetzt. Der Leser wird so in den selbstzerstörerischen Machtkampf der Davidsöhne mit der Frage entlassen, wie Jahwes Wort wohl dieser illusionslosen Wirklichkeit Herr werden wird. Nicht nur das große Erbe Davids steht auf dem Spiel, sondern zugleich das Wort Jahwes, der sich für dieses Erbe verbürgt hat.

Nun wohnte der König in seinem Haus, und Jahwe hatte ihm Ruhe gegeben vor all seinen Gegnern ringsum. Da sprach der König zum Propheten Natan: »Siehe, ich wohne in einem Zedernhaus; die Lade Gottes aber weilt unter einer Zeltdecke.« Natan entgegnete dem König: »Gehe hin und tue alles, was dir am Herzen liegt; denn Jahwe ist mit dir!«

Doch noch in jener Nacht erging das Wort Jahwes an Natan: »Auf, sprich zu meinem Knecht David: So spricht Jahwe: Du willst mir also ein Haus bauen, damit ich darin wohne? Ich habe ja doch seit dem Tage, da ich die Israeliten aus Ägypten herausführte, bis heute in keinem Hause gewohnt, sondern bin in einem Wohnzelt umhergewandert. Redete ich denn in all der Zeit meines Herumwanderns unter allen Israeliten je ein Wort zu einem der Richter Israels, die ich als Hirten über mein Volk Israel bestellte: Warum baut ihr mir kein Haus aus Zedernholz[33]? Nun sprich zu meinem Knecht

---

[33] Die mit diesen Worten ausgesprochene Ablehnung des Tempelbaus war ursprünglich wohl in einem endgültigen Sinne gemeint. Die spätere Umdeutung (siehe S. 214 bei Anm.-Ziffer 33) hat das Verbot auf die Person Davids beschränkt.

David: So spricht Jahwe der Heerscharen: Ich habe dich von der Weide hinter dem Kleinvieh weggeholt, damit du Fürst über mein Volk Israel werdest. Überall, wo du gingst, war ich mit dir; all deine Feinde habe ich vor deinem Antlitz vertilgt. Ich will dir einen bedeutenden Namen machen wie den Namen der Großen auf Erden. Ich will meinem Volke Israel einen Platz zuweisen und es einpflanzen, daß es an seiner Stätte wohnen kann! Es soll nicht mehr zittern, und frevelhafte Menschen dürfen es nicht mehr bedrücken wie früher, in der Zeit nämlich, da ich Richter über mein Volk Israel bestellt habe. Ruhe will ich dir vor deinen Feinden schenken. Jahwe verkündet dir, daß er, Jahwe, dir ein Haus [34] bauen wird. Sind deine Tage erfüllt und legst du dich zu deinen Vätern schlafen, dann werde ich deinen unmittelbaren Nachkommen, der aus deinem Leibe hervorgeht, aufstellen und sein Königtum bestätigen. Er wird meinem Namen ein Haus bauen [33], und ich werde seinen Königsthron für immer befestigen. Vater will ich ihm sein, und er soll mir Sohn sein! Deshalb werde ich ihn, wenn er sich verfehlt, nach Menschenart mit Ruten und Schlägen züchtigen. Doch meine Huld werde ich ihm nicht entziehen, wie ich sie Saul entzogen habe, den ich vor dir entfernte. Dein Haus und dein Königtum sollen immer vor mir bestehen; dein Thron soll für ewige Zeiten befestigt sein!« Ganz nach diesen Worten und entsprechend diesem Gesicht redete Natan zu David. (2 Sam 7, 1–17)

Die letzten Nachkommen Sauls

Eine Frage mußte die Thronfolgegeschichte gleich zu Anfang ihren Lesern beantworten: Wie war es gekommen, daß nicht einer von Sauls Nachkommen Davids Nachfolger auf dem Thron geworden war? Von Michal hieß es am Ende der Lade-Erzählung: »Michal, Sauls Tochter, bekam kein Kind bis an den Tag ihres Todes.« An männlichen Nachkommen Sauls war nur ein gelähmter Sohn Jonatans übriggeblieben. Konnte nicht über diesen eines Tages die Linie Sauls wieder aufleben? David hat anscheinend damit gerechnet. Eine Geste der Freundschaft mit einer Maßnahme politischer Klugheit verbindend, hat er dem Jonatan-Sohn Meribaal alle Güter seines Großvaters Saul zurückgegeben, ihn selbst aber an den Hof geholt und ihn so unter seine ständige Aufsicht gestellt. Damit war die Nachfolgefrage zu einer Angelegenheit der Davididen geworden.

David stellte die Frage: »Ist noch jemand da, der vom Hause Saul übrigblieb? Ich will an ihm liebevoll handeln um Jonatans willen.« Nun war vom Hause Saul noch ein Knecht namens Ziba da. Diesen rief man zu David, und der König fragte ihn: »Bist du Ziba?« Er entgegnete: »Ja, dein Knecht bin ich.« Der König fragte weiter: »Ist vom Hause Saul noch jemand da? Ich will ihm Gottes Barmherzigkeit erweisen!« Ziba erwiderte dem König: »Es ist noch ein Sohn Jonatans da, der an beiden Beinen gelähmt ist.« Da fragte ihn der König: »Wo ist er?« Ziba erwiderte: »Er befindet sich im Hause Machirs,

---

34 »Haus« wird hier im Sinne von Dynastie gebraucht.

des Sohnes Ammiels, in Lodebar.« Der König David sandte hin und ließ ihn aus dem Hause des Machir, des Sohnes Ammiels, aus Lodebar holen.

Meribaal, der Sohn Jonatans, des Sohnes Sauls, kam zu David. Er fiel auf sein Antlitz nieder und brachte seine Huldigung dar. David aber sprach: »Meribaal!« Der aber entgegnete: »Dein Knecht ist hier.« David sprach zu ihm: »Fürchte dich nicht! Ich will Barmherzigkeit an dir üben um deines Vaters Jonatan willen. Ich will dir den ganzen Grundbesitz deines Großvaters Saul wiedererstatten. Du sollst ständig an meinem Tische speisen!« Jener verneigte sich vor ihm und sprach: »Was ist denn dein Knecht, daß du dein Antlitz einem toten Hund zuwendest, wie ich es bin?« Da rief der König Ziba, den Diener Sauls, und sprach zu ihm: »Alles, was Saul und seiner ganzen Familie gehört hat, will ich dem Sohn deines Herrn schenken. Du mit deinen Söhnen und Knechten sollst ihm den Boden bearbeiten und das Getreide ernten, damit die Familie deines Herrn Brot zu essen habe. Meribaal aber, der Sohn deines Herrn, wird sich beständig an meinem Tisch nähren.« Ziba hatte 15 Söhne und 20 Knechte. Ziba entgegnete dem König: »Ganz wie mein Herr, der König, seinem Knecht anordnet, will ich tun.«

Meribaal speiste an Davids Tisch wie einer von des Königs Söhnen. Meribaal hatte einen kleinen Sohn mit Namen Micha. Alle Insassen des Hauses Ziba waren zugleich Knechte Meribaals. Meribaal wohnte in Jerusalem, weil er ständig an des Königs Tisch speisen durfte. Er war gelähmt an beiden Füßen. (2 Sam 9, 1–13)

David und Batseba

Davids Familiengeschichte beginnt mit einer schrillen Dissonanz: mit einem Ehebruch und einem Mord des Königs. Nüchtern und zurückhaltend, ohne moralische Wertung und ohne etwas zu beschönigen, wird das Verbrechen dessen, auf dem Jahwes große Verheißung ruht, erzählt. Dem Leser, der von der Natan-Weissagung herkommt, wird damit allerlei zugemutet. Bar aller ideologischen oder mythologischen Verklärung wird der König in seiner ganzen erbärmlichen Menschlichkeit dargestellt. Der Verfasser der Thronnachfolgegeschichte scheint, wie diese Szene seines Werkes erkennen läßt, die Begebenheiten aus nächster Nähe miterlebt zu haben. Vermutlich gehörte er zum höfischen Gefolge des Königs und war daher durch den Hofklatsch auch über Davids Privatleben gut informiert.

Eines Abends stand David von seinem Lager auf und lustwandelte auf dem Dach des Königspalastes. Da sah er vom Dach aus eine badende Frau von überaus schöner Gestalt. David sandte hin und erkundigte sich nach der Frau. Man meldete ihm: »Das ist Batseba, die Tochter Eliams, die Frau des Hethiters Uria.« David schickte Boten hin und ließ sie holen. Sie kam zu ihm, und er wohnte ihr bei; sie war aber gerade dabei, sich von ihrer Unreinheit zu reinigen. Dann kehrte sie in ihr Haus zurück. Die Frau hatte empfangen und ließ David melden: »Ich bin schwanger.« David sandte zu Joab: »Schicke mir den Hethiter Uria!« Und Joab entsandte den Uria zu David. Uria kam, und

David fragte ihn nach dem Wohlbefinden Joabs, dem Ergehen der Kriegsleute und dem Stand des Krieges. David befahl Uria: »Gehe hinab in dein Haus und wasche dir die Füße!« [35] Uria verließ das Haus des Königs; ein Geschenk des Königs folgte hinterdrein. Doch Uria schlief am Toreingang zum Königshause mit allen Untergebenen seines Herrn und ging nicht in sein Haus hinab. Man meldete David: »Uria ist nicht in sein Haus gegangen.« Da fragte David den Uria: »Kommst du denn nicht von einem Feldzug? Warum gehst du nicht in dein Haus?« Uria gab David zur Antwort: »Die Lade sowie Israel und Juda wohnen in Zelten; mein Gebieter Joab lagert mit den Soldaten meines Herrn auf freiem Felde [36]. Ich aber soll in mein Haus gehen, essen, trinken und bei meiner Frau schlafen? So wahr du lebst, und so wahr deine Seele lebt, niemals werde ich das tun!« David entgegnete Uria: »Bleibe auch heute noch hier! Morgen entsende ich dich wieder.« Uria blieb also an jenem Tag in Jerusalem und auch am nächstfolgenden. David lud ihn ein, mit ihm zu essen und zu trinken, und er machte ihn berauscht. Doch er ging am Abend wieder hinaus und schlief auf seinem Lager bei den Untergebenen seines Herrn. In sein Haus ging er nicht.

Am nächsten Morgen schrieb David einen Brief an Joab und ließ ihn durch Uria überbringen. Im Brief stand zu lesen: »Stellt den Uria an die heftigste Stelle des Kampfes ganz vorne hin! Zieht euch dann von ihm zurück, denn er soll getroffen werden und sterben!« Während nun Joab die Stadt belagerte, stellte er Uria dahin, wo er starke Gegner wußte. Die Männer der Stadt machten einen Ausfall, um mit Joab zu kämpfen. Manch einer vom Kriegsvolk Davids fand den Tod. Auch der Hethiter Uria kam dabei ums Leben.

Joab sandte hin, um David die Geschehnisse des Kampfes zu melden. Er gab dem Boten den Auftrag: »Wenn du dem König alle Kampfereignisse geschildert hast und wenn dann sein Zorn auflodert und er dich fragt: ›Warum seid ihr denn so nahe an die Stadt herangerückt, um zu kämpfen? Habt ihr nicht gewußt, daß man von der Mauer herabschießt? Wer hat denn Abimelech, den Sohn Jerubbaals, erschlagen? Hat nicht ein Weib den oberen Teil der steinernen Handmühle von der Mauer auf ihn herabgeworfen, so daß er in Tebez starb? Warum seid ihr denn so nahe an die Mauer herangetreten?‹, dann sage nur: ›Auch dein Knecht, der Hethiter Uria, ist tot.‹« Der Bote zog ab, kam zu David und meldete ihm alles, was Joab aufgetragen hatte. Es sprach der Bote zu David: »Die Feinde waren stärker als wir. Sie drangen gegen uns auf das freie Feld vor, wir mußten sie bis zum Stadttor zurückdrängen. Doch die Bogenschützen schossen von der Mauer herab auf deine Knechte. Von den Knechten des Königs fanden einige den Tod. Auch

---

35 Der Besuch zu Hause soll Uria später als den Vater des von seiner Frau erwarteten Kindes erscheinen lassen.
36 Das heißt, Davids Söldner standen unter Führung Joabs bereits im Kampf, während der Heerbann und die Lade noch in der Etappe auf ihren Einsatz warteten.

dein Knecht, der Hethiter Uria, kam um.« David entgegnete dem Boten: »Sage zu Joab: ›Gräme dich nicht um diese Angelegenheit; denn das Kriegsschwert frißt bald hier, bald dort. Führe tapfer deinen Krieg gegen die Stadt und zerstöre sie!‹ Stärke also seinen Mut!«

Als Urias Frau vernahm, daß ihr Mann tot sei, hielt sie um ihren Eheherrn die Totenklage. Nachdem die Trauerzeit vorübergegangen war, sandte David hin und ließ sie in sein Haus bringen. Sie wurde seine Frau und gebar ihm einen Sohn. Doch Jahwe mißfiel, was David getan hatte.   (2 Sam 11, 2–27)

Schuld und Sühne

Der Schwere des Vergehens entspricht die göttliche Strafe. David hat den Tod verdient. Das Todesurteil wird erst nach seinem Schuldbekenntnis wieder zurückgenommen. Aber Jahwe fordert eine Sühne: Das neugeborene Kind muß sterben. Am Tod des Kindes erkennt David, daß Jahwe seine Schuld getilgt hat. Dem zweiten Sohn, den Batseba gebiert, gibt sie den Namen Salomo, in dem das Wort »Friede« enthalten ist, und der Prophet Natan nennt ihn Jedidjah, »Liebling Jahwes«. So wird dieser Salomo schon zu Beginn der Thronnachfolgegeschichte als derjenige vorgestellt, auf dem der besondere Segen Jahwes ruht.

Jahwe entsandte Natan zu David. Dieser ging hin und verkündete ihm: »Zwei Männer waren in einer Stadt, der eine reich, der andere arm. Der Reiche hatte Schafe und Rinder in großer Menge. Der Arme hatte nichts als ein einziges Lamm, das er gekauft und aufgezogen hatte. Bei ihm und seinen Kindern wuchs es heran. Es aß von seinen Bissen, trank aus seinem Becher und schlief auf seinem Schoße. Es war ihm wie eine Tochter. Da bekam eines Tages der Reiche Besuch. Es tat ihm leid, von seinen eigenen Schafen oder Rindern eines zu nehmen und es dem Wanderer, der zu ihm gekommen war, zu bereiten. So nahm er das Lamm des armen Mannes und richtete es für seinen Gast zu.«

Da geriet David in heftigen Zorn über jenen Mann und sagte zu Natan: »So wahr Jahwe lebt! Der Mann der das getan hat, ist ein Kind des Todes! Das Lamm soll er vierfach erstatten zur Vergeltung dafür, daß er dieses getan und kein Mitleid empfunden hat.« Da sprach Natan zu David: »Du bist der Mann!«

Da sprach David zu Natan: »Ich habe gegen Jahwe gesündigt.« Natan entgegnete: »Gut, Jahwe vergibt dir deine Sünde. Du wirst nicht sterben. Weil du aber Jahwe durch diesen Frevel offen verhöhnt hast, muß der Sohn, der dir geboren wird, des Todes sterben.«

Natan ging in sein Haus. Jahwe aber schlug das Kind, das Urias Frau dem David geboren hatte, daß es auf den Tod erkrankte. David suchte Gott um des Knaben willen auf; er fastete, schloß sich ein und lag die Nacht über am Boden. Die Würdenträger seines Hofes versuchten, ihn vom Erdboden aufzurichten. Er aber weigerte sich und nahm keine Speise mehr mit ihnen zu sich. Am siebten Tag starb das Kind. Die Bediensteten Davids fürchteten sich, ihm mitzuteilen, daß es tot sei. Sie dachten nämlich: »Solange das Kind lebte, haben wir ihm zugeredet, aber er beachtete uns nicht. Wie können wir ihm sagen: Das Kind ist tot? Er könnte ein Unheil anrichten!« David aber merkte, daß seine Bediensteten flüsterten. Er erkannte, daß das Kind gestorben war. Daher fragte er seine Umgebung: »Ist das Kind tot?« Sie antwortreten: »Ja, tot.« David erhob sich nun von der Erde, wusch und salbte sich. Er wechselte seine Kleider und ging in das Haus Jahwes, um anzubeten. Dann ging er heim, ließ sich Speise auftragen und begann zu essen. Da fragten ihn seine Diener: »Was bedeutet dieses Verhalten, das du an den Tag legst? Um des lebenden Kindes willen hast du gefastet und geweint; da das Kind aber tot ist, stehst du auf und ißt!« Er entgegnete: Solange das Kind noch lebte, habe ich gefastet und geweint, weil ich mir dachte: Vielleicht wird sich Jahwe doch noch meiner erbarmen und das Kind am Leben erhalten. Nun aber ist es tot. Wozu soll ich noch fasten? Kann ich es wieder zurückholen? Nein, ich werde zu ihm gehen. Das Kind aber kehrt zu mir nicht wieder zurück.«

David beruhigte seine Frau Batseba, ging zu ihr und verkehrte mit ihr. Sie gebar einen Sohn, den er Salomo nannte. Jahwe liebte ihn, und er sandte als Boten den Propheten Natan, der ihm den Namen Jedidjah (»Geliebter Jahwes«) gab, im Hinblick auf Jahwe. (2 Sam 12, 1–7.13–25)

Amnon und Tamar

Salomo war einer der jüngeren Söhne Davids. Wie kam es, daß schließlich er und nicht einer seiner älteren Brüder den Thron des Vaters erbte? Von dieser Frage wird von jetzt an die Thronnachfolgegeschichte geleitet.

Nach dem Kronprinzen Amnon war dessen Halbbruder Absalom der nächste, der sich Hoffnungen auf den Thron machte. Für das spätere Schicksal der beiden wurde ein Ereignis entscheidend, von dem Absaloms Vollschwester Tamar betroffen wurde. David, der Vater der drei, wirkt in dieser Episode wie eine Randfigur; hilflos steht er dem Geschehen gegenüber.

Hierauf ereignete sich folgendes: Absalom, der Sohn Davids, hatte eine schöne Schwester namens Tamar. Amnon, der Sohn Davids, verliebte sich in sie. Amnon quälte sich wegen seiner Schwester Tamar so, daß er krank wurde. Sie war Jungfrau und es erschien ihm unmöglich, ihr etwas anzutun [37]. Amnon hatte einen Freund namens Jonadab, einen Sohn des Schimea, des Bruders Davids. Jonadab war ein recht verschlagener Mann. Er fragte ihn: »Warum bist du, Sohn meines Königs, an jedem Morgen so elend? Willst du es mir nicht erzählen?« Amnon antwortete ihm: »Ich liebe Tamar,

---

[37] Die unverheirateten Prinzessinnen wurden offenbar besonders streng von der Umwelt abgeschlossen.

die Schwester meines Bruders Absalom.« Da sprach Jonadab zu ihm: »Lege dich in dein Bett und stelle dich krank! Kommt dann dein Vater, dich zu besuchen, so sprich zu ihm: Laß meine Schwester Tamar kommen und mir Krankenkost verabreichen! Sie bereite aber das Essen vor meinen Augen zu, daß ich es sehen kann und von ihr das Essen erhalte.«

Amnon legte sich nieder und stellte sich krank. Als der König kam, um ihn zu besuchen, bat ihn Amnon: »Möge doch meine Schwester Tamar kommen und vor meinen Augen einige Herzkuchen backen, daß ich sie aus ihrer Hand als Krankenkost essen kann!« David sandte heim zu Tamar und ließ ihr sagen: »Komm doch in das Haus deines Bruders Amnon und richte ihm das Essen zu!« Tamar begab sich in das Haus ihres Bruders Amnon, der im Bett lag. Sie nahm den Mehlteig, knetete ihn, formte vor seinen Augen Herzkuchen und buk sie. Sie nahm die Pfanne und trug ihm auf. Aber er weigerte sich zu essen und befahl: »Alle sollen von mir fortgehen!« Da gingen alle hinaus. Amnon sprach zu Tamar: »Bringe die Krankenkost in das Innengemach! Ich will sie aus deiner Hand einnehmen!« Tamar nahm die zubereiteten Herzkuchen und brachte sie ihrem Bruder Amnon in das innere Gemach. Sie verabreichte ihm das Essen. Er aber ergriff sie und sprach zu ihr: »Komm, lege dich zu mir, meine Schwester!« Sie aber entgegnete ihm: »Nicht doch, mein Bruder! Vergewaltige mich nicht; denn solches darf man in Israel nicht tun! Verübe doch nicht diese Torheit! Wo sollte ich mit meiner Schande hin? Du aber wärest wie einer der Toren in Israel. Rede jetzt mit dem König! Er wird mich dir nicht abschlagen.« Er aber wollte nicht auf sie hören, griff nach ihr, schändete sie und wohnte ihr bei [38].

Amnon faßte danach einen furchtbaren Haß gegen sie, der größer war als die Liebe, die er zu ihr hatte. Er befahl ihr: »Stehe auf und verschwinde!« Doch sie warf ihm vor: »Nein, mein Bruder! Denn größer wäre dieses Unrecht als das andere, das du mir angetan hast, wenn du mich einfach fortschicken wolltest!« Er aber wollte nicht auf sie hören. Er rief nach seinem Burschen, der ihn bediente, und sprach: »Schafft diese fort von mir, hinaus, und bindet die Türe hinter ihr zu!« Sie trug ein langes Ärmelkleid; denn in solche Gewänder kleideten sich seit jeher Königstöchter, die noch Jungfrauen waren. Sein Diener brachte sie hinaus und band die Türe hinter ihr zu. Tamar streute Asche auf ihr Haupt, zerriß das Ärmelkleid, das sie trug, legte ihre Hände auf den Kopf und ging unter Wehklagen fort.

Da fragte sie ihr Bruder Absalom: »War dein Bruder Amnon bei dir? Nun denn, meine Schwester, schweige still! Er ist ja dein Bruder. Gräme dich nicht um das, was geschehen ist!« Tamar blieb zurückgezogen im Hause ihres Bruders Absalom. Der König David vernahm von all diesen Dingen und

---

38 Ehen zwischen Halbgeschwistern waren damals noch erlaubt; erst später sind sie durch strenge Gesetze verboten worden. Amnons eigentliches Vergehen ist also nicht der Inzest mit seiner Schwester, sondern die mit der Vergewaltigung verbundene Entehrung des Mädchens und seine anschließende Verstoßung.

wurde sehr zornig. Absalom sprach mit Amnon kein Wort mehr, weder im bösen noch im guten Sinn; denn er haßte Amnon, weil er seine Schwester Tamar entehrt hatte. (2 Sam 13, 1–22)

Absaloms Rache

Für Absalom war Amnons Vergehen an Tamar ein willkommener Vorwand, den Kronprinzen zu beseitigen. Nach einem geschickt eingefädelten Plan hat er zwei Jahre später an seinem Bruder Rache genommen.

Zwei Jahre später hielt Absalom in Baal-Hazor bei Ephraim Schafschur[39]. Absalom lud alle königlichen Prinzen dazu ein. Er begab sich zum König und sprach: »Siehe, dein Knecht hält Schafschur. Möge doch der König mit seinen Dienern deinen Knecht begleiten!« Der König erwiderte Absalom: »Nein, mein Sohn! Wir können doch nicht alle kommen; wir fallen dir sonst zur Last.« Auch als er ihn dringend bat, wollte er nicht mitgehen, sondern verabschiedete sich von ihm. Absalom sprach darauf: »Darf nicht wenigstens mein Bruder Amnon mitkommen?« Der König erwiderte: »Wozu soll er denn mit dir gehen?« Absalom jedoch bestand darauf; da ließ jener Amnon und alle königlichen Prinzen mit ihm ziehen[40]. Absalom erteilte seinen Knechten den Befehl: »Paßt auf! Wenn Amnon durch den Wein lustig wird und ich euch sage: ›Schlagt Amnon nieder!‹, dann tötet ihn! Habt keine Furcht! Ich bin es ja, der euch den Befehl gegeben hat. Seid mutig und tapfer!«

Die Knechte Absaloms taten an Amnon, wie Absalom angeordnet hatte. Alle königlichen Prinzen sprangen auf, setzten sich auf ihre Maultiere und flohen. Sie waren noch unterwegs, da drang das Gerücht schon zu David: »Absalom hat alle königlichen Prinzen erschlagen, nicht einer von ihnen blieb übrig.« Der König erhob sich, zerriß seine Kleider und warf sich zu Boden nieder. Auch alle seine Diener standen um ihn mit zerrissenen Kleidern. Doch Jonadab, der Sohn Schimeas, des Bruders Davids, ergriff das Wort und sprach: »Mein Herr soll nicht meinen, man habe alle jungen Prinzen ermordet! Amnon allein wird tot sein; denn in Absaloms Absicht hat das gelegen seit dem Tage, da jener seine Schwester Tamar vergewaltigt hatte. Mein Herr und König möge sich also das Herz nicht schwermachen mit dem Gedanken, es seien alle königlichen Prinzen ermordet worden; nur Amnon allein wird tot sein!«

Absalom aber ergriff die Flucht. Der Diener, der ausspähte, erhob seine

---

39 Die Gegend, in der Absalom Weidegebiete besaß, lag nördlich von Jerusalem im mittelpalästinischen Gebirge.

40 Der Kronprinz wird, offenbar seines besonderen Ranges wegen, von den übrigen Prinzen unterschieden.

Augen und sah eine Reihe von Leuten auf dem Wege von Horonaim am Bergabhang einherkommen. Jonadab sprach zum König: »Siehe, die königlichen Prinzen kommen! Wie dein Knecht gesagt hat, so ist es!« Kaum hatte er zu Ende geredet, als die königlichen Prinzen eintrafen. Sie weinten mit lauter Stimme, und auch der König und seine ganze Umgebung brachen in ein heftiges Weinen aus. Absalom aber floh und ging zu Talmai, dem Sohn Ammichurs, des Königs von Geschur [41]. Der König trauerte um seinen Sohn die ganze Zeit. (2 Sam 13, 23–37)

Der Staatsstreich

Drei Jahre ist Absalom nach seiner Flucht in Geschur geblieben. Dann ließ ihn David nach Jerusalem zurückkehren, ohne ihn jedoch persönlich zu empfangen. Nach weiteren zwei Jahren erst gewährte ihm der König Audienz und damit die Versöhnung.
Von da ab hat Absalom zielbewußt auf einen Umsturz hingearbeitet. Dabei mag ihm zugute gekommen sein, daß er offenbar sehr beliebt war: »In ganz Israel gab es keinen Mann, der so schön war wie Absalom und so hoch zu rühmen; von der Fußsohle bis zum Scheitel war nichts an ihm auszusetzen« (2 Sam 14, 25). Mit einem aufwendigen Lebensstil, durch betont volkstümliches Verhalten und allerlei politische Versprechungen hat er sich innerhalb weniger Jahre im Volk einen breiten Anhang zu schaffen gewußt. Unter einem Vorwand hat er schließlich Jerusalem verlassen und sich in Hebron zum König ausrufen lassen.

Danach ereignete sich folgendes: Absalom verschaffte sich Wagen und Pferde und 50 Leute, die vor ihm herlaufen sollten. Des Morgens in der Frühe stellte sich Absalom an den Torweg. Hatte jemand einen Streit und wandte er sich an den König zur Entscheidung, so sprach Absalom ihn an und fragte: »Aus welcher Stadt bist du?« Der entgegnete: »Dein Knecht kommt aus dem und dem Stamm Israels.« Darauf sagte Absalom zu ihm: »Siehe, deine Angelegenheit ist gut und in Ordnung. Doch beim König gibt es niemand, der auf dich hört.« Absalom sprach: »Würde man doch mich zum Richter im Lande bestellen! Jedermann sollte zu mir kommen dürfen, der Streit hat und eine Entscheidung braucht. Ich würde ihm zum Recht verhelfen!« Trat dann jemand an ihn heran, um ihm zu huldigen, so streckte er seine Hand aus, umarmte und küßte ihn. Nach dieser Art und Weise machte es Absalom mit allen Israeliten, die um eines Rechtsentscheides willen zum König gehen wollten. So stahl sich Absalom die Herzen der Israeliten.
Nach Ablauf von vier Jahren sprach Absalom zum König: »Ich will hingehen und in Hebron mein Gelübde erfüllen, das ich Jahwe gelobt habe! Dein Knecht tat nämlich, als er zu Geschur in Aram sich aufhielt, das Gelübde: Führt Jahwe mich nach Jerusalem heim, dann will ich ihm eine Opferfeier halten.« Der König entgegnete: »Ziehe hin in Frieden!« Da machte er

---

41 Talmai, der König von Geschur, war Absaloms Großvater mütterlicherseits.

sich auf den Weg nach Hebron. Absalom hatte Kundschafter in alle Stämme
Israels gesandt und den Auftrag gegeben: »Wenn ihr Posaunengeschmetter
hört, so ruft: König ist Absalom in Hebron!« Mit Absalom zogen 200 Mann
aus Jerusalem, die geladen waren und arglos mitgingen, ohne irgend etwas
zu wissen. Absalom ließ auch den Achitophel aus Gilo, den Ratgeber Davids,
aus seiner Stadt Gilo kommen, während er die Schlachtopfer darbrachte. Die
Verschwörung wuchs, und immer mehr Leute scharten sich um Absalom.

(2 Sam 15, 1–12)

Davids Flucht aus Jerusalem

David hat aus dem Aufstand Absaloms sofort die Konsequenzen gezogen. Sein Anhang war im wesentlichen auf seine Söldner zusammengeschrumpft. Um nicht von Absalom in Jerusalem überrascht und geschlagen zu werden, hat er mit seiner Familie und den Soldaten die Stadt in Richtung Ostjordanland verlassen.

Der Erzähler läßt zwei Züge im Verhalten des flüchtenden Großkönigs besonders hervortreten: sein Vertrauen zu Jahwe und die Klugheit, mit der er Absaloms Pläne zu durchkreuzen trachtet.

Da kam jemand zu David und meldete: »Die Herzen der Israeliten haben sich
Absalom zugewandt!« David befahl allen seinen Knechten, die bei ihm in
Jerusalem waren: »Auf, laßt uns fliehen; denn es gibt für uns keine Rettung
mehr vor Absalom! Brecht eilends auf, denn sonst erreicht er uns schnell,
bringt Unheil über uns und schlägt die Stadt mit des Schwertes Schärfe!«
Die Leute des Königs entgegneten ihm: »Ganz, wie der Herr und König es
haben will, wir sind deine ergebenen Knechte!« Der König zog also fort und
sein ganzer Hofstaat mit ihm. Zehn Nebenfrauen ließ er zurück, das Haus zu
bewachen. So zog der König fort und das ganze Kriegsvolk hinter ihm nach.
Sie machten halt beim letzten Haus. Alle seine Knechte wie auch alle Kreter
und Pleter[42] zogen an ihm vorüber. Auch alle Gatiter, 600 Mann, die aus
Gat zu ihm gekommen waren, schritten am König vorbei.

Der König sprach zu Ittai aus Gat: »Warum gehst auch du mit uns? Kehre
um und bleibe beim König; denn ein Fremdling bist du und lebst in Verbannung fern von deinem Heimatort. Gestern erst kamst du, und heute soll
ich dich schon mit uns umherirren lassen? Ich selbst werde bald da und bald
dort umherziehen müssen. Kehre also um und führe deine Stammesbrüder
mit dir zurück! Jahwe erweise dir Huld und Treue!« Ittai entgegnete dem
König: »So wahr Jahwe lebt, und so wahr mein Gebieter und König lebt:
Auf jeden Fall will dein Knecht da sein, wo du, mein Gebieter und König,

---

42 Die »Kreter und Pleter« waren die vermutlich meist aus Philistern bestehenden
Söldner Davids. Kreta galt als Herkunftsland der Philister; »Pleter« ist eine an »Kreter«
angeglichene Form des Namens »Philister«. Beide Bezeichnungen meinen also dasselbe.

bist, sei es, daß es zum Tode oder zum Leben führe!« Da sprach David zu Ittai: »So komm und ziehe vorüber!« Da zog Ittai aus Gat vorüber mit all seinen Männern und seinem ganzen Troß, den er bei sich hatte. Die ganze Bevölkerung brach in lautes Weinen aus, als alle Kriegsleute vorüberzogen, der König über das Kidrontal ging und die ganze Mannschaft in der Richtung zur Wüste weiterzog.

Und siehe, auch Zadok war mit allen Leviten zugegen. Sie trugen die Bundeslade Gottes. Man stellte die Lade auf den Boden, und Ebjatar brachte Opfer dar[43], bis das gesamte Kriegsvolk vollzählig aus der Stadt gezogen war. Der König sprach zu Zadok: »Bring die Gotteslade zur Stadt zurück! Finde ich Huld in den Augen Jahwes, so wird er mich heimführen und sie samt ihrer Ruhestätte mich wieder sehen lassen. Spricht er aber: ›Ich habe an dir kein Wohlgefallen‹, wohlan, dann tue er mit mir, was ihn gut dünkt!« Der König fuhr, zum Priester Zadok gewandt, fort: »Sieh du dich vor! Kehre in Frieden in die Stadt zurück! Ebenso dein Sohn Achimaaz und Ebjatars Sohn Jonatan, eure beiden Söhne, die bei euch sind! Seht, ich werde an den Übergangsstellen der Wüste warten, bis von euch eine Nachricht kommt, die mich in Kenntnis setzt.« Zadok und Ebjatar führten also die Lade Gottes nach Jerusalem zurück und blieben daselbst.

David ging den Anstieg zum Ölberg hinauf. Er weinte immerfort. Sein Haupt war verhüllt. Barfuß mußte er dahinschreiten. Auch alle Kriegsleute bei ihm hatten ihr Haupt verdeckt und zogen weinend langsam aufwärts. Man brachte David die Meldung, daß auch Achitophel unter den Verschwörern bei Absalom sei. Da rief David aus: Jahwe laß doch den Rat Achitophels zur Torheit werden!«[44]

David war auf dem Berggipfel angekommen, wo man Gott anzubeten pflegte; da trat ihm der Arkiter Huschai entgegen. Zerrissen war sein Gewand und sein Haupt mit Staub bedeckt. David sprach zu ihm: »Ziehst du mit mir, dann bist du für mich nur eine Last. Kehrst du aber wieder zur Stadt zurück und sprichst zu Absalom: ›Dein Knecht will ich sein, o König; früher war ich Knecht deines Vaters, jetzt aber bin ich dein Knecht‹, dann kannst du mir den Rat Achitophels vereiteln. Daselbst sind ja bei dir auch die Priester Zadok und Ebjatar. Alles, was du aus dem Königshaus erfährst, sollst du ihnen mitteilen. Sie haben dort auch ihre beiden Söhne bei sich, Zadok den Achimaaz und Ebjatar den Jonatan. Mit ihrer Hilfe sollt ihr mir alles mitteilen, was ihr erfahrt!« So kam Davids Freund Huschai in die Stadt, während Absalom gerade in Jerusalem einzog. (2 Sam 15, 13–37)

---

43 Zadok war anscheinend für die Lade verantwortlich, während Ebjatar als »Hofpriester« die Opfer darzubringen hatte.
44 Davids Bitte ist als Wortspiel formuliert: Der Name Achitophel bedeutet »Mein Bruder ist Torheit«. Achitophel war übrigens der Großvater der Batseba.

Die Ratgeber

Der Erzähler findet Davids Vertrauen zu Jahwe und sein kluges Verhalten schon in den nächsten Szenen belohnt. Er faßt sein Urteil in dem Satz zusammen: »Denn Jahwe hatte es so gefügt, daß der kluge Rat Achitophels vereitelt wurde, damit Jahwe Unheil über Absalom brächte.« So wird bereits hier die göttliche Entscheidung offenbar: Auch Absalom wird den Davidsthron nicht erben.

Absalom in Jerusalem. Absalom aber war mit allen israelitischen Kriegsleuten nach Jerusalem gekommen. Auch Achitophel war dabei. Als aber der Arkiter Huschai, Davids Freund, bei Absalom eintraf, rief Huschai dem Absalom zu: »Es lebe der König! Es lebe der König!« Absalom sprach zu Huschai: »Ist das deine Treue zu deinem Freunde? Warum bist du nicht mit deinem Freunde mitgezogen?« Huschai sprach zu Absalom: »Nicht doch: Ich gehöre zu dem, welchen Jahwe und diese Leute und ganz Israel erwählt haben, und bei dem will ich bleiben. Und dann: Wem diene ich denn? Doch wohl seinem eigenen Sohne! Wie ich in den Diensten deines Vaters stand, so stehe ich jetzt in deinem Dienste!«

Dann sprach Absalom zu Achitophel: »Gebt mir euren Rat! Was sollen wir tun?« Achitophel erwiderte Absalom: »Gehe zu den Nebenfrauen deines Vaters, die er zurückgelassen hat, das Haus zu bewachen! Hört dann ganz Israel, daß du dich bei deinem Vater verhaßt gemacht hast, dann werden die Fäuste all derer, die zu dir halten, stark werden!« Man spannte deshalb für Absalom das Zelt auf dem Dache aus. Absalom ging ein zu den Nebenfrauen seines Vaters; ganz Israel sah es[45]. In jenen Tagen galt ein Rat, den Achitophel gab, soviel, als ob man Gottes Offenbarung erfragt hätte. Soviel bedeuteten alle Ratschläge Achitophels sowohl bei David als auch bei Absalom.

Achitophel machte Absalom folgenden Vorschlag: »Ich werde 12 000 Mann auswählen und noch in der Nacht die Verfolgung Davids aufnehmen. Ich will ihn überfallen und, während er noch müde und ermattet ist, ihn überraschen. Da wird das ganze Volk bei ihm die Flucht ergreifen, und ich kann den König allein erschlagen. Alle Kriegsleute führe ich dir zu, wie man die Braut zu ihrem Gatten führt. Da du ja nur einem einzigen Mann nach dem Leben trachtest, soll es dem ganzen übrigen Volk wohlergehen.« Der Rat sagte Absalom und allen Ältesten Israels zu. Doch Absalom befahl: »Rufe noch den Arkiter Huschai. Hören wir, was auch er zu sagen hat!«

Die List Huschais. Huschai kam zu Absalom. Da erzählte Absalom, was Achitophel geraten hatte, und stellte die Frage: »Sollen wir seinen Vorschlag ausführen? Wenn du anderer Auffassung bist, so rede!« Huschai entgegnete Absalom: »Der Rat Achitophels ist diesmal schlecht!« Und Huschai fuhr

---

45 Die Übernahme der Frauen war ein Rechtsakt, mit dem der neue Herr seine Eigentumsrechte an Haus und Besitz seines Vorgängers kundtat.

fort: »Du kennst deinen Vater und seine Mannen. Helden sind sie und haben zähen Mut wie eine Bärin auf dem Felde, der die Jungen geraubt sind. Dein Vater ist ein Kriegsmann. Er hält mit den Leuten keine Nachtruhe. Jetzt hält er sich vielleicht gerade in einer der Gruben oder an irgendeinem anderen Ort versteckt. Wenn dann gleich zu Beginn einige vom Kriegsvolk fallen und jemand davon hört, dann heißt es: ›Die Anhänger Absaloms haben eine Niederlage erlitten!‹ Dann wird selbst der Tapferste, dessen Mut dem eines Löwen gleicht, völlig verzagen. Ganz Israel weiß ja, daß dein Vater ein Held ist und daß seine Leute tapfer sind. Darum erteile ich den Rat: Ganz Israel von Dan bis Beerseba schare sich um dich so zahlreich wie der Sand am Ufer des Meeres. Du sollst in ihrer Mitte ausziehen! Treffen wir ihn an, wo immer er sich befinden mag, so fallen wir über ihn her, wie der Tau auf den Boden fällt. Von ihm und von allen Männern um ihn soll kein einziger übrigbleiben! Sucht er aber in einer Stadt Zuflucht, dann sollen alle Israeliten an jene Stadt Seile anlegen. Wir schleifen sie bis ins Tal hinab, bis dort auch nicht ein Steinchen mehr zu finden ist.« Absalom und alle Israeliten riefen: »Der Rat des Arkiters Huschai ist besser als der Rat Achitophels!« Jahwe hatte es so angeordnet, daß der bessere Rat Achitophels durchkreuzt wurde; denn Jahwe wollte über Absalom Unheil bringen.

Huschai teilte den Priestern Zadok und Ebjatar mit: »So und so hat Achitophel dem Absalom und den Ältesten Israels geraten. So und so habe ich geraten. Nun sendet eiligst und meldet David: ›Übernachte nicht an den Übergängen zur Wüste. Setze vielmehr sofort über, sonst wird der König und sein ganzes Gefolge vertilgt werden!‹« Jonatan und Achimaaz befanden sich an der Rogelquelle[46]. Eine Magd pflegte hinzugehen und ihnen die Nachricht zu überbringen. Ihnen oblag es, dann weiterzuziehen und den König David in Kenntnis zu setzen. Sie durften sich natürlich nicht zeigen und zur Stadt kommen. Ein Bursche aber bekam sie zu Gesicht und meldete es Absalom. Beide liefen eiligst davon und kamen in das Haus eines Mannes zu Bachurim. Dieser hatte in seinem Hof einen Brunnen; dort stiegen sie hinein. Die Frau nahm eine Decke, breitete sie über den Brunnen und streute Sand darüber, so daß man dort nichts vermuten konnte. Absaloms Knechte kamen in das Haus der Frau und fragten sie: »Wo sind Achimaaz und Jonatan?« Die Frau antwortete ihnen: »Sie sind von hier aus zum Wasser weitergezogen.« Jene suchten, fanden aber niemand und wandten sich wieder nach Jerusalem zurück.

Als sie abgezogen waren, stiegen jene aus dem Brunnen, gingen fort und brachten dem König David die Nachricht. Sie sagten zu David: »Auf, geht eilends über das Wasser; denn so und so hat gegen euch Achitophel Rat erteilt.« David und alle seine Leute erhoben sich und überschritten den Jordan; bis zum Morgengrauen gab es keinen mehr, der den Jordan noch nicht

---

46 Die Rogelquelle entsprang im Süden Jerusalems, also außerhalb der Stadt.

überschritten hätte. Achitophel merkte, daß sein Rat nicht ausgeführt wurde. Er sattelte einen Esel, zog fort und ging heim in seine Stadt. Dort verfügte er über sein Haus und erhängte sich. So starb er und ward in seines Vaters Grab bestattet. (2 Sam 16, 15–23; 17, 1–23)

Absaloms Tod

Was sich in dem vorangehenden Abschnitt als Fügung Jahwes angekündigt hatte, geht alsbald in Erfüllung: Absalom findet im Kampf gegen die Truppen seines Vaters den Tod. Der Bericht über das Ende des Usurpators ist getragen von der inneren Zustimmung des Erzählers zu diesem Akt göttlicher Gerechtigkeit. Gleichzeitig aber verhehlt er nicht seine Anteilnahme am Schicksal des schönen Königssohnes und seines schwer getroffenen Vaters.

Vorbereitung zum Kampf. David war nach Machanaim gekommen, als Absalom und alle Israeliten mit ihm den Jordan überschritten. David musterte seine Kriegsleute. Er setzte über sie Führer von Tausendschaften und Oberste über Hundertschaften. Dann teilte David das Volk in drei Teile; ein Drittel unter dem Befehl Joabs, ein Drittel unter Abischai, dem Sohn der Zeruja und Bruder Joabs, und ein Drittel unter Ittai aus Gat. Der König sprach zum Kriegsvolk: »Auch ich werde mit euch in den Kampf ausrücken.« Das Volk entgegnete: »Du darfst nicht auszuziehen; denn wenn wir fliehen, wird man kein Leid um uns tragen. Fällt die Hälfte von uns, so wird man ebenfalls kein Leid um uns tragen; du jedoch bist wie 10000 von uns. Gegenwärtig ist es besser, wenn du uns von der Stadt aus zu Hilfe kommst.« Der König entgegnete ihnen: »Ich werde tun, was euch gutdünkt.« Der König trat an das Tor, während das gesamte Kriegsvolk in Hundert- und Tausendschaften ausrückte. An Joab, Abischai und Ittai erließ der König den Befehl: »Verschont mir den jungen Absalom!« Das ganze Kriegsvolk hörte es, als der König Absaloms wegen den Obersten Befehle erteilte.

Absaloms Ende. Das Kriegsvolk rückte gegen Israel zu Felde. Im Walde Ephraim entbrannte die Schlacht. Dort wurden Israels Leute von Davids Kriegsknechten geschlagen. Groß war ihre Niederlage an jenem Tag. Die Verluste betrugen 20000 Mann. Der Kampf breitete sich dort über das ganze Waldgelände hin aus; der Wald vertilgte an jenem Tag mehr Leute, als das Schwert fraß. Der Zufall wollte es, daß Absalom den Kriegsknechten Davids unter die Augen kam. Er ritt auf einem Maultier. Das Maultier kam unter das Astwerk einer großen Eiche. Absaloms Kopf blieb an der Eiche hängen, er schwebte zwischen Himmel und Erde, da das Maultier unter ihm weggelaufen war. Ein Mann merkte es und meldete dem Joab: »Höre, ich habe Absalom an der Eiche hängen sehen!« Joab sprach zu dem Mann, der ihm die Nachricht übermittelte: »Wenn du ihn sahst, warum hast du ihn dort nicht zu Boden geschlagen? Ich hätte dir gern zehn Silberlinge und einen Gürtel geschenkt.« Der Mann erwiderte Joab: »Und wenn man 100 Silberlinge aufzählen wollte, so würde ich meinen Arm nicht gegen den Königssohn ausstrecken; denn vor unsern Ohren hat der König dir, Abischai und Ittai befohlen: Achtet mir auf den jungen Absalom! Oder hätte ich mir selbst etwas vorlügen sollen? Dem König bleibt ja doch nichts geheim, und auch du würdest dann abseits stehen.« Joab entgegnete: »Ich will mich mit dir nicht aufhalten!« Er nahm drei Speere in seine Hand und stieß sie Absalom ins Herz, der noch lebend an der Eiche hing. Zehn Krieger, Joabs Waffenträger, kamen herzu und schlugen Absalom vollends tot.

Dann ließ Joab die Posaune ertönen, und das Kriegsvolk verfolgte die Israeliten nicht mehr weiter; denn Joab zog das Kriegsvolk zurück. Sie nahmen Absalom, warfen ihn im Wald in eine tiefe Grube und schichteten über ihm einen großen Steinhaufen. Alle Israeliten flohen in ihre Zelte. Achimaaz, der Sohn Zadoks, sprach: »Hineilen will ich und dem König die Freudenbotschaft bringen, daß Jahwe ihm wider seine Feinde zum Recht verholfen hat!« Doch Joab entgegnete ihm: »Du bist heute nicht der geeignete Mann, die gute Nachricht zu übermitteln. An einem andern Tag magst du Bote sein. Heute darfst du die Botschaft nicht bringen, und zwar deshalb, weil der Sohn des Königs tot ist.« Joab befahl dem Kuschiten: »Gehe hin, melde dem König, was du gesehen!« Der Kuschit verbeugte sich vor Joab und lief weg. Wiederum meldete sich Achimaaz, der Sohn des Zadok, bei Joab: »Ganz gleich, auch ich werde hinter dem Kuschiten forteilen.« Doch Joab erwiderte: »Wozu willst du denn hinlaufen, mein Sohn? Du bringst ja keine Freudenbotschaft!« Doch er gab zur Antwort: »Es ist gleich, ich eile hin.« Da sagte Joab zu ihm: »Eile hin!« Achimaaz nahm laufend den Weg durch die Jordangegend und überholte den Kuschiten.

David saß zwischen den beiden Toren. Der Späher war auf das Dach des Tores, auf die Mauer gestiegen. Er erhob seine Augen und sah, wie ein Mann allein angelaufen kam. Der Wächter rief und machte dem König davon Meldung. Der König sprach: »Wenn es ein einzelner Mann ist, dann hat er eine gute Nachricht auf seinen Lippen.« Dieser kam näher und näher. Da sah der Wächter einen zweiten Mann hereinleilen. Er rief zum Tor gewandt: »Noch ein einzelner Mann läuft heran.« Der König antwortete: »Auch dieser hat sicherlich etwas Gutes zu melden.« Der Wächter meinte: »Soviel ich sehe, gleicht der erste in seinem Ausschreiten dem Achimaaz, dem Sohn Zadoks.« Der König entgegnete: »Es ist ein guter Mann; er kommt gewiß mit einer frohen Nachricht.« Achimaaz rief dem König zu: »Heil!« Er huldigte ihm, das Angesicht zur Erde gewandt. Dann sprach er: »Gepriesen sei Jahwe, dein Gott! Er hat die Männer, die ihre Hände gegen meinen Gebieter und König erhoben haben, ausgeliefert.« Der König fragte: »Geht es dem Jüngling Absalom gut?« Achimaaz erwiderte: »Ich sah ein wildes Durcheinander, als Joab, der Knecht des Königs, deinen Knecht fortsandte. Ich habe aber nicht erfahren, was eigentlich los war.« Der König befahl: »Wende dich und stelle dich dorthin!« Er ging abseits und stellte sich hin. Da kam auch der

Kuschite und meldete: »Verkündet wird meinem Gebieter und König, daß Jahwe dir heute Recht verschafft hat vor all denen, die sich wider dich empörten.« Der König fragte den Kuschiten: »Geht es dem jungen Absalom gut?« Der Kuschite antwortete: »Wie dem Burschen, so möge es den Feinden meines Gebieters und König und allen ergehen, die sich zum Unheil wider dich empören!«

Trauer über Absalom. Der König zuckte zusammen, stieg in das Obergemach des Tores hinauf und weinte. Im Gehen rief er: »Mein Sohn Absalom, mein Sohn, mein Sohn Absalom! O wäre ich doch für dich gestorben, Absalom, mein Sohn, mein Sohn!« Dem Joab wurde hinterbracht, daß der König um Absalom weine und trauere. So wurde der Sieg an jenem Tage zur Trauer für das gesamte Heer; denn die Leute hörten an diesem Tage, daß der König um seinen Sohn sich schmerzlich grämte. Nur ganz heimlich schlichen die Krieger an jenem Tage in die Stadt hinein, wie Leute sich verstohlen heranschleichen müssen, die mit Schande bedeckt im Kampfe flohen. Der König verhüllte sein Angesicht und klagte mit lauter Stimme: »Mein Sohn Absalom, Absalom, mein Sohn, mein Sohn!«

Da ging Joab zum König ins Haus und hielt ihm vor: »Du beleidigst heute deine Knechte, die dir, deinen Söhnen und Töchtern, deinen Frauen und Nebenfrauen heute das Leben gerettet haben. Du liebst jene, die dich hassen, und haßt jene, die dich lieben! Heute hast du bekundet, daß vor dir die Heeresfürsten und Untertanen nichts gelten. Ja, heute weiß ich, daß es dir ganz recht wäre, wenn Absalom am Leben und wir alle tot wären. Erhebe dich jetzt, gehe hinaus und rede mit deinen Untertanen freundlich! Denn bei Jahwe schwöre ich: »Gehst du nicht hinaus, dann wird kein Mann mehr diese Nacht bei dir bleiben. Das wäre aber für dich ein größeres Unheil als alles Elend, das über dich seit deinen Kindestagen bis heute hereingebrochen ist.« Da stand der König auf und setzte sich in das Tor.

(2 Sam 17, 24; 18, 1–17.19–32; 19, 1–9)

Des Königs Rückkehr

Mit dem Tod Absaloms war die politische Krise, die sein Aufstand heraufbeschworen hatte, noch nicht überwunden. Der Wettlauf um die Gunst des »alten« Königs führte zu einer heftigen Auseinandersetzung zwischen den Reichen Israel und Juda. David hatte diesen neuen Konflikt selbst heraufbeschworen, indem er den Judäern den Vorzug gab, ihn nach Jerusalem zurückzuleiten und als erste das Königtum zu erneuern. Bereits hier kündigt sich zum ersten Mal der spätere Zerfall der Doppelmonarchie an.

Man gab dem ganzen Heeresvolk bekannt: »Seht, der König sitzt im Tor!« Alle Leute erschienen vor dem König. Israel aber war in seine Zelte geflohen. Das ganze Volk begann in allen Stämmen Israels zu murren: »Der König hat uns aus der Faust unserer Feinde befreit. Er hat uns auch aus der

Faust der Philister errettet. Doch ist er aus dem Land vor Absalom geflohen. Absalom aber, den wir gesalbt und über uns gesetzt haben, ist im Streit gefallen. Warum zaudert ihr denn noch, den König zurückzuführen in sein Haus?«

Diese Rede von ganz Israel gelangte auch zum König. Da sandte der König David zu den Priestern Zadok und Ebjatar und ließ sagen: »Sprecht doch mit den Ältesten Judas und fragt: ›Warum wollt ihr die letzten sein, die den König zurückführen in sein Haus? Meine Brüder seid ihr, mein Gebein und mein Fleisch. Warum wollt ihr also die letzten sein, die den König zurückführen?‹ Und zu Amasa sollt ihr sprechen: ›Bist du nicht von meinem Gebein und Fleisch? Ich schwöre – und Gott möge mich strafen! –: Du sollst Heerführer werden bei mir für immer an Joabs Stelle!‹« Er machte sich so das Herz aller Männer Judas geneigt wie einen Mann. Sie ließen dem König sagen: »Kehre du selbst mit allen deinen Leuten zurück!« Der König machte sich auf den Heimweg. Als er den Jordan erreichte, waren die Judäer ihm bis Gilgal entgegengezogen, um den König über den Jordan zu geleiten. Das ganze Volk Juda gab dem König das Geleit und auch die Hälfte des Volkes Israels.

Auf einmal kamen alle Männer Israels zum König und fragten ihn: »Warum haben unsere Brüder, die Männer von Juda, dich weggestohlen und den König und seine ganze Familie über den Jordan geleitet und alle Männer Davids mit ihm?« Alle Männer von Juda antworteten den Israeliten: »Der König ist mit uns verwandt. Warum seid ihr deshalb so zornig? Haben wir etwa den König aufgefressen, oder ist er von uns entführt worden?« Da antworteten die Israeliten den Judäern: »Wir haben zehn Anteile beim König und sind auch euch gegenüber die Erstgeborenen[47]. Warum behandelt ihr uns so verächtlich? Wir gerade hatten doch zuerst den Wunsch, unseren König zurückzuführen.« Aber die Antwort der Judäer klang noch härter als die Rede der Israeliten.

Zufällig war dort ein ruchloser Mann mit Namen Scheba. Er war der Sohn Bichris vom Stamme Benjamin. Er stieß in die Posaune und rief: »Kein Anteil ist uns an David, kein Erbe am Sohne des Isai! Ein jeder gehe zu seinem Zelt, Israel!« Da fielen die Israeliten insgesamt von David ab und verbanden sich mit Scheba, dem Sohn Bichris. Die Judäer aber blieben bei ihrem König vom Jordan bis Jerusalem. David kehrte in sein Haus nach Jerusalem zurück. Er nahm die zehn Nebenfrauen, die er zur Bewachung seines Hauses dagelassen hatte, und legte sie in Gewahrsam. Er ließ sie verpflegen, ging aber nicht mehr zu ihnen ein. Sie blieben abgeschlossen bis zu ihrem Tod – Witwen zu Lebzeiten des Mannes.

David sagte zu Abischai: »Jetzt wird uns Scheba, der Sohn Bichris, noch

---

[47] Die Israel-Stämme waren dank ihrer Lage und ihrer Stärke von jeher der führende Teil des iraelitischen Stämmeverbandes. Sie konnten sich darum mit Recht gegenüber Juda als die »Erstgeborenen« bezeichnen.

gefährlicher als Absalom. Nimm du die Leute deines Herrn und verfolge ihn, damit er nicht befestigte Städte finde und uns entrinne!« Mit Abischai zogen Joab, die Kreter und Pleter sowie alle Kriegshelden. Sie verließen Jerusalem, um Scheba, dem Sohn Bichris, nachzujagen. Dieser durchzog alle Stämme Israels bis nach Abel-Bet-Maacha; und alle Bichriter versammelten sich und zogen ihm nach. Da rückten die Leute Joabs vor und belagerten ihn zu Abel-Bet-Maacha. Sie schütteten einen Wall gegen die Stadt auf, der an die Vormauer reichte. Alle Kriegsleute um Joab stürmten an, um die Mauer zu Fall zu bringen. Da rief eine kluge Frau aus der Stadt heraus: »Hört, hört! Sprecht zu Joab, er möge hierherkommen; ich will mit ihm reden!« Er trat zur Frau heran, und sie fragte ihn: »Bist du Joab?« Er antwortete: »Ja.« Sie sprach zu ihm: »Höre auf die Worte deiner Magd!« Er entgegnete: »Ja, ich höre.« Sie redete ihm zu: »Früher einmal pflegte man zu sagen: Man befrage sich in Abel, und so führt man gut zu Ende! Ich bin die friedlichste, treueste Stadt in Israel. Du suchst eine Stadt und Mutter in Israel zu töten. Warum vernichtest du das Erbteil Jahwes?« Joab entgegnete: »Fern, ja fern sei es von mir, daß ich verschlingen und verderben will! So verhält es sich nicht! Nur ein Mann vom Gebirge Ephraim, sein Name ist Scheba, der Sohn Bichris, erhob seine Hand wider den König David. Ihn allein müßt ihr uns ausliefern, und ich ziehe dann von der Stadt ab!« Die Frau sprach zu Joab: »Gut, sein Haupt soll dir über die Mauer zugeworfen werden!« Die Frau, weise, wie sie war, wandte sich an alles Volk. Man schlug Scheba, dem Sohne Bichris, den Kopf ab und warf ihn dem Joab zu. Der schmetterte nun in die Posaune, und man zerstreute sich von der Stadt weg, ein jeder in sein Zelt. Joab kam wieder nach Jerusalem zum König.

(2 Sam 19, 9–16.41–44; 20, 1–3.6 f.14–22)

Die Entscheidung

Nach Absaloms Tod war, seinem Alter nach, *Adonja* der nächste Anwärter auf den Thron. Adonja hat offenbar seinen Anspruch mit der nötigen äußeren Wirksamkeit zur Geltung zu bringen gewußt. Außerdem hatte er einflußreiche Persönlichkeiten des Hofes, den Priester Abjathar und den Heerführer Joab, hinter sich.

Auf der anderen Seite gab es bei Hof eine nicht minder einflußreiche Partei, die für *Salomo* als Nachfolger Davids votierte; ihr Wortführer war der Prophet Natan. In einem Augenblick, in dem sich die Waage zugunsten Adonjas zu neigen schien, hat Natan durch ein kühnes Intrigenspiel den unentschlossenen König zu einer Entscheidung in der Thronfolgefrage zugunsten Salomos gezwungen.

Dieser letzte Abschnitt der Thronfolgegeschichte ist noch einmal ein Meisterwerk ihres Erzählers. Die Geschicklichkeit, mit der er das an verschiedenen Orten spielende Geschehen zu seinem Höhepunkt hinführt, verdient ebenso Bewunderung wie die Art und Weise, in der er zwischen den Zeilen seinem eigenen Urteil über die Personen der Handlung, insbesondere über Natan, Ausdruck zu geben versteht. Die Frage »Wer wird auf dem Thron Davids sitzen?«, die die gesamte Thronnachfolgegeschichte durchzogen hatte, hat jetzt ihre Antwort gefunden. Aber es scheint, als beuge sich der Erzähler selbst nur widerstrebend dieser Erkenntnis.

Der alternde König. Der König David wurde alt und hochbetagt. Obwohl man ihn in Decken hüllte, wurde er nicht mehr warm. Da sagten seine Knechte zu ihm: »Man suche für den Herrn und König ein jungfräuliches Mädchen. Dieses soll ihm zu Diensten sein und ihn pflegen. Es soll an deiner Brust schlafen; dann wird es unserem Herrn und König warm werden!« Man suchte in allen Gebieten Israels nach einem schönen Mädchen und fand Abischag aus Sunem und brachte sie vor den König. Das Mädchen war überaus schön. Es pflegte den König und diente ihm; aber der König wohnte ihm nicht bei.

Kronprinz Adonja. Adonja aber, der Sohn der Haggit, wurde überheblich und dachte: »Ich werde König sein!« Er schaffte sich Wagen und Pferde an und 50 Männer, die vor ihm herliefen. Sein Vater aber hat ihn die ganze Zeit nie zurechtgewiesen und etwa gesagt: »Warum tust du so?« Auch war er eine stattliche Erscheinung und nach Absalom der Älteste. Mit Joab, dem Sohne der Zeruja, und dem Priester Ebjatar führte er Verhandlungen; diese standen Adonja helfend bei. Der Priester Zadok aber und Benaja, der Sohn Jojadas, der Prophet Natan, Schimeï und Reï und die Helden um David ergriffen nicht Adonjas Partei. Adonja schlachtete nun Schafe, Rinder und Mastkälber am Gleitenden Stein bei der Quelle Rogel. Er lud alle seine Brüder, die königlichen Prinzen und alle Männer von Juda, die im Dienst des Königs standen, ein. Doch den Propheten Natan, Benaja, die Helden und seinen Bruder Salomo hatte er nicht eingeladen.

Natan und Batseba. Da sprach Natan zu Batseba, der Mutter Salomos: »Hast du nicht gehört, daß Adonja, der Sohn der Haggit, König ist, ohne daß David, unser Herr, etwas davon weiß? Nun komm! Ich mache dir einen Vorschlag, wie du dein Leben und das deines Sohnes Salomo retten kannst. Geh sogleich zum König David und sprich zu ihm: ›Hast du nicht, mein Herr und König, deiner Magd eidlich zugesichert: Nach mir wird dein Sohn Salomo als König herrschen, und er wird auf meinem Thron sitzen!‹ Warum wurde nun Adonja König?‹ Während du daselbst noch mit dem König redest, komme ich und werde deine Worte bekräftigen.«

Batseba ging in das Gemach des Königs. Der König aber war sehr alt, und Abischag aus Sunem bediente ihn. Batseba verneigte sich vor dem König und huldigte ihm. Der König fragte: »Was willst du?« Sie sprach zu ihm: »Mein Herr, du hast selbst bei Jahwe, deinem Gott, deiner Magd eidlich versprochen: Dein Sohn Salomo wird nach mir König sein, und er wird auf meinem Thron sitzen. Nun aber ist Adonja König, ohne daß du, mein Herr und König, etwas davon weißt. Er hat Rinder, Mastvieh und Schafe mengenweise geschlachtet und alle königlichen Prinzen eingeladen, außerdem noch den Priester Ebjatar und den Feldherrn Joab. Doch deinen Knecht Salomo hat er nicht rufen lassen. Nun sind auf dich, mein Herr und König, die Augen aller Israeliten gerichtet. Verkünde ihnen doch, wer auf dem Thron meines Herrn und Königs in Zukunft regieren soll! Im anderen Fall werden, wenn mein Herr und König zu seinen Vätern entschlafen ist, ich und mein Sohn Salomo als Empörer gelten.« Als sie noch mit dem König redete, kam der Prophet Natan. Man meldete dem König: »Der Prophet Natan ist da.« Dieser trat vor den König und verneigte sich, sein Antlitz tief zur Erde gewandt. Natan sprach: »Mein Herr und König, du hast wohl selbst verfügt: ›Mein Sohn Adonja soll nach mir als König herrschen und auf meinem Thron sitzen!‹ Denn er stieg heute hinab, schlachtete mengenweise Rinder, Mastvieh und Schafe und lud alle königlichen Prinzen, die Heerführer und den Priester Ebjatar ein. Da essen und trinken sie nun vor ihm und rufen: Es lebe der König Adonja! Mich aber, deinen Knecht, den Priester Zadok, den Benaja, den Sohn Jojadas, und deinen Knecht Salomo hat er nicht geladen. Ist diese Verfügung von meinem Herrn und König erlassen worden, ohne daß du deine Diener davon in Kenntnis gesetzt hast, wer auf dem Thron meines Herrn und Königs zukünftig sitzen soll?«

Da entgegnete der König David und ordnete an: »Ruft mir Batseba!« Sie kam herein und trat vor den König. Da schwur der König und sprach: »So wahr Jahwe lebt, der mich aus aller Drangsal gerettet hat: Wie ich dir bei Jahwe, dem Gott Israels, geschworen habe, daß dein Sohn Salomo mir als König nachfolgen und auf meinem Thron sitzen wird, so will ich dies heute noch in die Tat umsetzen!« Batseba neigte darauf ihr Antlitz zur Erde, huldigte dem König und sprach: »Mein Herr und König David soll ewig leben!« Darauf befahl der König David: »Ruft mir den Priester Zadok, den Propheten Natan und Benaja, den Sohn Jojadas!« Diese erschienen vor dem König. Der König gab ihnen den Auftrag: »Nehmt mit euch die Leibwache eures Herrn; laßt meinen Sohn Salomo auf meinem Maultier reiten und bringt ihn zum Gichon hinab! Daselbst salbe ihn der Priester Zadok und der Prophet Natan zum König über Israel! Dann stoßt in die Posaune und ruft: Es lebe der König Salomo! In seinem Gefolge zieht dann herauf; er soll kommen, auf meinem Thron sitzen und statt meiner als König herrschen; denn ihn habe ich zum Fürsten über Israel und Juda bestellt!« Benaja, der Sohn Jojadas, antwortete dem König: »So sei es! So bestimmt es Jahwe, der Gott meines Herrn und Königs! Wie Jahwe mit meinem Gebieter und König war, so stehe er auch dem Salomo zur Seite! Er mache seinen Thron noch erhabener als den Thron meines Herrn und Königs David!«

Salomos Salbung zum König. Der Priester Zadok, der Prophet Natan und Benaja, der Sohn Jojadas, zogen mit den Kretern und Pletern hinab. Sie ließen Salomo das Maultier des Königs David besteigen und führten ihn zum Gichon. Der Priester Zadok nahm das Ölhorn aus dem Zelt und salbte Salomo. Hierauf ließ man in die Posaune stoßen, und alle Leute riefen: »Es lebe der König Salomo!« Alles Volk zog nun in seinem Gefolge hinauf. Sie bliesen Flöten und hatten eine gewaltige Freude, so daß die Erde bebte von ihrem Lärm. Adonja und alle seine Gäste hörten davon. Sie hatten gerade das

Mahl beendet. Als Joab das Geschmetter der Posaune vernahm, rief er aus: »Was bedeutet der Lärm der außer sich geratenen Stadt?« Während er noch redete, kam Jonatan, der Sohn des Priesters Ebjatar. Adonja rief: »Komm her, du bist ein tüchtiger Mann und bringst gute Botschaft!« Jonatan aber antwortete dem Adonja: »Nein! Unser Herr, der König David, hat Salomo als König eingesetzt. Der König sandte mit ihm den Priester Zadok, den Propheten Natan, Benaja, den Sohn Jojadas, dazu die Kreter und Pleter. Diese haben ihn auf das Maultier des Königs gesetzt. Am Gichon salbten ihn der Priester Zadok und der Prophet Natan zum König. Von dort zogen sie voller Freude hinauf, so daß die Stadt außer sich geriet. Daher der Lärm, den ihr vernahmt. Salomo sitzt bereits auf dem königlichen Thron. Und dann kamen auch die Diener des Königs, um unsern Herrn, den König David, zu beglückwünschen und zu rufen: ›Dein Gott lasse den Namen Salomos noch herrlicher werden als deinen Namen! Seinen Thron mache er noch erhabener als deinen Thron!‹ Der König selbst hat dabei auf der Lagerstätte seine Huldigung entboten. Auch sprach der König folgendes: ›Gepriesen sei Jahwe der Gott Israels, der mir heute auf meinem Thron einen Nachfolger gegeben hat, den ich noch mit eigenen Augen schauen durfte!‹«

Da erschraken und erhoben sich alle geladenen Gäste, die bei Adonja waren. Ein jeder ging seines Weges fort. Adonja bekam vor Salomo Furcht. Er machte sich auf, ging hin und erfaßte (als Zuflucht) die Hörner des Altares. Dem Salomo meldete man: »Adonja hat aus Furcht vor dem König Salomo nach den Hörnern des Altares gegriffen und spricht: ›Der König Salomo soll mir heute schwören, daß er seinen Knecht nicht mit dem Schwert töten wird!‹« Salomo gab zur Antwort: »Verhält er sich redlich, soll keines von seinen Haaren zu Boden fallen. Wird er aber dabei ertappt, daß er etwas Böses tut, muß er sterben.« Der König Salomo ließ ihn daraufhin vom Altar wegholen. Er kam und huldigte dem König Salomo, und dieser befahl ihm: »Geh in dein Haus!«

Davids Tod. Es kam aber die Zeit, da David sterben mußte. David entschlief zu seinen Vätern und wurde in der Davidsstadt begraben. Vierzig Jahre hatte David über Israel als König geherrscht. In Hebron regierte er sieben Jahre und in Jerusalem dreiunddreißig. Salomo saß nun auf dem Thron seines Vaters David, und sein Königtum wurde immer beständiger.

(1 Kön 1, 1–53; 2, 1.10–12)

D. Der Bund Jahwes mit dem Geschlecht Davids

Mit dem Königtum begann etwas Neues in der Geschichte Israels wirksam zu werden. Israel, das sich bis dahin ganz der Führung und dem Schutz

Jahwes anvertraut hatte, war zu einem Staat geworden, der unter der Führung eines Königs seine Geschicke selbst in die Hand nehmen wollte. Mit diesem Anspruch trat das Königtum in Gegensatz zum herkömmlichen Jahweglauben.

Im Bereich der Nordstämme ist die Spannung zwischen der Institution des Königtums und den Überlieferungen der Frühzeit bis zum Ende des Staates Israel wirksam geblieben. Hier hat das Königtum bis zuletzt den Charakter einer nur an eine bestimmte Person gebundenen und zeitlich begrenzten Führerschaft nach Art der Rettergestalten der Richterzeit behalten. Zu Dynastiebildungen ist es nur in Ausnahmefällen gekommen. Von Propheten ausgelöste Umstürze und Königsmorde kennzeichnen das Bild dieses Königtums.

Ganz anders ist die Entwicklung in Juda und Jerusalem verlaufen. Hier ist das Königtum schon recht bald weitgehend in den Jahweglauben integriert worden. Mehr noch, das davidische Königtum wurde zum Kristallisationspunkt eines neuen heilsgeschichtlichen Bewußtseins. Was mit David begann, wurde als ein neuer Einsatz der Geschichte Jahwes mit seinem Volk erfahren. Die Person Davids und seine Königsstadt Jerusalem wurden so zum Ausgangspunkt neuer Erwählungstraditionen. Sie gruppieren sich um die Aussagen vom *Wohnen Jahwes auf dem Zion* und dem *Bund Jahwes mit David*. Durch seinen Bund hatte Jahwe David und seine Nachkommen ein für allemal mit der Herrschaft über sein Volk betraut. Diese göttliche Legitimation hat dem davidischen Königtum eine feste Grundlage gegeben, die auch selbst weniger glückliche Nachfolger Davids zu tragen vermochte.

Die neue Geschichtserfahrung, die David über Israel gebracht hat, hat in der Geschichte des Jahweglaubens einen mit nichts zu vergleichenden Einschnitt hinterlassen. In weniger als einer Generation war aus allseits bedrängten Hirten- und Bauernstämmen das Kernvolk eines mächtigen Großreiches geworden. Diese Erweiterung des politischen und geistigen Horizonts mußte religiös bewältigt werden. Die Überlieferungen des Zwölfstämmeverbandes waren nicht mehr imstande, die überwältigende Gegenwart einzuholen. Das alte Credo vermochte das Neue, das mit dem Königtum und dem Einzug Jahwes in Jerusalem wirksam geworden war, nicht mehr zu decken. So hat man die Gegenwart zunächst allein vom Wirken Jahwes her gedeutet. Wie dieses neue, gegenwärtige Handeln Jahwes mit seinem früheren Handeln an Abraham, Mose und Josua zusammenhing, war eine Frage, die erst später aufbrach. Zunächst haben die Traditionen der Frühzeit, wie sie im Credo zusammengefaßt waren, und die David-Zion-Tradition als eigenständige Größen nebeneinander gestanden. Erste Versuche, beide Überlieferungskomplexe miteinander zu verbinden, hat es zwar schon unter Salomo gegeben (vgl. unten S. 266), aber erst Jahrhunderte später vermochte man sie als eine Einheit zu sehen (vgl. unten S. 448 ff.).

Ein ewiges Königtum

Die Keimzelle für die gesamte Überlieferung, die sich später um das davidische Königtum gelagert hat, war die Weissagung des Propheten Natan an David (vgl. oben S. 213 f.). Diese Weissagung ist schon bald mit Worten aufgefüllt worden, die das besonders enge Verhältnis zwischen Gott und König hervorheben: Jahwe wird den Davididen an Sohnes Statt annehmen.

»So spricht Jahwe der Heerscharen: Ich habe dich von der Weide hinter dem Kleinvieh weggeholt, damit du Fürst über mein Volk Israel werdest. Überall, wo du gingst, war ich mit dir; all deine Feinde habe ich vor deinem Antlitz vertilgt. Ich will dir einen bedeutenden Namen machen wie den Namen der Großen auf Erden. Ich will meinem Volke Israel einen Platz zuweisen und es einpflanzen, daß es an seiner Stätte wohnen kann! Es soll nicht mehr zittern, und frevelhafte Menschen dürfen es nicht mehr bedrücken wie früher, in der Zeit nämlich, da ich Richter über mein Volk Israel bestellt habe. Ruhe will ich dir vor deinen Feinden schenken. Jahwe verkündet dir, daß er, Jahwe, dir ein Haus bauen wird. Sind deine Tage erfüllt und legst du dich zu deinen Vätern schlafen, dann werde ich deinen unmittelbaren Nachkommen, der aus deinem Leibe hervorgeht, aufstellen und sein Königtum bestätigen. Er wird meinem Namen ein Haus bauen, und ich werde seinen Königsthron für immer befestigen. Vater will ich ihm sein, und er soll mir Sohn sein! Deshalb werde ich ihn, wenn er sich verfehlt, nach Menschenart mit Ruten und Schlägen züchtigen. Doch meine Huld werde ich ihm nicht entziehen, wie ich sie Saul entzogen habe, den ich vor dir entfernte. Dein Haus und dein Königtum sollen immer vor mir bestehen; dein Thron soll für ewige Zeiten befestigt sein!« (2 Sam 7, 8–16)

Davids letzte Worte

In einer sehr altertümlichen Dichtung wird das Verhältnis zwischen Gott und König als ein »ewiger Bund«, d. h. als ein von Jahwe gestiftetes, umfassendes Schutzverhältnis charakterisiert. Dieser »Bund« ist die Grundlage für die Herrschaft des Jerusalemer Königs. Das Gedicht ist als Vermächtnisrede Davids stilisiert.

Das sind Davids letzte Worte:
»Es spricht David, Isais Sohn,
es spricht der Mann, gar hochgestellt,
der Gesalbte des Gottes Jakobs,
der beliebte Sangesdichter in Israel.
Der Geist Jahwes spricht durch mich,
auf meiner Zunge ist sein Wort.
Gesprochen hat Israels Gott,
der Fels Israels hat mir verkündet:

›Wer gerecht über Menschen herrscht,
ein Herrscher voll von Gottesfurcht
gleicht dem Frühlicht bei Sonnenaufgang
am wolkenfreien Morgen; und er gleicht dem frischen Grün,
das nach dem Regen aufglänzt aus der Erde.‹
So steht gar fest mein Haus zu Gott!
Er hat mir einen ewigen Bund gesetzt,
in allem wohlgeordnet und gesichert.
All mein Glück und all mein Wünschen,
fürwahr, er ließ es gut gedeihen!
Verruchte sind wie windverwehte Dornen insgesamt!
Man nimmt sie nicht zur Hand.
Anrühren kann man sie nur dann,
wenn man mit Eisen und mit Lanzenschaft gewappnet ist.
In Feuersflammen werden sie verbrannt.«

(2 Sam 23, 1–7)

David und der Zion

Als zwei zusammengehörige Teile eines einzigen Erwählungsgeschehens werden die Erwählung Davids und die Erwählung des Zion in einem der Königspsalmen einander zugeordnet. Dem Schwur Davids, Jahwe eine Wohnung zu suchen, steht dabei der Schwur Jahwes gegenüber, daß die Nachkommen Davids auf seinem Thron sitzen werden. Wie in der Natanweissagung gilt auch hier David als der eigentliche Gründer des von Salomo erbauten Jerusalemer Heiligtums.

Der Psalm enthält wörtliche Reden und Aufforderungen an Jahwe und die versammelte Gemeinde. Vermutlich spiegelt sich darin der Ablauf eines Festes, bei dem in regelmäßigen Abständen die Erwählung des Zion festlich begangen wurde.

Jahwe gedenke David zu Ehren all seiner Bemühungen!
Wie er Jahwe geschworen,
dem Starken Jakobs gelobt:
»Ich will mein Wohnzelt nicht betreten,
mein Ruhelager nicht besteigen,
meinen Augen will ich keinen Schlaf,
meinen Wimpern keinen Schlummer gönnen,
bis ich eine Stätte finde für Jahwe
eine Wohnung für den Starken Jakobs!«
Siehe, wir hörten von ihr in Ephrata,
fanden sie in Jaars Gefilden [48].

---

[48] Der Satz erinnert an die Einholung der Lade durch David: Die Männer Davids, so wird es in direkter Rede dargestellt, erhielten in Ephrata die Nachricht, daß das Heiligtum in Kirjat-Jearim aufgestellt sei.

»Laßt uns zu seinem Wohnort ziehen,
niederfallen vor dem Schemel seiner Füße!«
»Auf, Jahwe, zu deiner Ruhestätte,
du und deine machtvolle Lade!
Deine Priester sollen sich kleiden in Huld,
und deine Frommen mögen jubeln!
Um deines Knechtes David willen
weise deinen Gesalbten nicht ab!« –
Jahwe schwur David einen festen Eid,
von dem er nicht abgeht:
»Einen, der von deinem Leibe kommt,
setze ich auf deinen Thron.
Wenn deine Söhne meinen Bund halten
und meine Satzungen, die ich sie lehre,
werden auch ihre Söhne für immer
auf deinem Thron sitzen.«
Denn Jahwe hat den Zion erwählt,
ihn als seinen Wohnsitz erkoren:
»Dies ist meine Ruhestätte für ewig;
hier will ich wohnen, da ich ihn erkor!
Seinen Speisevorrat segne ich reichlich,
sättige seine Armen mit Brot.
Seine Priester will ich kleiden in Heil,
und seine Frommen mögen laut jubeln!
Dort lasse ich Davids Macht erblühen,
bereite eine Leuchte für meinen Gesalbten.
Seine Feinde werde ich kleiden in Schande;
aber auf ihm erstrahlt seine Krone.«

(Ps 132, 1–18)

»Setze dich zu meiner Rechten«

Von einem ähnlich kultischen Hintergrund her ist auch der bekannte 110. Psalm zu verstehen. In ihm hat sich die Liturgie des Krönungsfestes, bei dem der Davidide auf den von Jahwe sanktionierten Thron erhoben wurde, niedergeschlagen.

Der Psalm gibt einen Eindruck von den fremdartigen Vorstellungen, die sich im Laufe der Zeit mit dem davidischen Königtum verbunden haben. Der Jahweglaube hat fast alle diese Vorstellungen aus seiner Umwelt übernommen, sie dabei jedoch ihres mythologischen Hintergrundes entkleidet. Der israelitische König ist nicht, wie in den Religionen der Nachbarvölker, »Sohn Gottes« dank einer göttlichen Geburt, also Sohn im physischen Sinn, sondern er wird durch einen besonderen »Spruch Jahwes« als Sohn adoptiert. Auf diesen göttlichen Adoptionsakt sind alle Aussagen über die besondere Stellung des Königs vor Jahwe, über seine Macht und Herrlichkeit bezogen.

Spruch Jahwes für meinen Herrn:
»Setze dich zu meiner Rechten,
bis ich deine Feinde zum Schemel deiner Füße mache!«
Dein machtvolles Zepter streckt Jahwe vom Zion aus.
Herrsche inmitten deiner Feinde!
Dein Volk ist voll Ergebenheit am Tage deiner Macht;
auf heiligen Bergen aus der Morgenröte Schoß
wird dir der Tau deiner Jugend zuteil.
Jahwe hat geschworen, und es wird ihn nicht reuen:
»Du bist Priester für immer um Melchisedeks willen.«
Jahwe ist dir zur Rechten;
am Tag seines Zornes zerschmettert er Könige.
Unter den Völkern hält er Gericht, häuft Leichen auf,
zerschmettert Häupter auf weitem Gefilde. –
Vom Bach am Wege trinkt er [49];
darum erhebt er das Haupt.

(Ps 110, 1–7)

Der Weltherrscher

Ebenfalls auf die Inthronisationsfeier oder ihre festlich begangene Wiederkehr bezieht sich ein Psalm, in dessen Mittelpunkt die feierlich verkündete Adoption des Königs zum »Sohn« Jahwes steht. Eng mit diesem Ereignis verbunden ist die Vorstellung von einem weltweiten Herrscher- und Richteramt des Jerusalemer Königs und einem vergeblichen Aufruhr der unterworfenen Völker.

Den Ausgangspunkt für diesen universalen Anspruch des Königs in Jerusalem bildete das Großreich Davids, das späteren Generationen und ihren Königen als unerreichbares Ideal vor Augen stand. Orientalischer Hofstil hat das Seine zur Ausweitung der Vorstellung im Sinne eines Weltreiches beigetragen. Ihre innere Rechtfertigung jedoch erfuhr sie aus dem Jahweglauben: Jahwe war der Herr der Völker und Könige; er hatte den Herrscher auf dem Zion erwählt und ihm die »Enden der Erde« zum Besitz gegeben. Solange es einen König in Jerusalem gab, hat er in der Spannung zwischen seiner tatsächlichen Ohnmacht und dieser ihm vom Jahweglauben zugesprochenen Herrlichkeit gestanden.

Was toben die Heiden
und sinnen die Völker nichtige Pläne?
Die Könige der Erde treten zusammen,
Machthaber verschwören sich gemeinsam
wider Jahwe und seinen Gesalbten:
»Laßt uns ihre Ketten sprengen
und ihre Fesseln von uns werfen!«

---

49 Das Wassertrinken des Königs aus dem »Bach am Wege«, vielleicht aus der Gichon-Quelle, scheint ein sakramentaler Akt des Krönungsrituals gewesen zu sein.

Der im Himmel thront, lacht;
der Herr spottet ihrer.
Einst aber spricht er zu ihnen im Zorn
und setzt sie in Schrecken durch seinen Grimm:
»Ich selbst habe meinen König bestellt
auf meinem heiligen Berge Zion!«
So will ich den Beschluß Jahwes verkünden:
Er sprach zu mir: »Mein Sohn bist du,
ich habe dich heute gezeugt.
Erbitte von mir, und ich gebe dir Völker zum Erbe,
zu deinem Besitz die Grenzen der Erde.
Mit eisernem Stabe magst du sie leiten,
sie zerschlagen wie Töpfergeschirr.«
Nun denn, ihr Könige, seid doch klug,
laßt euch warnen, ihr Richter der Erde!
Dienet Jahwe in Furcht
und küsset seine Füße mit Zittern!
Sonst zürnt er, und ihr kommt um auf dem Weg;
denn nur wenig, so entbrennt sein Zorn.
Glücklich dann alle, die ihm vertrauen!

(Ps 2, 1–12)

IV. Die Ära Salomos

Die Herrschaft Davids und Salomos brachte Israel eine lange Zeit äußeren Friedens. Mit dem Frieden kam zugleich der Wohlstand ins Land. Ausgedehnte internationale Beziehungen ermöglichten einen regen wirtschaftlichen, kulturellen und geistigen Austausch. Israels geographische Lage auf der schmalen Landbrücke zwischen Kleinasien, Syrien und Mesopotamien einerseits, Ägypten und Arabien andererseits begünstigte diese weltweiten Verflechtungen. Israel fand Zugang zur Kultur des Alten Orients und lernte andere Lebensart und fremde Sitten kennen.

Gleichzeitig mit dieser Erweiterung des Horizonts erfuhr das Leben der Israeliten eine spürbare Veränderung. Mehr und mehr wurde das Königtum zur zentralen Institution des politisch-sozialen Lebens. Ein umfangreicher Verwaltungsapparat, zeitlich befristete Fronarbeit und schwere Abgaben ließen jeden einzelnen den Anbruch einer neuen Epoche am eigenen Leibe spüren.

Tiefgreifender als der äußere Umbruch waren die geistigen Wandlungen, die die Davidisch-Salomonische Epoche für Israel heraufführte. Die veränderten Lebensverhältnisse bewirkten eine allmähliche Loslösung von den alten Stammesordnungen aus vorköniglicher Zeit. Das Leben gestaltete sich zunehmend säkularer, vor allem im staatlich-politischen Raum wurden neue Kräfte und Gesetzmäßigkeiten wirksam. Der Kultus verlor seine allesbeherrschende Macht und wurde zu einem eigenständigen, von den alltäglichen Verrichtungen deutlich abgesetzten Bereich. Die alten religiösen Überlieferungen galten nicht mehr länger als unreflektiert hingenommene Grundlagen des religiös-kultischen Lebens. Sie begannen sich von ihrem sakralen Mutterboden zu lösen und wurden geistig frei verfügbar. Sie wurden gesammelt, zu größeren Einheiten zusammengefaßt und niedergeschrieben, kurz: sie wurden zur Literatur. Israel erlebte eine Aufklärung im umfassenden Sinne.

Der Prozeß der kritischen Auseinandersetzung mit dem Überkommenen wurde gefördert durch den Einfluß der internationalen *Weisheit* auf den Jerusalemer Hof. Diese in Ägypten und im Zweistromland zu hoher Blüte gelangte geistige Bewegung verfolgte ein wissenschaftliches und ein pädagogisches Ziel zugleich. Als Wissenschaft versuchte sie durch Beobachtung und Sammlung allgemeiner Erfahrungen die Ordnungen und Gesetzmäßigkeiten der Welt zu erforschen. Als pädagogische Disziplin aber bemühte sie sich, vielseitig gebildete, ausgeglichene und disziplinierte Menschen heranzubilden.

Der Jahweglaube ist rasch in diese sich neu erschließende Welt des Geistes eingerückt und hat durch sie eine große Bereicherung erfahren. Dabei hat sich vor allem das Jahwebild selbst grundlegend gewandelt. Die alten Überlieferungen hatten Jahwe allesamt in mehr oder weniger wunderhaften Ereignissen am Werk gesehen. Von der Epoche Salomos an aber begann man, ein sehr viel weiteres und zugleich verborgeneres Feld göttlichen Wirkens zu entdecken: das menschliche Herz. Jahwe war es, der das scheinbar autonome Handeln der Menschen in heilvoller oder unheilvoller Weise lenkte. Von diesem veränderten Jahwebild her erfuhr aber auch das Bild des Menschen eine Umprägung. Man begann des Menschen in seiner Größe, in seinem Elend und all seiner Rätselhaftigkeit ansichtig zu werden. Ohne ihn den Händen Jahwes entgleiten zu lassen, lernte man ihn auf ganz profane Weise zu sehen. Der Humanismus der Epoche Salomos hat so zu einer tiefgreifenden Verwandlung des überkommenen Glaubens geführt.

Wie jeder Humanismus, so hat sich auch der salomonische der geschichtlichen Vergangenheit zugewandt. Angesichts des mächtigen Aufbruchs unter David und Salomo erfuhr Israel in eindrucksvoller Weise ein neues Handeln Jahwes an seinem Volk. Damit gewann aber auch jenes alte Handeln Jahwes an den Vätern neue Aktualität: Die Weise, in der Jahwe durch David an Israel gehandelt hatte, wurde zum Modell, das das Wirken Jahwes in den Anfängen Israels in einem neuen, umfassenden Sinne verstehen lehrte. Die Erwählung Abrahams rückte in das Licht des Davidsbundes, die Landnahme erfuhr ihre Vollendung im Davidisch-Salomonischen Großreich. Der Verfasser des jahwistischen Geschichtswerkes ist der erste gewesen, der den großen Versuch gemacht hat, den ganzen Überlieferungskomplex aus der Frühzeit von den geschichtlichen Erfahrungen der Salomo-Zeit her neu zu deuten.

Überraschenderweise hat die Gestalt Salomos selbst die von ihm so nachhaltig beeinflußte Zeit nicht zu einer Geschichtsdarstellung in der Art der »Geschichte von Davids Aufstieg« oder der »Thronnachfolgegeschichte« angeregt. Die schriftliche Überlieferung von ihm ist im Vergleich zu David äußerst spärlich. Neben amtlichen Listen und Annalenauszügen finden sich nur volkstümliche Erzählungen sowie »Berichte«, die von dem Bearbeiter der Königebücher selbst verfaßt worden sind. Diese nach Herkunft, Gattung und historischem Wert so unterschiedlichen Stücke sind ohne erkennbare innere Ordnung zusammengestellt und in der Regel nur recht locker miteinander verknüpft worden.

A. Der äußere Ausbau der Königsherrschaft

Salomo hat anscheinend keine größeren Kriege geführt. Er hat es sogar hingenommen, daß vermutlich schon am Anfang seiner Regierungszeit das

Reich im Norden und Süden abzubröckeln begann. Statt militärischen Ruhm zu erwerben, konzentrierte sich der König darauf, das innere Gefüge seiner Herrschaft zu festigen und ihr das international übliche Maß an Glanz und Prunk zuteil werden zu lassen. Der für die Zeitgenossen sichtbarste Ausdruck solcher großköniglichen Prachtentfaltung war Salomos ausgedehnte Bautätigkeit. Eine aufwendige Hofhaltung, blühender Handel mit den Nachbarvölkern und Fronarbeit der unterworfenen Völkerschaften vervollständigen das Bild eines Potentaten von wahrhaft orientalischer Größe.

1. Organisation und internationale Geltung des Reiches

Bereits David hatte damit begonnen, für sein umfangreiches Staatsgebilde eine zentrale Verwaltung aufzubauen. Seine obersten Staatsbeamten waren die beiden Führer des Heerbanns und der Söldner, zwei Priester und der Fronvogt, der Kanzler und der Staatsschreiber. Salomo hat den Beamtenapparat des Reiches erheblich vergrößert. Allein die regelmäßige Versorgung des Hofes mit Lebensmitteln erforderte einen Stab von zwölf Bezirksvögten und einem Obervogt. Hinzu kam eine Menge höherer und niederer Beamter, die bei den Bauarbeiten, im Handelswesen, bei der Erzgewinnung und in der Schiffahrt tätig waren.

Salomos oberste Beamte

Über den Beamtenapparat Salomos geben zwei authentische Listen aus der königlichen Kanzlei in Jerusalem Aufschluß: eine Liste über die zwölf Vögte und ihre Bezirke und eine Liste über die obersten Beamten bei Hof.

Der König Salomo war Herrscher über Gesamtisrael. Dies waren seine obersten Würdenträger: Asarja, der Nachkomme Zadoks, war Priester. Elichoreph und Achia, die Söhne Schischas, waren Staatsschreiber, Josaphat, der Sohn Achiluds, Kanzler[1]. Asarja, der Sohn Natans, war über die Statthalter gesetzt, Sabud, der Sohn Natans, war Freund des Königs[2]. Achisar

---

[1] Die Ämter des Staatsschreibers und des Kanzlers gehen auf ägyptisches Vorbild zurück. Die Staatsschreiber waren für die Führung der Annalen, die Abfassung von Erlassen und für die gesamte auswärtige Korrespondenz verantwortlich. Der Kanzler oder »Sprecher« war eine Art Informationschef; er teilte dem Volk die Beschlüsse seines Herrschers mit und informierte den König in allen wichtigen Staatsangelegenheiten.

[2] Mit dem offiziellen Titel »Freund des Königs« wurde der persönliche Berater, der Sekretär, des Herrschers belegt.

war über das Haus gesetzt³, Adoniram, der Sohn Abdas, war Fronaufseher. Salomo hatte zwölf Statthalter in Gesamtisrael, die den König und seinen Hof zu versorgen hatten. Je einen Monat im Jahr oblag es dem einzelnen, ihn zu versorgen. Dies sind ihre Namen: ...   (1 Kön 4, 1–3.5–8)

Fronarbeit und Ophir-Gold

In einem aus verschiedenen Quellen zusammengeflossenen größeren Abschnitt treffen wir auf eine Reihe zuverlässiger Angaben über das Fronwesen und den Ausbau der Versorgungs- und Garnisonstädte, über die Schiffahrt und den Handel Salomos sowie über den Reichtum des Königs. Mit Ausnahme des kurzen Erzählungsstückes über Salomos Schiffahrt scheinen die knappen Notizen allesamt amtlichen Aufzeichnungen der königlichen Verwaltung in Jerusalem entnommen zu sein.

Und so verhielt es sich mit dem Frondienst, den der König Salomo ausgehoben hatte für den Bau des Hauses Jahwes, seines Palastes, des Millo⁴, der Mauer Jerusalems, Hazors, Megiddos und Gesers, des unteren Bet-Horon, von Baalat und Tamar in der Steppe im Lande (Juda), ferner aller Vorratsstädte, die Salomo besaß, der Städte für die Wagen und deren Bemannung⁵ und für alles, was Salomo sonst noch in Jerusalem, auf dem Libanon und in seinem ganzen Herrschaftsgebiet zu bauen wünschte: Alle Leute, die noch übriggeblieben waren von den Amoritern, den Hethitern, den Perissitern, Hiwwitern und Jebusitern, die nicht israelitisch waren, ihre Nachkommen, die im Lande noch da waren und von den Israeliten nicht ausgerottet waren, hob Salomo zur Fron aus bis heute. Von den Israeliten machte aber Salomo niemanden zum Sklaven, sondern sie waren seine Kriegsleute und seine Beamten, seine Vornehmen und Schildträger und die Obersten über seine Kriegswagen und deren Besatzung.

Sogar Schiffe baute der König Salomo zu Ezjon-Geber, das bei Elat am Ufer des Schilfmeeres in Edom liegt. Hiram sandte seine Leute, kundige Seefahrer, auf Schiffen mit den Leuten Salomos aus⁶. Sie fuhren nach Ophir und holten von dort 420 Talente Gold, die sie Salomo brachten.

Der König Salomo ließ 200 Setzschilde aus gehämmertem Gold anfertigen, 600 Goldsekel verwandte er für einen Setzschild. 300 Tragschilde von gehämmertem Gold kamen dazu. Drei Goldminen verwandte er für jeden. Er hin-

---

3 Der »über das Haus« gesetzte Beamte hatte den gesamten persönlichen Besitz des Herrscherhauses, das Krongut, zu verwalten, war also eine Art Schatzminister.
4 Zum »Millo« vgl. oben S. 203, Anm. 17.
5 Für die Naturalien, die die zwölf Gaue Israels zur Versorgung des Hofes zu liefern hatten, waren in zahlreichen Vorratsstädten des Landes besondere Depots angelegt. Die Wagen- und Pferdestädte beherbergten die königliche Streitwagentruppe.
6 Vor der Zeit Salomos hatte Israel noch keinerlei Erfahrung in der Seefahrt. Die Kernmannschaft der israelitischen Schiffe stammte daher aus der syrischen Küstenstadt Tyrus, mit deren König Hiram Salomo intensive Handelsbeziehungen pflegte.

terlegte sie im Libanonwaldhaus [7]. Der König ließ sodann einen großen Thron aus Elfenbein anfertigen und mit gediegenem Gold überziehen. Sechs Stufen führten zum Thron hinauf, und Stierköpfe brachte man an der Hinterseite des Thrones an. Armlehnen befanden sich auf beiden Seiten des Sitzes, und zwei Löwen standen neben den Lehnen. Zwölf Löwen standen dort auf den sechs Stufen zu beiden Seiten.

Die Pferde wurden für Salomo aus Muzri und aus Kuwe geholt. Die Händler des Königs brachten sie aus Kuwe zum Marktpreis. Ein Wagen aus Ägypten kam auf 600 Silbersekel zu stehen und ein Pferd auf 150. Ebenso wurden sie durch ihre Vermittlung an alle hethitischen und aramäischen Könige ausgeführt [8]. (1 Kön 9, 15.17–22.26–28; 10, 16–20.28 f.)

Die Königin von Saba

Mit Staunen und Bewunderung haben nachfolgende Generationen auf den ungeheuren Reichtum und die Weisheit Salomos zurückgeblickt. Ausdruck solcher Bewunderung ist die volkstümliche Erzählung vom Besuch der Königin von Saba bei Salomo. Die farbige und lebendige Erzählung knüpft vermutlich an eine geschichtliche Begebenheit an; wahrscheinlich hat einmal eine arabische Herrscherin mit viel Aufwand und großem Gefolge den König in Jerusalem besucht.

Die Königin von Saba hörte gerüchtweise von Salomo und kam, ihn durch Rätsel auf die Probe zu stellen [9]. Sie zog nach Jerusalem mit reichem Gefolge, mit Kamelen, die Spezereien und viel Gold und Edelsteine trugen. Sie trat zu Salomo hin und sprach mit ihm über alles, was sie sich ausgedacht hatte. Auf alle ihre Fragen gab ihr Salomo Antwort. Dem König war nichts verborgen, über das er ihr nicht hätte Auskunft geben können. Die Königin von Saba bemerkte die große Weisheit Salomos und sah auch den Palast, den er gebaut hatte, die Speisen auf seinem Tisch, die Sitzordnung seiner Hofbeamten, das Aufwarten seiner Bediensteten und ihre Kleidung, seine Mundschenke und endlich seinen Aufzug, wie er zum Haus Jahwes hinaufging. Da blieb ihr vor Staunen der Atem aus, und sie sprach zum König: »Was ich in meinem Land über deine Verhältnisse und deine Weisheit vernommen habe, entspricht der Wirklichkeit. Nur wollte ich den Gerüchten nicht glauben, bis ich selber kam und es mit eigenen Augen sehen konnte. Da fand ich, daß ich nicht die Hälfte von dem, was ich hier sah, erfahren hatte. Deine Weisheit

---

7 Die goldenen Schilde wurden nur bei feierlichen Anlässen von der königlichen Leibgarde getragen. Für einen Setzschild wurden fast 7 kg, für einen Tragschild etwa 1,7 kg Gold verarbeitet. – Zum Libanonwaldhaus vgl. unten S. 246 f.

8 Salomo betrieb einen einträglichen Zwischenhandel mit Pferden und Streitwagen. Die Pferde wurden aus Kleinasien, die Wagen aus Ägypten eingeführt. Die Wagen wurden wieder an die Herrscher nord- und ostsyrischer Kleinstaaten weiterverkauft.

9 Rätsel aufzugeben und zu lösen ist ein im Orient bis heute beliebtes, geistvolles Gesellschaftsspiel.

und dein Reichtum übertreffen die Kunde, die ich vernommen habe. Glücklich zu preisen deine Leute, glücklich diese deine Knechte, die allezeit vor deinem Angesicht stehen und deine Weisheit hören! Jahwe, dein Gott, sei gepriesen, der an dir Gefallen fand und dich auf den Thron Israels setzte! Weil Jahwe für immer Israel liebt, deshalb hat er dich zum König bestellt, auf daß du Recht und Gerechtigkeit übst.« Dann gab sie dem König 120 Talente Gold[10], Spezereien in großer Menge und Edelsteine. Niemals mehr kamen so viele Spezereien ins Land, wie die Königin von Saba sie damals dem König Salomo schenkte. Der König Salomo gab der Königin von Saba alles, wonach sie begehrte und verlangte, abgesehen von dem, was er ihr bereits, entsprechend der Möglichkeit eines Königs Salomo, geschenkt hatte. Darauf kehrte sie in ihr Land zurück samt ihrem Gefolge.   (1 Kön 10, 1–10.13)

2. Salomos Bautätigkeit

Als steingewordene Zeugnisse für die Pracht und den Reichtum, mit denen sich Salomo umgeben hatte, galten den Späteren die Bauwerke des Königs. Salomo hat nicht nur eine Reihe alter kanaanäischer Städte im Land zu Vorrats- und Garnisonstädten ausgebaut, er hat vor allen Dingen in Jerusalem selbst ein besonderes Regierungsviertel errichtet. Damit hat Salomo die Stadt nach Norden hin um das Dreifache ihrer ursprünglichen Ausdehnung erweitert. In der uns überkommenen Salomo-Überlieferung nehmen die Berichte über die wichtigsten Bauten des Königs einen breiten Raum ein.

Der Bau des Tempels

Die Berichte, die wir über Salomos Bautätigkeit besitzen, waren ursprünglich nichts anderes als die Anweisungen des königlichen Bauamtes an die Bauleute. Es wurden genaue Maßangaben gemacht, die jeweiligen Baumaterialien festgelegt und gelegentlich besondere Richtlinien für einzelne Teile des Bauwerks gegeben. Die vor Beginn der Arbeiten abgefaßten Entwürfe sind vermutlich nachträglich, zusammen mit einem Aktenvermerk über den Abschluß der Arbeiten, zu einer Art Baubericht umformuliert und in die amtlichen Annalen aufgenommen worden. Von dort hat sie der Bearbeiter der Königebücher übernommen, zum Teil gekürzt und seinem Abschnitt über Salomo eingefügt.

Im wesentlichen ungekürzt hat er den Entwurf für das Tempelgebäude aufgenommen. Obwohl der Tempel nur ein einziges Gebäude innerhalb der Salomonischen Palastanlagen war, hat er den umfangreichen Bericht über den Tempelbau an den Anfang seines Abschnittes über die Baumaßnahmen Salomos gestellt. Für ihn war der Bau des Heiligtums das einzig wichtige Ereignis der Salomozeit.

---

10 Etwa 90 Zentner.

Der Tempel, den der König Salomo für Jahwe errichtete, war 60 Ellen lang, 20 Ellen breit und 30 Ellen [11] hoch. Die Vorhalle vor dem Hauptraum des Tempels hatte 20 Ellen Länge an der Stirnseite des Hauses und 10 Ellen Breite quer zur Längsrichtung des Hauses. Am Haus brachte man in Steinrahmen gefaßte Fenster an. Auf der Mauer des Hauses baute man eine Schicht ringsum, und man machte Rippen ringsum [12]. Im Untergeschoß war die Rippe fünf Ellen, im mittleren sechs und im dritten sieben Ellen breit; denn er gab dem Haus außen herum Abstufungen, um nicht in die Wände des Hauses eingreifen zu müssen. Bei der Errichtung des Hauses wurde mit unberührten Steinen vom Steinbruch gearbeitet. Man hörte also beim Bau des Hauses keine Hämmer, Meißel und was es sonst an eisernen Werkzeugen gibt. Die Tür zu der Rippe im Untergeschoß war an des Hauses Südseite. Über Treppen stieg man zum mittleren und vom mittleren zum dritten Geschoß. Als er das Haus fertiggebaut hatte, bedeckte er das Haus, nämlich die Balken und Vertäfelungen, mit Zedern. Er baute die Schicht über das ganze Haus, fünf Ellen hoch. Er faßte das Haus mit Zedernbalken ein.

Die Wände des Hauses umkleidete er inwendig mit Rippen aus Zedernholz. Vom Fußboden des Hauses bis zu den Balken der Decke täfelte er es inwendig mit Holz; den Fußboden des Hauses belegte er mit Rippen aus Zypressenholz. Und er trennte von der Rückseite des Tempels her 20 Ellen durch Zederndielen ab, vom Fußboden bis zum Gebälk, und schuf so im Innern den Schrein. 40 Ellen lang war der Hauptraum vor dem Schrein. Der Schrein war 20 Ellen lang, 20 Ellen breit und 20 Ellen hoch [13]. Er überzog ihn mit lauterem Gold. Auch machte er einen Altar, nämlich vor dem Schrein, und überzog ihn mit Gold. Das ganze Haus überzog er vollständig mit Gold...

Im vierten Jahr, im Monat Siw, wurde zum Haus Jahwes das Fundament gelegt. Im elften Jahr, im Monat Bul – das ist der achte Monat – war das Haus mit allen seinen Teilen und mit allem, was dazugehörte, vollendet. Sieben Jahre hatte man an ihm gebaut. (1 Kön 6, 2–10.15–17.20–22.37 f.)

Der königliche Palast

Gegenüber der ausführlichen Wiedergabe des Entwurfs für das Tempelgebäude sind die Berichte über die profanen Bauwerke Salomos auffällig kurz gehalten. Während der Bearbeiter über das »Libanonwaldhaus«, ein großangelegtes Repräsentations-

---

11 Eine Elle entsprach etwa einem halben Meter.
12 Der in seiner Kargheit ohnedies nur schwer verständliche Baubericht enthält einige Fachausdrücke (»Schicht«, »Rippe«), deren genaue Bedeutung wir nicht mehr ermitteln können. Vielleicht hat nicht einmal mehr der Bearbeiter gewußt, worum es sich im einzelnen handelt.
13 Der »Schrein« war anscheinend ein auf der Vorderseite offener Holzkasten, der in Länge und Breite das gesamte hintere Drittel des Tempelgebäudes einnahm.

gebäude, noch einige detaillierte Angaben macht, erwähnt er das »Haus Salomos«, die von der königlichen Familie bewohnten Teile des Palastes, nur mit zwei Halbsätzen. Darin spiegelt sich unverkennbar die kritische Einstellung des Bearbeiters gegenüber dem üppigen Herrschaftsstil Salomos.

Salomo baute an seinem eigenen Haus 13 Jahre, bis er es vollendet hatte. Er baute das Libanonwaldhaus [14] 100 Ellen lang, 50 Ellen breit und 30 Ellen hoch mit vier Reihen von Säulen aus Zedernholz und behauenen Zedernbalken darauf. Es war getäfelt mit Zedernholz oberhalb der Rippen, die über den 45 Säulen, je 15 in einer Reihe, lagen. Fenster gab es in drei Reihen, und zwar dreimal eines gegenüber dem andern. Alle Türen und Pfosten waren viereckig; je drei Öffnungen lagen einander gegenüber. Er baute die Vorhalle aus Säulen, 50 Ellen lang und 30 Ellen breit, und ein Gatter davor. Ferner schuf er die Thronhalle als Raum für Gerichtssitzungen. Sie war vom Boden bis zur Decke mit Zederngetäfel verkleidet.

Dazu kam sein eigenes Wohnhaus im anderen Vorhof einwärts der Halle, das in der gleichen Art gebaut war. Ein Haus nach Art jener Halle errichtete er auch für die Tochter des Pharao, die sich Salomo zur Frau genommen hatte.

Alle diese Bauten waren aus kostbaren Steinen, die innen und außen mit der Steinsäge geschnitten waren, von den Fundamenten bis zu den Auflagen, von außen her bis zur großen Umhegung. Die Fundamente waren ebenfalls wertvolle große Steine. Es waren Steinblöcke von zehn und solche von acht Ellen. Darüber lagen kostbare, nach Quadermaß behauene Steine und Zedernholz. Die große Umhegung bestand aus drei Reihen Quadern und einer Lage Zedernbalken, desgleichen auch die innere Umhegung des Jahwehauses [15].   (1 Kön 7, 1–12)

Die Überführung der Lade in den Tempel

Als Abschluß und eigentlicher Höhepunkt der Salomonischen Bauarbeiten hat der Bearbeiter der Königebücher die Einweihung des Tempels angesehen. Nur für den Anfang seiner Schilderung über dieses Ereignis konnte er sich auf einen älteren Bericht von der Überführung der Lade in den Tempel stützen. Diesen Bericht, der vermutlich auf offizielle Aufzeichnungen aus der Salomozeit zurückgeht, hat er mit eigenen Erläuterungen versehen und mit einem ebenfalls sehr alten Tempelweihspruch zusammengestellt.

Damals versammelte Salomo die Ältesten Israels, alle Häupter der Stämme und die Fürsten der israelitischen Geschlechter, bei sich in Jerusalem, um die

---

14 Seinen Namen hat das »Libanonwaldhaus« von den Säulen aus Libanonzedern, mit denen es im Inneren reichlich ausgestattet war.
15 Die »große Umhegung« war die äußere Umfassungsmauer, die die »innere Umhegung« für den Tempel noch einmal umschloß.

Bundeslade Jahwes aus der Davidsstadt, das ist Zion, herauszuholen. Da kamen beim König Salomo alle Männer Israels im Monat Etanim, d. h. im siebten Monat, am Feste zusammen.
Als alle Ältesten Israels da waren, erhoben die Priester die Lade. Sie brachten die Lade Jahwes, das Offenbarungszelt und alle heiligen Geräte, die im Zelte waren, hinauf. Die Priester und Leviten trugen sie hinauf. Der König Salomo und mit ihm die ganze Gemeinde Israels versammelten sich vor der Lade. Sie schlachteten Schafe und Rinder, unzählbar an Menge. Die Priester stellten die Bundeslade Jahwes an ihren Platz in den Schrein des Hauses, ins Allerheiligste, unter die Flügel der Kerube. Denn die Kerube breiteten die Flügel über den Platz der Lade. Die Kerube bedeckten die Lade und ihre Stangen von oben her. Die Stangen waren so lang, daß man ihre Spitzen nur im Heiligtum vor dem Schrein wahrnehmen konnte. Jedoch von draußen waren sie nicht zu sehen. In der Lade lagen nur die beiden steinernen Tafeln, die Mose am Horeb hineingelegt hatte, die Tafeln des Bundes, den Jahwe mit den Söhnen Israels bei ihrem Auszug aus Ägypten geschlossen hatte[16]. Sie befinden sich dort bis zum heutigen Tag. Während die Priester aus dem Heiligtum traten, erfüllte die Wolke das Haus Jahwes. Der Wolke wegen konnten die Priester nicht Dienst tun; denn die Herrlichkeit Jahwes erfüllte das Haus Jahwes. Damals sprach Salomo:
»Der Sonne hat ihren Platz am Himmel gewiesen Jahwe,
er selbst hat erklärt, im Wolkendunkel wohnen zu wollen.
So habe ich dir einen Herrscherpalast gebaut,
eine Stätte deines Thrones auf ewig.«[17] (1 Kön 8, 1–13)

B. Das literarische Erbe der Salomonischen Ära

Die Zeit Salomos ist eine der literarisch fruchtbarsten Epochen in der Geschichte Israels gewesen. Allein drei in ihrem Charakter und in ihrer Zielsetzung so unterschiedliche literarische Komplexe wie die israelitische Weisheit, die Liebeslyrik des Hohen Liedes und das jahwistische Geschichtswerk haben in jener geistig aufgeschlossenen Zeit ihre Wurzeln.
(1) Über die mannigfachen politischen und kommerziellen Verbindungen des Jerusalemer Hofs zum Ausland lernte die gebildete Oberschicht des Reiches die Kultur und das Geistesleben der altorientalischen Großreiche kennen.

---

16 Daß die Lade als Aufbewahrungsort der beiden »Tafeln des Bundes« gedient habe, ist eine sehr späte Auffassung.
17 Der Sinn des Spruches ist etwa der, daß Jahwe, der bisher im Dunkel einer Gewitterwolke gewohnt habe, von jetzt an und für immer in einem herrschaftlichen Haus wohnen solle.

Das bis dahin ausschließlich von religiösen Überlieferungen bestimmte Denken Israels kam dabei zum ersten Mal mit einer ausgesprochen profanen Weise des Denkens in Berührung, der sogenannten *Weisheit*. Sie fand anscheinend zunächst in der Beamtenschule des Jerusalemer Hofes Eingang, an der die Söhne der Oberschicht auf ihre künftigen Aufgaben im Staatsdienst vorbereitet wurden. Bald jedoch ist weisheitliches Denken auch über den Jerusalemer Hof hinaus in weiten Kreisen des Volkes heimisch geworden. Von seiner nachhaltigen Wirkung zeugen die im Alten Testament erhaltenen Spruchsammlungen.

(2) Die Epoche Salomos war eine empfindsame Zeit. Vielleicht hat Israel damals schon die altorientalische Liebeslyrik kennengelernt. Daß Israel auch auf diesem Gebiet Impulse seiner Nachbarn aufgenommen hat, läßt jedenfalls das Hohe Lied erkennen. In dieser durch und durch weltlichen Gedichtsammlung spiegeln sich nahezu ungebrochen die Stilformen und Motive der altorientalischen Liebeslyrik wieder.

(3) Aus seinem ureigensten Gut konnte Israel in der Geschichtsschreibung schöpfen. In der Zeit Salomos hat Israel sich erstmals unter einem streng theologischen Aspekt die Frage nach seinem Woher und seinem Wohin gestellt. Über seinen bisherigen engen Geschichtshorizont hinaus hat Israel es gewagt, seine eigene Geschichte in die Geschichte der außerisraelitischen Völkerwelt einzuordnen. Es hat damit den durch David eröffneten Raum eines viele Völker umfassenden Großreichs auch theologisch auszufüllen versucht. Erstmals ist für Israel Weltgeschichte sichtbar geworden.

1. Salomo als der exemplarische Weise

Es hat der glanzvollen, von Wohlstand und äußerem Frieden bestimmten Zeit Salomos bedurft, damit die Weisheit im geistigen Leben Israels Eingang finden konnte. Die Nachwelt ist sich dessen immer bewußt geblieben. Sie hat darum Salomo, den Träger der Epoche, als den ersten und später nicht mehr übertroffenen Weisen verehrt. All das, was noch Jahrhunderte nach Salomo an weisheitlichem Gedankengut in Israel zusammengetragen worden ist, hat man diesem einen Mann persönlich zugeschrieben. So trägt die Spruchsammlung, der wir vor allem die Kenntnis der älteren Weisheit verdanken, die Überschrift: ›Die Sprüche Salomos, des Sohnes Davids, des Königs von Israel‹. Salomo ist in der Überlieferung zum Ahnherrn und Typos einer großen geistigen Bewegung geworden.

Die königliche Bitte

Wie fest Israel die Weisheit in den Jahweglauben eingebunden wissen wollte, läßt eine Erzählung aus nachsalomonischer Zeit erkennen. Als Salomo einst, so wird erzählt, von Jahwe eine Bitte freigegeben erhielt, erbat er sich ein weises und verständiges, ein »hörendes Herz«. Weise sein bedeutet hier, vom Willen Jahwes ganz und gar durchdrungen sein. Diese Art von Weisheit gilt als höchste aller göttlichen Gaben, sie ist darum Vorrecht und Auszeichnung des von Jahwe erwählten Königs. Als königliche Weisheit aber ist sie die Fähigkeit, zwischen Gut und Böse zu unterscheiden und dem Volk ein gerechter Richter zu sein.

Der König ging einst nach Gibeon [18], um daselbst zu opfern; denn dies war die bedeutendste Höhe. Tausend Brandopfer hatte Salomo auf jenem Altar dargebracht. Da erschien Jahwe in Gibeon dem Salomo im Traum bei Nacht, und Gott sprach: »Wünsche, was ich dir geben soll!« Salomo entgegnete: »Große Huld hast du deinem Knecht, meinem Vater David, widerfahren lassen; denn er wandelte vor dir in Treue, Gerechtigkeit und mit aufrichtigem Herzen. Du erwiesest ihm diese große Huld und schenktest ihm einen Sohn, der jetzt auf seinem Thron sitzt. Und nun, Jahwe, mein Gott, du hast deinen Knecht an Stelle meines Vaters David zum König eingesetzt; doch ich bin noch zu jung und weiß nicht, wo aus und wo ein. Dein Knecht steht inmitten eines Volkes, das du erwählt hast, eines starken Volkes, dessen Menge weder berechenbar noch zählbar ist. Schenke also deinem Knecht ein hörendes Herz, damit er dein Volk richten und zwischen Gut und Böse unterscheiden kann! Denn wer kann sonst dieses dein so mächtiges Volk richten?« Jahwe gefiel es, daß Salomo diesen Wunsch geäußert hatte. Gott entgegnete ihm: »Du hast dir das erbeten und verlangtest nicht für dich ein langes Leben oder Reichtum oder den Tod deiner Feinde. Du hast dir vielmehr Einsicht erbeten, um rechte Entscheidung zu hören. Daher werde ich deinem Wunsche gemäß handeln. Ich gebe dir ein weises und verständiges Herz, so daß vor dir keiner war wie du und auch nach dir niemand auftreten wird, der dir gleicht. Doch auch das, worum du nicht gebeten hast, gebe ich dir: Reichtum und Ehre. Unter den Königen wird all deine Tage niemand sein wie du. Wandelst du auf meinen Wegen und hältst meine Satzungen und Gebote, wie dein Vater David es getan hat, so verlängere ich auch dein Leben.« Da erwachte Salomo, und der Traum war beendet. Er ging nach Jerusalem, trat vor die Bundeslade des Herrn, brachte Brandopfer dar, veranstaltete Heilsopfer und ließ all seinen Knechten ein festliches Gelage geben.

(1 Kön 3, 4–15)

Das Salomonische Urteil

Als Beweis, der die Weisheit Salomos für alle offenkundig macht, will die bekannte Geschichte vom Salomonischen Urteil verstanden sein. Die Erzählung, für die es eine Fülle indischer und ostasiatischer Parallelen gibt, gehört zu der Gattung wandernder Volkserzählungen. Sie spricht ganz allgemein von einem König und zwei Frauen. Erst am Jerusalemer Hof ist sie auf Salomo bezogen worden.

---

18 Gibeon lag etwa zwei Wegstunden nordwestlich von Jerusalem.

Damals kamen zwei Dirnen zum König und traten vor ihn. Die eine sagte aus: »Mit Verlaub, mein Herr, ich und diese Frau wohnen im gleichen Haus. Ich gebar bei ihr im Haus. Drei Tage, nachdem ich geboren hatte, gebar auch diese Frau. Wir waren beisammen; kein Fremder befand sich bei uns im Haus außer uns beiden. Da starb der Sohn dieser Frau in der Nacht; denn sie hatte sich auf ihn gelegt. Mitten in der Nacht stand sie auf, nahm mein Kind von meiner Seite fort, während deine Magd schlief, und legte es an ihren Busen. Ihr totes Kind aber legte sie zu mir. Morgens stand ich auf, um mein Kind zu stillen, und sah, daß es tot war. Als ich es aber am Morgen genauer anschaute, erkannte ich, daß es nicht mein Kind war, das ich geboren hatte.« Die andere Frau aber warf ein: »Nicht so, mein Kind lebt, und dein Kind ist tot!« Darauf die erste: »Nein, dein Kind ist tot, und meines lebt!« So stritten sie vor dem König. Der König sprach: »Diese sagt: Mein Kind lebt, und dein Kind ist tot. Jene behauptet: Nein, dein Kind ist tot, und mein Kind lebt.« Da befahl der König: »Bringt mir ein Schwert!« Man brachte das Schwert vor den König. Und der König entschied: »Teilt das lebendige Kind in zwei Stücke und gebt die eine Hälfte der einen, die andere Hälfte der anderen!« Doch da bat die Mutter des lebenden Kindes den König, weil sich das Mitleid mit ihrem Kind in ihr regte: »Mit Verlaub, mein Herr, gebt ihr doch das lebendige Kind und tötet es nicht!« Jene aber bestand darauf: »Es gehöre weder dir noch mir! Teilt es auseinander!« Da fällte der König die Entscheidung: »Gebt der anderen das lebendige Kind und tötet es nicht! Sie ist seine Mutter!« Ganz Israel vernahm das Urteil, das der König gefällt hatte. Man bekam Ehrfurcht vor dem König; denn man sah, daß Gottes Weisheit in ihm wohnte, um Rechtsentscheide zu treffen. (1 Kön 3, 16–28)

2. Die »Weisheit« als Bildungsideal und Ordnungsprinzip

Das Bemühen der altorientalischen Weisheit war darauf gerichtet, das Ganze der Welt und ihrer vielfältigen Erscheinungen geistig zu erfassen, in Zusammenhänge einzuordnen und auf seine Gesetzmäßigkeiten hin abzuhorchen. In dem Maße, in dem weisheitliches Denken dem Menschen so die belebte und unbelebte Welt zum Gegenstand des Betrachtens und Nachdenkens werden ließ, löste es den Menschen selbst aus dieser Welt heraus und ließ ihn sich als eigenständiges, seiner selbst bewußtes und für sich selbst verantwortliches Wesen empfinden. Dieses Bildungsideal des seiner selbst mächtigen, aufgeklärten Menschen ist vor allem durch die Beamtenschulen an den Königshöfen geprägt worden.

Das Interesse des altorientalischen weisheitlichen Denkens galt zwei großen Bereichen, der Natur und dem menschlichen Zusammenleben. Die *Lebensweisheit* oder Bildungsweisheit sammelte Erfahrungen des einzelnen im Umgang mit anderen Menschen, brachte sie in einprägsame und meist kunstvolle literarische Formen und erhob sie in den Rang allgemeingültiger Erkenntnisse. Die *Naturweisheit* oder Listenweisheit dagegen stellte vergleichbare oder als zusammengehörig erscheinende Phänomene der Natur in Form einfacher Listen zusammen, ordnete sie einem gemeinsamen Gesichtspunkt unter und schuf sich so einen überschaubaren Kosmos der sichtbaren Erscheinungen. Dieses Sammeln und Ordnen von Erfahrungen, Beobachtungen und Erkenntnissen war eine Frühform wissenschaftlichen Arbeitens.

Im Unterschied zu den Literaturen Ägyptens und des Zweistromlandes begegnet uns die Listenwissenschaft im Alten Testament nur noch in Andeutungen. Das Hauptinteresse der israelitischen Weisen galt dem umfangreichen Gebiet der Lebensweisheit.

»Ein lebender Hund ist besser dran als ein toter Löwe«

Die einfachste und volkstümlichste Gestalt weisheitlichen Redens bedient sich der Form des *Sprichwortes*. In knapper Formulierung, häufig unter einem anschaulichen Bild, werden alltägliche Erfahrungen, offenkundige Tatbestände und Sachverhalte in Worte gefaßt. Indem das Sprichwort eine bestimmte Erkenntnis in allgemeingültiger Form zum Ausdruck bringt, erhebt es den Anspruch, eine der Gesetzmäßigkeiten des Lebens zu vermitteln. In der Regel fehlen in den Sprichwörtern besondere Hinweise auf das Tun und Verhalten des Menschen.

Wer das Schwert umgürtet, rühme sich nicht
wie einer, der es ablegt. (1 Kön 20, 11)

Der Mensch schaut auf den äußeren Schein,
Jahwe aber schaut auf das Herz. (1 Sam 16, 7)

Ein lebender Hund ist besser dran
als ein toter Löwe. (Pred 9, 4)

Ein Hoffen, das zu lange währt, macht krank das Herz,
jedoch ein Lebensbaum ist der erfüllte Wunsch. (Spr 13, 12)

Pläne scheitern, wo Beratung fehlt,
wo aber viele raten, kommt Erfolg zustande. (Spr 15, 22)

»Schlecht, wie schlecht!« so spricht der Käufer,
geht er aber weg, dann prahlt er. (Spr 20, 14)

Regen bringt der Wind aus Norden
und mürrische Gesichter die Verleumderzunge. (Spr 25, 23)

Wer eine Grube gräbt, der fällt in sie hinein;
wer einen Stein hochwälzt, auf den rollt er zurück. (Spr 26, 27)

Die Türe dreht sich in der Angel
und in seinem Bett der Faule. (Spr 26, 14)

Gar mancher stellt sich reich und hat doch nichts,
mancher stellt sich arm und hat viel Gut. (Spr 13, 7)

Lösegeld für eines Menschen Leben ist sein Reichtum,
der Arme aber hört von Loskauf nichts. (Spr 13, 8)

Selbst seinem Nächsten ist verhaßt der Arme,
doch zahlreich sind des Reichen Freunde. (Spr 14, 20)

Ein fröhliches Herz macht das Antlitz heiter,
jedoch bei Herzeleid ist das Gemüt bedrückt. (Spr 15, 13)

Ein fröhliches Herz tut dem Körper gut,
aber ein kummervolles Gemüt dörrt aus den Leib. (Spr 17, 22)

Haus und Habe sind der Väter Erbe,
jedoch von Jahwe ist eine kluge Frau. (Spr 19, 14)

Lieber wohnen in der Ecke eines Daches
als mit einer bösen Frau zusammen in einem Haus. (Spr 25, 24)

Ein Dach, das dauernd tropft zur Regenzeit,
und eine nörglerische Frau – sie gleichen sich. (Spr 27, 15)

Der Gerechte und der Frevler

Weisheitliches Denken und Reden ist seinem Wesen nach auf Belehrung gerichtet. Nur wenn einmal gemachte Erfahrungen, einmal erkannte Gesetzmäßigkeiten weitergegeben und beherzigt werden, können sie zur Lebenshilfe werden. Die Mehrzahl aller Weisheitssprüche enthält darum eine direkte oder indirekte Aufforderung an den Hörer, sich in einem bestimmten Sinne zu verhalten, dieses zu tun und jenes zu lassen.

In einer großen Zahl von Sprüchen werden solche Ermahnungen nur ganz versteckt zum Ausdruck gebracht, indem zwei entgegengesetzte Verhaltensweisen und ihre Folgen vor Augen geführt werden. Der Haltung des Gerechten steht die des Frevlers gegenüber, der Weise wird mit dem Toren konfrontiert, der Fleißige mit dem Faulen. Der ständige Hinweis auf den inneren Zusammenhang zwischen dem Verhalten eines Menschen und seinem Ergehen läßt die Grundlage weisheitlichen Denkens erkennen: Es ist das Wissen um eine der Welt innewohnende, unumstößliche Ordnung. Garant dieser geheimen Ordnung der Welt ist für den israelitischen Weisen – ausgesprochen oder unausgesprochen – Jahwe. Wer Jahwes Weltordnung in freiwilliger Unterwerfung anerkennt und sich ihr einfügt, ist ein Gerechter, ein Weiser; wer sich dagegen auflehnt, ein Frevler und Tor. Dem Gerechten geht es im Leben gut, der Frevler aber geht zugrunde.

Segen kommt auf des Gerechten Haupt,
aber der Frevler Antlitz bedeckt Gewalttat. (Spr 10, 6)

Des Gerechten Andenken in Segen,
der Frevler Name aber wird vergehen. (Spr 10, 7)

Wenn der Sturm daherbraust, verschwindet der Frevler,
der Gerechte jedoch steht auf ewigem Grund. (Spr 10, 25)

Jahwe-Furcht vermehrt die Lebenstage,
der Frevler Jahre aber sind verkürzt. (Spr 10, 27)

Des Lauteren Gerechtigkeit macht eben seinen Weg,
durch seine Bosheit aber kommt zu Fall der Frevler. (Spr 11, 5)

Gleich einem Schwertstich wirkt das Reden mancher,
doch Heilung bringt der Weisen Zunge. (Spr 12, 18)

Alles tut der Kluge mit Verstand,
der Tor jedoch kramt seine Dummheit aus. (Spr 13, 16)

Verkehre mit Weisen, und du wirst ein Weiser,
doch wer mit Toren umgeht, dem ergeht es schlecht. (Spr 13, 20)

Der Toren Schmuck ist ihre Narrheit,
mit Weisheit aber krönt man Kluge. (Spr 14, 18)

Ein goldner Ring im Rüssel einer Sau –
ein schönes Weib, doch ohne Schicklichkeit. (Spr 11, 22)

Eine tüchtige Frau ist die Krone ihres Mannes,
eine schandbare aber wie Fäulnis im Gebein. (Spr 12, 4)

Wer seine Rute schont, haßt seinen Sohn,
doch wer ihn liebhat, nimmt ihn früh in Zucht. (Spr 13, 24)

Wer den Geringen unterdrückt, schmäht dessen Schöpfer,
hingegen ehrt ihn, wer des Armen sich erbarmt. (Spr 14, 31)

Dem Menschen scheinen alle seine Wege rein,
doch der die Geister prüft, ist Jahwe. (Spr 16, 2)

Stell Jahwe dein Tun anheim,
dann gelingen deine Pläne! (Spr 16, 3)

Viele Pläne faßt das Menschenherz,
aber Jahwes Rat allein steht fest. (Spr 19, 21)

Ratschläge eines Weisen

Eine andere Gruppe von Sprüchen begnügt sich nicht mit der bloßen Gegenüberstellung verschiedener Verhaltensweisen. Hier ergeht die jeweilige Ermahnung als direkte Anrede an den Hörer oder Leser. In den meist längeren Sentenzen ist der eigentlichen Ermahnung eine Begründung beigegeben, die dem Spruch Überzeugungskraft verleihen soll.

Eine ältere Sammlung solcher Mahnsprüche zeigt in weiten Passagen eine fast

wörtliche Übereinstimmung mit einer ägyptischen Spruch-Sammlung, der »Lehre des
Amenemope«. Der Verfasser der israelitischen Sammlung hat eine Reihe von Sprüchen
aus dieser Vorlage entnommen, hat sie israelitischen Verhältnissen angepaßt, in eine
andere Reihenfolge gebracht und ihnen Eigenes hinzugefügt.

Neige mir dein Ohr und höre meine Worte,
und für meine Weisheit mach dein Herz bereit!
Denn schön ist es, wenn du in deinem Innern sie bewahrst;
fest wie ein Zeltpflock mögen sie auf deinen Lippen haften!
Daß auf Jahwe dein Vertrauen sich gründe,
tu ich dir heute seine Pfade kund.
Ja, dreißig Sätze habe ich dir aufgeschrieben
als weisen Rat und Stütze der Erkenntnis,
um dir der sichern Wahrheit Worte kundzutun,
damit du dem, der dich gesandt hat,
Antwort geben kannst. (Spr 22, 17–21)

Beraube nicht den Armen, weil er arm ist,
nicht unterdrücke im Gericht den Dürftigen!
Denn Jahwe führet ihre Sache
und raubt das Leben ihren Räubern. (Spr 22, 22 f.)

Dem Zornigen geselle dich nicht zu,
und mit dem Hitzkopf pflege keinen Umgang,
damit du nicht an seine Pfade dich gewöhnst
und dieses dir zum Fallstrick für dein Leben wird. (Spr 22, 24 f.)

Zu jenen zähle nicht, die Handschlag geben,
und die für Schulden Bürgschaft leisten!
Wenn dir die Mittel fehlen, um zu zahlen,
nimmt man dein Bett dir unterm Leibe weg. (Spr 22, 26 f.)

Verrücke nicht der Witwe Grenze,
und in der Waisen Felder dring nicht vor!
Denn der Beschützer ihres Rechts ist stark,
und führen wird er ihre Sache gegen dich. (Spr 23, 10 f.)

Erspare nicht dem Knaben strenge Zucht;
wenn du ihn mit der Rute schlägst, so stirbt er nicht.
Du schlägst ihn vielmehr mit der Rute
und rettest vor dem Totenreich sein Leben. (Spr 23, 13 f.)

Sei nicht bei denen, die dem Weine frönen,
bei denen, die im Fleischgenusse schlemmen!

Der Säufer und der Schlemmer wird verarmen,
und Schläfrigkeit bekleidet dich mit Lumpen.   (Spr 23, 20 f.)

Auf Bösewichter sei nicht eifersüchtig
noch neidisch auf die Frevler!
Denn keine Zukunft hat der Böse,
des Frevlers Lampe muß erlöschen.   (Spr 24, 19 f.)

Fürchte Jahwe, mein Sohn, und auch den König,
mit beiden sollst du dich nicht überwerfen!
Denn plötzlich geht Verderben aus von ihnen
und Unheil von den beiden, eh' man's denkt.   (Spr 24, 21 f.)

Zahlensprüche

Die Redeform, in der das Bemühen der Weisheit, die Welt ordnend zu bewältigen, am deutlichsten hervortritt, ist der *Zahlenspruch*. »Drei, vier« Dinge werden darin unter einem zusammenfassenden Stichwort einander zugeordnet. Obwohl die aufgezählten Erscheinungen meist verschiedenen Bereichen entstammen, haben sie für den Beobachter jeweils ein Gemeinsames: Sie sind »unersättlich«, sind winzig und doch »weise«, »wunderbar« oder für Jahwe »ein Greuel«. Fast immer sind es Phänomene, die in ihrer Rätselhaftigkeit kaum mehr zu begreifen sind. Indem sie aber in Gruppen zusammengefaßt werden, wird das Geheimnis, das in jedem einzelnen von ihnen verborgen ist, ein Stück weit gelüftet. Dies lassen besonders jene Sprüche erkennen, in denen das letzte Glied der Aufzählung dem menschlich-sozialen Bereich entstammt, alle vorangehenden aber der Natur entnommen sind: Die Beobachtungen an der Natur sind hier der Rahmen, innerhalb dessen das Rätsel Mensch verstanden werden kann.

Drei sind es, die nie satt bekommen,
vier sagen nie: »Genug!«
Das Totenreich, der unfruchtbare Mutterschoß,
die Erde, die des Wassers niemals satt wird,
das Feuer, das nie sagt: »Genug!«   (Spr 30, 15 f.)

Vier sind die Kleinsten auf Erden
und dennoch die Klügsten der Weisen:
Die Ameisen sind ein Volk ohne Macht
und besorgen sich trotzdem im Sommer ihr Futter.
Die Klippdachse sind ein Volk ohne Stärke
und bauen sich dennoch im Fels ihre Wohnung.
Die Heuschrecken haben bei sich keinen König
und ziehen doch alle geordnet einher.
Die Eidechse läßt sich mit Händen ergreifen,
und dennoch verweilt sie in Königspalästen.   (Spr 30, 24–28)

Drei sind es, die mir zu wunderbar,
vier, die ich nicht begreifen kann:
der Weg des Adlers an dem Himmel,
der Weg der Schlange über Felsen,
des Schiffes Weg auf hoher See,
des Mannes Weg bei einer jungen Frau. (Spr 30, 18 f.)

Drei sind es, die stattlich schreiten,
und vier, die trefflich einhergehen:
der Löwe, der Held aller Tiere,
der auch vor niemandem kehrtmacht,
der Hahn, der stolziert, und der Leitbock
und schließlich der König, der sich erhebt vor dem Volk. (Spr 30, 29–31)

Unter dreien bebt die Erde,
bei vieren kann sie nicht bestehen:
bei einem Sklaven, wenn er König wird,
und einem Toren, wenn er Brot in Fülle hat,
bei einer ehedem verschmähten Frau, wenn sie zur Heirat kommt,
und einer Magd, wenn sie verdrängt hat ihre Herrin. (Spr 30, 21–23)

Sechs Dinge sind Jahwe verhaßt,
und sieben sind für ihn ein Greuel:
die stolzen Augen, eine falsche Zunge
und Hände, die unschuldig Blut vergießen,
ein Herz, das frevelhafte Ränke plant,
und Füße, die zum Bösen eilig rennen,
wer Lügen spricht als falscher Zeuge
und Zwietracht ausstreut zwischen Brüdern. (Spr 6, 16–19)

Der Himmel mit seinem Zubehör

Aus der gleichen Geisteshaltung heraus, aus der die Zahlensprüche drei oder vier Erscheinungen einander zuordnen, versucht die *Listenweisheit* durch reine Aufzählungen die sichtbare Welt in ihrer Gesamtheit darzustellen.

Ein Beispiel für solch eine listenmäßige Aufstellung ist ein ägyptisches Werk, das sogenannte Onomastikon (= Namensliste) des Amenope. Diese wissenschaftlich-enzyklopädische Schrift versteht sich als »Lehre über alles von Ptah Geschaffene, über den Himmel mit seinem Zubehör, über die Erde und was in ihr ist«. Der Anfang des Werkes, das insgesamt 610 Gegenstände aufzählt, lautet:

(1) Himmel (4) Stern
(2) Sonne   (5) Orion
(3) Mond   (6) Großer Bär

(7) Pavian
(8) »Der Starke«
(9) Sau
(10) Sturm
(11) Orkan
(12) Morgendämmerung
(13) Dunkelheit
(14) Sonne
(15) Schatten
(16) Sonnenschein
(17) Sonnenstrahlen
(18) Tau
(19) ?
(20) Schnee (?)
(21) Regensturm (?)
(22) Urwasser
(23) »Flut« (Nil)
(24) Fluß
(25) Meer
(26) Welle

Landtiere und Vögel, Kriechtiere und Fische

Listen mit einfachen Aufzählungen wie die des Amenope sind uns im Alten Testament nicht überliefert. Offenbar aber hat man solche Listen in Israel gekannt und sie als Vorlage für Naturgedichte verwendet. Wenn es in einem kleinen Erzählungsstück heißt, Salomo habe über alle Bäume und Tiere Sprüche und Lieder gemacht, so sind damit gewiß Dichtungen gemeint, deren Stoffe solchen Namenslisten entlehnt waren.

Und Gott gab Salomo Weisheit und Einsicht in höchstem Grade, dazu Weitblick des Verstandes, dem Sand am Ufer des Meeres vergleichbar. Die Weisheit Salomos war größer als die Weisheit aller Söhne des Ostens [19] und alle Weisheit Ägyptens. Er war weiser als alle übrigen Menschen, als etwa der Esrachit Etan, als Heman, Kalkol und Darda, die Söhne Machols [20]. Sein Name war bekannt bei allen Völkern im Umkreis. Er verfaßte 3000 Sprüche, und die Zahl seiner Lieder betrug 1005. Er wußte zu reden über die Bäume, von der Zeder auf dem Libanon bis zum Ysop, der an der Mauer emporwächst; er redete über die vierfüßigen Tiere, die Vögel, die Kriechtiere und über die Fische. Von allen Völkern kamen Leute, um die Weisheit Salomos zu hören, und eine Anzahl von allen Königen der Erde, die von seiner Weisheit Kunde erhalten hatten. (1 Kön 5, 9-14)

Hat der Regen einen Vater?

Ein Beispiel für die dichterische Bearbeitung einer Liste findet sich im Hiobbuch, dem großen Spätwerk der Weisheitsliteratur. In einem umfangreichen Gedicht überschüttet Jahwe den hadernden Hiob mit einer Flut von Fragen, in denen er ihm die Macht des Schöpfers vor Augen führt.

---

19 Die »Söhne des Ostens« waren die in der syrisch-arabischen Wüste lebenden Nomadenverbände, die auch sonst im Alten Testament als Träger einer besonders hochstehenden Weisheit erwähnt werden.

20 Die hier genannten Männer galten dem Verfasser und seiner Zeit als exemplarische Weise einer damals schon längst vergangenen Epoche.

Die dem Gedicht zugrundeliegende Liste von Himmels- und Wettererscheinungen ähnelt der des Amenope. Auch der Fragestil der Dichtung entstammt der Weisheitsliteratur Ägyptens; er hat seinen Ursprung in den Fragen, mit denen die Lehrer an den altägyptischen Beamtenschulen ihre Prüflinge zu examinieren pflegten. Der israelitische Dichter hat aus Liste und Fragestil eine Gottesrede geschaffen, an deren Ende der Prüfling Hiob bekennen muß: »Siehe, ich bin zu gering, was soll ich dir antworten? Ich lege die Hand auf meinen Mund. Einmal habe ich geredet und wiederhole es nicht zweimal und tue es nicht wieder!«

Hast du in deinem Leben je den *Morgen* herbefohlen,
dem *Frührot* seinen Platz gezeigt,
auf daß der Erde Säume es erfasse
und Frevler von ihr weggeschüttelt werden?
Sie wandelt sich gleich Siegelton,
verfärbt sich wie ein Kleid.
Den Frevlern wird ihr Licht entzogen,
zerschmettert der erhobene Arm.
Bist du bis zu des *Meeres* Quellen vorgedrungen
und in der *Urflut* Tiefe einhergewandelt?
Taten sich dir die Pforten der *Totenwelt* auf,
schautest du die Tore der *Finsternis*?
Hattest du acht auf die weiten Flächen der Erde?
Gib Antwort, so du sie völlig kennst!
Wo ist der Weg zur Wohnung des *Lichtes*,
und wo denn die Stätte des *Dunkels*,
so daß du es einholen könntest in seinen Bereich,
wüßtest die Pfade zu seinem Haus?
Du weißt es doch; denn damals warst du geboren,
und die Zahl deiner Tage ist gar groß!
Kamst du bis zu den Speichern des *Schnees*,
und sahst du die Kammern des *Hagels*,
den ich aufgespart für die Drangsalzeit,
für den Tag des Kampfes und Krieges?
Wo ist der Weg zu dem Ort, wo der *Wind* sich teilt,
der *Ostwind* sich über die Erde zerstreut?
Wer grub für die *Regenflut* eine Rinne,
einen Weg für das *Donnergewölk*,
um regnen zu lassen auf unbewohntes Land,
auf die Wüste, darin niemand verweilt,
um Öde und Ödland sattsam zu tränken
und frisches Gras sprossen zu lassen?
Hat der *Regen* einen Vater,
oder wer zeugte die *Tropfen des Taues*?
Aus wessen Schoß ging das *Eis* hervor,
des Himmels *Reif*, wer hat ihn geboren?

> Gleichsam in einem Stein verbergen sich die Wasser,
> die Fläche der Flut schließt sich zusammen.
> Kannst du die Bänder knüpfen des *Siebengestirns*
> oder die Fesseln des *Orion* lösen?
> Läßt du zur rechten Zeit die *Hyaden* aufgehen,
> leitest die *Löwin* samt ihren Jungen?
> Kennst du die Gesetze des Himmels
> und überträgst seine Schrift auf die Erde?
> Erhebst du deine Stimme zur *Wetterwolke*,
> daß eine *Wasserwoge* dich bedecke?
> Sendest du die *Blitze*, so daß sie gehen
> und zu dir sprechen: ›Hier sind wir‹?
> Wer verlieh untrügliche Weisheit,
> oder wer gab Einsicht dem *Hahn*?
> Wer zählt mit Weisheit die *Wolken* ab,
> und die *Schläuche des Himmels*, wer schüttet sie aus,
> so daß sie in Schlamm den Staub umformen
> und die Schollen fest aneinanderkleben?   (Hi 38, 12–38)

Die Selbstbeschränkung der Weisheit

Trotz allen Bemühens, den Ordnungen und Gesetzmäßigkeiten der Welt auf die Spur zu kommen, war sich die israelitische Weisheit allezeit ihrer Grenzen bewußt. Jahwe hatte jene Ordnungen verfügt und wachte über sie; Jahwe stand darum über ihnen, war frei und unabhängig davon.

Dieses Wissen hat das weisheitliche Denken in Israel von Anfang an durchzogen und mit innerer Spannung erfüllt. Der einfache, so unmittelbar einleuchtende Zusammenhang zwischen dem Tun eines Menschen und seinem Ergehen war dort unterbrochen, wo Jahwe direkt eingriff. Alles Planen kam dort an eine Grenze, wo Jahwe seinen Plan verwirklichte. Dieses Wissen nahm dem israelitischen Weisen die Möglichkeit, die traditionelle, aus der Umwelt übernommene Weisheitslehre allumfassender Welterklärung anzusehen. Von der Weisheit selbst wußte er sich auf das freie, unverfügbare Handeln Jahwes verwiesen, wie es ihm in anderer Form in den alten Erwählungstraditionen vor Augen stand. Der Jahweglaube hat so in seinem Bereich der altorientalischen Weisheit ein spezifisch israelitisches Gepräge verliehen.

> Keine Weisheit gibt es, keine Einsicht
> und keinen Rat gegenüber Jahwe.   (Spr 21, 30)

> Des Menschen Herz plant seinen Weg,
> Jahwe jedoch lenkt seinen Schritt.   (Spr 16, 9)

> Vom Menschen kommt des Herzens Planen,
> von Jahwe jedoch der Zunge Antwort.   (Spr 16, 1)

> Gerüstet wird das Roß zum Tag der Schlacht,
> der Sieg jedoch hängt ab von Jahwe.   (Spr 21, 31)

Der Segen Jahwes führt zu Reichtum,
und nichts tut hinzu Mühe neben ihm. (Spr 10, 22)

Von Jahwe geleitet sind die Schritte eines jeden,
jedoch der Mensch – wie wüßte er den Weg? (Spr 20, 24)

Im Bausch des Kleides schüttelt man das Los,
aber von Jahwe kommt all sein Entscheid. (Spr 16, 33)

Dem Bache gleicht das Herz des Königs in Jahwes Hand,
zu allem, was ihm wohlgefällt, da leitet er es hin. (Spr 21, 1)

Gottes Ehre ist es, manches zu verbergen,
jedoch des Königs Ehre, Dinge zu erforschen. (Spr 25, 2)

3. Das Lied der Lieder

Die Überlieferung hat Salomo nicht nur als den großen Weisen angesehen, sondern auch als den großen Liebenden. So trägt eine kleine, in das Alte Testament aufgenommene Sammlung von Liebesgedichten die Überschrift »Das schönste Lied Salomos«. Innerhalb der übrigen Schriften des Alten Testaments wirkt dieses Buch wie ein Fremdkörper. Es enthält gut zwei Dutzend größere und kleinere Lieder, die die Liebe und Sehnsucht zweier junger Menschen besingen, den Schmerz ihrer Trennung, die Freude ihres Zusammenseins und das Glück ihrer Vereinigung. Es sind durch und durch profane und sinnenfreudige Lieder, man vernimmt keinerlei moralisierende Töne. Hier spricht allein die freudige Hingabe und die Lust der Sinne, die naiv sorglose Liebessehnsucht und der Durst nach Schönheit.

Literarisch ist dies alles auf das kunstvollste und sublimste gestaltet. In einer Fülle farbiger Bilder und kühner Vergleiche werden seelische Vorgänge zum Ausdruck gebracht, wie dies sonst nirgends im Alten Testament geschieht. Tiere, Pflanzen, ja ganze Landschaften werden einbezogen in die Schilderung des einzigartigen und überwältigenden Geschehens der Liebe. Kostbare Gewürze, edle Steine und leuchtende Farben umschreiben in ihrer Wirkung auf die Sinne den Eindruck, den die Schönheit des Geliebten beim Partner hinterläßt. Ebenso rasch wie die Szenen wechseln die Verkleidungen, unter denen die Liebenden einander begegnen: In der Art der Schäferspiele des Rokoko schlüpfen sie in die Gestalt von Hirten oder Gärtnern, zuweilen erscheinen sie als Braut und Bräutigam, hin und wieder sogar als König und Königin. In dieser höchst kunstvollen Ausgestaltung des Themas »Liebe« spiegelt sich der Einfluß der altorientalischen und insbesondere der altägyptischen Poesie auf das dichterische Schaffen Israels.

Wir wissen nicht, wann die einzelnen Lieder des »Hohen Liedes«, wie Luther es genannt hat, entstanden sind und ob sie auf einen oder mehrere

Dichter zurückgehen. Die Empfindsamkeit aber, die sich in ihnen ausspricht, und die Profanität ihrer Schilderung weisen sie als ein Kind des salomonischen Humanismus aus. Daß Salomo selbst ihr Verfasser gewesen ist, wie die Überschrift behauptet, ist freilich unwahrscheinlich. Wohl aber wird man den Verfasser in den höfischen Kreisen Jerusalems zu suchen haben.

Die Bedeutung, die dem Hohen Lied innerhalb des Alten Testaments zukommt, liegt in seiner Abwehr jeglicher Vergöttlichung des Geschlechtlichen, wie Israel sie in den Fruchtbarkeitskulten seiner kanaanäischen Nachbarn kennengelernt hat. In der Weltlichkeit, mit der hier geschlechtliche Liebe dargestellt wird, findet das Bewußtsein Ausdruck, daß der Geschlechtlichkeit keinerlei göttliche Dignität zukommt, sondern daß sie ganz auf die Seite der Geschöpflichkeit des Menschen gehört. Dieses Wissen spricht sich in anderer Form auch in den beiden Schöpfungsberichten aus (vgl. S. 128 ff., 137 ff.). Wie der Jahweglaube den Bereich der Geschichte und der Natur entmythisiert hat, so auch die Sphäre des Sexuellen.

Wie kaum ein anderes Buch des Alten Testaments hat das Hohe Lied eine höchst bewegte und wechselvolle Auslegungsgeschichte gehabt. Im Spätjudentum hat man es als eine bildliche Darstellung der Liebe Jahwes zu seinem Volk verstanden. In ähnlichem Sinne hat die alte Kirche und das christliche Mittelalter die Liedersammlung auf das Verhältnis Christi zur Kirche gedeutet oder darin die Zwiesprache zwischen Christus und Maria oder Christus und der Seele erblickt. Erst in neuerer Zeit haben die Ausleger den weltlichen Charakter dieser Dichtungen wiederentdeckt.

Schwarze Schönheit

In einem der ersten Lieder stellt sich das Mädchen in Gestalt einer Gärtnerin vor. In scherzhaft-kokettierendem Ton gibt sie mit einem Wortspiel zu verstehen, daß sie keine Gelegenheit hatte, ihre weiblichen Reize zu »hüten«.

»Schwarz bin ich zwar, aber doch schön [21],
ihr Töchter Jerusalems,
wie die Gezelte von Kedar,
wie die Zeltdecken von Salma [22].
Schaut mich nicht darum an, daß ich schwärzlich bin,
da mich die Sonne verbrannt hat.
Es zürnten mir die Söhne meiner Mutter,
sie machten mich zur Weinbergwächterin;
doch meinen eigenen Weinberg durfte ich nicht hüten.« (HL 1, 5 f.)

---

21 Gemeinhin galten weiß und rot als die »klassischen« Farben, mit denen ein schönes Aussehen beschrieben wurde.
22 »Kedar« und wahrscheinlich auch »Salma« sind Namen von Beduinenstämmen.

Du bist schön, meine Geliebte

Ganz anders erscheint das Mädchen dem Jüngling. In einer Fülle von Bildern läßt ihn der Dichter die Schönheit und Anmut der Geliebten verherrlichen. Die für unser Empfinden fremdartigen, ja unverständlichen Vergleiche zeigen die Vertrautheit des Dichters mit der altorientalischen, insbesondere der altägyptischen bildenden Kunst. Wenn er die Form der Augen mit Tauben, das wallende Haar mit einer vom Gebirge herabkommenden Ziegenherde und die Lippen mit einem roten Faden vergleicht, so wird dahinter die stilisierte Darstellung des Menschen in der ägyptischen Malerei und Plastik sichtbar. Neben solchen der bildenden Kunst entlehnten Vergleichen enthält das Gedicht noch weitere, offenbar geläufige dichterische Bilder und Motive.

»Schön bist du, meine Freundin, ja schön;
deine Augen blicken wie Tauben hinter deinem Schleier hervor.
Dein Haar gleicht einer Herde von Ziegen,
die herabsteigt von Gileads Bergen.
Deine Zähne blinken gleich einer Herde geschorener Mutterschafe,
die frisch aus der Schwemme steigen;
von Zwillingen trächtig sind alle,
und keines von ihnen ist unfruchtbar.
Wie ein Streifen von Scharlach sind deine Lippen,
und lieblich ist dein Plaudermund.
Wie ein Granatapfelstück erstrahlt deine Schläfe
hinter deinem Schleier hervor [23].
Wie ein Davidsturm ist dein Hals,
in Steinschichten aufgebaut;
tausend Schilde hängen daran, lauter Heldenschilde [24].
Deine beiden Brüste sind wie zwei Kitzlein,
wie Zwillinge einer Ricke, die unter den Lilien weiden.
Bis daß der Tageswind weht und die Schatten entfliehen,
will ich gehen zum Myrrhenberg und Weihrauchhügel.
Alles an dir ist schön, meine Freundin,
und kein Makel haftet dir an.«   (HL 4, 1–7)

Hände wie Goldzapfen, Schenkel wie Marmorsäulen

Ein Gegenstück zu dem vorausgegangenen Lied ist ein Gedicht, in dem der Dichter das Mädchen die Schönheit seines Geliebten besingen läßt. Bei der Beschreibung von Haupt, Händen, Leib und Schenkeln haben wiederum plastische Darstellungen des Menschen als Vorbild gedient.

---

[23] Der aufgeschnittene Granatapfel, oft mit einer helleren und einer dunkleren Hälfte dargestellt, war ein beliebtes Motiv in der ägyptischen Kunst.
[24] Der Vergleich zielt auf den Halsschmuck.

»Mein Geliebter strahlt weißlich und rosa,
ist unter Tausenden zu erkennen.
Sein Haupt ist gediegenes Gold,
seine Locken sind Dattelrispen,
wie die Raben so schwarz.
Seine Augen sind wie Tauben an Wasserbächen,
gebadet in Milch, ruhend auf dem Damm.
Seine Wangen sind wie Balsambeete,
in denen Würzkräuter sprießen;
wie Lilien sind seine Lippen,
tropfend von flüssiger Myrrhe.
Seine Hände sind Goldzapfen,
mit Tarsissteinen besetzt;
eine Elfenbeinplatte ist sein Leib,
bedeckt mit Saphiren.
Seine Schenkel sind Marmorsäulen,
gestellt auf Sockel von Feingold.
Sein Anblick ist wie der Libanon,
auserlesen gleich Zedern.
Süßigkeit ist sein Gaumen,
seine ganze Person lauter Lust.
Das ist mein Geliebter;
ja, das ist mein Freund,
ihr Töchter Jerusalems!« (HL 5, 10–16)

Nächtliche Begebenheit

Einige Gedichte des Hohen Liedes enthalten Schilderungen konkreter, von Dialogen durchsetzter Szenen. Eines dieser Gedichte beschreibt eine nächtliche Begebenheit. Die Eingangsszene – der Jüngling vor der Tür des Mädchens – ist der in der altägyptischen Liebespoesie geläufigen »Türklage« nachgebildet. In dem Motiv von dem nächtens suchend umherirrenden Mädchen findet die Türszene ihre Fortsetzung.

Ich schlief, mein Herz aber wachte;
horch, mein Geliebter klopft an!
»Tu mir auf, meine Schwester, meine Freundin,
meine Taube, meine fehlerlose!
Denn voll von Tau ist mein Haupt,
meine Locken von den Tropfen der Nacht!«
»Ich habe mein Kleid schon abgelegt,
wie sollt' ich es wieder anziehen?
Ich habe meine Füße gewaschen,
wie sollt' ich sie wieder beschmutzen?«

Mein Geliebter streckte die Hand durch den Spalt,
da bebte mein Herz in Sehnsucht nach ihm.
Ich stand auf, meinem Geliebten zu öffnen;
da tropften meine Hände von Myrrhe,
meine Finger von flüssiger Myrrhe an den Rinnen des Riegels.
Ich hatte meinem Geliebten geöffnet,
doch mein Geliebter war weg, war fort;
meine Sinne schwanden, wie er entschwand.
Ich suchte nach ihm, aber fand ihn nicht;
ich rief nach ihm, doch er gab keine Antwort.
Es fanden mich die Wächter bei ihrer Runde durch die Stadt;
sie schlugen und sie verwundeten mich;
den Überwurf nahmen mir weg die Wächter der Mauern.
Ich beschwör' euch, Töchter Jerusalems:
Wenn meinen Geliebten ihr findet,
was wollt ihr ihm melden?
Daß ich krank bin vor Liebe! (HL 5, 2–8)

Die Macht der Liebe

Zu den schönsten, innigsten Versen des Hohen Liedes gehört das kleine Gedicht über die Macht und die Kostbarkeit der Liebe.

»Leg mich wie ein Siegel auf dein Herz,
wie ein Siegel auf deinen Arm!
Denn stark wie der Tod ist die Liebe,
die Leidenschaft hart wie die Unterwelt.
Ihre Gluten sind Feuersgluten, lodernde Blitze.
Große Wasser können die Liebe nicht löschen,
und Ströme spülen sie nicht hinweg.
Böte jemand seines Hauses ganzen Besitz für die Liebe,
man würde ihn völlig verachten.« (HL 8, 6 f.)

4. Das jahwistische Geschichtswerk

In der Davidisch-Salomonischen Epoche erlebte die israelitische Geschichtsschreibung ihre erste Blüte. Zur Zeit Davids bereits war die noch sehr locker gefügte »Geschichte von Davids Aufstieg« (vgl. oben S. 182 ff.) entstanden, unter Salomo wurde dann die »Thronnachfolgegeschichte« (vgl. oben S. 212 ff.) niedergeschrieben. Das Werk jedoch, das am nachhaltigsten auf das israelitische Geschichtsverständnis eingewirkt hat, war das *jahwistische Geschichtswerk*.

Diese Geschichtsdarstellung setzt mit der Erschaffung des Menschen und seiner Welt ein, schildert die Ur-Geschichte der Menschheit, die Erzväter, den Auszug aus Ägypten und die Wüstenwanderung und endet mit der Inbesitznahme des Ostjordanlandes durch Israel. Was der Jahwist in diesem Rahmen mit einer Vielzahl von Einzelepisoden darstellen will, ist die Geschichte einer von Gott geschaffenen, wegen ihres Abfalls von ihm zerschlagenen und wiederum von ihm begnadigten Menschheit. In der Berufung Abrahams erhält diese Menschheit eine neue Verheißung, die in völlig unscheinbarer Weise zunächst ausschließlich in der Geschichte Israels wirksam wird und in seiner Landnahme und Volkwerdung inmitten der Völker eine vorläufige Erfüllung findet.

Das Stichwort, das sich wie ein roter Faden durch das jahwistische Geschichtswerk hindurchzieht, ist das Wort »Segen«. Die Verheißung einer großen Nachkommenschaft, die Abraham bei seiner Berufung erhält, mündet in die Zusage, daß in ihm »alle Geschlechter der Erde« Segen gewinnen sollen. Wie Abraham diesen Segen vermittelt, zeigt der Jahwist in den nachfolgenden Erzählungen: Abraham tut Fürbitte für das gottlose Sodom, er überläßt Lot den besseren Teil des Landes. Ähnliche Segenswirkungen weiß der Verfasser auch von Isaak, Jakob und Joseph zu berichten. Fast immer sind es Angehörige fremder Völker, denen dieser Segen zuteil wird: Philister, Aramäer, Ägypter. Am Ende dieser Segensspur steht die Szene, in der ein heidnischer Seher das im Ostjordanland siedelnde Israel segnen muß und in geheimnisvollen Worten den Beginn des israelitischen Königtums unter Saul und David ankündigt.

Mit diesen Segensworten bezieht der Jahwist seine eigene Gegenwart in die frühere Heilsgeschichte Jahwes mit seinem Volk ein – und stellt sie damit zugleich in Frage. Er lebte in jener Epoche, in der das Davidisch-Salomonische Reich auf dem Höhepunkt seiner Macht und seines Glanzes angelangt war. Was einst mit dem Auszug Abrahams aus seiner Heimat begonnen hatte, das hatte jetzt zum Teil seine Erfüllung gefunden. Aber, so lautet die unausgesprochene Frage des Jahwisten, war Israel in all seiner Größe und Macht auch zu einem »Segen« für die Völker geworden? Hin und wieder ja, lautet die Antwort, aber die eigentliche universale Erfüllung dieses Teils der Verheißung steht noch aus. So bleibt die aktuelle Aussage des jahwistischen Geschichtswerks eigentümlich in der Schwebe. Wohl war Israel ein großes, mächtiges Volk geworden, aber noch war der Weg zu der Völkerwelt, den Jahwe mit der Erwählung Israels eingeschlagen hatte, nicht zu seinem Ziel gelangt.

Fluch und Segen

Die Berufung Abrahams und die an ihn ergehende Verheißung stehen im Werk des Jahwisten vor dem dunklen Hintergrund der Ur-Geschichte. Die Erzählungen über das verlorene Paradies und den ersten Brudermord, über die Engel-Ehen und den

Turmbau sollen zeigen, warum die Menschheit den göttlichen Segen braucht. Die Zusage Jahwes an Abraham umspannt den gleichen universalen Horizont wie jene Erzählungen: Die ganze Menschheit, »alle Geschlechter der Erde« sind angeredet. Abraham ist die Antwort auf die Frage, mit der die Ur-Geschichte geendet hatte (vgl. oben S. 128, 135 f.).

Jahwe sprach zu Abram: »Zieh hinweg aus deiner Heimat, aus deiner Verwandtschaft und aus deinem Vaterhaus in ein Land, das ich dir zeigen werde. Ich will dich zu einem großen Volke machen und dich segnen und deinen Namen groß machen; sei du ein Segen! Segnen, will ich, die dich segnen, und wer dich verflucht, dem will auch ich fluchen. In dir sollen alle Geschlechter der Erde gesegnet sein.« (1 Mose 12, 1–3)

Isaak

Wie der auf Abraham und seinen Nachkommen ruhende Segen an den Völkern wirksam zu werden beginnt, veranschaulicht der Jahwist mit einigen Isaak-Erzählungen: Der mit großem Reichtum gesegnete Isaak schließt mit dem Philisterfürsten Abimelech einen Friedensvertrag und wird damit für die Philister »zum Segen«. Der Jahwist will es als eine Mahnung an seine Zeitgenossen verstanden wissen, daß es gerade die Erzfeinde Israels aus vorköniglicher Zeit sind, die so die Wirkung des göttlichen Segens erfahren. Israel war »groß« geworden und hatte einen »großen« Namen. Würde es nun auch mit den durch David ihrer Macht beraubten Nachbarn in Frieden leben und so für sie zum Segen werden?

Es war Hungersnot im Lande. Da begab sich Isaak zum Philisterkönig Abimelech nach Gerar. Jahwe erschien ihm und sprach: »Ziehe nicht nach Ägypten hinab; bleibe in dem Land wohnen, das ich dir nennen werde. Weile als Fremdling in diesem Lande, so will ich mit dir sein und dich segnen.«
Isaak hatte in jenem Lande ausgesät. In diesem Jahr erntete er hundertfältig. Jahwe hatte ihn gesegnet. So wurde der Mann wohlhabend und immer wohlhabender, bis er über die Maßen wohlhabend war. Er besaß Herden von Klein- und Großvieh und viele Sklaven, so daß die Philister auf ihn eifersüchtig wurden.
Abimelech kam zu ihm von Gerar her, mit ihm Achussat, sein Vertrauter, und Pichol, sein Heerführer. Isaak fragte sie: »Warum seid ihr denn zu mir gekommen? Ihr habt mich doch gehaßt und mich von euch getrieben.« Sie antworteten: »Wir haben deutlich gesehen, daß Jahwe mit dir ist. Wir dachten also, es solle eine eidliche Verpflichtung zwischen uns und dir zustande kommen. Wir wollen einen solchen Vertrag mit dir schließen. Du darfst uns nichts Böses antun, wie wir ja auch dich nicht angetastet und dir nur Gutes erwiesen haben. Wir haben dich auch in Frieden ziehen lassen; du bist doch nun einmal von Jahwe gesegnet.« Da veranstaltete er ihnen ein Gastmahl. Man aß und trank. Am anderen Morgen standen sie früh auf und leisteten sich gegenseitig den Eidschwur. Isaak gab ihnen das Geleit, sie gingen von ihm in Frieden. (1 Mose 26, 1–3.12–14.26–31)

Jakob

Eine ähnlich segenvermittelnde Wirkung schreibt der Jahwist Jakob zu: Durch seine Hirtenkunst fördert Jakob den Besitzstand des Aramäers Laban. Auch diese Begegnung eines Ahnen Israels mit dem Angehörigen eines fremden Volkes endet mit einem Vertrag zum Frieden.

Als aber Rachel den Joseph geboren hatte, sprach Jakob zu Laban: »Laß mich fort! Ich will an meinen Ort und in mein Heimatland ziehen! Gib mir meine Frauen und meine Kinder, um derentwillen ich für dich gearbeitet habe; ich will heimziehen, denn du weißt ja, welche Dienste ich dir geleistet habe.«
Da sprach zu ihm Laban: »Möchte ich doch Gnade finden in deinen Augen! Ich bin reich geworden, und Jahwe hat mich um deinetwillen gesegnet.« Er fuhr fort: »Setze den Lohn, den ich zu geben habe, fest, ich will ihn dir geben!« Er entgegnete ihm: »Was ich für dich geleistet habe, und was aus deinem Viehbestand durch mich geworden ist, weißt du; denn nur wenig hattest du vor meiner Ankunft. Es hat sich zu einer Fülle ausgebreitet. Denn Jahwe hat dich gesegnet durch jeden meiner Schritte.«
Weiter sprach Laban zu Jakob: »Siehe, dieser Steinhügel und dieser Denkstein, den ich zwischen mir und dir aufgerichtet habe – ein Zeuge sei dieser Steinhügel, und Zeuge sei dieser Denkstein, daß ich diesen Steinhügel gegen dich nicht überschreiten werde und daß auch du ihn und diesen Denkstein gegen mich nicht überschreiten wirst in böser Absicht. Der Gott Abrahams und der Gott Nachors seien Richter zwischen uns!« Da leistete Jakob einen Eid bei dem Schrecken seines Vaters Isaak.   (1 Mose 30, 25–30; 31, 51–54)

Joseph

Die Linie des Segens, die der Jahwist in seinem Werk nachzeichnet, läuft in Joseph weiter. Im Haus des Potiphar gerät ihm »alles wohl«, und durch seine kluge Vorratspolitik bewahrt er die Ägypter während der sieben Dürrejahre vor der Hungersnot. Das an Abraham gerichtete Wort vom Segen für »alle Geschlechter der Erde« klingt an, wenn es in diesem Zusammenhang heißt, daß »alle Länder« nach Ägypten kamen, um Getreide zu kaufen.

Joseph wurde nach Ägypten gebracht. Potiphar, der Oberste der Leibwache, ein Ägypter, kaufte ihn von den Ismaelitern, welche ihn dorthin gebracht hatten. Jahwe aber war mit Joseph, so daß er in allem Erfolg hatte. Er blieb im Hause seines ägyptischen Herrn. Sein Dienstherr aber sah, daß Jahwe mit Joseph war und ihm alles, was dieser tat, gelingen ließ. Joseph fand Gnade in seinen Augen, und er erkor ihn zu seinem Leibdiener; ja, er machte ihn zu seinem Hausverwalter und übergab ihm alles, was er hatte. Von der Zeit an, als er ihn über sein Haus und all seinen Besitz gesetzt hatte, segnete Jahwe das Haus des Ägypters um Josephs willen. Der Segen Jahwes war über allem, was er hatte, im Haus und auf dem Felde.

Joseph ließ allen Speisevorrat der sieben Jahre, den es im Lande Ägypten gab, sammeln und legte den Vorrat in Städten nieder, und zwar in jeder Stadt den Vorrat von den Feldern rings um sie her. So speicherte denn Joseph das Getreide auf in überaus großer Menge wie den Meeressand, so daß er schließlich aufhörte, zu messen; denn es gab kein Maß dafür.

Sobald nun das Volk im Ägyptenland zu hungern anfing und alles zum Pharao um Brot schrie, sagte dieser zu allen Ägyptern: »Geht zu Joseph, und was er euch sagt, tut!« Joseph öffnete alle Speicher und verkaufte den Ägyptern Getreide. Die Hungersnot wurde immer stärker im Lande Ägypten. Alle Welt kam nach Ägypten, um bei Joseph Getreide zu kaufen; denn stark war der Hunger auf der ganzen Erde. (1 Mose 39, 1–5; 41, 48 f. 55–57)

Bileams Weissagungen

Ein letztes Mal im Werk des Jahwisten klingt das Thema der segensreichen Beziehungen zwischen Israel und den Völkern in den sogenannten »Bileam-Sprüchen« an. Der »Seher« Bileam ist anscheinend eine im nordsyrischen Raum beheimatete geschichtliche Gestalt gewesen. In Israel hat man sich über ihn allerlei Geschichten zu erzählen gewußt und ihm mancherlei »Weissagungen« in den Mund gelegt. Zusammen mit einer umrahmenden Erzählung gibt der Jahwist zwei solcher Sprüche wieder. Die beiden Sprüche, vor allem der zweite, wollen in erster Linie als wirkkräftige Segnungen über Israel verstanden werden. Daß damit zugleich aber auch die Völker angesprochen sind, läßt der Schluß des ersten Spruches erkennen: Das Geschick jener entscheidet sich an ihrem Verhalten gegenüber Israel.

»Ausspruch Bileams, des Sohnes des Beor,
Ausspruch des Mannes, dessen Auge geöffnet ist.
Ausspruch dessen, der Gottesworte hört
und Erkenntnis des Höchsten besitzt,
der Gesichte des Allmächtigen schaut,
niedergefallen, entschleierten Auges:
Wie schön sind, Jakob, deine Zelte
und deine Wohnstätten, Israel!
Wie Bachtäler, weithin gedehnt,
wie Gärten entlang einem Strom,
wie Eichen von Jahwe gepflanzt,
wie Zedern an den Gewässern.
Es läßt Wasser rinnen aus seinen Eimern,
seine Saat ist reichlich bewässert.
Sein König [25] ist mächtiger als Agag,

---

[25] Gemeint ist Saul. Der Spruch ist zu seiner Zeit entstanden.

seine Herrschaft reckt sich empor!
Gott, der es aus Ägypten führte,
ist ihm wie des Wildochsen Hörner.
Es frißt die Völker, die es bedrängen,
zermalmt ihre Knochen, zerschlägt seine Bedrücker.
Dann kauert es nieder, liegt da wie ein Löwe,
wie eine Löwin; wer mag es stören?
Wer dich segnet, der sei gesegnet,
verflucht ist, wer dich verflucht!«

»Ausspruch Bileams, des Sohnes des Beor,
Ausspruch des Mannes, dessen Auge geöffnet ist.
Ausspruch dessen, der Gottesworte hört
und Erkenntnis des Höchsten besitzt,
der Gesichte des Allmächtigen schaut,
niedergefallen, entschleierten Auges:
Ich sehe ihn, doch nicht schon jetzt,
ich gewahre ihn, doch nicht nahe!
Aufgeht aus Jakob ein Stern,
ein Zepter [26] erhebt sich aus Israel,
zerschmettert Moab die Schläfen,
den Scheitel der Söhne Sets insgesamt.
Und Edom wird fremdes Gebiet.
Seïr wird anderer Besitz,
aber Israel gewinnt an Macht.
Jakob herrscht über seine Feinde,
vernichtet die Entronnenen von Seïr!« (4 Mose 24,3–9.15–19)

C. Der Zerfall des Davidisch-Salomonischen Großreichs

Mit dem Tod Salomos im Jahre 926/25 v. Chr. fand das Davidisch-Salomonische Reich ein jähes Ende. Die alten untergründigen Spannungen zwischen den Teilreichen Israel und Juda, die das komplizierte Staatsgebilde schon einmal zur Zeit Davids schwer erschüttert hatten, ließen es jetzt völlig auseinanderbrechen. Von nun an gab es auf dem Boden des einstigen Stämmeverbandes zwei voneinander unabhängige Staaten. Einen zusätzlichen Auftrieb hatten die auseinanderstrebenden Kräfte innerhalb der Doppelmonar-

---

[26] Stern und Zepter sind Bilder für David. Auch dieser Spruch ist keine echte Weissagung, sondern erst entstanden, als David bereits König war.

chie durch den aufwendigen Regierungsstil Salomos und die damit auf der Bevölkerung ruhenden Abgaben und Dienstleistungen erhalten. Weite Kreise im Reich Salomos waren des Königtums müde. So sank das Davidische Großreich nach einem Dreivierteljahrhundert auf den Rang zweier unbedeutender und miteinander verfeindeter Kleinstaaten herab, die alle Mühe hatten, sich gegenüber ihren Nachbarn zu behaupten. Die Zeit, in der Israel seine Geschichte hatte selbst gestalten können, war allzuschnell vorübergegangen. Was blieb, war die Hoffnung auf einen »neuen David«, der Israel wieder zu seiner einstigen Größe zurückführen würde. Diese von der Erfahrung des göttlichen Handelns an David getragene Hoffnung auf den Messias, den »Gesalbten«, aber ist schließlich zur beherrschenden Heilserwartung Israels geworden.

Jerobeam und Rehabeam

Die schwere politische Krise nach dem Tod Salomos, die zur Spaltung des Reiches führte, wurde durch die Frage der Thronnachfolge ausgelöst. Die Judäer haben es als selbstverständlich angesehen, daß wiederum ein Nachkomme aus dem Geschlecht Davids die Doppelmonarchie regieren werde. Demgegenüber lehnten die Israel-Stämme eine automatische und bedingungslose Thronfolge eines Davididen ab. Sie beharrten darauf, nur den als König anzuerkennen, der mit ihnen zuvor eine vertragliche Abmachung getroffen hatte, ähnlich dem Bund, den David seinerzeit in Hebron mit den Ältesten Israels geschlossen hatte (vgl. oben S. 200). Als Rehabeam, der Sohn Salomos, dieses Ansinnen schroff zurückwies, verweigerten sie ihm die Gefolgschaft. Unter Führung Jerobeams fanden sie sich zu dem politisch und kultisch selbständigen Staat Israel zusammen.

Rehabeam begab sich nach Sichem; denn dorthin war ganz Israel gekommen, um ihn zum König auszurufen. Sie sagten zu Rehabeam: »Dein Vater hat uns ein hartes Joch auferlegt; mildere du nun die harte Fron deines Vaters und das schwere Joch, das er uns auflud; dann wollen wir dir dienen!« Er antwortete ihnen: »Geht weg und kommt nach drei Tagen wieder zu mir!« Die Leute zerstreuten sich also. Da beriet sich der König Rehabeam mit den Alten, die zu Lebzeiten seines Vaters Salomo in dessen Diensten gestanden hatten. Er fragte sie: »Was ratet ihr mir, dem Volk zu sagen?« Sie antworteten ihm: »Wenn du dich heute zum Diener dieses Volkes machst, ihnen gefügig bist, sie beachtest und ihnen freundliche Worte sagst, dann werden sie dir allezeit dienen.« Er aber verwarf den Rat, den die alten Leute ihm gegeben hatten. Er besprach sich mit den Jungen, die mit ihm zusammen aufgewachsen waren und nun in seinem Dienst standen. Er fragte sie: »Welchen Rat gebt ihr mir, daß wir diesem Volk einen Bescheid erteilen können, da es zu mir sagte: ›Erleichtere das Joch, das dein Vater uns auferlegt hat!‹?« Die jungen Leute, die mit ihm groß geworden waren, entgegneten: »So sollst du diesem Volk antworten, das zu dir sagte: ›Dein Vater hat unser Joch schwer gemacht; mach du es leichter!‹, so sollst du sprechen: ›Mein kleiner

Finger ist stärker als die Lenden meines Vaters. Wohlan, mein Vater hat euch ein schweres Joch auferlegt, ich aber will euer Joch noch mehr erschweren. Mein Vater hat euch mit Geißeln geschlagen, ich aber will euch mit Stachelpeitschen züchtigen!'«

Nach drei Tagen kam das ganze Volk zu Rehabeam, wie der König geboten hatte: »Kommt in drei Tagen wieder zu mir!« Da gab der König dem Volk eine harte Antwort. Er mißachtete den Ratschlag, den die Alten ihm gegeben hatten. Er redete mit ihnen nach dem Rat der jungen Leute: »Mein Vater hat euch ein schweres Joch auferlegt, ich aber will es noch mehr erschweren. Mein Vater hat euch mit Geißeln geschlagen, ich aber will euch mit Stachelpeitschen züchtigen!«

Ganz Israel merkte nun, daß der König nicht auf sie hörte. Sie gaben also dem König folgende Antwort:

»Wir haben keinen Anteil an David
und kein Erbe an Isais Sohn!
Zu deinen Zelten, Israel!
Nun sorge du für dein Haus, David!«

Da kehrte Israel zu seinen Zelten zurück. Darauf sandte der König Rehabeam den Fronaufseher Adoram [27]. Ganz Israel bewarf ihn mit Steinen, so daß er starb. Der König Rehabeam konnte gerade noch auf den Wagen steigen und nach Jerusalem fliehen. So fiel Israel vom Hause David ab bis zum heutigen Tag.

Als nun Israel die Kunde vernahm, daß Jerobeam heimgekehrt sei [28], sandten sie hin, ließen ihn rufen und machten ihn zum König über ganz Israel. Außer dem Stamme Juda leistete niemand dem Haus David Gefolgschaft. Jerobeam baute Sichem im Gebirge von Ephraim aus und siedelte sich daselbst an. Von hier aus zog er hin und befestigte Pnuel.

Jerobeam überlegte bei sich selbst: »Nun wird die Königswürde doch wieder an das Haus David kommen! Ziehen diese Leute aus und bringen im Tempel Jahwes zu Jerusalem Opfer dar, dann kehrt das Herz dieses Volkes sich wieder ihrem Herrn Rehabeam zu, dem König von Juda. Mich werden sie töten und sich Rehabeam, dem König von Juda, zuwenden.« Dies überlegte der König bei sich. Er ließ zwei goldene Kälber anfertigen und erklärte dem Volk: »Schon allzulang seid ihr nach Jerusalem hinaufgezogen. Hier ist dein Gott, Israel, der dich aus dem Lande Ägypten weggeführt hat!« [29] Er

---

27 Der Fronvogt sollte vermutlich unter den Israel-Stämmen neue Fronarbeiter ausheben.

28 Jerobeam, ein Beamter Salomos, hatte noch zu dessen Lebzeiten einen Aufstand gegen den König inszeniert und war anschließend nach Ägypten geflohen. Nach dem Tod Salomos war er in seine Heimat zurückgekehrt.

29 Die beiden, verächtlich »Kälber« genannten, goldenen Stierbilder waren wahrscheinlich nur als Postamente für die menschengestaltig vorgestellte, jedoch nicht abgebildete Gottheit gedacht. Erst die judäische Propaganda hat behauptet, daß diese Stierbilder selbst göttlich verehrt würden.

stellte das eine Kalb in Betel auf, und das andere schaffte er nach Dan [30]. Das Volk zog vor dem anderen Kalb her bis nach Dan. Jerobeam errichtete auch Höhenheiligtümer. Er setzte aus der Gesamtheit des Volkes Priester ein, die nicht Nachkommen Levis waren. Jerobeam führte auch für den fünfzehnten Tag des achten Monats ein Fest ein, entsprechend dem Fest in Juda; er bestieg dabei selbst den Altar. So tat er in Betel, um den Kälbern zu opfern, die er angefertigt hatte. In Betel ließ er auch die von ihm eingesetzten Priester der Höhenheiligtümer den Dienst verrichten.

(1 Kön 12, 1.3–14.16.18–20.25–32)

Jahwes barmherziges Gericht

Jahrhunderte später hat sich der Bearbeiter der Königebücher die Frage gestellt, wie es hatte geschehen können, daß das Reich Davids nach dem Tod Salomos so rasch zerfallen war. Es stand für ihn außer Zweifel, daß die Reichsteilung nur die göttliche Strafe für eine schwere Schuld Salomos sein konnte. Was aber hatte sich Salomo zuschulden kommen lassen?

Zwei verschiedene Mitteilungen in den alten Quellen schienen darauf eine Antwort zu geben: Salomo hatte viele Frauen, und Salomo hatte eine Reihe heidnischer Heiligtümer errichten lassen. Der Bearbeiter sah zwischen beiden Nachrichten einen Zusammenhang und glaubte damit den Grund für den politischen Zerfall des Großreichs gefunden zu haben: Salomos Frauen hatten den alternden König zum Götzendienst verführt. Angesichts einer solch schweren Verfehlung erschien es ihm als Gnade Jahwes, daß nicht schon zu Lebzeiten Salomos das Reich in andere Hände übergegangen war und daß später wenigstens »ein Stamm«, Juda nämlich, den Davididen belassen wurde.

Der König Salomo liebte viele ausländische Frauen neben der Tochter Pharaos. Es waren moabitische, ammonitische, edomitische, sidonische und hethitische Frauen, aus den Völkern also, von denen Jahwe den Israeliten geboten hatte: »Ihr sollt nicht zu ihnen gehen, und sie sollen nicht zu euch kommen; sonst wenden sie eure Herzen ihren Göttern zu.« An diesen hing Salomo in Liebe. Er hatte 700 fürstliche Frauen und 300 Nebenfrauen, die sein Herz verführten. Als Salomo älter wurde, machten seine Frauen sein Herz fremden Göttern geneigt. Sein Herz war nicht mehr Jahwe, seinem Gott, so gänzlich hingegeben wie das Herz seines Vaters David. Salomo lief Astarte, der Gottheit der Sidonier, und Milkom, dem Scheusal der Ammoniter, nach. So tat er denn, was den Augen Jahwes mißfiel; er gehorchte nicht unentwegt Jahwe wie sein Vater David. Damals baute Salomo eine Opferhöhe für Moabs Scheusal Kamosch auf dem Berg, der östlich von Jerusalem liegt, desgleichen für den Moloch, das Götzenscheusal der Ammoniter. Den

---

[30] Die Heiligtümer von Dan und Betel lagen im äußersten Norden bzw. Süden des Reiches Israel.

gleichen Gefallen tat er all seinen ausländischen Frauen, die ihren Gottheiten Rauch- und Schlachtopfer darbrachten.

Jahwe geriet in Zorn über Salomo, weil er sein Herz von Jahwe, dem Gott Israels, abgewandt hatte, der ihm zweimal erschienen war. Gerade das hatte er ihm ja eingeschärft, nicht hinter fremden Göttern herzugehen. Doch Salomo beachtete nicht, was Jahwe befohlen hatte. Jahwe sprach daher zu ihm: »Da es so mit dir steht und du meinen Bund und meine Satzungen, die ich dir auftrug, nicht befolgt hast, will ich dir das Königtum entreißen und es deinem Knecht geben. Doch um deines Vaters David willen werde ich das zu deinen Lebzeiten noch nicht tun; erst deinem Sohn werde ich es entreißen. Indes werde ich ihm das Königtum nicht völlig wegnehmen. Einen Stamm will ich deinem Sohn um meines Knechtes David willen geben und um Jerusalems wegen, das ich erwählt habe.« (1 Kön 11, 1–13)

V. Das Loben, Klagen und Danken Israels

Mit dem Bau des Tempels in Jerusalem hatte Salomo eine zentrale Stätte der Jahweverehrung geschaffen, die in den folgenden Jahrhunderten immer größere Bedeutung für den Jahweglauben gewann. Der Tempel war fortan der Ort, an dem Israel Jahwe gegenwärtig wußte; hier war die Stätte, an der es seinem Gott begegnete und an der es ihn kultisch verehrte.

Israel hat mannigfaltige Formen und Weisen entwickelt, unter denen sich diese Begegnung an heiliger Stätte vollzog. Neben den Opfern und den rituellen Handlungen der Priester kam darunter jener Weise der Begegnung großes Gewicht zu, die sich im gesprochenen Wort ausdrückte. Mit Lob-, Klage- und Dankliedern hat die am Heiligtum versammelte Gemeinde auf die Gnadenerweise Jahwes und sein Gericht geantwortet. Spiegelt sich in den geschichtlichen Überlieferungen und der prophetischen Verkündigung vornehmlich jene Bewegung, die von Jahwe zu Israel hinführt, so ist die kultische Dichtung gleichsam der Spiegel der von Israel ausgehenden Gegenbewegung. In ihr macht sich Israel das Wort und das Handeln seines Gottes zu eigen. Zugleich gibt es sich darin Rechenschaft über sich selbst und sein Verhältnis zu diesem Gott.

Ein Ausschnitt aus den geistlichen Liedern Israels ist uns im Buch der *Psalmen* überliefert. Die in diesem Buch zusammengestellten Lieder stammen aus einem Zeitraum von mehreren Jahrhunderten. Die Mehrzahl von ihnen ist in exilischer und nachexilischer Zeit entstanden, einige wenige gehen bis in die Zeit Davids zurück. Im Laufe der Jahrhunderte sind sie zunächst zu jeweils kleineren Sammlungen zusammengestellt worden. In spätnachexilischer Zeit sind diese Sammlungen ihrerseits wiederum zu einer größeren »Anthologie«, unserem Psalmenbuch, miteinander vereint worden.

Über die Verfasser der Psalmen wissen wir kaum etwas. Die in den Überschriften mancher Psalmen genannten Namen sind erst nachträglich hinzugefügt worden. Einige Lieder und Gebete sind vermutlich von einzelnen Gemeindegliedern verfaßt worden, die sie bei einem bestimmten Anlaß im Heiligtum vorgetragen und dann dort vielleicht als Weihegabe niedergelegt haben. Der größte Teil der Psalmen jedoch dürfte aus den Kreisen der Tempelsänger hervorgegangen sein, die für die liturgische Ausgestaltung der Gottesdienste verantwortlich waren. Sie haben wohl auch die verschiedenen Sammlungen zusammengestellt.

Das uns überkommene Buch der Psalmen ist anscheinend das »Lieder- und

Gebetbuch« der nachexilischen Gemeinde gewesen. Die ursprünglich einmal in einer bestimmten Situation entstandenen Lieder und Gebete behielten, über ihren unmittelbaren Anlaß hinaus, auch für die nachfolgenden Generationen Gültigkeit. Sie konnten, mündlich und schriftlich weitergegeben, immer wieder aufgenommen und nachgesprochen werden. Der einzelne wie die Gemeinde als Ganzes konnten in das Lob, die Klage oder den Dank ihrer Väter eintreten und sie sich zu eigen machen. Eine solche Tradition des Singens und Betens vermochte auch den aufzunehmen, der in der Begegnung mit Jahwe seinen Gedanken und Empfindungen nicht in eigenen Worten angemessenen Ausdruck geben konnte. Die Psalmen selbst kamen diesem immer erneuten Nachsprechen entgegen. Ihre Aussagen sind weithin in geprägte Wendungen und gebräuchliche Bilder gekleidet, so daß sich jeder einzelne Beter in seinem ganz besonderen Anliegen von ihnen umschlossen wissen konnte. Die Psalmen, wie sie auf uns gekommen sind, sind also Gebetshilfen, die von Fall zu Fall aufgenommen und, wenn notwendig, auch abgewandelt werden konnten.

Die Psalmen hatten ihren festen Ort im Gottesdienst Israels, d. h. sie waren wie die Opfer und die heiligen Handlungen der Priester ein Bestandteil der kultischen Verehrung Jahwes. Der Kultus Israels aber war bei all seiner Vielgestaltigkeit von strengen Ordnungen beherrscht, die unbedingt eingehalten werden mußten, wenn Israel im Umgang mit seinem Gott nicht Schaden nehmen wollte (vgl. oben S. 64 f.). Auch die Psalmen waren in diese Ordnungen eingebettet. Form und Charakter eines Psalms waren darum nicht in das Belieben seines Dichters gestellt, sondern wurden von der Aufgabe bestimmt, die dem Psalm im gottesdienstlichen Leben der Gemeinde zugewiesen war. Innerhalb des Psalters lassen sich eine Reihe von Grundformen, sogenannte *Gattungen*, erkennen, die sich jeweils aus einem bestimmten gottesdienstlichen Zusammenhang heraus entwickelt haben und in den einzelnen Psalmen, wenn auch in individueller Ausprägung, immer wiederkehren. Obwohl sich die Grenzen zuweilen verwischen, ist jede dieser Gattungen durch einen für sie charakteristischen Aufbau sowie durch typische Formulierungen und Motive gekennzeichnet.

Der Eintritt in das Heiligtum

Wenn ein Israelit den Tempelbezirk betrat, begab er sich in die Machtsphäre seines Gottes. Hier, in diesem heiligen Raum, herrschten andere Gesetze als im Bereich des profanen Alltagslebens. Wer diese Gesetze und Ordnungen nicht verletzen und sich selbst und die Gemeinde nicht in Gefahr bringen wollte, mußte bestimmte Voraussetzungen erfüllt haben, wenn er in das Heiligtum eintrat. Die Bedingungen für den Eintritt mußte der Pilger an den Toren des heiligen Bezirks erfragen; die Priester gaben ihm daraufhin entsprechenden Bescheid.

Aus solch einer *Einzugsliturgie* ist Psalm 15 herausgewachsen. Die Forderungen, die der Priester den Einlaß Begehrenden auf ihre Frage entgegenhält, gehören in den Zusammenhang des sogenannten Gottesrechtes. Wer diese Forderungen im praktischen Alltag erfüllt, wahrt das Gemeinschaftsverhältnis zwischen Jahwe und seinem Volk; er ist ein »Gerechter« und darf in das Heiligtum eintreten.

> Jahwe, wer darf Gast sein in deinem Zelt?
> Wer darf wohnen auf deinem heiligen Berg?
>
> Wer makellos wandelt und Gerechtigkeit übt
> und Wahrheit in seinem Herzen pflegt.
> Er redet keine Verleumdung mit seiner Zunge,
> er fügt seinem Nächsten kein Unrecht zu
> und häuft keine Schmach auf den Nachbarn.
> In seinen Augen gilt der Verworfene als verächtlich;
> die Jahwefürchtigen aber weiß er zu ehren.
> Wenn er zu seinem Schaden schwur,
> ändert er doch nichts ab.
> Sein Geld leiht er nicht auf Zinsen aus,
> nimmt gegen Schuldlose keine Bestechung an.
> Wer sich so verhält, wird nimmermehr wanken. (Ps 15, 1–5)

Hallelujah!

Der *Hymnus* war das Loblied Israels. In dieser Liedgattung hat Israel in gleicher Weise die Macht und Erhabenheit Jahwes wie seine gnädige Hinwendung zu seinem Volk anbetend verherrlicht. Der Hymnus war nicht an einen einzigen Anlaß gebunden, es gab für Israel viele Gelegenheiten, seinem Gott Loblieder zu singen: bei den großen Festen des Jahres, bei den regelmäßigen Gottesdiensten im Tempel, bei Opferfeiern und Prozessionen, aber auch nach einem Sieg auf dem Schlachtfeld oder bei gottesdienstlichen Feiern in der Familie. Den gottesdienstlichen Vortrag eines Hymnus kann man sich vielleicht am ehesten in der Art einer Kantate vorstellen. So scheinen sich Vorsänger und Gemeinde im Gesang abgelöst zu haben, wobei die Antwort der Gemeinde nicht selten in einem gleichbleibenden Refrain bestand. Häufig mögen sich auch verschiedene Chöre oder Sängergruppen einander zugesungen haben. Mancherlei Saiten-, Blas- und Schlaginstrumente haben wohl den Gesang begleitet.

Charakteristisch für den Hymnus ist die Aufforderung, Gott zu loben und zu preisen, mit der das Lied *eingeleitet* wird (a). In ihrer knappsten Form lautet die Aufforderung »Hallelu-jah« – »Lobet Jahwe!« Dieser Ruf ist die eigentliche Keimzelle des Hymnus. Im *Hauptteil* des Liedes (b) werden Jahwes Schöpfermacht und seine Taten in der Geschichte seines Volkes verherrlicht. In seinem *Schlußteil* (c) kehrt der Hymnus häufig noch einmal zu den einleitenden Aufforderungen zurück, wobei zuweilen Bitten und Segenswünsche eingeschlossen sind.

(a) Hallelujah!
> Lobt den Namen Jahwes,
> lobt ihn, ihr Diener Jahwes,
> die ihr im Hause Jahwes steht,
> in den Höfen des Hauses unseres Gottes!

Lobet Jah [1], denn Jahwe ist gut!
Preist seinen Namen, denn er ist liebenswert!

(b) Denn Jah hat sich Jakob erwählt,
Israel zu seinem Eigentum.
Ich weiß es doch: Groß ist Jahwe;
unser Gott ist größer als alle Götter.
Alles, was Jahwe gefällt,
vollbringt er im Himmel und auf Erden,
im Meer und in allen Tiefen.
Er läßt die Wolken aufsteigen vom Ende der Erde,
Blitze macht er zu Regen,
läßt den Sturm aus seinen Speichern los.
Er schlug Ägyptens Erstgeburt
vom Menschen bis zum Vieh.
Er sandte Zeichen und Wunder in deiner Mitte, Ägypten,
gegen den Pharao und all seine Diener.
Er schlug viele Völker
und tötete mächtige Könige:
Sichon, den König der Amoriter,
und Og, den König von Basan,
und alle Königreiche Kanaans.
Er gab ihr Land als Erbe,
als Erbe seinem Volke Israel.
Jahwe, dein Name währt ewig,
Jahwe, dein Anruf von Geschlecht zu Geschlecht.
Ja, Jahwe verhilft seinem Volke zum Recht,
hat Erbarmen mit seinen Knechten.
Die Götzen der Heiden sind Silber und Gold,
Das Machwerk von Menschenhänden.
Sie haben einen Mund und können nicht reden,
haben Augen und können nicht sehen.
Sie haben Ohren und können nicht hören,
auch ist kein Hauch in ihrem Mund.
Ihnen gleich sollen werden, die sie verfertigen,
jeder, der auf sie vertraut.

(c) Haus Israel, preiset Jahwe,
Haus Aaron, preiset Jahwe!
Haus Levi, preiset Jahwe,

---

[1] »Jah« ist Kurzform von »Jahwe«, wie sie vor allem in dem Ruf »Hallelu-jah« gebraucht wird.

ihr Jahwefürchtigen, preiset Jahwe!
Von Zion her sei Jahwe gepriesen,
der in Jerusalem thront! –
Hallelujah!   (Ps 135, 1–21)

Jahwe herrscht als König!

In einer besonderen Gruppe von Hymnen wird die Königsherrschaft Jahwes über die Welt und alle Völker verherrlicht. Charakteristisch für diese Lieder ist der Ruf »Jahwe herrscht als König!«.

Jahwe herrscht als König, mit Hoheit umkleidet!
Ja, es hat sich umkleidet Jahwe, mit Kraft gegürtet.
So ist der Erdkreis fest gegründet, daß er nicht wankt.
Fest steht dein Thron seit je,
von Ewigkeit her bist du!
Fluten erhoben, Jahwe, Fluten erhoben ihr Tosen.
Mögen Fluten ihr Brausen erheben,
mehr als das Tosen der vielen Wasser,
gewaltiger als die Brandung des Meeres,
ist Jahwe gewaltig in Himmelshöhen.
Deine Gesetze sind sehr verläßlich,
deinem Hause gebührt Heiligkeit,
Jahwe, für alle Zeiten.   (Ps 93, 1–5)

Klage, Anklage und Bitte

Israel wußte sich in all seinen Lebensbereichen vom Wirken Jahwes umschlossen. Wenn das Leben der Gemeinschaft an irgendeiner Stelle bedroht oder gefährdet war – etwa durch langanhaltende Dürrezeiten, Heuschreckenplagen oder Seuchen, durch eine Niederlage im Kampf, durch feindliche Überfälle, die Zerstörung einer Stadt oder die Deportation ihrer Bewohner –, dann konnte Israel darin nur Jahwe selbst am Werke sehen, der seinem Volk warnend oder strafend entgegentrat. In einer großen Klagefeier, einem »Fasten«, hat Israel in solch einem Fall Jahwes Zorn zu besänftigen und ihn zu einer Wende der Not zu bewegen gesucht.

Im Mittelpunkt der Klagefeier stand das *Klagelied,* in dem die versammelte Gemeinde im Wechsel mit einem Vorsänger Jahwe um Rettung anflehte. Das Lied wird beherrscht von der Klage über die gegenwärtige Not und der Bitte um Errettung. Die Klage erschöpft sich nicht in einem einfachen Be-klagen des eigenen Leides, sondern sie ist zugleich An-klage gegen die Feinde, die die Not heraufgeführt haben, und Anklage gegen Gott, der sie zugelassen hat. In Jahwe findet alle Klage Israels ihr Ziel. Bezeichnend für die Beurteilung der Not im Klagelied sind die an Jahwe gerichteten Fragen »Wie lange noch willst du...?« oder »Warum hast du...?« In gleichem Sinn will auch der Hinweis auf den Spott der Feinde verstanden sein, dem Israel durch das Unglück ausgesetzt ist und der letztlich auf Jahwe selbst zurückfällt.

Du Hirt Israels, höre doch,
der du Joseph leitest wie Schafe!
Der du auf den Keruben thronst, erscheine
vor Ephraim, Benjamin und Manasse!
Entbiete deine Macht und komm uns zu Hilfe!

Jahwe der Heerscharen, stelle uns wieder her![2]
Laß dein Angesicht leuchten, daß uns Heil widerfahre!

Jahwe der Heerscharen, wie lange noch
zürnst du beim Gebet deines Volkes?
Du gabst ihm Tränenbrot zu essen
und Zähren zu trinken in reichem Maß.
Du machtest uns zum Streitfall für unsre Nachbarn,
und unsre Feinde verspotteten uns.

Jahwe der Heerscharen, stelle uns wieder her!
Laß dein Angesicht leuchten, daß uns Heil widerfahre!

Einen Weinstock hobst du aus in Ägypten,
vertriebst Völker und pflanztest ihn ein.
Du schufest ihm Raum,
da schlug er Wurzeln,
erfüllte das Land.
Berge wurden bedeckt von seinem Schatten,
die Zedern Gottes von seinen Zweigen.
Er breitete seine Ranken aus bis ans Meer,
seine Schößlinge bis zum Euphratstrom.
Warum hast du seine Mauern eingerissen,
daß jeder von ihm erntet, der vorüberzieht?
Der Eber aus dem Wald zerpflückt ihn,
die Tiere des Feldes weiden ihn ab.

Jahwe der Heerscharen, kehre doch um,
blicke vom Himmel und sieh!
Nimm dich dieses Weinstocks an
und des Gartens, den deine Rechte gepflanzt!
Die ihn verbrannten und zerstörten,
sollen zugrunde gehen vor deinem drohenden Antlitz!
Deine Hand sei über dem Mann zu deiner Rechten,
über dem Menschensohn, den du dir großzogst!

---

[2] Während das Klagelied vermutlich von einem einzelnen Sänger vorgetragen wurde, hat die Gemeinde nur den dreimal wiederkehrenden Refrain gesungen.

Wir aber wollen nicht von dir weichen!
Erhalte uns am Leben,
so werden wir deinen Namen anrufen!

Jahwe der Heerscharen, stelle uns wieder her!
Laß dein Angesicht leuchten, daß uns Heil widerfahre! (Ps 80, 2–20)

Danket Jahwe!

Mit dem Vortrag des Klageliedes erreichte die Klagefeier ihren Höhepunkt: Die versammelte Gemeinde wartete auf die Antwort Jahwes. Sie wurde von einem Priester oder einem am Tempel tätigen Propheten erteilt und konnte positiv die Zusage der Errettung oder negativ die Ankündigung neuen Unheils enthalten. Fiel der Spruch Jahwes nach der Klage günstig aus, dann hat die Gemeinde, wahrscheinlich in Verbindung mit einem Opfer, darauf mit einem *Danklied* geantwortet.

Im Mittelpunkt des Dankliedes steht der Dank für Jahwes gnädige Zuwendung und sein helfendes Eingreifen. Häufig trägt das Danklied hymnische Züge, denn der Dank für die Errettung aus einer aktuellen Not und der Lobpreis der Größe und Macht Jahwes waren für Israel nicht zu trennen.

»Wäre Jahwe nicht für uns gewesen«,
so möge Israel sprechen,
»wäre Jahwe nicht für uns gewesen,
als Menschen sich wider uns erhoben,
dann hätten sie uns lebendig verschlungen,
von Zorn gegen uns entbrannt;
dann hätten die Wasser uns überflutet,
der Wildbach wäre über uns hingebraust;
dann wären über uns hingebraust die tobenden Wasser.«
Jahwe sei gepriesen!
Er gab uns nicht ihren Zähnen zum Raube preis.
Unser Leben entkam wie ein Vogel dem Netz der Jäger.
Das Netz ist zerrissen, und wir sind frei.
Unsre Hilfe liegt im Namen Jahwes,
der Himmel und Erde erschaffen hat. (Ps 124, 1–8)

Der einzelne in seiner Not

Nicht nur Israel als Ganzes hat seine Klage und seinen Dank vor Jahwe gebracht, sondern auch der einzelne. Schwere Krankheit, wirtschaftliche Notlage, persönliche Anfeindungen oder sonstige Bedrohungen an Leib, Leben und Besitz ließen den Israeliten mit einem *Klagelied* bei Jahwe Schutz und Errettung suchen. Den einzelnen traf ein Unheil sehr viel härter als die Gemeinschaft, denn er wußte sich nicht nur selbst von Gott geschlagen, sondern als ein mit dem Zorn Gottes Beladener war er zudem für die Gemeinschaft gefährlich. Er wurde darum von ihr gemieden, ja, aus ihr ausgeschlossen. Dies erklärt die Leidenschaftlichkeit, mit der die Heimgesuchten in den Klageliedern die Zuwendung und Hilfe Jahwes erflehten.

Die Klagelieder des einzelnen sind wahrscheinlich meist am Heiligtum vorgetragen und wohl auch von einem Opfer begleitet worden. Der Beter hat dann vermutlich nicht selbst das Wort ergriffen, sondern einer der Tempelsänger hat stellvertretend für ihn die Klage vorgetragen. Vielleicht ist der eine oder andere Klagepsalm auch vom Krankenbett aus oder aus einem Gefängnis heraus gesprochen worden.

Jahwe, mein helfender Gott, ich rufe bei Tage,
bei Nacht vor deinem Angesicht.
Laß mein Gebet zu dir gelangen,
leihe meiner Klage dein Ohr!
Ich bin ja gesättigt mit Leiden,
mein Leben ist dem Totenreich nahe.
Schon zähle ich zu denen, die zur Gruft hinabsteigen,
bin geworden wie ein kraftloser Mann,
unter den Toten muß ich wohnen,
gleich den Erschlagenen, die im Grabe liegen,
deren du nicht mehr gedenkst,
da sie deiner Hand entzogen sind.
In die unterste Gruft hast du mich versetzt,
in Finsternisse, in Tiefen [3].
Schwer lastet auf mir dein Grimm,
alle deine Wogen bringst du über mich. Sela.
Meine Bekannten hast du mir entfremdet,
hast mich ihnen zum Abscheu gemacht.
Gefangen bin ich und kann nicht entkommen.
Mein Auge wird matt vor Elend.
Ich rufe dich an, Jahwe, zu jeder Zeit,
strecke nach dir meine Hände aus.
Vollbringst du an den Toten noch Wunder,
oder stehen die Schatten wieder auf, um dich zu preisen? Sela.
Verkündet man im Grab deine Huld
und deine Treue im Totenreich?
Erfährt man in der Finsternis deine Wundermacht,
dein gerechtes Walten im Land des Vergessens?
So rufe ich denn Jahwe zu dir;
jeden Morgen steigt mein Gebet zu dir empor.

---

[3] Krankheit bedeutete für den Israeliten einen Schritt zum Tode hin, der Kranke wußte sich bereits in der »Unterwelt«, rechnete sich schon zu den Toten. Der Tod aber war für den Israeliten nicht nur das Ende des physischen Lebens, sondern, weit schlimmer, das absolute Ende seines Verhältnisses zu Jahwe. Denn: »Die Toten loben Jahwe nicht!«

Warum, Jahwe, verwirfst du mein Sehnen,
verbirgst du dein Antlitz vor mir?
Elend bin ich und am Rande des Todes von Jugend an;
ich muß deine Schrecken tragen und erschlaffe.
Deine Zornesgluten ergossen sich über mich,
deine Schrecknisse haben mich vernichtet.
Wie Wasser umfluten sie mich beständig,
umringen mich ganz und gar.
Du hast mir Freund und Gefährten entfremdet;
mein Vertrauter ist die Finsternis. (Ps 88, 2–19)

Ich will Jahwe loben allezeit!

Voll entfaltet wird der Dank für die neue Zuwendung Jahwes und die Errettung aus der Not, der am Ende mancher Klagelieder bereits anklingt, in den *Dankliedern* des einzelnen. Zusammen mit einem Opfer vor einem Kreis von Gläubigen im Tempel dargebracht, waren die Danklieder, über den aktuellen Anlaß des Dankes hinaus, persönliche Bekenntnisse zu der Macht und Güte Jahwes vor der Gemeinde.

Den Hauptteil des Psalms bildet die Schilderung der Not und der Errettung durch das helfende Eingreifen Jahwes. Gerade in diesem Hauptteil erweist sich das Danklied als das Gegenstück zu dem Klagelied des einzelnen. Der Rückblick auf die Not und der Bericht von der Errettung ist meist durchzogen mit Äußerungen des Vertrauens. Häufig unterstreicht auch der Beter die besondere Absicht seines Liedes: Durch die Schilderung seiner wunderbaren Errettung sollen die, die ihm zuhören, ihrerseits zum Lobpreis Jahwes veranlaßt werden.

Hochpreisen will ich dich, Jahwe; denn du zogst mich empor
und ließest meine Feinde nicht über mich jubeln.
Jahwe, mein Gott, ich flehte zu dir,
und du heiltest mich.
Jahwe, du hast mich heraufgeführt aus dem Totenreich,
mich neu belebt, getrennt von denen, die zur Grube sanken.
Lobsinget Jahwe, ihr seine Frommen,
und preist seinen heiligen Namen!
Denn einen Augenblick nur währt sein Zorn,
doch ein Leben lang seine Huld.
Kehrt Weinen am Abend ein, so folgt am Morgen der Jubel.
Ich hatte gedacht in sorglosem Glück:
»Nimmermehr werde ich wanken!«
Jahwe, durch deine Huld ward ich auf feste Berge gestellt.
Da verbargst du dein Antlitz – schon war ich erschüttert.
Ich rief zu dir, Jahwe;
ich flehte meinen Gebieter um Gnade an:
»Was nützt denn mein Blut, wenn ich zur Grube sinke?
Wird etwa der Staub dir danken,

> wird er deine Treue verkünden?
> Höre, Jahwe, und sei mir gnädig!
> Sei mir, Jahwe, ein Helfer!« –
> Du hast meine Klage verwandelt in Reigentanz,
> hast mir das Trauerkleid gelöst und mich mit Freude umgürtet.
> Darum lobsingt dir mein Herz und will nicht schweigen.
> Jahwe, mein Gott, ewig preise ich dich! (Ps 30, 2–13)

Der göttliche Hirte

Der einzelne wie auch die Gemeinde haben ihrem Vertrauen zu Jahwe zuweilen in einer besonderen Gattung von Liedern Ausdruck gegeben. Die *Vertrauenslieder* erwachsen in gleicher Weise dem Dank für eine erfahrene Rettung in der Vergangenheit wie der Zuversicht auf Jahwes Hilfe in einer herannahenden Gefahr. Kennzeichnend für diese Lieder ist ihre Bildersprache. Ein anschauliches Beispiel hierfür ist der bekannte Psalm 23, in dem der Beter sein Vertrauen zu Jahwe mit den Bildern vom treuen Hirten und vom fürsorglichen Gastgeber umschreibt.

> Jahwe ist mein Hirt, mir wird nichts mangeln.
> Auf grünen Auen läßt er mich lagern;
> an Wasser mit Ruheplätzen führt er mich.
> Labsal spendet er mir.
> Er leitet mich auf rechter Bahn
> um seines Namens willen.
> Auch wenn ich wandern muß in finsterer Schlucht,
> ich fürchte doch kein Unheil; denn du bist bei mir.
> Dein Hirtenstab und Stock, sie sind mein Trost. –
> Du deckst für mich einen Tisch angesichts meiner Gegner.
> Du salbst mein Haupt mit Öl,
> mein Becher ist übervoll.
> Nur Glück und Gunst begleiten mich alle Tage meines Lebens,
> und ich darf weilen im Hause Jahwes,
> solange die Tage währen. (Ps 23, 1–6)

Woher kommt mir Hilfe?

Ähnlich wie sie bei ihrem Eintritt in den heiligen Bezirk empfangen wurden, so wurden die Wallfahrer vermutlich auch mit einem besonderen Zeremoniell verabschiedet, wenn sie das Heiligtum wieder verließen. Vielleicht hat ein Priester den Abreisenden auf ihren Weg zurück in ihre Heimatorte noch eine besondere Verheißung mitgegeben oder einen Segen über ihnen ausgesprochen. So oder ähnlich könnte man sich die Situation vorstellen, der der Psalm 121 nachgebildet worden ist: Den Blick auf die gefahrbringenden Berge gerichtet, die er zu durchwandern hat, fragt ein Pilger sorgenvoll nach dem Schutz auf seiner Reise; darauf erhält er ein Wort des Zuspruchs und des Segens zur Antwort.

Ich hebe meine Augen empor zu den Bergen:
Woher wird mir Hilfe kommen?
Hilfe kommt mir von Jahwe,
der Himmel und Erde erschaffen hat.
Er läßt deinen Fuß nicht wanken;
nimmer schläft dein Hüter.
Nein, nicht schläft und nicht schlummert der Hüter Israels!
Jahwe ist dein Hüter,
Jahwe ist dein schützender Schatten zu deiner Rechten.
Bei Tage wird dir die Sonne nicht schaden,
der Mond nicht bei Nacht.
Jahwe behütet dich vor allem Übel;
er behütet dein Leben.
Jahwe behütet dein Gehen und Kommen, jetzt und immerdar.

(Ps 121, 1–8)

VI. Die prophetische Opposition im Nordreich

Seit dem Auseinanderbrechen des Davidisch-Salomonischen Großreiches herrschte Bruderkrieg zwischen den beiden Staaten Israel und Juda. Hinzu kam, daß die Zersplitterung der Macht in Mittelpalästina die benachbarten Staaten wieder erstarken ließ. Für Israel waren das vor allem die in den Seestädten Sidon, Tyrus und Akko ansässigen Phönizier und das aramäische Königtum von Damaskus, das bis hin zu den großen Feldzügen der Assyrer im 8. Jahrhundert die stärkste Macht in Syrien-Palästina bleiben sollte. Der Nordstaat Israel mußte also einen Dreifrontenkrieg führen: im Süden gegen Juda, im Nordwesten gegen die Phönizier, im Nordosten gegen die Aramäer. Darüber hinaus waren seine Kräfte durch ein großes innenpolitisches Problem, das Juda nicht im gleichen Ausmaß gekannt hat, gebunden: Die Bevölkerung Israels bestand nämlich nur etwa zur Hälfte aus Israeliten, zur anderen Hälfte aber aus Kanaanäern. Diese wohnten zumeist in den großen Städten mit eigenem Verwaltungssystem, eigenem Rechtswesen und eigenem Kultus. Allein durch die militärische Übermacht Davids waren sie ehedem in den israelitischen Territorialstaat hineingezwungen worden. Infolgedessen wird es zwar zu einer Annäherung der beiden Bevölkerungsteile gekommen sein, die sich wohl vor allem durch eine Vermengung des israelitischen Jahwe-Glaubens mit der kanaanäischen Baalsreligion vollzogen hat, aber Spannungen zwischen ihren unterschiedlichen Lebensordnungen blieben bestehen. Nach dem Zerfall des Großreiches mußten sie wieder in verstärktem Maße hervortreten, so daß es lange zweifelhaft war, ob das künstliche Staatsgebilde Israel mit seinen bevölkerungspolitischen, wirtschaftlichen und religiösen Spannungen im Rahmen der palästinisch-syrischen Staatenwelt überhaupt lebensfähig sei.

Ihre positive Antwort hat diese Frage erst gefunden, als im Jahr 878/77 v. Chr. nach langjährigen bürgerkriegsähnlichen Kämpfen Omri den Königsthron in Israel bestieg. Er und seine Nachkommen haben durch eine kluge, allseits auf Ausgleich sinnende Politik die Existenz des Staatswesens nach innen und außen sichergestellt. Es gelang Omri, den Bruderkrieg mit Juda zu beenden und eine politische Zweckehe seines Sohnes Ahab mit der phönizischen Königstochter Isebel zu schließen. Auch für das große innenpolitische Problem schienen die Omriden eine Lösung zu finden, indem sie den Kanaanäern in der Stadt Samaria eine eigene Residenz mit politischen und religiösen Sonderrechten schufen. Kanaanäer und Israeliten wurden einander gleichgestellt, kanaanäischer Baals-Kult und israelitischer Jahwe-Kult wurden wie zwei gleichberechtigte Konfessionen behandelt. Die Omriden sind die ersten gewesen, die die bisher schleichende Vermischung von Kanaanäer- und Israelitentum, von Baal und Jahwe bewußt aufgegriffen und zum Inhalt der offiziellen Politik gemacht haben.

In kleinen Kreisen der israelitischen Bevölkerung hat diese Religionspolitik einen leidenschaftlichen Widerstand hervorgerufen, nämlich in den Kreisen der Propheten um Elia und Elisa. Diese Propheten waren zunächst nur mit der Pflege der alten heilsgeschichtlichen Überlieferungen Israels beschäftigt gewesen; die Religionspolitik der Omriden aber verlieh ihrem Tun eine ungeahnte Aktualität, denn aus dem Eifern für die alten Wahrheiten erwuchs ihnen ein ganz neuartiges Wissen um ihre eigene Gegenwart. Diese Propheten haben als erste nach Jahwes Urteil über die schon weithin weltlich gewordene Königszeit gefragt, indem sie das politische, gesellschaftliche und religiöse Leben ihrer Zeit an den alten Überlieferungen der Frühzeit maßen. Dabei ist zum ersten Mal in der Geschichte Israels der Jahwe-Glaube zu einer kritischen Instanz gegenüber der Politik eines Königs formiert worden. Im Zusammenhang mit dieser politischen Oppositionsstellung haben die Propheten auch erstmals den Gegensatz zwischen Jahwe und Baal in aller Grundsätzlichkeit durchdacht. Vielleicht sind sie es sogar gewesen, die diesen Gegensatz zwischen dem heilsgeschichtlich begründeten Glauben Israels und der kanaanäischen Fruchtbarkeitsreligion überhaupt erst bewußt gemacht haben. Für die spätere Prophetie, aber auch für die weitere Geschichte der beiden Staaten Israel und Juda ist dieses Wissen von größter Bedeutung gewesen. So muß man vermuten, daß in den Kreisen um Elia und Elisa die maßgeblichen Vorentscheidungen für die folgenden Jahrhunderte bis hin zum babylonischen Exil gefallen sind.

Der Aufstieg der Omridendynastie

Ihrer Bedeutung entsprechend hat der Erzähler der Königsbücher die Epoche der Omriden und ihrer Gegenspieler Elia und Elisa sehr ausführlich dargestellt. Er stützt sich dabei auf ganz verschiedenartiges Quellenmaterial: Königsannalen, historische Berichte und Prophetenerzählungen. Die Prophetenerzählungen sind Lehrerzählungen, an denen eine ganze Generation von Prophetenschülern mitgearbeitet hat. Sie wollen nicht als historische Dokumentation der großen Taten Elias und Elisas gelesen werden. In ihnen geht es vielmehr um den Versuch einer theologischen Deutung der Zeitgeschichte von Jahwe her. Die Taten der Propheten werden als Ereignisse dargestellt, die Israel wieder die Augen dafür öffnen sollen, was es heißt, Volk Gottes zu sein und unter dem Ausschließlichkeitsanspruch Jahwes zu stehen. Sie wollen den Zeitgenossen Maßstäbe zur Beurteilung ihrer Gegenwart an die Hand geben.

Der Erzähler der Königsbücher beginnt seine Darstellung der Omridenzeit mit Auszügen aus den Annalen, die am israelitischen Königshof geführt wurden.

Im 27. Jahre des Königs Asa von Juda war Simri sieben Tage lang König von Tirza. Das Kriegsvolk lag vor Gibbeton, das den Philistern gehörte.

Während der Belagerung vernahm das Volk die Kunde: Verschworen hat sich Simri und den König ermordet! Da rief ganz Israel noch am selben Tag den Feldherrn Omri im Lager zum König über Israel aus. Omri zog mit Gesamtisrael von Gibbeton heran, und man belagerte Tirza. Als Simri wahrnahm, daß die Stadt erobert war, zog er sich in den Wohnturm des Königspalastes zurück, steckte den Palast über sich in Brand und fand dabei den Tod. (So mußte es der Sünden wegen sein, die er beging. Er tat, was Jahwe mißfiel, und wandelte auf den Pfaden Jerobeams und in den Sünden, die dieser getan und zu denen er Israel verführt hatte. Die übrigen Taten Simris und seine Verschwörung, die er ins Werk setzte, sind aufgeschrieben in der Chronik der Könige von Israel [1].)

Damals spaltete sich die israelitische Bevölkerung in zwei Teile; die Hälfte des Volkes stand hinter Tibni, dem Sohn Ginats, und rief ihn zum König aus, die andere Hälfte stand hinter Omri. Die Anhänger Omris aber gewannen die Oberhand gegenüber der Gefolgschaft Tibnis, des Sohnes Ginats. Als Tibni tot war, wurde Omri König. Im 31. Jahr des Königs Asa von Juda wurde Omri König von Israel und herrschte zwölf Jahre. In Tirza regierte er sechs Jahre. Dann kaufte er den Berg Samaria von Schemer um zwei Talente Silber, versah den Berg mit Bauten und nannte die Stadt, die er erbaut hatte, nach dem Namen Schemers, des Eigentümers des Berges, Samaria. (Omri tat, was Jahwe mißfiel. Er handelte schlimmer als alle seine Vorgänger. Er wandelte ganz auf dem Pfade Jerobeams, des Sohnes Nebats, und in den Sünden, zu denen dieser die Israeliten verführt hatte, so daß sie Jahwe, den Gott Israels, durch ihre Götzen erzürnten. Die übrigen Taten Omris, seine Wirksamkeit und seine kriegerischen Leistungen, sind aufgeschrieben in der Chronik der Könige von Israel [1].) Omri entschlief zu seinen Vätern und ward zu Samaria begraben. Sein Sohn Ahab folgte ihm in der Königsherrschaft. (1 Kön 16, 15–28)

Ahabs Sünde

Sohn und Nachfolger Omris war Ahab, der große Gegenspieler Elias. Entgegen seiner sonstigen Arbeitsweise hat der Erzähler schon bei der Einführung Ahabs die Informationen, die er den Königsannalen entnahm (Jahreszahlen, Namen, Stiftungen) mit der abschließenden theologischen Bewertung durchschossen.

Als den eigentlichen Sündenfall Ahabs wertet er dessen Heirat mit der phönizischen Königstochter Isebel. Schon die alten Eliaerzählungen lassen Isebel als die treibende Kraft in dem Kampf des Königshauses gegen den Jahwe-Glauben erscheinen. Ahab ist in diesen Erzählungen nur ein willenloses Werkzeug in der Hand seines teuflischen Weibes.

Historisch ist das nicht zutreffend, denn Isebel hat erst nach dem Tode ihres Man-

---

[1] Diese Verse enthalten jeweils die abschließende Bewertung der Könige durch den Erzähler und den Quellenverweis; sie haben also nicht zu dem alten Annalentext gehört.

nes eindeutig den Baalskult begünstigt und die Propheten, die Wortführer eines kompromißlosen Jahwe-Glaubens, offen verfolgt. Diese Vorgänge, in denen sich die religionspolitische Lage des Nordreiches aufs äußerste zuspitzte, hat man später in die Regierungszeit Ahabs zurückprojiziert, so daß man den großen Abfall Israels zum Baalskult mit der Hochzeit Ahab-Isebel beginnen sah.

Ahab, der Sohn Omris, ward König von Israel im 38. Jahre des Königs Asa von Juda und regierte in Samaria 22 Jahre über Israel. Ahab, der Sohn Omris, tat, was Jahwe mißfiel, noch schlimmer als alle seine Vorgänger. Es war ihm noch nicht genug, daß er in den Sünden Jerobeams, des Sohnes Nebats, wandelte; er nahm Isebel, die Tochter des Sidonierkönigs Etbaal, zur Frau. Er ging hin, verehrte den Baal und warf sich vor ihm nieder. Er errichtete dem Baal einen Altar im Baalstempel, den er in Samaria erbaut hatte. Auch ließ Ahab ein Bild der Aschera anfertigen und tat darüber hinaus noch anderes, wodurch er Jahwe, den Gott Israels, mehr erzürnte als alle Könige Israels, die vor ihm waren. (1 Kön 16, 29–33)

A. Elia und Ahab

Der Prophet Elia stammte aus Thisbe im Ostjordanland, einem Gebiet, das nicht zum alten kanaanäischen Kulturboden gehörte, sondern israelitischer Siedlungsraum war. Der Jahwe-Glaube wird sich dort wohl reiner erhalten haben als im Westjordanland, wo die großen Kanaanäerstädte lagen. Die hier schon weit fortgeschrittene Vermischung des israelitischen Wesens mit dem kanaanäischen und die daraus folgende Verwilderung des Jahwe-Glaubens müssen für Elia ein Greuel gewesen sein. So ist er anläßlich einer großen Dürre – ein Ereignis, das in der Antike immer als göttliche Strafe erfahren wurde – erstmals dem König Ahab in den Weg getreten, um ihn mit dem alten und in der damaligen Situation doch so revolutionären Ausschließlichkeitsanspruch Jahwes zu konfrontieren: »So wahr Jahwe, der Gott Israels, lebt, in dessen Dienst ich stehe, es wird in diesen Jahren weder Tau noch Regen fallen, es sei denn auf mein Wort.«

Dieses Prophetenwort, das der Sammler der Eliaerzählungen ganz an den Anfang gestellt hat, muß schockierend auf die Zeitgenossen gewirkt haben, denn es stellte sowohl den Baalskult der Kanaanäer als auch eine bestimmte Form des überkommenen Jahwe-Glaubens in Frage. Bisher hatten der Machtbereich Baals und Jahwes nebeneinander bestanden: Während man Jahwe vorwiegend in der Geschichte der Väter am Werk sah, glaubte man die Fruchtbarkeit der Natur Baal zu verdanken. Diesem Nebeneinander, in das sich Israel mehr oder minder unbewußt hineingelebt hatte, wurde durch Elia ein Ende gesetzt. Jahwe brach in die Domäne Baals ein. Er wurde zum Herrn auch über die Natur, über den Regen und die Dürre ausgerufen. Er allein war Gott in Israel und konnte darum keinen zweiten Gott, dem irgendein Teil der Wirklichkeit übereignet war, neben sich dulden. Er wollte auch nicht nur in der geschichtlichen Vergangenheit der Väter, sondern in der unmittelbaren Gegenwart aufgesucht werden. Inmitten der ganz profanen Zeitgeschichte hatte er eindeutig Position bezogen: Er stand hinter dem Propheten Elia, von dessen Mund Segen oder Fluch über das ganze Volk abhängen würde.

Elias Ankündigung der Dürre steht am Beginn einer neuen Epoche in der Geschichte des Jahwe-Glaubens: der Prophetie. Wie Elia, so sind in den nächsten Jahrzehnten und Jahrhunderten immer wieder Propheten ungebeten vor die Könige und das Volk getreten, um ihnen in ganz konkreten Situationen den Willen Jahwes zu verkündigen. Bis hin zum Exil wird Israel die Gegenwart seines Gottes vor allem in der Heils- und Unheilsverkündigung der Propheten erfahren.

Das Gottesurteil auf dem Karmel

Die Verschwägerung der Omriden mit den Phöniziern führte zur Rückgabe des Karmelgebirges an Israel. Auf diesem Gebirge befand sich eine uralte Kultstätte. Wem sollte sie jetzt zufallen: dem kanaanäischen Baalskult oder dem israelitischen Jahwekult? Über diese Frage ist es zu einem ersten Zusammenstoß zwischen Elia und den Baalsverehrern gekommen.

Die Prophetenerzählung, die darüber berichtet, will dies Ereignis von ursprünglich wohl nur lokaler Bedeutung als eine theologische Grundsatzentscheidung für ganz Israel verstanden wissen. Die Karmelszene soll den Zeitgenossen einmal zeigen, *wer* Gott in Israel ist, Jahwe oder Baal, denn zwischen beiden gibt es nur ein Entweder-Oder; Israel kann nicht zwei Herren dienen. Zum anderen soll die Szene zeigen, *wo* Gott ist, nämlich bei dem Propheten Elia, denn er ist es, der Israel aus seiner Unentschiedenheit herausgerissen und wieder unter das erste Gebot gezwungen hat.

Sobald nun Ahab den Elia sah, rief er ihm entgegen: »Bist du es wirklich, du Verderber Israels?« [2] Dieser aber antwortete: »Ich habe Israel nicht ins Verderben gebracht, sondern du und deine Familie, weil ihr die Gebote Jahwes verlassen habt und weil du den Baalen nachgegangen bist. Nun aber schicke hin, versammle ganz Israel bei mir auf dem Berge Karmel, auch die 450 Baalspropheten und die 400 Propheten der Aschera, die vom Tische Isebels essen!«

Ahab sandte darauf zu allen Israeliten und versammelte die Propheten auf dem Berge Karmel. Elia trat vor dem ganzen Volk auf und rief: »Wie lange noch wollt ihr auf beiden Seiten hinken? Ist Jahwe Gott, so folgt ihm nach! Ist es aber Baal, so folgt diesem!« Das Volk erwiderte darauf nichts. Da sagte Elia zu den Leuten: »Ich allein bin als Prophet Jahwes übriggeblieben.

---

[2] Als »Verderber Israels« bezeichnet Ahab den Propheten, weil er ihn für die Dürre verantwortlich macht.

Der Propheten Baals sind es aber 450 Mann. Man gebe uns zwei Stiere; sie sollen einen Stier wählen, ihn zerteilen und ihn auf die Holzscheite legen, ohne Feuer anzuzünden. Ich aber werde den andern Stier herrichten und auf die Holzscheite legen und das Feuer ebenfalls nicht entzünden. Dann ruft den Namen eures Gottes an, und ich werde den Namen Jahwes anrufen. Der Gott aber, der mit Feuer antwortet, ist der wahre Gott.« Da antwortete das ganze Volk: »So ist es recht.«

Elia befahl den Baalspropheten: »Wählt euch den einen Stier und schlachtet ihn zuerst, denn ihr seid ja in der Überzahl. Dann ruft den Namen eures Gottes an, entzündet aber kein Feuer!« Sie holten den Stier, richteten ihn her und riefen den Namen Baals an vom Morgen bis zum Mittag: »Baal, erhöre uns!« Doch es kam kein Laut und keine Antwort. Sie machten dabei hinkende Verbeugungen um die Opferstätte, die sie verfertigt hatten.

Als es schon um die Tagesmitte war, spottete Elia über sie und sagte: »Ruft doch lauter, er ist ja ein Gott! Er hatte wohl ein Bedürfnis und ist ausgetreten, vielleicht schläft er auch und muß erst aufwachen!«

So riefen sie immer lauter und brachten sich nach ihrem Brauchtum mit Schwertern und Lanzen Einschnitte bei, bis das Blut an ihnen herabfloß. Als die Mittagszeit vorüber war, da begannen sie zu rasen bis zu der Zeit, da man das Speiseopfer darzubringen pflegte. Es kam aber kein Laut, keine Antwort und keinerlei Beachtung.

Da sprach Elia zum ganzen Volk: »Kommt her zu mir!« Das ganze Volk näherte sich ihm, und er stellte den niedergerissenen Altar Jahwes wieder her[3]. Elia nahm zwölf Steine nach der Zahl der Stämme der Söhne Jakobs, zu dem Jahwe gesagt hatte: »Israel soll dein Name sein.« Er baute aus den Steinen einen Altar im Namen Jahwes und machte um den Altar herum einen Graben, der zwei Scheffel Saatgetreide hätte fassen können. Sodann schichtete er das Holz auf, zerteilte den Stier und legte ihn über das Holz. Dann befahl er: »Füllt vier Krüge mit Wasser und gießt es auf das Opfer und das Holz!« Hierauf gebot er: »Tut es noch einmal!« Sie wiederholten es. Da sprach er: »Tut es zum drittenmal!« Und sie taten es zum drittenmal. Das Wasser lief rings um den Altar. Auch den Graben füllte er mit Wasser.

Zur Zeit, da man das Speiseopfer darzubringen pflegt, trat der Prophet Elia heran und rief: »Jahwe, Gott Abrahams, Isaaks und Israels! Heute soll man erkennen, daß du Gott bist in Israel und daß ich dein Knecht bin und auf dein Wort hin dies alles getan habe. Erhöre mich, Jahwe, erhöre mich, damit dieses Volk erfahre, daß du, Jahwe, Gott bist und daß du sein Herz herumgewendet hast!« Da fiel das Feuer Jahwes herab und fraß das Brandopfer, das Holz, die Steine und die Erde. Auch das Wasser im Graben leckte es auf.

---

3 Dieser ältere Jahwe-Altar stammte wohl aus der Zeit Davids, als der Karmel, der nicht zum Siedlungsgebiet der Stämme gehört hatte, in das Großreich eingegliedert worden war. Seitdem war er längst wieder verfallen.

Als das Volk dies sah, warf es sich auf sein Angesicht nieder und rief: »Jahwe ist Gott, Jahwe ist Gott!« Elia aber befahl ihnen: »Packt die Baalspropheten, keiner von ihnen soll entkommen!« Man ergriff sie, und Elia führte sie hinab zum Bach Kison und schlachtete sie dort [4].

(1 Kön 18, 17–40)

Der Mord an Nabot

Der Widerstand Elias und der von ihm ausgehenden Prophetenbewegung hat sich nicht nur gegen die Religionspolitik der Omriden gerichtet. So weiß die folgende Erzählung von einem Zusammenstoß in der Frage des Bodenrechtes zu berichten. Zwei verschiedene Rechtsauffassungen stehen einander gegenüber: auf seiten Ahabs und Isebels das kanaanäische Bodenrecht, das den Grundbesitz als einen gegen Geld oder andere Güter auswechselbaren Tauschwert ansieht, auf seiten Nabots und Elias das altisraelitische Bodenrecht, demzufolge das Ackerland ein unveräußerliches, den Sippen von Jahwe zu Lehen gegebenes Heilsgut ist.

Die Erzählung hält sich nahe an ein historisches Ereignis, näher als die anderen Prophetenerzählungen. Aber auch sie zielt in ihrem dramatischen Gefälle allein auf das göttliche Gerichtswort, das den Mörder in dem Augenblick erreicht, wo er glaubt, am Ziel zu sein.

Danach ereignete sich folgendes: Nabot aus Jesreel hatte daselbst einen Weinberg neben dem Palast Ahabs, des Königs von Samaria. Ahab redete mit Nabot: »Gib mir deinen Weinberg; ich will mir einen Gemüsegarten daraus machen; er liegt ja so nahe an meinem Haus. Ich gebe dir dafür einen besseren Weinberg; oder wenn es dir genehm ist, so bezahle ich dir den Kaufpreis in Geld.« Nabot entgegnete: »Jahwe bewahre mich davor, daß ich das Erbe meiner Väter übergebe!« Da begab sich Ahab mißmutig und wütend in seinen Palast. Es war um des Wortes willen, das Nabot aus Jesreel ihm geantwortet hatte: »Ich will dir das Erbe meiner Väter nicht übergeben.« Er warf sich auf sein Bett, wandte sein Antlitz ab und nahm keine Nahrung zu sich.

Seine Frau Isebel kam zu ihm hinein und sprach zu ihm: »Warum bist du so mißmutig und nimmst keine Nahrung zu dir?« Er antwortete ihr: »Ich habe mit Nabot aus Jesreel geredet und ihm vorgeschlagen: Verkaufe mir deinen Weinberg um Geld; oder wenn es dir lieber ist, gebe ich dir einen anderen Weinberg dafür. Doch er hat mir geantwortet: Ich gebe dir meinen Weinberg nicht!« Isebel, seine Gemahlin, antwortete darauf: »Übst eigentlich du noch die Herrschaft über das Königreich Israel aus? Stehe auf, iß

---

[4] Daß Elia die Baalspropheten hat töten lassen, ist wenig wahrscheinlich. Sicher hingegen ist, daß später Jehu es getan hat, als er die Omridendynastie ausrottete (vgl. S. 305 f.). Jehu aber stand mit den oppositionellen Prophetenkreisen in Verbindung; darum hat man Jehus gewalttätiges Eifern für Jahwe auf Elia zurückverlagert, um von dem Gottesurteil auf dem Karmel her die Jehurevolution religiös zu legitimieren.

und sei wohlgemut! Ich werde dir den Weinberg des Nabot aus Jesreel schon verschaffen.«

Sie schrieb nun Briefe im Namen Ahabs, versiegelte sie mit seinem Siegel und schickte sie an die Ältesten und Vornehmen, die mit Nabot in der gleichen Stadt zusammen wohnten. In den Briefen schrieb sie: »Ruft ein Fasten aus [5], und laßt Nabot an der Spitze der Leute Platz nehmen. Ihm gegenüber aber setzt zwei ruchlose Männer, die wider ihn zu zeugen haben: Du hast Gott und den König gelästert. Dann führt ihn hinaus und steinigt ihn, bis er stirbt!«

Die Männer seiner Stadt, die Ältesten und Vornehmen, die in seiner Stadt wohnten, taten, wie Isebel sie anwies, nach dem Wortlaut der Briefe, die sie ihnen gesandt hatte. Sie riefen ein Fasten aus und ließen Nabot an der Spitze der Leute sitzen. Die beiden ruchlosen Männer kamen und setzten sich ihm gegenüber. Dann legten sie vor dem Volk gegen Nabot Zeugnis ab und erklärten: »Nabot hat Gott und den König gelästert!« Man führte ihn zur Stadt hinaus und steinigte ihn zu Tode. Sodann sandte man zu Isebel und ließ melden: »Nabot wurde gesteinigt; er ist tot.«

Als Isebel die Kunde vernahm, daß Nabot gesteinigt und tot sei, forderte sie Ahab auf: »Wohlan, ergreife Besitz vom Weinberg Nabots aus Jesreel, den er dir um Geld nicht verkaufen wollte; denn Nabot lebt nicht mehr. Er ist tot!« Als Ahab erfuhr, daß Nabot tot sei, stand er auf, um den Weinberg Nabots aus Jesreel in Besitz zu nehmen [6].

Aber das Wort Jahwes erging an Elia aus Tisbe. »Auf, geh hinab, Ahab, dem König von Israel, entgegen, der in Samaria seinen Sitz hat. Er ist gerade in den Weinberg des Nabot hinabgegangen, um von ihm Besitz zu ergreifen. Sage zu ihm: ›So spricht Jahwe: Gemordet hast du, und jetzt willst du erben?‹ Weiter sollst du ihm sagen: ›So spricht Jahwe: An der Stelle, wo die Hunde das Blut Nabots geleckt haben, werden die Hunde auch dein Blut auflecken!‹« Ahab sprach zu Elia: »Hast du mich gefunden, mein Todfeind?« Dieser erwiderte: »Ja, ich habe dich gefunden! Du hast dich dazu hergegeben, zu tun, was Jahwe mißfällt. Siehe, ich werde deshalb über dich Unheil bringen und dich hinwegfegen! Ausrotten werde ich von Ahab alles Männliche, Sklaven und Freie in Israel.« (1 Kön 21, 1–21)

---

5 Ein »Fasten«, wie es Isebel als Vorwand benutzt, wurde bei öffentlichen Notständen ausgerufen, um unter Vorsitz der angesehensten Bürger einer Ortschaft zu ermitteln, welches Vergehen den Zorn der Gottheit über die Gemeinschaft gebracht habe. Bei erwiesener Gotteslästerung mußte die sakrale Todesstrafe durch Steinigung erfolgen.
6 Im Falle erwiesener Lästerung gegen den König fiel das Grundeigentum des sakralrechtlich Getöteten an das Krongut. Isebel hat also Ahab auf »legalem« Wege in den Besitz des erstrebten Weinbergs gebracht.

Die Gotteserscheinung auf dem Horeb

Die Erzählung von der Gotteserscheinung auf dem Horeb gibt sich als die Fortsetzung der Karmel-Geschichte. Ursprünglich aber ist sie selbständig gewesen, wie man daran sieht, daß sie inhaltlich keine Fortführung, sondern eine Parallele zur Karmel-Erzählung ist. Wie dort, so steht auch hier die Bedrängnis des Jahwe-Glaubens am Anfang, eine Offenbarung Gottes in der Mitte und das Gericht über die Abtrünnigen am Ende. Während aber auf dem Karmel Elia als der siegreiche, seine Gegner verhöhnende Rechtsvollstrecker Jahwes erschien, ist er auf dem Horeb der von Verzweiflung und Selbstmordgedanken getriebene Flüchtling, der über das bevorstehende Ende des Jahwe-Glaubens in Israel klagt.

Die Horebszene mit ihrem Dialog zwischen Elia und Jahwe ist das jüngste Stück der Eliaerzählungen. Sie ist wohl erst in der Generation nach Elia gestaltet worden, zu der Zeit der schweren Kriege mit dem Aramäerkönig Hasael von Damaskus. In der Drangsal dieser Kriege hat man in Prophetenkreisen offensichtlich das Ende des Volkes Israel vor Augen gehabt. Dadurch wurde man in eine geistige Situation versetzt, die es bisher noch nie gegeben hatte. Wie sollte man angesichts der Möglichkeit, daß es Israel – d. h. die theologische Größe, die allem bisherigen Reden von Jahwes Geschichtshandeln zugrunde gelegen hatte – vielleicht einmal nicht mehr geben würde, weiterhin von Jahwes Tun reden?

Aus der Erfahrung dieser theologischen Not ist die Horebszene erwachsen. Sie ist ein Versuch, von Elia her die eigene Gegenwart zu verstehen. Der Text stößt an allen Seiten über bisherige Grenzen hinaus. Daß der Prophet sich von Gottes Hand den Tod wünscht, daß Gott nicht im Sturm, im Erdbeben und im Feuer, sondern in einem kaum noch spürbaren »Flüstern eines Säuselns« sich kundtut, daß Israel als Ganzes abgefallen ist und nur ein allein Gott bekannter »Rest« bleiben wird, und schließlich, daß der größte Feind Israels, der Aramäer Hasael, zum Vollstrecker von Jahwes Willen über sein Volk gesalbt werden soll – das alles sind Vorstellungen, denen man das erstmalige Sichvortasten in theologisches Neuland noch anmerken kann.

Ahab teilte der Isebel alles mit, was Elia getan hatte, auch daß er sämtliche Propheten mit dem Schwert töten ließ. Da sandte Isebel einen Boten an Elia und ließ ihm sagen: »Bist du Elia, so bin ich Isebel! Die Götter mögen mich strafen, wenn ich dich morgen nicht einem jeden von ihnen gleichmache!« Elia fürchtete sich, machte sich auf und ging fort, um sein Leben zu retten [7].

So kam er nach Beerseba in Juda und ließ dort seinen Diener zurück. Er selbst begab sich eine Tagereise weit in die Wüste hinein und setzte sich unter einen Ginsterstrauch. Er wünschte sich den Tod und sprach: »Genug ist es jetzt, Jahwe! Nimm mein Leben hin; denn ich bin nicht besser als meine Väter.« Da legte er sich nieder und schlief unter dem Ginsterstrauch ein. Da plötzlich berührte ihn ein Engel und sprach zu ihm: »Steh auf und iß!« Er sah sich um und bemerkte an seinem Kopfende einen gerösteten Brotfladen und ein Gefäß mit Wasser. Er aß und trank und legte sich von

---

[7] Die Einleitung ist eine sehr geschickte redaktionelle Verbindung der beiden ursprünglich selbständigen Erzählungen, die die angedrohte Rache Isebels als den Grund anführt, weshalb der Sieger vom Karmel jetzt voll Verzweiflung die Flucht ergreift.

neuem nieder. Da kam der Engel Jahwes zum zweitenmal, rührte ihn an und sprach: »Steh auf und iß; denn sonst ist der Weg zu weit für dich!«

So stand er auf, aß und trank und ging in der Kraft dieser Speise 40 Tage und 40 Nächte bis zum Gottesberg Horeb. Er trat dort in eine Höhle hinein und übernachtete. Da erging an ihn das Wort Jahwes: »Was suchst du hier, Elia?« Er entgegnete: »Ich eiferte für Jahwe, den Gott der Heerscharen; denn die Israeliten haben deinen Bund verlassen, deine Altäre niedergerissen und deine Propheten mit dem Schwert getötet. Ich allein blieb übrig. Doch auch mir trachten sie nach dem Leben.«

Jahwe befahl: »Tritt heraus und stelle dich auf dem Berg vor Jahwe hin!« Siehe, da zog Jahwe vorüber: Ein starker, mächtiger Sturm, der die Berge zerriß und die Felsen zerbrach, ging vor Jahwe einher, doch im Sturm war Jahwe nicht. Nach dem Sturm kam ein Erdbeben, doch Jahwe war nicht im Erdbeben. Nach dem Erdbeben kam ein Feuer, doch auch im Feuer war Jahwe nicht. Nach dem Feuer kam das Flüstern eines Säuselns. Elia vernahm es, hüllte sein Gesicht in seinen Mantel, trat hinaus und stellte sich an den Eingang der Höhle. Eine Stimme sprach ihn an: »Was suchst du hier, Elia?« Er antwortete: »Geeifert habe ich für Jahwe, den Gott der Heerscharen; denn die Israeliten haben deinen Bund verlassen, deine Altäre niedergerissen und deine Propheten mit dem Schwert hingerichtet. Ich allein bin übriggeblieben. Doch auch mir trachten sie nach dem Leben.«

Jahwe sprach zu ihm: »Geh auf deinem Weg in die Wüste zurück nach Damaskus! Dort angekommen, salbe Hasael zum König über Aram! Jehu, den Sohn Nimsis, salbe zum König über Israel, und Elisa, den Sohn Schaphats, aus Abel-Mechola, salbe zum Propheten an deiner Stelle! Wer dem Schwert Hasaels entgeht, den wird Jehu töten, und wer dem Schwert Jehus entkommt, den wird Elisa töten. Ich aber werde in Israel 7000 Mann übriglassen, die ihre Knie nicht vor Baal beugen und deren Mund ihn nicht küßt.

(1 Kön 19, 1–18)

B. Elisa und seine Schüler

Während Elia ein Einzelgänger gewesen ist, der unvermutet bald hier, bald dort im Lande auftauchte, hat sein Nachfolger Elisa in enger Verbindung zu Prophetengilden gestanden, die es an einzelnen Jahweheiligtümern gab. Diese Propheten redeten Elisa mit dem Ehrennamen »Vater« an; sich selbst bezeichneten sie als »Prophetenjünger«. Beiläufig erfahren wir denn auch, daß Elisa ihnen regelrechte Lehrvorträge gehalten hat. Über deren Inhalt läßt sich nichts Sicheres ausmachen. Wenn es aber zutrifft, daß die Elia- und Elisaerzählungen in diesen Prophetengilden gestaltet worden sind, liegt die Vermutung nahe, daß solche Lehrvorträge die Aufgabe hatten, die alten heilsgeschichtlichen Überlieferungen Israels in der Weise zu aktualisieren, daß sie die religiösen und politischen Fragen der Zeitgeschichte von Jahwe her durchsichtig werden ließen. Man wird annehmen müssen, daß in diesen Prophetenschulen die besondere Form, die der Jahwe-Glaube durch die Prophetie der folgenden Jahrhunderte erhalten hat, vorgeprägt worden ist.

Elias Erbe

Am Anfang der Elisaerzählungen steht die Legende von der wunderbaren Entrückung Elias. Es handelt sich aber nicht um eine Elia-, sondern um eine Elisageschichte, denn ihr Augenmerk liegt auf dem Übergang des prophetischen Geistes von Elia auf Elisa. Sie will den Nachweis führen, daß Elisa und die Seinen die legitimen Erben des einsamen, unnahbaren Elia sind.

Als Jahwe Elia im Sturm in den Himmel entrücken wollte, da gingen Elia und Elisa von Gilgal weg. Elia bat den Elisa: »Bleibe hier; denn Jahwe hat mich nach Betel gesandt.« Doch Elisa entgegnete: »So wahr Jahwe lebt, und so wahr du lebst, auf keinen Fall verlasse ich dich!« Sie stiegen also hinab nach Betel. Da kamen die Prophetenjünger, die in Betel waren, zu Elisa heraus und fragten ihn: »Weißt du, daß Jahwe heute deinen Meister über dein Haupt hinweg entrücken wird?« Er antwortete: »Ja, auch ich weiß es; doch schweigt nur still!« Elia aber bat ihn: »Elisa, bleibe hier; denn Jahwe hat mich nach Jericho gesandt.« Doch dieser entgegnete: »So wahr Jahwe lebt, und so wahr du lebst, auf keinen Fall verlasse ich dich!« Sie kamen also nach Jericho. Die Prophetenjünger, die in Jericho waren, traten zu Elisa heran und fragten ihn: »Weißt du, daß Jahwe heute deinen Meister über dein Haupt hinweg in den Himmel entrücken wird?« Dieser antwortete: »Ja, auch ich weiß es; doch schweigt nur still!« Elia aber bat ihn: »Bleibe hier; denn Jahwe hat mich an den Jordan gesandt.« Doch er entgegnete: »So wahr Jahwe lebt, und so wahr du lebst, ich verlasse dich nicht!« So schritten beide miteinander fort.

Fünfzig von den Prophetenjüngern folgten ihnen. Sie blieben abseits von ferne stehen. Die beiden aber traten an den Jordan. Elia nahm seinen Mantel, rollte ihn zusammen und schlug auf das Wasser. Es teilte sich nach zwei Seiten, und beide schritten durch das trockene Flußbett. Als sie drüben angekommen waren, sagte Elia: »Verlange, was ich dir tun soll, bevor ich von dir entrückt werde!« Elisa antwortete: »Möge doch von deinem Geiste der doppelte Anteil mir zufallen.« [8] Elia entgegnete: »Du hast Schweres erbeten. Wenn du siehst, wie ich von dir entrückt werde, wird es dir zuteil, andernfalls aber nicht.«

---

[8] »Der doppelte Anteil« ist wahrscheinlich eine Bezeichnung für den Erbanteil, der dem Erstgeborenen zusteht.

Während sie noch miteinander gingen und sprachen, erschien ein feuriger Wagen mit feurigen Pferden und trennte beide. Elia stieg im Sturm zum Himmel empor. Elisa sah es und schrie: »Mein Vater, mein Vater! Streitwagen Israels und seine Gespanne!« [9] Dann sah er ihn nicht mehr. Er faßte seine Kleider und zerriß sie in zwei Stücke.

Dann hob er den Mantel des Elia auf, der heruntergefallen war, kehrte um und trat an das Ufer des Jordans. Er nahm den Mantel, der Elia entfallen war, schlug auf das Wasser und rief: »Wo ist Jahwe, der Gott des Elia?« Sobald er auf das Wasser schlug, teilte es sich nach beiden Seiten, und Elisa konnte hinüberschreiten. Die Prophetenjünger aus Jericho, die abseits standen, erblickten ihn und sagten: »Der Geist des Elia ruht auf Elisa.« (2 Kön 2, 1–15)

Elisas Wundertaten

Der Überlieferung zufolge hat sich der prophetische Geist Elisas vornehmlich in Wundertaten manifestiert. Elisa ist der große Wundertäter, der mit seinen mirakulösen Fähigkeiten immer dann noch rettend einspringt, wenn schon alles verloren scheint. Die Erzählungen leben aus einer ganz naiven Wunderfreudigkeit, sie wollen beim Leser nichts anderes als Staunen erregen.

Diese Erzählungen gehören der volkstümlichen Prophetenüberlieferung an. Sie entstammen einer Welt, die sich nur durch sprachloses Verwundern und Bewundern dem Phänomen des Prophetischen zu nähern weiß. Von einem eigenen theologischen Mitdenken und Mitentscheiden, wie es etwa die Eliaerzählungen fordern, ist hier nichts zu spüren.

Der Tod im Topf. Elisa kehrte nach Gilgal zurück. Eine Hungersnot herrschte im Land. Als die Prophetenjünger vor ihm saßen, befahl er seinem Diener: »Setze den großen Topf auf, und koche ein Gericht für die Prophetenjünger!« Einer von ihnen ging auf das Feld hinaus, um Kräuter zu sammeln. Er fand wilde Ranken und pflückte davon wilde Gurken, seinen ganzen Mantel voll. Dann kam er und schnitt sie in den Kochtopf. Man kannte sie nämlich nicht. Man setzte sie nun den Männern vor. Sie aßen von der Speise, schrien auf und riefen: »Der Tod ist im Topf, Mann Gottes!« Und sie konnten nichts essen. Da gebot er: »Bringt Mehl herbei!« Er warf es in den Topf und sagte: »Setzt es nun den Leuten zum Essen vor!« Jetzt war nichts Schädliches mehr im Kochtopf. (2 Kön 4, 38–41)

Das Brotwunder. Einst kam ein Mann von Baal-Schalischa und brachte dem Gottesmann in seinem Brotbeutel Brot aus Erstlingsfrüchten. Es waren 20

---

9 Elisas Schreckensruf »Streitwagen Israels und seine Gespanne« soll im Sinne des Erzählers zugleich als die letzte Wahrheit über Elia verstanden werden. Er soll zum Ausdruck bringen: Elia und wir, die Propheten, sind die eigentliche Schutzwehr Israels. Diese Selbstdeutung reiht die Prophetie in die Tradition des Heiligen Krieges ein. Über den Heiligen Krieg vgl. S. 146 f.

Brote von Gerste und dazu Jungkorn. Elisa befahl: »Gib es den Leuten zu essen!« Doch sein Diener erwiderte: »Wie soll ich das 100 Leuten vorsetzen?« Er aber wiederholte: »Gib es den Leuten zu essen; denn also spricht Jahwe: Essen wird man und noch übriglassen!« Er setzte es ihnen vor. Sie aßen und ließen noch übrig, wie Jahwe gesagt hatte. (2 Kön 4, 42–44)

Das schwimmende Beil. Die Prophetenjünger sprachen zu Elisa: »Sieh doch, der Raum, in dem wir vor dir sitzen, ist für uns zu eng. Wir wollen an den Jordan gehen, und dort soll jeder von uns sich einen Balken holen. Dann wollen wir uns hier einen Raum zimmern, um eine Bleibe zu haben.« Er antwortete: »Geht hin!« Einer aber bat ihn: »Laß dich doch dazu bestimmen, mit deinen Knechten zu gehen!« Er erwiderte: »Gut, ich komme mit.« Da ging er mit ihnen. Sie kamen an den Jordan und fällten die Bäume. Einem aber fiel beim Umhauen des Stammes das Beil ins Wasser. Er rief laut: »O weh, Herr, es ist noch dazu geliehen!« Der Gottesmann fragte: »Wohin ist es gefallen?« Jener zeigte ihm die Stelle. Elisa schnitt ein Stück Holz ab, warf es dorthin und brachte das Eisen zum Schwimmen. Dann sprach er: »Hole es dir heraus!« Jener streckte seine Hand aus und ergriff es.

(2 Kön 6, 1–7)

Die Heilung Naemans

Neben den derben volkstümlichen Wundererzählungen steht die ganz andersartige Erzählung von der Heilung des Aramäers Naeman. Sie läßt den Vorgang der Heilung selbst ganz zurücktreten hinter dem für sie eigentlich Wunderbaren, nämlich der geheimnisvollen Führung, die diesem »Ausländer« von dem Gott Israels widerfahren ist. Das Wort einer Sklavin bringt ihn auf den Weg nach Israel. Weil er aber um die Dinge des Gottesvolkes nicht Bescheid weiß, gerät er an die falsche Adresse, nämlich an den König, oder erwartet Falsches, nämlich einen großen Heilungszauber, wo es doch nur auf Gehorsam ankommt. Dann aber, als er wirklich geheilt ist, hat er nur noch die eine Sorge, wie er dem Gott Israels da draußen im Heidenland dienen könne. Dabei erfährt er das letzte und wohl größte Wunder, daß Elisa ihn ohne irgendwelche Auflagen »in Frieden« ziehen läßt, begleitet nur von der einen Maultierlast »heiligen Landes«, die er sich von dem Propheten auserbeten hat.

Naeman, der Feldherr des Aramäerkönigs, war bei seinem Herrn geschätzt und angesehen; denn durch ihn hatte Jahwe den Aramäern Sieg verliehen. Der Mann war ein großer Kriegsheld, jedoch aussätzig [10]. Nun waren die Aramäer in Streifzügen ausgezogen und hatten aus dem Lande Israel ein junges Mädchen gefangen weggeführt. Es kam in den Dienst der Frau des Naeman. Es sprach zu seiner Herrin: »Wäre doch mein Herr beim Propheten in Samaria! Der könnte ihn von seinem Aussatz freimachen!« Naeman ging hin und meldete es seinem Herrn: »So und so hat das Mädchen aus dem

---

10 Der Aussatz (Lepra) ist eine Hautkrankheit, die zu einem langsamen, qualvollen Tode führt. Die davon Befallenen wurden aus der Gesellschaft ausgestoßen.

Lande Israel geredet.« Der König von Aram erwiderte: »Wohlan, ziehe hin! Ich gebe dir einen Brief an den König von Israel mit.«

So ging er hin und nahm zehn Talente Silber, 6000 Sekel Gold und zehn Festkleider mit. Er brachte dem König von Israel den Brief, der folgenden Inhalt hatte: »Wenn hiermit dieser Brief dich erreicht, so wisse: Ich habe zu dir meinen Knecht Naeman gesandt, damit du ihn von seinem Aussatz befreist.« Der König von Israel las den Brief. Da zerriß er seine Kleider und rief aus: »Bin ich denn ein Gott, der töten und zum Leben erwecken kann? Dieser schickt zu mir, um einen Menschen von seinem Aussatz zu reinigen. Erkennt doch und seht, daß er nur einen Streitfall mit mir sucht!«

Als Elisa, der Gottesmann, hörte, daß der König von Israel seine Kleider zerrissen habe, ließ er dem König sagen: »Warum hast du denn deine Kleider zerrissen; er komme zu mir und erfahre, daß es einen Propheten in Israel gibt!« Naeman kam mit seinen Pferden und seinen Wagen und hielt vor der Haustüre Elisas an. Elisa schickte einen Boten zu ihm mit der Anweisung: »Gehe hin und wasche dich siebenmal im Jordan! Dann wird dein Leib genesen und wieder rein werden.« Naeman war darüber mißmutig und sagte, als er fortging: »Ich habe mir vorgestellt, er würde sicher herauskommen, herantreten und den Namen Jahwes, seines Gottes, anrufen, seine Hand über die Stelle bewegen und so den Aussatz entfernen. Sind denn Abana und Parpar, die Flüsse von Damaskus, nicht besser als alle Wasser Israels? Kann ich mich nicht in ihnen waschen und so rein werden?« Er wandte sich um und ging grollend davon.

Da traten seine Diener heran und redeten ihm zu. Sie sprachen: »Wenn der Prophet etwas Schweres von dir verlangt hätte, würdest du es nicht ausführen? Wieviel mehr, da er zu dir nur sagte: Wasche dich, so wirst du rein!« Nun ging er hinab, und als er sich siebenmal nach der Weisung des Gottesmannes im Jordan untergetaucht hatte, wurde sein Leib gesund wie der Leib eines kleinen Knaben; er war rein.

Nun kehrte er mit allen seinen Gefolgsleuten zum Gottesmann zurück. Er kam, trat vor ihn hin und sprach: »Siehe, ich habe erkannt, daß es auf der ganzen Erde keinen Gott gibt außer in Israel [11]. Nunmehr nimm ein Dankesgeschenk von deinem Knecht an!« Er antwortete: »So wahr Jahwe lebt, in dessen Dienst ich stehe, ich nehme nichts!« Auch als jener ihn zur Annahme drängte, weigerte er sich. Da antwortete Naeman: »So möge man, bitte, deinem Knecht eine Last Erde mitgeben, soviel zwei Maultiere tragen können; denn dein Knecht wird keinen anderen Göttern mehr Brand- und Schlachtopfer darbringen, sondern nur Jahwe [11]. Nur dies möge der Herr deinem Knecht noch nachsehen: Kommt mein königlicher Gebieter zur Anbetung in den Tempel Rimmons und stützt er sich dabei auf meinen Arm,

---

11 Nach antiker Vorstellung reicht die Macht eines Gottes nur so weit, wie das von seinen Anhängern besiedelte Land. Die Erde soll Naeman also im Heidenland ein Unterpfand seiner sakralen Verbundenheit mit dem Gott Israels sein.

so muß ich mich im Tempel Rimmons auch niederwerfen, während er sich dort zu Boden wirft. Das nur verzeihe der Herr deinem Knecht!« Elisa antwortete ihm: »Gehe hin in Frieden.« (2 Kön 5, 1–19)

Elisa und Hasael

Elisa und seine Prophetenschüler haben die politische Zeitgeschichte mit der gleichen Anteilnahme verfolgt wie vor ihnen Elia. Zu Elisas Zeit hing Israels Geschick von den Aramäern in Damaskus ab. Durch Hasael, der dort im Jahr 845/44 v. Chr. den Königsthron usurpiert hatte, war der Staat Israel soweit aufgerieben worden, daß die Aramäer nach Belieben im Lande morden und brandschatzen konnten. Die Propheten sahen darin Jahwes Strafe für den Abfall seines Volkes; Hasael erschien ihnen als eine Geißel in der Hand des Gottes Israels. Die Szene zwischen Elisa und Hasael, die, ähnlich wie die Horebszene, gestaltet worden ist, um die Erfahrungen der Aramäerkriege theologisch bewältigen zu können, läßt ermessen, welches menschliche Leiden mit dieser prophetischen Einsicht verbunden gewesen ist.

Elisa kam nach Damaskus. Benhadad, der König von Aram, war erkrankt, und man meldete ihm, daß der Gottesmann angekommen sei. Der König befahl Hasael: »Nimm Geschenke, gehe dem Gottesmann entgegen und befrage Jahwe durch ihn, ob ich wohl von dieser Krankheit genesen werde!« Hasael ging ihm entgegen und nahm Geschenke mit sich, allerlei Kostbarkeiten von Damaskus, soviel 40 Kamele tragen konnten. Er kam, trat vor ihn hin und sprach: »Dein Sohn Benhadad, der König von Aram, läßt durch mich fragen, ob er wohl von dieser Krankheit genesen werde.« Elisa antwortete ihm: »Gehe hin und sage ihm: ›Du wirst genesen.‹ Doch Jahwe hat mich schauen lassen, daß er sterben muß!«
Der Gottesmann blickte starr vor sich hin, entsetzte sich aufs äußerste und weinte. Da fragte Hasael: »Warum weint mein Herr?« Der antwortete: »Ich weiß, was du den Israeliten Schlimmes antun wirst: Ihre Festungen wirst du anzünden, ihre jungen Männer mit dem Schwert töten, ihre Säuglinge zerschmettern und ihre schwangeren Frauen aufschlitzen.« Hasael entgegnete: »Was ist denn dein Knecht, der Hund, daß er so Gewaltiges vollbringen sollte?« Elisa entgegnete: »Jahwe hat dich mir als aramäischen König gezeigt.«
Da ging er von Elisa fort und kam zu seinem Herrn. Dieser erkundigte sich: »Was hat denn Elisa zu dir gesagt?« Er antwortete: »Er hat mir Bescheid gegeben, daß du sicher genesen wirst.« Am andern Tag aber nahm er eine Decke, tauchte sie ins Wasser und breitete sie über sein Gesicht, so daß er starb. Hasael folgte ihm in der Königsherrschaft[12]. (2 Kön 8, 7–15)

---

[12] Über die Historizität einer Begegnung zwischen Elisa und Hasael, durch die dieser indirekt zum Königsmord veranlaßt worden ist, läßt sich nichts mehr aussagen. Daß aber die israelitischen Propheten wirklich politisch agitiert haben, geht aus der folgenden Jehu-Erzählung eindeutig hervor.

C. Die Jehurevolution

Hasaels Raubzüge in Israel sind begünstigt worden durch eine große Revolution, die im Jahr 845/44 v. Chr. Israel erschüttert und in deren Verlauf der Usurpator Jehu die gesamte Omridendynastie ausgerottet hat. Zusammen mit dem Königshaus wurde das außenpolitische Bündnissystem und das innenpolitische Gleichgewicht zwischen Kanaanäern und Israeliten, worauf sich seit Omri die gesamte Staatsordnung gegründet hatte, zerstört. Jehu nämlich gehörte zu den radikalen Jahweanhängern, und die antiköniglichen Jahwepropheten sind es gewesen, die ihn dazu legitimiert haben, das durch den Baalskult in Samaria kompromittierte Königshaus zu liquidieren. Die Propheten haben ihre Umwelt nicht nur mit den Forderungen Jahwes konfrontieren, sondern sie auch entsprechend verändern und verbessern wollen. So hat Elisa Verbindungen zu den jahwetreuen Kreisen des Militärs unterhalten; er wird wohl auch vorausgesehen haben, was geschehen würde, als er den fanatischen Offizier Jehu zum König über Israel salben ließ. Die grauenvolle Revolution, die dieser durchführte, hat den Propheten die Erfüllung ihrer politischen Wünsche gebracht (vgl. S. 290 f.).

Die Jehurevolution sollte allerdings auch der letzte politische Sieg sein, den der Jahweglaube über die sich mehr und mehr verselbständigende Politik der israelitischen Könige errungen hat. Die späteren Propheten haben nicht mehr gegen die Könige agiert. Sie haben ihnen nur noch im Namen Jahwes das Gericht angekündigt, wobei sie die außenpolitischen Gegner Israels, die Assyrer und die Babylonier, als dessen Vollstrecker ansahen.

Über den Ausbruch und den Verlauf der Jehurevolution berichtet eine ausführliche, dramatisch gestaltete Geschichtserzählung, die von einem Zeitgenossen, wenn nicht sogar von einem Augenzeugen verfaßt worden ist. Nirgends wird der realpolitische Hergang moralisch gedeutet, und dennoch lassen Anfang und Schluß erkennen, daß der Erzähler sich positiv zu den Ereignissen stellt. Jehus grauenvolle Vernichtung der Omridendynastie sieht er als die Vollstreckung des göttlichen Gerichtes an, das Elia zuvor verkündigt hatte.

Die Salbung Jehus

Ausgelöst wurde die Revolution durch die Salbung Jehus zum König. Diese Salbung aber ging von Elisa aus. Sie erfolgte im Heerlager in Gilead, und zwar zu einem Zeitpunkt, als König Joram, der Sohn und Nachfolger Ahabs, sich von dort zurückgezogen hatte, um eine Verletzung auszuheilen.

So verschwor sich Jehu, der Sohn des Josaphat und Enkel Nimsis, gegen Joram. Joram hatte mit ganz Israel zu Ramot in Gilead die Wache gehalten wider Hasael, den König von Aram. Er war dann heimgekehrt, um in Jesreel von den Wunden, die ihm die Aramäer beim Kampf gegen Hasael, den König von Aram, beigebracht hatten, zu genesen.

Der Prophet Elisa rief einen von den Prophetenjüngern und gab ihm den Auftrag: »Gürte deine Lenden, nimm dieses Ölgefäß in die Hand und gehe nach Ramot in Gilead. Bist du dort angekommen, suche Jehu, den Sohn Josaphats und Enkel Nimsis. Gehe hin, hole ihn aus dem Kreis seiner Genossen und führe ihn in das innerste Gemach. Dann nimm das Ölgefäß und gieße es über sein Haupt aus mit den Worten: ›So spricht Jahwe: Ich salbe dich zum König über Israel.‹ Dann öffne die Tür und entweiche, ohne zu zögern!«

Der junge Mann, ein Prophet, begab sich nach Ramot in Gilead. Als er ankam, saßen die Heeresobersten eben beisammen. Er sprach: »Ich habe an dich eine Weisung, Oberst!« Als Jehu fragte: »An wen denn von uns allen?«, antwortete er: »An dich allein, Oberst!« Dieser erhob sich und begab sich in das Haus. Er aber goß ihm Öl über sein Haupt mit den Worten: »So spricht Jahwe, der Gott Israels: Ich salbe dich zum König über das Volk Jahwes, über Israel! Du wirst das Haus Ahabs, deines Herrn, schlagen. Ich will das Blut meiner Knechte, der Propheten, und das Blut aller Diener Jahwes an Isebel rächen. Das ganze Haus Ahabs wird zugrunde gehen. Ich werde von Ahab alles Männliche ausrotten, Sklaven und Freie in Israel. Isebel aber werden die Hunde auf der Flur von Jesreel fressen. Niemand wird sie begraben.« Dann öffnete er die Türe und entfloh.

Jehu aber kam zu den Dienern seines Herrn, die ihn fragten: »Ist alles in Ordnung? Warum ist denn dieser Verrückte zu dir gekommen?« Er antwortete: »Ihr kennt doch den Mann und seine Hirngespinste!«[13] Sie entgegneten: »Du machst Ausflüchte! Teile es uns ruhig mit!« Da sagte er: »So und so hat er zu mir gesagt: ›So spricht Jahwe: Ich salbe dich zum König über Israel.‹« Sogleich nahmen alle ihre Gewänder, legten sie ihm zu Füßen auf die bloßen Stufen, stießen ins Horn und riefen: »Jehu ist König!« Da sagte Jehu: »Wenn es euch recht ist, so darf kein Flüchtling die Stadt verlassen, um hinzugehen und die Nachricht in Jesreel zu verbreiten.«

(2 Kön 9, 14 f.1–8.10–13.15)

Die Ermordung des Königs

Nachdem Jahrzehnte lang die dynastische Thronfolge in Israel gegolten hatte, war durch Elisa erstmals wieder in alter Weise ein König durch Prophetenmund, d. h. von

---

13 Der »Verrückte« ist eine abfällige Bezeichnung für den Propheten, die sich wohl insbesondere auf seine ekstatischen Zustände bezog. Für die Soldaten war der Prophet ein rätselhafter Sonderling, was aber nicht hinderte, das Jahwe-Wort, das er brachte, als Legitimation für den Aufstand anzusehen.

Jahwe her designiert worden. Jehu, der zudem auch schon die Akklamation durch das Kriegsvolk erhalten hatte, war damit nach altisraelitischem Recht bereits legitimer König. – In Jesreel wartete man unterdes gespannt auf weitere Nachrichten über den Kampf gegen Hasael.

Jehu bestieg seinen Wagen und fuhr nach Jesreel, denn dort lag Joram. Und Ahasja, der König von Juda, war hinabgekommen, um Joram zu besuchen. Der Späher, der auf dem Turm von Jesreel stand, sah, wie Jehus Scharen heranrückten, und rief aus: »Ich sehe eine Schar!« Joram aber gab den Befehl, man solle einen Reiter holen und ihnen entgegenschicken. Er solle sich erkundigen, ob alles in Ordnung sei. Ein Berittener zog ihm entgegen und sprach: »Der König läßt fragen, ob alles in Ordnung ist.« Jehu gab zur Antwort: »Was hast du dich um die Ordnung zu kümmern? Reihe dich in meine Gefolgschaft ein!« Der Späher meldete: »Der Bote ist bis zu ihnen gekommen, kehrt aber nicht mehr zurück.« Man schickte einen zweiten Berittenen ab. Dieser kam zu ihnen und sagte: »Der König läßt fragen, ob alles in Ordnung ist.« Jehu gab zur Antwort: »Was hast du dich um die Ordnung zu kümmern? Reihe dich in meine Gefolgschaft ein!« Der Späher meldete erneut: »Er ist zu ihnen gekommen, doch er kehrt nicht mehr zurück. Die Art aber, wie jener fährt, ist die Art Jehus, des Enkels Nimsis. Er fährt wie ein Rasender einher.«

Da befahl Joram anzuspannen. Man machte seinen Wagen fertig, und so fuhr der König Joram von Israel mit dem König Ahasja von Juda, jeder auf seinem Wagen. Sie fuhren Jehu entgegen und trafen ihn beim Feld Nabots aus Jesreel. Als Joram den Jehu sah, fragte er: »Ist alles in Ordnung, Jehu?« Dieser antwortete: »Was heißt Ordnung, wenn noch immer die Buhlschaften deiner Mutter Isebel und ihre vielfältigen Zauberkünste andauern?« Joram wendete und wollte entfliehen. Er rief Ahasja zu: »Verrat, Ahasja!« Jehu riß den Bogen an sich und traf Joram zwischen seine Schultern. Der Pfeil durchbohrte sein Herz, und er sank in seinem Wagen nieder.

Dann befahl jener seinem Schildhalter Bidkar: »Nimm ihn und wirf ihn auf das Grundstück Nabots aus Jesreel! Denn erinnere dich: Ich und du fuhren zu zweit hinter seinem Vater Ahab her, als Jahwe über ihn diesen Spruch verkünden ließ: ›Fürwahr, gestern habe ich das Blut Nabots und seiner Söhne gesehen, spricht Jahwe. Vergelten werde ich es dir auf diesem Acker, spricht Jahwe.‹ So nimm ihn jetzt und wirf ihn auf den Acker, wie Jahwe vorausgesagt.« Als der König Ahasja von Juda dies sah, floh er in der Richtung nach Bet-Haggan. Doch Jehu verfolgte ihn und rief: »Macht auch diesen nieder!« Man schlug ihn bei der Anhöhe von Gur, das bei Jibleam liegt, im Wagen nieder. Er kam noch bis Megiddo und starb dort.

(2 Kön 9, 16–27)

Die Ermordung der Königinmutter

Nach Königsrecht fiel die Herrschaft in der Zeit zwischen dem Tode eines Regenten und der Inthronisation seines Nachfolgers der Königinmutter zu, in diesem Fall der Isebel. Sie legte das Königsornat an und trat an das Audienzfenster, um demonstrativ ihren Rechtsanspruch auf die Herrschaft zu dokumentieren.

Jehu kam nach Jesreel. Als Isebel es erfuhr, legte sie auf ihre Augen Schminke, schmückte ihr Haupt und schaute durch das Fenster hinab. Jehu trat in das Tor. Da rief sie: »Geht es Simri, dem Mörder seines Herrn, gut?« [14] Da erhob Jehu seinen Blick zum Fenster und sprach: »Wer hält's mit mir?« Zwei oder drei Hofleute schauten zu ihm hinab. Er befahl ihnen: »Stürzt sie hinab!« Man stürzte sie hinab, und ihr Blut bespritzte die Wand; und die Pferde zertraten sie.

Jehu hielt Einzug, aß und trank und befahl: »Seht nach dieser Verfluchten und begrabt sie; denn sie ist eine Königstochter!« Die Diener gingen hin, sie zu begraben. Sie fanden aber nichts mehr von ihr als den Schädel, die Beine und die Hände. Da kehrten sie zurück und meldeten es ihm. Er aber sagte: »Das ist das Wort Jahwes, das er durch seinen Diener Elia aus Tisbe sprach: Auf der Flur von Jesreel werden die Hunde das Fleisch Isebels fressen. Der Leichnam Isebels soll wie Mist auf dem Feld in der Flur Jesreels liegen, damit man nicht sagen kann: ›Das ist Isebel!‹« (2 Kön 9, 30–37)

Die Überlistung Samarias

Der eigens für die Kanaanäer bestimmten Residenzstadt Samaria hatten die Omriden einen politischen und militärischen Sonderstatus innerhalb des Reiches verliehen. Um das Risiko einer Belagerung der Stadt zu umgehen, verlegte sich Jehu auf die List. War er bisher durch Blut gewatet, so griff er jetzt zur Feder, um einen aus Sachempfehlungen, Schmeicheleien und Erpressung gemischten Notenwechsel mit der Aristokratie von Samaria zu führen.

Ahab hatte 70 Söhne in Samaria. Jehu schrieb also Briefe und sandte sie nach Samaria an die obersten Beamten Israels, an die Ältesten und an die Erzieher, die von Ahab bestellt waren, folgenden Inhalts: »Wenn dieses Schreiben an euch gelangt, die ihr ja über die Söhne eures Herrn, die Kriegswagen, Pferde, eine befestigte Stadt und die Waffen verfügt, so seht euch nach dem besten und wackersten unter den Söhnen eures Herrn um; setzt ihn auf den Thron seines Vaters und kämpft für das Haus eures Herrn!« Sie aber gerieten in überaus große Furcht und meinten: »Nicht einmal die zwei Könige konnten vor ihm standhalten; wie sollten wir also vor ihm bestehen?« So sandten

---

[14] Isebel redet Jehu mit dem Namen des letzten Königsmörders an; vgl. oben S. 287 f.

denn der Palastvorsteher, der Stadtoberste, die Ältesten und die Erzieher an Jehu folgenden Bescheid: »Deine Knechte sind wir. Alles, was du uns befiehlst, wollen wir tun. Wir rufen niemanden zum König aus. Tue, was dir gefällt!«

Da schrieb er an sie einen zweiten Brief mit dem Inhalt: »Wenn ihr auf meiner Seite steht und meinen Befehlen gehorchen wollt, so nehmt die Köpfe der Männer, der Söhne eures Herrn, und kommt morgen um diese Zeit zu mir nach Jesreel!« Die Söhne des Königs, 70 an der Zahl, befanden sich bei den Großen der Stadt, die sie aufzogen. Sobald der Brief an sie gelangte, nahmen sie die Söhne des Königs, schlachteten die 70 Männer, legten ihre Köpfe in Körbe und sandten sie zu ihm nach Jesreel. Der Bote kam mit der Meldung, daß man die Köpfe der Prinzen gebracht habe. Er gebot: »Legt sie in zwei Haufen an den Toreingang bis zum Morgen!«

Am Morgen ging er hinaus, trat vor das ganze Volk und sprach: »Eure Schuld ist es nicht. Ich habe die Verschwörung wider meinen Herrn angezettelt und ihn getötet. Wer aber hat alle diese erschlagen? Erkennt also, daß keine von den Drohungen Jahwes unerfüllt bleibt, die er über das Haus Ahabs gesprochen hat. Jahwe hat getan, was er durch seinen Knecht Elia vorausgesagt hat.« Dann ließ Jehu alle erschlagen, die noch vom Hause Ahabs in Jesreel übrig waren, auch alle seine Großen, seine Vertrauten und seine Priester. Nicht einen einzigen ließ er übrig. (2 Kön 10, 1–11)

Die Ausrottung der Baalspropheten

Die relative Eigenständigkeit Samarias dokumentierte sich vor allem in dem Baalskult, den Ahab dort für den kanaanäischen Volksteil gestiftet hatte. In Samaria durfte man sich also in seinen Sonderrechten bestätigt fühlen, als der neue König sich in überschwenglicher Weise als Verehrer Baals bekannte.

Danach versammelte Jehu das ganze Volk und sprach zu ihm: »Ahab hat den Baal nur wenig verehrt, Jehu wird ihm aber um so eifriger dienen. Ruft nun alle Propheten des Baal, alle seine Diener und Priester zu mir. Niemand soll fehlen; denn ein großes Schlachtopfer will ich für Baal darbringen. Jeder, dessen Fehlen bemerkt wird, soll sein Leben verlieren!« Jehu handelte aber voller Arglist, weil er die Baalsdiener vertilgen wollte. Er gab Befehl, eine heilige Festversammlung zu Ehren Baals anzusetzen, die man dann einberief. Jehu sandte Boten in ganz Israel umher. Es kamen alle Baalsdiener; keiner blieb übrig, der nicht erschienen wäre. Sie betraten den Baalstempel, der sich von einem Ende bis zum anderen füllte.

Dann gab Jehu dem Aufseher über die Kleiderkammer den Befehl, für jeden Baalsdiener ein Gewand herauszugeben. Dieser stellte die Gewänder bereit. Daraufhin betraten Jehu und Jonadab, der Sohn Rehabs, den Baalstempel und gaben den Baalsdienern den Befehl: »Forscht nach und schaut, ob sich nicht hier unter euch ein Diener Jahwes befindet, sondern nur ausschließlich Baalsdiener!« Dann traten sie an, um Schlacht- und Brandopfer herzurichten. Jehu hatte aber draußen 80 Männer aufgestellt und gesagt: »Wer einen von diesen Männern, die ich eurer Hand ausliefere, entweichen läßt, haftet mit seinem Leben für ihn.« Als er mit der Herrichtung des Brandopfers fertig war, befahl Jehu den Läufern und Schildträgern: »Kommt und haut sie nieder! Keiner soll entkommen!« Die Läufer und Schildträger schlugen sie mit dem Schwert nieder und warfen sie hinaus. Dann drangen sie in das Allerheiligste des Baalstempels ein. Sie schafften das Götzenbild des Baalstempels hinaus und verbrannten es. Sie zerstörten die Säule des Baal, rissen den Baalstempel nieder und machten Aborte daraus, die heute noch bestehen. So beseitigte Jehu den Baal aus Israel.   (2 Kön 10, 18–28)

VII. Israel und Juda unter der Vorherrschaft Assyriens

1. Syrien–Palästina im 8. Jahrhundert

Jehu hat, nachdem er im Nordreich an die Macht gekommen war, seinem politisch-religiösen Programm gemäß die Bündnispolitik der Omridendynastie fallengelassen. Das führte zu einer weitgehenden außenpolitischen Isolierung Israels; die Folge davon war, daß das machtpolitische Übergewicht in Palästina dem Aramäerreich von Damaskus zufiel. Dort hatte, etwa zur gleichen Zeit wie Jehu in Samaria, Hasael den Thron usurpiert. Er begründete die Vormachtstellung des Königreiches von Damaskus, unter der die Israeliten in der Folgezeit schwer zu leiden hatten.

Diese Vormachtstellung hat erst um das Jahr 800 v. Chr. ein Ende gefunden, als sich Damaskus der neuen, von Nordosten her auf der palästinischen Landbrücke vordringenden Großmacht Assyrien unterwerfen mußte. Da sich aber die Assyrer zunächst damit begnügten, nur das Aramäerreich zu annektieren, ergab sich für Israel eine günstige Situation: Der alte Widersacher Damaskus war entmachtet, ohne daß die kommende Großmacht Assyrien schon weiter auf Südpalästina übergriff. So konnte es in der Zeit etwa zwischen 800 und 750 v. Chr. zu einer langen, glücklichen Friedenszeit sowohl für das Nordreich unter Jerobeam II. wie für Juda unter seinem König Usia kommen.

Über das Jahrhundert von der Revolution des Jehu bis ans Ende dieser Friedenszeit ist uns nur sehr wenig überliefert. Das nächste große Ereignis für Israel und Juda fällt erst in das Jahr 745 v. Chr. In diesem Jahr hat Tiglatpilesar III., der größte König und Feldherr Assurs, den Thron bestiegen. Er und seine Nachfolger haben das assyrische Reich auf den Höhepunkt seiner Macht geführt, bis es schließlich über ganz Palästina sogar nach Ägypten hineinragte.

Mit Tiglatpilesars Thronbesteigung endet für Israel und Juda die lange Friedenszeit, die beiden Staaten zu Ruhe und Wohlstand verholfen hatte. In der Folgezeit gerieten sie in immer größere Abhängigkeit von der Großmacht in Mesopotamien. Schon im Jahre 733 wurden sie Vasallen des assyrischen Königs; im Jahre 722 haben die Assyrer das Nordreich endgültig aus der Geschichte ausgelöscht und im Jahre 701 bei ihrem Feldzug gegen Juda die Herrschaft der Davididen bis auf den Stadtstaat Jerusalem eingeschränkt. Es schien, als ob mit den Assyrern die Geschichte zwischen Jahwe und seinem Volk beendet wäre.

2. Der Beginn der klassischen Prophetie

Das Auftreten der Propheten Amos, Hosea, Micha und Jesaja im 8. Jahrhundert ist ohne Beispiel in der Religionsgeschichte. Auch die Geschichte Israels kennt für sie keine Vorläufer, obwohl sich einige verwandte Züge bei Elia und Elisa finden. Die Propheten des 8. Jahrhunderts haben dem Jahweglauben seine Kraft zurückgegeben in einem Augenblick, in dem vieles dafür sprach, daß er eigentlich am Ende sei. Dieser Niedergang des Jahweglaubens war auf drei Gebieten zu spüren. *Erstens* war der Kult und das Bekenntnis zu den Glaubensüberlieferungen überwuchert von kanaanäischen Elementen aus der Baalsreligion. Den Kampf gegen diese Überfremdung kennen wir schon von Elia und Elisa, aber die klassischen Propheten nehmen ihn verschärft und mit neuer theologischer Begründung wieder auf. *Zweitens* hatte sich die soziale Ordnung der alten Zeit völlig aufgelöst, so daß das alte Gottesrecht als Ordnungsfaktor seine Bedeutung verloren hatte. Vor allem die Bauern, einst die tragende Schicht in allen Stämmen, waren abhängig geworden von den Städten, in denen sich eine Oberschicht von Patriziern herausgebildet hatte, die mit ihrem großen Landbesitz zugleich zu Grundherren über die ehemals freien Bauern wurden. Die Stadtkultur und der neue Wohlstand führten zu sozialen Unterschieden, wie es sie in der alten Sozialordnung nicht gegeben hatte. Die Propheten des 8. Jahrhunderts haben diese sozial herrschenden Kreise als Ganzes angeklagt und sind damit weit über die früheren Propheten hinausgegangen, die in der Regel ihre Gerichtsworte nur an einen einzelnen gerichtet haben. *Drittens* aber, und das ist wohl für das Aufkommen dieser Prophetie entscheidend gewesen, war das staatliche und politische Leben in einem Maße weltlich geworden, daß für die Vorstellung von einem gegenwärtigen oder künftigen Geschichtshandeln Jahwes überhaupt kein Raum mehr übriggeblieben war. Man trieb Bündnis- und Militärpolitik; man suchte seine Sicherheit durch stehende Söldnerheere zu gewährleisten und hatte sich damit stillschweigend von den alten Traditionen des Heiligen Krieges und dem Glauben an Jahwes Führung gelöst. Die Autonomie des Politischen war so selbstverständlich geworden, daß man auf die Heilsgeschichte Jahwes mit Israel wie auf eine vergangene Epoche, die in der Person Davids ihre letzte Blütezeit erlebt hatte, zurückblickte. In dieser Situation haben es die Propheten gewagt, angesichts der kommenden Bedrohung durch das assyrische Reich von einem ganz neuen Handeln Jahwes zu reden, auch wenn sie diesen Neuaufbruch wie ein Gegenstück zu seinem früheren Heilshandeln darstellten. Damit haben die Propheten dem Jahweglauben den Raum zurückgegeben, in dem er von Anfang an gelebt hatte, nämlich den Raum der Geschichte. Aber sie sahen Jahwe nicht mehr, wie vordem, nur als den Gott der Geschichte Israels, sondern zum ersten Mal als den Herrn der ganzen Weltgeschichte, der die Völker aufbietet, um sein Werk an Israel zu vollenden.

Die vier großen Propheten aus dem 8. Jahrhundert, deren Worte in eigenen Schriften aufgezeichnet wurden, sind Amos, Hosea, Micha und Jesaja. Sie bilden alles andere als eine gleichförmige Gruppe. Jeder hat sein ganz eigenes Profil. Gemeinsam ist ihnen aber, daß sie von Jahwe beauftragt waren, dem Volk das Gericht anzusagen, und daß sie diese Unheilsbotschaft mit der kultischen Verwilderung und sittlichen Verwahrlosung begründet haben, die sie an ihren Zeitgenossen beobachteten. Die Propheten sind Einsame, die durch ihren Auftrag aus ihrem vorgegebenen Lebensrahmen herausgerissen wurden, so daß sie, ganz auf sich selbst gestellt, zu Persönlichkeiten wurden mit einem Maß an Individualität, das bis dahin in Israel gänzlich unbekannt war. Das zeigt sich nicht zuletzt daran, wie frei sie mit den vorgegebenen Traditionen und mit den geprägten sprachlichen Formen umgehen konnten. Die Propheten sprechen vom Künftigen. Neben die geschichtlichen Überlieferungen aus der Vergangenheit Israels tritt damit die Frage nach der Zukunft Israels als ein neues Thema in den Vordergrund, denn anders als die früheren Propheten, etwa Natan oder Elia, stellen sie nicht nur den einzelnen, sondern das Volk Israel insgesamt vor das Tribunal Gottes. Die kommende Katastrophe war für sie ein Indiz dafür, daß das Verhältnis zwischen Gott und seinem Volk zerstört sei und darum von Jahwe aufgelöst und auf eine neue Grundlage gestellt werden müsse.

Wenn die Propheten vom Gericht und einer möglichen neuen Heilszeit sprechen, so haben sie dabei nicht frei formuliert, sondern sich der Tradition bedient, in der sie jeweils standen, nur haben sie diese Traditionen tiefgreifend verändert, oft sogar in eine gegenteilige Aussage verkehrt. So erscheint das kommende Gericht etwa als ein Jahwekrieg, den Jahwe nun aber gegen sein eigenes Volk führt, oder als ein »Tag Jahwes«, an dem er sich nicht gegen seine Feinde, sondern gegen Israel erhebt. Die neue Heilszeit kann als neue Erwählung, als neue Landgabe oder als Inthronisation eines neuen David dargestellt werden. Jeder der Propheten nimmt andere Vorstellungen aus den volkstümlichen Glaubensinhalten auf. Darin liegt ein wesentlicher Grund für die Verschiedenheit ihrer Botschaft.

Die Propheten des 8. Jahrhunderts unterscheiden sich durch ihre Herkunft, durch ihre geistige Heimat und durch die damit gegebenen besonderen Überlieferungen. *Amos* war ein Hirte und Feigenzüchter aus Judäa, der von Jahwe ins Nordreich geschickt wurde. Er weiß die ihm aufgetragenen Gerichtsworte treffend zu begründen, wobei er sich der weisheitlichen Überlieferung bedient, wie sie in den Sippen des judäischen Steppengebiets noch lebendig war. Es ist besonders die Glaubensaussage, daß Israel erwählt sei unter den Völkern, die er aufgreift und verändert. *Hosea* lebte im Nordreich. Er gehörte vielleicht zu den dortigen oppositionellen Kreisen, die das alte Jahwerecht sammelten und sich gegen die Überfremdung des Jahweglaubens durch den Baalskult wandten. Er nimmt die Überlieferung vom Auszug aus Ägypten und von der Wüstenwanderung auf und kündigt an, daß Jahwe sein Volk zurückführen werde in die Wüste, um dort einen neuen Anfang zu setzen. Aber er nimmt auch einzelne ursprünglich in der Baalsreligion beheimatete Vorstellungen auf, um für Jahwe zu beanspruchen, was man im Nordreich den Baalen zu verdanken meinte, nämlich die Fruchtbarkeit des Ackers und die kulturellen Güter. *Micha* war Bauer in Juda; er ist stark geprägt von dem Gegensatz des flachen Landes zur Hauptstadt Jerusalem mit ihrer Zionstradition, für die in der alten Stammesüberlieferung, in der Micha lebte, kein Platz war. Micha erwartete die Wiederherstellung der alten stammesrechtlichen Bodenordnung in der Gemeinde Jahwes. *Jesaja* hingegen war ein vornehmer Bürger in dem von Micha so argwöhnisch betrachteten Jerusalem, vielleicht ein Weisheitslehrer. Er ist der erste Prophet, von dem wir wissen, daß er für sein ganzes Leben von Jahwe berufen wurde. Seine Verkündigung geht von den beiden Jerusalemer Traditionen aus, nämlich von der Erwählung des Zion und von der Verheißung für das Geschlecht Davids.

Die Berufung war für die Propheten der entscheidende Bruch in ihrem Leben. Durch eine besondere, persönliche Anrede Jahwes wußten sie sich aus ihrem bisherigen Lebenskreis, ihrem angestammten Beruf und oft auch aus ihren familiären Bindungen herausgerissen und als Sprecher Jahwes vor dem Volk und seinen Führern beauftragt. Einen wie tiefen Einschnitt die Berufung bedeutete, läßt sich an Jesaja ablesen, der sich durch sein gesamtes prophetisches Wirken hindurch von diesem Ereignis legitimiert und getragen wußte. Aber auch bei jenen Propheten, bei denen das Ereignis der Berufung hinter ihrer jeweils neu auszurichtenden Botschaft zurücktritt, wird deutlich, wie sie alle unter dem Zwang ihres Auftrages standen, Sprecher Jahwes zu sein. Sie mußten reden, auch gegen ihren Willen und manchmal bis zur Erschöpfung ihrer physischen und psychischen Kräfte. Amos hat diesem Zwang Ausdruck gegeben in dem Wort: »Der Löwe brüllt, wer fürchtet sich nicht? Der Herr Jahwe redet, wer wird nicht Prophet?«

Die Propheten haben die ihnen zuteil gewordene Offenbarung in einer Vision oder Audition erhalten. Solche Ekstasen führten aber keineswegs zu einer Beeinträchtigung ihrer geistigen Präsenz. Vielmehr haben wir mit einem Zustand gesteigerter Intensität des Bewußtseins zu rechnen, in der der Prophet deutlich wahrnahm, was ihm aufgetragen wurde. Der Auftrag wird sich im allgemeinen darauf beschränkt haben, ein künftiges Gericht dem Volk anzukündigen. Dem Propheten selbst blieb es dann anheimgestellt, die Begründung für dies Gerichtswort aus der konkreten Situation heraus zu formulieren. Wenn sie ihren Hörern gegenübertraten, war es ihrem wachen, aufmerksamen Geist, ihrem politischen Gespür und ihrer persönlichen Bildung überlassen, die Ankündigung des künftigen Gerichts aus den Verfehlungen des Volkes heraus für jeden überzeugend zu machen, damit er zur Erkenntnis seiner Schuld und zur Sinnesänderung gelange.

Auftrag und eigene geistige Leistung des Propheten spiegeln sich auch in den verschiedenen Redeformen, deren sich die Sprecher Jahwes bedienten. Das Wort, das sie zu überbringen hatten, leiteten sie ein mit der Botenformel: »So hat ... (der und der) ... gesprochen.« Sie wurde im profanen Leben verwendet, wenn jemand durch einen Boten anderen etwas mitzuteilen hatte. Diese Formel im Munde der Propheten bedeutete also, daß sie nicht aus eigener Vollmacht reden, sondern als Mittler zwischen Jahwe und seinem Volk. Daneben findet sich eine Fülle anderer Ausdrucksformen, in denen die Propheten den Hörern ihre Botschaft nahebrachten. Kultische, im Gottesdienst beheimatete Gattungen sind darunter, aber auch solche des täglichen Lebens. So lockt Amos seine Hörer mit einem weisheitlichen Zahlenspruch in die Falle oder äfft die Worte der Priester nach, mit denen sie den Opfernden die göttliche Billigung ihres Opfers anzusagen pflegten. Jesaja kann ein Drohwort in die Form eines Liebesliedes kleiden, während Hosea seine Verkündigung am liebsten in den Redeformen des Rechtslebens darstellt. Die Propheten ersannen unheildrohende Wortspiele, die ihren Hörern ins Ohr gingen, wählten provozierende Vergleiche und anstößige Bilder, um Jahwes künftiges Tun zu verdeutlichen. So vergleicht Hosea Jahwe mit einer faulenden Eiterwunde, die das Volk Israel krank macht, während Jesaja ihn als Barbier darstellt, der gekommen ist, Israel kahlzuscheren.

Das prophetische Wort dient aber nicht nur der Mitteilung eines künftigen Sachverhaltes, ihm kommt zugleich eine eigene schöpferische Kraft zu. In der antiken Welt hat das Wort fast dingliche Kraft und ist, einmal ausgesprochen, unwiderrufliche Realität. Indem die Propheten das Gericht oder künftiges Heil ankündigten, wurden sie damit zugleich zu dessen Vollstreckern. Das gilt in gesteigertem Maße von den Zeichenhandlungen der Propheten, in denen sie vor dem Volk das künftige Geschehen abbildeten. Hosea gibt seinem Sohn den Symbolnamen »Nicht-mein-Volk«, und Jesaja hat sich drei Jahre lang wie ein Deportierter gekleidet, um damit eine kommende Deportation durch die Assyrer wirksam vorwegzunehmen. Es ist diese geschichtswirkende Macht der Worte und Handlungen der Propheten, der wir es letztlich verdanken, wenn ihre Worte aufgeschrieben und der Nachwelt überliefert wurden. Waren diese Worte in eine bestimmte geschichtliche Situation hinein gesprochen, so waren sie doch nicht mit dieser Situation zugleich vergangen, sondern blieben eine Wirklichkeit, die auch noch künftige Generationen betraf.

A. Die lange Friedenszeit

Zu Beginn des 8. Jahrhunderts wurde der alte Widersacher des Nordreichs, der Aramäerstaat von Damaskus, von der kommenden Großmacht Assyrien unterworfen, so daß sich für beide Staaten Israels eine lange Friedenszeit eröffnete. Im Nordreich gelang es dem König Jerobeam II., die von den Aramäern und Ammonitern eroberten Gebiete zurückzugewinnen und damit die Grenze der davidisch-salomonischen Zeit nahezu wiederherzustellen. Zugleich erlebte das Land einen wirtschaftlichen Aufschwung. Handel und Gewerbe blühten, und binnen kurzer Zeit hatte sich, vor allem in der Hauptstadt Samaria, eine begüterte Oberschicht herausgebildet, die in Luxus und Verschwendung lebte. Die Kehrseite dieser Entwicklung waren die wachsende Verarmung eines Teils der Bevölkerung, soziale Ungerechtigkeiten und die Unterdrückung der wirtschaftlich Abhängigen, besonders durch Korruption in der Rechtsprechung. Diese Zustände bilden den Hintergrund für die Wirksamkeit vor allem des Propheten Amos.

Der Prophet Amos

Amos war ein Viehzüchter aus der kleinen Garnisonsstadt Tekoa, zwei Stunden südlich von Jerusalem. Er ist durch Jahwe von seiner Herde fort berufen worden, und es wird von ihm berichtet, daß er sich rechtfertigen mußte, wieso er, der Bauer, plötzlich anfing, als Prophet zu reden und die Autorität Jahwes für sich in Anspruch zu nehmen. Sein Auftrag war besonders schwer, weil er als Judäer von Jahwe ins Nordreich geschickt wurde, um dort dem Volk zu sagen, daß sein Ende bei Jahwe beschlossen sei. Wahrscheinlich hat er zunächst in der Hauptstadt Samaria gesprochen; danach ist er zum Staatsheiligtum Betel gegangen, von wo er wegen religiösen und politischen Aufruhrs des Landes verwiesen wurde.

Sein göttlicher Auftrag war wohl darauf beschränkt, das Todesurteil über das Nordreich auszusprechen. Die Begründung für dies Urteil hat er sich weitgehend selbst suchen müssen. Er fand sie in den sozialen Mißständen des Nordreiches, die er brillant und knapp zu bezeichnen wußte. Dabei bedient er sich vielfach weisheitlicher Redeformen, die er aus der Sippenweisheit übernommen hat, wie sie wohl in seiner Heimat noch lebendig war.

Zwei Aussagen ragen aus seiner Botschaft hervor. Er hat einerseits der in gedankenlosem Reichtum lebenden Oberschicht das soziale Unrecht vorgehalten, das sie den Armen zufügte. Jahwe will das Recht für die Schwachen, und an der Verachtung dieses Rechts wird Israel scheitern. Er hat andererseits dem ganzen Volk vorgeworfen, daß es sich in religiöser Sicherheit wähne, während doch die Erwählung gerade eine ganz einzigartige Gefährdung vor Jahwe bedeute. So hat Amos dem Nordreich Jahwe verkündet, wie ihn damals noch keiner kannte, Jahwe, der sich gegen sein Volk erhoben hatte.

Das Ende ist gekommen

Über die äußeren Umstände, unter denen Amos zum Propheten berufen wurde, ist uns nichts überliefert. Ein Bericht über eine Reihe von Visionen jedoch läßt erkennen, welchen inneren Weg er zurücklegen mußte, bis er zu seinem Botenamt bereit war. Wirft er sich in den beiden ersten Visionen zunächst noch als Fürsprecher seines Volkes dem Urteil Gottes entgegen, so nimmt er am Ende wortlos die Gerichtsankündigung Jahwes über Israel an.

Folgendes ließ der Herr Jahwe mich schauen: Siehe da, Heuschrecken zogen los, als eben die Spätsaat zu sprießen begann. Als sie schon daran waren, das Grün des Landes gänzlich aufzufressen, da sprach ich: »Vergib doch, Herr Jahwe. Wie soll da Jakob bestehen können[1]? Er ist ja so klein.« Da tat es Jahwe leid. »Es soll nicht geschehen«, sprach Jahwe.

Folgendes ließ der Herr Jahwe mich schauen: Siehe da, der Herr Jahwe rief eine Feuerflamme. Sie hatte den großen Ozean verzehrt und begann, die Flur zu verzehren. Da sprach ich: »Laß doch ab, Herr Jahwe! Wie soll da Jakob bestehen können? Er ist ja so klein.« Da tat es Jahwe leid. »Auch dies soll nicht geschehen«, sprach Jahwe.

Folgendes ließ der Herr Jahwe mich schauen: Siehe da, er stand auf einer Mauer mit einem Meßlot in der Hand. Jahwe sprach zu mir: »Was siehst du, Amos?« Ich antwortete: »Ein Meßlot.« Darauf sagte der Herr: »Siehe, ich lege ein Meßlot an inmitten meines Volkes Israel. Ich will ihm in Zukunft nicht mehr vergeben.«

Folgendes ließ der Herr Jahwe mich schauen: Siehe da, ein Erntekorb. Und er sprach: »Was siehst du, Amos?« Ich erwiderte: »Einen Erntekorb.« Jahwe sprach zu mir: »Gekommen ist der Ernteschluß über mein Volk Israel. Ich will ihm in Zukunft nicht mehr vergeben.«

Ich sah den Herrn über dem Altar stehen, und er schlug den Knauf, daß die Schwellen erbebten. Da sprach er: »Im Erdboden vernichte ich sie alle, und ihren Rest werde ich mit dem Schwerte töten. Keiner von ihnen soll durch Flucht entkommen, keiner durch Entrinnen sich retten. Brächen sie durch in die Unterwelt – auch von dort wird meine Hand sie holen; stiegen sie bis zum Himmel empor – ich werde sie von dort herunterbringen. Versteckten sie sich auf dem Gipfel des Karmel – ich spüre sie dort auf und fasse sie. Verbärgen sie sich vor mir auf dem Meeresgrund – ich gebiete der Seeschlange dort, sie zu beißen. Ziehen sie vor ihren Feinden her in die Gefangenschaft, gebiete ich dort noch dem Schwert, sie zu töten. Kurz, ich richte meine Augen auf sie zum Unheil und nicht zum Heil.«

(Am 7, 1–8; 8, 1–2; 9, 1–4)

---

1 »Jakob« ist bei Amos geläufiger Name für Israel.

Das erwählte Volk

Dem Satz von der Erwählung Israels unter den Völkern hat Amos eine Folgerung entnommen, die alles auf den Kopf stellt, was man in Israel zu wissen glaubte.

> Hört dies Wort, das Jahwe über euch spricht, ihr Israeliten.
> »Nur euch erwählte ich von allen Geschlechtern der Erde;
> darum suche ich heim an euch alle eure Sünden.« (Am 3, 1–2)

Totenklage über Israel

Für den Propheten ist das göttliche Todesurteil über sein Volk unwiderruflich gesprochen. Mit einem *Leichenlied*, mit dem man in Israel den Tod eines Menschen öffentlich bekanntgab und beklagte, kündigt Amos seinen Hörern ihren eigenen Tod, den Tod der »Jungfrau Israel« an. Die Vollstreckung des Todesurteils erwartet Amos offenbar im Zusammenhang kriegerischer Ereignisse.

> Höret, ihr vom Hause Israel, dies Wort,
> ein Klagelied, das ich über euch anstimme!
> Gefallen ist die Jungfrau Israel,
> nicht steht sie wieder auf,
> sie ist zu Boden geworfen,
> und niemand richtet sie auf.
> Denn also spricht Jahwe, der Herr:
> Die Stadt, die zu tausend auszieht,
> behält hundert übrig,
> und die zu hundert auszieht,
> behält zehn übrig für das Haus Israel. (Am 5, 1–3)

Die Beugung des Rechts

Die Ursache des über Israel hereinbrechenden Jahwegerichts sieht Amos vor allem in der Beugung des Rechts und der Ausbeutung der sozial Schwachen durch die begüterte Oberschicht. Zur Begründung seiner Forderung nach Gerechtigkeit greift er auf das alte, allen bekannte Jahwerecht zurück, das doch faktisch als antiquiert galt. Bei Amos kehren sich die Gebote, die man als Geschenk Jahwes verehrte, plötzlich gegen Israel.

> Sie hassen den Anwalt des Rechts am Tor [2]
> und verabscheuen den, der die Wahrheit sagt.

---

[2] Das Stadttor war der Ort, an dem Recht gesprochen wurde. Weil in der Rechtsgemeinde nur die Vollbürger Sitz und Stimme hatten, waren sie oft Richter in eigener Sache gegen die Landfremden, Unselbständigen, Witwen und Waisen.

Wohlan, weil ihr den Geringen niedertretet
und Kornabgaben von ihm nehmt,
habt ihr zwar Häuser aus Quadern gebaut,
sollt aber nicht darin wohnen;
liebliche Weingärten habt ihr gepflanzt,
sollt aber davon den Wein nicht trinken!
Denn ich weiß, wie zahlreich eure Frevel sind
und wie gewaltig eure Sünden.
Man bedrückt den Gerechten, nimmt Bestechungsgeld an
und drängt die Armen im Tor beiseite. (Am 5, 10–12)

Der Betrug der Kaufleute

Die betrügerischen Praktiken der Händler trafen niemanden so hart wie die kleinen Leute, die oft genug in Schuldknechtschaft verkauft wurden. Amos kann wieder stillschweigend voraussetzen, daß jedermann wußte, wie sehr das Gottesrecht gerade die Schwachen schützte.

Hört dies, die ihr Arme zertretet
und die Elenden im Lande zugrunde richtet!
Ihr denkt dabei: »Wann ist endlich der Neumond vorüber,
daß wir Getreide verkaufen können,
oder der Sabbat,
daß wir Korn feilbieten können?
Auch den Abfall vom Korn wollen wir anbringen.
Wir wollen das Maß kleiner,
den Preis größer machen,
mit falscher Waage täuschen.
Wir wollen Bedürftige um Geld kaufen
und Arme um ein paar Schuhe.«
Geschworen hat Jahwe beim Hochmut Jakobs:
»Keine ihrer Taten werde ich jemals vergessen!« (Am 8, 4–7)

Die Basankühe

Die feinen Damen der Hauptstadt Samaria hat Amos als »Basankühe« verspottet, d. h. als Rassevieh, wie es nur auf den fruchtbaren Weiden von Basan gedieh. Nicht ihr Wohlleben an sich wirft er ihnen vor, denn dem Jahweglauben fehlte jeder asketische Zug. Der Grund, weswegen die vornehmen Damen in die Verbannung müssen, ist, daß dieser Luxus auf Kosten der Armen im Land geht.

Der Spruch ist ein prophetisches *Gerichtswort*. Diese Redegattung ist für die Verkündigung der Propheten charakteristisch und hat einen streng gleichförmigen Aufbau: Sie beginnt mit einer *Einleitung*, die zum Hören auffordert und den Empfänger des Wortes benennt (a). Im ersten Teil des Gerichtswortes, der *Anklage* (b), zählt der Prophet mit seinen eigenen Worten die Vergehen der Angeredeten auf und begründet damit das anzukündigende Unheil.

In der *Unheilsankündigung* (c), dem Hauptteil des Gerichtswortes, gibt er das Jahwe-Wort in indirekter Rede wieder. Es beginnt in der Regel mit »Ich werde...«. In dem Wort über die Frauen Samarias tritt das Ich Jahwes hinter der Ankündigung kommender »Tage« zurück.

a) Hört dies Wort, ihr Basankühe auf dem Berg Samarias!
b) Die Niedrigen unterdrückt ihr,
 die Armen zermalmt ihr,
 zu euren Eheherren sprecht ihr:
 »Schaff herbei, daß wir zechen!«
c) Geschworen hat der Herr Jahwe bei seiner Heiligkeit:
 »Wahrlich, siehe, es kommen Tage über euch,
 da trägt man euch weg auf Schilden
 und eure Nachkommen in Kübeln.
 Nackt werdet ihr wegziehen,
 eine hinter der anderen;
 nach dem Hermon zu werdet ihr verstoßen.«
 Spruch Jahwes. (Am 4, 1–3)

Der Schaden Josephs

Amos hat der Oberschicht zwar Völlerei und Faulheit vorgeworfen, aber das ist nicht das Eigentliche, das er meinte. Das wirklich Verwerfliche sieht er darin, daß diese Leute nicht mitleiden an dem Schaden, den das Gottesvolk genommen hat.

Wehe denen, die ruhen auf Elfenbeinlagern
und sich ausstrecken auf ihren Betten,
die Lämmer von ihrer Herde verzehren
und Kälber vom Stall;
die grölen zum Klang der Harfe,
die sich Musikgeräte ersinnen;
die aus Weinschalen trinken
und mit feinstem Öl sich salben.
Über den Schaden Josephs grämen sie sich nicht.
Deshalb müssen sie nunmehr in die Verbannung
an der Spitze der Weggeführten.
Dann ist es aus mit dem Gelage der Weichlinge. (Am 6, 4–7)

Gut und Böse

Ihre äußerste Verdichtung erreicht die Forderung des Propheten, wenn er einfach »das Gute« verlangt. Es entspricht dem Stil der weisheitlichen Rede, den Zusammenhang zwischen einer Tat und ihrer Folge aufzudecken und an die Einsicht des Ermahnten zu appellieren. Wenn Israel das Gute täte, könnte es der Katastrophe vielleicht noch entgehen.

> Sucht das Gute und nicht das Böse,
> damit ihr am Leben bleibt
> und damit Jahwe Zebaot so mit euch sei,
> wie ihr es behauptet.
> Haßt das Böse und liebt das Gute,
> und verschafft dem Recht eine feste Stätte im Tor.
> Vielleicht wird dann Jahwe Zebaot
> dem Rest Josephs gnädig sein. (Am 5, 14 f.)

Betel und Gilgal

Den Gottesdienst versah man im Nordreich mit großem religiösem Eifer. Amos jedoch erblickte im Opferkult an den Heiligtümern nur einen Versuch, den Bruch der Rechtsforderung zu verdecken. Das bedeutet nicht, daß Amos oder ein anderer Prophet nach ihm den Opferkult grundsätzlich abgelehnt hätte, aber durch die fromme Selbstsicherheit sah er Jahwe herausgefordert.

> Ja, so spricht Jahwe zum Hause Israel:
> »Sucht mich, damit ihr am Leben bleibt!
> Sucht nicht Betel auf, zieht nicht nach Gilgal,
> denn Gilgal gerät in Gefangenschaft
> und Betel fällt dem Unheil anheim.
> Kommt nach Betel und sündigt,
> nach Gilgal und häuft die Sünde!
> Bringt am Morgen eure Opfer herbei,
> am dritten Tag eure Zehnten!
> Verbrennt als Dankopfer gesäuerte Brote
> und fordert laut zu freiwilligen Gaben auf!
> Denn so liebt ihr es ja, ihr Israeliten!« [3]
> Spruch des Herrn Jahwe. (Am 5, 4 f.; 4, 4 f.)

Feste und Schlachtopfer

Die Kluft zwischen Gott und Gottesdienst war unüberbrückbar geworden. In dem Urteil Gottes über die Feste am Heiligtum werden die Worte der Opferpriester ins Gegenteil verkehrt.

---

3 Amos parodiert die Priester, die mit einem »So liebt es Jahwe!« den Pilgern an den Heiligtümern Jahwes Urteil über das dargebrachte Opfer mitzuteilen pflegten.

»Ich hasse, verschmähe eure Feste,
eure Feiern mag ich nicht riechen.
Eure Gaben gefallen mir nicht,
und eure Mastviehopfer will ich nicht sehen.
Hinweg von mir mit der lärmenden Menge deiner Lieder,
das Spiel deiner Harfen will ich nicht hören!
Vielmehr flute wie Wasser das Recht,
Gerechtigkeit wie ein nie versiegender Bach!
So bringe ich euch in die Verbannung über Damaskus hinaus«,
spricht Jahwe. (Am 5, 21–24.27)

Israel und die Völker

Die einzelnen Strophen dieser Spruchreihe beschuldigen je ein Nachbarvolk wegen eines bestimmten Vergehens. Den Hörern war diese Gattung prophetischer Rede bekannt, denn immer wieder hatten Propheten andere Völker verklagt. Aber was Amos zu sagen hat, unterscheidet sich schon dadurch vom Üblichen, daß die Völker nicht angeklagt werden, weil sie Israel etwas getan haben, sondern weil Jahwe auch das sieht, was sie sich untereinander an Unrecht zufügen.

Die eigentliche Aussage der Reihe kommt erst in der letzten Strophe zum Vorschein. In ihr wird Israel selbst angeklagt. Das Unrecht Israels wiegt vor Jahwe noch schwerer als das der anderen Völker.

So spricht Jahwe:
»Wegen der drei, ja vier Verbrechen von Damaskus
verzeihe ich es nicht [4]:
Weil sie Gilead mit eisernen Schlitten gedroschen haben,
so sende ich Feuer in Hasaels Haus,
daß es Benhadads Paläste verzehre.
Ich zerbreche den Riegel von Damaskus,
vertilge die Bewohner von Bikat-Awen
und den Zepterträger von Bet-Eden.
Das Volk von Aram muß in die Verbannung nach Kir«,
spricht Jahwe.

So spricht Jahwe:
»Wegen der drei, ja vier Verbrechen von Gaza
verzeihe ich es nicht:
Weil sie eine ganze Gemeinschaft von Gefangenen wegschleppten,
um sie Edom auszuliefern,
so sende ich Feuer an die Mauer von Gaza,

---

4 Ein solcher »Zahlenspruch« entstammt der Weisheitsliteratur, die gerne gleichartige Erscheinungen in Reihen zusammenstellt (vgl. oben S. 256 f.).

daß es seine Paläste verzehre.
Ich vertilge die Bewohner von Asdod
und den Zepterträger von Askalon.
Ich kehre meine Hand wider Ekron,
daß der Rest der Philister zugrunde geht«,
spricht Jahwe.

So spricht Jahwe:
»Wegen der drei, ja vier Verbrechen der Ammoniter
verzeihe ich es nicht:
Weil sie die Schwangeren in Gilead aufgeschlitzt haben,
um ihr eigenes Gebiet zu vergrößern,
so sende ich Feuer an die Mauer von Rabba,
daß es seine Paläste verzehre
beim Schlachtruf am Tage des Kampfes,
im Sturm am Tage des Ungewitters.
Da muß ihr König in die Gefangenschaft ziehen,
er selbst mitsamt seinen Fürsten«,
spricht Jahwe.

So spricht Jahwe:
»Wegen der drei, ja vier Verbrechen von Moab
verzeihe ich es nicht:
Weil sie die Gebeine des Königs von Edom
zu Kalk verbrannten,
so sende ich Feuer nach Moab,
daß es die Paläste von Kerijot verzehre.
Im Getümmel kommt Moab um,
beim Schlachtruf, beim Schall der Trompete.
Ich vertilge den Herrscher aus seiner Mitte,
und mit ihm töte ich alle seine Fürsten«,
spricht Jahwe.

So spricht Jahwe:
»Wegen der drei, ja vier Verbrechen von Israel
verzeihe ich es nicht:
Weil sie den Gerechten um Geld verkaufen,
den Armen für ein Paar Schuhe.
Sie zertreten auf dem Staub der Erde das Haupt der Geringen
und drängen die Elenden vom Wege ab.
Sohn und Vater gehen zur selben Dirne,
um meinen heiligen Namen zu schänden.
Sie strecken sich aus auf gepfändeten Kleidern
neben jedem Altar

und trinken den Wein von (schuldlos) Bestraften
im Haus ihres Gottes.
Ich aber habe vor euch her die Amoriter vernichtet,
deren Größe der Höhe von Zedern glich
und die stark wie Eichen waren.
Oben zerstörte ich ihre Frucht,
ihre Wurzeln unten.
Siehe, ich laste auf euch, die ihr drunter liegt,
wie ein Wagen voller Garben lastet!
Dann vergeht dem Flinken die Flucht,
und der Starke kann seine Kraft nicht spannen,
der Held sein Leben nicht retten.
Der Bogenschütze hält nicht stand,
der schnelle Läufer kann nicht entrinnen
und der Streitwagenlenker sein Leben nicht retten.
Der mutigste unter den Helden
flieht nackt davon an jenem Tag.«
Spruch Jahwes. (Am 1, 3–8.13–15; 2, 1–3.6–9.13–16)

Der Tag Jahwes

Man erwartete in Israel einen Tag Jahwes, an dem er zum endgültigen Sieg über seine Feinde kommen sollte. Aber Amos kehrt die populäre Erwartung um. Der Tag Jahwes bedroht auch Israel. Allen Gefahren mag das Volk entkommen, Jahwe erwartet es dort, wo es sich in Sicherheit gebracht zu haben glaubt.

Wehe euch, die ihr den Tag Jahwes herbeisehnt!
Was erwartet ihr denn vom Tag Jahwes?
Er ist Finsternis und nicht Licht!
Es wird sein, wie wenn jemand vor einem Löwen flieht
und dabei ein Bär ihn trifft
und er entkommt nach Haus
und stützt seine Hand an die Wand,
da aber beißt ihn die Schlange.
Ganz gewiß ist der Tag Jahwes Finsternis und nicht Licht,
Dunkelheit ohne Schimmer. (Am 5, 18–20)

Hunger nach dem Wort Jahwes

Die künftige Katastrophe wird dadurch kommen, daß Jahwe zwar in seinem Volke gegenwärtig ist und einen Hunger nach seinem Wort bewirkt, daß es dies Wort dann aber weder durch Priester noch Propheten geben wird. Neu und ungewöhnlich an dieser Erwartung ist, daß das »Wort« Jahwes als die eigentliche Heilsgabe erscheint, ohne die ein Leben nicht möglich ist.

> Siehe, es kommen Tage,
> Spruch des Herrn Jahwe,
> da sende ich Hunger ins Land,
> nicht Hunger nach Brot, nicht Durst nach Wasser,
> sondern nach dem Wort Jahwes.
> Sie werden wanken von Meer zu Meer,
> von Norden nach Osten;
> sie schweifen umher auf der Suche nach Jahwes Wort,
> doch sie finden es nicht. (Am 8, 11 f.)

Argumente in der Diskussion

Mit dem schroffen Nein zu allen Heilserwartungen mußte Amos auf Widerspruch stoßen. In der Diskussion mit seinen Hörern hat er deswegen seinen Anspruch, im Namen Jahwes zu reden, verteidigen müssen. Dem Stil der Weisheitsrede gemäß, zählt er dabei Fälle auf, die den Zusammenhang von Ursache und Wirkung veranschaulichen. Diese Reihen sollen die Zustimmung des Angeredeten finden und ihn so zwingen, auch die Aussage des jeweils letzten Gliedes zu akzeptieren.

> Gehen wohl zwei miteinander,
> es sei denn, sie haben sich verabredet?
> Brüllt etwa im Wald der Löwe,
> wenn er keine Beute hat?
> Läßt der Junglöwe in der Höhle sein Knurren hören,
> wenn er nichts gefangen hat?
> Fällt ein Vogel zur Erde,
> ohne daß ihm eine Falle gelegt war?
> Schnellt ein Klappnetz vom Boden empor,
> ohne einen Fang zu machen?
> Stößt man ins Horn in einer Stadt,
> ohne daß das Volk erschrickt?
> Geschieht ein Unglück in einer Stadt,
> das Jahwe nicht bewirkt hat?
> Der Löwe brüllt,
> wer fürchtet sich nicht?
> Der Herr Jahwe redet,
> wer wird nicht Phrophet? (Am 3, 3–6.8)

Amos und der Oberpriester von Betel

Als Amos – wohl während eines Pilgerfestes – am Reichstempel in Betel[5] auftrat, kam es zum Konflikt mit den herrschenden Kreisen des Nordreichs. Der Oberpriester mag gefürchtet haben, Amos könne zur Revolution gegen das Königshaus aufrufen, wie es vorher andere Propheten im Nordreich getan hatten[6], und zeigte den Propheten beim König an.

Amos wird vom Oberpriester ironisch aufgefordert, sich doch in seiner Heimat Juda als Prophet sein Brot zu verdienen. Dies veranlaßt Amos zu einer Klärung seines prophetischen Auftrags: Er sei kein Berufsprophet, sondern Jahwe habe ihn aus seinem bäuerlichen Beruf gerissen und ins Nordreich gesandt. Die Szene endet mit einem persönlichen Gerichtswort an den Oberpriester. Amos scheint das Nordreich daraufhin verlassen zu haben und wird wohl in seinen alten Beruf zurückgekehrt sein.

Amazja, der Priester von Betel, sandte Jerobeam, dem König von Israel, die Meldung: »Amos stiftet gegen dich eine Verschwörung an inmitten des Hauses Israel. Das Land kann seine Reden nicht mehr aushalten. Denn so hat Amos gesagt: ›Durch das Schwert wird Jerobeam sterben, und Israel muß in die Verbannung ziehen, hinweg aus seinem Heimatland.‹« Dann sprach Amazja zu Amos: »Seher, geh fort, flüchte dich ins Land Juda. Iß dort dein Brot und mach dort den Propheten. In Betel aber sollst du fortan nicht mehr weissagen; denn es ist ein königliches Heiligtum und ein Reichstempel.« Amos gab dem Amazja zur Antwort: »Ich bin kein Zunftprophet und kein Prophetenschüler, sondern ein Hirt bin ich und ein Maulbeerfeigenzüchter. Doch der Herr nahm mich von der Herde weg, und der Herr sprach zu mir: ›Geh hin und weissage gegen mein Volk Israel.‹

Nun aber höre das Wort des Herrn! Du sagst: ›Weissage nicht gegen Israel und geifere nicht gegen Isaaks Haus.‹ Darum spricht der Herr folgendes: ›Deine Frau wird in der Stadt zur Dirne, deine Söhne und Töchter fallen durch das Schwert, dein Grundbesitz wird mit der Meßschnur aufgeteilt, du selber stirbst in unreinem Land, und Israel muß in die Verbannung ziehen, hinweg von seinem Heimatland.‹« (Am 7, 10–17)

B. Assur und das Nordreich

Die lange Friedenszeit mit ihrem Wohlstand, die den Hintergrund der Prophetie des Amos bildete, ging zu Ende, als im Jahre 745 der assyrische König Tiglatpilesar III. auf den Thron kam, der entschlossen war, den assyrischen Machtbereich über Damaskus hinaus auf ganz Palästina auszudehnen. Das

---

[5] Vgl. oben S. 272 f.
[6] Vgl. oben S. 301.

Nordreich wurde schon im Jahre 738 tributpflichtig, der Staat Juda folgte bald nach. Obwohl Auflehnung gegen die assyrische Großmacht aussichtslos scheinen mußte und mit großer Grausamkeit geahndet wurde, versuchte das Nordreich unter König Pekah im Verein mit dem ehemaligen Erbfeind Damaskus einen Aufstand vorzubereiten. Weil Ahas, der König von Juda, nicht mitmachen wollte, zog man im Jahre 733 gegen Jerusalem zu Felde, um es in die antiassyrische Koalition zu zwingen. König Ahas hat sich nur zu retten gewußt durch ein Hilfegesuch an den König von Assur, dem er sich freiwillig unterwarf. Der Assyrer ging dann auch schnell gegen Damaskus und das Nordreich vor, wodurch Jerusalem wieder frei wurde. Das Nordreich wurde hart bestraft. Die Herrschaft des Königs wurde auf Samaria beschränkt, die Oberschicht deportiert. Das entsprach der von den Assyrern allgemein geübten Praxis, mit der sie den Widerstand der eroberten Länder zu brechen wußten. An die Stelle der Deportierten kamen assyrische Soldaten und Beamte aus anderen Teilen des Reiches ins Land.

Ein knappes Jahrzehnt lang fügte sich der König von Samaria dem assyrischen Herrn. Als sich dann aber König Hosea, der inzwischen auf den Thron in Samaria gelangt war, wieder der fremden Oberherrschaft zu entledigen suchte, leitete er damit den endgültigen Untergang des Nordreiches ein. Auch daß er sich mit Ägypten verbündet hatte, nützte nichts mehr. Nach dreijähriger Belagerung fiel Samaria im Jahre 722. Damit war das Ende des ehemaligen Nordreichs gekommen. Auch diejenigen Angehörigen der Oberschicht, die zuvor verschont geblieben waren, wurden nun deportiert und statt ihrer andere Bevölkerungsgruppen aus dem assyrischen Reich in der nun eingerichteten assyrischen Provinz »Samarien« angesiedelt. Diese fremde Bevölkerung ist zwar bald in der verbliebenen israelischen Bevölkerung aufgegangen, ihretwegen aber haben die Judäer später die Bewohner des einstigen Nordreichs, die »Samaritaner«, als unrein von dem kultischen Leben des Jerusalemer Tempels ausgeschlossen [7].

1. Der Prophet Hosea

Der schnelle Niedergang des Nordreiches bildet den Hintergrund für die Wirksamkeit des Propheten Hosea. Er ist im Nordreich wohl kurz nach Amos aufgetreten. Einige frühe Worte entstammen den letzten Jahren der Friedenszeit unter König Jerobeam II.; einen Schwerpunkt hat seine Verkündigung zu der Zeit, als das Nordreich zusammen mit Damaskus gegen Jerusalem zog (734/32). Seine letzten Worte stammen aus der Zeit der Thronwirren vor dem endgültigen Untergang des Nordreiches (722), den Hosea wohl selbst nicht mehr erlebt hat.

---

[7] Vgl. unten S. 512.

Unter allen Propheten, deren Worte uns erhalten geblieben sind, ist Hosea der einzige, der aus dem Nordreich stammt. Wenigstens in zweifacher Hinsicht müssen die Verhältnisse dort für einen Propheten anders gewesen sein als in Juda. Einerseits war hier die Überwucherung des alten Jahweglaubens durch den Baalskult weiter fortgeschritten [8], und zum anderen war hier die politische Rolle des Propheten stärker ausgeprägt als in dem dynastisch regierten Juda, waren doch im Nordreich viele Könige durch prophetische Berufung auf den Thron gekommen [9]. Tatsächlich scheint Hosea solchen oppositionellen Prophetenkreisen nahegestanden zu haben, die die alten Jahweüberlieferungen pflegten, um sie kritisch in ihrer jeweiligen Gegenwart zur Geltung zu bringen.

Hosea hat die Herausforderung des Jahweglaubens durch den Baalskult angenommen. In gewagten Formulierungen nimmt er für Jahwe die Kulturgüter in Anspruch, die allgemein als Gabe der Fruchtbarkeitsgötter angesehen wurden. Auch das Bundesverhältnis zwischen Jahwe und seinem Volk schildert er als ein eheliches Liebesverhältnis ähnlich dem, das der Baalskult als Ehe zwischen dem Fruchtbarkeitsgott und dem Ackerboden dachte. Aber diese Formulierungen dienen nur dazu, das alte Bundesverhältnis zwischen Jahwe und Israel als ein alles umfassendes exklusives Verhältnis darzustellen, in das sich Jahwe mit keinem zweiten Gott teilen will.

Hoseas Worte sind von großer Leidenschaftlichkeit, ja von erregtem Zorn, wenn er Israels Neigung zum Baalskult als Ehebruch darstellt. Sie sind von tiefer, zarter Innerlichkeit und brennender Liebe, wenn er davon spricht, daß Jahwe Israels Irrwege voll Trauer und Leid mitgeht und um das verlorene Volk wirbt, wie kein Mensch das vermöchte. Immer wieder spricht Hosea aus, daß Jahwe seinem Volk nachläuft, daß er es wieder annehmen und mit ihm ganz von vorn anfangen will wie damals in der Wüste, als er es aus Ägypten geführt hatte.

Die Prophetenfamilie als Drohzeichen

Der erste Auftrag, den Hosea erhielt und durch den er wohl zugleich als Prophet berufen wurde, forderte von ihm eine Zeichenhandlung: Er soll eine Israelitin heiraten, die am Baalskult teilgenommen hat. An den Heiligtümern Baals pflegten die jungen Frauen Israels ihre Jungfräulichkeit dem Gott zu opfern durch eine geschlechtliche Vereinigung mit den Priestern. Für den Propheten aber war dieser kultische Brauch Hurerei, und er weiß, daß er durch seine Ehe darzustellen hat, wie Israel als Ganzes die Ehe mit Jahwe gebrochen hat. Auch die Kinder Hoseas werden zum Drohzeichen, denn sie erhalten Namen, die – in sich steigernder Weise – verdeutlichen, daß Jahwe

---

8 Schon die Erzählungen von Elia, die etwa ein Jahrhundert vor Hosea entstanden sind, zeigen das; vgl. oben S. 289 ff.

9 So z. B. Jehu; vgl. oben S. 301 f.

sein Volk verwerfen will. Solche Zeichenhandlungen gehören auch bei späteren Propheten zu den wirksamsten Mitteln, den Willen Gottes zu verkünden.

Jahwe sprach zu Hosea: »Geh, nimm dir ein Hurenweib und zeuge Hurenkinder, denn das Land hat hurend Jahwe verlassen.« Da ging er hin und heiratete Gomer, die Tochter Diblajims. Diese empfing und gebar ihm einen Sohn. Jahwe sprach zu ihm: »Gib ihm den Namen Jesreel; denn nur noch kurze Zeit, und ich suche die Blutschuld von Jesreel[10] heim an Jehus Haus und hebe das Königtum des Hauses Israel auf. Und an jenem Tage geschieht es: Ich zerbreche Israels Bogen in der Ebene Jesreel.« Dann empfing sie abermals und gebar eine Tochter. Da sprach zu ihm Jahwe: »›Unbegnadet‹ nenne sie; denn ich will fortan nicht mehr Gnade üben am Hause Israel, sondern sie ihnen entziehen.« Sie entwöhnte die »Unbegnadet«, empfing und gebar einen Sohn. Da sprach er: »Gib ihm den Namen ›Nichtmeinvolk‹! Denn ihr seid nicht mein Volk, und ich bin für euch der ›Ichbinnichtda‹.«

(Hos 1, 2–6.8–9)

Gott leidet an Israels Liebschaften

Jahwe prozessiert mit Israel in einem Rechtsverfahren wegen ehelicher Untreue. Er ist aber nicht auf eine Verstoßung, sondern einen Vergleich aus. Obwohl er von Israels Untreue persönlich getroffen ist, sucht er doch in einer langen Erziehung Israel von seinen Liebhabern, den Baalen, zu trennen. Dann aber, wenn er seinem Volk alles genommen hat, wird er mit ihm einen neuen Anfang machen.

Verklagt eure Mutter, verklagt!
Denn sie ist nicht meine Frau, und ich bin nicht ihr Mann.
Sie beseitige ihre Unzuchtsmale von ihrem Antlitz,
ihre Ehebruchszeichen von ihrer Brust[11]!
Sonst ziehe ich sie nackt aus
und stelle sie hin wie am Tage ihrer Geburt;
ich mache sie der Wüste gleich,
mache sie ähnlich dem dürren Land,
lasse sie sterben vor Durst.
An ihren Söhnen übe ich keine Gnade,
denn Dirnenkinder sind sie.
Ja, ihre Mutter hat gebuhlt,
Schändliches trieb, die sie geboren.

---

10 Damit ist die Ausrottung der Omriden-Dynastie durch Jehu im Jahre 845 (vgl. S. 302 f.) gemeint.

11 »Unzuchtsmale« und »Ehebruchszeichen« sind vermutlich Schmuckstücke einer Frau, die an den Fruchtbarkeitsriten teilgenommen hat; gemeint sind hier im übertragenen Sinne die Baalskultstätten im Land und die dort geübten Bräuche.

Sie sprach nämlich:
›Meinen Buhlen laufe ich nach;
sie spenden mein Brot und mein Wasser,
meine Wolle und meinen Flachs, mein Öl und meine Getränke.‹
Darum will ich ihr den Weg mit Dornen versperren
und ihr einen Zaun entgegenstellen,
damit sie ihre gewohnten Pfade nicht mehr finde.
Setzt sie nun ihren Buhlen nach,
ohne sie zu erreichen,
und sucht sie nach ihnen,
ohne sie zu finden,
dann wird sie sagen:
›Ich will mich aufmachen und heimkehren zu meinem ersten Mann;
denn damals ging es mir besser als jetzt.‹
Doch sie weiß ja nicht, daß ich es bin,
der ihr das Korn gab, den Most und das Öl,
der ihr Silber in Menge schenkte und Gold.
Darum nehme ich mein Korn wieder zurück zur gegebenen Zeit,
zur gesetzten Frist meinen Most.
Ich entziehe ihr meine Wolle und meinen Flachs,
womit sie ihre Nacktheit bedecken konnte.
Und nun decke ich ihre Blöße auf vor den Augen ihrer Buhlen;
niemand wird sie entreißen aus meiner Hand.
All ihrer Freude bereite ich ein Ende,
ihren Festen, Neumonden, Sabbaten und all ihren Feiertagen.
Ihre Reben und Feigenbäume verwüste ich,
von denen sie sprach: ›Sie sind der Buhllohn für mich,
den mir meine Buhlen gegeben.‹
Zur Wildnis mache ich sie;
die Tiere des Feldes fressen sie ab.
Die Tage des Baalsdienstes prüfe ich nach an ihr,
da sie ihnen räucherte
und sich schmückte mit Ring und Geschmeide,
da sie hinter ihren Liebhabern herlief,
mich aber vergaß, spricht Jahwe.
Siehe, darum will ich sie verlocken,
will sie in die Wüste führen
und ihr zu Herzen reden.
Ihre Weinberge gebe ich ihr von dort,
und als Hoffnungspforte das Achortal.
Dorthin wird sie mir willig folgen
wie in der Zeit ihrer Jugend,
wie damals, als sie heraufzog vom Lande Ägypten. (Hos 2, 4–17)

Jahwes Liebe als Vorbild

Hosea scheint seine Frau verstoßen zu haben, weil sie die Ehe gebrochen hatte. An der Liebe Jahwes zu seinem Volk aber geht dem Propheten auf, daß er seine Frau wieder annehmen muß. Weil sie inzwischen rechtskräftig in anderen Händen ist, muß er sogar einen Kaufpreis für sie bezahlen. Auch die erneute Ehe wird zur Zeichenhandlung: Wie Hoseas Frau so muß auch Israel durch viele Entbehrungen hindurch einem neuen Anfang entgegengehen.

Jahwe sprach zu mir: »Abermals geh hin und liebe ein Weib, das noch einen anderen liebt und Ehebruch treibt, ganz so, wie der Herr die Söhne Israels liebt, obwohl sie an andere Götter sich wenden und Opferkuchen aus Trauben[12] lieben.« Um fünfzehn Silberstücke kaufte ich sie mir und um eineinhalb Homer Gerste[13].

Ich sprach zu ihr:
»Viele Tage hindurch sollst du mir einsam dasitzen,
nicht Unzucht treiben
und keinem Mann gehören!
Auch ich verkehre nicht mit dir.«
Denn viele Tage werden die Söhne Israels
einsam dasitzen ohne König und ohne Fürst,
ohne Opfer und Weihestein,
ohne Ephod und Teraphim[14].
Danach werden die Söhne Israels umkehren
und Jahwe ihren Gott, suchen.
Bebend kommen sie dann zu Jahwe und seinem Heil.   (Hos 3, 1–5)

Kein Wissen von Gott

Der Baalsdienst war nicht der einzige Schaden, den Hosea am Gottesvolk sehen mußte. Es fehlte auch an den Grundlagen menschlichen Zusammenlebens, denn Israel hat kein Wissen von Gott. Es kennt nicht mehr die alten Überlieferungen, nicht mehr die Geschichtstaten Jahwes, nicht mehr das Gottesrecht, durch das ein Zusammenleben erst möglich wird. Nun wird dieses Gottesrecht zum Ankläger.

Hört das Wort Jahwes, ihr Söhne Israels!
Denn einen Streit führt Jahwe mit den Landesbewohnern:
Es fehlt Zuverlässigkeit, es fehlt Gemeinschaftssinn,
es fehlt das Wissen von Gott im Lande.
Verfluchen, Lügen, Morden, Stehlen
und Ehebrechen breiten sich aus;

---

12 Traubenkuchen wurden von den Teilnehmern am Baalskult verzehrt.
13 Ein Homer sind etwa 400 Liter.
14 Ephod und Teraphim sind wichtige Teile der Priesterkleidung. Der Satz besagt, daß Israel ohne Staat und Kult sein wird.

Blutschuld reiht sich an Blutschuld.
Deshalb verdorrt das Land,
welken alle seine Bewohner dahin
samt den Tieren des Feldes
und den Vögeln des Himmels;
selbst die Fische des Meeres werden dahingerafft. (Hos 4, 1–3)

Die Verführer

Als die eigentlich Schuldigen an der religiösen Verirrung nennt Hosea die Priester. Sie als die Träger der Überlieferung haben das Volk nicht unterwiesen und damit ihre Berufspflicht vernachlässigt. Wenn das Volk mit Jahwe nicht vertraut ist, so kann es als entschuldigt gelten. Auch für das Aufkommen der Sexualriten sind die Priester verantwortlich und nicht die Mädchen und Frauen.

Wenn jedoch niemand anklagt und keiner es rügt,
dann ergeht an dich meine Anklage, Priester!
Du wirst straucheln am Tag.
Ich lasse deine Mutter umkommen.
Mein Volk kommt um, weil ihm Erkenntnis fehlt.
Weil du selbst Erkenntnis abgelehnt hast,
lehne ich dich als meinen Priester ab.
Weil du deines Gottes Weisung vergessen hast,
werde auch ich deine Söhne vergessen.
Der Geist der Unzucht hat sie verführt;
sie entfernen sich buhlend von ihrem Gott.
Auf Bergesgipfeln bringen sie Opfer dar,
auf den Hügeln verbrennen sie Rauchopfer,
unter Eichen, Pappeln und Terebinthen,
weil ihr Schatten so angenehm ist.
Darum geben eure Töchter sich preis,
brechen eure Schwiegertöchter die Ehe.
Ich strafe eure Töchter nicht für ihre Unzucht,
eure Schwiegertöchter nicht für ihren Ehebruch;
denn auch die Männer gehen mit Dirnen abseits
und opfern zusammen mit Weihedirnen.
Das törichte Volk kommt so zu Fall.
Du, Israel, sollst dich nicht schuldig machen!
Geht nicht nach Gilgal,
nach Bet-Awen zieht nicht hinauf [15],
schwört nicht: »So wahr Jahwe lebt!« (Hos 4, 4–6.12–15)

---

15 Bet-Awen (Haus der Bosheit) ist ein Schimpfname für Bet-El (Betel, Haus Gottes).

Das Volk ist krank an Gott

Das Jahr 733 brachte einen Bruderkrieg in Israel, als das Nordreich gegen Juda ins Feld zog, um es zu einer Koalition gegen Assur zu zwingen. Der König von Juda aber rief Assur selbst zu Hilfe. Während der assyrische König von Norden her den größten Teil des Nordreichs eroberte, nutzten Judas Truppen die Gelegenheit, von Süden her in das Gebiet des Nordreichs einzufallen, um die Grenze zu verändern.

Die folgenden zwei Worte stammen aus dieser Zeit. Das erste erhebt einen Alarmruf, weil Judas Truppen ins Land fallen. Das zweite Wort deckt auf, daß beide Bruderstaaten sich geirrt haben: Nicht Assur hat den Schaden verursacht, sondern Jahwe selbst ist zum Eiter und zur Fäulnis für sein Volk geworden.

Zur gleichen Zeit, als Hosea diese Worte sprach, gab es auch im gegnerischen Lager, in Jerusalem, einen Propheten Jahwes. Es ist Jesaja. Auch er verurteilt die Bündnis- und Kriegspolitik seines Königs und verlangt Vertrauen auf Jahwe, der in allem Geschehen selbst gegenwärtig ist.

Zu Gibea stoßt ins Kriegshorn,
in die Trompete zu Rama;
weckt Bet-Awen,
schreckt Benjamin auf!
Ephraim [16] wird zur Wüste
am Tag der Bestrafung,
gegen Israels Stämme
verkünde ich, was feststeht.
Judas Führer handeln wie Leute,
die Grenzen verrücken [17],
über sie gieße ich meinen Zorn aus wie Wasser.
Ephraim übt Gewalttat, beugt das Recht;
denn willig läuft es dem Nichts nach [18].
Ich aber bin wie Eiter für Ephraim,
wie Fäulnis für Judas Haus.
Ephraim sah seine Krankheit,
Juda seine eiternde Wunde;
da ging Ephraim nach Assur
und sandte zum Großkönig.
Doch dieser kann euch nicht heilen,
von der Eiterbeule euch nicht befreien.
Fürwahr, ich bin wie ein Löwe für Ephraim,
wie ein Junglöwe für Judas Haus!
Ich, ich zerreiße und gehe davon,

---

16 Ephraim ist Name für das Nordreich.
17 Das Gottesrecht stellte das Verschieben der Ackergrenzen unter den Fluch Jahwes (vgl. S. 61).
18 Gemeint ist das Aramäerreich, mit dem sich das Nordreich verbündet hatte.

schleppe weg, und retten kann niemand.
An meine Stätte ziehe ich mich zurück,
bis daß sie ihre Schuld büßen
und mein Antlitz suchen,
in ihrer Not nach mir begehren. (Hos 5, 8–15)

Die Königsmacher

Weil die Kriegspolitik des Nordreichs gescheitert war, kam es im Inneren zu Thronwirren. Der König wurde in einer Palastrevolte umgebracht, und sein Mörder, Hosea ben Ela, setzte sich auf den Thron. Die erhitzte Atmosphäre unter den neuen Höflingen vergleicht der Prophet Hosea mit einem aufgeheizten Backofen.

Mit ihrer Bosheit machen sie einen König übermütig,
Fürsten mit ihrer Falschheit.
Sie alle brechen die Ehe;
sie sind wie ein brennender Ofen,
wenn der Bäcker aufhört zu heizen vom Kneten des Teiges an,
bis er durchsäuert ist [19].
Den Festtag unseres Königs beginnen die Fürsten damit,
daß sie sich erhitzen mit Wein,
dessen Gewalt die Prahlredner mitreißt.
Ja, sie glühen wie ein Ofen;
ihr Herz brennt in ihnen;
die ganze Nacht schlummert ihr Zorn,
am Morgen entbrennt er wie loderndes Feuer.
Sie alle sind erhitzt wie ein Ofen,
fressen ihre Richter auf.
Alle ihre Könige stürzen [20],
doch keiner von ihnen ruft mich an.
Könige berufen sie gegen meinen Willen,
Fürsten, die ich nicht anerkenne.
Götzen machen sie sich aus ihrem Silber und Gold,
damit es vertan ist. (Hos 7, 3–7; 8, 4)

---

19 Wenn der Backofen morgens angeheizt wurde, brannte er am stärksten. Während der Teig bereitet wurde, brannte das Feuer zur Glut herunter, über der dann das Brot gebacken wurde.

20 Innerhalb von zwölf Jahren waren vier Könige einem Umsturz zum Opfer gefallen.

Der Narr Jahwes

In dem Maße, in dem sich die Bewohner des Nordreichs mit der Niederlage von 733 abgefunden hatten und das Leben wieder seinen gewohnten Gang ging, forderte die anhaltende Gerichtsankündigung Hoseas die Feindschaft seiner Hörer heraus. Hosea hat sich daraufhin von der Öffentlichkeit zurückgezogen. In einer Art Abschiedswort kündigte er die »Tage der Abrechnung« für die allernächste Zukunft an.

Gekommen sind die Tage der Abrechnung,
die Tage der Vergeltung gekommen.
Mag Israel schreien:
»Der Prophet ist ein Narr,
verrückt ist der Geistesmann!«
Wegen deiner großen Schuld
ist groß auch die Anfeindung.
Der Wächter Ephraims steht im Bund mit Gott.
Ein Fangnetz begegnet ihm auf all seinen Wegen.
Anfeindung im Hause seines Gottes [21].
Man handelt aufs tiefste verderblich
wie in den Tagen von Gibea [22].
Er gedenkt ihrer Schuld,
straft ihre Sünden.

(Hos 9, 7–9)

Der Prophet bittet für sein Volk

Nach der Zurückweisung seiner Botschaft in der breiten Öffentlichkeit ist Hosea nach 733 anscheinend nur noch intern vor einem kleinen Kreis von Anhängern aufgetreten. Dieser Kreis, dem wir vermutlich die Niederschrift und Sammlung der Hosea-Worte zu verdanken haben, gehörte zu jenen prophetischen Gruppen des Nordreichs, in denen die alten Überlieferungen besonders gepflegt wurden.

Hosea scheint vor diesem Kreis berichtet zu haben, wie Jahwe ihm eine Reihe von Strafen für sein Volk ankündigte. Dem Propheten blieb nur noch die Möglichkeit, die geringste der Strafen auszuwählen. Er wählt die, durch die Israel noch unter der Hand Jahwes bleibt: die Unfruchtbarkeit der Frauen Israels.

»Wie Trauben in der Wüste fand ich Israel [23],
wie Frühfeigen am jungen Feigenbaum entdeckte ich eure Väter.
Aber als sie nach Baal-Peor kamen,
weihten sie sich dem Schandgott [24].

---

21 Mit »Haus Gottes« ist das ganze Land gemeint.
22 Hosea spielt auf eine Geschichte der Richterzeit an, die von einem Verbrechen der Bewohner Gibeas erzählt.
23 Dies ist ein Bild für unverhoffte Köstlichkeit.
24 Der Baal-Peor ist ein Fruchtbarkeitsgott, dem die Israeliten der Überlieferung nach verfielen, noch bevor sie das Gelobte Land erreicht hatten.

Da wurden sie mir zum Abscheu gleich ihrem Buhlen.
Ephraim gleicht den Vögeln; es verfliegt sein Ruhm:
keine Geburt mehr,
kein Mutterschoß und keine Empfängnis!
Und ziehen sie ihre Söhne groß,
so mache ich sie dennoch kinderlos
und vereinsamt.
Ja, ein Wehe auch über sie selbst, wenn ich von ihnen weiche!
Ephraim hat sich, wie ich sehe,
seine Söhne zum Jagdwild gemacht.
So muß nun Ephraim seine Söhne zum Schlächter hinausführen.«

Gib ihnen, Jahwe, was du geben kannst;
gib ihnen unfruchtbaren Schoß und vertrocknete Brüste!

»Ihre ganze Bosheit zeigte sich in Gilgal [25];
ja, dort wurden sie mir zuwider!
Ob ihrer schändlichen Taten
vertreibe ich sie aus meinem Hause.
Ich liebe sie fortan nicht mehr,
Aufrührer sind ihre Fürsten alle.
Geschlagen ist Ephraim, seine Wurzel verdorrt,
Frucht bringen sie keine hervor.
Wenn sie trotzdem gebären,
lasse ich ihres Schoßes Lieblinge sterben.«

Verwerfen wird sie mein Gott,
denn sie gehorchen ihm nicht;
so müssen sie unter den Völkern unstet werden. (Hos 9, 10–17)

Mit Stricken der Liebe

Nach Worten von gnadenloser Finsternis muß Jahwe sich doch wieder zu seiner Liebe bekennen. Er kann Israel nicht völlig preisgeben. Ein Text, der im Alten Testament einzigartig ist, zeigt den Kampf im Herzen Jahwes. Nach einer Anklagerede, in der er als Kläger seine Liebeserweise und die ständige Untreue des Volkes schildert, erklärt er in bewegten Worten, daß er auf eine Bestrafung des Angeklagten verzichten muß. Jahwe ist darin der Heilige, daß seine Reue seinen Zorn umstürzt.

»Als Israel noch ein Knäblein war, gewann ich es lieb,
und aus Ägypten berief ich meinen Sohn.

---

[25] Mit dem Stichwort Gilgal ist auf Saul und dessen Verwerfung angespielt; vgl. oben S. 179 f.

Doch je mehr ich sie rief, desto weiter rückten sie von mir ab.
Sie opferten den Baalen und räucherten den Götzenbildern.
Und ich war es doch, der Ephraim gehen gelehrt,
der sie auf meine Arme genommen.
Aber sie merkten es nicht, daß ich sie hegte.
Mit menschlichen Seilen zog ich sie an,
mit Stricken der Liebe.
Ich war für sie wie Eltern,
die den Säugling an ihre Wangen heben.
Ich neigte mich ihm zu und reichte ihm Speise.
Er muß zurück ins Land Ägypten,
und Assur wird sein König sein,
weil man die Umkehr verweigert.
So wirbelt das Schwert in seinen Städten
und vertilgt sein leeres Gerede;
es frißt ihrer Pläne wegen.
Aber mein Volk hält fest am Abfall von mir;
man ruft zum Baal, doch dieser hilft sicher nicht auf.
Wie könnte ich dich preisgeben, Ephraim,
wie dich ausliefern, Israel?
Wie könnte ich dich preisgeben wie Adma,
dich gleichstellen mit Zeboim [26]?
Mein Herz kehrt sich gegen mich,
meine Reue ist mächtig entbrannt.
Ich will meinen glühenden Zorn nicht vollstrecken,
will Ephraim nicht wieder verderben!
Denn Gott bin ich und nicht ein Mensch,
ein Heiliger in deiner Mitte,
und nicht gerate ich in Erregung.
Sie eilen herbei von Ägypten wie Vögel,
wie Tauben vom Lande Assur [27].
Ich lasse sie wohnen auf ihrem Hausbesitz.« (Hos 11, 1–9.11)

Die Heilung

Das letzte der uns überlieferten Hosea-Worte ist eine ungebrochene Heilsankündigung. Der Prophet spricht dem Volk ein Bußgebet vor, und Jahwe antwortet mit einer Verheißung, deren Bilder an die Sprache des Hohen Liedes erinnern. Die dramatisch bewegte Geschichte des Gottesvolkes endet in der Stille eines immerwährenden Blühens.

---

26 Die Städte Adma und Zeboim galten wie Sodom und Gomorra als Orte, die Jahwe in seinem Zorn ein für allemal ausgelöscht hatte.
27 Die im Jahre 733 nach Assur verschleppten Israeliten werden ebenso zurückkehren wie die, die damals vor den assyrischen Herren nach Ägypten geflohen sind.

> Kehre um, Israel, zu Jahwe, deinem Gott,
> denn du bist gestürzt durch deine Schuld!
> Bringt rechte Worte mit
> und bekehrt euch zu Jahwe! Sprecht zu ihm:
> »Du vergibst doch die Schuld? Nimm das Stammeln entgegen;
> wir bringen die Frucht unserer Lippen dar.
> Assur kann uns nicht retten;
> wir wollen auf Pferdegespannen nicht fahren!
> Nie mehr wollen wir sagen: ›Unser Gott‹
> zum Machwerk unserer Hände!
> Denn bei dir findet ein Verwaister Erbarmen.«
> »Ich will ihre Untreue heilen!
> Ich liebe sie aus freier Gnade.
> Denn mein Zorn hat sich von ihnen abgewandt.
> Ich will wie Tau für Israel werden,
> daß es blühe wie die Lilie
> und Wurzeln schlage wie der Libanonwald.
> Seine Schößlinge mögen treiben,
> auf daß seine Pracht dem Ölbaum gleiche,
> sein Duft dem des Libanon.
> Man wird wieder in meinem Schatten wohnen
> und Getreide bauen.
> Wie ein Weinstock wird sein Ruhm sprießen,
> wie der Wein vom Libanon.
> Was hat denn Ephraim noch mit den Götzen zu tun?
> Ich allein erhöre ihn und blicke auf ihn.
> Ich gleiche einer immergrünen Zypresse:
> Von mir kannst du dir Früchte sammeln!« (Hos 14, 2–9)

2. Der Untergang des Nordreiches und seine literarischen Nachwirkungen

Der Untergang des Nordreiches im Jahre 722 markiert einen tiefen Einschnitt in der Geschichte Israels: Der größte Teil des einstigen Zwölf-Stämme-Volkes hatte endgültig seine politische Existenz verloren. Somit war das – im wesentlichen vom Stamm Juda getragene – Südreich zum Erben des Gottesvolkes geworden. Trotz des jahrhundertelangen Nebeneinanders und zeitweiliger Feindschaft der beiden Reiche und trotz der Eigenständigkeit ihrer Überlieferungen wurde der Verlust des Nordens in Juda als Gericht Jahwes am ganzen Volke empfunden. Die Auflösung der Eigenstaatlichkeit und die Verschleppung eines großen Teils der Bevölkerung des Nordreiches wurden als eine letzte Warnung Gottes an die Adresse Judas verstanden. So hat

z. B. noch Generationen später der Verfasser der Königebücher in seiner Darstellung der Geschichte Israels und Judas den Untergang des Nordreiches als eine letzte große Vermahnung Jahwes an Juda dargestellt. Er läßt seine Betrachtung in der Feststellung gipfeln, daß Israel nicht zu Jahwe »umgekehrt« sei, womit er ein Stichwort aus der Verkündigung Hoseas aufgreift, schließt aber in dieses Urteil zugleich Juda mit ein, denn der in der Exilzeit lebende Verfasser der Königebücher blickt auch schon auf den Untergang Judas zurück. Der Text seiner Betrachtung steht unten S. 453 f.

Weil man die Katastrophe des Nordreichs als Gericht über ganz Israel verstand, ist das literarische Erbe des Nordreichs nicht verlorengegangen, sondern im Staat Juda weitergepflegt worden. Das gilt zunächst von den Worten, die Jahwe durch die Propheten gegen das Nordreich gesprochen hatte. Die Sprüche des Propheten Hosea waren im Nordreich gesammelt worden, wurden aber später im Südreich weiter überliefert und in judäischem Sinne bearbeitet. Zunächst stellte man dem Gericht an Israel die Gnade für Juda gegenüber. An das Wort Hoseas etwa »Ich will dem Hause Israel forthin nicht mehr gnädig sein, so daß ich ihnen vergäbe« fügte jemand den Satz an: »Dem Hause Juda aber will ich gnädig sein.« In einem zweiten Bearbeitungsgang jedoch wurde die Gerichtsankündigung über Israel durch kleine Ergänzungen auch auf Juda ausgedehnt. So findet sich beispielsweise zu der Mahnung »Du Israel sollst dich nicht strafbar machen« die Bemerkung »und Juda«. Man kann an solchen Zusätzen ablesen, wie die Überlieferung der Prophetenworte von einer immer neuen Aktualisierung begleitet gewesen ist. Ähnliches läßt sich am Amos-Buch beobachten. So haben die Bearbeiter Juda mit in das große Völkergedicht (vgl. oben S. 318 ff.) einbezogen: »So spricht Jahwe: ›Wegen drei Freveltaten Judas, wegen der vier nehme ich es nicht zurück. Weil sie das Gesetz Jahwes verworfen und seine Satzungen nicht gehalten haben, weil ihre Götzen sie irregeführt, denen schon ihre Väter gefolgt sind. Ich lasse Feuer los wider Juda, daß es Jerusalems Paläste verzehre.‹«

Das vielleicht wichtigste Erbe, das man in Juda aus der Konkursmasse des Nordreichs rettete, war eine Sammlung von alten Rechtssätzen, die in predigthaftem Stil für die Gegenwart neu formuliert worden waren. Wir können nur vermuten, daß diese Sammlung im Nordreich nicht lange vor der Katastrophe entstanden ist. Jedenfalls erscheint sie hundert Jahre später in Jerusalem; über ihre dortige Wiederentdeckung wird weiter unten noch zu berichten sein (vgl. S. 387). Auch viele geschichtliche Überlieferungen aus dem Nordreich sind anscheinend planmäßig in Jerusalem gesammelt worden. Dazu gehören etwa die Elia- und Elisageschichten und der Bericht von der Jehu-Revolution. Hinter diesem bewahrenden Aufnehmen stand die Gewißheit, daß nunmehr Juda zum Träger des Gottesvolkes geworden sei und daß es sich deshalb das gesamtisraelitische Erbe aneignen dürfe und müsse.

C. Assur und Juda

Die Strafexpedition der Assyrer, die zum Untergang des Nordreiches geführt hatte, ließ Juda verschont, da es sich an dem Aufstand nicht beteiligt hatte. Der judäische König blieb jedoch tributzahlender Vasall des assyrischen Königs und mußte sogar einen assyrischen Altar des Reichsgottes »Assur« vor dem Jahwetempel in Jerusalem errichten. Etwa zwanzig Jahre lang fügte sich Juda in seine Vasallenrolle. In den Jahren 713–711 wurde der Nachfolger des Königs Ahas, Hiskia, zwar in einen Aufstand der Philisterstädte gegen Assur verwickelt, konnte sich aber noch rechtzeitig aus dem Unternehmen zurückziehen, so daß er von den Strafaktionen der Assyrer verschont blieb.

Als jedoch acht Jahre später – beim Tode des assyrischen Königs Sargon II. im Jahre 705 – erneut Unruhen in Südpalästina ausbrachen, war Hiskia von Juda neben dem ägyptischen Pharao einer der Führer des Aufstandes. Er stellte die Tributzahlungen ein und entfernte den assyrischen Altar. Erst vier Jahre später, im Jahre 701, zog der neue assyrische König Sanherib nach Palästina, um den Aufstand niederzuwerfen. Er besiegte eine kleine ägyptische Streitmacht, unterwarf die abtrünnigen Philisterstädte und besetzte ganz Juda. Sanherib selbst bestürmte die judäische Festung Lachis, wie er es auf Reliefbildern hat darstellen lassen (s. Abbildung). Jerusalem war eingeschlossen und wurde berannt. Hiskia konnte in letzter Minute das Schlimmste abwenden, indem er sich unterwarf und einen schweren Tribut zahlte. Die Bewohner Jerusalems haben es wie ein Wunder gefeiert, daß ihnen das Äußerste erspart geblieben war. Der assyrische König freilich bestrafte Hiskia hart, indem er dessen Herrschaft auf den Stadtstaat Jerusalem beschränkte und das judäische Land an die treugebliebenen Philisterstädte verteilte.

1. Der Prophet Micha

In jenen Jahrzehnten am Ausgang des 8. Jahrhunderts, in denen auch das Südreich zunehmend unter den Einfluß der Assyrer geriet, sind in Juda und Jerusalem die Propheten Micha und Jesaja aufgetreten. Beide haben auch den Untergang des Nordreiches miterlebt. Micha stammte aus Moreschet-Gat, einer Ortschaft südwestlich von Jerusalem im judäischen Hügelland. Seine Verkündigung ist stark von seinen persönlichen Lebensumständen geprägt. Er war vermutlich Bauer und hat unter der Willkür der Großgrundbesitzer zu leiden gehabt, die in den zurückliegenden Jahrzehnten des wirtschaftlichen Aufschwungs zu Macht und Reichtum gekommen waren. Diese in Jerusalem residierenden Grundherren sind vorwiegend die Adressaten von Michas Unheilsbotschaft. Vielleicht ist Micha zur Verkündigung seiner Worte nach Jerusalem gegangen.

Aus seinen Worten spricht nicht nur das Ressentiment des Landjudäers gegen die Stadtkultur, sondern auch das gespannte Verhältnis, das auch nach dreihundert Jahren gemeinsamer Geschichte noch immer zwischen dem ehemals kanaanäischen Stadtstaat Jerusalem und den jahwetreuen Bauern des umliegenden judäischen Landes bestand. Die städtische Kultur und die schutzverheißende Zionstradition ist auf dem Lande nie recht heimisch geworden. Es ist wohl kein Zufall, wenn Micha, der auf dem Boden der alten Stammesüberlieferung stand, die Auslöschung des Zion aus der Geschichte erwartete, während der Jerusalemer Patrizier Jesaja gerade den Zion als den einzigen Ort der Zuflucht verkündete.

Der Prozeß gegen Samaria

Die einzige Drohung gegen das Nordreich, die uns von Micha bekannt ist, führt zurück in die Zeit vor dem Untergang des Nordreichs. Das Gerichtswort wird eingeleitet mit einer *Theophanieschilderung*. Diese Redegattung schildert in zwei Teilen Jahwes Kommen und den Aufruhr, in den die Natur dadurch versetzt wird. Durch eine Theophanieschilderung hatten die Israeliten ehemals in ihren Siegesliedern Jahwes Hilfe verherrlicht. Micha verkehrt sie in ihr Gegenteil: Jahwe kommt zum Kampf gegen sein eigenes Volk.

> Hört, ihr Völker alle,
> merke auf, Erde, und was sie erfüllt!
> Jahwe tritt als Kläger gegen euch auf,
> der Herr von seinem heiligen Tempel her.
> Denn seht, Jahwe verläßt seine Stätte,
> steigt herab und schreitet dahin über die Höhen der Erde.
> Die Berge zerschmelzen unter ihm,
> die Täler zerlaufen
> wie Wachs vor dem Feuer,
> wie Wasser, am Abhang ausgeschüttet.
> Vom Frevel Jakobs kommt all dies,
> von der Sünde des Hauses Israel!
> Was ist der Frevel Jakobs?
> Nicht etwa Samaria?
> Ich mache Samaria zum Steinhaufen im Feld,
> zum Weinberggelände.
> Ich schütte seine Steine ins Tal,
> seine Fundamente lege ich bloß.
> Seine Schnitzbilder werden alle zerschlagen,
> seine Ascheren sämtlich im Feuer verbrannt [28].

---

28 Die Aschera ist ein kanaanäisches Fruchtbarkeitssymbol in Gestalt eines Baumes.

Alle seine Götzen werde ich zerstören.
Denn vom Dirnenlohn sind sie zusammengebracht [29],
und zu Dirnenlohn werden sie wieder! (Mi 1, 2–7)

Der Boden gehört Jahwe

Der Willkür der Grundherren und Bauernleger setzt Micha ein hartes Drohwort entgegen. Die Strafe wird, wie oft bei Micha, so formuliert, daß sie der bösen Tat entspricht: Die Landgier führt zum Verlust des Landes.

Die letzten Sätze machen deutlich, daß es sich bei der Latifundienwirtschaft auch um ein religiöses Vergehen handelt. Seit eh und je galt nämlich Jahwe als alleiniger Besitzer des Landes, das er Israel zum Erbbesitz gegeben hatte. Deswegen wurde nach einem Brachjahr ein Teil des Bodens in einer sakralen Verlosung neu verteilt. Micha erwartet die Wiedererrichtung der alten Bodenordnung durch die Gemeinde Jahwes – ohne die Herren aus der Hauptstadt.

Wehe denen, die Arges planen
auf ihren Lagern!
Beim Morgenlicht führen sie es aus,
weil sie die Macht dazu haben.
Trachten sie nach Landbesitz, so rauben sie ihn,
nach Hausbesitz, so enteignen sie ihn.
Sie vergewaltigen Mann und Haus,
Herrn und Habe.
Darum spricht Jahwe:
»Siehe, nun plane ich Unheil gegen diese Sippschaft,
aus dem ihr euren Nacken nicht herausziehen könnt,
um aufrecht zu gehen:
denn eine böse Zeit wird es sein.«
An jenem Tage stimmt man über euch ein Spottlied an
und singt ein Klagelied folgenden Inhalts:
»Völlig sind wir vernichtet!
Der Anteil meines Volkes wird abgemessen;
keiner gibt ihn zurück.
Unsere Felder werden verteilt.«
Darum wird euch keiner die Meßschnur ziehen
über ein Grundstück in der Gemeinde Jahwes. (Mi 2, 1–5)

---

[29] Die Einkünfte der Tempeldirnen flossen in den Schatz der Heiligtümer.

Die Häupter Jakobs

Auch Micha scheint mit den weisheitlichen Überlieferungen vertraut gewesen zu sein. Sein Gerichtswort gegen die Führer Judas mutet wie eine Verschärfung der Mahnung des Amos an, das Böse zu hassen und das Gute zu lieben.

Ich sprach:
»Hört, ihr Häupter Jakobs
und Richter des Hauses Israel!
Wäre es nicht eure Pflicht, das Recht zu kennen?
Doch ihr haßt das Gute und liebt das Böse.«
Sie fressen das Fleisch meines Volkes,
ziehen den Leuten die Haut ab
und zerbrechen ihre Knochen.
Sie zerstückeln sie wie Fleisch im Topf
und wie Braten in der Pfanne.
Auch ihnen zieht man das Fell ab
und das Fleisch von den Knochen.
Wenn sie dann zu Jahwe schreien,
so wird er nicht auf sie hören.
Er verbirgt vor ihnen sein Antlitz zu jener Zeit,
da sie schlechte Taten verübten. (Mi 3, 1-4)

Untreue Propheten

Micha hat nicht nur, wie vor ihm Amos und Hosea, persönliche Anfeindungen erfahren, sondern hat sich auch, wie später besonders Jeremia, mit anderen Propheten auseinandersetzen müssen. Der Anspruch eines Propheten, der wahre Prophet zu sein, gründet sich allein auf das Wissen, als Sprecher Jahwes berufen zu sein. Micha hat dies Bewußtsein für sich in Anspruch genommen. Seinen Gegnern bestreitet er nicht, ebenfalls von Jahwe berufen zu sein, aber er wirft ihnen vor, Rücksicht auf ihre Geldgeber zu nehmen und damit ihrem Auftrag untreu zu werden.

So spricht Jahwe gegen die Propheten,
die mein Volk in die Irre führen,
die ›Heil‹ rufen,
wenn ihre Zähne zu beißen haben,
jenem aber den Krieg erklären,
der ihnen nichts in den Mund steckt:
»Deshalb soll Nacht über euch hereinbrechen,
so daß ihr keine Gesichte schaut,
und Finsternis,
so daß ihr nicht weissagen könnt.

Ja, die Sonne soll den Propheten untergehen
und der Tag sich ihnen verfinstern!«
Da werden die Seher beschämt
und die Wahrsager ganz verlegen;
sie alle verhüllen sich den Bart [30],
denn Gottes Antwort bleibt aus.
Doch ich bin erfüllt mit Kraft, mit dem Geiste Jahwes,
mit Rechtssinn und Mut,
um Jakob sein Unrecht zu künden
und Israel seine Schuld. (Mi 3, 5–8)

Jerusalem wird zum Trümmerhaufen

In Jerusalem wurde neben der Davidstradition vor allem die Überlieferung von der Erwählung des Zion gepflegt. Weil Jahwe auf dem Zion, dem Tempelberg, Wohnung genommen hatte, galt Jerusalem als unzerstörbar [31].
Micha hat diesen Glauben verworfen. Er erwartet, daß Jerusalem für immer aus der Geschichte verschwinden wird. In einer Unheilsankündigung beschwört er die Jerusalemer, die Nähe Jahwes nicht als Heilsgarantie anzusehen.
Die Weissagung der Zerstörung Jerusalems war noch nach hundert Jahren unvergessen. Als der Prophet Jeremia angeklagt war, gegen Jerusalem geweissagt zu haben, führte man mit Erfolg zu seiner Verteidigung die Weissagung Michas an [32].

Hört dies, ihr Häupter des Hauses Jakob
und Richter des Hauses Israel,
die ihr das Recht verabscheut
und alles Gerade verdreht,
die ihr den Zion mit Blutschuld baut
und Jerusalem mit Freveltat.
Seine Häupter sprechen Recht um Bestechung,
seine Priester unterweisen um Lohn,
seine Propheten wahrsagen um Geld.
Dabei stützen sie sich auf Jahwe und sagen:
»Ist nicht Jahwe in unserer Mitte?
Nimmer kann Unheil über uns kommen!«
Deshalb wird euretwegen der Zion als Feld gepflügt,
Jerusalem wird zum Trümmerhaufen,
der Tempelberg zur bewaldeten Höhe. (Mi 3, 9–12)

---

30 Sich den Bart zu verhüllen war wie das Zerreißen der Kleider ein Zeichen der Trauer und des Entsetzens.
31 Vgl. oben S. 234.
32 Vgl. unten S. 410.

Jahwe verteidigt sich vor Gericht

Die Sammlung der Micha-Worte ist in späterer Zeit durch eine Reihe von Sprüchen unbekannter Herkunft erweitert worden. Eines dieser Worte gleicht in seinem Aufbau einem Gerichtsverfahren. Ganz ungewöhnlich an diesem Verfahren ist, daß Jahwe hier als Beschuldigter spricht, der ein Verfahren gegen sich selbst anstrengt. Zunächst ruft er zwei verläßliche Zeugen, die Berge und die Grundfesten der Erde, herbei. Dann hält er eine Verteidigungsrede, in der er seine Unschuld nachweist. An dieser Stelle bricht das Verfahren ab.

> Hört das Wort, das Jahwe spricht:
> »Auf, führe vor den Bergen den Streit,
> daß die Hügel deine Stimme hören!«
> Hört, ihr Berge, den Rechtsstreit Jahwes,
> ihr Grundfesten der Erde, merkt auf!
> Denn einen Rechtsstreit führt Jahwe mit seinem Volk,
> und Israel zieht er zur Rechenschaft.
> »Mein Volk, was habe ich dir getan,
> womit dich ermüdet?
> Antworte mir!
> Ich habe dich aus dem Lande Ägypten geführt,
> aus dem Sklavenhaus dich erlöst.
> Als Führer sandte ich dir Moses, Aaron und Mirjam.
> Mein Volk, denke daran,
> was Balak plante,
> und welche Antwort ihm Bileam gab [33]!
> Denke an deinen Zug von Schittim bis Gilgal [34],
> damit du die Wohltaten Jahwes erkennst!«   (Mi 6, 1–5)

Der Wille Gottes

Ein anderes, später dem Micha-Buch hinzugefügtes Wort bietet eine prägnante Formulierung des Rechtswillens Jahwes. Der Verfasser bedient sich einer *Einzugsliturgie*, wie sie uns auch aus dem Psalter bekannt ist (vgl. S. 276). Bevor die Pilger das Heiligtum betraten, mußten sie fragen, unter welchen Bedingungen sie eintreten durften und welches Opfer Jahwe fordere. Daraufhin gaben ihnen die Priester entsprechenden Bescheid.

> »Womit soll ich vor Jahwe treten,
> mich beugen vor dem Gott der Himmelshöhe?

---

[33] Der Seher Bileam hatte im Auftrag des Moabiterkönigs Balak die Stämme Israels verfluchen sollen, mußte aber auf Geheiß Jahwes das Volk segnen; vgl. S. 269 f.
[34] Die Orte markieren die letzte Wegstrecke der Israeliten von der Wüste ins Kulturland.

Soll ich mit Brandopfern vor ihn treten,
mit einjährigen Kälbern?
Hat Jahwe Gefallen an tausend Widdern,
an ungezählten Strömen von Öl?
Soll ich meinen Erstgeborenen geben für meine Schuld,
den eigenen Sohn für meine persönliche Sünde?«
»Es ist dir mitgeteilt, o Mensch, was gut ist,
und was Jahwe von dir verlangt:
nichts, als Recht zu üben und Bundestreue zu lieben
und bescheiden zu wandeln mit deinem Gott.«   (Mi 6, 6–8)

2. Der Prophet Jesaja

Jesaja war Bürger Jerusalems und muß aus vornehmer Familie gewesen sein, jedenfalls sehen wir ihn mit dem König auf gleichem Fuße verkehren. Auch die Weite seiner Anschauungen und die Wandlungsfähigkeit seines Stils zeigen uns einen freien, gebildeten Mann von großer Vornehmheit. Er ist, im Unterschied zu Amos, Hosea und Micha, wohl für die Dauer seines Lebens zum Propheten berufen worden. Seinen Kindern hat er Symbolnamen gegeben, und auch sich selbst hat er so sehr in den Dienst der Botschaft gestellt, daß er einige Jahre im schäbigen Aufzug eines Deportierten umherging, um auf die kommende Deportation hinzuweisen. Anders als die anderen Propheten hat er das politische Geschehen aus intimer Kenntnis der Vorgänge in der Residenz Jerusalem verfolgt. Wir wissen aber nicht, wie diese gewiß stadtbekannte und gefürchtete Gestalt auf ihre Zeitgenossen gewirkt hat.

Im ganzen hat Jesaja etwa vier Jahrzehnte lang geweissagt. Da seine Worte meist einen direkten Bezug zu den politischen Ereignissen haben, können wir vier Perioden seiner Wirksamkeit unterscheiden. Die ältesten Texte stammen aus den letzten Jahren der großen Friedenszeit, die im Nordreich auch Amos und Hosea noch erlebt haben. Der nächste Höhepunkt seiner Tätigkeit liegt in der Zeit um das Jahr 733, als das Nordreich gegen Jerusalem zog. Danach scheint Jesaja lange geschwiegen zu haben; erst in der Zeit der antiassyrischen Aufstände der Jahre 713 bis 711 vernehmen wir wieder seine Stimme. Sein letztes Auftreten fällt in die Zeit der Bedrohung Jerusalems im Jahre 701.

Die Botschaft Jesajas kreist um die zwei großen Traditionen seiner Vaterstadt, nämlich die Zions- und die Davidstradition. Daß der *Zion*, also der Jerusalemer Gottesberg, uneinnehmbar sei und eine Zuflucht für den Rest des Gottesvolkes, findet man bei Jesaja immer wieder ausgesprochen. Er nimmt damit eine Vorstellung auf, die noch aus dem Jerusalem vor David stammt (vgl. oben S. 206 f.): Ein Völkermeer wälzt sich gegen Zion, doch auf ein Wort Jahwes hin fliehen alle über Nacht. Diese Tradition aus uralter

Zeit, bei der niemand an eine Bedeutung für die gegenwärtige Politik dachte, hat Jesaja für seine Zeit aktualisiert. Es muß für seine Zeitgenossen äußerst befremdlich gewesen sein, wie Religion und Politik direkt auf einander bezogen wurden, wenn Jesaja forderte, die Verheißungen für den Zion jetzt und hier ernst zu nehmen – gerade in der militärischen Bedrohung. Denn damit forderte er den ganzen Raum des öffentlichen Lebens für den Jahweglauben zurück. Jesaja hat die Zionstradition aber auch charakteristisch abgewandelt und Jahwe selbst den Zion bedrängen sehen. Jahwe rettet und richtet in einem.

Im Zusammenhang mit der Zionserwartung sind noch zwei andere Aussagen Jesajas wichtig. Er fordert »Glauben«, und er meint damit, daß es darauf ankomme, Jahwe Raum zu geben, von jedem Versuch der Selbsthilfe abzulassen, still zu sein und zu vertrauen. Die andere Aussage schließt sich an. Der Glaube soll ein Hinsehen auf das »Werk« Jahwes sein. Durch dies Werk und durch einen eigenen »Plan« verwirklicht er seinen Willen in der Geschichte. Diesen Plan zu kennen, hat Jesaja für sich in Anspruch genommen, während die Völker als Akteure in diesem Prozeß eingesetzt sind zu einem Ziel, das sie nicht kennen können, das erst der Prophet offenbart. Um seinen Plan auszuführen, bedient sich Jahwe des Großreichs Assur, das in seiner Hand ein Werkzeug ist, um Israel zur Vernunft zu bringen. Diese weiträumige Sicht der Weltgeschichte, in der Jahwe als unumschränkter Herr sich auch der fremden Völker bedient, findet sich zum ersten Mal in dieser Deutlichkeit bei Jesaja.

Die zweite Tradition, die Jesaja aufnimmt, ist die messianische, in deren Mittelpunkt die Heilszusage für den Thron *Davids* steht (vgl. oben S. 235). Diese Tradition ist in der Beamten- und Königsstadt Jerusalem schon lange die Grundlage für eine höfisch-sakrale Theologie gewesen, aber auch sie wird bei Jesaja in einer entschlossenen Neuinterpretation in die Zukunft gewendet. Der neue David, den er in den politischen Wirren seiner Zeit für die nächste Zukunft erwartet hat, soll ein Gesalbter Jahwes sein, der das Gottesrecht durchsetzt und ein alle menschlichen Vorstellungen sprengendes Friedensreich errichtet. Von den zu seiner Zeit in Jerusalem herrschenden Davididen hat Jesaja am Ende nichts mehr erwartet. Er entzog ihnen ihre messianische Legitimation in der Hoffnung auf einen zweiten David, durch den Jahwe in Jerusalem einen Neuanfang für Israel wie für die ganze Völkerwelt setzen würde.

Jesaja hatte zu reden von unsäglich dunklen und rätselhaften Dingen, die Jahwe tun werde. Dieser Gott war gekommen, um wieder einzureißen, was er geschaffen hatte, um sein Volk vor den Kopf zu stoßen, es taub zu machen und zu verstocken. Mit diesem Wissen stand Jesaja in völliger Einsamkeit. Weil er keinen Glauben finden durfte, mußte er mit seinem Auftrag scheitern. Aber auch seine Erwartungen haben sich nicht erfüllt. Deswegen wohl hat er seine Worte aufgeschrieben für eine spätere Zeit. Diese Worte konnten warten. Sie sind von der Geschichte nicht überholt worden. Ihre Kraft hat sich in Israel nicht erschöpft, denn sie haben weitergewirkt bis in die Botschaft des Neuen Testaments hinein.

(1) *Jesajas erste Verkündigung*. Das erste Auftreten Jesajas in Jerusalem ist etwa gleichzeitig mit dem Wirken von Amos und Hosea im Nordreich. Gleichwohl haben sie nichts voneinander gewußt, jedenfalls nehmen sie nicht aufeinander Bezug. Wie bei jenen steht auch beim frühen Jesaja die Ankündigung des kommenden Gottesgerichts, die Klage gegen die sozialen Gewalttätigkeiten und das halsstarrige Wesen Israels im Vordergrund. Bei ihm tritt aber von Anfang an das Wissen hinzu, daß selbst diese Perversion des Gottesvolkes nicht ohne Jahwes Mittun geschehen konnte. Gerade in dem Scheitern seiner prophetischen Botschaft glaubte er etwas von einem ganz neuen rätselhaften Tun Jahwes in Israel zu sehen. Die frühere Eindeutigkeit von Gottes Wirken war ihm entglitten; er mußte von einer geheimnisvollen Widersprüchlichkeit in Jahwes Verhältnis zu Israel reden, von der auch Amos und Hosea noch nichts zu sagen hatten.

Die Berufung

Ungefähr um das Jahr 740 ist Jesaja berufen worden durch den Empfang einer Vision, in der er Jahwe auf seinem Thron sah. In den Kreis der Engel, die als himmlischer Thronrat um ihn versammelt sind, wirft Jahwe die Frage hinein, wen er als Boten an Israel senden könne. Jesaja stellt sich zur Verfügung. Der Auftrag, den er daraufhin empfängt, ist unbegreiflich: Er soll das Volk verstocken, seine Herzen verhärten.
Diese Verstockung, durch die das Volk blind und taub gegen die Botschaft werden soll, ist Jahwes eigenes Werk. Das Gotteswort selbst schafft also das Gericht. Mit dieser Einsicht, daß Jahwe selbst das Scheitern Israels wirkt, stand Jesaja ganz allein.

Im Todesjahr des Königs Ussia sah ich den Herrn Jahwe. Er saß auf einem hohen und erhabenen Throne, seines Gewandes Schleppen füllten den Tempel. Über ihm schwebten Seraphim [35]; sechs Flügel hatte ein jeder; mit zweien verhüllte er sein Angesicht, mit zweien bedeckte er seine Füße, und mit zweien flog er. Einer rief dem andern zu und sprach: »Heilig, heilig, heilig ist Jahwe Zebaot, die Fülle der ganzen Erde ist seine Herrlichkeit.« [36] Vor der Stimme des Rufenden erbebten die Pfosten der Türschwellen, und der Tempelraum füllte sich mit Rauch. Da sprach ich: »Weh mir, ich bin verloren; denn ein Mann mit unreinen Lippen bin ich und wohne unter einem Volke mit unreinen

---

35 Seraphen sind Wesen mit Menschenkopf und -händen, einem Schlangenleib und Vogelflügeln. Mit dem Wort »Füße« werden die Genitalien umschrieben.
36 Die Worte »König«, »Herrlichkeit« und »der Heilige« entstammen dem Kult des kanaanäischen Gottes El und sind später auf Jahwe übertragen worden.

Lippen! Denn den König, Jahwe Zebaot, haben meine Augen gesehen.« Da flog zu mir einer der Seraphim heran, in seiner Hand einen glühenden Stein, den er mit einer Zange vom Altar genommen hatte. Mit ihm berührte er meinen Mund und sprach: »Siehe, dies hat deine Lippen berührt, gewichen ist deine Schuld, deine Sünde gesühnt.« Und ich hörte die Stimme des Herrn, der da sprach: »Wen soll ich senden, wer wird für uns gehen?«[37] Und ich erwiderte: »Hier bin ich, sende mich!« Und er sprach: »Geh und rede zu diesem Volke da: Höret, höret, aber verstehet es nicht; sehet, sehet, aber erkennt es nicht! Mache das Herz dieses Volkes verstockt, seine Ohren verhärtet und seine Augen verblendet, daß es mit seinen Augen nicht sehe und mit seinen Ohren nicht höre, sein Herz nicht zur Einsicht komme und es wieder Heilung finde!« Ich erwiderte: »Wie lange, o Herr?« Er sprach: »Bis daß die Städte verödet sind, ohne Bewohner, die Häuser menschenleer, und das Ackerland öde liegt als Wüste.« (Jes 6, 1–11)

Mißratene Söhne

Jahwe erhebt vor Zeugen Anklage gegen sein Volk, er tut es wie ein Vater, der zum Äußersten schreitet und seinen Sohn dem Richter übergibt. Der ganze Horizont des göttlichen Geschichtswaltens verdüstert sich, ein Erziehungsprozeß ist gescheitert. Israel hat Gottes Gaben nicht angenommen.

Höret, ihr Himmel, horch auf, du Erde,
denn es redet Jahwe:
»Söhne zog ich heran und erhöhte ich;
sie aber lehnten sich gegen mich auf.
Ein Ochs kennt seinen Besitzer,
ein Esel die Krippe seines Herrn,
Israel aber hat keine Erkenntnis,
mein Volk hat keinen Verstand.« (Jes 1, 2 f.)

Trachtet nach Recht

In der ersten Zeit hat Jesaja, wie vor ihm Amos und Micha, vor allem die Unterdrückung der sozial Schwachen und die Mißachtung des Gottesrechts zum Thema seiner Anklage gemacht. Er erteilt seine Weisung in der Art der Priester.

Höret das Wort Jahwes,
ihr Sodomgebieter!
Vernimm die Weisung unseres Gottes,
du Gomorravolk!

---

37 Die Worte »für uns« beziehen sich auf Jahwe und seinen himmlischen Hofstaat.

»Wozu soll mir die Menge eurer Schlachtopfer dienen?«
so spricht Jahwe.
»Der Widder Brandopfer habe ich satt
und der Mastkälber Fett;
der Stiere, der Lämmer, der Böcke Blut,
es sagt mir nicht zu!
Wenn ihr vor meinem Antlitz erscheint,
wer fordert dies von euch,
daß ihr meine Höfe zertretet?
Bringt sinnlose Gaben nicht länger mehr dar!
Räucherwerk ist mir abscheulich!
Neumond, Sabbat und Feiertag –
ich ertrage nicht Frevel und Fest!
Eure Neumonde und eure Feiertage haßt meine Seele.
Sie sind mir zur Last geworden, die zu tragen ich müde bin!
Breitet ihr eure Hände aus,
so verhülle ich meine Augen vor euch,
häuft ihr eure Gebete an,
so höre ich nicht;
denn eure Hände sind voll der Blutschuld!
Wascht und reinigt euch!
Schafft eurer Taten Bosheit mir aus den Augen hinweg,
hört auf, das Böse zu tun!
Lernt Gutes wirken, trachtet nach Recht,
leitet den Unterdrückten,
setzt euch im Gericht für den Verwaisten ein,
führt den Rechtsstreit der Witwe!« (Jes 1, 10–17)

Das Lied vom Weinberg

Der »Weinberg« ist in der Liebeslyrik jener Zeit ein beliebter bildlicher Ausdruck für die Geliebte gewesen. Jesaja beginnt ein volkstümliches Lied zu singen von einem Freund, der offensichtlich Streit mit seiner Braut hat. Der erfolglose Liebhaber, der alles für seinen Weinberg tat, dessen Kultivierungsarbeit aber keinen Erfolg hatte, ist, so merken die Zuhörer erst ganz am Schluß, als das Liebeslied in eine Gerichtsankündigung umschlägt, niemand anders als Jahwe selbst.

Singen will ich für meinen Freund
das Lied meines Freundes auf seinen Weinberg!
Einen Weinberg hatte mein Freund
auf fetter Höhe des Berges.
Er grub ihn um und entsteinte ihn,
mit Edelreben bepflanzte er ihn.
In seiner Mitte baute er einen Turm,

eine Kelter hieb er auch aus darin
und hoffte, daß er nun Trauben trüge;
doch nur Herlinge trug er.
Darum nun, Bürger Jerusalems und Männer von Juda,
richtet doch zwischen mir und meinem Weinberg!
Was blieb noch zu tun für meinen Weinberg,
das ich an ihm nicht hätte getan?
Warum hoffte ich, daß er Trauben trüge,
indes er nur Herlinge trug?
Verkünden will ich euch jetzt,
was meinem Weinberg ich tun will:
entfernen seinen Zaun,
daß er verwüstet wird,
einreißen seine Mauer,
daß er zertreten wird!
Ich will ihn machen zur Wüstenei;
er wird nicht beschnitten und nicht mehr behackt.
Aufschießen sollen Dornen und Unkraut;
den Wolken will ich verbieten,
über ihm zu regnen!
Wohlan, der Weinberg Jahwes ist das Haus Israel,
und die Leute von Juda sind seine liebliche Pflanzung.
Er hoffte auf Rechtsspruch, doch siehe da: Rechtsbruch,
und auf Gerechtigkeit, doch siehe da: Klageschrei! (Jes 5, 1–7)

Wehe-Worte

In einer Reihe von Weherufen werden einige soziale Gruppen angeklagt. Der Weheruf stammt aus der Totenklage, aber schon die weisheitliche Tradition hat ihn auf Lebende angewandt. Einen Weheruf über Lebenden auszurufen, kommt einem Todesurteil gleich, denn die Angeredeten werden ja schon wie Tote beklagt.

Wehe jenen, die Haus an Haus reihen,
Feld an Feld rücken,
bis kein Raum mehr vorhanden ist
und ihr allein Grundherren seid inmitten des Landes!
In meinen Ohren ließ sich hören Jahwe Zebaot:
Aus vielen Häusern wird Wüstenei,
große und schöne Häuser sind menschenleer.
Denn zehn Joch Rebland liefern nur einen Eimer,
und ein Malter Aussaat bringt nur einen Scheffel.

Wehe jenen, die früh sich erheben
und jagen nach Rauschtrank,

> die am späten Abend der Wein noch erhitzt!
> Da gibt es Zither und Harfe, Pauke und Flöte
> und Wein für ihr Trinkgelage.
> Doch auf das Werk Jahwes achten sie nicht,
> schauen nicht auf das Tun seiner Hände.
> Darum wird verbannt mein Volk, weil ohne Verstand,
> seine Herrenschicht muß sterben vor Hunger,
> seine Masse verschmachten vor Durst.
>
> Wehe jenen, die das Böse als gut, das Gute als böse bezeichnen,
> die Finsternis als Licht und Licht als Finsternis hinstellen,
> die bitter als süß und süß als bitter hinstellen!
>
> Wehe jenen, die Satzungen geben voll Unheil
> und bedrückende Vorschriften niederschreiben!
> Sie verdrängen die Armen vom Gericht
> und rauben den Elenden meines Volkes ihr Recht;
> so werden Witwen ihnen zur Beute,
> und Waisenkinder plündern sie aus!
> Aber was wollt ihr tun am Tage der Heimsuchung
> und beim Verderben, das von ferne heranzieht?
> Zu wem wollt ihr fliehen um Hilfe
> und wohin euren Reichtum bringen?
> Nur unter Gefangenen kann man sich ducken
> und unter Erschlagenen fallen!
> Bei all dem ließ nicht ab sein Zorn,
> und seine Hand blieb weiterhin ausgestreckt. (Jes 5, 8–13.20; 10, 1–4)

Das Werk Jahwes

Zur Zeit Jesajas war die Politik längst zu einem eigengesetzlichen Lebensbereich geworden. Im politischen Alltag erwartete man nichts mehr von Jahwe; seine Taten zählte man der großen idealen Vergangenheit zu. Für Jesaja aber kam es darauf an, sie nicht nur zu loben, sondern auch mit ihnen zu rechnen. Dazu prägte er das Wort von dem »Ratschluß« oder »Werk« Jahwes, mit dem er den ferngerückten Gott seinen Hörern wieder als den bedrohlich nahen vor Augen stellte. Wie wenig er damit ernstgenommen wurde, läßt ein Wehewort über diejenigen erkennen, die seine Worte verspottet haben.

> Wehe jenen, die mit Ochsenstricken die Schuld herbeiziehen,
> mit Wagenseilen die Sünde!
> Sie sprechen: »Es beeile sich schleunigst sein ›Werk‹,
> damit wir es sehen!
> Bald komme heran der ›Ratschluß‹ des Heiligen Israels,
> damit wir ihn erfahren!« (Jes 5, 18 f.)

Die Töchter Zions

Amos hatte den feinen Damen Samarias wegen ihrer Genußsucht den Weg in die Gefangenschaft angekündigt. Jesaja bedroht die Damen des Hofes und der Gesellschaft in Jerusalem wegen ihres stolzen Wesens mit dem gleichen Schicksal.

Und Jahwe sprach:
»Weil Zions Töchter so hochmütig sind,
beim Gehen hochrecken den Hals
und ihre Augen verdrehen,
weil sie trippelnd und tänzelnd einhergehen
und mit den Fußspangen klirren,
darum wird der Höchste den Scheitel der Zionstöchter kahlköpfig machen,
und ihre Schläfe wird Jahwe entblößen.«
An jenem Tage entfernt der Herr den prächtigen Schmuck [38]:
die Fußspangen, Stirnbänder, Möndchen, die Ohrgehänge, Armkettchen und Schleier, die Kopfbinden, Schrittkettchen und Gürtel, die Halsbänder und Amulette, die Fingerringe und Nasenringe, die Feierkleider, Mäntel, Überwürfe und Täschchen, die Schleier und Untergewänder, die Binden und Umschlagtücher.
Und dann wird es geschehen:
Statt des Balsams gibt es Moder;
statt der Schärpe den Strick,
statt des Lockengekräusels die Glatze,
statt des Prachtgewandes die Gürtung des Sackes,
ja Brandmal statt Schönheit [39]. (Jes 3, 16–24)

Der Tag Jahwes

Stolz und Hochmut hat Jesaja seinen Mitbürgern immer wieder vorgeworfen. In einem umfangreichen Kehrversgedicht sieht er das Ende des Hochmuts kommen. Dies Ende wird am »Tag Jahwes« kommen: Jahwe bringt Schrecken, Entmutigung, Erdbeben und Verfinsterung. Die traditionelle Vorstellung vom Tag Jahwes als eines Gerichts an Israels Feinden ist hier wie schon bei Amos gegen das Volk Israel selbst gewendet.

Fürwahr, du verstießest dein Volk, das Haus Jakob;
denn sie sind voll von Wahrsagerei aus dem Osten,
von Zauberern wie die Philister,

---

[38] Ein Bearbeiter hat an dieser Stelle eine Aufzählung von Schmuck- und Kleidungsstücken nachgetragen.
[39] Ein in die Haut gebranntes Sklavenmal.

und an Ausländern haben sie Überfluß.
Sein Land ist voll Silber und Gold,
seine Schätze nehmen kein Ende;
ja, sein Land ist von Pferden voll,
seine Streitwagen nehmen kein Ende.
Sein Land ist von Götzen voll.
Ihrer Hände Machwerk beten sie an,
das, was ihre Finger verfertigt.
Doch geduckt wird der Mensch und erniedrigt der Mann,
und du sollst sie nicht aufrichten!
Flieh in den Fels,
verbirg dich im Staub
vor dem Schrecken Jahwes,
vor seiner glorreichen Pracht!
Die stolzen Augen der Menschen werden gesenkt,
es duckt sich der Hochmut der Männer,
und erhaben ist allein Jahwe an jenem Tag.

Denn für Jahwe Zebaot kommt ein Tag
über alles Stolze und Erhabene,
über alles, was hoch ist – und doch so niedrig,
über alle Zedern des Libanon, die emporragenden, hohen,
und über alle Eichen von Basan,
über alle hohen Berge
und über alle emporragenden Hügel,
über jeden hohen Turm
und über jede trutzige Mauer,
über alle Tarsisschiffe [40]
und über alle kostbaren Boote.
Dann duckt sich der Stolz der Menschen
und beugt sich der Hochmut der Männer,
und erhaben allein ist Jahwe an jenem Tag,
Doch die Götzen verschwinden ganz und gar.

In Felshöhlen und Erdlöchern verkriecht man sich
vor dem Schrecken Jahwes,
vor seiner glorreichen Pracht,
wenn er sich erhebt,
die Erde zu schrecken.
An jenem Tage wirft der Mensch

---

40 Die großen, reich beladenen Tarsisschiffe befuhren das Mittelmeer bis hin nach Tarsis an der Küste Spaniens.

seine Götzen von Silber und Gold,
die er sich gemacht zur Verehrung,
hin zu den Ratten und Fledermäusen,
um sich in Felsspalten und Steinklüfte zu verkriechen
vor dem Schrecken Jahwes und seiner glorreichen Pracht,
wenn er sich erhebt,
die Erde zu schrecken.
Sagt euch doch von dem Menschen los,
der nur durch einen Hauch in seiner Nase besteht!
Denn was sonst ist er wert? (Jes 2, 6–22)

(2) *Die Bedrohung Jerusalems im Jahr 733.* Der König des Nordreichs hatte sich mit dem König von Syrien (Damaskus) zu einem Aufstand gegen Assur verbündet. Da König Ahas von Juda nicht gesonnen war, sich an der riskanten Koalition zu beteiligen, wollte man ihn dazu zwingen. Darum »zogen Rezin, der König von Syrien, und Pekah, der Sohn Remaljas, der König von Israel, hinauf, um gegen Jerusalem zu kämpfen, und belagerten Ahas in der Stadt. Aber sie konnten sie nicht erobern« (2 Kö 16, 5). Das Ziel des Feldzuges war es anscheinend, König Ahas abzusetzen und an seiner Stelle einen Nachfolger zu inthronisieren, der bereit war, sich an dem geplanten Aufstand gegen Assur zu beteiligen.

Jesaja hat die Ereignisse des Jahres 733 frühzeitig kommen sehen und mit großer Aufmerksamkeit verfolgt. In seiner Verkündigung herrschen zu dieser Zeit politische Themen vor. Eine Reihe von Worten aus diesem Zeitraum hat er später zu einer Art Denkschrift zusammengestellt, die uns in den Kapiteln 6–9 des Jesaja-Buches überliefert ist. Obwohl er den Jerusalemern in der ersten Zeit seiner Wirksamkeit das Gericht Jahwes angekündigt hatte, hat er der Stadt während der Belagerung die Rettung verheißen, denn weder das Nordreich noch Syrien kannte er als die von Jahwe berufenen Vollstrecker des göttlichen Gerichts.

Eilebeute – Raubebald

Noch vor dem offenen Ausbruch der Feindseligkeiten hat Jesaja durch eine wirkkräftige Zeichenhandlung den Zusammenbruch des antiassyrischen Bündnisses dargestellt. Zunächst schrieb er auf eine öffentlich aufgestellte Tafel einen rätselhaften Namen. Als ihm später ein Sohn geboren wurde und er den Auftrag bekam, ihm jenen Namen zu geben, erhielt der Name auch seine Deutung.

Jahwe sprach zu mir: »Nimm dir eine große Tafel und schreibe darauf in gewöhnlicher Schrift: ›Eilebeute – Raubebald‹! Auch bestelle mir zwei zuverlässige Zeugen, Uria, den Priester, und Sacharja, den Sohn des Jeverechja!« Ich hatte mich der Prophetin genaht; sie ward schwanger und gebar einen

Sohn. Jahwe sprach zu mir: »Nenne seinen Namen ›Eilebeute-Raubebald‹!
Denn ehe der Knabe zu rufen weiß ›Mein Vater, meine Mutter‹, wird man
den Reichtum von Damaskus und die Beute von Samaria vor dem König von
Assur einhertragen.« (Jes 8, 1–4)

Der Plan der Völker

Während die feindlichen Heere heranziehen, fordert Jesaja die »Völker«, nämlich das
Nordreich und Syrien, ironisch auf, gegen Jerusalem in den Kampf zu ziehen – um zu
scheitern. Er wandelt in diesem Wort die Vorstellung vom Völkersturm gegen die
Gottesstadt (vgl. S. 206 f.) ab.

Erkennt es, ihr Völker und erschreckt!
Horchet auf, alle Fernen der Erde!
Gürtet euch und erschreckt,
ja gürtet euch und erschreckt!
Faßt einen Plan, er wird zunichte!
Redet ein Wort, es hat keinen Bestand.
Denn mit uns ist Gott. (Jes 8, 9 f.)

Glaubt ihr nicht, so bleibt ihr nicht

Als das Nordreich und Syrien sich anschickten, Jerusalem zu belagern, ging König
Ahas an den oberen Teich im Süden der Stadt, um die Wasserversorgung zu überprüfen. Hier überbrachte ihm Jesaja das Wort Jahwes, ruhig zu bleiben und sich nicht
zu fürchten. Die richtige Haltung liege im Stillesein, das nicht in Gottes Tun eingreifen will. Glauben bedeute jetzt, Gott Raum geben und seinem Werk zuschauen.
    Der Prophetensohn »Ein-Rest-kehrt-um«, den Jesaja an der Hand führte, trägt wie
sein Bruder einen Symbolnamen und bezeugt damit, daß nur die, die in der kommenden Gefahr auf Jahwe vertrauen, überleben werden. Sein Name bezeichnet nämlich
sowohl den Rest, der aus einer verlorenen Schlacht heimkehrt, als auch die kleine
Schar derer, die zu Jahwe zurückkehren.

Und es geschah in den Tagen des Ahas, des Sohnes Jotams, des Sohnes Ussias, des Königs von Juda, da rückten Rezin, der König von Aram, und Pekah, der Sohn des Remalja, der König von Israel, wider Jerusalem, um es
anzugreifen. Doch sie konnten es nicht bezwingen. Man brachte dem Hause
David die Meldung: »Aram hat sich verbündet mit Ephraim.« [41] Da erbebte
sein Herz und das Herz seines Volkes, wie Waldbäume im Winde beben.
Jahwe aber sprach zu Jesaja: »Gehe hinaus, dem Ahas entgegen, du und dein
Sohn Ein-Rest-kehrt-um, an das Ende der Wasserleitung des oberen Teiches bei der Straße zum Walkerfeld! Sprich zu ihm: Sei gefaßt und bleibe

---

41 Aram ist ein anderer Name für Syrien, Ephraim bezeichnet das Nordreich.

ruhig, fürchte dich nicht, und dein Herz verzage nicht vor diesen beiden Stummeln von rauchenden Brandscheiten, vor dem lodernden Zorn Rezins und Arams und des Sohnes Remaljas, weil Aram, Ephraim und der Sohn Remaljas Unheilvolles wider dich planten, indem sie sagten: ›Gegen Juda wollen wir zu Felde ziehen, es zerstückeln, seine Teile an uns reißen und zum König in seiner Mitte den Sohn des Tabel einsetzen!‹ So spricht der Herr Jahwe: ›Es bleibt nicht so und wird nicht sein, daß Damaskus Arams Haupt ist und das Haupt von Damaskus Rezin, daß Samaria Ephraims Haupt ist und das Haupt Samarias der Sohn des Remalja! Wenn ihr nicht glaubt, so habt ihr keinen Bestand.‹« (Jes 7, 1–9)

Das Zeichen Immanuel

Kurze Zeit später forderte Jesaja seinen König auf, sich von Jahwe ein Zeichen zu erbitten, das die göttliche Zusage, Jerusalem zu retten, bekräftigen könnte. König Ahas aber gebrauchte eine Ausrede, weil ein solches Zeichen ihn, wenn nicht zu politischer Tatenlosigkeit so doch zum Abwarten verpflichtet hätte; und das wird er in einer solchen kritischen Situation für zu riskant gehalten haben.

Daraufhin kündigte Jesaja dem König ein Zeichen Jahwes an. Eine junge Frau wird einen Sohn gebären, den man Immanuel (Gott-mit-uns) nennen wird. Der Name verheißt nahes Heil. Die jetzige Bedrohung wird bald verflogen sein.

Für den König Ahas aber wird der Name künftiges Gericht bedeuten, weil Ahas das Angebot Gottes ausgeschlagen hat. So bringt das Immanuelzeichen Heil für die Glaubenden, Unheil für die Ungläubigen.

Und weiterhin sprach Jahwe zu Ahas: »Erbitte dir ein Zeichen von Jahwe, deinem Gott, sei es aus der Tiefe der Unterwelt oder hoch oben aus der Höhe!« Aber Ahas erwiderte: »Ich will nicht bitten und Jahwe nicht auf die Probe stellen.« Da sprach er: »Hört doch, ihr vom Hause David: Ist es euch zu wenig, Menschen zu ermüden, daß ihr auch noch meinen Gott ermüdet? Darum wird der Herr selbst euch ein Zeichen geben: Siehe, eine junge Frau, die jetzt schwanger ist, wird einen Sohn gebären und seinen Namen ›Immanuel‹ nennen [42]. Von Dickmilch und Honig wird er sich nähren, bis er das Böse zu verwerfen und das Gute zu erwählen weiß. Doch bevor der Knabe das Böse verwerfen und das Gute erwählen kann, wird zur Öde das Land, vor dessen beiden Königen dir graut. Jahwe aber wird über dich, dein Volk und dein Vaterhaus Tage herbeiführen, wie sie nicht gekommen sind seit der Zeit, da Ephraim abfiel von Juda.« [43] (Jes 7, 10–17)

---

42 In der griechischen Übersetzung des Alten Testaments ist das hebräische Wort für die *junge* (aber verheiratete) *Frau* irrtümlicherweise mit *Jungfrau* übersetzt worden, so daß das Urchristentum in dem Zeichen Jesajas eine Weissagung auf die jungfräuliche Geburt Jesu sehen konnte.

43 Gemeint ist die Reichstrennung von 925 als politische Katastrophe für das davidische Königshaus; vgl. oben S. 271.

Hilfe von Assur

Ahas hat als politischer Taktiker entschieden. Um sich der Nord-Israeliten und der Aramäer zu erwehren, rief er deren gemeinsamen Feind, den Assyrer, zu Hilfe. Er »sandte Boten an Tiglatpilesar, den König von Assyrien, und ließ ihm sagen: Dein Sklave und Dein Sohn bin ich; komm herauf und errette mich aus der Hand des Königs von Syrien und aus der Hand des Königs von Israel, die sich gegen mich aufgemacht haben. Und Ahas nahm das Silber und Gold, das sich im Tempel Jahwes und in den Schatzkammern des königlichen Palastes fand, und sandte es dem König von Assyrien als Geschenk. Und der König von Assyrien hörte auf ihn; er rückte heran gegen Damaskus« (2 Kö 16, 7–9). Die Truppen, die Jerusalem belagerten, scheinen eilig abgezogen worden zu sein, weil sie die vom Assyrer bedrohte Heimat schützen mußten. Jerusalem war aus der gegenwärtigen Bedrängnis befreit, aber um den Preis, daß es sich zum Vasallen Assyriens erniedrigte. In Jesajas Augen hatte Jerusalem die Glaubensprobe nicht bestanden. Er blickte weiter in die Zukunft und erwartete die wirkliche Bedrohung erst durch das assyrische Weltreich.

In Assur erkannte Jesaja das Werkzeug, mit dem Jahwe sein Volk strafen würde. Was hier von Jahwe gesagt wird, ist in zweierlei Hinsicht ungewöhnlich. Erstaunlich ist zunächst die vollständige Geschichtsmächtigkeit Jahwes, von dem es heißt, daß er sich ein Weltreich für seine Pläne mietet; erstaunlich sind ferner die Bilder, in denen Jesaja von Jahwe spricht: Er tritt als Imker auf, der einen Bienenschwarm herbeipfeift, und als Barbier, der sein Rasiermesser zückt.

Und geschehen wird es an jenem Tag: Jahwe pfeift die Fliege heran vom Ende der Ströme Ägyptens und die Biene aus assyrischem Land. Sie werden kommen und sich vollzählig niederlassen in den steilen Klüften und Felsenspalten, in allen Dornsträuchern und auf allen Tränkplätzen. An jenem Tag wird der Herr abscheren mit dem Schermesser, das von jenseits des Euphratstromes gedungen ist, das Haupt und das Schamhaar; ja, auch den Bart wird er wegraffen. (Jes 7, 18–20)

Die Wasser des Euphrat

Die Eingeschlossenen in Jerusalem wollten sich nicht auf ihren Gott verlassen. In einem Bildwort vergleicht Jesaja die Heilszusage Jahwes mit dem Siloah, einem sanft fließenden Bach in Jerusalem. Er genügte den Bewohnern nicht, sie riefen nach dem Euphrat, also nach militärischer Hilfe durch die Assyrer. Die großen Wasser werden kommen – aber anders als erwartet.

Jahwe redete noch weiterhin zu mir:
»Dieses Volk verachtet die sanft fließenden Wasser Siloahs
und verzagt vor Rezin und dem Sohn des Remalja.
Darum läßt der Herr über sie die Wasser des Euphrat,
die starken und großen, fluten.
Er steigt über all seine Rinnsale
und tritt über all seine Ufer.

Er dringt nach Juda vor,
überflutet und überschwemmt es,
bis er zum Halse reicht.
Die Ausdehnung seiner Ränder
erfüllt deines Landes Breite, o Immanuel!« (Jes 8, 5–8)

Der Stein des Anstoßes

Jerusalem war militärisch schwer einzunehmen. Umsomehr breitete sich unter den Belagerten die panische Furcht aus, daß Verrat oder Verschwörung den Feinden die Tore öffnen könnte. Vielleicht ist auch Jesaja für kurze Zeit dieser Sorge verfallen gewesen, bis ihm ein Jahwewort zeigte, wie verkehrt diese Furcht war. Jahwe selbst ist viel gefährlicher!

Denn so sprach Jahwe zu mir, als seine Hand mich ergriff
und er mich züchtigte,
nicht auf dem Weg dieses Volkes zu gehen:
»Ihr sollt nicht ›Verschwörung‹ sagen überall da,
wo dieses Volk ›Verschwörung‹ sagt [44]!
Was es fürchtet, sollt ihr nicht fürchten
und sollt davor nicht erschrecken!
Jahwe Zebaot, ihn sollt ihr heilig halten!
Er soll eure Furcht und euer Schrecken sein!
Er wird zum Heiligtum werden, zum Stein des Anstoßes
und zum Fels des Strauchelns für die beiden Häuser Israels,
zum Netz und zur Falle für die Einwohner Jerusalems.
Viele straucheln darüber;
sie stürzen und brechen zusammen,
werden verstrickt und gefangen.« (Jes 8, 11–15)

Die Krone der Trunkenen

Die Belagerer mußten von Jerusalem abziehen, als die Assyrer in Damaskus und Nordisrael eingefallen waren. In diesem Eingreifen des assyrischen Königs erblickt Jesaja – so sehr er das Hilfegesuch an den Assyrer abgelehnt hatte – nun doch eine Strafaktion gegen das Nordreich im Dienste Jahwes.
Samaria lag auf einem Gipfel inmitten eines fruchtbaren Tales. Jesaja vergleicht die Stadt mit einer Krone auf dem Haupt von Trunkenen. Daß Samaria, die Krone, fallen werde, hatte Jesaja schon für das Jahr 733 erwartet; es sollte damit aber noch elf Jahre Zeit haben.

---

44 In dem Gotteswort ist wohl Jesaja zusammen mit einem Kreis von Anhängern angeredet.

> Wehe der prunkenden Krone der Trunkenen Ephraims
> und der welkenden Blüte seines herrlichen Schmucks
> auf dem Gipfel des fruchtbaren Tals der vom Weine Berauschten!
> Siehe, ein Starker und Mächtiger steht im Dienste des Herrn!
> Wie ein Hagelunwetter, vernichtender Sturm,
> wie ein Schauer gewaltig hinflutender Wasser
> streckt er zu Boden mit Macht.
> Mit Füßen zertritt man die prunkende Krone der Trunkenen Ephraims.
> Die welkende Blüte seines prachtvollen Schmucks
> auf dem Gipfel des fruchtbaren Tales
> wird wie eine Frühfeige sein vor der Ernte;
> sobald sie einer erblickt und sie kaum in seiner Hand hat,
> verschlingt er sie schon.   (Jes 28, 1-4)

Die Botschaft wird aufbewahrt

Jesaja hat sich, nachdem sein Wort in der politischen Krise des Jahres 733 ungehört geblieben war, als entamtet betrachtet und sich aus der Öffentlichkeit zurückgezogen, ähnlich wie zur gleichen Zeit im Nordreich der Prophet Hosea (vgl. oben S. 331). Von seiner Botschaft hat er nachträglich ein Protokoll aufgenommen und im Kreis seiner Jünger feierlich versiegelt. Vielleicht hat er seine Jünger als den Keim des Neuen verstanden. Diese Niederschrift bildete später den Grundstock für das Jesaja-Buch. Alles weitere scheint Jesaja dann den künftigen Taten Jahwes überlassen zu haben. Er hoffte gerade auf den sich verbergenden, auf den verstockenden Gott.

> Verwahren will ich das Zeugnis,
> versiegeln in meinen Jüngern die Weisung.
> Harren will ich auf Jahwe,
> der sein Antlitz vor dem Hause Jakob verbirgt,
> auf ihn will ich hoffen!
> Siehe, ich und die Kinder,
> die Jahwe mir gegeben,
> sind Zeichen und Sinnbilder in Israel,
> von Jahwe Zebaot her,
> der auf dem Berge Zion wohnt.   (Jes 8, 16-18)

Befreiungsnacht und Krönungstag

Nach dem Feldzug der Assyrer gegen Damaskus und Israel wurde das Gebiet des Nordreichs bis auf die Hauptstadt Samaria in das assyrische Provinzialsystem eingegliedert. Das ist die geschichtliche Voraussetzung für eine Heilsankündigung, in der Jesaja zwei große Ereignisse an einem einzigen Tag kommen sieht:

Über Nacht wird das Land von der assyrischen Fremdherrschaft befreit sein, man muß nur noch die Hinterlassenschaft der Soldateska auf offenem Feld verbrennen. Am selben Tage kommen Herolde, die eine offizielle Botschaft des Jerusalemer Hofes verkündigen: Soeben ist ein neuer David auf den Thron gelangt und von Jahwe als Sohn adoptiert worden.

Indem Jesaja beide Ereignisse zusammenfallen läßt, zeigt er, daß er die Befreiung des Nordreiches von den Assyrern zugleich mit dessen Rückkehr unter die Herrschaft der Davididen erwartete. Der neue Herrscher in Jerusalem aber, dessen Regierungsprogramm in seinen Thronnamen ausgedrückt ist, wird nicht selbstherrlich regieren, sondern als Beauftragter Jahwes Recht und Frieden unter die Völker bringen.

In der früheren Zeit brachte der Herr Schmach
über das Land Sebulun und das Land Naphtali,
aber zur letzten Zeit bringt er zu Ehren
das Gebiet der Meeresstraße, das Gelände am Jordan,
den Gau der Heiden [45].
Das Volk, das in Finsternis wandelt,
erschaut ein gewaltiges Licht.
Über den Bewohnern eines finsteren Landes
strahlt ein Lichtglanz hell auf.
Reichen Jubel schenkst du,
schaffst große Freude.
Man freut sich vor dir,
wie man sich freut bei der Ernte,
wie man jubelt beim Teilen der Beute.
Denn das Joch seiner Last,
den Stab auf seiner Schulter,
den Stock seines Zwingherrn zerbrichst du
wie am Tage von Midian [46].
Ja, jeder Soldatenstiefel, der polternd einherstampft,
jeder Mantel, im Blute geschleift,
wird verbrannt und im Feuer verzehrt!

Denn ein Kind wird uns geboren,
ein Sohn wird uns geschenkt [47],
auf dessen Schulter die Herrschaft ruht.
Man nennt ihn: Wunderrat [48], Gottheld,
Ewigvater, Friedensfürst.
Groß ist die Herrschaft, und der Friede ist endlos

---

[45] Gemeint sind die drei assyrischen Provinzen auf dem ehemaligen Gebiet des Nordreichs: die Küstenebene, Transjordanien und Galiläa.

[46] Der Sieg Gideons über die Midianiter (vgl. oben S. 154 ff.) galt als besonders glänzendes Beispiel eines Jahwekrieges.

[47] Nicht die Geburt des Kindes, sondern die Adoption des neuen Königs durch Jahwe ist gemeint.

[48] Die Thronnamen gehörten (nach ägyptischem Vorbild) zum Zeremoniell einer Thronbesteigung. Der erste, ›Wunderrat‹, besagt, daß der neue Herrscher in ständigem Gespräch mit Jahwe über die Regierung der Welt steht.

auf Davids Thron und in seinem Reich;
er errichtet und stützt es durch Recht und Gerechtigkeit
von nun an bis in Ewigkeit.
Der Eifer Jahwe Zebaots wird dies tun! (Jes 8, 23; 9, 1–6)

(3) *Hiskia von Juda.* Von 733 an hat Juda ungefähr zwei Jahrzehnte lang dem assyrischen König Tribut gezahlt. Nach dem Tod des Ahas hat sein Sohn Hiskia als König in Jerusalem ebenfalls die assyrische Oberherrschaft anerkannt. An den Aufstandsbewegungen in Palästina, diesem ewig unruhigen Randgebiet des assyrischen Reiches, hat er sich nicht beteiligt, auch nicht an dem Aufstand, in dessen Verlauf 722 das Nordreich endgültig unterging. Erst in den Jahren 713 bis 711, als die Philisterstadt Asdod abermals das assyrische Joch abzuschütteln versuchte, hat auch Hiskia zeitweilig seine Tributzahlungen eingestellt. Der Aufstand ist aber bald niedergeworfen worden. Hiskia hat sich noch rechtzeitig zurückziehen können, ohne Strafen der Assyrer hinnehmen zu müssen.

Jesaja hat nach 733 lange geschwiegen. Erst die antiassyrischen Unruhen in den Jahren zwischen 720 und 711 haben ihn wieder auf den Plan gerufen. Jetzt, in der dritten Phase seiner Wirksamkeit, wurde es zum zentralen Thema seiner Botschaft, daß Assur der von Jahwe gesandte Vollstrecker des Gerichts an den Völkern sei. Daher bedeuteten Bündnisse gegen Assur Ungehorsam gegen Jahwe. Für Israel gab es nur dann eine Rettung, wenn es in der Zeit des Gerichts auf Jahwe vertraute.

Man wird schwerlich ermessen können, welche Herausforderung es für Jesajas Mitbürger war, den verhaßten assyrischen Zwingherrn, dessen Vasall man für teures Geld war, als Beauftragten des Gottes Israels genannt zu bekommen. Diese Verkündigung bedeutete eine Revolution jenes Denkens, das Jahwe als Nationaleigentum beanspruchen wollte.

Die fliegende Schlange

Als der assyrische König Salmanassar V. starb, nutzten einige Philisterstädte den Thronwechsel zu einem Aufstand gegen Assur. Um auch Hiskia für ihre Pläne zu gewinnen, schickten sie im Jahre 720 Gesandte nach Jerusalem. Ihr Angebot konnte in Jerusalem wohl einen gewissen Widerhall finden. Jesaja hingegen hat die Diplomaten mit dem Hinweis abgefertigt, daß Jerusalem nicht der Philister bedürfe, um sich vor den Assyrern zu schützen.

Im Todesjahr des Königs Ahas erging folgender Spruch:
»Freue dich nicht, gesamtes Philistäa,
weil der Stock, der dich schlug, zerbrach!
Denn aus der Brut der Schlange kriecht eine Viper,
und deren Frucht ist ein geflügelter Drache.

Des Hungers sterben lasse ich deine Brut,
töten werde ich deinen Rest.«
Heule, du Pforte, schreie, du Stadt,
verzage, gesamtes Philistäa!
Denn vom Norden her naht sich Rauch;
an seinem Sammelplatz bleibt niemand allein zurück.

Was gibt man den Boten des Volkes zur Antwort?
Jahwe hat den Zion gegründet,
Zuflucht finden die Armen seines Volkes [49] daselbst.
Geringe sollen auf meinen Bergen weiden,
Dürftige ein sicheres Lager haben! (Jes 14, 28–32)

Entblößt wie ein Deportierter

Sieben Jahre später (713) begehrte die Philisterstadt Asdod abermals gegen Assur auf. Sie erhielt dabei Unterstützung von Ägypten, das sich durch Botschafter in Jerusalem bemühte, auch Juda in den Aufstand hineinzuziehen. Obwohl Jesaja in einer Zeichenhandlung verdeutlichte, daß nur eine Strafexpedition der Assyrer mit anschließender Deportation der Judäer die Folge sein könne, hat sich König Hiskia vorübergehend dem Aufstand angeschlossen.

Jahwe sprach durch Jesaja, den Sohn des Amoz: »Wohlan, löse das Sackgewand von deinen Lenden und ziehe die Sandalen von deinen Füßen ab!« Er tat es und ging halbnackt und barfuß umher.
Es war im Jahre, da der Oberfeldherr im Auftrag des Assyrerkönigs Sargon nach Asdod kam, die Stadt belagerte und eroberte, da erklärte Jahwe: »Wie mein Knecht Jesaja drei Jahre lang halbnackt und barfuß einherging als ein bedeutungsvolles Vorzeichen wider Ägypten und Kusch [50], so wird der König von Assur die Gefangenen Ägyptens und die Verbannten von Kusch, Knaben und Greise, nackt und barfuß und mit entblößtem Gesäß wegführen, eine Schande für Ägypten. Dann werden die Leute von Schrecken und Scham erfüllt sein, weil sie nach Kusch Ausschau hielten und Ägyptens wegen prahlten.« Die Bewohner dieses Gestades [51] werden alsdann sprechen: »Seht, so ist die Lage jener, nach denen wir Ausschau hielten, zu denen wir um Hilfe und um Rettung vor dem König von Assur flohen! Wie können wir da selbst entrinnen?« (Jes 20, 1–6)

---

49 Mit den Armen sind diejenigen gemeint, die vorbehaltlos auf die Hilfe Jahwes vertrauen.
50 Kusch ist eine Bezeichnung für Äthiopien; seit 714 saß eine äthiopische Dynastie auf dem Pharaonenthron Ägyptens.
51 Gemeint sind die Philister.

Durch Umkehr findet ihr Rettung

Angesichts des antiassyrischen Bündnisses mit Asdod und Ägypten hat Jesaja wie vor Jahren die scheinbar paradoxe Wahrheit verkündet, daß Stillesein jetzt Kraft bedeuten würde. Rettung kann allein durch Ruhe und bedingungslose Hinwendung zu Jahwe kommen. Weil die Jerusalemer sich aber lieber auf gute militärische Ausrüstung verlassen, wird sich das Böse ihrer Taten an ihnen selbst erfüllen.

>Denn so sprach der Herr Jahwe, der Heilige Israels:
>»Durch Umkehr und Ruhe findet ihr Rettung,
>im Stillsein und im Vertrauen liegt eure Kraft.
>Doch ihr habt nicht gewollt! Ihr sagtet:
>›Nein, auf Pferdegespannen wollen wir fliegen!‹
>deshalb müßt ihr fliehen;
>›auf Rennwagen wollen wir fahren!‹
>deshalb rennen eure Verfolger.
>Tausend werden zittern vor dem Kampfruf eines einzigen!
>Vor dem Kampfruf von fünf Leuten werdet ihr fliehen,
>bis daß ihr nur noch als Rest übrigbleibt
>wie auf der Bergeskuppe eine Signalstange,
>wie ein Panier auf dem Hügel.«
>Darum zögert Jahwe, euch huldvoll zu sein,
>darum rührt er sich nicht, sich euer zu erbarmen.
>Denn ein Gott des Rechtes ist Jahwe.
>Heil allen, die auf ihn harren! (Jes 30, 15–18)

Das befremdliche Werk

Wenn Jahwe seinen Plan, sein »Werk« ausführt, so wird er sich erheben wie zum Jahwekrieg, wie damals, als er David gegen die Philister half. Nun aber kommt er, um zu richten. Fremdartig und unheimlich ist, was Jesaja den Spöttern zu sagen hat.

>Denn zum Ausstrecken ist das Bett zu kurz,
>die Decke zu schmal, um sich einzuwickeln.
>Ja, wie am Berg Perazim wird Jahwe sich erheben.
>Toben wird er wie in Gibeons Tal [52],
>zu vollführen sein Werk, sein befremdendes Werk,
>auszuführen sein Tun, sein seltsames Tun.
>Wohlan, nun spottet nicht mehr,
>sonst werden eure Fesseln noch enger;
>denn von festbeschlossener Vertilgung über die ganze Erde hin
>vernahm ich vom Herrn Jahwe Zebaot. (Jes 28, 20–22)

---

[52] Die Orte bezeichnen den Sieg, der Davids Reich begründete.

Die Feuerstätte

Jahwe selbst wird Jerusalem, die Gottesstadt, belagern. Er ist im Angriff ihrer Feinde gegenwärtig, ja er selbst führt den Heiligen Krieg gegen den Zion an. Dann aber, in dem Augenblick, da Jerusalem gänzlich vernichtet zu sein scheint, wird er sich gegen die Völker wenden und ihnen ihren sicher geglaubten Triumph in letzter Minute entreißen. Jahwes Plan mit der Gottesstadt wird einen ekstatischen Siegesrausch mit einem nachfolgenden Entsetzen über die Völkerwelt bringen.

Wehe Ariel, Ariel [53], du Stadt, wo David lagerte!
Fügt Jahr zu Jahr, Feste mögen sich reihen im Kreis!
Ja, ich bedränge Ariel,
Stöhnen und Gestöhne wird herrschen,
und es wird mir sein wie eine Feuerstätte.
Ich belagere dich,
ich enge dich ein mit Schanzen,
errichte Wälle gegen dich [54].
Tief von der Erde her wirst du sprechen;
aus dem Staub ertönt dumpf deine Rede.
Dein Ruf steigt aus der Erde empor gleich dem eines Totengeistes;
deine Rede flüstert vom Staube her.
Doch es wird der Schwarm deiner Dränger wie feiner Staub,
die Schar der Tyrannen wie verfliegende Spreu.
Plötzlich geschieht es im Nu:
Da wird von Jahwe Zebaot Abrechnung gehalten
mit Donnern und Dröhnen und gewaltigem Schall,
mit Sturm und Wetter und verzehrender Feuerflamme.
Gleichwie im Traum, wie im Nachtgesicht,
wird es dem Schwarm aller Völker ergehen,
die wider Ariel kämpfen,
allen, die es samt seiner Festung belagern und die es bedrängen.
Ja, es wird sein, wie wenn der Hungernde träumt, daß er esse,
doch beim Erwachen ist seine Kehle leer,
und wie wenn der Dürstende träumt, er trinke,
doch beim Erwachen ist er matt,
und seine Kehle ist ausgetrocknet.
So ergeht es dem Schwarm aller Völker,
die wider den Berg Zion streiten!
Starrt euch gegenseitig an und erstarret,

---

53 Ariel ist wohl die Feuerstatt, der oberste Teil des Brandopferaltars; hier sinnbildlich für Jerusalem.
54 Die Unheilsankündigung enthält ein doppeltes Wortspiel: Die Feuerstatt des Altars wird zur Feuerstätte; die Stadt, wo David lagerte, wird von Jahwe belagert.

verblendet euch und werdet blind!
Berauscht euch, doch nicht vom Wein,
torkelt nur, doch nicht vom Rauschtrank! (Jes 29, 1–9)

(4) *Hiskias Aufstand gegen Assur.* Einige Jahre lang ist Hiskia von Juda seinen Vasallenpflichten gegenüber Assur nachgekommen. Im Jahre 705 jedoch, als Assyrien wiederum einen Thronwechsel erlebte, hielt er die Zeit für gekommen, die politische Unabhängigkeit seines Staates durch einen Aufstand wieder herzustellen. Er nahm Verbindung mit den Philisterstädten und vor allem mit Ägypten auf und hat dann wohl die führende Rolle in dem Aufstand gespielt. Gleichzeitig brachen in anderen Teilen des Weltreiches Unruhen aus, so daß der neue assyrische König Sanherib mehrere Jahre benötigte, ehe er seine Herrschaft gesichert hatte. Erst im Jahre 701 wandte er sich nach Syrien-Palästina. Dort gelang es ihm schnell, die Aufsässigen zu unterwerfen. Die Philister wurden besiegt, Juda besetzt und Jerusalem eingeschlossen. Hiskia mußte sich unterwerfen und einen schweren Tribut zahlen.

In diese Zeit fällt die letzte Epoche der Wirksamkeit Jesajas. Er hat auch in den letzten Jahren daran festgehalten, daß Assur die Zuchtrute Jahwes für Israel sei. In dem Maße aber, wie die Assyrer weiter auf Jerusalem vorrückten und Jesaja der in der ganzen späteren Antike sprichwörtlich gewordenen Grausamkeit der Assyrer gewahr wurde, sah er, wie sich das Werkzeug gegen seinen Herrn auflehnte, wie die Assyrer selbstherrlich über das ihnen von Jahwe gesetzte Ziel hinausschossen. Eine Bündnispolitik gegen Assur hat Jesaja zwar weiterhin als Ungehorsam gegen Jahwe verworfen, daneben aber den Weheruf über das maßlose Assur gestellt.

Die Vermessenheit Assurs

Die länderfressende Politik Assurs war für Jesaja Ausdruck einer hoffärtigen Eigenmächtigkeit. In einem Gedicht, das sprachlich zu dem Gewaltigsten zählt, was von Jesaja überliefert ist, hält er der Weltmacht ihre Vermessenheit vor.

Wehe über Assur, den Stab meines Zornes
und die Rute meines Grimmes in meiner Hand!
Wider ein ruchloses Volk entsende ich ihn,
ich entbiete ihn wider das Volk meines Grimmes,
daß er sich Beute erraffe und Raub erwerbe
und es zertrete wie Straßenkot.
Doch er denkt es sich anders,
und sein Herz ist nicht so gesinnt.
Nein, zu vertilgen trachtet sein Herz

und auszurotten nicht wenige Völker.
Denn er spricht: »Sind nicht meine Heerführer Könige insgesamt?
Ging es nicht Kalno wie Karkemisch,
Hamat wie Arpad,
oder Samaria wie Damaskus [55]?
Werde ich daher nicht, wie ich Samaria und seinen Götzen tat,
so auch Jerusalem tun und seinen Götzenbildern?
Mit der Stärke meiner Hand habe ich es geschafft
und mit meiner Weisheit, denn ich bin ja so klug.
Ich tilgte die Grenzen der Völker
und plünderte ihre Schätze,
und ich stieß hinab wie ein Held die Thronenden!
Und wie nach dem Neste griff meine Hand
nach dem Reichtum der Völker;
wie man verlassene Eier sammelt,
so sammelte ich die ganze Erde ein!
Da regte niemand die Flügel
oder sperrte zwitschernd den Schnabel auf!«
Rühmt sich denn die Axt
wider den, der mit ihr spaltet?
Oder tut die Säge groß
gegenüber dem, der sie zieht?
So, als schwänge der Stock den, der ihn aufhebt,
als erhöbe der Stab den, der nicht Holz ist.   (Jes 10, 5–15)

Der Plan Jahwes

In einer Unheilsankündigung aus der Zeit, als Hiskia sich unterwerfen mußte (701), vernehmen wir noch einmal Jesajas Wort von dem »Plan« Jahwes. Der göttliche Plan, den einst Assur zu vollstrecken hatte, richtet sich jetzt gegen die Weltmacht selbst.

Geschworen hat Jahwe Zebaot
»Wie ausgedacht, so wird es geschehen,
wie ich es geplant, so wird es sein!
Ich will Assur zerschmettern in meinem Land,
es zertreten auf meinen Bergen!«
Dies ist der Plan,
über die ganze Erde gefaßt,
dies die Hand,
über alle Völker ausgestreckt.

---

55 Die Städte bezeichnen den Siegeszug Sanheribs über das Zweistromland, Syrien und Palästina bis vor die Tore Jerusalems.

Hat Jahwe Zebaot geplant,
wer kann dann vereiteln,
ist ausgestreckt seine Hand,
wer biegt sie zurück?

(Jes 14, 24–27)

Der Bauer

In der Vorstellung von einem »Plan« Jahwes löste sich der Widerspruch auf, der für Jesaja darin bestand, daß er Assur als Werkzeug Jahwes verkündigen und ihm zugleich das Gericht androhen mußte. Jahwe handelt planvoll in der Geschichte, aber er wechselt die Methoden und Werkzeuge seines Handelns, wie ein Bauer im Laufe eines Erntejahres es auch tun muß.

Jesaja redet hier in der Art eines Weisheitslehrers, der seinen Hörern unter einem Bild veranschaulicht, was er ihnen sagen will.

Horcht auf und vernehmt meinen Ruf,
gebt acht und hört meine Rede:
Pflügt etwa der Pflüger allezeit, um zu säen,
reißt er auf und eggt seinen Acker?
Nein! Er streut Dill und sät Kümmel,
legt Weizen und Gerste und Emmer [56] bis an den Rand,
sobald er seine Fläche geebnet.
Damit dies recht geschieht,
unterweist und belehrt ihn sein Gott.
Denn nicht mit dem Schlitten drischt man den Dill,
führt das Wagenrad [57] nicht über den Kümmel,
sondern mit dem Stabe drischt man den Dill aus,
mit dem Stecken den Kümmel.
Wird Brotkorn etwa zermalmt?
Nein, nicht endlos drischt er darauf los,
setzt seine Wagenräder in Gang, seine Rosse;
er zermalmt es nicht.
Auch das geht von Jahwe Zebaot aus:
Wunderbare Ratschlüsse gibt er, schenkt reiche Erfahrung.

(Jes 28, 23–29)

---

[56] Emmer ist eine weizenähnliche Getreideart.

[57] Gemeint ist der Dreschwagen, der aus mehreren Walzen mit scharfkantigen, oft gezähnten Schneiderädern bestand, mit denen man über das auf der Tenne ausgebreitete Getreide fuhr und es so entkörnte.

Die Unterwerfung Hiskias

Nachdem der assyrische König Sanherib die rebellischen Philisterstädte unterworfen hatte, wandte er sich gegen Juda. Ein Abschnitt aus den Jerusalemer Annalen, den der Erzähler der Königsbücher in sein Werk aufgenommen hat, berichtet über die letzte Phase des assyrischen Kriegszuges.

Im 14. Jahre des Königs Hiskia zog Sanherib, der König von Assur, wider alle festen Städte Judas und nahm sie ein. Da sandte Hiskia, der König von Juda, an den König von Assur nach Lachis und ließ ihm sagen: »Ich habe mich vergangen. Ziehe wieder ab von mir; was du mir auflegst, will ich tragen.« Da legte der König von Assur dem König Hiskia von Juda eine Abgabe von dreihundert Talenten Silber und dreißig Talenten Gold auf. Hiskia gab alles Silber her, das im Tempel des Herrn und in den Schatzkammern des königlichen Palastes war. Zu der Zeit ließ Hiskia von den Türen des Tempels des Herrn und von den Pfeilern, die er selbst hatte überziehen lassen, das Gold ablösen und es dem König von Assur aushändigen.

(2 Kön 18, 13–16)

Wie eine Hütte im Weinberg

Das folgende Wort Jesajas muß aus der Zeit unmittelbar vor der Kapitulation Hiskias stammen. Das Land war von fremden Truppen besetzt, allein Jerusalem noch übrig, einsam wie eine Hütte im Weinberg.

Das Wort läßt uns die tiefe Enttäuschung ahnen, in die Jesaja geraten war, denn nichts von der großen Erwartung, daß Jahwe sich am Zion verherrlichen werde, war in Erfüllung gegangen. Aber der Prophet hat deswegen nicht an Gottes Plan gezweifelt, sondern an seinen Mitbürgern. Sie haben nicht vertraut, deshalb ergehen an sie jetzt Worte von ungewöhnlicher Schärfe. Aber dann wird Jesaja von Mitleid ergriffen. Die Anklage wird zum Klagelied.

Wehe, sündiger Haufe,
schuldbeladenes Volk,
Brut von Verbrechern,
Söhne, die frevelhaft handeln!
Sie verließen Jahwe, schmähten den Heiligen Israels,
wandten den Rücken ihm zu.
Wohin könnt ihr noch Schläge erhalten,
da ihr fortgesetzt abfallt?
Jedwedes Haupt ist krank,
ein jedes Herz matt.
Von der Fußsohle an bis zum Haupt
ist nichts Heiles an ihm.

Wunde und Strieme und frischer Hieb,
nicht ausgedrückt, nicht verbunden,
nicht mit Öl erweicht.
Euer Land Wüstenei,
eure Städte verbrannt,
euren Acker verzehren Fremde vor euch;
Verwüstung herrscht wie bei Sodoms Zerstörung.
Die Tochter Zion blieb übrig
wie eine Hütte im Weinberg,
wie ein Nachtlager im Gurkenfeld,
wie eine bedrängte Stadt.
Hätte nicht Jahwe Zebaot uns einen Rest gelassen,
wir wären geworden wie Sodom,
Gomorra wären wir gleich. (Jes 1, 4–9)

Ein Tag der Bestürzung

Hiskia hatte sich den Belagerern unterworfen, Jerusalem war wieder frei und das Volk feierte Freudenfeste, denn keiner hatte noch hoffen können, mit dem Leben davonzukommen. Jesaja konnte diesen Jubel nicht teilen, denn das Volk und der König hatten eine politische Lösung gesucht, statt auf das Werk Jahwes zu blicken, das er tun wollte. Deswegen hat sich Jesaja bitter und beschämt zurückgezogen. Die Stunde der Bewährung hatte Jerusalem verspielt. Wie persönlich Jesaja getroffen war, wird sichtbar in einem Wort, das den Machthabern der Hauptstadt vorhält, die militärische Sicherheit statt des göttlichen Werkes gewollt zu haben.

Ausspruch über das Hinnomtal [58]:
Was hast du denn,
daß du vollzählig auf die Dächer gestiegen bist,
du lärmerfüllte, brausende Stadt,
du Stätte des Frohsinns?
Deine Erschlagenen sind nicht erschlagen vom Schwert,
sind nicht im Kampfe gefallen.
All deine Fürsten sind flüchtig geworden,
ohne Bogen gefesselt;
alle, die man auffand,
sind insgesamt gefesselt, wie weit sie auch flohen.
Darum sage ich: Blickt von mir weg,
ich muß bitterlich weinen;
bemüht euch nicht,
mich zu trösten
über die Verwüstung der Tochter meines Volkes!

---

[58] Das Hinnomtal zieht sich südlich von Jerusalem entlang.

Denn der Tag des Wirrwarrs, der Zertretung und Bestürzung
kommt vom Herrn Jahwe Zebaot.
Im Hinnomtal ist eine Mauer eingestürzt,
man schreit um Hilfe auf dem Berg.
Elam hat den Köcher gepackt,
in Streitwagen steht die Besatzung,
Kir enthüllte den Schild [59].
Deine herrlichen Täler füllten sich
mit Streitwagen und deren Bemannung;
aufgestellt sind sie gegen das Tor hin.
Da zog der Herr die Augenbinde von Juda fort;
doch es schaute an jenem Tag
nach dem Rüstzeug im Waldhaus [60].
Ihr saht, daß die Risse der Davidstadt zahlreich waren;
gesammelt habt ihr die Wasser des unteren Teiches.
Die Häuser Jerusalems zähltet ihr ab
und risset sie nieder, um die Mauer zu festigen.
Ein Sammelbecken schuft ihr für die Wasser des alten Teichs
zwischen den beiden Mauern.
Aber ihr blicktet nach dem nicht, der dies bewirkte,
saht nicht nach dem, der es von lange her fügte.
Da rief der Herr Jahwe Zebaot an jenem Tag
zum Weinen und Klagen, Scheren der Glatze und Schürzen des Bußsacks.
Doch seht, Wonne und Jubel,
Rindertöten und Schafeschlachten,
Fleischessen und Weintrinken:
»Lasset uns essen und trinken,
denn morgen sind wir tot!«
In meinen Ohren tat sich kund Jahwe Zebaot:
»Fürwahr, ungesühnt bleibt diese Schuld an euch,
bis ihr tot seid!«
So sprach der Herr Jahwe Zebaot.   (Jes 22, 1–14)

3. Sanheribs Feldzug nach Palästina

Wie sich der Feldzug der Assyrer gegen Juda und die Unterwerfung Hiskias in der Sicht des Siegers ausnahmen, läßt ein keilschriftlicher Annalentext erkennen, in dem Sanherib über seinen Kriegszug nach Palästina im Jahre 701 berichtet hat. Dort heißt es über Hiskia von Juda:

---

59 Die Elamiter und die Leute von Kir waren als Bogenschützen und Schwertkämpfer ausgebildete Söldnertruppen innerhalb des assyrischen Heeres.
60 Das Libanon-Waldhaus diente als Zeughaus zum Aufbewahren der Waffen.

Und Hiskia vom Lande Juda, der sich meinem Joch nicht gebeugt hatte, 46 seiner festen Städte, mit Mauern versehene, und die kleinen Städte in ihrer Umgebung, ohne Zahl, durch Niedertreten mit Bohlenbahnen und durch Ansturm mit Belagerungsmaschinen, durch den Kampf der Fußtruppen, durch Einbruchstellen, Breschen und Mauerbrecher, belagerte und eroberte ich sie. 2 000 150 Leute [61], jung und alt, männlich und weiblich, Rosse, Maultiere, Esel, Kamele, Rinder und Kleinvieh ohne Zahl führte ich von ihnen heraus und rechnete sie als Beute. Ihn selbst, wie einen Käfigvogel, inmitten der Stadt Jerusalem, der Stadt seines Königtums, schloß ich ihn ein. Befestigungen gegen ihn warf ich auf und den aus dem Tore seiner Stadt Herauskommenden vergalt ich ihre Übertretung. Seine Städte, welche ich geplündert hatte, aus der Mitte seines Landes trennte ich sie ab und dem Mitinti, König der Stadt Asdod, dem Padi, König der Stadt Ekron und dem Sil-Bel, König der Stadt Gaza [62], gab ich sie und verminderte so sein Land. Zu dem früheren Tribut, der Abgabe ihres Landes, fügte ich eine Abgabepflicht als Geschenk für meine Herrschaft hinzu und legte sie ihnen auf.

Ihn, den Hiskia, die Furcht vor dem Glanz meiner Herrschaft überwältigte ihn und die Urbi und seine guten Truppen, die er zur Verstärkung der Stadt Jerusalem, der Stadt seines Königtums, hatte hereinkommen lassen – und Vernichtung trat ein. Außer 30 Talenten Gold, 8000 Talenten Silber, Edelsteinen, Schminke, Dagassu-Steinen, großen Lapislazuli-Steinen, Betten aus Elfenbein, Thronsesseln aus Elfenbein, Elefantenhaut, Ahornholz, Buchsbaumholz, allerlei wertvollen Schätzen, seine Töchter und Palastfrauen, Sänger und Sängerinnen ließ er nach Ninive, der Stadt meiner Herrschaft, mir nachbringen, und zur Abgabe des Tributs und zur Erklärung der Botmäßigkeit schickte er seine Gesandten.

(Aus dem sogenannten Taylor-Prisma III, 12–41)

Die Legende von der wunderbaren Errettung Jerusalems

Um die Gestalten Jesajas und Hiskias haben sich später Legenden gerankt. Die Errettung Jerusalems im Jahre 701 lieferte den farbenprächtigen Rahmen, um das Verhältnis beider Männer zueinander deutlich werden zu lassen.

Die Bewahrung Jerusalems erscheint in dieser legendarischen Überlieferung als ein von Jahwe gewirktes Wunder. Die Erzählung will lehrhaft zeigen, wie Jahwe denen, die unerschütterlich auf ihn vertrauen, selbst in der äußersten Not seine Hilfe zuteil werden läßt. Sie will den Leser ermahnen, seinerseits im Vertrauen nicht nachzulassen. In gewisser Weise nimmt sie damit Jesajas Forderung nach Vertrauen und Stillesein auf. Anders als Jesaja jedoch, bei dem Vertrauen immer ein Vertrauen auf eine konkrete Zusage Jahwes in einer bestimmten geschichtlichen Situation bedeutet, verstehen die Legenden Vertrauen im Sinne einer allgemeinen Frömmigkeit.

Das Bild, das die Legende von der Errettung der Stadt Jerusalem bietet, ist in allen

---

61 Die Zahl ist entschieden zu hoch; vermutlich waren es nur 2150 Judäer.
62 Asdod, Ekron und Gaza sind drei Philisterstädte.

wesentlichen Punkten historisch unzutreffend. Es entspricht dem Stil einer Legende, wenn die Personen idealisiert sind, das Geschehen wunderhaft dargestellt ist und nur zwischen Gottesfürchtigen und Widersachern Gottes unterschieden wird. Tatsächlich jedoch verdankt Jerusalem seine Errettung der Unterwerfung Hiskias unter den Assyrer mit dem Angebot eines schweren Tributs. Hiskia hat in allen Phasen seines Aufstandes als Realpolitiker gehandelt, gottesfürchtig in dem Sinne, wie es Jesaja von ihm gefordert hat, ist er nicht gewesen. Jesaja schließlich hat die Rettung der Stadt niemals bedingungslos verheißen, sondern sie immer an das Vertrauen ihrer Bewohner zum Werk Jahwes gebunden.

Das erzählerische Interesse der Legende konzentriert sich vor allem auf zwei große Reden, die ihr einen dramatischen Akzent verleihen.

Im 14. Jahre des Königs Hiskia zog Sanherib, der König von Assur, gegen alle befestigten Städte Judas und nahm sie ein. Der König von Assur sandte von Lachis aus den Obermundschenk mit einer großen Streitmacht zum König Hiskia nach Jerusalem. Er nahm Aufstellung an der Wasserleitung des oberen Teiches, an der Straße des Walkerfeldes. Da gingen der Palastvorsteher Eljakim, der Sohn des Hilkia, der Staatsschreiber Sebna und der Kanzler Joach, der Sohn des Asaph, zu ihm hinaus.

Der Obermundschenk aber sprach zu ihnen: »Sagt doch Hiskia: So spricht der Großkönig, der König von Assur: Was ist das für ein Vertrauen, das du hegst? Du denkst wohl, bloßes Lippengerede sei schon Rat und Stärke für den Krieg; nun, wem vertraust du denn eigentlich, daß du dich wider mich empört hast? Siehe, du vertrautest auf jenen zerknickten Rohrstab, auf Ägypten, der jedem, der sich darauf stützt, in die Hand eindringt und sie durchbohrt. So handelt Pharao, der Ägypterkönig, an allen, die sich auf ihn verlassen. Falls ihr mir nun aber erwidert: ›Auf Jahwe, unsern Gott, vertrauen wir‹, dann erwägt: Ist nicht gerade er es, dessen Höhenheiligtümer und Altäre Hiskia entfernt hat? Er befahl Juda und Jerusalem: ›Nur vor diesem Altar sollt ihr anbeten!‹ Nun aber, geht doch mit meinem Herrn, dem König von Assur, eine Wette ein: 2000 Pferde gebe ich dir, wenn du nur die Reiter dazu stellen kannst. Wie wolltest du auch nur einen einzigen Anführer von den geringsten Knechten meines Gebieters in die Flucht schlagen? Doch du vertraust ja auf Ägypten wegen der Kriegswagen und deren Besatzung! Und außerdem, bin ich etwa ohne Zutun Jahwes wider dieses Land gezogen? Jahwe hat es mir vielmehr gesagt: Ziehe hinauf gegen dieses Land, und verwüste es!«

Da baten Eljakim, Sebna und Joach den Obermundschenk: »Rede doch mit deinen Knechten aramäisch, denn wir verstehen es! Rede aber nicht judäisch mit uns vor den Ohren des Volkes, das auf der Mauer steht!«[63]

Der Obermundschenk aber erwiderte ihnen: »Hat mich mein Gebieter nur

---

[63] Die judäische Delegation fürchtet, die eindrucksvolle Rede des Assyrers könnte die Kampfmoral der Truppe lähmen, deswegen fordern die Unterhändler ihn auf, in der Diplomatensprache zu sprechen und nicht in der Sprache, die auch die Soldaten verstehen.

zu deinem Herrn und zu dir geschickt, um dieses zu sagen, und nicht auch zu den Männern, die auf der Mauer sitzen und schließlich mit euch zusammen ihren eigenen Kot essen und ihren Harn trinken müssen?«

Da trat der Obermundschenk vor, rief mit lauter Stimme auf judäisch und sprach: »Höret die Worte des Großkönigs, des Königs von Assur! So spricht der König: Hiskia soll euch nicht betören; denn er kann euch nicht retten! Hiskia soll euer Vertrauen nicht auf Jahwe lenken mit den Worten: ›Ganz sicher wird Jahwe uns erretten; diese Stadt wird nicht der Gewalt des Königs von Assur überliefert werden.‹ Hört nicht auf Hiskia; denn so spricht der König von Assur: Trefft doch mit mir eine Vereinbarung, lauft zu mir über! Jeder kann sich dann von seinem Weinstock und von seinem Feigenbaum ernähren und von seinem eigenen Zisternenwasser trinken, bis daß ich komme und euch in ein Land herübernehme, das eurem Lande gleichwertig ist, in ein Land voll Getreide und Most, ein Land voll Brot und Weinbergen. Hiskia soll euch nicht betrügen, indem er spricht: ›Jahwe wird uns erretten!‹ Haben denn etwa die einzelnen Götter der Völker ihr Land aus der Gewalt des Königs von Assur errettet? Wo blieben denn die Götter von Hamat und Arpad? Wo die Götter von Sepharwajim? Haben sie etwa Samaria aus meiner Gewalt errettet? Wer unter allen Göttern jener Länder hat denn sein Land aus meiner Gewalt errettet? Und da soll Jahwe Jerusalem aus meiner Gewalt erretten?« Da schwieg man und antwortete ihm kein Wort; denn so lautete der Befehl des Königs: »Ihr sollt ihm nichts entgegnen!«

Dann begaben sich der Palastvorsteher Eljakim, der Sohn des Kilkia, der Staatsschreiber Sebna und der Kanzler Joach, der Sohn Asaphs, zu Hiskia. Ihre Kleider hatten sie zerrissen, und sie berichteten ihm von den Reden des Obermundschenken. Der König Hiskia hörte dies, zerriß seine Kleider, hüllte sich in das Trauergewand und begab sich in das Haus Jahwes.

Dann sandte er den Palastvorsteher Eljakim, den Staatsschreiber Sebna und die Ältesten der Priester, in Trauergewänder gehüllt, zum Propheten Jesaja dem Sohne des Amoz. Sie sagten zu ihm: »So spricht Hiskia: Ein Tag der Drangsal, der Züchtigung und der Schmähung ist der heutige Tag; denn Kinder kamen bis an den Muttermund, doch es fehlt die Kraft zum Gebären. Vielleicht vernahm Jahwe, dein Gott, die Hohnreden des Obermundschenken, den sein Herr, der König von Assur, geschickt hat, um den lebendigen Gott zu schmähen, und bestraft die Reden, die Jahwe, dein Gott, gehört hat. Lege also Fürbitte ein für den Rest, der noch geblieben ist.«

Als so die Knechte des Königs Hiskia zu Jesaja gekommen waren, sprach Jesaja zu ihnen: »Sagt folgendes zu eurem Gebieter: So spricht Jahwe: Fürchte dich nicht vor den Hohnreden, die du hören mußtest, womit die Buben des Königs von Assur mich geschmäht haben! Siehe, ich werde jenem einen Geist eingeben; er wird eine Kunde vernehmen und dann in sein Land zurückkehren. Ich werde ihn aber durch das Schwert in seinem eigenen Lande fallen lassen.«

Der Obermundschenk kehrte zurück und traf den König von Assur im

Kampfe gegen Libna. Er hatte nämlich erfahren, daß dieser von Lachis abgezogen sei; denn er hörte, daß Tirhaka, der König von Kusch, gegen ihn zum Streit ausgerückt war [64]. Nun brach Sanherib, der König von Assur, auf, zog heimwärts und blieb in Ninive. Als er sich einstmals im Tempel seines Gottes Nisroch zur Anbetung niederwarf, erschlugen ihn seine Söhne Adrammelech und Sarezer mit dem Schwert. Sie flüchteten danach in das Land Ararat. Sein Sohn Asarhaddon folgte ihm in der Königsherrschaft.

(Jes 36, 1–22; 37, 1–9.37 f.)

---

[64] Hier ist im überlieferten Text eine zweite Erzählung eingefügt, die einen ähnlichen Inhalt hat.

VIII. Die Epoche Josias

Mit der Strafexpedition Sanheribs nach Palästina im Jahre 701 v. Chr. hatte das neuassyrische Reich den Höhepunkt seiner Macht noch nicht erreicht. Drei Jahrzehnte später gelang es den Assyrern sogar, Ägypten, den Drahtzieher aller assyrienfeindlichen Aufstände im Westen, für kurze Zeit zu unterwerfen. Die Eroberung der oberägyptischen Hauptstadt Theben war ein letzter Paukenschlag, der noch einmal die ganze Welt in Schrecken versetzte.

Bald danach fand das assyrische Reich ein überraschend schnelles Ende. Kraftvolle junge Völker – die Babylonier und Meder sowie ein aus den südrussischen Steppen kommendes Reitervolk – stießen von Süden und Osten her vor und versetzten der Großmacht den Todesstoß. Im Jahre 612 v. Chr. fiel die Königsstadt Ninive in ihre Hände. Der letzte Assyrerkönig zog sich daraufhin in die Stadt Harran im nordwestlichen Mesopotamien zurück. Jetzt versuchte Ägypten, der jahrhundertealte Rivale Assurs, das einstige Großreich vor dem völligen Untergang zu bewahren. Für das Reich am Nil war ein verkleinertes und geschwächtes Assyrien ein guter Schutzwall, der den Übergriff der nachdrängenden Babylonier und Meder auf Syrien-Palästina verhindern konnte. So zog der Pharao Necho mit einem Heer an den Euphrat, um das schon von den Feinden bestürmte Harran für die Assyrer zurückzuerobern. Aber das Unternehmen scheiterte. Das assyrische Reich lag endgültig am Boden. Eine neue Großmacht, das neubabylonische Reich, hatte die Bühne der Weltgeschichte betreten.

Die kurze Zeitspanne zwischen dem beginnenden Zerfall der assyrischen Macht und der ergebnislosen Rettungsaktion des Pharao Necho war die geschichtliche Stunde des Königs Josia (639–609 v. Chr.). Bereits Jahrhunderte zuvor hatte David in einem ähnlichen politischen Vakuum zwischen den Machtblöcken im Zweistromland und am Nil sein palästinisches Großreich aufgebaut. Wie sein Ahnherr David, so war auch der junge Josia entschlossen, die wiederkehrende Gelegenheit im gleichen Sinne zu nutzen.

Seit dem Hilfegesuch des Königs Ahas von Juda an die Assyrer im Jahr 733 v. Chr. (vgl. oben S. 354) war Juda der politischen Oberhoheit der assyrischen Großkönige unterworfen. Die Folge dieser politischen Abhängigkeit war eine tiefgreifende Überfremdung des gesamten öffentlichen, sozialen und religiösen Lebens im Land. Ihren sichtbarsten Niederschlag hatte diese Entwicklung im Bereich des Kultus gefunden. Zum Zeichen der Unterwerfung unter den Großkönig war dem assyrischen Staatskult ein Platz im Jerusalemer Tempel eingeräumt worden. Die Verflechtung Judas in das Wechselspiel der Weltpolitik hatte darüber hinaus noch allerlei andere Fremdkulte im Land heimisch werden lassen. Dies hatte zu einer allgemeinen Vermischung der Kulte geführt, von der auch der Jahweglaube nicht unberührt geblieben war. Vorstellungen, Riten und Kultsymbole der kanaanäischen Fruchtbarkeitsreligionen hatten die alten Jahweüberlieferungen überlagert oder gänzlich verdrängt.

Nicht weniger offenkundig als die Verwilderung des Jahwekultes war der Zerfall der Sitten und des Rechtswesens. Die »Fürsten«, Richter und Priester wußten ihre Stellung zu ihrem persönlichen Vorteil zu nutzen, und die Staatspropheten verkündigten das als »Wort Jahwes«, was jeweils politisch opportun war. Die sozial Schwachen wurden rechtlich benachteiligt, Betrug und Erpressung waren an der Tagesordnung.

Im Gegenzug gegen diesen inneren Zerfall ist in der Epoche Josias eine Reformbewegung entstanden, die auf eine umfassende Erneuerung des Jahweglaubens und des gesamten sozialen Lebens gerichtet war. Es waren sehr verschiedenartige Kräfte, die diese Reform ausgelöst, getragen und vorangetrieben haben. Neben den Propheten Zephanja und Jeremia, die ihren Hörern das Gericht Jahwes ankündigten und sie zur Umkehr aufforderten, wußte sich eine von den Priestern des flachen Landes, den Leviten, getragene Erneuerungsbewegung Gehör zu verschaffen. Sie vor allem hat offenbar in weiten Kreisen der Bevölkerung den Willen zu einer inneren Erneuerung zu wecken vermocht. In der praktischen Verwirklichung ihrer Forderungen fand sie einen unverhofften Bundesgenossen in König Josia. Angeregt durch den Fund einer alten Gesetzessammlung hat Josia einschneidende Reformmaßnahmen verfügt und sich damit an die Spitze der Bewegung gesetzt. Obwohl er sich mit seinen Maßnahmen Rechte angemaßt hat, die ihm nicht zustanden, hat er offenbar die Zustimmung der Führer der Reformbewegung und des Propheten Jeremia gefunden. Nach etwa vier Jahrhunderten staatlicher Existenz hat Israel in der Epoche Josias den Versuch gemacht, zu den Überlieferungen der vorstaatlichen Zeit zurückzukehren und seine Gegenwart von seinen Anfängen her zu bewältigen. Das ist in dieser Form einmalig in der Geschichte des Jahweglaubens.

A. Die Stimme der Propheten

Die Verhältnisse, die der junge König Josia zu Beginn seiner Regierungszeit vorfand, spiegeln sich in den Worten zweier zeitgenössischer Propheten, Zephanjas und Jeremias. Hundert Jahre nachdem Micha und Jesaja den Jerusalemern das Gericht Jahwes angedroht hatten, treten mit Zephanja und Jeremia abermals zwei Propheten mit dem gleichen Auftrag vor die Bewohner der Stadt. Der veränderten geschichtlichen Stunde entsprechend, hat die Anklage der Sprecher Jahwes andere Akzente bekommen. Hatten Micha und zunächst auch Jesaja vor allem die sozialen Mißstände ihrer Zeit angeprangert, so richten Zephanja und der junge Jeremia ihren Blick insbesondere auf die religiöse Verwilderung ihrer Tage. Der Abfall Israels zu den Baalen und anderen Göttern ist das immer wiederkehrende Thema ihrer Verkündigung. Auch die Unheilsankündigung der beiden Propheten unterscheidet sich von der ihrer Vorgänger. Während die Gerichtsankündigung bei Zephanja noch recht unbestimmt bleibt, rechnet Jeremia bereits mit einem von Jahwe gesandten »Feind aus dem Norden«. Allerdings hat auch er diesen Feind zunächst noch nicht mit einem bestimmten Volk gleichgesetzt.

1. Zephanja

Zephanja ist, wie es in der Überschrift zur Sammlung seiner Weissagungen ausdrücklich heißt, »in den Tagen Josias, des Sohnes Amons, des Königs von Juda« aufgetreten. Außer der langen Reihe seiner Vorväter ist nichts über seine Person bekannt. Vermutlich hat er in der ersten Hälfte der Josianischen Ära gewirkt.

Der Tag Jahwes

In einer Reihe von Worten, die nachträglich lose miteinander verbunden und später noch durch Zusätze aufgefüllt worden sind, kündigt Zephanja Juda und Jerusalem wegen der kultischen und sittlichen Mißstände das Gericht Gottes an. In den Unheilsankündigungen spricht teils das Ich Jahwes durch den Mund des Propheten, teils der Prophet selbst.

»Meine Hand strecke ich aus wider Juda
und wider alle Einwohner Jerusalems.
Ich tilge den Rest des Baal
und den Namen der Götzenpriester,
auch jene, die auf den Dächern das Himmelsheer [1] anbeten,
die sich zwar niederwerfen vor Jahwe,
aber bei Milkom [2] schwören.«

Still vor dem Herrn Jahwe!
Denn nahe ist der Tag Jahwes [3].

---

[1] Das »Himmelsheer« sind die Sterne, die die Assyrer göttlich verehrten und denen man auf den Dächern der Häuser Opfer darbrachte.
[2] »Milkom« ist der Staatsgott der Ammoniter.
[3] Die Vorstellung von einem unheilbringenden »Tag Jahwes« hat Zephanja von

Ja, ein Opfermahl hat Jahwe bereitet,
seine Gäste geweiht.

Am Schlachttag Jahwes wird es geschehen:
»Ich rechne ab mit den Fürsten und Königssöhnen
und mit allen, die sich kleiden in ausländische Tracht.
Ich rechne ab mit allen, die über die Schwelle springen [4],
die das Haus ihres Herrn mit Gewalt und Betrug anfüllen.

An jenem Tage wird es geschehen« – Spruch Jahwes –,
»da ertönt lautes Geschrei am Fischtor
und Geheul aus der Neustadt,
gewaltiger Zusammenbruch von den Hügeln.
Heult, ihr Bewohner der Mulde!
Denn vernichtet wird alles Krämervolk,
alle Geldwäger werden vertilgt.

In jener Zeit wird es geschehen:
Ich durchsuche Jerusalem mit Lampen
und rechne ab mit all den Leuten,
die dick geworden sind auf ihrer Hefe,
die bei sich denken:
›Jahwe wirkt weder Gutes noch Schlimmes!‹
Ihr Vermögen verfällt der Plünderung,
ihre Häuser fallen der Verwüstung anheim.«

Nahe ist der Tag Jahwes, der große;
er ist nahe und eilt gar sehr.
Der Tag Jahwes ist schneller als ein Läufer
und rascher als ein Held.
Ein Tag des Zornes ist jener Tag,
ein Tag der Angst und Bedrängnis,
ein Tag des Unwetters und der Verwüstung,
ein Tag der Düsterkeit und Finsternis,
ein Tag der Wolken und des Dunkels,

Amos und Jesaja übernommen (vgl. S. 320, 349 ff.). Der auch von anderen Propheten gebrauchte Begriff hat im Laufe einer langen Entwicklung die verschiedenartigsten Vorstellungsgehalte an sich gezogen: die Vorstellungen von einem Schlachtfest Jahwes, wie an dieser Stelle bei Zephanja, von einer großen Dürre, von kosmischen Katastrophen und, vor allem, von einem gigantischen Kampf zwischen Jahwe und seinen Gegnern.

4 Die Stelle spielt vielleicht auf eine magische Handlung an, die der Abwehr von Schwellendämonen diente.

ein Tag des Kriegshorns und des Kampfggeschreis
gegen die befestigten Städte und hochragenden Zinnen.

(Zeph 1, 4 f. 7–16)

Löwen und Wölfe

Die eigentliche Schuld Jerusalems ist für Zephanja die Widerspenstigkeit der Stadt gegen Jahwe. Daß dafür die führenden Gruppen in Jerusalem verantwortlich sind, wird in einem anderen Spruch Zephanjas deutlich.

Wehe der widerspenstigen und befleckten,
der gewalttätigen Stadt!
Sie hört nicht auf den Anruf,
nimmt keine Zucht an.
Auf Jahwe vertraut sie nicht,
ihrem Gott naht sie sich nicht.
Die Fürsten in ihrer Mitte
sind brüllende Löwen,
ihre Richter Steppenwölfe,
die am Morgen Knochen zermalmen.
Ihre Propheten sind eitle Schwätzer,
Männer des Treubruchs.
Ihre Priester entweihen das Heilige,
mißbrauchen die Weisung.

(Zeph 3, 1–4)

2. Die Botschaft des jungen Jeremia

Jeremia wurde um das Jahr 650 v. Chr. in Anatot, einem Dorf nicht weit von Jerusalem, als Sohn eines Priesters geboren. Im Jahr 627 ist er zum Propheten berufen worden und ist von dieser Zeit an, mit einigen Unterbrechungen, bis zum Untergang Jerusalems im Jahr 586 v. Chr. als Sprecher Jahwes aufgetreten.

Als gebürtiger Benjaminit war Jeremia in den spezifisch mittelpalästinischen Überlieferungen aufgewachsen. Es ist darum nicht verwunderlich, daß in seiner Verkündigung immer wieder die Überlieferungen vom Auszug aus Ägypten, von der Wüstenwanderung und der Landnahme anklingen. Demgegenüber erwähnt er nie die spezifisch jerusalemische Zionstradition, die für die Verkündigung seines Vorgängers Jesaja so bestimmend war. Im ersten Abschnitt seines Wirkens bis zum Jahr 622 – von da an bis zum Tode Josias im Jahr 609 hat er geschwiegen – ist Jeremia sehr stark von der Botschaft Hoseas beeinflußt. Wie dieser stellt auch er das Verhältnis Jahwes zu

Israel unter dem Bild einer Ehe dar, die von Israel durch seine »Hurerei« mit anderen Göttern gebrochen wurde.

Wie Zephanja so findet auch Jeremia schon in der ersten Phase seiner Wirksamkeit scharfe Worte für seine Hörer. Während jedoch Zephanja vorwiegend die konkreten Verfehlungen und Versäumnisse der Führer seines Volkes anprangert und ihnen darüber das Gericht Jahwes androht, denkt Jeremia über die Ursache der religiösen Verwilderung und der sozialen Mißstände nach. Die Verkündigung seiner ersten Jahre kreist unaufhörlich um den Gedanken, der zuletzt bei Zephanja angeklungen war, um den »Abfall« Israels von Jahwe. In immer neuen Bildern und Formulierungen variiert der Prophet dieses Thema.

Jeremias Berufung

Wie kein anderer der alttestamentlichen Propheten hat Jeremia die Spannung empfunden, in die ihn sein Beruf hineinzwang. Als Prophet Jahwes, der seinem Volk das herannahende Gericht Jahwes anzukündigen hatte, sah er sich von Familie und Volk isoliert, angefeindet, gedemütigt und in seinem Leben bedroht. Unter dieser Last ist er fast zerbrochen. Als Prophet Jahwes wußte er sich jedoch zugleich mit göttlicher Vollmacht ausgerüstet: Er *mußte* reden; durch das von ihm weitergegebene göttliche Wort wirkte Jahwe Unheil und Heil in der Welt. Jeremia hatte in Jahwes Auftrag »einzureißen und auszureißen«, zu »bauen und zu pflanzen«. Diese Spannung zwischen dem Menschen Jeremia und dem Boten Jahwes zieht sich durch die ganze Verkündigung des Propheten hindurch; ihren schärfsten Ausdruck findet sie in den sogenannten Konfessionen Jeremias (vgl. unten S. 415 ff.).

Stichwortartig klingt das Problematische des Prophetenberufs, wie es Jeremia erfahren hat, schon im ersten Kapitel des Jeremia-Buches an. Das Kapitel ist vielleicht vom Propheten selbst der schriftlichen Aufzeichnung seiner Sprüche vorangestellt worden. Es enthält den Berufungsbericht, zwei parallel aufgebaute Visionsberichte und ein Wort Jahwes über die Beauftragung Jeremias. Die Stücke sind vermutlich bei verschiedenen Anlässen entstanden, sind aber vom Propheten selbst in einem engen inneren Zusammenhang gesehen worden.

Jahwes Wort erging an mich:
»Noch ehe ich dich gebildet im Mutterleib,
habe ich dich ausersehen,
ehe du aus dem Mutterschoß kamst,
habe ich dich geweiht,
dich zum Völkerpropheten bestimmt.«
Ich antwortete: »Ach, Herr Jahwe,
sieh, ich kann nicht reden,
ich bin ja noch zu jung!«
Doch Jahwe entgegnete mir:
»Sage nicht: Ich bin zu jung;
gehen sollst du, wohin immer ich dich sende,
was immer ich dir befehle, das sollst du reden!
Fürchte dich vor ihnen nicht;

denn ich bin bei dir zu deiner Rettung« – Spruch Jahwes.
Jahwe aber streckte seine Hand aus
und berührte mit ihr meinen Mund.
Dabei sprach Jahwe zu mir:
»Hiermit lege ich meine Worte in deinen Mund!
Schau, ich gebe dir heute die Macht
über Völker und Reiche,
um auszureißen und einzureißen,
aufzubauen und einzupflanzen!«

Da erging Jahwes Wort an mich: »Was siehst du da, Jeremia?« Ich entgegnete: »Einen zur Blüte erwachten Mandelbaum sehe ich.« Jahwe erwiderte mir: »Du sahst richtig; denn ich wache über meinem Wort, daß es ausgeführt werde.«

Nochmals erging Jahwes Wort an mich: »Was siehst Du?« Ich entgegnete: »Einen siedenden Kessel sehe ich, seine Öffnung schaut von Norden her.« Jahwe erwiderte mir:
»Von Norden her wird das Unheil entfacht
gegen alle Bewohner des Landes.
Fürwahr, ich rufe alle Reiche des Nordens« – Spruch Jahwes –,
»sie sollen kommen und ihren Thron aufstellen
bei den Toreingängen Jerusalems,
gegen alle seine Mauern im Umkreis und gegen alle Städte von Juda!
Da ziehe ich sie [5] dann zur Rechenschaft
ob all ihrer Bosheit, weil sie mich verließen,
anderen Göttern Rauchopfer darbrachten
und niederfielen vor ihrer Hände Machwerk.

Gürte du deine Hüften!
Auf, und sprich zu ihnen,
was immer ich dir befehle!
Hab keine Angst vor ihnen,
sonst mache ich dir vor ihnen Angst!
Ich selbst, siehe, mache dich heute zur befestigten Burg,
zur eisernen Säule, zur ehernen Mauer
wider das ganze Land,
wider Judas Könige und seine Fürsten,
wider seine Priester und das Volk des Landes!
Sie werden gegen dich kämpfen, aber sie bezwingen dich nicht;
denn ich bin bei dir, dich zu retten« – Spruch Jahwes. (Jer 1, 4–19)

---

[5] Nämlich die Judäer und Jerusalemer.

Der Prozeß

Das Urbekenntnis Israels zu »Jahwe, der uns heraufgeführt aus dem Lande Ägypten«, läßt der Prophet im Munde Jahwes zur Anklage gegen das treulose Volk werden. In gleicher Weise greift Jeremia die Überlieferungen von der Verleihung des Kulturlandes auf: Israel hat das ihm von seinem Gott zu Lehen gegebene Land »entweiht«, indem es – auf dem Grund und Boden Jahwes! – andere Götter verehrte, »Nichtse« und »Nichtsnutze«, wie Jeremia sie verächtlich nennt. Der Prophet läßt vor seinen Hörern eine Geschichte des Abfalls Israels von Jahwe abrollen, die in gerader Linie zu ihnen selbst hinführt. Mit einem Prozeß, in dem Jahwe Prozeßpartner und Richter zugleich ist, wird diese Geschichte enden.

> Höret das Wort Jahwes, Haus Jakob
> und alle Geschlechter des Hauses Israel!
> So spricht Jahwe:
> »Was fanden denn eure Väter Schlechtes an mir,
> daß sie von mir sich entfernten?
> Sie liefen dem Nichtigen nach
> und wurden selber zunichte.
> Sie fragten nicht: ›Wo ist denn Jahwe,
> der uns heraufgeführt aus dem Ägyptenland,
> der uns in der Wüste Geleit gab,
> im Lande der Steppen und Schluchten,
> im Lande der Dürre und Düsternis,
> im Land, das niemand durchzieht und kein Mensch bewohnt?‹
> Ich brachte euch dann in das Gartenland,
> ließ euch genießen seine Frucht und sein Gut.
> Ihr aber kamt und entweihtet mein Land,
> meinen Erbanteil habt ihr zum Greuel gemacht.
> Nicht fragten die Priester: ›Wo ist Jahwe?‹,
> die Hüter des Gesetzes kannten mich nicht,
> die Hirten fielen von mir ab,
> die Propheten standen im Baalsdienst
> und liefen den Nichtsnutzen nach [6].
> Darum will ich noch rechten mit euch« – Spruch Jahwes –
> »und gegen eure Kindeskinder Klage erheben!« (Jer 2, 4–9)

---

6 Hier hat Jeremia, der ja im nordisraelitischen Lebensraum beheimatet war, Ereignisse vor Augen, die sich zur Zeit der Omriden im Reich Israel abgespielt haben (vgl. oben S. 286 ff.).

Rissige Zisternen

Mit einem schockierenden Vergleich und einem einprägsamen Bild führt Jeremia seinen Hörern das Absurde ihres Verhaltens vor Augen: Sie haben ihre »Ehre« gegen einen »Nichtsnutz« vertauscht und trinken abgestandenes Wasser statt frischen Quellwassers.

»Geht zu den Inseln der Kittäer hinüber und schaut,
schickt nach Kedar [7], forscht genau nach
und seht, ob je dergleichen geschah:
Hat je ein Volk seine Götter vertauscht,
die nicht einmal Götter sind?
Mein Volk aber hat seine Ehre vertauscht
gegen einen Nichtsnutz.
Entsetzt euch darüber, ihr Himmel,
erschaudert gewaltig!« – Spruch Jahwes.
»Eine zwiefache Untat verübte mein Volk:
Es verließ mich,
den Quell sprudelnden Wassers,
um sich Zisternen zu graben,
Zisternen mit Rissen, die das Wasser nicht halten.« (Jer 2, 10–13)

Die Dirne

Wie Hosea so verurteilt auch Jeremia die Hinwendung seines Volkes zu den Fruchtbarkeitskulten, in denen die sakrale Prostitution eine wichtige Rolle spielte, als Hurerei. »Auf jedem hohen Hügel und unter jedem grünen Baum legtest du dich als Dirne hin« (Jer 2, 20). Das Volk freilich ist sich seiner Verirrung nicht bewußt; es glaubt, mit alledem Jahwe zu dienen. Hemmungslos und selbstvergessen wie eine Kamelstute in ihrer Brunst verlangt es nach den Baalen.

»Wie kannst du sagen: ›Nicht habe ich mich befleckt,
den Baalen lief ich nicht nach‹?
Schau doch dein Treiben im Tal [8],
überlege, was du getan hast,
eine schnelle, läufige Kamelin.
Sie bricht durch zur Wüste hin;
in der Gier ihres Triebes schnappt sie nach Luft,

---

7 Die »Kittäer«, die Bewohner der phönizischen Stadt Kitia auf der Insel Cypern, stehen stellvertretend für die Griechen und alle westlichen Völker; »Kedar«, ein Nomadenstamm der arabischen Wüste, repräsentiert die Völker des Ostens.

8 Vermutlich ist hier auf Kinderopfer im Hinnom-Tal südwestlich von Jerusalem angespielt.

wer kann stillen ihre Brunst?
Alle, die sie begehren, haben keine Mühe;
sie finden sie in ihrer Brunstzeit.
Gib acht, daß du dir den Fuß nicht wund,
die Kehle nicht durstig läufst!
Doch sprichst du: ›Unmöglich, nein!
Ich habe mich in die Fremden verliebt und muß ihnen nach!‹«

(Jer 2, 23–25)

Bäume und Steine

In einem anderen Wort geißelt Jeremia die Verehrung von Bäumen und Steinen, die nach der Vorstellung der kanaanäischen Landesbewohner von Geistern und Dämonen belebt waren.

Wie ein Dieb beschämt ist, wenn man ihn ertappt,
so müssen sich schämen die von Israels Haus,
sie selbst, ihre Könige und Fürsten,
ihre Priester und Propheten,
die zum Holze sagen: ›Mein Vater bist du!‹
und zum Stein: ›Du hast mich geboren.‹ [9]
Denn sie kehrten mir den Rücken zu
und nicht das Gesicht.
Doch sind sie in Not, dann heißt es:
›Steh auf und hilf uns!‹
Wo sind denn deine Götter, die du dir gemacht?
Sie mögen aufstehen, ob sie dir helfen in der Not!
Denn so zahlreich wie deine Städte
sind auch deine Götter, o Juda!

(Jer 2, 26–28)

Der Feind aus dem Norden

Jeremia ist dessen gewiß, daß wegen all dieser Frevel das Strafgericht Jahwes über sein Volk kommen wird. Er sieht es in der Gestalt eines aus dem Norden kommenden, mächtigen Reitervolkes über das Land hereinbrechen.

Jahwe verleugneten sie
und sprachen: »Nichts ist daran!
Es kommt über uns keinerlei Unheil,
wir spüren weder das Schwert noch die Hungersnot.«

---

9 Die Sätze »Mein Vater bist du!« und »Du hast mich geboren!« sind vielleicht feste liturgische Formeln, die bei der Verehrung dieser Geister gesprochen wurden.

Doch die Propheten werden zunichte;
das Gotteswort ist nicht in ihnen.
So wird es ihnen ergehen:
Wahrlich, so spricht Jahwe, der Gott der Heerscharen:
»Weil man solche Reden führt,
siehe, darum mache ich meine Worte
zu Feuer in deinem Mund
und dieses Volk da zum Brennholz,
das von ihm verzehrt wird.
Seht, ich bringe aus der Ferne ein Volk über euch,
Haus Israel!« – Spruch Jahwes.
»Ein ausdauerndes Volk ist es, ein uraltes Volk,
ein Volk, dessen Sprache du nicht kennst
und dessen Rede du nicht verstehst.
Sein Köcher ist wie ein geöffnetes Grab,
insgesamt sind sie Helden.
Es frißt deine Ernte, dein Brot,
es frißt deine Söhne und Töchter,
es frißt deine Schafe und Rinder,
es frißt dir Weinstock und Feigenbaum,
es zerschlägt deine befestigten Städte,
auf die du vertrautest, mit dem Schwert.

Flüchtet, ihr Leute von Benjamin,
aus Jerusalem hinaus!
In Tekoa stoßt ins Horn
und über Bet-Kerem erhebt ein Panier!
Denn von Norden her droht Unheil
und schwerer Zusammenbruch.
Die Liebliche und die Verwöhnte –
ich vernichte die Tochter Zion!
Zu ihr kommen Hirten mit ihren Herden,
schlagen ringsum ihre Zelte auf;
jeder weidet seinen Anteil ab.
»Weiht euch zum Kampf wider sie!
Auf, ziehen wir heran am hellen Mittag!
Wehe uns, schon verschwindet der Tag,
die Abendschatten senken sich nieder!
Auf ziehen wir heran in der Nacht,
und zerstören wir ihre Paläste!«
Denn so spricht Jahwe der Heerscharen:
»Fällt ihre Bäume und schüttet
einen Wall gegen Jerusalem auf!
Sie ist ja die Stadt, von der feststeht:

in ihr ist alle Bedrückung.
Wie ein Brunnen sein Wasser sprudeln läßt,
so läßt sie ihre Bosheit sprudeln.
Von Gewalt und Unterdrückung hört man darin,
ständig sind mir vor Augen Leid und Mißhandlung.
Laß dich warnen, Jerusalem,
sonst reiße ich mich von dir los
und mache dich zur Wüste,
zum unbewohnten Land!«

So spricht Jahwe:
»Seht, ein Volk kommt vom Nordland heran,
eine große Nation bricht auf von den Grenzen der Erde.
Sie führen Bogen und Speer;
grausam sind sie und ohne Erbarmen.
Ihr Lärm gleicht dem Brausen des Meeres,
sie stürmen auf Rossen daher,
wie ein Krieger gewappnet zum Kampf
wider dich, Tochter Zion!«
Als wir von ihm die Kunde vernahmen,
erschlafften uns die Hände,
Angst hat uns gepackt,
Krampf wie eine Gebärende.
Geht nicht hinaus auf das Feld,
betretet nicht den Weg,
denn das Feindesschwert droht euch –
Grauen ringsum!
Meines Volkes Tochter, gürte das Trauergewand,
wälze dich im Staub!
Trauer halte wie um den einzigen Sohn,
bitterste Klage!
Denn plötzlich brach der Verwüster über uns herein.

(Jer 5, 12–17; 6, 1–8.22–26)

Mein Leib, mein Leib!

Jeremia hat unter dem Auftrag, seinem Volk das Gericht Jahwes zu verkündigen,
gelitten. Unter physischen Qualen hat er die bevorstehende Katastrophe erlebt.

Mein Leib, mein Leib! Ich winde mich,
o meines Herzens Wände!
Meine Seele bestürmt mich,
ich darf nicht schweigen!

> Denn Hörnerschall höre ich, Kriegslärm.
> Trümmer über Trümmer, so ruft man,
> vernichtet ist das ganze Land!
> Jählings sind meine Zelte vernichtet,
> meine Zeltdecken im Nu!
> Wie lange muß ich das Kriegsbanner schauen,
> vernehmen den Hörnerschall? (Jer 4, 19–21)

Gibt es noch eine Umkehr?

Zugleich mit der Ankündigung des Gerichts fragt Jeremia unaufhörlich nach der Möglichkeit einer »Umkehr«, einer neuen Hinwendung des Volkes zu Jahwe. Der Prophet verneint die Frage – und bejaht sie zugleich! Wie eine geschiedene Frau nach einer zweiten Ehe nicht mehr zu ihrem ersten Mann zurückkehren darf, so hat Israel keinen Rechtsanspruch auf eine Rückkehr zu Jahwe. Und doch ist eine Umkehr noch möglich: Jahwe selbst wirbt um sein Volk, er bietet ihm seine Vergebung an. Israel braucht nur seine Schuld zu erkennen.

In dem einzigen datierten Stück jener frühen Jahre des Propheten vergleicht Jeremia die beiden Reiche Israel und Juda mit den zwei Schwestern »Abtrünnigkeit« und »Treulosigkeit«. In dem Untergang des Reiches und in der Deportation der führenden Bevölkerungsschicht hat Israel im Jahr 722 die Strafe gefunden für seine Hinwendung zu den Fruchtbarkeitskulten des Landes. Juda aber läßt sich durch das Schicksal des Schwesterreiches nicht warnen. Gemessen an dieser Unbelehrbarkeit ist die Schuld Israels geringfügig: Das Nordreich hat seine Strafe verbüßt; darum dürfen seine Deportierten aus der Verbannung zurückkehren.

> Jahwe sprach zu mir in der Zeit des Königs Josia: »Hast du gesehen, was Israel, die Abtrünnige, tat? Sie ging auf jeden hohen Berg und unter jeden grünen Baum und trieb daselbst Unzucht! Da dachte ich: Nachdem sie all dies getan, wird sie doch zu mir zurückkehren; aber sie kehrte nicht zurück. Das sah ihre Schwester Juda, die Treulose. Diese bemerkte auch, daß ich die Abtrünnige, Israel, eben ihres Ehebruches wegen entließ und ihr den Scheidebrief ausstellte. Aber ihre Schwester Juda, die Treulose, fühlte sich davon nicht abgeschreckt, sondern ging hin und trieb ebenfalls Unzucht. Durch ihre leichtfertige Buhlerei entweihte sie das Land und brach die Ehe bei den Steinen und Bäumen. Und bei alldem kehrte auch ihre Schwester Juda, die Treulose, zu mir nicht mit ganzem Herzen zurück, sondern nur zum Schein« – Spruch Jahwes.
>
> Da sprach Jahwe zu mir: »Die Abtrünnige, Israel, ist gerechtfertigt im Vergleich mit der Treulosen, Juda. Geh hin und rufe folgende Worte in nördlicher Richtung und sprich:
>
>> Kehre heim, Israel, du Abtrünnige« – Spruch Jahwes –,
>> »ich schaue nicht länger voll Zorn auf euch,
>> denn ich bin ja gnädig« – Spruch Jahwes –,
>> »nicht grolle ich ewig!

Doch erkenne deine Schuld,
daß du Jahwe, deinem Gott, die Treue brachst
und deine Neigung an Fremde vergabst,
aber auf mein Mahnen nicht hörtest« – Spruch Jahwes. (Jer 3, 6–13)

Kein Grund zur Vergebung

Nicht immer freilich ist Jeremia selbst sich der Vergebung Jahwes so sicher. Kritisch prüft er die Frage, ob der Gott Israels seinem Volk überhaupt vergeben *kann*. Israel selbst bietet Gott keinen Ansatzpunkt für seinen Vergebungswillen. Im Gegenteil, sie haben das Gericht verdient. Jahwe sagt sich von ihnen los und übergibt sie ihren Feinden.

Das erste Stück ist ein Dialog zwischen Jahwe und seinem Boten, der in eine Unheilsankündigung mündet, das zweite eine Unheilsankündigung im Munde Jahwes.

»Durchstreift Jerusalems Gassen, seht nach und erkundet
und sucht auf seinen Plätzen, ob ihr einen findet,
ob einer da ist, der Recht übt und treues Verhalten sucht,
dann will ich ihm vergeben!«
Doch wenn sie sagen: »So wahr Jahwe lebt«,
dann schwören sie gewiß einen Meineid.
Jahwe, sind deine Augen nicht auf Treue gerichtet?
Geschlagen hast du sie, es schmerzte sie nicht;
aufgerieben hast du sie, sie nehmen keine Zucht an.
Ihr Antlitz machten sie härter als Fels,
die Umkehr verweigern sie.
Ich aber dachte: Es sind nur die Geringen;
nur sie sind töricht,
sie kennen ja nicht Jahwes Weg, das Recht ihres Gottes.
Zu den Großen gehe ich hin und spreche mit ihnen;
denn die kennen den Weg Jahwes, das Recht ihres Gottes.
Jedoch gerade sie zerbrachen insgesamt das Joch,
zerrissen die Stricke.
»Darum schlägt sie der Löwe vom Wald,
der Steppenwolf würgt sie ab;
vor ihren Städten lauert der Leopard [10];
wer auch herauskommt, der wird zerfleischt;
denn ihre Freveltaten sind zahlreich,
ihre Abwege gewaltig groß.
Weshalb sollte ich dir denn vergeben?
Deine Söhne verließen mich

---

10 Löwe, Steppenwolf und Leopard sind Bilder für hereinbrechende Feinde.

und schwuren bei solchen, die nicht Gott sind.
Ich sättigte sie, doch Ehebruch trieben sie,
im Dirnenhaus kehrten sie ein.
Wie Hengste wurden sie, feist und geil.
Jeder wieherte nach seines Nächsten Frau.
Sollte ich dies nicht vergelten« – Spruch Jahwes –,
»und sollte ich nicht Rache nehmen an einem derartigen Volk?
Steigt auf ihre Rebenhänge und verwüstet sie,
macht ihnen den Garaus.
Ihre Reben entfernt; denn sie gehören Jahwe nicht an.
Denn völlig untreu wurden sie mir,
das Haus Israel und das Haus Juda« – Spruch Jahwes. (Jer 5, 1–11)

B. Die levitische Reformbewegung und das Deuteronomium

Zephanja und Jeremia waren nicht die einzigen, die sich der Verwilderung des Kultus und dem Zerfall der Sitten widersetzten. Seit längerer Zeit wirkte in Juda eine Reformbewegung, die durch eine entschlossene Rückkehr zu den alten Jahweüberlieferungen eine durchgreifende Erneuerung des gesamten Lebens durchsetzen wollte. Auch die Anhänger dieser Bewegung sahen, wie Zephanja und Jeremia, ein großes Gottesgericht heraufziehen. Im Unterschied zu den Propheten jedoch waren sie davon überzeugt, daß Jahwe seinem Volk noch einmal eine Chance gegeben habe. Jetzt, in dieser Generation, galt es, dieses letzte Angebot Jahwes »mit ganzem Herzen und mit ganzer Kraft« zu ergreifen und wieder in das alte Bundesverhältnis zu Gott zurückzukehren.

Die Führer und Sprecher dieser Erneuerungsbewegung waren wahrscheinlich die Priester der Landheiligtümer, die Leviten. Sie fanden ihren Anhang vorwiegend bei der noch stark traditionsgebundenen Landbevölkerung. Hier waren, im Unterschied zu der Beamtenstadt Jerusalem, die Überlieferungen des alten Stämmeverbandes nach fast 400 Jahren noch immer lebendig. So konnten die Leviten an bereits Vorhandenes anknüpfen, wenn sie in eindringlichen Predigten die alten Überlieferungen und Rechtssätze vor ihren Hörern entfalteten, neu deuteten und auslegten. Die Jahrhunderte kühn überspringend, machten sie ihren Zuhörern deutlich, daß die alte Offenbarung am Sinai auch in einer veränderten geschichtlichen Situation ihre Gültigkeit bewahrt hatte. Sie war noch immer die von der Verheißung Jahwes getragene Lebensordnung Israels. In der Rückkehr zu den als autoritativ anerkannten alten Überlieferungen versuchten die Prediger ihre eigene Gegenwart neu zu deuten und umzugestalten.

Aus den gleichen alten Überlieferungen, die die Leviten ihrer Generation in ausgedehnter Predigttätigkeit wieder nahezubringen versuchten, war etwa ein Jahrhundert vorher, ungefähr um die Mitte des 8. Jahrhunderts, im Nordreich Israel eine Sammlung alter, mit aktuellen Interpretationen versehener Gesetze hervorgegangen. Diese Gesetzessammlung ist auf unbekannte Weise – vielleicht durch flüchtende Leviten während des Unterganges des Nordreichs – in den Jerusalemer Tempel gelangt und dort bald in Vergessenheit geraten. Erst im Jahr 622/21 v. Chr. wurde sie bei Renovierungsarbeiten am Tempel wiederentdeckt. Josia hat große Teile der Gesetzessammlung zum Staatsgesetz erhoben und sie zum Kanon weitreichender Reformmaßnahmen gemacht. Die levitische Reformbewegung hat durch das Gesetzbuch und die Maßnahmen des Königs einen unerwarteten Auftrieb bekommen. Mit den Predigten der judäischen Reformer ist die Gesetzessammlung später zu einem literarischen Ganzen, nämlich unserem heutigen ›5. Buch Moses‹, dem Deuteronomium, zusammengearbeitet worden.

Das Deuteronomium gibt sich seiner äußeren Gestaltung nach als eine einzige Vermächtnisrede Moses an die Stämme Israels kurz vor seinem Tode. Die Vermächtnisrede war ein im Alten Orient weit verbreitetes und auch im Alten Testament geläufiges Stilmittel, durch das anonyme Verfasser ihre Werke unter die Autorität großer Gestalten der Vergangenheit stellten, um ihnen so die erwünschte Geltung zu sichern. Durch die »Moserede« des Deuteronomiums soll das längst seßhafte Volk der späten Königszeit wieder zu seinen Anfängen zurückgeführt werden, soll ihm die gleichbleibende Gültigkeit der alten Verheißungen und Satzungen seines Gottes vor Augen gestellt werden. Die 700 Jahre von der Landnahme bis zur Josiazeit werden gleichsam ausgelöscht, und das Volk, bar aller seiner religiösen Sicherungen, wird noch einmal unmittelbar Jahwe selbst gegenübergestellt. Wird Israel auch jetzt wieder, wie einst am Sinai, das verheißende und Weisung gebende Wort Jahwes als Leitlinie seines Lebens anerkennen? Diese Frage klingt durch die Ansprachen der durch den Mund Moses redenden levitischen Prediger hindurch. Mit ihrem werbenden, zu Herzen gehenden Zuspruch versuchen sie, ihren Hörern den verborgenen Zusammenhang ihrer gegenwärtigen Situation mit den Anfängen ihres Volkes aufzudecken.

Ist das Deuteronomium also in erster Linie Anrede Israels in einer bestimmten geschichtlichen Stunde, so will es doch zugleich als ein »Lehrganzes« verstanden sein. Es erhebt den Anspruch, das Ganze der Willensoffenbarung Jahwes, seine Verheißungen ebenso wie seine Forderungen, zu umfassen. Es ruft dem Israel einer späten Stunde all jene Heilsgüter ins Gedächtnis, in denen sein Verhältnis zu Jahwe begründet ist. Die Stilisierung als Moserede unterstreicht, daß Israel die gesamte göttliche Offenbarung bereits vor seinem Eintritt in das verheißene Land zuteil geworden ist. Jetzt, nach sieben Jahrhunderten der Seßhaftigkeit, braucht sich Israel nur daran zu erinnern.

Das Bekenntnis Israels

Der Sorge, daß Israel seine einzigartige, durch Jahwes Offenbarung bestimmte Geschichte aus den Augen verlieren könnte, gibt die eindringliche Ermahnung Ausdruck, Jahwe von ganzem Herzen zu lieben und auf seine Worte zu hören. Sie ist der Predigtsammlung im ersten Teil des Buches vorangestellt.

Höre, Israel: Jahwe ist unser Gott, Jahwe allein! Du sollst Jahwe, deinen Gott, aus ganzem Herzen, aus ganzer Seele und mit all deiner Kraft lieben. Diese Worte, die ich dir heute befehle, seien in deinem Herzen! Auch sollst du sie deinen Kindern einschärfen und von ihnen reden, wenn du in deinem Haus sitzt und wenn du auf dem Wege gehst, wenn du dich niederlegst und wenn du aufstehst. Du sollst sie als Denkzeichen an deine Hand binden und als Mahnmal zwischen deinen Augen tragen [11]. Und du sollst sie auf die Pfosten deines Hauses und auf deine Tore schreiben. (5 Mose 6, 4–9)

Warnung vor dem Vergessen

Eine der levitischen Predigten warnt davor, über dem Wohlstand und der Segensfülle des Kulturlandes Jahwe zu »vergessen«, d. h. seine Gebote, Rechte und Satzungen nicht zu halten und zu anderen Göttern abzufallen.

Wenn dich nun Jahwe, dein Gott, in das Land bringen wird, das er deinen Vätern Abraham, Isaak und Jakob eidlich versprochen hat, es dir zu verleihen, in das Land mit großen und herrlichen Städten, die du nicht gebaut, mit Häusern, die ohne dein Zutun mit allerlei Gütern gefüllt sind, mit ausgehauenen Zisternen, die du nicht angelegt, mit Weinbergen und Olivengärten, die du nicht gepflanzt hast, und wenn du davon ißt und satt wirst, so hüte dich wohl, Jahwes zu vergessen, der dich aus dem Ägypterland, dem Haus der Knechtschaft, herausgeführt hat! Jahwe, deinen Gott sollst du fürchten und ihm dienen und bei seinem Namen schwören! Nicht aber dürft ihr anderen Göttern nachlaufen von den Göttern der Völker, die rings um euch leben. Denn Jahwe, dein Gott, ist ein eifersüchtiger Gott in deiner Mitte; sonst würde der Zorn Jahwes, deines Gottes, über dir entbrennen und dich vom Erdboden ausrotten. (5 Mose 6, 10–15)

---

11 Diese ursprünglich wohl bildlich gemeinte Aufforderung hat in der späteren Ausdeutung zum Gebrauch der Gebetsriemen geführt. Sie enthielten in kleinen Kapseln neben drei anderen Texten auch den oben wiedergegebenen Textabschnitt und wurden beim Morgengebet um Stirn und linken Arm gelegt.

Das Gesetz zum Leben

Mit seinen Satzungen – das wird in einem anderen Abschnitt deutlich – hat Jahwe seinem Volk das Leben angeboten. Indem Israel das Gebot seines Gottes befolgt, darf es zugleich seines Segens sicher sein. Die Predigt rechnet mit der von einer späteren Generation gestellten Frage nach der Bedeutung der alten Satzungen, setzt also bereits den Bruch zwischen den Generationen voraus. Die Antwort, die der Prediger gibt, wird mit einem Bekenntnis zu den grundlegenden Taten Jahwes in der Vergangenheit eingeleitet.

Wenn dich nun künftighin dein Sohn also fragt: Was haben die Weisungen, Gebote und Vorschriften zu bedeuten, die Jahwe, unser Gott, euch befohlen hat?, dann sollst du ihm antworten: Wir waren Pharaos Knechte in Ägypten; aber Jahwe hat uns mit starker Hand aus Ägypten hinweggeführt. Jahwe tat vor unsern Augen gar große und schreckliche Zeichen und Wunder an Ägypten, am Pharao und an seinem ganzen Hause. Uns aber führte er von dort hinweg, um uns heranzubringen und uns das Land zu geben, das er unsern Vätern zugeschworen hat. Jahwe befahl uns, alle diese Satzungen zu befolgen, auf daß wir Jahwe unsern Gott, fürchten zu unserem dauernden Glück, und damit er uns am Leben erhalte, so wie es heute der Fall ist. Es wird uns als Gerechtigkeit[12] gelten, wenn wir darauf achten, diesen ganzen Auftrag vor Jahwe, unserem Gott, genau zu befolgen, wie er befohlen hat.

(5 Mose 6, 20–25)

Das Eigentumsvolk

Mit dem Verhältnis zu den Bewohnern des Landes befaßt sich ein weiteres Stück. Die völlige Absonderung von ihnen wird damit begründet, daß Israel ein seinem Gott geweihtes, d. h. für ihn ausgesondertes Volk ist.

Jahwe, dein Gott, wird dich in das Land bringen, das du betrittst als dein Eigentum; er wird die Hethiter, Girgaschiter, Amoriter, Kanaaniter, Perissiter, Hiwwiter und Jebusiter, sieben Völker, die größer sind als du, vor dir vertreiben. Wenn so Jahwe, dein Gott, sie dir übergibt und du sie besiegst, dann sollst du an ihnen den Bann[13] vollstrecken; du sollst mit ihnen keinen Bund schließen und keine Gnade an ihnen üben! Auch darfst du dich nicht mit ihnen verschwägern; du sollst deine Tochter nicht einem ihrer Söhne geben und deren Tochter für deinen Sohn nicht zur Frau nehmen! Denn das könnte deinen Sohn zum Abfall bringen; sie würden dann fremden Göttern

---

12 »Gerechtigkeit« ist im Alten Testament gleichbedeutend mit »Wohlverhalten«, mit dem angemessenen Verhalten gegenüber den Forderungen eines anderen, in diesem Falle Gottes (vgl. auch 1 Mose 15, 6 und oben S. 76).

13 Zum Bann vgl. oben S. 147.

dienen, und der Zorn Jahwes würde über euch entbrennen, so daß er euch eilends ausrotten würde. Vielmehr sollt ihr mit ihnen also verfahren: ihre Altäre abbrechen, ihre Weihesteine zertrümmern, ihre heiligen Pfähle umhauen und ihre Götzenbilder verbrennen! Denn ein Jahwe, deinem Gott, geweihtes Volk bist du; dich hat Jahwe, dein Gott, erwählt, damit du von allen Völkern auf dem Erdboden zu seinem Eigentum werdest. Nicht weil ihr gegenüber anderen Völkern größer seid, hing Jahwe an euch und hat euch erwählt – seid ihr doch das kleinste von allen Völkern –, nein, aus Liebe zu euch und weil er den Eid halten mußte, den er euren Vätern zugeschworen hat, führte euch Jahwe mit starker Hand hinweg und erlöste dich aus dem Sklavenhaus, aus der Gewalt des Pharao, des Ägypterkönigs. Du solltest erkennen, daß Jahwe, dein Gott, der wirkliche Gott ist, der zuverlässige Gott, der den Bund und die Huld denen bewahrt bis in tausendste Glied, die ihn lieben und seine Gebote halten, der aber seinem Widersacher unmittelbar vergilt und ihn vernichtet. Nicht zaudert er lang mit dem, der ihn haßt, sondern unmittelbar vergilt er ihm. Darum halte das Gebot, die Satzungen und Vorschriften, die ich dir heute anordne! (5 Mose 7, 1–11)

Der Kampf gegen die Feinde

Die von den levitischen Reformern erstrebte Erneuerung alter Ordnungen führte auch zu einer Wiederbelebung des Heerbannwesens. Jenes Aufgebot aller freien Männer zum Waffendienst in Kriegszeiten hatte während der Zeit des Stämmeverbandes die Jahwekriege geführt, war aber vom Beginn der Königszeit an in zunehmendem Maße von den Söldnerheeren der Könige verdrängt worden. Im Deuteronomium hat sich die Rückkehr zu der alten Form des Heerwesens in den sogenannten »Kriegspredigten« niedergeschlagen. Obgleich – wie das ganze Deuteronomium – als Vermächtnisrede Moses stilisiert, spiegeln sich auch in ihnen jene Reden, mit denen die Leviten den neuerstellten Heeresverbänden Mut für ihre Kriegszüge zugesprochen haben.

Die für den militanten Geist des Deuteronomiums charakteristischen Stücke fordern das Volk auf, sich nicht vor den Feinden zu fürchten, denn Jahwe selbst wird für sein Volk kämpfen, indem er Mutlosigkeit und Verwirrung über die Feinde bringt.

Sagst du aber in deinem Herzen: Diese Völker sind größer als ich; wie soll ich sie vertreiben können?, so sollst du dich doch vor ihnen nicht fürchten! Denke daran, was Jahwe, dein Gott, dem Pharao und ganz Ägypten getan hat: an die großen Machtproben, welche deine Augen geschaut haben, die Zeichen, die Wundertaten, die starke Hand und den ausgestreckten Arm, womit Jahwe, dein Gott, dich hinweggeführt hat! Ebenso wird Jahwe, dein Gott, an all den Völkern handeln, vor denen du dich ängstigst. Und auch Entmutigung wird Jahwe, dein Gott, gegen sie entsenden, bis die Übriggebliebenen vernichtet sind und auch die, welche sich vor dir versteckt haben. Entsetze dich nicht vor ihnen; denn Jahwe, dein Gott, ist in deiner Mitte, ein großer und furchtbarer Gott! Aber Jahwe, dein Gott, wird diese Völker nur allmählich von deinem Angesicht vertreiben; du kannst sie nicht allzu rasch vertilgen, sonst nimmt das Wildtier des Feldes gegen dich überhand. Jahwe, dein Gott, wird sie dir preisgeben und in große Verwirrung setzen bis zu ihrer Vernichtung. Er wird ihre Könige in deine Gewalt geben; du sollst ihre Namen unter dem Himmel austilgen, und niemand wird vor dir standhalten, bis du sie vernichtet hast. Ihre Götzenbilder sollt ihr verbrennen; nicht einmal das Silber und Gold an ihnen darfst du begehren und an dich nehmen, sonst gerätst du dadurch in eine Falle; denn ein Greuel für Jahwe, deinen Gott, ist das. Einen Greuel sollst du nicht in dein Haus bringen. Du könntest sonst gleich ihm dem Bann verfallen; Abscheu und Grauen sollst du davor empfinden; denn es ist Banngut. (5 Mose 7, 17–26)

Jahwe zieht mit euch!

Nachdem die Priester den Soldaten Trost und Zuversicht zugesprochen haben, sondern die königlichen Amtleute diejenigen unter ihnen aus, die Furcht haben oder aus privaten Gründen vom Kriegsdienst freigestellt werden können. Erst dann kann der Truppenführer die Mannschaft übernehmen.

Ziehst du wider deine Feinde in den Krieg und erblickst du Rosse und Wagen sowie ein Kriegsvolk, das dir zahlenmäßig überlegen ist, so fürchte dich nicht! Jahwe, dein Gott, der dich aus dem Lande Ägypten herausgeführt hat, ist mit dir. Stehst du dann vor der Schlacht, dann trete der Priester vor und spreche zum Kriegsvolk. Er sage ihnen: Höre, Israel! Ihr rückt heute in die Schlacht wider eure Feinde. Euer Herz sei unverzagt, fürchtet euch nicht, erhebt und erschaudert nicht vor ihnen! Denn Jahwe, euer Gott, ist es, der mit euch in den Kampf wider eure Feinde zieht, um euch den Sieg zu verleihen. Alsdann sollen die Vorsteher vor dem Kriegsvolk verkünden: Hat jemand ein neues Haus gebaut, es aber noch nicht eingeweiht, dann trete er weg und kehre heim, damit er im Kampf nicht umkomme und ein anderer es einweihe. Wer aber einen Weinberg gepflanzt und seine Erstlingsfrucht noch nicht geerntet hat, trete weg und kehre heim, damit er nicht in der Schlacht umkomme und ein anderer die Erstlingsfrucht einbringe. Wer sich eine Frau anverlobt, sie aber noch nicht heimgeführt hat, trete weg und kehre heim, damit er nicht im Kampf umkomme und ein anderer sie heimführe. Die Vorsteher sollen weiterhin vor dem Kriegsvolk verkünden und sagen: Wer furchtsam und mutlos ist, trete weg und kehre heim; er soll das Herz seiner Stammesbrüder nicht gleichfalls entmutigen. Wenn dann die Vorsteher ihre Ansprache an das Kriegsvolk vollendet haben, sollen sie die Heerführer an des Volkes Spitze stellen. (5 Mose 20, 1–9)

Eine einzige Stätte der Verehrung

Im Mittelpunkt der gesetzlichen Bestimmungen des Deuteronomiums stehen die Forderungen nach Vereinheitlichung des Kultwesens und nach Einheit des Kultortes. Weil

Jahwe »einer« ist, verlangt das Deuteronomium, daß auch seine Verehrung einheitlich sei und an einem Ort geschehe. An die alte Einrichtung des zentralen Stämmeheiligtums anknüpfend, bestimmt es, daß in Zukunft nur noch an dem »Ort, den Jahwe erwählen wird, um seinen Namen daselbst wohnen zu lassen«, Opfer dargebracht werden sollen.

In zwei Kurzpredigten wird die Forderung nach der Einheit des Kultortes in je eigener Weise begründet: einerseits durch die Abgrenzung der Israeliten von den Kanaanäern und andererseits mit dem Hinweis auf die bevorstehende Erfüllung der Verheißungen.

Ihr sollt all die Stätten gründlich zerstören, an denen die Völker, in deren Erbe ihr getreten seid, ihren Göttern gedient haben, auf den hohen Bergen, auf den Hügeln und unter jedem grünen Baum. Reißt ihre Altäre nieder, zertrümmert ihre Weihesteine, verbrennt ihre heiligen Pfähle, haut ihre Götzenbilder um und vertilgt ihre Namen von jener Stätte! Solches dürft ihr nicht tun zu Ehren Jahwes, eures Gottes! Vielmehr sollt ihr die Stätte, die Jahwe, euer Gott, aus all euren Stämmen erwählen wird, um seinem Namen dort eine Wohnstatt zu bereiten, besuchen und dorthin kommen! Eure Brand- und Schlachtopfer, eure Zehnten, Hebeopfer, Gelübde, eure freiwilligen Gaben und den Erstlingswurf eures Groß- und Kleinviehs bringt dorthin [14]! Daselbst sollt ihr vor Jahwe, eurem Gott, das Opfermahl halten, sollt mit euren Familien fröhlich sein über das, was eure Hände sich erworben, womit dich Jahwe, dein Gott, gesegnet hat.

Ihr dürft es nicht so machen, wie wir es hier bis heute, ein jeder nach seinem Belieben, zu tun pflegen. Bis dahin seid ihr ja noch nicht zur Ruhe und zu dem Erbe gelangt, das Jahwe, euer Gott, euch verleihen will. Ihr werdet den Jordan überschreiten und in dem Land, das Jahwe, euer Gott, euch als Erbe zuteilen wird, wohnen; er wird euch vor allen euren Feinden ringsum Ruhe gewähren, und ihr werdet in Sicherheit wohnen. Dann sollt ihr aber an die Stätte, die Jahwe, euer Gott, sich zur Wohnstatt seines Namens auserwählen wird, all das bringen, was ich euch heute vorschreibe: eure Brand- und Schlachtopfer, eure Zehnten und Hebeopfer und alle eure auserlesenen Gelübdeopfer, die ihr Jahwe angelobt. Ihr sollt dann vor Jahwe, eurem Gott, fröhlich sein, ihr samt euren Söhnen und Töchtern, Knechten und Mägden, und auch der Levit, der in euren Ortschaften wohnt. Er hat ja weder Landanteil noch Erbbesitz neben euch. (5 Mose 12, 2–12)

---

14 »Zehnten«, »Hebeopfer« und »Gelübde(opfer)« sind Abgaben an das Heiligtum oder Opfer bei verschiedenen Anlässen. Brandopfer und Schlachtopfer sind die beiden wichtigsten Opferarten im Alten Testament. Das Schlachtopfer wurde mit Ausnahme von Blut und Fett, das Jahwe dargebracht wurde, und eines Anteils für die Priester von den Opferteilnehmern in einer gemeinsamen Mahlzeit am Heiligtum verzehrt.

Schlachten und Fleisch essen

Die Forderung nach einem einzigen Heiligtum mußte weitreichende Folgen haben. Bisher war jede Schlachtung zugleich ein Opfermahl gewesen, das »vor Jahwe«, d. h. an seinem Heiligtum, verzehrt wurde. Wie aber sollte ein entfernt wohnender Bauer zu einem Festessen kommen, wenn er dazu erst mit seinem Schaf und seiner Familie den weiten Weg zum Zentralheiligtum antreten mußte? Das Deuteronomium löst das Problem, indem es zwischen dem privaten Fleischgenuß und dem Jahweopfer unterscheidet; wer Fleisch essen will, darf seine Tiere zu Hause schlachten; nur die Jahwe geweihten Opfertiere müssen wie die anderen Abgaben zum Heiligtum gebracht werden. Mit dieser Freigabe des profanen Schlachtens war eine Entwicklung eingeleitet, die mehr und mehr zu einer Entsakralisierung des Lebens führen mußte, d. h. zu einer strengen Scheidung zwischen den notwendigen Verrichtungen des Alltags und der religiös-kultischen Verehrung Jahwes.

Hüte dich aber, deine Brandopfer an jeder beliebigen Stätte darzubringen, die du selbst aussuchst! Nur an der Stätte, die Jahwe in einem deiner Stämme erwählen wird, darfst du deine Brandopfer darbringen und all das tun, was ich dir gebiete. Indessen darfst du ganz nach Wunsch schlachten und Fleisch essen entsprechend dem Segensmaß, das Jahwe, dein Gott, dir verleihen wird, in all deinen Ortschaften. Der Unreine wie auch der Reine dürfen davon essen wie von einer Gazelle oder vom Hirsch. Nur das Blut sollt ihr nicht genießen; auf die Erde sollt ihr es ausgießen wie Wasser. Du darfst aber in deinen Ortschaften nicht die Zehntabgabe deines Getreides, Mostes und Öles, nicht den Erstlingswurf deiner Rinder und deines Kleinviehs, keine gelobten Gelübdeopfer noch deine freiwilligen Gaben und Hebeopfer verzehren. Nur vor Jahwe, deinem Gott, sollst du es verzehren an der Stätte, die Jahwe, dein Gott, erwählen wird, und zwar du samt deinen Söhnen und Töchtern, deinen Knechten und Mägden und den Leviten in deinen Ortschaften; und du sollst fröhlich sein vor Jahwe, deinem Gott, über alles, was deine Hand sich erworben hat. Nimm dich in acht, den Leviten im Stich zu lassen, solange du in deinem Lande lebst! (5 Mose 12, 13–19)

Die Opfergaben

Die Hausschlachtung war nicht die einzige Veränderung, die die Zentralisationsforderung des Deuteronomiums mit sich brachte. Die praktischen Schwierigkeiten begannen bereits bei der Darbringung der Opfergaben. Wie sollten die Zehnten, Hebegaben, Gelübdeopfer und Erstgeburten der Tiere zu dem ferngelegenen Heiligtum gebracht werden? Es gab nur eine Möglichkeit: sie am Wohnort zu verkaufen und für den Erlös am Heiligtum andere Tiere und Ernteerträge einzukaufen. Für den regen Handel, der sich damit am Zentralheiligtum entwickeln mußte, bietet Mk 11, 15 eine eindrucksvolle Illustration.

Den gesamten Ertrag deiner Aussaat von allem, was dir auf dem Felde wächst, sollst du alljährlich gewissenhaft verzehnten. Du sollst vor Jahwe, deinem Gott, an der Stätte, die er sich zur Wohnstatt seines Namens gemacht hat, den Zehnten von deinem Getreide, deinem Most und Öl sowie die Erstwürfe deines Groß- und Kleinviehs verzehren, auf daß du es lernst, Jahwe, deinen Gott, immerdar zu fürchten. Ist aber der Weg zu weit für dich, kannst du es nicht hintragen, weil die Stätte, die Jahwe, dein Gott, zur Wohnstätte seines Namens erwählen wird, zu fern ist, und Jahwe, dein Gott, läßt dir Segen zukommen, dann mußt du es für Geld verkaufen. Nimm das Geld im Beutel mit dir, begib dich nach der Stätte, die sich Jahwe, dein Gott, erwählen wird, dann kaufe für das Geld alles, was dein Herz begehrt, Rinder und Schafe, Wein und Rauschtrank und alles, wonach du verlangst! Halte daselbst ein Mahl vor Jahwe, deinem Gott, und sei fröhlich mit deiner Familie! Aber auch den Leviten, der in deinen Ortschaften wohnt, darfst du nicht im Stich lassen; denn er hat keinen Anteil und kein Erbe bei dir. (5 Mose 14, 22–27)

Die Landleviten

Was aber sollte aus den vielen Landpriestern werden, die durch die Auflösung der zahlreichen lokalen Heiligtümer brotlos wurden? Das Deuteronomium bestimmt, daß sie sich am Kult des Zentralheiligtums beteiligen und ihren Anteil an den Opfergaben haben sollten.

Dies ist das Recht der Priester gegenüber dem Volk, gegenüber jenen, die Rinder- oder Schafopfer darbringen: Man gebe den Priestern das Schulterblatt, die beiden Kinnbacken und den Fettmagen. Gib ihm auch die Erstlingsfrucht deines Getreides, Mostes und Öles sowie die Erstlinge der Schur deines Kleinviehs! Denn ihn erwählte Jahwe, dein Gott, aus allen Stämmen, daß er allezeit im Namen Jahwes bereitstehe zum Dienste, er und seine Söhne. Kommt nun ein Levit von irgendeiner deiner Wohnstätten aus ganz Israel, woselbst er sich wie ein Fremdling aufhält – und er darf ganz nach seines Herzens Belieben an die Stätte kommen, die Jahwe sich erwählt –, dann darf er im Namen Jahwes, seines Gottes, Dienst tun wie alle seine levitischen Stammesbrüder, die dort im Dienste Jahwes stehen. Den gleichen Anteil soll er genießen, abgesehen vom verkauften Gut seiner Väter.
(5 Mose 18, 3–8)

Über das Pfänden

Neben der Zentralisationsforderung und den mit ihr zusammenhängenden Regeln fallen in den gesetzlichen Partien des Deuteronomiums eine Reihe sozialer Bestimmungen ins Auge. Sie lassen die Absicht der levitischen Reformer erkennen, durch eine zeitgemäße Neuinterpretation alter gesetzlicher Anordnungen die sozialen Spannungen im Volk abzumildern. Charakteristisch für den Geist, von dem jene Verordnungen getragen werden, sind zwei Pfandbestimmungen.

Man soll nicht die Mühle oder den oberen Mühlstein als Pfand nehmen; denn das hieße ein Menschenleben zum Pfand nehmen. Gewährst du deinem Nächsten irgendein Darlehen, so darfst du sein Haus nicht betreten, um ein Pfand dafür zu erheben. Bleibe draußen stehen! Der Mann, dem du das Darlehen gibst, bringe dann das Pfand zu dir hinaus. Ist es ein armer Mann, dann sollst du mit seinem Pfand dich nicht schlafen legen. Du sollst ihm vielmehr das Pfand bei Sonnenuntergang wieder zurückbringen. Er soll sich in seinem Mantel schlafen legen; dann wird er über dich einen Segenswunsch aussprechen, und dir wird das vor Jahwe, deinem Gott, als Gerechtigkeit angerechnet. (5 Mose 24, 6.10–13)

Das Gesetz über das Erlaßjahr

Die Art und Weise, in der die levitischen Prediger ihren Hörern das Wort Jahwes neu nahezubringen versuchten, läßt sich gut an dem Abschnitt über das Erlaßjahr veranschaulichen. Das Stück gewährt darüber hinaus einen Einblick in das komplizierte Wachstum der einzelnen Passagen des Deuteronomiums.

Der Kern der Predigt ist ein alter »apodiktischer«, d. h. unbedingte Geltung beanspruchender Rechtssatz (v 1). Er fordert, daß nach Ablauf von sechs Jahren das Ackerland ein Jahr lang brachliegt.

Das Deuteronomium greift diesen Satz auf und paßt ihn den veränderten wirtschaftlichen Verhältnissen der Königszeit an: Nicht nur der Acker soll brachliegen, sondern alle finanziellen Schulden sollen in diesen Jahren als gelöscht gelten (v 2).

An dieses alte Gesetz und seine Interpretation schließt sich eine Predigt an. Sie appelliert an die Gläubiger unter den Hörern, niemals und erst recht nicht vor einem solchen Erlaßjahr der Armen im Land zu vergessen oder zu unterdrücken, denn Arme gibt es immer (vv 3.7–11).

Dieser letzte Gedanke, daß es immer Armut im Land geben wird, hat den Widerspruch eines Späteren herausgefordert: Es wird keine Armut mehr geben, wenn Israel auf die Worte Jahwes hört (vv 4–6).

(1) Am Ende jedes siebten Jahres sollst du einen Erlaß gewähren! (2) Folgendes ist die Regelung des Erlasses: Jeder Gläubiger soll sein Darlehen, das er seinem Nächsten gewährt hat, erlassen. Er soll seinen Nächsten und seinen Bruder nicht drängen; denn ausgerufen ward ein Erlaß zu Ehren Jahwes. (3) Einen Ausländer magst du drängen, doch von dem, was du von einem Stammesbruder zu fordern hast, sollst du die Hand ablassen. (4) Allerdings wird es unter dir keine Armen geben, da Jahwe, dein Gott, dich reichlich segnen wird in dem Land, das dir Jahwe, dein Gott, als Anteil und Erbbesitz geben wird. (5) Nur mußt du völlig gehorsam sein der Stimme Jahwes, deines Gottes, und auf die Befolgung dieser Befehle, die ich dir heute erteile, achten. (6) Dann wird Jahwe, dein Gott, dich segnen, wie er dir verheißen hat. Du wirst vielen Völkern ausleihen können, selber aber nicht zu entleihen brauchen. Du wirst über viele Völker herrschen, über dich aber soll keines die Herrschaft ausüben. (7) Findet sich bei dir ein armer Stammesbruder in einer deiner Ortschaften in dem Lande, das Jahwe, dein Gott, dir verleihen

wird, so sollst du nicht hartherzig sein und deine Hand vor deinem armen Stammesbruder nicht verschließen; (8) vielmehr sollst du deine Hand für ihn weit auftun und ihm gerne leihen, was er in der Not, die er leidet, braucht. (9) Nimm dich in acht, daß nicht etwa der nichtsnutzige Gedanke in deinem Herzen aufsteige: Es steht nahe bevor das siebte Jahr, das Jahr des Erlasses, so daß du eine abweisende Miene machst gegen deinen armen Bruder und ihm nichts gibst; denn wenn er dann deinetwegen zu Jahwe schreit, so lastet auf dir eine Sünde. (10) Reichlich geben sollst du ihm, und wenn du gibst, dann soll dein Herz nicht verdrießlich sein. Denn um einer solchen Tat willen wird Jahwe, dein Gott, dich segnen bei allem Tun und bei allem, was deine Hand ergreift. (11) Denn niemals wird es an Armen in deinem Land fehlen. Ich gebiete dir also: Tu deine Hand weit auf für deinen dürftigen und armen Bruder in deinem Lande! (5 Mose 15, 1–11)

Das Sklavengesetz

Ähnlich wie beim Gesetz über das Erlaßjahr liegen die Dinge beim Sklavengesetz. Eine ältere Fassung dieses Gesetzes hatte die Freilassung eines Sklaven nach sechs Jahren auf das genaueste geregelt (2 Mose 21, 1–11). Der entsprechende Satz im Deuteronomium (v 12), den der Prediger seinen Hörern eindringlich und um Verständnis werbend erläutert (vv 13–18), rechnet damit, daß ein ursprünglich freier, grundbesitzender Israelit sich zur Tilgung seiner Schulden freiwillig für eine bestimmte Zeit als Sklave verkauft. Neu ist an der Auslegung außerdem, daß sich auch eine Frau als Sklavin selbst verkaufen kann, was voraussetzt, daß auch sie – anders als in alter Zeit – Grundbesitzerin sein kann.

(12) Verkauft sich dir ein Bruder, ein Hebräer oder eine Hebräerin[15], so soll er dir sechs Jahre lang als Sklave dienen, im siebten Jahre aber sollst du ihn freilassen aus deinem Dienst! (13) Entläßt du ihn aus deinem Dienst, so schicke ihn nicht leer fort! (14) Statte ihn gut aus mit Gaben aus deinem Kleinvieh, von deiner Tenne und deiner Kelter; womit dich Jahwe, dein Gott, gesegnet hat, davon sollst du ihm geben! (15) Denke daran, daß auch du Sklave warst im Ägypterland und daß Jahwe, dein Gott, dich erlöst hat; darum gebiete ich dir heute solches. (16) Sagt er aber zu dir: Ich will von dir nicht fortgehen, denn er hat dich und deine Familie lieb, weil er es gut bei dir hat, (17) so nimm einen Pfriemen und bohre ihn durch sein Ohr in die Tür, dann sei er dein Sklave für immer; auch mit deiner Magd sollst du ebenso verfahren. (18) Es sei dir aber nicht lästig, ihn frei aus deinem Dienst zu entlassen. Denn er hat sechs Jahre hindurch die entsprechende Summe des Lohnes eines Tagelöhners für dich abgeleistet. Dafür hat dich Jahwe, dein Gott, in all deinen Unternehmungen gesegnet. (5 Mose 15, 12–18)

---

15 »Hebräer« bezeichnet in diesem Zusammenhang bereits einen voll rechtsfähigen Angehörigen der Stämme Israels. Zur ursprünglichen Bedeutung des Begriffs vgl. oben S. 24.

Das Königsgesetz

Ungewöhnlich mutet in einer Sammlung von Bestimmungen, die auf die Erneuerung der altisraelitischen Lebensweise hinzielen, ein Königsgesetz an, zumal das Deuteronomium und seine Schöpfer bewußt an Traditionen anknüpfen, die zum größten Teil bereits in vorköniglicher Zeit gewachsen sind. Wenn das Deuteronomium sich dennoch mit dem König und seinen Pflichten beschäftigt, so offensichtlich unter dem Aspekt, daß die Einrichtung des Königtums zwar als geschichtliche Größe nicht mehr aus dem Leben des Volkes wegzudenken ist, daß es aber in Wirklichkeit dem Willen Jahwes zuwiderläuft. In den durchweg negativ formulierten Bestimmungen für die Wahl des Königs und seine Amtsführung spricht sich eine fast 400jährige, ungute Erfahrung mit dem Königtum aus (vgl. auch oben S. 172 ff.).

Kommst du in das Land, das Jahwe, dein Gott, dir gibt, hast du es erobert und besiedelt und denkst: Auch ich will einen König über mich setzen wie alle Völker rings um mich herum, dann bestelle über dich nur den als König, den Jahwe, dein Gott, auserwählt! Nur aus deinen Stammesbrüdern darfst du jemand über dich als König setzen; einen Ausländer, der nicht dein Stammesbruder ist, darfst du nicht über dich setzen. Er darf sich aber nicht viele Rosse halten, die Leute nicht mehr nach Ägypten zurücksenden, um sich viele Rosse zu verschaffen. Denn Jahwe hat euch verheißen: Ihr sollt fürderhin nicht mehr auf diesem Weg zurückkehren. Auch soll er sich nicht viele Frauen nehmen, daß sein Herz nicht abtrünnig werde; auch Silber und Gold häufe er nicht in großer Menge an! Wenn er seinen königlichen Thron bestiegen hat, verfertige er sich eine Abschrift dieses Gesetzes nach dem Buche, das sich bei den levitischen Priestern befindet! Dieses Gesetz sei bei ihm; er lese darin alle Tage seines Lebens, auf daß er lerne, Jahwe, seinen Gott, zu fürchten und alle Worte dieses Gesetzes und die Satzungen zu halten und zu befolgen [16]. Sein Herz erhebe sich nicht stolz über seine Stammesbrüder; er weiche nicht von der Vorschrift nach rechts oder links ab, damit er lange an der Herrschaft bleibe, er und seine Söhne, in Israels Mitte.

(5 Mose 17, 14–20)

Der Bundesschluß

Auf die ausführliche Darlegung der verschiedenartigen Anweisungen, Bestimmungen und Verordnungen folgt im literarischen Aufbau des Deuteronomiums ein Bundesschluß: In einer feierlichen Verpflichtung sagt Jahwe Israel zu, »sein Gott« zu sein, und Israel gelobt Jahwe, »sein Volk« zu sein.

Heute gebietet dir Jahwe, dein Gott, jene Satzungen und Vorschriften zu halten; du sollst sie beobachten und befolgen aus ganzem Herzen und aus

---

16 Der Passus, der dem König die Lektüre »dieses Gesetzes« zur Pflicht macht, scheint eine jüngere Ergänzung zu sein.

ganzer Seele! Von Jahwe hast du dir heute sagen lassen, daß er dein Gott sein will und daß du auf seinen Wegen wandeln, seine Satzungen, Gebote und Vorschriften befolgen und seiner Stimme gehorchen sollst. Jahwe aber hat dich heute bekennen lassen, daß du sein Eigentumsvolk sein willst [17], so wie er es dir verheißen hat, daß du alle seine Gebote befolgen willst, daß er es ist, der dich über alle Völker, die er schuf, erhöht an Lob, Ruhm und Ehre, und daß du ein heiliges Volk für Jahwe, deinen Gott, sein willst, gemäß seinem Worte! (5 Mose 26, 16–19)

Höre auf die Stimme Jahwes!

Das neue Bundesverhältnis zwischen Jahwe und seinem Volk ist, wie die Vertragsformel erkennen läßt, nicht streng zweiseitig verstanden, sondern einseitig von der Gehorsamsverpflichtung des Volkes her gedeutet. Jetzt, nachdem Jahwe sich in freier Zuwendung feierlich an sein Volk gebunden hat, muß das Volk im Gehorsam gegenüber den Satzungen seines Gottes diesen Bund bewähren.

Moses und die levitischen Priester sprachen zu ganz Israel: »Schweige [18] und höre, Israel! Heute bist du das Volk Jahwes, deines Gottes, geworden. Höre denn auf die Stimme Jahwes, deines Gottes; halte seine Gebote und Satzungen, die ich dir heute gebiete!« (5 Mose 27, 9 f.)

Segen und Fluch

Das Deuteronomium schließt mit der Verkündigung des Segens über denen, die Jahwes Gebote halten, und der Verkündigung des Fluchs über denen, die sie mißachten. Segnen und Fluchen waren uralte kultische Handlungen, die an vorgeprägte, wirkkräftige Formulierungen gebunden waren. Häufig sind mehrere Fluch- oder Segenssprüche zu Reihen zusammengefaßt. Zwei solcher Reihen aus dem Grundbestand des Deuteronomiums, eine Segens- und eine Fluchreihe, sind nahezu symmetrisch aufgebaut.

Gehorchst du getreulich der Stimme Jahwes, deines Gottes, und beobachtest du all seine Gebote, die ich dir heute gebe, so wird Jahwe, dein Gott, dich erhöhen über alle Erdenvölker. Über dich werden alle diese Segenswünsche

---

[17] Die im Alten Testament recht geläufige Bundesschlußformel »Ich will euer Gott sein, ihr sollt mein Volk sein« ist in diesem Stück eigenartig indirekt formuliert: Jede Seite veranlaßt die andere, eine bindende Erklärung abzugeben. Die ungewöhnliche Formulierung rückt Mose in die Rolle des »Bundesmittlers«, also desjenigen, der stellvertretend für die beiden Parteien deren jeweilige Erklärung öffentlich verkündet und damit rechtswirksam macht.

[18] Auf dem Höhepunkt gottesdienstlicher Handlungen bezeichnete ein kultisches Schweigen die Anwesenheit Jahwes in der versammelten Gemeinde (vgl. Zeph 1,7; oben S. 374).

kommen und dich erreichen, wenn du auf die Stimme Jahwes, deines Gottes, hörst:
Gesegnet bist du innerhalb der Stadt,
gesegnet auf dem Felde draußen.
Gesegnet ist deine Leibesfrucht und Feldfrucht,
die Frucht deines Viehs,
der Wurf deiner Rinder und der Zuwachs deiner Schafe.
Gesegnet ist dein Erntekorb und dein Backtrog.
Gesegnet bist du, wenn du einziehst,
und gesegnet, wenn du ausziehst.

Gehorchst du aber nicht der Stimme Jahwes, deines Gottes, beobachtest nicht all seine Gebote und Satzungen, die ich dir heute anbefehle, so kommen über dich und erreichen dich all diese Flüche:
Verflucht bist du innerhalb der Stadt,
verflucht auf dem Felde draußen.
Verflucht ist dein Erntekorb und dein Backtrog.
Verflucht ist deine Leibesfrucht und deine Feldfrucht,
der Wurf deiner Rinder und der Zuwachs deiner Schafe.
Verflucht bist du, wenn du einziehst,
und verflucht, wenn du ausziehst.   (5 Mose 28, 1–6.15–19)

Angst und Verzweiflung

Die Segens- und Fluchreihen des Deuteronomiums sind nachträglich noch um mancherlei Zusätze bereichert worden; vor allem der Fluchteil ist stark angewachsen. Eine dieser Weiterungen kündigt dem Volk die völlige Vernichtung, Ruhelosigkeit und Verzweiflung an.

Die Schrecklichkeit der angedrohten Nöte und Ängste läßt erkennen, wie eng sich die Predigt der Leviten und die Verkündigung der Propheten Zephanja und Jeremia berührten: Würde Israel sich nicht doch noch in letzter Stunde zu Jahwe hinwenden, müßte es gnadenlos dem Gericht verfallen.

Beachtest du nicht alle Worte dieses Gesetzes, die in diesem Buch geschrieben stehen, und fürchtest du nicht Jahwe, deinen Gott, diesen glorreichen und schauervollen Namen, so verhängt Jahwe über dich und deine Nachkommen ungewöhnliche Plagen, gewaltig und andauernd, bösartige und bleibende Krankheiten. Er bringt wider dich alle Seuchen Ägyptens, vor denen dir graut, und sie werden dir anhaften. Ferner wird Jahwe alle möglichen Krankheiten und Plagen, von denen in diesem Gesetzbuch nichts geschrieben steht, über dich kommen lassen, bis du vernichtet bist. Nur wenige Leute werden dann noch unter euch übrigbleiben, und ihr wart doch zahlreich wie die Sterne des Himmels; denn du hast der Stimme Jahwes, deines Gottes, nicht gehorcht! Wie Jahwe einst seine Freude daran hatte, euch glücklich zu machen und zu vermehren, so wird dann Jahwe seine Freude daran haben, euch zu verderben und zu vertilgen, und herausgerissen werdet ihr aus dem Lande, in das du ziehst, um es zu besitzen. Jahwe wird dich unter alle Völker von einem Ende der Erde bis zum andern zerstreuen; du wirst dort fremden Göttern aus Holz und Stein dienen, die dir und deinen Vätern unbekannt waren. Unter jenen Völkern wirst du nicht zur Ruhe kommen, keine bleibende Stätte wird es geben für deinen Fuß, vielmehr wird Jahwe, dein Gott, dir daselbst ein zitterndes Herz geben, verschmachtende Augen und eine verzagte Seele. Dein Leben schwebt in ständiger Ungewißheit, zittern wirst du bei Nacht und Tag und hast nicht mehr Vertrauen zu deinem Leben. Am Morgen denkst du: ›O wäre es doch Abend!‹, und am Abend sagst du: ›O wäre es doch Morgen!‹ wegen der Angst, die dein Herz erfüllt, und wegen des Anblickes, den deine Augen ertragen müssen. Jahwe wird dich wiederum zu Schiff nach Ägypten bringen, nach jenem Ziele, das du nach meiner Verheißung nie mehr sehen solltest. Dort werdet ihr euren Feinden als Sklaven und Sklavinnen feilgeboten werden, niemand aber will euch kaufen. (5 Mose 28, 58–68)

C. Das Reformwerk Josias

Dem jungen König Josia ist das Wirken der levitischen Reformbewegung vermutlich zunächst unbekannt geblieben. Als Jerusalemer und als Davidide war er in den Überlieferungen aufgewachsen, die sich seit der Zeit Davids um das Jerusalemer Königtum ausgebildet hatten. Von seinen Zeitgenossen ist Josia anscheinend als zweiter David angesehen worden, an dem sich die seinem großen Ahnvater gegebenen Jahweverheißungen wieder in ihrer ganzen Breite erfüllen sollten. Wahrscheinlich hat auch Josia selbst in diesem Bewußtsein seine Regierung angetreten. Zielstrebig hat er von Anfang an auf die Unabhängigkeit seines Landes von Assur hingewirkt und die Grenzen seines Herrschaftsbereichs nach Norden vorgeschoben. Zur Demonstration seiner nationalen Unabhängigkeit und seiner Eigenständigkeit gegenüber allem fremden Wesen hat Josia schon bald nach seinem Regierungsantritt die assyrischen und kanaanäischen Fremdkulte aus dem Jerusalemer Tempel entfernen lassen.

Nicht lange nach dieser Säuberungsaktion wurde bei Renovierungsarbeiten am Tempel jenes »Gesetzbuch« gefunden, dessen Bestimmungen zu einem Teil in das Deuteronomium eingegangen sind. Durch dieses Buch lernte Josia die Überlieferungen des vorköniglichen Stämmeverbandes kennen. Bestürzt von den Forderungen des Buches und in dem sicheren Wissen darum, welche innenpolitischen Möglichkeiten ihm damit in die Hand gegeben waren, hat Josia in einem feierlichen Bundesschluß das gesamte »Gesetz« für sich und das Volk für verbindlich erklärt.

Der Fund der Gesetzessammlung hat den kultischen Maßnahmen des Königs eine neue Richtung gegeben. Angeregt durch die Zentralisationsforderungen des Buches hat Josia alle Jahweheiligtümer in Juda und Israel verwüsten und die dort amtierenden Priester nach Jerusalem bringen lassen. Anders als die Beseitigung der assyrischen und kanaanäischen Heiligtümer in Jerusalem war diese Maßnahme ausschließlich auf die innere Erneuerung des Jahweglaubens gerichtet. Jerusalem war von nun an der einzige und vom König kontrollierte Kultort; nur hier durfte noch geopfert werden, nur hier durften noch Priester amtieren.

Der Verfasser des deuteronomistischen Geschichtswerkes, dem wir den großen Bericht über das Reformwerk Josias und den Fund des Gesetzbuches verdanken, vermittelt seinen Lesern durch die Art der Abfolge und der inneren Verknüpfung der Ereignisse eine bestimmte theologische Bewertung des Königs und seiner Maßnahmen. Das eigentlich auslösende Ereignis ist für ihn die Auffindung des Gesetzbuches. Der von den Worten der Rolle zutiefst getroffene König holt sich bei einer Prophetin Rat und verpflichtet unmittelbar darauf das ganze Volk feierlich auf das neugefundene Gesetz. Erst nach diesem höchst bedeutsamen Schritt geht er daran, den Jahwekult von allen heidnischen Verfälschungen zu befreien, und feiert erstmals »seit der Zeit der Richter« wieder ein Passafest.

Gesetzbuch und Bundesschluß

Der Erzähler stellt seinen umfangreichen Bericht aus sehr verschiedenartigen literarischen Einheiten zusammen. Der Abschnitt über die Auffindung des Gesetzbuches und über den Bundesschluß stützt sich auf eine »Denkschrift« aus der Umgebung des Königs, in der die Ereignisse im Zusammenhang mit der Auffindung der Buchrolle offiziell festgehalten worden waren.

Josia war acht Jahre alt, als er König wurde [19]. Er regierte 31 Jahre in Jerusalem. Der Name seiner Mutter war Jedida; sie war die Tochter Adajas aus Bozkat. Josia tat, was Jahwe wohlgefiel, und wandelte ganz auf dem Wege seines Ahnherrn David, ohne nach rechts oder links abzuweichen.

Im 18. Jahr des Königs Josia [20] sandte der König den Staatsschreiber Schaphan, den Sohn des Azalja und Enkel Meschullams, in den Tempel Jahwes mit dem Auftrag: »Gehe zum Hohenpriester Hilkia! Er soll das Geld

---

19 Nach der Ermordung seines Vaters in einer Palastrevolution war der gerade Achtjährige im Jahr 639 von der alteingesessenen Landbevölkerung auf den verwaisten Königsthron gehoben worden. Vermutlich hat zunächst ein Thronrat die Amtsgeschäfte für den unmündigen König geführt. Die volle Regierungsverantwortung wird Josia wohl erst acht bis zehn Jahre später übernommen haben.

20 Also im Jahr 622/21 v. Chr.

ausschütten, das in den Tempel gebracht worden ist und das die Schwellenhüter von den Leuten gesammelt haben. Man übergebe es den Werkmeistern, die zugleich Aufseher im Tempel Jahwes sind. Diese sollen es für die Arbeiter verwenden, die im Tempel mit der Beseitigung der Schäden beschäftigt sind, für die Zimmerleute, Bauleute und Maurer, sowie zum Einkauf von Holz und behauenen Steinen zur Ausbesserung des Hauses. Nur soll man mit ihnen über das Geld, das ihnen ausgehändigt wird, nicht abrechnen; sie sollen vielmehr auf Treu und Glauben handeln.«

Da sagte der Hohepriester Hilkia zum Staatsschreiber: »Ich habe die Gesetzesrolle im Tempel Jahwes gefunden.« [21] Hilkia gab Schaphan die Rolle, und dieser las sie. Danach ging der Staatsschreiber Schaphan zum König und meldete ihm: »Deine Knechte haben das Geld ausgeschüttet, das sich im Tempel befand, und übergaben es den Werkführern, die als Aufseher im Tempel bestellt sind.« Zugleich teilte der Staatsschreiber Schaphan dem König mit: »Der Priester Hilkia hat mir eine Rolle gegeben.« Schaphan las sie dem König vor.

Da ließ der König alle Ältesten Judas und Jerusalems zu sich kommen. Er ging in den Tempel hinauf; alle Männer Judas, alle Bewohner Jerusalems, die Priester und die Propheten und alle Leute, klein und groß, waren bei ihm. Er ließ ihnen alle Worte des Bundesbuches, das sich im Tempel Jahwes gefunden hatte, laut vorlesen. Dann trat der König auf den Sockel und schloß vor Jahwe den Bund: Sie sollten Jahwe folgen, seine Befehle, Verordnungen und Satzungen mit ganzem Herzen und mit ganzer Seele halten und die Bundesvorschriften durchführen, die in dieser Buchrolle geschrieben standen. Das ganze Volk trat dem Bund bei. (2 Kön 22, 1–10; 23, 1–3)

Das Orakel der Prophetin

In den Auffindungsbericht ist eine Art Prophetenlegende eingearbeitet worden, die vom Besuch der Ratgeber des Königs bei einer Prophetin erzählt.
Das Orakel dieser Prophetin ist später »korrigiert« worden. Während es in seiner ursprünglichen Fassung der Stadt Jerusalem und ihren Bewohnern bedingungslos das Verderben für ihren Abfall von Jahwe ankündigt, ist die zweite Version eine persönliche Heilszusage an den König, die mit seiner Bußfertigkeit begründet wird. Die ältere und die jüngere Fassung des Wortes der Prophetin sind im überkommenen alttestamentlichen Text miteinander verknüpft worden.

Als der König den Inhalt der Gesetzesrolle vernahm, zerriß er seine Kleider: Er befahl dem Priester Hilkia sowie Achikam, dem Sohn Schaphans, Achbor, dem Sohn Michajas, dem Staatsschreiber Schaphan und Asaja, dem Minister des Königs: »Geht hin und befragt Jahwe für mich, für das Volk und für

---

21 Gesetzbücher im Tempel des Hauptgottes aufzubewahren entsprach einem im Alten Orient weit verbreiteten Brauch.

ganz Juda über diese Rolle, die aufgefunden wurde! Denn groß ist der Zorn Jahwes, der gegen uns entbrannt ist, weil unsere Väter auf die Worte dieser Rolle nicht achteten und nicht taten, was in ihr geschrieben steht.« Da ging der Priester Hilkia mit Achikam, Achbor, Schaphan und Asaja zur Prophetin Hulda, der Frau Schallums, des Sohnes Tikwas und Enkels des Harchas, welcher Verwalter der Kleiderkammer war. Sie wohnte zu Jerusalem in der Neustadt. Man redete mit ihr. Sie gab ihnen den Bescheid: »So spricht Jahwe, der Gott Israels: Sagt dem Mann, der euch zu mir gesandt hat: So spricht Jahwe: Siehe, ich bringe Unheil über diesen Ort und über seine Bewohner, nämlich alle Drohungen der Buchrolle, die der König von Juda gelesen hat. Denn verlassen haben sie mich, fremden Göttern brachten sie Rauchopfer dar, um mich zu beleidigen durch alle Werke ihrer Hände. Darum ist mein Zorn gegen diesen Ort entbrannt und kommt nicht zum Verlöschen.

Zum König von Juda aber, der euch sendet, um Jahwe zu befragen, sagt: So spricht Jahwe, der Gott Israels: Von den Worten, die du vernahmst, gilt folgendes: Weil dein Herz weich geworden ist und du dich verdemütigt hast vor Jahwe, da du meine Drohungen wider diesen Ort und seine Bewohner hörtest, daß sie nämlich Gegenstand des Entsetzens und des Fluches werden sollen, und weil du deine Kleider zerrissen und vor mir geweint hast, darum will auch ich dich erhören, spricht Jahwe. Deshalb sollst du, wenn ich dich zu deinen Vätern versammle, in Frieden in deinem Grab beigesetzt werden. Deine Augen sollen all das Unheil nicht mehr schauen, das ich über diesen Ort bringe!« (2 Kön 22, 11–20)

Die Kultusreform

Dem Bericht über die Auffindung des Gesetzbuches und den Bundesschluß hat der Erzähler in einem zweiten großen Abschnitt einen Bericht über die Reform Josias angefügt. Dieses Stück geht auf »Tagebuch«-Aufzeichnungen über die kultpolitischen Maßnahmen des Königs zurück.

Danach befahl der König dem Hohenpriester Hilkia, den Priestern zweiten Ranges und den Schwellenhütern, aus dem Tempel Jahwes alle Gegenstände hinauszuschaffen, die für den Baal, die Aschera und das ganze Himmelsheer verfertigt worden waren. Außerhalb Jerusalems auf den Gefilden am Kidron ließ er sie verbrennen und als Asche nach Betel schaffen. Er setzte die Götzenpriester ab, welche die Könige von Juda angestellt hatten und die auf den Höhen, in den Städten Judas und in der Umgebung Jerusalems Rauchopfer darbrachten, ferner auch jene, die dem Baal, der Sonne, dem Mond, den Tierkreisbildern und dem ganzen Heer des Himmels Rauchopfer darbrachten. Er ließ die Aschera aus dem Tempel Jahwes und aus Jerusalem hinaus an den Kidronbach bringen und verbrannte sie im Kidrontal, zermalmte sie zu Staub und streute ihre Asche auf die Gräber des einfachen

Volkes. Dann ließ er die Gemächer der Weihedirnen im Tempel Jahwes niederreißen, wo die Frauen Schleier für die Aschera webten. Er entfernte die Rosse, welche die Könige von Juda zu Ehren der Sonne am Eingang zum Tempel Jahwes bei der Halle des Kämmerers Netanmelech im Vorhof aufgestellt hatten, und verbrannte die Sonnenwagen im Feuer. Auch die Altäre auf dem Dache, d. i. im Obergemach des Achas, welche die Könige von Juda aufgestellt hatten, sowie die Altäre, welche Manasse in den beiden Vorhöfen des Tempels gebaut hatte, ließ der König zertrümmern. Er schaffte sie weg und ließ ihren Schutt in das Kidrontal werfen. Er zerstörte auch die Torhöhen, die sich am Eingang zum Tor des Stadthauptmannes Josua befanden, linker Hand, wenn man zum Stadttor hineinkommt.

Auch ließ er alle Priester aus den Städten Judas kommen, entweihte die Höhen von Geba bis Beerseba, wo die Priester Rauchopfer darzubringen pflegten. Jedoch durften die Höhenpriester den Altar Jahwes in Jerusalem nicht besteigen, sondern nur ungesäuerte Brote inmitten ihrer Brüder essen. Ferner entweihte er die Feuerstätte im Tal der Söhne des Hinnom, damit niemand mehr seinen Sohn oder seine Tochter für Moloch durch das Feuer gehen lassen konnte. Desgleichen entweihte der König die Opferhöhen östlich von Jerusalem, südlich vom Berg des Verderbens, die Salomo, der König von Jerusalem, für die Astarte, das Scheusal der Sidonier, für Kamosch, das Scheusal der Moabiter, und für Milkom, den Götzengreuel der Ammoniter, errichtet hatte. Er zerbrach die Weihesteine, hieb die Kultpfähle um und häufte deren Stätte mit menschlichen Gebeinen an.

Auch den Altar zu Betel, die Höhe, die Jerobeam, der Sohn Nebats, der Verführer Israels, erbauen ließ, auch diesen Altar samt der Opferhöhe riß er nieder. Er verbrannte das Höhenheiligtum, zermalmte es zu Schutt und verbrannte die Aschera [22].

Auch in den Städten Samarias beseitigte Josia alle Höhenheiligtümer, welche die Könige Israels errichtet hatten, um Jahwe zu reizen. Er verfuhr mit ihnen genau so, wie er in Betel getan hatte. Alle Höhenpriester, die dort waren, schlachtete er auf den Altären und verbrannte Menschengebeine darauf.   (2 Kön 23, 4–15.19 f.)

Der unvergleichliche König

Der Verfasser des deuteronomistischen Geschichtswerkes beendet seinen Bericht über die Maßnahmen Josias mit einem Abschnitt, in dem er noch einmal die Verdienste des Königs würdigt. Bestimmend für die deuteronomistische Darstellung der Königszeit ist die Forderung des Deuteronomiums, daß Jahwe nur an einem einzigen, von

---

22 Mit der Beseitigung des Heiligtums in Bethel, das Jerobeam I dort nach der Aufspaltung des Davidischen Reiches für den Nordstaat errichtet hatte, verfolgte Josia neben dem rein kultischen auch ein politisches Ziel: die Beendigung der Teilung und die Wiederherstellung des Großreichs Davids.

ihm selbst erwählten Ort verehrt werden dürfe. Die Frage, ob die Könige den Jerusalemer Tempel als die einzig legitime Kultstätte anerkannt oder ob sie auf den »Höhen« geopfert haben, wird für den Deuteronomisten zum alleinigen Maßstab, an dem er die Könige mißt. Nur zwei von ihnen, Hiskia und Josia, erhalten uneingeschränktes Lob, wobei die Einzigartigkeit Josias noch besonders hervorgehoben wird. Aber selbst Josia ist für den Verfasser nur ein Silberstreif in der dunklen Geschichte des Ungehorsams Israels gegenüber Jahwe. Unmittelbar auf das Lob über Josia folgt die Ankündigung des Gerichts über Juda und Jerusalem.

Darauf befahl der König dem gesamten Volk: »Feiert das Passafest zu Ehren Jahwes, eures Gottes, wie es in diesem Bundesbuch geschrieben steht!« Wie dieses Passa war nämlich noch keines gehalten worden seit der Zeit der Richter, die in Israel ihres Amtes walteten, und in der ganzen Zeit der Könige von Israel und der Könige von Juda. Erst im 18. Jahr des Königs Josia wurde dieses Passa zu Ehren Jahwes in Jerusalem gefeiert.

Auch die Totenbeschwörer und Wahrsager, die Hausgötter und die Götzenbilder, alle Scheusale, die im Land Juda und in Jerusalem zu sehen waren, fegte Josia hinweg, um die Gesetzesworte durchzuführen, die in jener Rolle geschrieben standen, die der Priester Hilkia im Tempel Jahwes gefunden hatte. Es gab vor ihm keinen König, der so wie er mit seinem ganzen Herzen, seiner ganzen Seele und mit all seinen Kräften genau nach dem Gesetz des Moses sich Jahwe zugewandt hätte. Auch nach ihm war keiner so wie er. Jedoch Jahwe ließ nicht von seiner gewaltigen Zornesglut ab, da sein Zorn gegen Juda nun einmal entbrannt war wegen all der Kränkungen, die Manasse ihm angetan hatte. Darum sprach er: »Auch Juda will ich von meinem Angesicht entfernen, wie ich Israel beseitigt habe. Verstoßen will ich diese Stadt, die ich erwählte, Jerusalem, und das Haus, von dem ich gesagt habe: Mein Name soll darin wohnen.«

Die übrigen Taten Josias und seine Wirksamkeit sind aufgeschrieben in der Chronik der Könige von Juda. In seinen Tagen zog der Pharao Necho, der König von Ägypten, zu dem König von Assur an den Euphratstrom. Der König Josia trat ihm entgegen, und jener tötete ihn bei Megiddo, sobald er ihn sah[23]. Seine Diener fuhren ihn tot von Megiddo weg. Sie brachten ihn nach Jerusalem und setzten ihn in seiner Grabstätte bei. Die Bürger des Landes aber nahmen Joachas, den Sohn des Josia, salbten ihn und riefen ihn zum König aus an seines Vaters Statt. (2 Kön 23, 21–30)

Ein anderes Bild des Königs

Die Deutung, die der Verfasser des deuteronomistischen Geschichtswerks mit seiner Darstellung der Person und dem Werk Josias gegeben hat, ist nicht die einzige geblieben, die der große König bei späteren Generationen gefunden hat. Ganz andere

---

23 Josia scheint einem Verrat oder einer List zum Opfer gefallen zu sein; zu einem offenen Kampf ist es wahrscheinlich gar nicht gekommen.

Akzente setzt eine etwa 250 Jahre später – um das Jahr 300 v. Chr. – entstandene Geschichtsdarstellung, das sogenannte »chronistische Geschichtswerk«, in der Schilderung der Epoche Josias. Als sechzehnjähriger Jüngling bekehrte sich ihr zufolge der König zu Jahwe, und nur wenige Jahre später reformierte er den Jahwekult.

Erst sechs Jahre danach, so berichtet der Chronist, wurde das Gesetzbuch gefunden. Der Fund ist für den Verfasser das göttliche Amen, die Belobigung Jahwes für den frommen Eifer des Königs. Der Bundesschluß, für den Deuteronomisten noch das zentrale Ereignis der Epoche, wird beim Chronisten zur Einleitung des großen Passafestes, dem er fast die Hälfte seines ganzen Berichtes widmet. Gegen Ende seines Lebens freilich hat sich Josia nach der Meinung des Autors dem Willen Jahwes widersetzt – darum mußte der begnadete König so früh sterben.

Josia hatte viel für die Herrichtung des Tempels geleistet. Danach rückte Necho, der König von Ägypten, heran, um bei Karkemisch am Euphrat eine Schlacht zu liefern. Josia trat ihm entgegen. Necho sandte Boten an ihn und ließ sagen: »Was habe ich mit dir zu tun, König von Juda? Nicht gegen dich ziehe ich heute, sondern am Euphrat trachte ich Krieg zu führen. Gott befahl mir Eile. Laß also ab von Gott, der auf meiner Seite steht, sonst wird er dich verderben!« Doch Josia machte vor ihm nicht kehrt, sondern versteifte sich darauf, ihn anzugreifen. Er hörte nicht auf die Worte Nechos, die aus dem Munde Gottes kamen, sondern rückte in der Ebene von Megiddo zum Kampf aus. Da schossen die Bogenschützen auf König Josia, und der König sprach zu seinen Knechten: »Schafft mich fort, denn ich bin schwer verwundet!« Seine Knechte nahmen ihn vom Streitwagen herunter, setzten ihn auf seinen zweiten Wagen und brachten ihn nach Jerusalem. Dort starb er und ward in den Gräbern seiner Väter beigesetzt. Ganz Juda und Jerusalem trauerten um Josia. (2 Chr 35, 20–24)

IX. Jeremia und der Untergang des Reiches Juda

Nach dem Tode Josias mußte sich Juda einige Jahre lang der ägyptischen Vorherrschaft unterwerfen. Mit dem Sieg Nebukadnezars über den Pharao Necho bei Karkemisch am Euphrat im Jahr 605 v. Chr. wechselte das Königreich abermals den Besitzer. Einen ersten Versuch Judas, die babylonische Herrschaft abzuschütteln, ahndete Nebukadnezar im Jahr 598 v. Chr. mit der Erstürmung Jerusalems und der Deportation nahezu der gesamten Oberschicht. Ein abermaliges Aufbegehren des schwer angeschlagenen Kleinstaates brachte dann im Jahr 587 v. Chr. das Ende der politischen Existenz Judas: Wiederum wurden große Teile der Bevölkerung deportiert, Jerusalem wurde völlig zerstört und Juda in das babylonische Provinzialsystem eingegliedert.

Die genaue Kenntnis der Ereignisse in der Endphase des Südstaates verdanken wir fast ausschließlich dem Jeremia-Buch. Wie zuvor die Epoche Josias, so hat der Prophet auch die Jahre des politischen Zusammenbruchs Judas erlebt und erlitten. Das persönliche Schicksal Jeremias ist in einzigartiger Weise in das Geschick seines Volkes hineinverflochten. Wie sonst bei keinem der uns bekannten Propheten stehen göttliche Beauftragung und persönliches Ergehen in einem inneren Zusammenhang. Wir lernen in Jeremia einen Mann kennen, der zuweilen unter der Last seines Berufes zu zerbrechen droht, der sich aber selbst in der tiefsten Verzweiflung noch von seinem Auftrag gehalten weiß, Mund Jahwes in einer Krisensituation seines Volkes zu sein. In nie gekanntem Maße wird sich dieser Prophet seiner Einsamkeit gegenüber seinem Volk und seinem Gott bewußt. In einer Reihe von Klagegedichten bringt der von Mitleid mit seinem Volk Erfüllte und von aller Welt Verlassene seine Verzweiflung vor Gott. In der äußersten Not und Einsamkeit wendet er sich an den, der ihm dieses Schicksal auferlegt hat. Nicht im selbstzerfleischenden Monolog oder in stummer Resignation, sondern im hadernden Zwiegespräch findet er wieder zu seinem Gott zurück. Die Klagegedichte Jeremias stehen in der prophetischen Literatur einzigartig da. In ihnen wird die Prophetie sich selbst zum Problem: Das Fragen, der Zweifel, die Anklage werden zu ihrem Weggefährten und finden Eingang in die prophetische Verkündigung.

Neben den eigenen Worten Jeremias sind uns zahlreiche Erzählungen über ihn erhalten. Sie stammen zum großen Teil aus der Feder Baruchs. Dieser Baruch ben Neria war vom Jahr 605 v. Chr. an der Weg- und Leidensgefährte Jeremias. Das Besondere an den Erzählungen Baruchs ist, daß in ihnen erstmals das persönliche Geschick eines Propheten, soweit es ihm aus der Verkündigung des Gotteswortes erwächst, zum Gegenstand einer literarischen Darstellung wird. Zusammen mit den Worten Jeremias spiegeln die Baruch-Erzählungen ein »Martyrium« im Doppelsinn des Wortes: Indem sie die *Leidens*geschichte des berufenen Sprechers Jahwes schildern, geben sie *Zeugnis* von der vergeblich werbenden Liebe Gottes zu seinem Volk.

A. Die Regierungszeit Jojakims

Nach dem Tode Josias im Jahre 609 v. Chr. hatte der ägyptische Pharao Necho einen von Josias Söhnen, Eljakim, zum König von Juda gemacht. Zum Zeichen seiner Oberhoheit hatte er ihm den Thronnamen Jojakim gegeben und ihm einen hohen Tribut auferlegt. Bald nach dem Regierungsantritt dieses despotischen und beim Volk verhaßten Königs begann die Leidenszeit Jeremias.

Falsches Vertrauen

Die Reform des Kultus durch Josia hatte, zusammen mit der Enttäuschung über das Scheitern der nationalen Hoffnungen, die sich an die Person des Königs geknüpft hatten, zu einem übersteigerten Opferkult und zu einem fast magischen Verständnis der Unantastbarkeit des Jerusalemer Tempels geführt. Jeremia kennzeichnet diese Haltung als gefährlichen Selbstbetrug und setzt ihr die sozialen und sittlichen Forderungen Jahwes entgegen.

Die sogenannte »Tempelrede« ist kurz nach dem Regierungsantritt Jojakims während eines Tempelfestes vom Propheten im Tempelbezirk gesprochen worden. Der überlieferte Text gibt die Rede Jeremias in einer von einem späteren Erzähler überarbeiteten Fassung wieder.

Das Wort, das an Jeremia von Jahwe her erging: »Stelle dich an das Tor des Hauses Jahwes, verkünde daselbst dieses Wort und sprich: Höret das Wort Jahwes, ganz Juda, die ihr durch diese Tore gekommen seid, um Jahwe anzubeten. So spricht Jahwe der Heerscharen, der Gott Israels: Bessert euren Wandel und eure Werke, dann lasse ich euch wohnen an dieser Stätte. Vertraut nicht auf die trügerischen Reden: ›Der Tempel Jahwes, der Tempel Jahwes, der Tempel Jahwes ist dies!‹ Denn nur, wenn ihr euren Wandel und eure Werke aufrichtig bessert, wenn ihr wirklich Recht schafft untereinander, Fremdling, Waise und Witwe nicht bedrückt, unschuldiges Blut an dieser Stätte nicht vergießt und fremden Göttern nicht nachlauft zu eurem eigenen Unheil, dann lasse ich euch an dieser Stätte wohnen, in dem Lande, das ich euren Ahnen verlieh für immerwährende Zeiten. Doch siehe, ihr setzt auf trügerische, wertlose Redensarten euer Vertrauen!

Wie? Stehlen, morden, ehebrechen, falsch schwören, dem Baal räuchern und anderen Göttern nachlaufen, die euch unbekannt sind? Und dann kommt ihr und tretet in diesem Hause, das nach meinem Namen benannt ist, vor mein Angesicht und sprecht: ›Wir sind geborgen!‹, um dann alle diese Greuel weiter zu treiben. Seht ihr denn dieses Haus, das nach meinem Namen benannt ist, als eine Räuberhöhle an? Gut, auch ich sehe es als solche an.« – Spruch Jahwes.

»Ja, geht doch zu meiner Stätte in Silo, wo ich vordem meinen Namen wohnen ließ [1], und schaut, was ich ihr angetan um der Bosheit meines Volkes Israel willen. Nun denn, ihr habt ganz dieselben Taten verübt« – Spruch Jahwes –, »und ich redete immer wieder zu euch, ihr aber hörtet nicht, ich rief euch, ihr aber gabt keine Antwort. Deshalb will ich mit dem Hause, das nach meinem Namen benannt ist, auf das ihr euer Vertrauen setzt, und mit der Stätte, die ich euch und euren Vätern verliehen habe, so verfahren, wie ich mit Silo verfuhr: Verstoßen will ich euch von meinem Antlitz hinweg, wie ich alle eure Brüder, die gesamte Nachkommenschaft Ephraims [2], bereits verstieß.« (Jer 7, 1–15)

Ein Prozeß gegen Jeremia

Eine Rede, die den Tempel als »Räuberhöhle« bezeichnete und ihm die Zerstörung androhte, war für die Priester und Propheten des Heiligtums ein Sakrileg, das gerichtlich geahndet werden mußte. Ein Abschnitt aus der Baruch-Erzählung schildert den Prozeß, den man Jeremia machte. Baruch kam es mit seiner Darstellung darauf an, die Wirkung des Jahwewortes auf die Hörer und die von ihnen ausgehende Rückwirkung auf das persönliche Geschick des Propheten anschaulich zu machen.

Die Priester und Propheten sowie alles Volk hörten, wie Jeremia diese Worte im Hause Jahwes vortrug. Als nun Jeremia seine Rede beendet hatte, die er im Auftrag Jahwes vor allem Volke halten mußte, da ergriffen ihn die Priester und die Propheten, wobei sie schrieen: »Jetzt mußt du aber sterben! Warum verkündest du im Namen Jahwes: ›Wie Silo wird es diesem Hause ergehen, und diese Stadt wird verwüstet und menschenleer werden‹?« Und das ganze Volk rottete sich gegen Jeremia im Hause Jahwes zusammen.

Die Würdenträger Judas aber bekamen von diesen Vorgängen zu hören. Sie eilten vom Königspalast zum Hause Jahwes hinauf und nahmen am Eingang des Neuen Tempeltores Platz [3]. Da riefen die Priester und Propheten

---

[1] Vgl. 1 Sam 4, 3 f. oben S. 162 f.
[2] Gemeint ist das Nordreich.
[3] Während die Priester und Propheten im Begriff waren, an Jeremia Lynchjustiz zu vollstrecken, konstituierte sich im Tempeltor eine Rechtsversammlung, die das Verfahren in ordentliche Bahnen lenkte; es kam zu einer regulären Gerichtsverhandlung.

den Würdenträgern und dem gesamten Volke zu: »Dieser Mann hat den Tod verdient, denn er weissagte wider diese Stadt, wie ihr es mit eigenen Ohren vernommen habt.« Jeremia aber entgegnete allen Würdenträgern und dem gesamten Volk: »Jahwe sandte mich, um wider dieses Haus und wider diese Stadt all die Worte zu weissagen, welche ihr gehört habt. Bessert nun euren Wandel und eure Taten und hört auf die Stimme Jahwes, eures Gottes, dann läßt sich Jahwe des Unheils gereuen, das er euch angedroht hat! Ich selbst bin in eurer Hand. Tut mit mir, was euch gut und recht dünkt! Jedoch müßt ihr wissen, daß ihr, wenn ihr mich tötet, unschuldiges Blut über euch, über diese Stadt und ihre Bewohner bringt. Denn Jahwe hat mich wirklich zu euch gesandt, all diese Worte vor euren Ohren zu verkünden.«

Da sprachen die Würdenträger und das ganze Volk zu den Priestern und Propheten: »Dieser Mann hat den Tod nicht verdient; denn er sprach zu uns im Namen Jahwes, unseres Gottes.« Es waren nämlich einige von den Ältesten des Landes aufgestanden und hatten zur gesamten Volksversammlung gesagt: »Micha von Moreschet wirkte in der Zeit des Hiskia, des Königs von Juda, als Prophet. Er sagte zum ganzen Volk von Juda:

So spricht Jahwe der Heere:
›Als Acker wird der Zion gepflügt,
zum Trümmerhaufen wird Jerusalem,
zur Waldeshöhle der Tempelberg!‹

Hat ihn etwa Hiskia, der König von Juda, und Gesamtjuda getötet? Hat er nicht vielmehr Gottesfurcht bewiesen und Jahwe zu begütigen gesucht, so daß Jahwe sich des Unheils gereuen ließ, das er ihnen angedroht hatte? Und wir sollten ein so furchtbares Unrecht tun zu unserem eigenen Schaden?« [4]

(Jer 19, 1 f.10 f.14 f.; 20, 1–6)

Der irdene Krug

Nicht lange nach den Ereignissen um die Tempelrede brachte eine Zeichenhandlung den Propheten abermals in Konflikt mit der Priesterschaft, jetzt in Gestalt des Oberaufsehers der Tempelpolizei.

So sprach Jahwe zu Jeremia: »Gehe hin und kaufe dir einen irdenen Krug, nimm mit dir einige Älteste aus dem Volk und von den Priestern, und gehe hinaus zum Tal Ben-Hinnom an den Eingang des Scherbentores. Zerschmettere den Krug vor den Augen der Männer, die mit dir gegangen sind. Sprich zu ihnen: So spricht Jahwe der Heerscharen: Ebenso zerschmettere ich dieses Volk und diese Stadt da, wie man Töpfergeschirr zerbricht, so daß es nicht wiederhergestellt werden kann.«

---

4 Die Ältesten forderten den Freispruch Jeremias auf Grund eines Präzedenzfalles aus der Geschichte der Prophetie. Das Wort des Propheten Micha wird auch im Micha-Buch überliefert (Mi 3, 12).

Jeremia aber kehrte vom Tophet, wohin ihn Jahwe mit prophetischem Auftrag gesandt hatte, zurück, trat in den Vorhof des Hauses Jahwes und sprach zum ganzen Volke: »So spricht Jahwe der Heerscharen, der Gott Israels: ›Wahrlich, ich bringe über diese Stadt und über alle zu ihr gehörigen Orte alles Unheil, das ich ihr angedroht habe. Denn sie versteiften ihren Nacken und hörten nicht auf meine Worte.‹«

Es hörte aber der Priester Paschchur, der Sohn des Immer, der Oberaufseher im Hause Jahwes, wie Jeremia diese Worte weissagte. Da ließ Paschchur den Propheten Jeremia schlagen und in den Block legen. Dieser befand sich am oberen Benjamintor am Hause Jahwes. Am anderen Morgen entließ Paschchur den Jeremia aus dem Block. Da wandte sich Jeremia an ihn: »Nicht mehr Paschchur nennt dich Jahwe, sondern ›Grauen ringsum‹ [5]. Denn so spricht Jahwe: Fürwahr, ich gebe dich dem Grauen preis, dich selbst und all deine Freunde. Diese werden fallen durch das Schwert ihrer Feinde, und du mußt mit eigenen Augen zusehen. Ganz Juda aber überliefere ich der Gewalt des Königs von Babel. Der führt sie nach Babel fort und erschlägt sie mit dem Schwert [6]. Ich überliefere den ganzen Besitz dieser Stadt, ihr gesamtes Gut, alle ihre Kostbarkeiten und alle Schätze der Könige von Juda der Gewalt ihrer Feinde; sie sollen sie plündern, fortschleppen und nach Babel bringen. Du aber, Paschchur, und alle deine Hausgenossen, ihr werdet in die Verbannung gehen! Nach Babel kommst du, und dort stirbst du und wirst dort begraben, du und all deine Freunde, denen du lügnerisch geweissagt hast.«

(Jer 19, 1 f.10 f.14 f; 20, 1–6)

Ein Gerichtswort über Jojakim

Die Unheilsbotschaft, die Jeremia in den Straßen Jerusalems verkündete, mußte zu einer Auseinandersetzung mit dem König führen, zumal Jojakim selbst hinreichend Anlaß zur Kritik bot. Trotz der hohen Tribute an Ägypten entfaltete er eine üppige Bautätigkeit; sein Regiment war ungerecht und gewalttätig. In einem Wehe-Wort hat Jeremia ihm einen beispiellos schmählichen Tod angekündigt.

»Weh dem, der sein Haus mit Unrecht baut,
seine Obergemächer mit Rechtlosigkeit,
der seinen Nächsten umsonst sich mühen läßt
und ihm seinen Lohn vorenthält,
der spricht: ›Ich baue mir ein geräumiges Haus

---

[5] Die Umbenennung des Oberaufsehers ist wie das Zerbrechen des Kruges ein symbolischer Akt, mit dem das über dem Namensträger ausgesprochene Unheil wirksam wird.

[6] Im Unterschied zu allen früheren Weissagungen nimmt Jeremias Gerichtsdrohung hier erstmals konkrete Gestalt an: Der König von Babylon wird im Auftrag Jahwes das Gericht an Juda und Jerusalem vollstrecken.

und weite Obergemächer‹,
der daran Fenster ausbricht, es mit Zedernholz täfelt
und rot bemalt.
Bist du König geworden,
um dich eifrig mit Zedernbauten zu beschäftigen?
Hat dein Vater nicht auch gegessen und getrunken?
Und doch übte er Recht und Gerechtigkeit;
da ging es ihm gut.
Er vertrat des Armen und Elenden Recht;
da war es gut.
Heißt nicht dies mich wirklich erkennen?« – Spruch Jahwes.
»Dagegen richten sich deine Augen und dein Herz
ausschließlich auf deinen Gewinn
und auf der Unschuldigen Blut, das du vergießest,
auf Gewalt und Bedrückung, die du verübst.«
So spricht denn Jahwe über Jojakim,
den Sohn des Josia, den König von Juda:
»Totenklage hält man ihm nicht:
›Ach, mein Bruder, ach, Schwester!‹,
nein, um ihn klagt man nicht:
›Ach, der Gebieter, ach seine Majestät!‹
Ein Eselsbegräbnis wird er erhalten;
man schleift ihn hinweg und wirft ihn hin
außerhalb der Tore Jerusalems.« (Jer 22, 13–19)

Die Urschrift der Jeremia-Worte

Nach dem Sieg Nebukadnezars über den Pharao Necho war es für Jeremia zur Gewißheit geworden, daß der babylonische König der erwartete »Feind aus dem Norden« war, dessen Kommen er von Beginn seiner Tätigkeit an vorausgesagt hatte. Wahrscheinlich sah Jeremia mit der beginnenden Erfüllung seiner Weissagungen sein Werk damals zum Abschluß gekommen. Auf Jahwes Befehl hin ließ er alle von seiner Berufung an ergangenen Worte aufschreiben und öffentlich verlesen. In allerletzter Stunde sollte sein Volk damit noch einmal zur Umkehr gerufen werden. Die von Baruch nach Diktat angefertigte Niederschrift ist die erste schriftliche Zusammenstellung von Jeremia-Worten gewesen. Das Schicksal dieses Buches schildert die folgende Erzählung.

Niederschrift und Verlesung der Jeremia-Worte. Im vierten Jahr Jojakims, des Sohnes Josias, des Königs von Juda, erging folgendes Wort von Jahwe an Jeremia: »Nimm dir eine Schriftrolle und schreibe darauf alle Worte, die ich zu dir über Israel und Juda und alle Völker gesprochen habe von dem Tage an, da ich zu dir zu reden begann, nämlich seit den Tagen des Josia, bis heute! Vielleicht hören die Leute des Hauses Juda von dem Unheil, das ich ihnen antun will, und bekehren sich, ein jeglicher von seinem bösen Wandel; dann kann ich ihnen ihre Schuld und Sünde vergeben.« Da berief Jeremia den Baruch, den Sohn Nerias, und Baruch schrieb nach den Angaben Jeremias alle Worte Jahwes, die er zu ihm gesprochen hatte, in eine Buchrolle.

Da befahl Jeremia dem Baruch: »Mir ist es unmöglich, ich kann nicht in den Tempel Jahwes gehen [7]; geh also du hin und lies aus der Schriftrolle, die du nach meinen Angaben geschrieben hast, die Worte Jahwes dem Volke beim Hause Jahwes vor, und zwar am Festtage; auch den Leuten von ganz Juda, die aus ihren Ortschaften kommen, sollst du sie vorlesen! Vielleicht dringt ihr Flehruf zu Jahwe, und sie bekehren sich, ein jeder von seinem bösen Wandel; denn groß ist der Zorn und der Ingrimm, mit dem Jahwe diesem Volke droht.« Und Baruch, der Sohn Nerias, tat ganz nach den Weisungen des Propheten Jeremia, der ihn beauftragt hatte, aus der Schriftrolle die Worte Jahwes beim Hause Jahwes vorzulesen [8].

Es fügte sich nämlich, im fünften Jahr Jojakims, des Sohnes Josias, des Königs von Juda, im neunten Monat, daß man das ganze Volk von Jerusalem und alle Leute, die von den Städten Judas nach Jerusalem kommen wollten, zu einem Fasten vor Jahwe aufrief. Da las Baruch die Worte Jeremias aus dem Buche beim Hause Jahwes im Zimmer des Gemarja, des Sohnes Schaphans, des Staatsschreibers, im oberen Vorhof am Eingang des Neuen Tempeltores allem Volke vor.

Die Minister und der König. Micha, der Sohn Gemarjas, des Sohnes Schaphans, hatte alle Worte Jahwes aus dem Buche vernommen. Er stieg hinab in den königlichen Palast zum Zimmer des Staatsschreibers. Dort waren gerade alle hohen Beamten bei einer Sitzung, der Staatsschreiber Elischama, Delaja, der Sohn Schemajas, Elnatan, der Sohn Achbors, Gemarja, der Sohn Schaphans, Zedekia, der Sohn Hananjas, und alle übrigen Beamten. Micha teilte ihnen alle Worte mit, die er gehört hatte, als Baruch dem Volke aus dem Buche vorlas.

Da sandten die versammelten Beamten Jehudi, den Sohn Netanjas, und Selemja, den Sohn Kuschis, zu Baruch mit der Forderung: »Nimm die Rolle, aus der du den Leuten vorgelesen hast, mit dir und komme her!« Sogleich nahm Baruch, der Sohn Nerias, die Rolle zur Hand und begab sich zu ihnen. Sie sagten zu ihm: »Nimm Platz und lies sie uns vor!« Und Baruch las ihnen vor. Als sie alle diese Worte vernahmen, sagten sie bestürzt zueinander: »Wir haben die Pflicht, diesen ganzen Vorfall dem König zu melden.« Von Baruch aber wollten sie wissen: »Teile uns doch mit, wieso du all diese Worte

---

7 Vermutlich hatte die Priesterschaft über Jeremia ein Tempelverbot verhängt.
8 Vorwegnehmend berichtet Baruch kurz, daß er den Befehl Jeremias ausgeführt hat. Erst danach schildert er die äußeren Umstände der Verlesung und die durch sie ausgelösten Ereignisse in ihrer chronologischen Reihenfolge.

niedergeschrieben hast!« Baruch erwiderte ihnen: »Jeremia hat mir mündlich alle diese Worte gesagt, und ich schrieb sie mit Tinte in die Buchrolle.« Darauf sprachen die Beamten zu Baruch: »Geh, verbirg dich, du und Jeremia, damit niemand weiß, wo ihr euch befindet!« Dann begaben sie sich zum König in den Palasthof, nachdem sie die Rolle im Zimmer des Staatsschreibers Elischama verwahrt hatten, und berichteten dem König den ganzen Vorfall.

Da sandte der König den Jehudi, die Schriftrolle zu holen. Er holte sie aus dem Zimmer des Staatsschreibers Elischama. Und Jehudi las sie dem König vor sowie allen Beamten, die um den König herumstanden. Der König bewohnte damals das Winterhaus, da es der neunte Monat war, und das Feuer des Kohlenbeckens brannte vor ihm. Sooft nun Jehudi drei oder vier Spalten gelesen hatte, schnitt er[9] sie mit dem Schreibermesser ab und warf sie auf das Feuer im Kohlenbecken, bis die ganze Rolle im Feuer des Kohlenbeckens verschwunden war. Weder der König noch alle seine Diener, die alle diese Worte hörten, gerieten in Furcht, auch zerrissen sie ihre Kleider nicht. Selbst als Elnatan, Delaja und Gemarja in den König drangen, er solle doch die Rolle nicht verbrennen, hörte er nicht auf sie. Vielmehr befahl der König dem Prinzen Jerachmeel, ferner Seraja, dem Sohn Asriels, und Schelemja, dem Sohn Abdeels, den Schreiber Baruch und den Propheten Jeremia festzunehmen; doch Jahwe wußte sie zu verstecken.

Die zweite Niederschrift. Der König hatte also die Rolle mit den Worten, die Baruch nach den Angaben Jeremias niedergeschrieben hatte, verbrannt. Da erging das Wort Jahwes an Jeremia: »Nimm dir eine andere Rolle und schreibe darauf alle früheren Worte, die auf der ersten Rolle standen, die Jojakim, der König von Juda, verbrannt hat! Über Jojakim aber, den König von Juda, sollst du verkünden: So spricht Jahwe: Du hast diese Rolle verbrannt und gefragt: Warum schriebst du auf sie: ›Der König von Babel wird mit Bestimmtheit kommen und dieses Land verheeren und Mensch und Vieh daraus vertilgen!‹? Daher spricht Jahwe über Jojakim, den König von Juda: ›Er wird keinen Nachkommen haben, der auf dem Throne Davids sitzt, und sein Leichnam soll weggeworfen werden, ausgesetzt der Hitze am Tag und der Kälte bei Nacht. Ich strafe an ihm, an seiner Nachkommenschaft und an seinen Knechten ihre Schuld und bringe über sie, über die Bewohner von Jerusalem und über die Leute von Juda all das Unheil, das ich ihnen angedroht habe, ohne daß sie es hören wollten.‹« Jeremia nahm also eine andere Rolle und übergab sie dem Schreiber Baruch, dem Sohn des Neria. Dieser schrieb auf sie nach den Angaben Jeremias alle Worte des Buches, das Jojakim, der König von Juda, im Feuer verbrannt hatte. Ihnen wurden noch viele Aussprüche ähnlicher Art hinzugefügt. (Jer 36, 1–32)

---

9 Nämlich der König.

Der Mordanschlag in Anatot

Der Kreis der Gegner Jeremias wuchs im gleichen Maße, in dem die Gerichtsbotschaft des Propheten schärfer und unerbittlicher wurde. Nicht nur die einflußreiche Priesterschaft und der König suchten sich seiner zu entledigen, auch seine eigene Sippe in Anatot, die Familie des Priesters Hilkia, war darauf aus, den unbequemen Sohn loszuwerden.

Jahwe machte es mir kund, und ich wußte es. Damals ließest du mich ihre Anschläge durchschauen: »Selbst Deine Brüder und Verwandten sind falsch gegen dich; auch sie haben sich alle gegen dich verschworen!« Ich war wie ein argloses Lamm, das zum Schlachten geführt wird, und ahnte es nicht, daß sie gegen mich Anschläge planten: »Laßt uns den Baum im Safte vernichten! Wir wollen ihn ausrotten aus dem Land der Lebendigen, daß seines Namens nicht mehr gedacht wird!«
  Jahwe der Heerscharen, du richtest gerecht,
  du prüfest Nieren und Herz.
  Könnte ich doch deine Rache an ihnen sehen;
  denn dir stellte ich meine Sache anheim.
  Raffe sie fort wie Schafe zur Schlachtung,
  weihe sie für den Tag des Mordens [10]!
So spricht Jahwe wider die Leute von Anatot, die mir nach dem Leben trachten, indem sie sagen: »Du sollst nicht als Prophet im Namen Jahwes wirken, sonst stirbst du durch unsere Hand!« So spricht Jahwe der Heerscharen: »Wahrlich, ich will sie zur Rechenschaft ziehen! Die jungen Männer sollen sterben durchs Schwert, ihre Söhne und Töchter sterben vor Hunger! Ein Überrest verbleibt ihnen nicht; denn ich verhänge Unheil über die Leute von Anatot im Jahr ihrer Heimsuchung.«
(Jer 11, 18; 12, 6; 11, 19 f.; 12, 3; 11, 21–23)

Das Glück der Gottlosen

Wie sehr der Prophet unter der allgemeinen Anfeindung litt und wie wenig er sich seinem Botenauftrag gewachsen fühlte, läßt eine Reihe von Klagegedichten erkennen, die man meist unter der Bezeichnung »Konfessionen« (Selbstbekenntnisse) zusammenfaßt. Motive aus den Klagepsalmen aufnehmend, hat Jeremia in diesen Liedern seinem persönlichen Erleben einen einzigartigen Ausdruck gegeben.

In einem der Lieder faßt der Prophet seine Klage über die Ungerechtigkeit Jahwes in die Frage nach dem Glück der Gottlosen. Jahwe schlägt sie mit einer Gegenfrage nieder, die Jeremia noch weit größere Anfechtungen in Aussicht stellt.

---

10 Das Rachemotiv ist stereotyper Bestandteil der Klage- und Danklieder (vgl. oben S. 279 ff.), an die sich Jeremias Gebet anlehnt.

Du bist im Recht Jahwe, bei meinem Streit mit dir!
Aber einige Rechtsfragen möchte ich mit dir besprechen:
Warum ist der Ruchlosen Weg von Erfolg gekrönt,
sind sorglos alle, die treulos handeln?
Du pflanzest sie ein, sie schlagen Wurzel,
sie wachsen heran und tragen auch Frucht;
in ihrem Munde bist du ihnen nah,
von ihrem Innern dagegen weit entfernt.
Denn sie denken: Er sieht unsere Zukunft nicht.
Du, Jahwe, kennst und durchschaust mich doch,
du hast erprobt, wie mein Herz an dir hängt.
Wie lange soll das Land vertrocknen
und das Gewächs verdorren auf jeglicher Flur?
Durch die Bosheit seiner Einwohner
schwinden Landtiere und Vögel dahin.
»Wenn du beim Wettlauf mit Fußgängern schon müde wirst,
wie willst du dann mit Rossen wettrennen?
Wenn du dich zwar im friedlichen Lande sicher fühlst,
wie wirst du dich verhalten im Dickicht des Jordans?« (Jer 12, 1–5)

Einsam und zornerfüllt

Sehr viel persönlicher ist ein anderes Wort, in dem Jeremia die Einsamkeit seines Prophetenberufs beklagt. Von den Menschen ausgestoßen, wendet er sich an Gott Jahwe beantwortet die Vorwürfe seines Boten mit einer Unheilsankündigung.

Weh mir, meine Mutter, daß du mich gebarst,
den Mann des Streites und Zankes für alle Welt!
Ich bin niemandes Gläubiger oder Schuldner;
doch alle verfluchen mich.
Fürwahr, Jahwe, ich diente dir doch aufs beste,
trat ein bei dir sogar für den Feind
zur Zeit des Unglücks und zur Zeit der Not.
Du weißt es, Jahwe!
Gedenke meiner und achte auf mich!
Nimm Rache für mich an meinen Verfolgern!
Bei deiner Langmut raffe mich nicht weg;
wisse, daß ich deinetwegen Schmach ertrage!
Fanden sich Worte von dir, so verschlang ich sie;
zur Wonne ward mir dein Ausspruch
und zur Freude meines Herzens,
weil ich nach deinem Namen benannt bin,
Jahwe, Gott der Heerscharen!

Ich sitze nicht jubelnd im Kreise der Fröhlichen;
einsam sitze ich unter dem Druck deiner Hand;
denn du erfülltest mich mit deinem Zorn.
Warum soll ewig dauern mein Schmerz,
meine Wunde unheilbar sein, ohne Aussicht auf Gesundung?
Wie ein Trugbach wurdest du mir,
wie ein unzuverlässiges Wasser.
Darum sprach Jahwe also:
»Kehrst du um, so lasse ich dich wieder vor mir stehen;
redest du Kostbares und nicht Wertloses,
dann sollst du wieder mein Mund sein [11]!
Jene sollen nach dir sich richten,
du aber richte dich nicht nach ihnen!
Dann mache ich dich für dieses Volk
zur ehernen, befestigten Mauer.
Mögen sie auch gegen dich kämpfen,
sie werden dich nicht bezwingen;
denn ich bin bei dir,
um dir zu helfen und dich zu retten« – Spruch Jahwes.
»Ich befreie dich aus der Bösen Gewalt,
erlöse dich aus der Faust der Gewaltmenschen.«   (Jer 15, 10 f. 15–21)

Die Bitte um Heilung

Ganz in der gebräuchlichen Gebetssprache beginnt ein drittes Klagelied Jeremias. Unvermittelt aber wird es zu einer Anklage gegen Jahwe, dessen Gerichtsbotschaft der Prophet wider seinen Willen verkündigen muß.

Thron der Herrlichkeit, erhaben von Anbeginn,
Stätte unseres Heiligtums,
du Israels Hoffnung, Jahwe!
Wer dich verläßt, wird beschämt;
in den Staub wird geschrieben,
wer von dir weicht;
denn sie verließen den Quell des sprudelnden Wassers.
Heile mich, Jahwe, und ich bin heil,
hilf mir, und mir wird Hilfe zuteil!
Denn mein Lobpreis bist du! Siehe, jene sprechen zu mir:
»Wo ist denn das Wort Jahwes, es erfülle sich doch!«
Ich aber habe mich nicht entzogen

---

[11] Mit seinen Worten hat sich Jeremia an seinem Prophetenberuf versündigt; er bedarf darum einer neuen Berufung.

dem Amte des Hirten in deinem Dienst
und wünschte den Unheilstag nicht herbei.
Du weißt es: Was mir über die Lippen kam,
ward vor deinem Antlitz offenbar!
Werde mir nicht zum Entsetzen,
du, meine Zuflucht am Tage des Unheils!
Meine Verfolger seien beschämt, aber ich nicht!
Sie sollen erschrecken, nicht aber ich!
Bring über sie den Unheilstag
und laß sie zerbrechen mit doppeltem Zusammenbruch! (Jer 17, 12–18)

Klage und Selbstverfluchung

Ausdruck tiefster Verzweiflung sind die beiden letzten Konfessionen Jeremias. In der ersten vergleicht sich der Prophet mit einem von ihrem Liebhaber verführten und später verlassenen Mädchen. Jahwe unter dem Bild des Verführers – das ist eine der gewagtesten Aussagen im ganzen Alten Testament. An das Klagegedicht ist später eine ursprünglich selbständig überlieferte Selbstverfluchung Jeremias angefügt worden, auch dies ein Text, der in der älteren Prophetenüberlieferung undenkbar gewesen wäre.

Du hast mich verführt, Jahwe, und ich ließ mich verführen;
du hast mich ergriffen und vergewaltigt!
Zum Gelächter bin ich geworden den ganzen Tag,
jedermann höhnt über mich!
Ja, sooft ich rede, muß ich aufschreien,
»Gewalt und Bedrückung« muß ich rufen;
denn Jahwes Wort ward mir
zum Schimpf und Spott jeden Tag.
Sagte ich aber: Ich will nicht mehr denken an ihn
und nicht mehr reden in seinem Namen,
so ward es in meinem Innern wie brennendes Feuer,
verschlossen in meinem Gebein.
Müde bin ich, es zu ertragen,
ich kann es nicht mehr.

Ich höre ja das Flüstern der vielen:
»Grauen ringsum! Meldet es, wir zeigen ihn an!«
Alle, die mir befreundet sind,
lauern auf meinen Fall:
»Man kann ihn vielleicht betören,
daß wir uns seiner bemächtigen
und unsere Rache nehmen an ihm!«

Doch Jahwe steht mir zur Seite wie ein gewaltiger Held.
Darum straucheln meine Verfolger und siegen nicht.
Sie sind vollkommen beschämt, weil sie nichts erreichen,
gehüllt in dauernde, unvergeßliche Schmach.
Singet Jahwe, rühmet Jahwe!
Denn er rettet das Leben des Armen
aus der Übeltäter Gewalt.

Verflucht sei der Tag,
an dem ich geboren;
der Tag, da mich meine Mutter gebar,
sei nicht gesegnet!
Verflucht der Mann,
der meinem Vater die frohe Kunde brachte:
»Ein Kind, ein Knabe ist dir geboren!«
und ihn damit hoch erfreute!
Es ergehe jenem Tage wie den Städten,
die Jahwe erbarmungslos zerstört hat;
er höre Wehgeschrei am Morgen
und Kriegslärm um die Mittagszeit,
weil er mich nicht tötete im Mutterleib,
daß meine Mutter mir wäre zum Grab geworden
und ihr Schoß für ewig schwanger!
Warum denn kam ich aus dem Mutterleib hervor,
um Mühsal nur und Kummer zu erleben,
da meine Tage mir in Schmach zerrinnen? (Jer 20, 7–11.13–18)

Der Auftrag an die Völker

In dem Maße, in dem sich Israel seiner Verflechtung in die Weltpolitik bewußt wurde, sah es auch in den weltgeschichtlichen Ereignissen die strafende und rettende Hand seines Gottes. Zwar hat auch die ältere Prophetie immer wieder einzelne Fremdvölker ins Auge gefaßt und ihnen, soweit sie an Israel schuldig geworden waren, die Strafe Jahwes angedroht. Die ganze Breite der Völkerwelt aber in ihrem geschichtlichen Auf und Ab trat erst von der Mitte des 7. Jahrhunderts an in das Bewußtsein Israels. Bei Jeremia und im Deuteronomium hat diese neue Erkenntnis ihren Niederschlag gefunden.

Bereits bei seiner Berufung war Jeremia ausdrücklich zum »Völkerpropheten« designiert worden. Dieses Motiv erfährt seine Ausgestaltung in einer Gruppe von Sprüchen, die den Völkern in ihrer Gesamtheit das Gericht ankündigen. Die kleine Sammlung wird thematisch durch die sogenannte »Bechervision« zusammengehalten.

So sprach Jahwe, der Gott Israels, zu mir: »Nimm diesen Becher voll Zornwein aus meiner Hand und laß alle Völker, zu denen ich dich sende, davon trinken! Trinken sollen sie, taumeln und von Sinnen kommen vor dem

Schwert, das ich unter sie schicke! Rede zu ihnen: So spricht Jahwe der Heerscharen, der Gott Israels: Trinket, daß ihr trunken werdet und ausspeien und fallen müßt und nicht wieder aufsteht vor dem Schwert, das ich unter euch sende! Weigern sie sich aber, den Becher aus deiner Hand zu nehmen und zu trinken, dann sage zu ihnen: So spricht Jahwe der Heerscharen: Ihr müßt dennoch trinken! Denn siehe, bei der Stadt, die nach mir benannt ist, beginne ich mit dem Unheil, und ihr solltet da verschont bleiben? Nein, nicht werdet ihr verschont bleiben; denn ich rufe das Schwert wider alle Bewohner der Erde« – Spruch Jahwes der Heerscharen. (Jer 25, 15 f.27–29)

Ein Schlachtfest für Jahwe

In einem der Völkergedichte am Schluß des Jeremia-Buches wird Ägypten angeredet. In dem Wort spiegeln sich die Ereignisse des Jahres 605, in deren Verlauf der Pharao Necho von dem jungen babylonischen Kronprinzen Nebukadnezar vernichtend geschlagen wurde. Die Schlacht fand bei Karkemisch am Euphrat statt. Für Jeremia war die Niederlage eine Strafe Jahwes für den Ungehorsam Ägyptens, das sich angemaßt hatte, die Welt zu erobern. Vielleicht schwingt in den Worten Jeremias auch noch die Trauer und Enttäuschung über den Tod Josias bei Megiddo nach, den der Pharao auf dem Gewissen hatte.

Über Ägypten:
Gegen die Streitmacht des Pharao, des Königs von Ägypten, die am Euphratstrom bei Karkemisch stand, die Nebukadnezar, der König von Babel, im vierten Jahr Jojakims, des Sohnes Josias, des Königs von Juda, schlug:
»Rüstet Kleinschild und Großschild, rückt an zum Kampfe!
Die Streitrosse schirrt; ihr Wagenkämpfer steigt auf!
Tretet in Helmen an, macht die Lanzen blank, legt die Panzer an!
Was sehe ich? Sie sind zermürbt,
sie weichen zurück, ihre Helden sind geschlagen,
ergreifen die Flucht und kehren nicht um.
Grauen ringsum« – Spruch Jahwes.
Der Schnelle kann nicht entfliehen,
und nicht entrinnen der Held.
Im Norden am Euphrat straucheln und fallen sie nieder.

Wer wogte heran gleich dem Nil,
dessen Wasser wie Ströme erbrausen,
und sprach: »Ich woge heran, überschwemme das Land,
vernichte die Städte samt ihren Bewohnern?
Auf, ihr Rosse, ihr Wagen, stürmt los!
Rückt aus, ihr Helden, Kusch und Put, die ihr den Schild tragt,
ihr Ludier, die ihr den Bogen spannt!«
Doch jener Tag ist für den Herrn Jahwe ein Rachetag,
an dem er sich rächt an seinen Gegnern.

Da frißt das Schwert, es sättigt sich
und wird trunken von ihrem Blut;
denn ein Schlachtfest hält der Herr Jahwe der Heerscharen
im Lande des Nordens, am Euphratstrom.
Ziehe hinauf nach Gilead und hole Balsam,
Jungfrau, Tochter Ägypten!
Umsonst verbrauchst du viele Arzneien,
Genesung findest du nicht!
Von deiner Schande hören die Völker,
dein Wehgeschrei erfüllt die Erde.
Ja, ein Held ist neben dem Helden gestürzt,
miteinander sind beide gefallen! (Jer 46, 2–12)

Jahwes Klage

Die Juda bedrohenden Ereignisse nahmen ihren Lauf. Im Jahre 602 v. Chr. versagte Jojakim den Babyloniern die Gefolgschaft. Daraufhin verwüsteten Streifscharen des babylonischen Königs das Land, und schließlich rüstete sich das Heer des Großkönigs zum Sturm auf Jerusalem.

Angesichts der bevorstehenden Katastrophe fand der Prophet, der seine Gerichtserwartung jetzt in Erfüllung gehen sah, nur noch Worte der Klage. Selbst die Gottesrede nahm in seinem Mund die Gestalt der Klage an.

»Ich lasse mein Haus im Stich,
ich verstoße mein Erbteil,
meinen Herzensliebling gebe ich hin
in seiner Feinde Gewalt.
Mein Erbteil wird mir wie ein Löwe im Wald.
Es erhebt wider mich seine Stimme;
darum muß ich es hassen.
Ist denn mein Erbteil ein bunter Vogel,
daß Raubvögel sich rings darauf stürzen?
Auf sammelt euch, alle Tiere des Feldes,
Kommt zum Fraß!
Hirten in großer Zahl haben meinen Weinberg verheert,
zertreten mein Feld,
mein herrliches Feld zur öden Wüste gemacht.
Sie verwandelten es in Ödland;
verödet trauert es vor mir.
Das ganze Land ist verwüstet,
doch zu Herzen nimmt es sich niemand.
Über alle Höhen der Wüste
drangen die Verwüster ein.
Von einem Ende der Erde zum andern

bleibt kein Mensch unversehrt.
Sie säten Weizen, und Dornen ernteten sie;
vergeblich mühten sie sich ab.
Beschämt sind sie mit ihrer Ernte
ob der Zornesglut Jahwes.« (Jer 12, 7–13)

Die Fürbitte des Propheten

Jeremia wußte sich nicht nur als Gerichtsbote und Tröster für sein Volk berufen, sondern zugleich als sein Fürsprecher. So wendet er sich während einer Volksklagefeier mit der Bitte um Linderung der Not an Gott, aber Jahwe weist seine Bitte mit einem harten Nein zurück. Der Prophet erhält statt dessen den Auftrag, das Volk aus dem Tempelvorhof zu vertreiben und dem Verderben zu überantworten. Von Jahwe kommt kein Leben mehr, sondern nur noch der Tod.

Verwarfst du Juda denn ganz und gar,
bist du im Herzen überdrüssig an Zion?
Warum schlugst du uns, daß es keine Heilung mehr für uns gibt?
Wir harren auf Heil, doch Gutes kommt nicht,
und auf die Zeit der Heilung, doch ach, nur Bestürzung!
Unsere Ruchlosigkeit erkennen wir, Jahwe,
die Schuld unserer Ahnen, daß wir gegen dich uns verfehlt.
Deinem Namen zulieb verschmähe uns nicht,
entweihe nicht deiner Herrlichkeit Thron!
Gedenke deines Bundes mit uns, und löse ihn nicht!
Gibt es denn Regenspender unter den Götzen der Heiden,
oder läßt der Himmel von selbst den Regen strömen?
Bist nicht du es, Jahwe, unser Gott?
Wir harren auf dich;
denn du hast dies alles erschaffen.

Jahwe sprach zu mir:
»Wenn auch Mose und Samuel vor mein Antlitz träten,
so würde mein Herz sich diesem Volke nicht mehr zuwenden.
Schicke sie weg von mir, sie sollen gehen!
Fragen sie dich dann: ›Wohin sollen wir gehen?‹,
so sage zu ihnen: So spricht Jahwe:
›Wer für den Tod bestimmt ist, zum Tod,
wer für das Schwert bestimmt ist, zum Schwert,
wer für den Hunger bestimmt ist, zum Hunger,
wer für die Gefangenschaft bestimmt ist, zur Gefangenschaft.‹«
(Jer 14, 19–22; 15, 1 f.)

Verwerfung statt Erwählung

Die Babylonier hatten Jerusalem bereits eingeschlossen, als der vertragsbrüchige und beim Volk verhaßte König Jojakim starb und seinem 18jährigen Sohn Jojachin den Thron hinterließ. War das nicht ein Zeichen Jahwes? Würde er vielleicht um des jungen Davididen willen in letzter Stunde die Katastrophe von der Stadt abwenden? Jeremia weist die hoffnungsvolle Frage seines Volkes schroff zurück.

»So wahr ich lebe« – Spruch Jahwes –,
»wenn auch Konjahu (Jojachin)
ein Siegelring wäre an meiner Rechten [12],
ich risse ihn von da hinweg.
Ich gebe dich in die Gewalt derer, die dir nach dem Leben trachten, und in die Gewalt derer, vor denen dir bangt. Ich schleudere dich und deine Mutter, die dich geboren, fort in ein fremdes Land, das nicht eure Heimat ist, und daselbst müßt ihr sterben. Aber in das Land, wohin sie sehnlichst heimkehren möchten, dorthin kehren sie niemals zurück.« (Jer 22, 24–27)

Der letzte Davidide

Das Wort des Propheten hat sich wenig später erfüllt: Die Stadt wurde erobert und der König samt seiner Familie und den führenden Persönlichkeiten Jerusalems deportiert. Aber noch lange nach diesen Ereignissen hat das Schicksal des jungen Königs die Gemüter bewegt. Wiederum nimmt Jeremia ein Wort seiner Zuhörer auf und beantwortet es mit einem Wort Jahwes: Jojachin ist das letzte Glied in der Geschlechterfolge der davidischen Dynastie!

Ist denn dieser Mann Konjahu
ein verachtetes, zerschlagenes Gefäß
oder ein Gerät, das niemand mag?
Warum wird er weggeschleudert und hingeworfen
in ein Land, das ihm unbekannt ist?
Land! Land! Land! Höre das Wort Jahwes:
»Diesen Mann schreibt als kinderlos ein!
Denn keinem seiner Nachkommen wird es gelingen,
auf dem Throne Davids zu sitzen
und in Juda wieder zu herrschen!« [13] (Jer 22, 28–30)

---

12 Der Siegelring, der von den Vornehmen getragen wurde, diente der Beglaubigung.

13 Jojachin hatte im Exil später noch mehrere Söhne; ein Enkel von ihm war jener Serubbabel, der als Statthalter der Perser nach Jerusalem kam (vgl. unten S. 483, Anm. 1).

B. Das Jahrzehnt bis zur zweiten Deportation

Anstelle des deportierten Jojachin setzte Nebukadnezar dessen Onkel Mattanja auf den Davidsthron und gab ihm den Namen Zedekia. Wie sein Bruder Jojakim, so hat auch Zedekia zunächst den Vasallentribut gezahlt, ihn schließlich aber – vermutlich auf Grund einer ägyptischen Hilfezusage – eingestellt und dem Großkönig damit die Gefolgschaft aufgekündigt.

Daraufhin marschierte im Jahr 589 v. Chr. das babylonische Heer abermals in Juda ein und eroberte binnen kurzer Frist das ganze Land. Außer Jerusalem leisteten lediglich die Festungen Lachis und Aseka zähe Gegenwehr, schließlich fielen auch sie. Jerusalem konnte sich eineinhalb Jahre seinen Belagerern widersetzen. Im Juni 587 gelang es dann den Babyloniern, durch eine Bresche in der Mauer in die völlig ausgehungerte Stadt einzudringen. Zedekia wurde nach einem Fluchtversuch gefangengenommen und im Hauptquartier Nebukadnezars schwer gestraft. Die neun Jahre zuvor verschonten Angehörigen der Jerusalemer Oberschicht wurden nach Babylon verschleppt. Jerusalem wurde einen Monat nach seiner Eroberung geplündert und eingeäschert. In den Flammen scheint auch das alte Stämmeheiligtum der Lade untergegangen zu sein.

Für Jeremia waren die Jahre zwischen der ersten und zweiten Wegführung bestimmt durch die Auseinandersetzung mit den nationalgesinnten Kreisen in Jerusalem und im Exil. In der Hoffnung auf ein wunderbares Eingreifen Jahwes zugunsten seines Volkes erwarteten sie das baldige Ende der babylonischen Herrschaft und die Rückkehr der Deportierten. In Jerusalem gehörten vor allem die Tempelpropheten zu den eifrigsten Verfechtern dieser nationalistischen Erwartungen. Sie hatten es verstanden, sich nach der ersten Deportation beim Wiederaufbau der Verwaltung einen maßgeblichen Einfluß auf den Hof und den König selbst zu sichern.

Ohne Berufung!

Jeremia bezeichnete die Hoffnungen der Nationalisten als Selbsttäuschung: Für die gegenwärtige Epoche der Geschichte hatte Jahwe dem babylonischen König die Macht über die Welt gegeben. Sich Nebukadnezar zu widersetzen bedeutete Ungehorsam gegen den Willen Jahwes. Nur wer sich dem Babylonier unterwarf, würde gerettet werden.

Die Tempelpropheten beriefen sich ebenso wie Jeremia auf das Wort Jahwes. Aber Jeremia bestritt seinen Gegnern das Recht, im Namen Jahwes zu sprechen. Noch war Jahwes Zorn über Israel nicht zu seinem Ziel gelangt, das Gericht hatte erst begonnen. Jede andere Weissagung stammte nicht von Jahwe.

So spricht Jahwe der Heerscharen:
»Auf die Worte der Propheten hört nicht hin,
denn sie betören euch nur;

sie verkünden selbstdachte Offenbarung,
die nicht aus dem Munde Jahwes kam.
Den Verächtern des Wortes Jahwes verheißen sie:
›Euch wird Heil zuteil!‹
Wer seines Herzens Starrsinn folgt, dem sagen sie:
›Über euch bricht kein Unheil herein!‹
Wer von ihnen steht im Rate Jahwes,
daß er ihn sähe und sein Wort hörte?
Wer hat sein Wort vernommen und kann es künden?

Fürwahr, ein Jahwesturm bricht los,
ein Wirbelsturm;
über das Haupt der Gottlosen braust er dahin.
Der Zorn Jahwes wendet sich nicht,
bis daß er vollbracht und vollführt
seines Herzens Plan;
am Ende der Tage erkennt ihr es deutlich!
Ich sandte diese Propheten nicht,
aber sie laufen dennoch;
ich redete nicht zu ihnen,
aber sie weissagen trotzdem.
Hätten sie gestanden in meinem Rat,
so würden sie meine Worte meinem Volk verkünden
und es von seinem bösen Wandel bekehren
und von seinen schlimmen Taten.« (Jer 23, 16–22)

Die Träume der Propheten

Jeremia rang förmlich darum, seinen Hörern die Unwahrhaftigkeit der anderen Propheten einsichtig zu machen. Jene beriefen sich darauf, in ihren Träumen das Wort Jahwes zu empfangen. Jeremia jedoch ließ Träume nicht als Offenbarung Jahwes gelten: Träume waren Träume – die unwiderstehliche, den berufenen Sprecher bezwingende Gewalt des Gotteswortes war etwas ganz anderes.

»Bin ich denn nur aus der Nähe ein Gott« – Spruch Jahwes –
»und nicht vielmehr ein Gott aus der Ferne?·
Oder kann sich einer in Verstecken verbergen,
so daß ich ihn nicht sehen kann?« – Spruch Jahwes.
»Bin nicht ich es,
der Himmel und Erde erfüllt?« – Spruch Jahwes.
»Ich habe gehört, was die Propheten reden, die in meinem Namen Lüge weissagen: ›Ich hatte einen Traum, ja, einen Traum hatte ich!‹ Wie lange noch? Ist denn mein Name im Herzen der Propheten, die Lüge weissagen und den Trug ihres Herzens? Sie haben die Absicht, durch ihre Träume, die

sie einander erzählen, meinen Namen bei meinem Volk in Vergessenheit zu bringen, wie auch ihre Völker meinen Namen über dem Baal vergaßen. Der Prophet, der einen Traum hat, erzählt nur einen Traum, wer aber mein Wort hat, redet in Wahrheit mein Wort.
Was hat denn das Stroh mit dem Korn zu tun?« – Spruch Jahwes.
»Ist nicht mein Wort wie ein brennendes Feuer« – Spruch Jahwes –, »wie ein Hammer, der Felsen zerschmettert?
Darum fürwahr, trete ich auf gegen die Propheten« – Spruch Jahwes –, »die einander meine Worte wegstehlen! Ich trete auf gegen die Propheten« – Spruch Jahwes –, »die ihre Zunge loslassen und Prophetensprüche reden!
Ja, ich trete auf gegen die Propheten mit ihren Lügenträumen« – Spruch Jahwes –, »sie erzählen dieselben und führen mein Volk durch ihre Lügen und ihr Geschwätz in die Irre. Ich sandte sie nicht und beauftragte sie nicht, und einen Nutzen bringen sie diesem Volk in keiner Weise« – Spruch Jahwes.
(Jer 23, 23–32)

Jeremia und Hananja

Ausführlich wird im Jeremia-Buch der Zusammenstoß zwischen Jeremia und dem Tempelpropheten Hananja beschrieben. Einem von einer Zeichenhandlung begleiteten Jahwewort Jeremias setzt Hananja seinerseits ein Wort Jahwes und eine Zeichenhandlung entgegen. Jahweprophet steht gegen Jahweprophet. Die Frage nach wahrer und falscher Prophetie bleibt zunächst offen. Es scheint sogar, als sei Jeremia der Unterlegene. Das klärende Gotteswort bleibt aus. Erst geraume Zeit später wird es ihm zuteil.

Der Bericht über den Auftritt Jeremias stammt vielleicht vom Propheten selbst. Die daran anschließende Schilderung der Ereignisse um Hananja hingegen geht auf Baruch zurück.

Das Joch des Königs von Babel. Im vierten Jahre Zedekias, des Sohnes Josias, des Königs von Juda, erging von Jahwe folgendes Wort an Jeremia: »So sprach Jahwe zu mir: Mache dir Stricke und Jochhölzer und lege sie dir auf den Nacken! Sende eine Botschaft an den König von Edom, den König von Moab, den König der Ammoniter, den König von Tyrus und den König von Sidon durch ihre Gesandten, die zu Zedekia, dem König von Juda, nach Jerusalem gekommen sind [14]. Weise sie an, ihren Gebietern folgendes zu sagen: So spricht Jahwe der Heerscharen, der Gott Israels: Sprecht so zu euren Gebietern: Ich erschuf die Erde, Menschen und Tiere, die sich auf der Erde befinden, mit meiner gewaltigen Kraft und meinem ausgestreckten Arme und kann sie verleihen, wem ich will. Nunmehr überliefere ich alle diese Länder

---

14 Die Gesandten der Nachbarstaaten waren im Jahr 594 v. Chr. in Jerusalem zusammengekommen, um mit dem König von Juda über einen Aufstand gegen Nebukadnezar zu beraten. Die Situation gleicht ungefähr der von Jes 14, 28 f. (vgl. oben S. 358 f.) und Jes 18.

in die Gewalt meines Knechtes, des Königs Nebukadnezar von Babel; selbst die Tiere des Feldes stelle ich ihm zu Diensten. Alle Völker sollen ihm, seinem Sohn und seinem Enkel dienen, bis die Zeit auch für sein eigenes Land kommt, da große Völker und gewaltige Könige es sich untertan machen. Will aber ein Volk oder ein Reich dem König Nebukadnezar von Babel nicht untertan sein und seinen Nacken nicht unter das Joch des Königs von Babel beugen: Mit Schwert, Hunger und Pest ahnde ich es an jenem Volke« – Spruch Jahwes –, »bis ich es seiner Gewalt überliefert habe. Ihr aber, hört doch nicht auf eure Propheten, eure Wahrsager, eure Träumer, auf eure Zeichendeuter und Zauberer, die zu euch sprechen: ›Ihr braucht dem König von Babel nicht zu dienen!‹ Denn Lüge verkünden sie euch. Dadurch machen sie euch eurer Heimat verlustig, da ich euch verstoßen muß, so daß ihr zugrunde geht. Das Volk aber, das seinen Nacken unter das Joch des Königs von Babel beugt und ihm dient, lasse ich auf seiner heimatlichen Scholle wohnen« – Spruch Jahwes –, »es darf sie bebauen und darauf wohnen.«

Das Wort Hananjas. Im selben Jahre – es war zu Beginn der Regierung Zedekias, des Königs von Juda, im vierten Jahre – im fünften Monat sprach Hananja, der Sohn des Assur, der Prophet aus Gibeon, zu Jeremia im Hause Jahwes vor den Priestern und dem ganzen Volke: »So spricht Jahwe der Heerscharen, der Gott Israels: Ich zerbreche das Joch des Königs von Babel. Innerhalb von zwei Jahren bringe ich an diese Stätte zurück alle Geräte des Hauses Jahwes, die Nebukadnezar, der König von Babel, hier geraubt und nach Babel gebracht hat. Auch Jechonja, Jojakims Sohn, den König von Juda, und alle nach Babel Verschleppten Judas bringe ich an diesen Ort zurück« – Spruch Jahwes –, »denn ich zerbreche das Joch des Königs von Babel.« Da entgegnete der Prophet Jeremia dem Propheten Hananja vor den Priestern und dem ganzen Volke, das im Hause Jahwes stand. Der Prophet Jeremia sagte: »Gewiß, so handle Jahwe! Jahwe möge deine Worte, die du verkündet hast, in Erfüllung gehen lassen und die Geräte des Hauses Jahwes und alle Verbannten aus Babel an diese Stätte zurückbringen! Höre jedoch dieses Wort, das ich nun dir und dem gesamten Volk in die Ohren rufe: Die Propheten, die vor mir und vor dir seit je gewirkt haben, weissagten gegen große Länder und gewaltige Reiche von Krieg, Unheil und Pest. Der Prophet aber, der von Heil weissagt, wird erst, wenn das prophetische Wort eintrifft, als solcher erkannt; dann hat Jahwe ihn wirklich gesandt.«[15]

Da nahm der Prophet Hananja das Jochholz vom Nacken des Propheten Jeremia und brach es entzwei. Hananja sprach vor dem ganzen Volke: »So spricht Jahwe: Ebenso zerbreche ich das Joch des Königs Nebukadnezar von Babel, und zwar innerhalb zweier Jahre, und nehme es weg vom Nacken aller Völker.« Da ging der Prophet Jeremia seines Weges.

---

15 Das heißt, die Unheilsprophetie hat durch die Geschichte ihre Rechtfertigung erfahren, die Heilsprophetie hat diesen Wahrheitsbeweis erst noch zu erbringen.

Nun erging das Wort Jahwes an Jeremia, nachdem der Prophet Hananja das Jochholz vom Nacken Jeremias genommen und zerbrochen hatte: »Geh hin und sage zu Hananja: So spricht Jahwe: Jochstangen aus Holz hast du zerbrochen, aber dafür Jochstangen aus Eisen gefertigt. Denn so spricht Jahwe der Heerscharen, der Gott Israels: Ein eisernes Joch zwinge ich dem Nacken aller dieser Völker auf, daß sie Nebukadnezar, dem König von Babel, dienen.« Da antwortete der Prophet Jeremia dem Propheten Hananja: »Hör doch, Hananja! Jahwe hat dich nicht gesandt, und du wiegst dieses Volk in falscher Sicherheit. Darum spricht Jahwe: Siehe, ich nehme dich weg vom Erdboden; noch in diesem Jahr wirst du sterben; denn du hast Auflehnung wider Jahwe gepredigt.« Der Prophet Hananja starb im selben Jahr im siebten Monat. (Jer 27, 1–11; 28, 1–17)

Die Deportierten in Babylon

Bei den Vertriebenen des Jahres 596 fielen die Parolen von einer Rückkehr aus dem Exil und einem Ende der babylonischen Herrschaft auf fruchtbaren Boden. Auch unter ihnen waren Propheten die Stimmführer.

Baruch hat einen Brief Jeremias überliefert, mit dem der Prophet die Deportierten aus ihrer Verzweiflung und aus ihren Illusionen herauszureißen versuchte: Jahwe hält für sie noch eine Zukunft bereit – wenn sie ihr Schicksal annehmen und unter und mit den Babyloniern ein neues Leben aufzubauen bereit sind. Die Mahnung zur Nüchternheit nimmt im Gegensatz zu dem »Heil«-Geschrei der nationalistischen Propheten das Gericht Jahwes ernst und läßt zugleich einen von Jahwe geschenkten Neubeginn aufleuchten.

»So spricht Jahwe der Heerscharen, der Gott Israels, zur gesamten Verbanntengemeinde, die man von Jerusalem nach Babel weggeführt hat:
›Baut Häuser und wohnt darin,
pflanzt Gärten und verzehrt ihre Frucht!
Nehmt Frauen, zeugt Söhne und Töchter,
nehmt Frauen für eure Söhne
und gebt eure Töchter Männern,
daß sie Söhne und Töchter bekommen;
ihr sollt euch dort vermehren und nicht vermindern!
Bemüht euch um das Wohlergehen des Landes,
in das ich euch weggeführt,
und betet für dieses zu Jahwe;
denn auf seiner Wohlfahrt beruht euer eigenes Wohl.‹

Ja, so spricht Jahwe: ›Sind 70 Jahre für Babel vorbei, dann nehme ich mich euer wieder an und erfülle an euch meine Verheißung, daß ich euch an diese Stätte heimführen werde. Denn ich weiß wohl, welcher Art meine Gedanken über euch sind‹ – Spruch Jahwes –, ›Gedanken des Heils und nicht des Unheils, um euch eine hoffnungsvolle Zukunft zu gewähren. Ruft ihr mich an und wendet ihr euch betend an mich, so will ich euch erhören. Sucht ihr mich, so werdet ihr mich finden. Ja, wenn ihr von ganzem Herzen nach mir fragt, dann lasse ich mich von euch finden‹ – Spruch Jahwes. ›Ich wende euer Schi‹ksal und sammle euch aus allen Völkern und von allen Orten, wohin ich euch verstoßen habe‹ – Spruch Jahwes –, ›und führe euch zurück an die Stätte, von der ich euch in die Verbannung schleppen ließ.‹ Ihr wendet nun ein: ›Jahwe hat uns in Babel Propheten erweckt.‹ So spricht Jahwe der Heerscharen, der Gott Israels: ›Laßt euch nicht täuschen von euren Propheten, die unter euch sind, und von euren Wahrsagern! Höret nicht auf ihre Träume, die sie träumen! Denn Lüge ist, was sie euch in meinem Namen weissagen! Ich habe sie nicht gesandt‹ – Spruch Jahwes.« (Jer 29, 4–7.10–15.8 f.)

Die beiden Feigenkörbe

Noch deutlicher hat Jeremia die in seinem Brief an die Verbannten nur anklingende Verheißung einer neuen Zukunft in einem Wort ausgesprochen, das an die Jerusalemer gerichtet ist. Dort sah man in der Deportation die verdiente Strafe Jahwes für die soziale Ungerechtigkeit und den fragwürdigen Lebenswandel der Oberschicht. Die Zurückgebliebenen fühlten sich, weil sie verschont geblieben waren, als die Erwählten: Jahwe hatte gerecht gerichtet!

Jeremia macht auch diese Selbsttäuschung zunichte: Nicht auf den Zurückgebliebenen, sondern auf den Verbannten ruht die Verheißung Jahwes. Er wird sie nicht nur zurückführen in ihr Land, sondern er wird gerade an ihnen seine Bundeszusage erfüllen: Er wird »ihr Gott sein, und sie werden sein Volk sein«.

Jahwe zeigte mir in einer Schau zwei Feigenkörbe, die vor dem Tempel Jahwes standen. Es war in der Zeit, nachdem Nebukadnezar, der König von Babel, den Jechonja, den Sohn Jojakims, den König von Juda, samt den Fürsten Judas und den Schmieden und Schlossern von Jerusalem fortgeführt und nach Babel verschleppt hatte. In dem einen Korb waren ganz vorzügliche Feigen nach Art der Frühfeigen, im zweiten Korb dagegen befanden sich vollkommen verdorbene Feigen, so daß sie ungenießbar waren. Jahwe fragte mich: »Was siehst du, Jeremia?« Ich entgegnete: »Feigen! Die guten Feigen sind ganz vortrefflich, die verdorbenen aber ganz schlecht, so daß man sie nicht essen kann.« Da erging das Wort Jahwes an mich: »So spricht Jahwe, der Gott Israels: Wie diese guten Feigen, so schaue ich die verbannten Judäer, die ich von dieser Stätte ins Land der Kaldäer fortgeschickt habe, huldvoll an. Ich richte meine Blicke gnädig auf sie und führe sie heim in dieses Land; ich baue sie auf und zerstöre sie nicht mehr, pflanze sie ein und reiße sie nicht mehr aus. Ich schenke ihnen ein Herz, mich zu erkennen, nämlich, daß ich Jahwe bin. Dann werden sie mein Volk sein, und ich werde ihr Gott sein; denn sie werden sich von ganzem Herzen zu mir bekehren. Aber wie die schlechten Feigen, die verdorben und ungenießbar waren« – spricht Jahwe –, »so behandle ich Zedekia, den König von Juda, samt seinen Fürsten und dem Rest von Jerusalem, denen, die in diesem Lande verblieben, und denen, die sich im Lande Ägypten seßhaft machten. Ich mache sie zum Entsetzen für alle Reiche der Erde, zum Schimpf und Spott, zum Hohn und Fluch an allen Orten, wohin ich sie verstoße. Ich sende unter sie das Schwert, den Hunger und die Pest, bis sie vollkommen vertilgt sind aus dem Lande, das ich ihnen und ihren Vätern verliehen habe.« (Jer 24, 1–10)

Der neue Bund

Die verheißene Rückkehr der Verbannten bedeutete für Jeremia nicht einfach die Fortsetzung der alten Heilsgeschichte. Im Unterschied zu den Tempelpropheten war er dessen gewiß, daß das Bundesverhältnis zwischen Jahwe und seinem Volk zerbrochen war, zerbrochen durch die Untreue Israels. Wenn Jahwe dennoch die Rückkehr der Verschleppten ankündigte, so deshalb, weil er einen *neuen* Bund mit seinem Volk schließen wollte. Dieser Bund aber würde nicht mehr gebrochen werden, weil Jahwe jedem einzelnen seines Volkes seinen Willen ins Herz legen würde. Der Wille Jahwes würde so zu einem unablösbaren Teil des Menschen. Fortan würde niemand mehr einen anderen zum Gehorsam gegenüber Jahwe ermahnen müssen.

Jeremia hat diese Verheißung, die auch in der Vision von den beiden Feigenkörben ausgesprochen wird, an die Verbannten des Nordreichs gerichtet, die im Jahre 721 v. Chr. von den Assyrern verschleppt worden waren. Zweifellos aber steht »Haus Israel« in dieser Weissagung stellvertretend für den Teil des Volkes, an dem Jahwe bereits sein Gericht vollstreckt hat: Auch die Verbannten Judas von 597 durften sich mit diesem Wort angesprochen wissen.

So spricht Jahwe:
»Gnade fand in der Wüste
das Volk, das vom Schwerte verschont blieb,
Israel zog zu seiner Ruhestatt.
Aus der Ferne erschien ihm Jahwe:
Mit ewiger Liebe habe ich dich geliebt,
darum habe ich dir so lange die Huld bewahrt.
Wieder baue ich dich auf, daß du neu gebaut dastehst,
Jungfrau Israel!
Mit deinen Pauken schmückst du dich wieder,
ziehst aus im Reigen der Fröhlichen.
Weingärten kannst du von neuem pflanzen
auf Samarias Bergen;
wer sie pflanzt, darf ihre Frucht auch genießen.
Ja, es kommt der Tag, da rufen Wächter
auf Ephraims Bergland:
›Auf, zum Zion laßt uns hinaufziehen,
zu Jahwe, unserem Gott!‹«

So spricht Jahwe:
»Horch, Klage hört man in Rama,

bitteres Weinen:
Ihre Söhne beweint Rahel
und läßt sich nicht trösten,
ihre Söhne, weil sie dahin sind.«
So spricht Jahwe: »Wehre deiner Stimme das Weinen
und deinen Augen die Tränen!
Denn für deine Mühsal gibt es einen Lohn:
Sie kehren aus Feindesland heim.
Für deine Nachkommen gibt es eine Hoffnung:
In ihre Heimat kehren die Söhne zurück.«

»Ich höre gar wohl, wie Ephraim klagt:
›Gezüchtigt hast du mich, und ich lernte Zucht
wie ein ungezügeltes Jungrind.
Laß mich umkehren, daß ich mich bekehre;
denn du bist Jahwe, mein Gott!
Denn nach meiner Abkehr empfinde ich Reue;
nachdem ich zur Einsicht kam, schlage ich an die Brust.
Ich schäme mich und erröte;
denn ich büße die Schandtat meiner Jugend.‹
Ist mir denn Ephraim ein so teurer Sohn
oder mein Lieblingskind?
Sooft ich nämlich ihm drohe,
muß ich immer wieder sein gedenken.
So schlägt für ihn mein Herz;
ich muß mich seiner erbarmen« – Spruch Jahwes.

»Fürwahr, Tage kommen« – Spruch Jahwes –, »da schließe ich mit dem Haus Israel einen neuen Bund, nicht dem Bunde gleich, den ich mit ihren Vätern schloß, als ich sie bei der Hand nahm, um sie aus dem Lande Ägypten herauszuführen. Sie waren es ja, die meinen Bund brachen, während ich über sie die Herrschaft ausübte« – Spruch Jahwes. »Vielmehr so soll der Bund sein, den ich mit dem Haus Israel nach jenen Tagen schließe« – Spruch Jahwes. »Ich lege mein Gesetz in ihr Inneres und schreibe es ihnen ins Herz. Ich will ihr Gott sein, und sie sollen mein Volk sein. Dann brauchen sie einander nicht mehr gegenseitig zu belehren: ›Erkennet Jahwe!‹, sondern sie alle werden mich erkennen, ob klein oder groß« – Spruch Jahwes. »Ja, ich verzeihe ihre Schuld, und ihrer Sünde gedenke ich nicht mehr.«

(Jer 31, 2–6.15–20.31–34)

Das Martyrium des Propheten

Je mehr sich die politische Lage für Juda und Jerusalem zuspitzte, um so leidvoller gestaltete sich Jeremias persönliches Schicksal. Mit seiner Predigt von der Unterwerfung unter die Babylonier erschien er weiten Kreisen bei Hof und im Tempel als Defätist, der mit seinen Parolen die moralische Widerstandskraft der Bevölkerung lähmte.

Baruch hat die Ereignisse aus den letzten Monaten vor der Eroberung, soweit Jeremia in sie verflochten war, in einem großen Bericht festgehalten. In diesem letzten Abschnitt seiner Schilderung wird deutlich, von welchen Gedanken er sich bei seiner Darstellung hatte leiten lassen: Mit dem Leiden, das der Prophet von seinen ersten Anfeindungen unter Jojakim an bis hin zu seiner Verschleppung nach Ägypten erdulden mußte, hat Jeremia Anteil an dem Leiden Gottes an Israel. In der Verwerfung des Propheten spiegelt sich die Verwerfung Jahwes durch sein Volk. Der Sprecher Jahwes wird zum Blutzeugen seines Herrn.

Der abschließende Bericht Baruchs setzt ein in jenem Augenblick, als das Erscheinen eines ägyptischen Heeres die Babylonier zu einem zeitweiligen Rückzug von Jerusalem nötigte.

Die Gesandtschaft des Königs. Da sandte der König Zedekia den Juchal, den Sohn des Schelemja, und den Priester Zephanja, den Sohn des Maaseja, zum Propheten Jeremia und ließ ihm sagen: »Bete doch für uns zu Jahwe, unserem Gott!« Jeremia ging frei unter dem Volke ein und aus; man hatte ihn noch nicht ins Gefängnis geworfen. Damals war die Heeresmacht des Pharao aus Ägypten herangezogen; als die Kaldäer, die Jerusalem belagerten, davon Kunde vernahmen, rückten sie von Jerusalem ab. Da erging das Wort Jahwes an den Propheten Jeremia: »So spricht Jahwe, der Gott Israels: So antwortet dem König von Juda, der euch zu mir gesandt hat, mich zu befragen: ›Siehe, die Heeresmacht des Pharao, die euch zur Hilfe auszog, wird wieder in ihr Land nach Ägypten umkehren! Die Kaldäer aber kommen zurück, kämpfen wider diese Stadt, erobern sie und stecken sie in Brand. So spricht Jahwe: Täuscht euch nicht in dem Gedanken: Die Kaldäer ziehen endgültig von uns ab! Nein, sie ziehen nicht ab. Selbst wenn es euch gelänge, die ganze Heeresmacht der mit euch kämpfenden Kaldäer zu schlagen, so daß von ihnen nur einige Verwundete übrigblieben, so würden sie, ein jeder in seinem Zelte, sich aufrichten und diese Stadt anzünden.‹«

Jeremias Verhaftung. Damals, als das Heer der Kaldäer von Jerusalem wegen der Streitkräfte des Pharao abgezogen war, wollte Jeremia sich von Jerusalem ins Land Benjamin begeben, um dort im Kreise seiner Verwandtschaft eine Erbteilung zu regeln. Er kam bis zum Benjamintor; dort befand sich der Wachhabende namens Jirija, der Sohn Schelemjas, des Sohnes Hananjas; er hielt den Propheten Jeremia an und sagte: »Zu den Kaldäern willst du überlaufen!« Jeremia antwortete: »Du lügst! Ich laufe nicht zu den Kaldäern über!« Doch er hörte nicht auf ihn, vielmehr nahm Jirija den Jeremia fest und brachte ihn vor die Beamten. Diese ließen ihre Wut an Jeremia aus, schlugen ihn und warfen ihn in den Kerker im Haus des Staatsschreibers Jonatan; dieses hatte man nämlich zum Gefängnis eingerichtet. So kam Jeremia in die Zisternenhöhle mit den Gewölben; dort blieb Jeremia lange Zeit. Eines Tages schickte der König Zedekia hin und ließ ihn kommen. Der König befragte ihn heimlich in seinem Palast und erkundigte sich: »Ist ein Wort von Jahwe da?« Jeremia antwortete: »Ja!« und fügte hinzu: »In die Gewalt des Königs von Babel wirst du überliefert!« Weiter sagte Jeremia zum König Zedekia: »Was habe ich an dir, an deinen Knechten und an diesem Volk verschuldet, daß ihr mich ins Gefängnis gelegt habt? Und wo sind nun eure Propheten, die euch weissagten: ›Der König von Babel wird nicht über euch und über dieses Land kommen‹? Nun höre, mein Herr und König! Möge meine flehentliche Bitte bei dir Aufnahme finden! Schicke mich nicht mehr in das Haus des Staatsschreibers Jonatan zurück, denn dort muß ich sterben!« Der König Zedekia gab also Anweisung und ließ Jeremia im Wachthof in Gewahrsam bringen. Er versorgte ihn auch täglich mit einem Laib Brot aus der Bäckergasse, bis alles Brot in der Stadt zu Ende ging. Jeremia blieb also im Wachthof.

Der Prophet in der Zisterne. Schephatja, der Sohn des Mattan, Gedalja, der Sohn des Paschchur, Juchal, der Sohn des Schelemja, und Paschchur, der Sohn des Malkija, hörten die Worte, die Jeremia zu allem Volke redete: »So spricht Jahwe: Wer in dieser Stadt bleibt, wird durch Schwert, Hunger oder Pest getötet, wer sich aber den Kaldäern ergibt, der hat sein Leben als Beute gewonnen und bleibt erhalten. Denn so spricht Jahwe: Diese Stadt wird mit Gewißheit der Heeresmacht des Königs von Babel ausgeliefert; er wird sie erobern.« Da sagten die Beamten zum König: »Dieser Mensch muß endlich sterben; denn er nimmt ja den Kriegsleuten, die noch in dieser Stadt übriggeblieben sind, und dem gesamten Volke den Mut, wenn er solche Reden vor ihnen führt. Dieser Mann hat ja nicht das Heil dieses Volkes im Auge, sondern das Unheil!« Da entgegnete der König Zedekia: »Nun wohl, er sei in eurer Hand; denn der König vermag doch nichts gegen euch!« Da ergriffen sie Jeremia und warfen ihn in die Zisterne des Prinzen Malkija, die sich im Wachthof befand; an Stricken ließ man Jeremia hinunter; in der Zisterne gab es kein Wasser, sondern nur Schlamm. So sank Jeremia also in den Schlamm ein.

Der Kuschit Ebedmelech, ein Höfling, der im königlichen Palaste Dienst tat, hörte, daß man Jeremia in die Zisterne geworfen hatte. Der König befand sich gerade am Benjamintor. Da verließ Ebedmelech den Königspalast und sprach zum König: »Mein Herr und König! Schlecht handelten jene Männer in ihrem ganzen Vorgehen gegen den Propheten Jeremia; sie warfen ihn in die Zisterne, damit er unten sterbe.« Da gab der König dem Kuschiten Ebedmelech den Auftrag: »Nimm dir von hier drei Männer mit und ziehe den Propheten aus der Zisterne heraus, ehe er tot ist!« Ebedmelech nahm die Männer mit sich und ging zum Königspalast in die Kleiderkammer des Vorratshauses, holte dort Stücke von abgelegten und zerrissenen Kleidern und ließ sie an Stricken in die Zisterne hinunter. Der Kuschit Ebedmelech rief Jeremia zu: »Lege die Kleiderfetzen und Lumpen in deine Achselhöhlen unter die Stricke!« Jeremia tat so. Dann zogen sie Jeremia an den Stricken herauf und holten ihn aus der Zisterne. Jeremia aber hielt sich weiter im Wachthof auf.

Betrogen und übertölpelt. Der König Zedekia sandte hin und ließ den Propheten Jeremia zu sich an den dritten Eingang zum Hause Jahwes holen. Da sprach der König zu Jeremia: »Ich möchte dich um ein Prophetenwort befragen, verschweige mir nichts!« Da antwortete Jeremia dem Zedekia: »Wenn ich es dir sage, so wirst du mich ja doch töten lassen; und wenn ich dir einen Ratschlag erteile, so hörst du nicht auf mich!« Da leistete der König Zedekia dem Jeremia heimlich einen Eid: »So wahr Jahwe lebt, der dieses unser Leben ins Dasein rief, ich töte dich nicht und übergebe dich nicht der Gewalt jener Männer, die dir nach dem Leben trachten!« Darauf sagte Jeremia zu Zedekia: »So spricht Jahwe, der Gott der Heerscharen, der Gott Israels: Wenn du dich sogleich zu den Fürsten des Königs von Babel begibst, dann bleibst du selbst am Leben, und diese Stadt wird nicht in Brand gesteckt. Du wirst mitsamt deiner Familie weiterleben. Gehst du aber nicht zu den Fürsten des Königs von Babel hinaus, dann fällt diese Stadt in die Gewalt der Kaldäer, diese stecken sie in Brand, und du entrinnst ihrer Faust nicht.« Da entgegnete der König Zedekia dem Jeremia: »Ich fürchte, daß die Judäer, die zu den Kaldäern bereits abgefallen sind, mich in ihre Hand bekommen und mit mir ihren Mutwillen treiben.« Jeremia aber versicherte: »Man wird dich ihnen nicht überantworten! Höre doch auf die Stimme Jahwes in dem, was ich dir zu sagen habe, dann ergeht es dir gut, und du bleibst am Leben! Lehnst du es aber ab, hinüberzugehen, dann hat Jahwe mir folgendes geoffenbart: Fürwahr, alle Frauen, die noch im Palaste des Königs von Juda vorhanden sind, werden hinausgeführt zu den Fürsten des Königs von Babel, und sie sprechen dabei:

›Deine vertrauten Freunde betrogen und besiegten dich!

Da du nun mit deinen Füßen im Schlamm steckst, ziehen sie sich zurück.‹

Alle deine Frauen und deine Kinder bringt man zu den Kaldäern hinaus, auch du selbst entrinnst ihnen nicht, sondern vom König von Babel wirst du ergriffen, und diese Stadt wird in Brand gesteckt.«

Da sagte Zedekia zu Jeremia: »Niemand darf von diesem Gespräch erfahren, sonst mußt du sterben! Wenn die Beamten hören, daß ich mit dir gesprochen habe, und wenn sie zu dir kommen und dich auffordern: ›Teile uns doch mit, was du zum König gesagt und was der König zu dir gesagt hat; verheimliche uns nichts, sonst töten wir dich‹, dann sprich zu ihnen: ›Ich habe den König flehentlich gebeten, mich nicht mehr in das Haus Jonatans zurückbringen zu lassen, weil ich dort sterben muß.‹« Da kamen denn auch alle Beamten zu Jeremia und fragten ihn aus. Dieser aber gab ihnen Bescheid ganz nach den Worten, die ihm der König aufgetragen hatte. Darauf ließen sie von ihm ab, denn niemand hatte das Gespräch gehört. So blieb Jeremia im Wachthof bis zum Tage, an dem Jerusalem erobert wurde.

(Jer 37, 3–21; 38, 1–28)

Die Eroberung Jerusalems

Der »Tag, an dem Jerusalem erobert wurde«, war der 9. Juni 587. Der Erzähler der Könige-Bücher schildert ausführlich die Einnahme und spätere Zerstörung der Stadt sowie die Verschleppung der führenden Beamten und Priester.

Es geschah am zehnten Tag des zehnten Monats im neunten Jahre seiner [16] Herrschaft, daß Nebukadnezar, der König von Babel, mit seiner gesamten Streitmacht vor Jerusalem rückte und es belagerte. Man errichtete ringsherum ein Belagerungswerk. So wurde die Stadt eingeschlossen bis zum 11. Jahr des Königs Zedekia. Es entstand eine große Hungersnot in der Stadt, und die Bevölkerung des Landes hatte kein Brot mehr. Am neunten Tag des vierten Monats wurde eine Bresche in die Stadt gelegt. Der König und alle Krieger sahen dies, ergriffen die Flucht und verließen die Stadt bei Nacht auf dem Weg durch das Tor zwischen den beiden Mauern, das zum königlichen Garten hinausführt, obwohl die Kaldäer rings um die Stadt lagerten. Sie schlugen den Weg zur Jordansenke ein. Die Streitmacht der Kaldäer setzte dem König nach und erreichte ihn bei den Steppen von Jericho, nachdem all seine Truppen ihn verlassen und sich zerstreut hatten. Man ergriff den König und brachte ihn zum König von Babel nach Ribla; dieser hielt Gericht über ihn. Die Söhne Zedekias machte man vor seinen Augen nieder. Den Zedekia selbst ließ er blenden, in Fesseln legen und nach Babel bringen.

Am siebten Tage des fünften Monats – es war im 19. Jahr des Nebukadnezar, des Königs von Babel – rückte Nebusaradan, der Oberste der Leibwache und Diener des babylonischen Königs, in Jerusalem ein. Er steckte den Tempel, den königlichen Palast sowie alle Häuser Jerusalems in Brand. Jedes große Haus zündete er an. Auch rissen die gesamten kaldäischen Streitkräfte, die der Oberste der Leibwache befehligte, die Ringmauern Jerusalems nieder. Den Rest der Bevölkerung, der in der Stadt noch vorhanden war, sowie die Überläufer, welche zum König von Babel übergetreten waren, und den Rest der Handwerker führte Nebusaradan, der Oberste der Leibwache, in die Gefangenschaft. Aber von den geringen Leuten im Land ließ der Oberste der Leibwache eine Anzahl als Weinbauern und Landwirte zurück.

(2 Kön 25, 1–12)

---

16 Nämlich Zedekias.

Das Schicksal Jeremias

Für Baruch war nur das Geschick Jeremias wichtig; sein Bericht beschränkt sich darum darauf, zu schildern, welche Behandlung Jeremia durch die Babylonier zuteil wurde.

Es geschah aber, als Jerusalem eingenommen war, da zogen alle Fürsten des Königs von Babel ein und ließen sich im mittleren Tore nieder: Nebusaradan, der Führer der Leibwache, und Nebuschasban, der Oberkämmerer, und Nergalsarezer, der Obermarschall aus Simmagir, sowie alle übrigen Fürsten des Königs von Babel. Sie ließen Jeremia aus dem Wachthofe holen und gaben Erlaubnis, ihn frei aus- und eingehen zu lassen. So blieb er bei der Bevölkerung.

Nebukadnezar, der König von Babel, befahl dem Nebusaradan, dem Führer der Leibwache, bezüglich Jeremias folgendes: »Laß ihn holen, und richte dein Auge auf ihn! Sorge, daß ihm kein Leid geschieht, sondern verfahre mit ihm nach seinen Wünschen, die er dir äußert!«[17]   (Jer 39, 1.3.14.11 f.)

Ein Trostwort für Baruch

An das Ende seiner Leidensgeschichte Jeremias hat Baruch ein Gotteswort gestellt, das Jeremia im Jahre 605 an ihn selbst gerichtet hatte. Damals hatte Jahwe ihm die Klage über sein persönliches Schicksal verwehrt mit der Begründung, daß er, Gott selbst, jetzt zerstören müsse, was er geschaffen habe. Am Ende seines Lebens erkannte Baruch, wie ihn dieses Wort durch alle Jahre des Leidens an der Seite Jeremias hindurchgetragen hatte.

»So spricht Jahwe, der Gott Israels, über dich, Baruch:
Du hast gesagt:
›Ach, wehe mir, häuft doch Jahwe Kummer auf meinen Schmerz!
Von meinen Seufzern bin ich erschöpft, Ruhe finde ich nicht!‹
So spricht Jahwe:
Siehe, was ich gebaut, reiße ich ein,
und was ich gepflanzt, reiße ich aus.
Du aber willst Großes für dich begehren? Begehre es nicht!
Denn siehe, ich verhänge Unheil über alle Menschen« – Spruch Jahwes.
»Doch dir gebe ich dein Leben als Beute
an allen Orten, wohin immer du gehst!«   (Jer 45, 2–5)

---

17 Die Babylonier haben es Jeremia freigestellt, unter ihrem besonderen Schutz und ihrer Fürsorge mit nach Babylonien zu kommen oder im Land zu bleiben. Jeremia blieb in Juda. Im Zusammenhang mit der Ermordung des von Babyloniern eingesetzten Statthalters Gedalja ist er jedoch bald darauf von einer Gruppe ägyptischer Heerführer nach Ägypten verschleppt worden. Dort hat sich die Spur des Propheten bald verloren. Nur wenige Worte sind aus dieser Zeit noch von ihm überliefert.

C. Ezechiel, eine Stimme aus dem Exil

Zur gleichen Zeit, während sich Jeremia in Jerusalem mit den Tempelpropheten und den von ihnen gehegten Hoffnungen auseinanderzusetzen hatte, wirkte unter den Verbannten in Babylon der Priester *Ezechiel* als Prophet. Ezechiel war im Jahr 598 bei der ersten Deportation nach Babylonien verschleppt worden. Er lebte seitdem in einer Kolonie Deportierter nahe der Stadt Nippur. Dort wurde er im »fünften Jahr nach der Verbannung des Königs Jojachin«, also im Jahr 593 v. Chr., zum Propheten berufen. Obwohl er in Babylonien wirkte, war sein Blick, insbesondere in den ersten Jahren seines Wirkens, unablässig auf Jerusalem und Juda gerichtet. Im Unterschied zu dem Völkerpropheten Jeremia wußte sich Ezechiel nicht an die Völkerwelt, sondern ausdrücklich an das »Haus Israel« gewiesen, an seine Landsleute in der Verbannung ebenso wie an die in Juda Zurückgebliebenen.

Die Verkündigung Ezechiels ist in sehr hohem Maße von der prophetischen Überlieferung bestimmt. Wie kein anderer der Schriftpropheten ist Ezechiel mit den Formen und Traditionen der sogenannten »vorklassischen« Prophetie vertraut. Zugleich aber sehen wir ihn in ständigem Gespräch mit den älteren Schriftpropheten. Unverkennbar ist der Einfluß, der von Amos, Hosea, Jesaja und Zephanja auf seine Verkündigung ausgeht. In besonderem Maße jedoch ist er Jeremia verpflichtet. Bereits seine Berufungsgeschichte weist enge Berührungen mit dem Berufungsbericht Jeremias auf. Von Jeremia hat Ezechiel die Bilder vom Späher und den untreuen Frauen übernommen. Wie Jeremia, so sucht auch Ezechiel die Hoffnung Israels nicht bei den zu Hause Gebliebenen, sondern bei den Deportierten; wie Jeremia, so rechnet auch Ezechiel mit einer inneren Umwandlung seines Volkes durch Jahwe. Trotz dieser engen Anlehnung an seine Vorgänger hat Ezechiel die von ihnen übernommenen mannigfachen Überlieferungen in selbständiger Akzentuierung neu ausgestaltet.

In ganz anderer Weise noch als Jeremia weiß sich Ezechiel mit seiner ganzen leiblichen Existenz in sein Prophetenamt eingebunden. Er selbst und sein Auftreten unter den Deportierten in Babylonien sind das unübersehbare Zeichen für das konkrete geschichtliche Handeln Jahwes an seinem Volk. Das, was Jahwe über sein Volk kommen lassen wird, ist in seinem Propheten, allen deutlich sichtbar, schon gegenwärtig. So wird auch das Leiden des Propheten zur zeichenhaften Vorwegnahme des Kommenden.

Im ersten Abschnitt seines Wirkens bis etwa zum Jahr 587 v. Chr. ist seine Verkündigung von der Androhung des Gerichtes über das Volk Israel bestimmt. In immer neuen Bildern kündigt Ezechiel den von der ersten Verschleppung Verschonten den Tod oder die Deportation an. In ihrer ganzen Schärfe richtet sich dabei die Gerichtsdrohung Ezechiels auf Jerusalem, hier nimmt das Gericht Jahwes an Israel seinen Ausgangspunkt.

Die Berufung Ezechiels

Wie Jesaja, so ist auch Ezechiel durch eine Vision in sein prophetisches Amt berufen worden. In dieser Vision schaut Ezechiel inmitten eines Sturmes die von Lichtglanz durchflutete Erscheinung der »Herrlichkeit Jahwes«. Überwältigt von diesem Erlebnis wird er durch ein Gotteswort mit seiner Sendung betraut. Er erhält eine Buchrolle zum Essen gereicht. Damit wird er für die Verkündigung des Gotteswortes zubereitet. Die göttliche Botschaft erfüllt und durchdringt sein Inneres, sie wird zu einem Teil seiner selbst. Zugleich wird seine Stirn gehärtet, um ihn von vornherein gegen den Starrsinn seines Volkes zu wappnen.

Ich hörte die Stimme eines, der redete. Er sprach zu mir: »Menschensohn, stelle dich auf deine Füße; ich rede mit dir!« Da fuhr ein Geist in mich und stellte mich aufrecht; ich vernahm, wie er mit mir redete. Er sprach zu mir: »Menschensohn, ich sende dich zu dem abtrünnigen Haus Israel, das von mir abgefallen ist, sie und ihre Väter bis zum heutigen Tag; du sollst zu ihnen sagen: ›So spricht Jahwe!‹ Mögen sie nun hören oder nicht – denn ein Haus der Widerspenstigkeit sind sie –, sie sollen gleichwohl erkennen, daß ein Prophet in ihrer Mitte weilt. Du aber, Menschensohn, fürchte dich nicht vor ihnen, und erschrick nicht vor ihrem Angesicht, wenn auch Dornen um dich herum sind und du bei Skorpionen wohnen mußt! Vor ihren Reden fürchte dich nicht, und vor ihrem Angesicht ängstige dich nicht; denn ein Haus der Widerspenstigkeit sind sie! Du sollst meine Worte zu ihnen reden, mögen sie hören oder nicht; denn ein Haus der Widerspenstigkeit sind sie.

Du aber, Menschensohn, höre, was ich zu dir rede. Sei nicht widerspenstig wie das Haus der Widerspenstigkeit! Tu deinen Mund auf, und iß, was ich dir gebe!« Ich schaute, und siehe, eine Hand war gegen mich ausgestreckt, und in ihr lag eine Buchrolle. Er breitete sie vor meinen Augen aus, und sie war auf der Vorder- und Rückseite beschrieben; verzeichnet standen darauf Klagen, Seufzen und Wehe [18]. Er sprach zu mir: »Menschensohn, verzehre diese Buchrolle da; dann mache dich auf und rede zum Haus Israel!« Da öffnete ich meinen Mund, und er ließ mich die Buchrolle essen. Dabei sprach er: »Menschensohn, nähre deinen Leib und erfülle dein Inneres mit dieser Buchrolle, die ich dir reiche!« Ich aß sie, und sie ward in meinem Munde süß wie Honig.

Dann gebot er mir: »Menschensohn, auf, geh zum Hause Israel, und rede meine Worte zu ihnen! Denn nicht zu einem Volke mit unverständlicher Sprache wirst du gesandt, auch nicht zu zahlreichen Völkern, deren Worte du nicht verstehen kannst. Würde ich dich nämlich zu ihnen senden, so würden sie auf dich hören. Aber das Haus Israel will nicht auf dich hören, da sie ja auch auf mich nicht hören wollen; denn das gesamte Haus Israel hat eine

---

18 Gemeint sind göttliche Gerichtsankündigungen, die bei ihrem Eintreffen Klagen, Seufzen und Weherufe auslösen.

harte Stirn und ein verstocktes Herz. Sieh, ich mache dein Antlitz so hart wie ihr Antlitz und deine Stirn so hart wie ihre Stirn, wie Diamant, härter als Kiesel. Fürchte dich nicht vor ihnen und erschrick nicht vor ihrem Angesicht; denn ein Haus der Widerspenstigkeit sind sie!«

Dann fuhr er fort: »Menschensohn, alle meine Worte, die ich zu dir rede, erfasse in deinem Sinn und vernimm sie mit deinen Ohren! Nun mach dich auf und geh zu der Verbanntengemeinde, zu deinen Volksgenossen! Rede und sprich zu ihnen: ›So spricht Jahwe‹, mögen sie hören oder nicht!«

(Ez 1, 28; 2, 1–10; 3, 1–11)

Das Gericht über Jerusalem

Wie alle Exilierten, so haben auch die Israeliten in ihren Gedanken ganz in der Heimat gelebt. Man wußte sehr genau über die inneren und äußeren Geschehnisse in Palästina Bescheid. So hat Ezechiel durch eine Folge von Zeichenhandlungen vor den Augen der Exulanten die Eroberung Jerusalems mitvollzogen. Die erste der drei Zeichenhandlungen deutet auf den Beginn der Belagerung hin, die zweite auf die Lebensmittelknappheit in der Stadt und die dritte auf das Schicksal ihrer Bewohner bei der Eroberung.

»Du aber, Menschensohn, nimm dir einen Ziegelstein, lege ihn vor dich hin, und ritze darauf eine Stadt ein! Dann vollziehe an ihr die Belagerung, baue wider sie ein Bollwerk, schütte wider sie einen Damm auf, errichte Heerlager gegen sie, und stelle ringsum Sturmböcke auf!

Du aber nimm dir Weizen, Gerste, Bohnen, Linsen, Hirse und Emmer; schütte sie zusammen in ein Gefäß, und backe dir Brot daraus! Und deine Speise, womit du dich nährst, betrage an Gewicht täglich 20 Sekel [19], die du zu den Essenszeiten einnimmst! Auch das Wasser sollst du in abgemessener Menge trinken, und zwar ein Sechstel Hin [20] auf die Essenszeiten verteilt!

Du aber, Menschensohn, nimm ein scharfes Schwert; als Schermesser sollst du es gebrauchen und über dein Haupt und deinen Bart gehen lassen! Dann nimm dir eine Waage und verteile die Haare! Ein Drittel verbrenne inmitten der Stadt, wenn die Tage der Belagerung voll sind; das zweite Drittel zerstückle mit dem Schwert im Umkreis der Stadt; das letzte Drittel verstreue im Wind.

(Ez 4, 1 f. 9–11; 5, 1 f.)

Adler, Zeder und Weinstock

Ezechiel hat den Aufstand Zedekias, der zur zweiten Deportation und zur endgültigen Zerstörung des davidischen Königtums führen sollte, von Anfang an verurteilt. Das zeigt die folgende Bildrede, die noch vor Beginn der Belagerung Jerusalems entstanden

---

19 Etwa 220 Gramm.
20 Gut 1 Liter.

ist. Ezechiel selbst hat ihr wohl später, vermutlich schon nach den Ereignissen des Jahres 587 v. Chr. eine Deutung beigegeben. Solche breit angelegten Bildreden sind ein für Ezechiel charakteristisches Mittel prophetischer Verkündigung.

Das Wort Jahwes erging an mich: »Menschensohn, gib ein Rätsel auf, und sprich ein Gleichnis zum Hause Israel! Rede: So spricht Jahwe:
Der Große Adler mit gewaltigen Flügeln,
mit langen Schwingen, mit vollem Gefieder,
buntschillernd in Farben, kam hinauf zum Libanon
und nahm den Wipfel der Zeder ein.
Ihren obersten Sproß riß er ab,
und er brachte ihn ins Land der Krämer,
in die Stadt der Händler verpflanzte er ihn.
Dann nahm er von des Landes Samen
und brachte ihn auf ein Saatfeld,
an reichlichem Wasser setzte er ihn ein als Ufergewächs.
Sprießen sollte er
und zum wuchernden Weinstock niedrigen Wuchses werden,
dessen Ranken sich ihm zukehren
und dessen Wurzeln ihm untertan bleiben sollten.
So ward er zum Weinstock,
trieb Äste und streckte Zweige aus.
Aber da war noch ein anderer Riesenadler
mit großen Flügeln und viel Gefieder.
Und sieh, dieser Weinstock
drehte seine Wurzeln ihm entgegen
und streckte seine Ranken zu ihm aus.
Dieser sollte ihn besser tränken
als das Beet, in das er gepflanzt war.
Auf fruchtbares Feld,
an reichliches Wasser ward er verpflanzt:
Zweige sollte er treiben und Früchte tragen,
ein prachtvoller Weinstock sollte er werden.
Sage: So spricht Jahwe:
Wird er gedeihen?
Wird man nicht seine Wurzeln ausreißen
und seine Frucht plündern,
so daß all seine frischen Zweige vertrocknen?«

Das Wort Jahwes erging an mich: »Sprich zum Hause der Widerspenstigkeit: Erkennt ihr nicht, was diese Dinge zu bedeuten haben? Sprich: Seht, der König von Babel kam nach Jerusalem, raubte seinen König und seine Vornehmen und führte sie zu sich nach Babel; dann nahm er einen aus königlichem Geblüte, schloß mit ihm ein Bündnis und verpflichtete ihn unter Eid. Die Edlen des Landes schleppte er weg. Die Königsmacht sollte dadurch geschwach bleiben, ohne sich wieder zu erheben, und so das von ihm auferlegte Bündnis halten, um überhaupt bestehen zu können. Aber er empörte sich wider ihn, indem er seine Boten nach Ägypten sandte, damit man ihm Rosse und viele Kriegsleute gäbe. Wird es ihm glücken? Wird heil davonkommen, wer solches verübt! Kann der Bundesbrüchige heil davonkommen?

So wahr ich lebe« – Ausspruch Jahwes –, »am Wohnsitz des Königs, der ihn als König eingesetzt hat, dessen Eid er mißachtet und dessen Bündnis mit ihm er gebrochen hat, inmitten von Babel wird er sterben! Nicht mit großer Streitmacht und zahlreichem Heerbann wird der Pharao im Kriegsfall ihn unterstützen, wenn man einen Damm aufschüttet und ein Bollwerk baut, um viele Menschenleben zu vernichten. Er hat den Eid mißachtet, den Bund gebrochen, und trotz seines Handschlages tat er all dies. Er wird nicht heil davonkommen.

Darum spricht Jahwe: So wahr ich lebe, meinen Eid, den er mißachtet, meinen Bund, den er gebrochen, bringe ich auf sein Haupt! Ich breite über ihn mein Netz aus, er wird gefangen in meinem Garn. Die Auslese all seiner Truppen soll fallen durchs Schwert; die übrigen aber werden in alle Winde zerstreut. Dann werdet ihr erkennen, daß ich, Jahwe, gesprochen habe.«

(Ez 17, 1–9.11–21)

Ohola und Oholiba

In einem anderen Bildwort charakterisiert Ezechiel das politische Schaukelspiel der beiden Staaten Israel und Juda als Treuebruch an Jahwe. Er bedient sich dabei des schon von Jeremia verwendeten Bildes von den zwei treulosen Frauen (vgl. oben S. 384 f.). Während jedoch der Ehebruch bei Jeremia die Hinwendung zu den Baalskulten des Landes bezeichnet, ist das »Buhlen« in der Bildrede Ezechiels ganz im politischen Sinne gemeint. Das Wort Ezechiels erfährt darin eine über Jeremia hinausgehende Verschärfung, als es auch bereits die Jugend Israels in Ägypten ganz von seiner »Buhlerei« bestimmt sein läßt: Schon von seinen Ursprüngen an hat Israel seine Bestimmung, Volk Jahwes zu sein, mißachtet.

Das Wort Jahwes erging an mich: »Menschensohn, es waren zwei Frauen, Töchter der gleichen Mutter. Diese verübten in Ägypten Unzucht, in ihrer Jugend schon trieben sie Unzucht; dort betastete man ihre Brüste, und dort drückte man ihren jungfräulichen Busen. Die ältere hieß Ohola und ihre Schwester Oholiba. Sie wurden mein Eigentum und gebaren Söhne und Töchter.

Ohola aber wurde mir untreu und begehrte nach ihren Liebhabern, den Kriegern, den in Purpur Gekleideten, den Statthaltern und Befehlshabern, lauter begehrenswerten jungen Männern, Reitern hoch zu Roß. Ihnen schenkte sie ihre Buhlereien; Auslese der Assyrer waren sie alle. Mit allen, nach denen sie Verlangen trug, mit deren sämtlichen Götzen, befleckte sie sich. Doch ihre Buhlerei von Ägypten her gab sie nicht auf; denn in ihrer Jugendzeit hatte man ihr beigewohnt, ihren jungfräulichen Busen gedrückt und mit ihr gebuhlt. Darum gab ich sie in die Hand ihrer Liebhaber, in die Hand der Assyrer, nach denen sie begehrt hatte. Diese enthüllten ihre Blöße, raubten ihre Söhne und Töchter und erschlugen sie selbst mit dem Schwert. So wurde sie ein berüchtigtes Beispiel für die Frauen, und man vollzog an ihr das Gericht.

Ihre Schwester Oholiba beobachtete dies. Sie trieb es aber dennoch mit ihren Begierden schlimmer als jene und mit ihren Buhlereien ärger als ihre buhlerische Schwester. Sie begehrte nach den Assyrern, den Statthaltern und Befehlshabern, nach den Kriegern, den in Purpur Gekleideten, den Reitern hoch zu Roß, lauter begehrenswerten jungen Männern. Ich sah, daß auch sie sich befleckte; denselben Weg schlugen sie beide ein. Aber sie steigerte noch ihre Buhlereien; sie sah nämlich Zeichnungen von Männern auf die Wand geritzt, Bildnisse von Kaldäern, mit roter Farbe gemalt. Die Hüften waren mit Lendentüchern umgürtet, mit herabwallendem Kopfbund war ihr Haupt geziert. Insgesamt schauten sie aus wie Schildträger, ganz wie die Babylonier, deren Heimat Kaldäa ist. Nach ihnen entbrannte ihre Begierde, sobald ihre Augen sie sahen, und sie sandte Boten zu ihnen nach Kaldäa. Da kamen zu ihr die Babylonier zum Liebeslager und befleckten sie mit ihrer Buhlerei. Sobald sie von ihnen befleckt war, wurde sie ihrer überdrüssig. Als sie ihre Buhlerei aufgedeckt und ihre Blöße enthüllt hatte, da ward ich ihrer überdrüssig, gleichwie ich ihrer Schwester überdrüssig geworden war. Doch sie vermehrte noch ihre Buhlereien, sie dachte nämlich an die Tage ihrer Jugend, da sie im Lande Ägypten gebuhlt hatte. Sie begehrte nach ihren Freunden, die sich wie geile Esel und Hengste benahmen.«

Darum, Oholiba, so spricht Jahwe: »Siehe, ich hetze deine Liebhaber wider dich auf, deren du überdrüssig geworden bist, und lasse sie von allen Seiten gegen dich heranrücken: die Babylonier und alle Kaldäer, Pekod, Schoa und Koa mit ihnen, begehrenswerte junge Männer, lauter Statthalter und Befehlshaber, Schildträger und Krieger, alle hoch zu Roß. Sie kommen haufenweise über dich mit Kriegswagen und Rädern, mit einem Massenaufgebot an Völkern. Große und kleine Schilde und Helme werden sie ringsum gegen dich einsetzen. Ich übergebe ihnen das Gericht, damit sie dich nach ihren Gesetzen richten. Meinen Zorneseifer lege ich auf dich, daß sie voller Grimm gegen dich verfahren. Nase und Ohren sollen sie dir abschneiden, und deine Überlebenden werden durch das Schwert fallen. Man zieht dir deine Kleider aus und nimmt dir deine Schmucksachen weg. So mache ich deiner Unzucht und deiner Buhlerei vom Lande Ägypten her ein Ende. Du wirst nicht mehr deine Augen zu ihnen erheben und an Ägypten dich nicht mehr erinnern.«

(Ez 23, 1–20.22–27)

Das Fleisch im Topf

In dem stolzen Bewußtsein, zu der von Jahwe verschonten Elite des Volkes Israel zu gehören, wähnte sich die bei der ersten Deportation von 597 in Jerusalem verbliebene

Bevölkerung im Schutze der Stadt sicher und geborgen. In einem Wort, das in Jerusalem umging und wohl auch Ezechiel zu Ohren gekommen ist, haben sie es ausgesprochen: »Sie (die Stadt) ist der Topf, und wir sind das Fleisch.«
Ezechiel hat dieses Bild aufgegriffen, ihm aber eine entgegengesetzte Deutung gegeben: War es zuvor Ausdruck der Sicherheit, so wird es jetzt zum Bild für die Unausweichlichkeit des Gerichts.

Das Wort Jahwes erging an mich am zehnten Tage des zehnten Monats im neunten Jahr: »Menschensohn, schreibe dir das Datum eben dieses heutigen Tages genau auf! Denn am selben Tage warf sich der König von Babel auf Jerusalem. Dem Hause der Widerspenstigkeit erzähle eine Gleichnisrede und sage zu ihm: So spricht Jahwe:
Stelle einen Kochtopf auf, stelle ihn auf, und gieße auch Wasser hinein! Lege die entsprechenden Fleischstücke hinein, lauter gute Stücke, Lenden und Schulter, mit den besten Knochenstücken fülle ihn an! Nimm vom wertvollsten Kleinvieh, auch Holz schichte ringsum darunter! Seine Fleischstücke siede, auch seine Knochenstücke laß kochen darin!« Darum spricht Jahwe: »Wehe der Blutstadt! So will auch ich einen großen Holzstoß errichten! Holz in Menge schaffe ich herbei, zünde das Feuer an, mache die Fleischstücke gar, gieße die Brühe ab.« (Ez 24, 1–5.9 f.)

X. Die Zeit des Exils

Dem neubabylonischen Reich war nach der Eroberung Jerusalems nur noch ein knappes halbes Jahrhundert beschieden. Eine neue Weltmacht schickte sich an, die alte abzulösen. Der Machtwechsel nahm im iranischen Hochland seinen Anfang. Dort standen um die Mitte des 6. Jahrhunderts die Perser unter der Vorherrschaft der Meder. Unterstützt von den Babyloniern und dem medischen Adel stürzte der Perserfürst Kyros aus dem Geschlecht der Achämeniden den medischen König und ließ sich selbst zum König von Medien und Persien erheben. Bald darauf unterwarf er sich das lydische Reich des reichen Kroisos im westlichen Kleinasien. Der gesamte Iran, ein Teil Obermesopotamiens, Armenien und ganz Kleinasien waren nun in seiner Hand. Im Jahr 539 schließlich trat Kyros zum Angriff auf das babylonische Reich an. In einer Feldschlacht besiegte er den letzten babylonischen König Nabonid und zog, von den Priestern des Marduk als Befreier begrüßt, in der Stadt Babylon ein.

Das geistige Leben in Juda und unter den judäischen Deportierten war in jenen Jahrzehnten zwischen der Eroberung Jerusalems und dem Sieg des Kyros über die Babylonier von Hoffnungslosigkeit und Resignation beherrscht. Die Babylonier hatten die Stadt und den Tempel zerstört, den König und die Oberschicht in Gefangenschaft geführt und Juda in das babylonische Provinzialsystem eingegliedert. Wohl begann sich nach einer Zeit völliger Lähmung und politischer Verwirrung das äußere Leben bei den Zurückgebliebenen bald wieder zu normalisieren. So übernahmen die im Lande gebliebenen Judäer den Grundbesitz der Deportierten und traten damit in die Rechte der einstigen Oberschicht ein. In bescheidenem Umfang fanden in den Trümmern des Tempels wieder kultische Begehungen statt. Die Verschleppten, soweit sie den langen Marsch in die Gefangenschaft überstanden, wurden von den Babyloniern in geschlossenen Ortschaften angesiedelt, in denen sie relativ unbehelligt ihr eigenes Leben leben konnten.

Je mehr man jedoch hier wie dort zu einem äußerlich geordneten Leben zurückfand, um so mehr wurde den Überlebenden die Katastrophe von 587 zu einem geistigen Problem. Der Tempel, die Wohnung Jahwes, in den vorausgegangenen Jahrhunderten für unversehrbar gehalten, war in Trümmer gefallen; das Königtum der Davididen, auf die göttliche Verheißung ewigen Bestandes gegründet, hatte ein jähes Ende gefunden; Jahwes auserwähltes Volk war in alle Winde zerstreut. War Jahwe zu schwach gewesen, seinen

»heiligen Berg« zu schützen, seine Verheißungen zu erfüllen und seinem Volk beizustehen? Oder hatte gar Jahwe selbst die Katastrophe herbeigeführt? War die Geschichte Jahwes mit Israel damit ein für allemal zu Ende gekommen, oder durfte Israel noch einmal auf einen Neubeginn hoffen?

Die Antworten auf diese Fragen waren höchst vielfältig. In weiten Kreisen *Judas* führte die Besinnung über das Warum und Wozu der Katastrophe zu einer neuen Vertiefung des Jahweglaubens. Viele waren bereit, die Ereignisse von 587 als das Gericht Jahwes für die Sünde Israels hinzunehmen. Weil Jahwe selbst das Unheil über sein Volk gebracht hatte, war auch nur von ihm Rettung zu erwarten. Umkehr und Buße allein konnten ihn zu einem Eingreifen veranlassen. Diese Auffassung hat sich vor allem in dem sogenannten »Deuteronomistischen Geschichtswerk« niedergeschlagen; neben dem Ton der Klage klingt sie auch in den »Klageliedern« an.

Die Haltung demütig-gläubiger Hinnahme des göttlichen Gerichts führte dazu, daß die Worte der vorexilischen Propheten wieder zu neuer Aktualität gelangten. Teilweise bereits in schriftlich niedergelegten Sammlungen zusammengefaßt, wurden sie nun zum Schlüssel für das Verständnis der gegenwärtigen Lage: Durch die gleichen Propheten, die das Unheil über Israel angesagt hatten, lange bevor es eingetroffen war, hatte Jahwe auch einen Neubeginn nach dem Gericht angekündigt. Jetzt sah man die Zeit für die Erfüllung dieser Verheißung gekommen. Gerade die Unheilsbotschaft der vorexilischen Propheten ließ nun offene Ohren für die Heilsbotschaft finden.

Die Stimmung unter den *Deportierten* ähnelte der unter den im Lande Gebliebenen. Auch hier gab es Ungeduld, Zweifel und Hoffnungslosigkeit, ja die äußere Lage der Verschleppten war noch trostloser als die der Zurückgebliebenen. Aber das Exil war zugleich der Ort, an dem die Stimmen der Hoffnung und der Zuversicht am vernehmlichsten zu Wort kamen, nämlich in der Verkündigung Ezechiels und Deuterojesajas. Beide haben unter den Deportierten in Babylonien gewirkt. So sehr sie im Stil und in der Art ihrer Argumentation voneinander abweichen, so ist ihnen eins gemeinsam: der Blick auf das Neue, das Jahwe an seinem Volk zu wirken gedachte. Die Klage, der Ruf zur Umkehr und die Ankündigung eines neuen Handelns Jahwes – das sind die Töne, die sich durch die Jahrzehnte des Exils hindurchziehen.

A. Die Klage über Jerusalem

Die Klage ist der Grundton einer Reihe von kultischen Dichtungen, die vermutlich in den ersten Jahren nach der Zerstörung Jerusalems entstanden sind. Sie wurden wahrscheinlich bei öffentlichen Klagefeiern, die nach 587 v. Chr. in Jerusalem abgehalten wurden, zu Gehör gebracht. Einige von ihnen sind in einer eigenen Sammlung, den »Klageliedern«, zusammengefaßt, andere sind in den Psalter aufgenommen worden.

Thema dieser Lieder sind das äußere Elend sowie die Zweifel und Glaubenskonflikte derer, die die Katastrophe von 587 erlebt hatten. Indem die Klagegedichte das ganze Ausmaß der Not aufdecken und ihr das Bekenntnis der Schuld gegenüberstellen, lenken sie den Blick auf Jahwe, der all das verursacht hat, was über Israel hereingebrochen war. Zugleich spricht sich in den Liedern die Hoffnung aus, daß Buße und Umkehr Jahwes Zorn besänftigen und ihn zur Barmherzigkeit gegen Israel bewegen werden.

Schakale auf dem Zion

Die Wehklage über die Demütigungen und Erniedrigungen, die Israel von seinen Feinden erleiden muß, gipfelt im letzten der fünf Klagelieder in der Trauer um den verwüsteten, von Schakalen bevölkerten Zionsberg; hier ist Israel im Zentrum seines Glaubens getroffen. Unmittelbar daneben aber steht der Lobpreis der Macht und Herrlichkeit Jahwes. Von dieser Verherrlichung werden das Bekenntnis der eigenen Schuld und die Solidarität mit den Verfehlungen der Väter ebenso getragen wie die Bitte um Errettung aus der gegenwärtigen Schmach.

Bedenke, Jahwe, was uns widerfuhr!
Schau her und sieh unsere Schmach!
Unser Erbteil fiel Fremden zu,
 unsere Häuser kamen an Ausländer.
Waisen sind wir geworden, vaterlos,
 unsere Mütter Witwen gleich.
Unser Trinkwasser erhalten wir nur gegen Geld,
 unser Holz nur gegen Bezahlung.
Das Joch unseres Halses drückt uns;
 wir sind müde, man gönnt uns keine Ruhe.
Wir reichten Ägypten die Hand
 und Assur, uns zu sättigen mit Brot.
Unsere Väter haben gefehlt, sie sind dahin;
 doch ihre Sünden müssen wir tragen.
Knechte herrschen über uns;
 niemand befreit uns aus ihrer Gewalt.
Wir ernten unsere Nahrung mit Lebensgefahr,
 bedroht vom Schwert der Wüste.
Wie ein Ofen glüht unsere Haut
 von den Qualen des Hungers.
Man schändete Frauen in Zion,
 Jungfrauen in Judas Städten.
Fürsten wurden von Feindeshand erhängt,
 Älteste nicht entsprechend geehrt.

Jünglinge müssen den Mühlstein schleppen,
und Knaben straucheln unter der Holzlast.
Greise halten sich fern vom Tor,
Jünglinge von ihrem Saitenspiel.
Entschwunden ist die Freude unseres Herzens,
unser Reigen in Trauer verkehrt.
Die Krone ist uns vom Haupte gefallen;
weh uns, daß wir gesündigt!
Darob ist unser Herz krank,
darum sind unsere Augen verdüstert:
um den Zionsberg, der verwüstet ist,
auf dem Schakale sich tummeln.
Du aber, Jahwe, thronst in Ewigkeit;
dein Thron steht fest von Geschlecht zu Geschlecht.
Warum willst du uns für immer vergessen
und verlassen auf lange Zeit?
Führe uns, Jahwe, zu dir zurück, so kehren wir um!
Mach unsere Tage neu, ganz wie sie ehedem waren!
Oder hast du uns völlig verworfen,
zürnst du uns so gewaltig? (KL 5, 1–22)

»Wie lange, Jahwe, willst du immerzu zürnen?«

Das mit Psalm 79 überlieferte Klagelied ist durchsetzt von der Bitte, daß Jahwe an den Feinden Israels Rache nehmen möge. Die höhnische Frage der Heiden »Wo ist ihr Gott?« wird zum gewichtigsten Argument in der Bitte um Errettung. Mit der Rache an Israels Feinden stellt Jahwe sein Ansehen unter den Völkern wieder her.

Gott, Heidenvölker sind in dein Erbe eingedrungen,
haben deinen heiligen Tempel entweiht,
Jerusalem in Trümmer gelegt.
Sie gaben die Leichen deiner Diener
den Vögeln des Himmels zum Fraß,
das Fleisch deiner Frommen den Tieren des Feldes.
Sie vergossen ihr Blut wie Wasser
rings um Jerusalem, und niemand begrub sie.
Wir wurden unsren Nachbarn zur Schmach,
zum Hohn und Spott unsrer Umgebung.

Wie lange noch, Jahwe, willst du immerzu zürnen,
soll brennen wie Feuer dein Ingrimm?
Ergieße deinen Zorn über die Völker, die dich nicht kennen,
und über die Reiche, die deinen Namen nicht anrufen!

Denn sie haben Jakob verschlungen
und seine Wohnstatt verwüstet.
Rechne uns nicht die Sünden der Vorfahren an!
Eilends komme uns dein Erbarmen entgegen;
denn wir sind ganz elend geworden.
Hilf uns, Gott unseres Heils,
um der Ehre deines Namens willen!
Rette uns und vergib unsre Sünden
deines Namens wegen!
Warum sollen die Heidenvölker sagen:
»Wo bleibt denn ihr Gott?«
Vor unseren Augen sollen die Heiden erfahren
die Rache für das vergossene Blut deiner Diener!
Laß das Seufzen der Gefangenen zu dir dringen,
in der Kraft deines Armes erhalte die dem Tode Geweihten!
Unsren Nachbarn vergilt siebenfach in ihren Schoß
die Schmach, die sie dir, Jahwe, zugefügt!

Wir aber sind dein Volk, die Schafe deiner Weide.
Wir wollen dir ewiglich danken,
von Geschlecht zu Geschlecht deinen Ruhm verkünden! (Ps 79, 1–13)

B. Das Deuteronomistische Geschichtswerk

Neben die Klage über den Zusammenbruch Jerusalems trat der Versuch, das Geschehene im Rahmen eines größeren geschichtlichen Zusammenhanges theologisch zu deuten. Etwa um das Jahr 550 v. Chr., also schon in einem zeitlichen Abstand zu den Ereignissen von 587, ist in Juda ein umfangreiches Geschichtswerk entstanden, das die Bücher Deuteronomium bis Könige umfaßt und damit den ganzen Zeitraum von der Mosezeit bis zum Beginn des Exils umspannt. Seiner engen sprachlichen Berührungen mit dem Deuteronomium wegen hat man ihm in der Forschung den Namen *Deuteronomistisches Geschichtswerk* gegeben; seinen Verfasser nennt man den Deuteronomisten.

Der Grundgedanke, der das Werk des Deuteronomisten durchzieht, ist der vom Ungehorsam Israels gegen Jahwe. Vom Beginn der Seßhaftwerdung an, so stellt der Verfasser es dar, hat Israel Jahwe getrotzt und seine Gebote mißachtet. Der Untergang Judas und die Zerstörung Jerusalems im Jahr 587 v. Chr. waren die von Jahwe lange zuvor angedrohte, geradezu zwangsläufige Folge dieses Ungehorsams. Daß die Strafe nicht schon früher hereingebrochen war, war allein Ausdruck der unbegreiflichen göttlichen Barmherzigkeit.

Der Maßstab, den der Deuteronomist an die Geschichte Israels anlegt, ist das »Gesetzbuch Moses«, d. h. die Gesetzessammlung des Deuteronomiums (vgl. oben S. 387 ff.). Dort war Israel, noch ehe es das Kulturland betreten hatte, durch den Mund Moses der Weg gewiesen worden, den es zu gehen hatte. Dort hatte es eine Verheißung empfangen, aus der heraus es inmitten der Kanaanäer leben konnte. Dort waren ihm aber auch die Strafen angekündigt worden, mit denen Jahwe seinen Ungehorsam strafen würde. Israel hatte sich für den Ungehorsam entschieden.

Der Deuteronomist will mit seinem Geschichtswerk das Israel der Exilszeit zur »Umkehr« bewegen. Nur in dem Bekenntnis der eigenen Schuld und in der demütigen Hinwendung zu Jahwe sieht er für Israel die Möglichkeit, vielleicht noch einmal einen Neubeginn seiner Geschichte zu erleben. Um seinen Zeitgenossen das nahezubringen, führt er sie weit zurück in die Mose-, Richter- und Königszeit. Er entfaltet vor ihnen eine mehr als 500 Jahre währende Geschichte des Ungehorsams Israels und der Barmherzigkeit Jahwes. Es ist eine Geschichte, deren Rhythmus von dem Abfall der Israeliten von Gott und der demütigen Rückkehr der Gestraften zu ihm bestimmt wird. Sie endet mit der offenen Frage, ob auch das gegenwärtige Israel noch einmal zu Jahwe zurückkehren und so vielleicht eine neue Zukunft erfahren wird. Ein direkter Hinweis auf diese neue Zukunft fehlt freilich im Werk des Deuteronomisten. Aber im Deuteronomium, das der Verfasser in sein Werk einbezogen hat, wird das Exil als mögliche Strafe Jahwes angekündigt und dem Volk durch Mose eine neue geschichtliche Existenz in Gottverbundenheit und Wohlstand verheißen. Für den Deuteronomisten bedeuten diese Worte eine Verheißung an die eigene Zeit.

Der Deuteronomist ist Historiker und Prediger zugleich. Als Historiker hat er mit großer Sorgfalt eine Fülle verschiedenartigster Stoffe und Materialien zusammengetragen; als Prediger aber hat er ihnen zugleich eine eigene theologische Deutung beigegeben. Er gliedert sein Werk in mehrere deutlich voneinander abgesetzte Epochen: das Ende der Mosezeit, die Zeit Josuas, die Zeit der Richter, den ersten Teil der Königszeit bis zum Tempelbau Salomos und den Rest der Königszeit bis zur Zerstörung Jerusalems. An den Übergängen von der einen zur anderen Epoche bringt er jeweils in besonderen Abschnitten seine Interpretation des Geschehens zu Gehör. Zum Teil legt er sie einer seiner Gestalten als Rede in den Mund, zum Teil fügt er sie als zusammenfassenden Rückblick oder als Vorausschau in die Geschichtsdarstellung ein.

Die vom Deuteronomisten verarbeiteten Stoffe sind im wesentlichen bereits in den Kapiteln II–IV, VI und VIII wiedergegeben worden. Hier sollen noch einmal die deutenden Zwischenstücke des Verfassers zu Wort kommen, in denen sich sein theologisches Verständnis der Geschichte Israels ausspricht. Sie lassen erkennen, daß die Beschäftigung mit der geschichtlichen Vergangenheit in Israel immer im Dienst einer aktuellen Verkündigung stand, die auf die Freilegung der eigenen Gegenwart vor Jahwe ausgerichtet war. Gleichzeitig machen sie aber auch die Gefahr der religiösen Stilisierung der Geschichte sichtbar, denn das einzige Motiv, das der Deuteronomist für die Bewegung der Geschichte anzuführen weiß, ist der Abfall Israels zu fremden Göttern. Gegenüber der älteren Geschichtsschreibung bedeutet diese Einseitigkeit eine Verarmung des geschichtlichen Bewußtseins.

Josuas Abschiedsrede

Mit einer Rede Josuas läßt der Deuteronomist die Einnahme des Westjordanlandes ihr Ende finden. Die Ermahnungen Josuas, den Anordnungen des »Gesetzbuches Moses« zu folgen, münden aus in eine Erinnerung an die Zuverlässigkeit des einmal ergangenen Jahwewortes. So wie das verheißende Wort Jahwes mit der Landnahme in Erfüllung gegangen war, so würde sich auch das drohende Wort Jahwes erfüllen – im Verlust des Landes.

Hier spricht der Deuteronomist programmatisch aus, was er in seinem Werk mit einer Fülle von Beispielen vor Augen zu führen sucht: Dem Wort Jahwes folgt immer die Erfüllung nach. Die gesamte Geschichte Israels ist eingebettet in den Spannungsbogen zwischen dem weissagenden Wort Gottes und der ihm entsprechenden geschichtlichen Verwirklichung. Den eigentlichen Adressaten der Ansprache Josuas, den Zeitgenossen des Deuteronomisten, wird hier der Schlüssel zum Verständnis ihrer eigenen Lage geboten. Das drohende, »böse« Wort war in den Ereignissen von 587 in Erfüllung gegangen, weil Israel all die Jahrhunderte seit der Landnahme den Bund Jahwes gebrochen und anderen Göttern gedient hatte.

Lange Zeit verfloß; Jahwe hatte den Israeliten vor all ihren Feinden ringsum Ruhe verschafft, und Josua war alt und hochbetagt. Da berief Josua ganz Israel, seine Ältesten, Oberhäupter, Richter und Aufseher und sprach zu ihnen: »Ich bin nun alt und hochbetagt. Ihr selbst habt all das gesehen, was Jahwe, euer Gott, all jenen Völkern um euretwillen widerfahren ließ; denn Jahwe, euer Gott, hat selbst für euch gekämpft. Seht, ich habe euch als Erbbesitz für eure Stämme die Gebiete dieser Völker zugeteilt, vom Jordan bis zum Großen Meer im Westen. Bemüht euch also sehr, alles zu halten und zu tun, was im Gesetzbuch des Mose geschrieben steht, ohne davon rechts oder links abzuweichen! Ihr sollt euch nicht etwa unter jene Völker mischen, der Namen ihrer Götter nicht gedenken, bei ihnen nicht schwören, sie weder verehren noch euch vor ihnen niederwerfen. Vielmehr Jahwe, eurem Gott, sollt ihr anhangen, wie ihr es bis zum heutigen Tag getan habt. Jahwe hat vor euch große und starke Völker vertrieben, und vor euch hielt bis heute niemand stand. Einer von euch kann tausend verfolgen; denn Jahwe, euer Gott, ist es, der für euch streitet, wie er euch verheißen hat. So achtet doch um eures Lebens willen streng darauf, Jahwe, euren Gott, zu lieben! Denn wendet ihr euch ab und haltet ihr es mit dem Rest jener Völker bei euch, verschwägert ihr euch mit ihnen und vermischt ihr euch mit ihnen und sie mit euch, dann werden sie euch zur Schlinge und zum Fallstrick, zu Geißeln in euren Seiten und zu Stacheln in euren Augen, bis ihr verschwindet aus diesem guten Land, das euch Jahwe, euer Gott, gegeben hat. Seht, ich selbst gehe jetzt den Weg alles Irdischen! Seid euch von ganzem Herzen und von ganzer Seele dessen bewußt, daß keine einzige von all den guten Verheißungen hinfällig ward, die Jahwe, euer Gott, euch gab. Alle sind für euch in Erfüllung gegangen, keine einzige davon ist ausgefallen. Wie aber an euch jede gute Verheißung, die Jahwe, euer Gott, euch gab, in Erfüllung gegangen ist, so wird Jahwe an euch auch jede üble Drohung zur Erfüllung bringen, bis er euch ausgerottet hat aus diesem guten Land, das Jahwe, euer Gott, euch verlieh. Übertretet ihr den Bund Jahwes, eures Gottes, den er euch befohlen hat, geht ihr hin und verehrt andere Götter und werft euch vor ihnen nieder, dann entbrennt Jahwes Zorn gegen euch. Ihr werdet rasch aus diesem guten Land verschwinden, das er euch gab.«

(Jos 23, 1–4.6–16)

Der Prolog zu den Richtererzählungen

Die Epoche nach der Landnahme leitet der Deuteronomist mit einem Abschnitt ein, in dem er den Bruch zwischen der zurückliegenden Geschichte und dem nun beginnenden Leben im Kulturland aufzeigt. Die Zeit nach dem Tod Josuas ist von der Spannung zwischen dem Ungehorsam Israels und der nicht ermüdenden Barmherzigkeit Jahwes bestimmt. Ausdruck des göttlichen Rettungswillens sind die »Richter« (vgl. oben S. 145 ff.).

Der aktuelle Bezug zur Exilszeit wird auch in diesem Stück deutlich, wenn es darin heißt, daß Jahwe die Israeliten ihrer Bosheit wegen »in die Hand ihrer Feinde ringsumher« verkauft, sie aber jedesmal wieder errettet habe, wenn sie zu ihm »schrien«.

Josua hatte das Volk verabschiedet. Die Israeliten begaben sich einzeln zu ihrem Erbbesitz, um das Land zu besetzen. Das Volk diente Jahwe während der ganzen Lebensdauer Josuas und der Ältesten, die Josua noch lange überlebten und alle Großtaten Jahwes geschaut hatten, die er an Israel gewirkt hatte. Josua, der Sohn Nuns und Knecht Jahwes, starb im Alter von 110 Jahren. Man begrub ihn im Bereich seines Erbbesitzes in Timnat-Serach auf dem Gebirge Ephraim, nördlich vom Berge Gaasch. Aber auch dieses ganze Geschlecht wurde zu seinen Vätern versammelt, und es erstand ein anderes Geschlecht nach ihnen, das weder Jahwe kannte noch das Werk, das er an Israel gewirkt hatte.

Die Israeliten taten Dinge, die Jahwe mißfielen. Sie verehrten die Baale. Da entbrannte der Zorn Jahwes wider Israel; er gab sie in die Gewalt von Räubern, die sie ausraubten, und verkaufte sie in die Hand ihrer Feinde ringsum. Sie konnten vor ihren Feinden nicht mehr standhalten. Wohin immer sie zogen, war die Hand Jahwes wider sie zum Unheil, wie Jahwe es gesagt und ihnen eidlich angedroht hatte. Er brachte sie in große Drangsal. Dann ließ Jahwe Richter auftreten; diese retteten sie aus der Hand der Ausplünderer. Wenn Jahwe ihnen Richter erstehen ließ, dann half er dem Richter und errettete jene aus der Gewalt ihrer Feinde, solange der Richter lebte. Denn Jahwe hatte Mitleid, wenn sie über ihre Bedrücker und Bedränger stöhnten. Starb aber der Richter, so handelten sie von neuem noch schlimmer als ihre Väter, liefen hinter fremden Göttern her, dienten ihnen und warfen sich vor ihnen nieder. Sie ließen nicht ab von ihren Taten und ihrem verstockten Lebenswandel. (Ri 2, 6–11.14–16.18 f.)

Wir wollen einen König!

Das Königtum Israels erscheint beim Deuteronomisten in einem eigentümlichen Zwielicht. Einerseits betrachtet er es als eine Institution, die Jahwes alleinige Herrschaft über Israel eingrenzen, ja in Frage stellen mußte. Zugleich ist es für ihn jedoch ein letztes Zugeständnis Jahwes an Israel, mit dem es noch einmal die Möglichkeit erhält, sich im Gehorsam gegen Gott zu bewähren. Mit dieser doppelten Bewertung des Königtums, die er Samuel, dem letzten »Richter« und Königsmacher zugleich, in den Mund legt, will der Deuteronomist die geschichtliche Bedeutung des Königtums zur Zeit seines Bestehens wie auch sein zwangsläufiges Ende erläutern. Israel hatte die Bedingungen, die an das Königtum geknüpft waren, nicht erfüllt; darum war die Katastrophe über Volk und König hereingebrochen.

Danach fuhr Samuel, zum Volk gewandt, fort: »Jahwe war es, der Mose und Aaron geschaffen und eure Väter aus dem Ägypterland fortgeführt hat. Tretet nunmehr her, ich will mit euch vor Jahwe ins Gericht gehen wegen aller Wohltaten Jahwes, die er euch und euren Vätern erwies! Da Jakob nach Ägypten gekommen war und eure Väter Jahwe riefen, sandte Jahwe Mose und Aaron. Diese führten eure Väter aus Ägypten fort und siedelten sie hier an. Sie aber vergaßen Jahwe, ihren Gott. Er verkaufte sie an Sisera, den Feldherrn von Hazor, an die Philister und den König von Moab. Diese führten Krieg wider sie. Da riefen sie zu Jahwe und gestanden: ›Wir haben uns verfehlt, weil wir Jahwe verlassen und den Baalen und Astarten dienten. Doch nun rette uns aus der Gewalt unserer Feinde! Wir wollen dir dienen!‹ Da sandte Jahwe Jerubbaal, Barak, Jephta und Samuel und befreite euch aus der Gewalt eurer Feinde ringsumher, damit ihr in Sicherheit wohnen konntet. Ihr merktet aber, daß der Ammoniterkönig Nachasch gegen euch heranzog, und sagtet daher zu mir: ›Nein, ein König soll über uns regieren‹, obwohl doch Jahwe, euer Gott, euer König ist! Nun seht, ihr habt den König, den ihr erwählt und den ihr verlangt habt! Seht, Jahwe selbst hat einen König über euch eingesetzt. Fürchtet ihr nun Jahwe, dient ihr ihm, hört ihr auf seine Stimme und widersetzt ihr euch nicht dem Gebot Jahwes, dann folgt ihr und euer König, der über euch herrschen wird, Jahwe, eurem Gott, nach. Hört ihr aber nicht auf Jahwe und widersetzt ihr euch seinem Gebot, dann wird Jahwes Hand gegen euch sein, wie sie gegen eure Väter war. Auch jetzt tretet heran und schaut dies große Werk, das Jahwe vor euren Augen tut! Ist nicht gerade heute Weizenernte? Ich will Jahwe anrufen, und er wird donnern und regnen lassen [1]. So erkennt ihr und seht es ein, daß ihr ein großes Unrecht vor den Augen Jahwes tatet, da ihr einen König haben wolltet.«

Und Samuel rief Jahwe an, und Jahwe ließ an jenem Tag donnern und regnen. Das ganze Volk aber geriet in große Furcht vor Jahwe und vor Samuel. Das gesamte Volk flehte zu Samuel: »Lege doch Fürsprache für deine Knechte bei Jahwe, deinem Gott, ein, damit wir nicht sterben; denn wir haben zu all unseren Verfehlungen das Unrecht hinzugefügt, einen König für uns zu verlangen.« Samuel redete weiter zum Volk: »Seid guten Mutes! Ihr habt zwar all dies Üble getan, doch weicht nicht von Jahwe ab, sondern dient ihm mit eurem ganzen Herzen! Lauft nicht hinter den nichtigen Götzen her, die weder nützen noch helfen können, da sie ja nichtig sind. Aber Jahwe verstößt sein Volk nicht um seines großen Namens willen; denn Jahwe hat es gefallen, euch zu seinem Volk zu machen. Auch mir liegt es fern, gegen Jahwe zu sündigen und aufzuhören, für euch Fürsprache einzulegen. Ich will euch den rechten und guten Weg lehren. Nur fürchtet Jahwe und dient ihm aufrichtig aus eurem ganzen Herzen! Seht, was er Großes an euch getan hat! Wenn ihr aber frevlerisch handelt, so werdet ihr samt eurem König dahingerafft!« (1 Sam 12, 6–25)

Die Strafe für den Ungehorsam

Im Anschluß an den Bericht vom Untergang des Königreichs Israel und der Deportation seiner Oberschicht durch die Assyrer (2 Kön 17, 1–6) hat der Deuteronomist seinem Geschichtswerk eine rückblickende Betrachtung eingefügt. Darin deutet er den Untergang des Nordreiches als göttliches Strafgericht für den Abfall seiner Bewohner zu anderen Göttern. Trotz der Ermahnungen »aller Propheten« hatten das Volk und seine Könige Jahwes Bund und seine Gebote mißachtet.

Für die Zeitgenossen des Verfassers enthält dieser Rückblick auf die Geschichte des Nordreiches eine Deutung des eigenen Geschicks. Wenn Juda von der gleichen Katastrophe betroffen worden war wie Israel, so war auch das eine gerechte Strafe angesichts vieler vergeblicher Warnungen.

Das geschah, weil die Israeliten sich gegen Jahwe, ihren Gott, versündigt hatten, der sie aus Ägypten, aus der Gewalt Pharaos, des Königs von Ägypten, fortgeführt hatte. Sie erwiesen fremden Göttern Verehrung. Man wandelte nach den Bräuchen der Völker, die Jahwe vor den Israeliten vertrieben hatte, und nach dem Beispiel, das die Könige von Israel gaben. Die Israeliten ersannen gegen Jahwe, ihren Gott, Dinge, die nicht recht waren. Sie bauten sich Höhen in allen ihren Städten, vom Wächterturm bis zur befestigten Stadt. Sie errichteten sich Weihesteine und Ascheren auf jedem hohen Hügel und unter jedem grünen Baum. Auf allen Höhen räucherten sie wie die Völ-

---

[1] Zur Zeit der Weizenernte im Mai gibt es in Palästina normalerweise keine Gewitter mehr. Das Wunder soll Samuels Worte bestätigen.

ker, die Jahwe vor ihnen in die Verbannung getrieben hatte. Sie trieben üble Dinge, wodurch sie Jahwe beleidigten. Sie dienten den Götzen, was Jahwe ihnen ausdrücklich verboten hatte. Jahwe aber warnte Israel und Juda durch alle seine Propheten und durch jeden Seher, indem er verkünden ließ: »Kehrt um von euren schlechten Wegen, und haltet meine Befehle und Satzungen genau nach dem Gesetz, das ich euren Vätern aufgetragen und euch durch meine Diener, die Propheten, vermittelt habe!« Doch sie hörten nicht, sondern waren halsstarrig wie ihre Väter, die Jahwe, ihrem Gott, keinen Glauben schenkten. Sie verwarfen seine Gebote, seinen Bund, den er mit ihren Vätern geschlossen, und seine Mahnungen, die er ihnen gegeben hatte. Hinter dem Nichts gingen sie her und wurden selbst ein Nichts, und hinter den Heidenvölkern, obwohl Jahwe ihnen befohlen hatte, sie nicht nachzuahmen. Sie übertraten alle Befehle Jahwes, ihres Gottes, machten sich zwei gegossene Kälber, verfertigten eine Aschera, beteten das ganze Heer des Himmels an und dienten dem Baal. Ihre Söhne und Töchter ließen sie durch das Feuer gehen und trieben Zauberei und Wahrsagerei. Sie gaben sich dazu her, das zu tun, was Jahwe mißfiel, und ihn so zu beleidigen. Darum zürnte Jahwe gewaltig über Israel und verwarf es vor seinem Angesicht. Nur der Stamm Juda allein blieb übrig. Aber auch Juda befolgte die Gebote Jahwes, seines Gottes, nicht. Sie wandelten nach den Bräuchen, die Israel eingeführt hatte. Da verwarf Jahwe das ganze Geschlecht Israel: Er demütigte sie und gab sie den Räubern preis, bis er sie vollends von seinem Antlitz verstieß.

(2 Kön 17, 7–20)

Errettung aus der Umkehr

Der Deuteronomist läßt es am Ende seines Werkes offen, ob Israel noch einmal einen geschichtlichen Neubeginn erleben wird. Aber die große Gesetzessammlung des Deuteronomiums, die er in sein Werk einbezogen hat, endet mit einer Mahn- und Trostrede Moses, in der Israel das Ende des Exils verheißen wird, wenn es wieder zu Jahwe umkehrt. Ja, zurückgekehrt in das Land der Väter, wird Israel von Jahwe noch größeren Segen empfangen als zuvor. Für den auf den jahrhundertelangen Ungehorsam Israels und die darüber von Jahwe verhängte Strafe der Verbannung zurückblickenden Verfasser des Deuteronomistischen Geschichtswerkes bedeuten diese Worte eine aktuelle Verheißung an die eigene Generation: Israel hat die Möglichkeit, die Gebote Jahwes zu befolgen und so zu Jahwe umzukehren; Israel hat darum auch noch einmal die Möglichkeit eines geschichtlichen Neubeginns.

Wenn einst an dir sich alle diese Worte, der Segen und der Fluch, die ich dir vorgestellt, erfüllen, und wenn du es dir unter allen Völkern, unter die dich Jahwe, dein Gott, verstoßen hat, zu Herzen nimmst, wenn du dich bekehrst zu Jahwe, deinem Gott, und auf seine Stimme hörst in allem, was ich dir heute gebiete, du selbst samt deinen Kindern, von ganzem Herzen und mit ganzer Seele, dann wird Jahwe, dein Gott, dein Schicksal wenden, wird sich deiner erbarmen und dich wiederum sammeln aus allen Völkern, unter die dich Jahwe, dein Gott, zerstreut hat. Sollten sich deine Versprengten am Ende des Himmels befinden, so wird Jahwe, dein Gott, dich von dort sammeln und dich von dort holen. Jahwe, dein Gott, wird dich in das Land, das deine Väter besessen, zurückbringen; du wirst es in Besitz nehmen; es wird dir gut gehen, und er wird dich zahlreicher werden lassen als deine Väter. Jahwe, dein Gott, wird dir und deinen Nachkommen das Herz beschneiden, daß du Jahwe, deinen Gott, liebst aus deinem ganzen Herzen und deiner ganzen Seele um deines Lebens willen. Jahwe, dein Gott, wird all diese Flüche auf deine Feinde und Gegner, die dich verfolgt haben, bringen. Du aber hörst wiederum auf die Stimme Jahwes und befolgst alle seine Gebote, die ich dir heute gebe. Jahwe, dein Gott, wird dir zum Heile bei allem Tun deiner Hände Überfluß an Gütern schenken, an Frucht deines Leibes, an Nachwuchs deines Viehs und an Ertrag deines Bodens; denn wiederum wird er an dir seine Freude haben zu deinem Besten, wie er über deine Väter Freude empfand. Nur mußt du der Stimme Jahwes, deines Gottes, gehorchen und seine Gebote und Satzungen halten, die im Buch dieses Gesetzes geschrieben stehen, und mußt dich zu Jahwe, deinem Gott, bekehren aus ganzem Herzen und mit ganzer Seele. (5 Mose 30, 1–10)

C. Ezechiel

In der ersten Phase seiner Verkündigung hatte Ezechiel das Gericht Jahwes über Jerusalem angekündigt und damit alle unter den Verschleppten von 597 glimmenden Hoffnungen auf eine baldige Rückkehr nach Palästina zerstört. Er wollte sie ganz der Wirkung des göttlichen Zorns und der Erkenntnis ihrer Schuld aussetzen. Nach dem Fall Jerusalems und der zweiten Deportation richtete er seine Worte an die Geschlagenen und Verzweifelten, um ihnen wieder Hoffnung zuzusprechen. In dieser zweiten Phase seiner Verkündigung hat Ezechiel darum in zunehmendem Maße einen Neubeginn Jahwes mit Israel verheißen.

Die Hoffnung Ezechiels richtete sich vor allem auf ein neues Israel. Das Volk, in seinen eigenen Augen bereits gestorben, wird von Jahwe wieder zum Leben erweckt. Jahwe selbst wird es aus der Verbannung zurückführen in sein Land – nicht nur die Judäer, die als letzte das Gericht Jahwes getroffen hatte, sondern auch die Bewohner des Nordreichs Israel, die bereits 150 Jahre zuvor in die Verbannung hatten gehen müssen. Zu *einem* Volk wiedervereint und von *einem* König regiert, wird Israel friedlich in einem fruchtbaren Land wohnen. Jahwe selbst wird es vor allen Feinden schützen.

Der äußeren Wiederherstellung entspricht die innere Erneuerung. Jahwe wird Israel von aller Unreinheit reinigen, wird ihm statt des steinernen Herzens ein Herz aus Fleisch einpflanzen und ihm einen neuen Geist geben.

Der Wächter

Eigentümlich für Ezechiels Verständnis des Prophetenamtes ist die Vorstellung vom Wächter, der persönlich dafür haftet, daß jeder einzelne vor nahender Gefahr gewarnt wird. Der Feind, vor dem der prophetische Wächter Israel im Auftrag Jahwes zu warnen hat, ist – Jahwe selbst. Er kommt, um die Mißachtung seiner Gebote mit der Todesstrafe zu ahnden, gibt aber durch die Warnung des Propheten dem Gottlosen noch einmal die Möglichkeit, umzukehren. Jahwe selbst also schafft einen Raum, in den sich die von ihm Bedrohten flüchten können.

Der Abschnitt über den »Wächter« ist der Sammlung von Worten aus der zweiten Phase Ezechiels als eine Art zweiter Berufungsbericht vorangestellt. Nachdem die Unheilsankündigungen des Propheten in Erfüllung gegangen waren, wollten die Sammler seiner Worte ihn auch noch einmal ausdrücklich als Sprecher des Heils legitimiert wissen.

Das Wort Jahwes erging an mich: »Menschensohn, rede zu den Söhnen deines Volkes [2] und sprich zu ihnen:

Angenommen, ich bringe über ein Land das Schwert, und es erwählen sich die Landesbürger einstimmig einen Mann und bestellen ihn zu ihrem Wächter; dieser sieht nun das Schwert über das Land hereinbrechen, stößt in das Widderhorn und warnt das Volk; wenn dann einer den Schall des Hornes hört, sich aber nicht warnen läßt, so daß das Schwert kommt und ihn hinwegrafft, so kommt sein Blut über sein eigenes Haupt. Den Schall des Widderhornes hat er vernommen, ließ sich aber nicht warnen; sein Blut kommt also über ihn selbst. Jener aber hat gewarnt und dadurch sein Leben gerettet.

Sieht jedoch der Wächter das Schwert hereinbrechen, stößt aber nicht ins Widderhorn und warnt das Volk nicht, so daß das Schwert kommt und einen von ihnen hinwegrafft, so wird dieser zwar wegen seiner Schuld hinweggerafft, sein Blut aber fordere ich aus der Hand des Wächters.

Dich aber, Menschensohn, habe ich zum Wächter über das Haus Israel bestellt. Hörst du aus meinem Mund ein Wort, dann warne sie in meinem Auftrag! Wenn ich zum Frevler sage: ›Du mußt sterben!‹[3] und du redest nicht, den Frevler vor seinem Wandel zu warnen, so wird dieser Frevler zwar wegen seiner Schuld sterben, sein Blut aber fordere ich von deiner Hand. Hast du aber den Frevler gewarnt, dieser aber bekehrt sich nicht von seinem Wandel, so wird er zwar wegen seiner Schuld sterben, du aber hast dein Leben gerettet.« (Ez 33, 1–9)

---

[2] Angesprochen sind die Deportierten.
[3] Die Wendung »Du mußt sterben« ist wahrscheinlich die Formel, mit der einem Schuldigen das Todesurteil gesprochen wurde.

Die Gerechtigkeit Gottes

Das Problem, das die Überlebenden von 587 am meisten beschäftigte, war die Frage: Warum haben wir die Sünden unserer Väter büßen müssen? Äußerte sich so die Gerechtigkeit Jahwes?
In einem breit angelegten Diskussionswort (zur Gattung vgl. unten S. 466) gibt Ezechiel seinen Hörern darauf eine Antwort: Jede Generation steht Jahwe unmittelbar und in eigener Verantwortung gegenüber. Weder profitiert der gottlose Sohn von der Gerechtigkeit des Vaters, noch hat der Gott wohlgefällige Sohn unter den bösen Taten seines Vaters zu leiden. Aber nicht nur das: Auch aus dem Leben eines einzelnen zieht Gott nicht die Quersumme, sondern jeder Mensch hat sich in jedem Augenblick neu vor Gott zu verantworten. Indem Ezechiel eine Reihe konkreter, dem Bereich der priesterlichen Gesetzesverkündigung angehörender Fälle aufzählt, spricht er jeden seiner Hörer auf sein eigenes Verhalten an. Die Frage nach der Gerechtigkeit Gottes wandelt sich im Munde des Propheten so zur Gegenfrage nach der Gerechtigkeit der rebellierenden Fragesteller.

Das Wort Jahwes erging an mich: »Wie kommt ihr dazu, daß ihr dieses Sprichwort im Lande Israels gebraucht: ›Die Väter aßen unreife Trauben, und den Söhnen werden die Zähne stumpf‹[4]? So wahr ich lebe« – Spruch Jahwes –, »fürderhin soll man dieses Sprichwort bei euch in Israel nicht mehr verwenden! Fürwahr, alle Personen gehören mir; die Person des Vaters wie die Person des Sohnes gehört mir! Nur die Person, die sündigt, die soll sterben.

Ist nun jemand schuldlos, und übt er Recht und Gerechtigkeit[5], ißt er nicht auf den Bergen[6], erhebt er sein Antlitz nicht zu den Götzenbildern des Hauses Israel, schändet er nicht die Frau seines Nächsten[7], naht er nicht einer Frau, wenn sie unrein ist, unterdrückt er niemand, gibt er dem Schuldner sein Pfand zurück[8], begeht er keinerlei Raub, spendet er dem Hungrigen sein Brot, bekleidet er den Nackten, leiht er nicht auf Zins, nimmt er keinen Zuschlag an, hält er von Frevel seine Hand zurück, spricht er wahrheitsgetreu Recht zwischen den Parteien, wandelt er nach meinen Satzungen und beobachtet er meine Gebote, um sie auszuführen – dieser ist gerecht. Er soll leben«[9] – Spruch Jahwes.

»Zeugte dieser nun einen verbrecherischen Sohn, der Blut vergießt und eines von diesen Dingen tut – er ißt zum Beispiel auf den Bergen, schändet

---

4 Die Redewendung, die Ezechiel hier zitiert, war ein in Juda umgehendes geflügeltes Wort, das offenbar auch unter den Verbannten offene Ohren gefunden hatte.
5 Zu »gerecht«, »Gerechtigkeit« vgl. oben S. 389, Anm. 12.
6 Das heißt, bringt er an den Höhenheiligtümern der kanaanäischen Götter keine Opfer dar.
7 Nämlich durch Ehebruch.
8 Ezechiel bezieht sich hier auf eine alte, u. a. auch im Deuteronomium festgehaltene Pfandbestimmung (5 Mose 24, 13; vgl. oben S. 395).
9 »Leben« umschreibt die Verbundenheit Gottes mit einem Menschen, seine alle äußeren Segnungen übertreffende und umschließende Gegenwart.

die Frau seines Nächsten, unterdrückt den Armen und Elenden, begeht Räubereien, gibt das Pfand nicht zurück, erhebt sein Antlitz zu den Götzenbildern, vollbringt Abscheuliches, leiht auf Zins und nimmt Zuschlag an –, der soll keinesfalls leben. All diese Greuel hat er verübt; sterben, ja sterben muß er; seine Blutschuld lastet auf ihm.

Wenn aber jemand einen Sohn zeugte, und dieser sieht alle Sünden, die sein Vater getan, und weil er sie sieht, handelt er nicht ebenso, er ißt nicht auf den Bergen, erhebt nicht seine Augen zu den Götzenbildern des Hauses Israel, schändet nicht die Frau seines Nächsten, bedrückt niemanden, nimmt kein Pfand ab, begeht keine Räubereien, gibt sein Brot dem Hungrigen, bekleidet den Nackten, hält seine Hand von Frevel zurück, nimmt weder Zins noch Zuschlag, erfüllt meine Gebote und wandelt nach meinen Satzungen – ein solcher soll nicht um der Schuld seines Vaters willen sterben! Er bleibt gewiß am Leben. Sein Vater aber, weil er Gewalttat verübte, Raub beging und Unrecht tat inmitten seiner Umgebung, wohlgemerkt, dieser muß um seiner Schuld willen sterben. Da fragt ihr: ›Warum trägt denn der Sohn nicht mit an der Schuld seines Vaters?‹ Der Sohn hat jedoch Recht und Gerechtigkeit geübt, alle meine Satzungen beobachtet und gehalten; darum soll er gewiß am Leben bleiben. Nur die Person, die sündigt, soll sterben; der Sohn soll nicht an der Schuld seines Vaters tragen, und der Vater soll nicht an der Schuld seines Sohnes tragen. Die Gerechtigkeit des Gerechten ruht auf diesem, und die Schlechtigkeit des Schlechten lastet auf jenem.

Wendet sich aber der Frevler von all seinen Sünden ab, die er begangen hat, beobachtet er alle meine Satzungen und übt Recht und Gerechtigkeit, dann bleibt er gewiß am Leben und wird nicht sterben. All seiner Untaten, die er begangen, wird ihm nicht mehr gedacht; um seiner Gerechtigkeit willen, die er geübt, bleibt er am Leben. Habe ich denn Wohlgefallen am Tode des Frevlers« – Spruch Jahwes – »und nicht vielmehr daran, daß er sich von seinem Wandel bekehre und am Leben bleibe? Wendet sich aber ein Gerechter von seiner Gerechtigkeit ab und verübt Unrecht ganz entsprechend den Greueltaten, die der Frevler verübt hat, so wird all seiner guten Werke, die er geübt, nicht mehr gedacht werden; wegen seines Treubruches, den er begangen, und seiner Sünde, die er getan, derentwegen muß er sterben.

Ihr wendet nun ein: ›Nicht in Ordnung ist das Vorgehen Jahwes.‹ Höre doch, Haus Israel! Mein Vorgehen soll nicht in Ordnung sein? Ist nicht vielmehr euer Vorgehen nicht in Ordnung? Wendet sich der Gerechte von seiner Gerechtigkeit ab, verübt er Unrecht und stirbt deshalb, so ist es sein begangenes Unrecht, um dessentwillen er sterben muß. Wendet sich ein Frevler von seinem Frevel ab, den er getan, und übt er Recht und Gerechtigkeit, so wird er sich selbst am Leben erhalten. Sieht er es ein und wendet sich ab von allen Untaten, die er begangen, so bleibt er gewiß am Leben; er braucht nicht zu sterben. Und da wendet das Haus Israel ein: ›Das Vorgehen Jahwes ist nicht in Ordnung.‹ Mein Vorgehen soll nicht in Ordnung sein, Haus Israel? Ist nicht vielmehr euer Vorgehen nicht in Ordnung?

Darum werde ich einen jeden aus euch nach seinem Wandel richten, Haus Israel« – Spruch Jahwes. »Bekehrt euch und wendet euch von allen euren Untaten ab, damit sie euch nicht Anlaß zur Sünde werden! Werft von euch all eure Untaten, die ihr gegen mich begangen habt; schafft euch ein neues Herz und einen neuen Geist! Warum wollt ihr denn sterben, Haus Israel? Denn ich habe kein Wohlgefallen am Tode dessen, der dem Tod verfallen ist« – Spruch Jahwes. »Kehrt also um, damit ihr lebt!« (Ez 18, 1–32)

Totengebein

Die Deportierten waren von tiefer Hoffnungslosigkeit erfüllt. Israel glich in ihren Augen einem abgehauenen Baum, dem vertrockneten Skelett eines Toten.
In der Vision von den Totengebeinen erhält Ezechiel von Jahwe Antwort auf die Klage des Volkes. In dieser Visionsschilderung und dem daran anschließenden Verkündigungsauftrag wird deutlich, wie scharf Ezechiel den Bruch zwischen dem Alten und dem Neuen sieht. Nach menschlichem Ermessen ist es unmöglich, daß aus vertrockneten Skeletten wieder lebendige Menschen werden. Hier aber wird das Unerhörte zur Verheißung: Jahwe wird sein abgehauenes, abgestorbenes Volk zu neuem Leben erwecken.
Im späten Judentum und in der alten Kirche ist die Vision Ezechiels im Sinn einer individuellen Auferweckung von den Toten gedeutet worden. Ezechiel selbst ging es allein darum, daß sich Jahwe aus dem abgestorbenen Rest seines Volkes ein neues Volk schafft, dem sein Geist innewohnt.

Die Hand Jahwes kam über mich [10]; er führte mich im Geist Jahwes hinaus und ließ mich mitten in einer Talebene nieder, die angefüllt war mit Gebeinen. Er ließ mich ringsumher an ihnen vorbeigehen, und siehe, überaus zahlreich lagen sie auf der Oberfläche des Tales; sie waren aber vollständig verdorrt.
Da sprach er zu mir: »Menschensohn, werden wohl diese Gebeine sich wieder beleben?« Ich aber antwortete: »Jahwe, du weißt es!« Dann sagte er zu mir: »Weissage über diese Gebeine und rede sie an: Ihr verdorrten Gebeine, hört das Wort Jahwes! So spricht Jahwe zu diesen Gebeinen: Siehe, ich lasse Geist in euch kommen, und ihr werdet lebendig werden. Ich lege Sehnen an euch und umkleide euch mit Fleisch; ich überziehe euch mit Haut und bringe Geist in euch, daß ihr lebendig werdet und erkennt, daß ich Jahwe bin.«
Ich weissagte, wie mir befohlen. Da entstand ein Rascheln, während ich weissagte, und siehe da, es gab ein Rauschen; die Gebeine rückten aneinander, Knochen zu Knochen. Ich schaute, und siehe, Sehnen bildeten sich an ihnen, Fleisch wuchs empor, und Haut spannte sich oben darüber; doch Geist war in ihnen noch nicht. Da sprach er zu mir: »Weissage zum Geist, weissage,

---

10 Die Wendung »Die Hand Jahwes kam über mich« umschreibt einen Zustand ekstatischer Entrückung.

Menschensohn, und rede zum Geiste: So spricht Jahwe: Von den vier Windrichtungen komme, o Geist, und blase diese Getöteten an, daß sie leben!«[11]
Ich weissagte, wie er mir befohlen hatte. Da strömte der Geist in sie hinein; sie wurden lebendig und stellten sich aufrecht, eine überaus große Heerschar.
Da rief er mir zu: »Menschensohn, jene Gebeine bedeuten das ganze Haus Israel. Fürwahr, sie sprechen: ›Verdorrt sind unsere Gebeine, entschwunden ist unsere Hoffnung, mit uns ist es zu Ende.‹ Darum weissage und rede zu ihnen: So spricht Jahwe: Siehe, ich öffne eure Gräber und hole euch aus euren Grabstätten heraus als mein Volk. Ich bringe euch heim ins Land Israel. Dann werdet ihr erkennen, daß ich Jahwe bin, wenn ich eure Gräber öffne und euch aus euren Grabstätten als mein Volk heraushole. Ich lege meinen Geist in euch, daß ihr lebendig werdet, und versetze euch in euer Heimatland. Dann werdet ihr erkennen, daß ich, Jahwe, gesprochen und gehandelt habe.« (Ez 37, 1–14)

Zwei Hölzer

In einer Zeichenhandlung mit nachfolgendem Deutewort kündigt Ezechiel seinen Hörern die Wiedervereinigung der seit Jahrhunderten getrennten Reiche Israel und Juda unter *einem* König an. Er greift damit weit über die gegenwärtige Not seines Volkes zurück in die Vergangenheit und bezieht sie in das erneuernde Handeln Jahwes mit ein. Das zweite Deutewort verbindet mit der politischen Wiederherstellung die innere Erneuerung: Jahwe wird sein Volk von aller Verunreinigung durch fremde Götter reinigen und seinen Bund mit ihm wiederherstellen.

Das Wort Jahwes erging an mich: »Du aber, Menschensohn, nimm dir ein Stück Holz und schreibe darauf: ›Juda und die mit ihm verbündeten Söhne Israels‹; dann nimm ein anderes Holzstück und schreibe darauf: ›Joseph und das ganze mit ihm verbündete Haus Israel‹! Dann lege sie aneinander, daß sie zu einem einzigen Holze werden, so daß sie ein Ganzes bilden in deiner Hand!
Erkundigen sich dann die Söhne deines Volkes bei dir: ›Willst du uns nicht mitteilen, was das bedeutet?‹, so antworte ihnen: So spricht Jahwe: Siehe, ich nehme das Holzstück Josephs und der mit ihm verbündeten Stämme Israels, füge das Holzstück Judas hinzu und lasse sie zu einem einzigen Holz zusammenwachsen, so daß sie ein Ganzes bilden in meiner Hand.
Die beiden Holzstücke, worauf du geschrieben, sollen in deiner Hand für sie sichtbar sein. Dann sprich zu ihnen: So spricht Jahwe: Fürwahr, ich hole die Söhne Israels aus den Völkern heraus, zu denen sie ziehen mußten, und

---

11 Mit der Zweiteilung des Belebungsgeschehens – zuerst der physisch wahrnehmbare Leib des Menschen, dann die ihn bewegende Lebenskraft – folgt Ezechiel der Vorstellung des Jahwisten in 1 Mose 2, 7 (vgl. oben S. 128).

schare sie von überallher zusammen; ich bringe sie in ihre Heimat zurück. Ich mache sie zu einem einzigen Volk in meinem Lande und auf den Bergen Israels; ein einziger König soll über sie alle herrschen; sie sollen nicht mehr zwei Völker sein und sich künftig nicht mehr in zwei Königreiche spalten. Dann sollen sie sich nicht mehr mit ihren Götzen und ihren Scheusalen und all ihren Vergehungen verunreinigen. Ich mache sie frei von all ihren Treulosigkeiten, durch die sie sich versündigt haben, und reinige sie; sie sollen mein Volk sein, und ich will ihr Gott sein.« (Ez 37, 15–23)

Das Ende des Großfürsten

Über die Rückkehr, Wiederherstellung und Wiedervereinigung Israels hinaus weissagt Ezechiel eine abschließende Auseinandersetzung Jahwes mit der Völkerwelt. Jeremia hatte ein von Norden her kommendes feindliches Heer angekündigt, Jesaja der Weltmacht Assyrien den Untergang in Jahwes Land und auf seinen Bergen angedroht. In der Verkündigung Ezechiels verbinden sich diese beiden Vorstellungen miteinander: Jahwe führt den »Großfürsten« Gog aus dem äußersten Norden herbei und vernichtet ihn auf den Bergen Israels.

In das Bild, das Ezechiel von Gog zeichnet, sind mancherlei ungenaue Kenntnisse von den geschichtlichen Verhältnissen im Norden Babyloniens, am Rand der damals bekannten Welt, eingeflossen. Gog selbst scheint ein sagenhafter Herrscher über jene fremden Völker am Rand der Welt gewesen zu sein. In seinem Namen hat sich vielleicht die Erinnerung an den lydischen König Gyges niedergeschlagen. Für Ezechiel ist Gog samt »allen seinen Scharen« der Repräsentant der gottfeindlichen Mächte.

»Du aber, Menschensohn, tritt wider Gog als Prophet auf und sage: So spricht Jahwe: Siehe, ich will an dich, Gog, Großfürst von Meschech und Tubal[12]! Ich locke dich herbei und steuere dich; ich führe dich vom äußersten Norden herauf und bringe dich auf die Berge Israels. Dann schlage ich dir den Bogen aus deiner linken Hand und lasse die Pfeile deiner rechten Hand entgleiten. Auf den Bergen Israels wirst du fallen, du und all deine Heerscharen und Hilfsvölker, die bei dir sind. Den Raubvögeln jeglichen Gefieders und den Tieren des Feldes überliefere ich dich zum Fraße. Auf freiem Gelände wirst du liegen bleiben; denn ich habe es geredet« – Spruch Jahwes.

»Du aber Menschensohn, sprich zu den Vögeln jeglichen Gefieders und zu allen Tieren des Feldes: So spricht Jahwe: Schart euch zusammen und kommt herbei! Von überallher versammelt euch zu meinem Opfermahl, das ich für euch schlachte, ein großes Opfermahl auf den Bergen Israels! Freßt Fleisch und trinkt Blut! Das Fleisch von Helden sollt ihr fressen, und das Blut von Fürsten der Erde sollt ihr trinken; Fett sollt ihr fressen bis zur Sättigung

---

12 Meschech und Tubal waren Völkerschaften, die sich zur Zeit Ezechiels südöstlich des Schwarzen Meeres niedergelassen hatten.

und Blut trinken bis zur Berauschung von meinem Opfermahl, das ich für euch schlachte. An meinem Tische sollt ihr euch sättigen an Rossen und Reitern, an Helden und Kriegsleuten aller Art« – Spruch Jahwes [13].

(Ez 39, 1–5.17–20)

Ein neues Herz und ein neuer Geist

Ezechiels Hoffnung auf eine innere Erneuerung Israels entwickelt ihre volle Leuchtkraft in einem Wort, das wahrscheinlich aus dem Kreis der Schüler und Anhänger des Propheten hervorgegangen ist. Es entfaltet die Verheißung einer neuen Zukunft vor dem Hintergrund der schweren Schuld Israels in der Vergangenheit. Gemessen an dieser Schuld dürfte Israel auch jetzt noch keine Rettung erwarten. Daß Jahwe dennoch zugunsten Israels eingreift, hat seinen Grund allein darin, daß die Völker das Schicksal Israels auf die Ohnmacht seines Gottes zurückführen. Jahwe muß also handeln, um seinen Ruf, seinen »Namen«, unter den Völkern wiederherzustellen.

Kernstück des neuen Handelns Jahwes an Israel ist die innere Erneuerung des Volkes. Wie bei Jeremia (vgl. oben S. 430 f.) wird das künftige Verhältnis Israels zu Jahwe durch seinen unverbrüchlichen Gehorsam bestimmt. Anders als bei Jeremia jedoch werden hier die einzelnen Akte des göttlichen Wandlungsprozesses detailliert geschildert.

Das Wort Jahwes erging an mich: »Menschensohn, als das Haus Israel noch auf seinem Heimatboden lebte, verunreinigten sie ihn durch ihren Lebenswandel und durch ihre Taten; wie die monatliche weibliche Unreinheit war ihr Wandel vor mir. Da goß ich meinen Groll über sie aus wegen des Blutes, das sie im Lande vergossen hatten; mit ihren Götzen hatten sie es verunreinigt. Ich zerstreute sie unter die Völker, und sie wurden in die Länder versprengt; nach ihrem Wandel und nach ihren Taten habe ich sie gerichtet. So kamen sie zu den Heidenvölkern. Wohin sie aber kamen, da befleckten sie meinen heiligen Namen, weil man von ihnen sagte: ›Diese sind das Volk Jahwes, und doch mußten sie sein Land verlassen.‹ Da tat es mir leid um meinen heiligen Namen, den das Haus Israel unter den Völkern, zu denen es gelangt war, entweiht hatte.

Darum rede zum Haus Israel: So spricht Jahwe: Nicht um euretwillen handle ich, Haus Israel, sondern um meines heiligen Namens willen, den ihr unter den Völkern, zu denen ihr gelangt seid, entweiht habt. Nun will ich meinen großen Namen zu Ehren bringen, der unter den Völkern entweiht ist und den ihr mitten unter ihnen entweiht habt. Dann werden die Völker erkennen, daß ich Jahwe bin« – Spruch Jahwes –, »wenn ich mich euch gegenüber als heilig erweise vor ihren Augen. Ich hole euch aus den Völkern, schare euch aus allen Ländern zusammen und bringe euch in eure Heimat.

---

13 Das Wort über den Kampf Jahwes mit Gog hat wie keine andere Weissagung Ezechiels die Phantasie späterer Generationen angeregt. In einer Fülle von Zusätzen ist es später ausgedeutet und erläutert worden.

Dann sprenge ich über euch reines Wasser, damit ihr gereinigt werdet; von all euren Unreinheiten und von all euren Götzen will ich euch reinigen. Ich gebe euch ein neues Herz und lege einen neuen Geist in eure Brust; ich entferne das Herz aus Stein aus eurem Leib und gebe euch ein Herz aus Fleisch. Meinen Geist lege ich in eure Brust und bewirke, daß ihr nach meinen Satzungen wandelt, meine Gesetze beobachtet und erfüllt. Dann dürft ihr im Land, das ich euren Vätern geschenkt, wohnen bleiben; ihr werdet mein Volk sein, und ich werde euer Gott sein.

Ich mache euch frei von all euren Unreinheiten; ich rufe dem Getreide zu und mehre es reichlich; ich bringe keine Hungersnot mehr über euch. Ich vermehre die Früchte der Bäume und den Ertrag des Feldes, damit ihr nicht mehr die Schmach einer Hungersnot unter den Völkern tragen müßt. Dann werdet ihr euch eures bösen Wandels und eurer schlechten Taten erinnern; ihr werdet vor euch selber eurer Verschuldungen und eurer Greuel wegen Ekel empfinden. Nicht um euretwillen handle ich« – Spruch Jahwes –, »dies sei euch kund! Schämt euch und errötet über euren Wandel, Haus Israel!«

(Ez 36, 16–32)

D. Deuterojesaja

Leidenschaftlicher und eindringlicher noch als Ezechiel hat ein anderer Prophet der Exilszeit seinem Volk eine neue Zukunft verheißen. Wir kennen nicht einmal den Namen dieses Mannes. Seine Worte sind in den Kapiteln 40–55 des Jesaja-Buches überliefert. In der alttestamentlichen Wissenschaft hat man ihnen darum den Namen *Deuterojesaja*, »Zweiter Jesaja«, gegeben. Wie Ezechiel hat auch Deuterojesaja unter den Verbannten in Babylonien gewirkt. Vermutlich ist er von der Mitte des 6. Jahrhunderts an aufgetreten, als der Perserkönig Kyros seinen Siegeszug durch den Vorderen Orient antrat.

Die Erwartung Deuterojesajas war auf die Rückkehr der Verschleppten nach Palästina sowie den Wiederaufbau Jerusalems und des Tempels gerichtet. Anders als bei Ezechiel zerfließen jedoch bei Deuterojesaja die geschichtlichen Konturen dieser Erwartung. Er sieht das Kommende als einen letzten, den Rahmen aller bisherigen Geschichte sprengenden Machterweis Jahwes. Kein Davidide, sondern der Perserkönig Kyros ist der »Gesalbte«, dem Jahwe die Weltherrschaft übertragen hat. Neben ihm steht die geheimnisvolle Gestalt des »Knechtes Jahwes«, der durch seine prophetische Verkündigung und sein persönliches Leiden das Heil für die Völker heraufführt.

So scharf wie kein anderer Prophet vor ihm unterscheidet Deuterojesaja zwischen den Taten Jahwes in der Vergangenheit und seinem zukünftigen Handeln. Der Gegensatz zwischen »alt« und »neu«, zwischen dem »Früheren« und dem »Künftigen« durchzieht seine gesamte Verkündigung. Die alte Geschichte Jahwes mit Israel ist zu Ende gekommen, etwas völlig Neues nimmt seinen Anfang. Die Herausführung aus Ägypten, die Führung durch die Wüste und der Einzug ins Kulturland, die Hauptdaten in der Geschichte Israels, haben darum für Deuterojesaja nur noch bedingte Gültigkeit. Sie sind lediglich die von Hoffnung erfüllten Vor-Bilder, sind ständig überbotene Modelle für das künftige Handeln Jahwes an seinem Volk: für die Herausführung aus der Verbannung und die Rückkehr nach Palästina. Eigentümlich gebrochen ist bei Deuterojesaja auch die Davids- und Zionsüberlieferung. Die Verheißungen, die einstmals an David und seine Dynastie gerichtet waren, werden auf das ganze Volk übertragen: Israel als Ganzes ist der neue David, der über die Völker herrschen wird. Der Zion aber wird zur heiligen Stätte für alle Völker, an der sie ihre Weihegaben abliefern und sich Weisung holen.

Ein besonderer Zug in der Verkündigung Deuterojesajas ist der Rückgriff auf die Überlieferung von der Schöpfung. Darin hat der Prophet keinen Vorläufer. Die Erschaffung der Welt und Jahwes geschichtliches Handeln an seinem Volk gehören für ihn zusammen. Weil Jahwe die Welt erschaffen hat, erweist er sich auch jetzt als der souveräne Lenker der Geschichte, als der wahre Gott. Die Erschaffung der Welt ist das erste Werk Jahwes in der Geschichte Israels: Der Schöpfer der Welt ist zugleich der »Schöpfer« Israels.

Auftrag und Beauftragte

Die Grundthemen der Verkündigung Deuterojesajas klingen in einer lose zusammengefügten Reihe von vier Worten an, die der ganzen Sammlung prologartig vorangestellt ist. Fundament der ganzen Reihe ist die erste Verheißung: Jahwe hat Israel seine Schuld vergeben. In diesem göttlichen Beschluß gründet für Deuterojesaja das gesamte neue Handeln Jahwes an seinem Volk: die Vernichtung Babylons, die Befreiung Israels aus der Gefangenschaft, seine Rückkehr nach Palästina und der Wiederaufbau Jerusalems.

Die Abfolge der Worte markiert den Weg, auf dem die Kunde von dem bevorstehenden Rettungswerk aus der Verborgenheit Jahwes bis hin zu den Betroffenen gelangt. Die beiden ersten Worte werden in der Abgeschiedenheit des himmlischen Hofstaates gesprochen, der Prophet ist nur indirekt Zeuge der angekündigten Ereignisse. Im dritten Wort wird er selbst von einer der himmlischen Stimmen angesprochen und in das Geschehen einbezogen. Die letzte Redeeinheit bringt das Tun Jahwes an das Licht der Öffentlichkeit, jetzt ist ganz Israel angeredet.

»Tröstet, tröstet mein Volk«, spricht euer Gott.
Redet Jerusalem zu Herzen und rufet ihm zu,
daß erfüllt ist sein Kriegsdienst, bezahlt seine Schuld.
Denn Doppeltes empfing es
aus der Hand Jahwes für all seine Sünden.

Eines Rufenden Stimme:
»In der Wüste bahnt einen Weg für Jahwe [14],
ebnet in der Steppe einen Pfad für unseren Gott [15]!
Es hebe sich jedes Tal,
es senke sich jeder Berg und Hügel;
was uneben ist, werde zur Ebene,
das Hügelige zum Flachland!
Ja, offenbar wird die Herrlichkeit Jahwes,
und alles Fleisch wird sie schauen;
denn Jahwes Mund hat gesprochen.«

Eines Redenden Stimme: »Predige!«
Da sprach ich: »Was denn soll ich predigen?«
»Alles Fleisch ist Gras;
all seine Pracht wie die Blume der Flur.
Das Gras verdorrt, die Blume welkt hin,
sobald Jahwes Odem sie anbläst.
Das Gras verdorrt, die Blume welkt hin,
doch unseres Gottes Wort besteht auf ewig.«

Auf hohen Berg steige hinauf,
Frohbotin Zion,
erhebe mit Macht deinen Ruf,
Frohbotin Jerusalem;
erhebe ihn, fürchte dich nicht!
Zu Judas Städten sprich:
»Seht da, euer Gott! Seht, der Herr Jahwe;
er naht mit Macht, sein Arm waltet für ihn [16]!
Seht, die er erworben, kommen mit ihm,
und die er sich verdient hat, ziehen vor ihm her!

---

14 Die Stimme kündigt den Bau einer Prachtstraße an, auf der Jahwe vor seinem Volk her von Babylonien durch die Wüste nach Palästina ziehen wird. Die spätere urchristliche Gemeinde hat dieses Wort als prophetische Vorankündigung über Johannes den Täufer und seine Botschaft von Jesus Christus gedeutet. Der griechischen Übersetzung der Stelle folgend, hat sie dabei die erste Zeile des hebräischen Textes mißverstanden. Sie las: »(Es ist) eine Stimme eines Rufers in der Wüste: ›Bereitet Jahwe den Weg‹.«

15 Vorbild für die prophetische Vorstellung von der »Gottesstraße« für Jahwe ist wahrscheinlich die große Prozessionsstraße gewesen, auf der am Neujahrstag der Gott Marduk durch die Stadt Babylon geführt wurde. Auch für siegreiche Könige wurden im Alten Orient besondere Straßen angelegt, wenn sie kamen, um sich von den unterworfenen Völkern huldigen zu lassen.

16 Das Wort ist der Anweisung für einen Boten nachgebildet, der dem siegreichen Feldherrn vorauseilt und in der Residenz seine triumphale Rückkehr ankündigt.

Seine Herde weidet er wie ein Hirt,
mit seinem Arm sammelt er die Lämmer;
er trägt sie an seiner Brust,
die Mutterschafe leitet er sacht.« (Jes 40, 1–11)

Ein Tropfen am Eimer

Die geistige Situation der Verbannten war beherrscht vom Zweifel an der Macht Jahwes. War Jahwe nicht dem Ansturm irdischer Mächte erlegen? Durfte man auf ihn noch seine Hoffnung setzen? Deuterojesaja antwortet darauf mit einem *Diskussionswort*.

In dieser gerade bei Deuterojesaja häufig wiederkehrenden Redegattung spiegeln sich die Streitgespräche, in die die Propheten immer wieder verwickelt wurden. Sie mußten sich mit den kritischen oder spöttischen Einwänden ihrer Zuhörer auseinandersetzen, um ihre Botschaft einsichtig machen zu können. Der Gesprächssituation entspricht die Form des Diskussionswortes. Indem der Prophet seinen Hörern zunächst eine Reihe bekannter Tatsachen vor Augen führt, stellt er mit ihnen eine Übereinstimmung her und schafft so eine *Diskussionsgrundlage*. Im zweiten Teil seiner Rede zieht er aus jenen Tatsachen *Schlußfolgerungen*, denen sich die Gesprächspartner nicht entziehen können, wenn sie erst einmal den Voraussetzungen zugestimmt haben.

Die Unermeßlichkeit der geschaffenen Welt und die Unerforschlichkeit des göttlichen Ratschlusses bilden im folgenden Wort die Diskussionsgrundlage. Die Aussagen sind in die Form von Fragen gekleidet, die allesamt mit »niemand« beantwortet werden müssen.

Wer ist's, der die Wasser maß mit seiner hohlen Hand
und mit der Spanne den Himmel begrenzte?
Wer faßte mit dem Dreimaß [17] den Erdenstaub,
wer wog mit der Waage die Berge ab,
wer mit den Waagschalen die Hügel?
Wer bestimmte den Geist Jahwes,
wer war sein Ratgeber, der ihn unterwies?
Mit wem hielt er Ratschlag, daß er ihn beriet
und ihn belehrte über den rechten Pfad,
auf den Weg der Einsicht ihn hinwies?
Seht, Völker sind wie ein Tropfen am Eimer,
wie Stäubchen an der Waagschale gelten sie ihm.
Fürwahr, Inseln sind an Gewicht dem Sandkorn gleich.
Der Libanon hat an Brennholz zu wenig,
sein Wild reicht zum Opfer nicht aus.
Alle Völker sind vor ihm wie ein Nichts,
weniger als null und nichtig gelten sie ihm. (Jes 40, 12–17)

---

[17] Die Größe des Dreimaßes ist nicht mehr bekannt; vermutlich war es eine kleine Maßeinheit.

Ein ewiger Gott ist Jahwe

Mit einem Zitat, das er seiner Rede voranstellt, bringt Deuterojesaja den Zweifel seiner Volksgenossen zu Gehör. Vielleicht ist es ein Satz aus einem Volksklagelied (vgl. oben S. 279 ff.), den Deuterojesaja hier aufgreift und zu entkräften versucht.
Diskussionsgrundlage ist das Bekenntnis zu der Schöpfermacht Jahwes. Seine Zuhörer freilich muß der Prophet mit zwei eindringlichen Fragen erst an dieses Bekenntnis erinnern. Es ist eines der Fundamente, auf denen die Verkündigung Deuterojesajas ruht: Weil Jahwe die Welt geschaffen hat, vermag er auch seinem Volk neue Kraft und neues Leben zu geben. Die Schlußfolgerung wird darum zu einer Aufforderung, auf Jahwe zu vertrauen.

Warum sagst du, Jakob [18], und sprichst du, Israel:
»Mein Wandel ist vor Jahwe verborgen,
und mein Recht entgeht meinem Gott?« [19]
Weißt du es nicht, hast du es nicht gehört?
Ein ewiger Gott ist Jahwe,
Schöpfer der Enden der Erde;
er wird nicht müde und wird nicht matt,
unergründlich ist seine Einsicht.
Er gibt dem Ermüdenden Kraft,
vermehrt des Ohnmächtigen Stärke.
Jünglinge werden müde und matt,
Jungkrieger straucheln gar kläglich.
Die aber Jahwe vertrauen, erneuern die Kraft;
sie bilden Flügel den Adlern gleich,
sie laufen und werden nicht matt,
sie ziehen dahin und ermüden nicht.   (Jes 40, 27–31)

Der Beweis

Um den Erweis der Göttlichkeit Jahwes geht es in der folgenden *Gerichtsrede*. Mit dieser Bezeichnung faßt man in der alttestamentlichen Forschung all jene Prophetenworte zusammen, die den Redegattungen eines Gerichtsverfahrens nachgebildet sind.
Wie zwei Parteien in einem Zivilprozeß stellt Deuterojesaja Jahwe und die anderen Götter einander gegenüber. Beide erheben den Anspruch, wahrhaft Gott zu sein. Der Prozeßverlauf spiegelt sich in zwei Redegängen. Im ersten fordert Jahwe die Götter auf, Beweise für ihre Göttlichkeit zu erbringen, im zweiten legt er seine eigenen Beweise vor. Wie in allen prophetischen Gerichtsreden ist Jahwe Prozeßpartner und Richter zugleich.
Das Beweismittel in dem Prozeß Jahwes mit den Göttern ist das göttliche Wort. Für Deuterojesaja erweist sich die Göttlichkeit Gottes darin, daß er durch sein Wort

---

18 »Jakob« ist die bei Deuterojesaja häufig wiederkehrende Bezeichnung für Israel.
19 Das heißt, Gott kümmert sich nicht um uns.

Zukünftiges vorhersagen und Vergangenes zu deuten vermag. Die Kontinuität seines
Redens und Handelns, der Zusammenhang von Wort und Tat, weist Jahwe als den
allein wahren Gott aus.

»Bringt herbei euren Streitfall«, spricht Jahwe,
»legt eure Beweise dar«, spricht der König Jakobs.
»Sie sollen herantreten und uns künden,
was eintreten wird!
Das Vergangene gebt kund, wie es war,
damit wir es zu Herzen nehmen und seine Folgen erkennen!
Oder laßt uns das Künftige hören!
Kündet, was in der Zukunft kommt,
auf daß wir merken, daß ihr Götter seid!
Fürwahr, tut Gutes und Böses,
damit wir erstaunt und erschreckt sind zugleich!
Siehe, ihr seid nichts, und nichtig ist euer Tun;
abscheulich, ist, wer euch erwählt!«

»Aus dem Norden erweckte ich ihn, und er kam,
aus dem Osten den, der meinen Namen anruft.
Er zerstampfte Machthaber wie Lehm,
wie ein Töpfer, der Tonerde tritt [20].
Wer tat dies von Anfang an kund, daß wir es wußten,
schon früher, so daß wir sprachen: ›Es stimmt.‹?
Kein Künder war da, kein Melder,
keiner, der Worte von euch gehört hätte.
Als erster habe ich es Zion gekündet
und Jerusalem gab ich einen Freudenboten.
Ich blicke umher, da ist niemand;
ich will reden, doch kein Berater ist da,
so daß ich sie hätte befragen können
und sie mir geantwortet hätten.
Seht, sie alle sind Wahn,
ihr Tun ist nichtig,
ihre Götterbilder sind Luft und Nichts.«   (Jes 41, 21–29)

Der Gesalbte Jahwes

Die geschichtliche Gestalt, auf die sich die Erwartungen Deuterojesajas konzentrierten,
war Kyros. Für den Propheten war der Perserkönig der Beauftragte Jahwes für die
geschichtliche Stunde des Exils. Den Zeitgenossen Deuterojesajas mußte es unerhört
erscheinen, daß er den fremden Herrscher als den »Gesalbten« Jahwes, als Messias,

---

20 Gemeint ist der Perserkönig Kyros (vgl. das nächste Wort).

bezeichnete. Dieses Amt des Stellvertreters Jahwes in der Welt war bis zum Untergang Judas dem König aus dem Geschlecht der Davididen vorbehalten geblieben. Wenn Deuterojesaja das Amt auf einen fremden König überträgt, ruft er damit seinem Volk in Erinnerung, daß Jahwes Macht nicht an die politische Macht Israels oder seines Königs gebunden ist. Um sein Volk aus der Gefangenschaft zu befreien, kann Jahwe auch einen fremden Herrscher als Retter aufbieten.

Die Errettung Israels ist jedoch nur ein Vorletztes. Das eigentliche Ziel, an dem der Auftrag des Perserkönigs zugleich seine Begrenzung findet, ist die Verherrlichung der Allmacht Jahwes. Das Wort endet in einer Aussage von einmaliger Kühnheit: Jahwe schafft nicht nur das Licht, sondern *auch* die Finsternis, er bewirkt nicht nur das Gute, sondern *auch* das Böse in der Welt.

So spricht Jahwe, dein Erlöser,
dein Bildner vom Mutterleib an:
»Ich bin Jahwe, der alles gemacht,
der den Himmel ausspannte ganz allein,
der die Erde formte ohne Gehilfen.
Ich vereitle die Wunderzeichen der Zauberer,
stürze die Wahrsager in Wahn,
Weise lehne ich ab,
mache ihr Wissen zur Torheit [21].
Ich verwirkliche meiner Knechte Wort [22],
führe meiner Boten Ratschlüsse aus;
von Jerusalem spreche ich: ›Es werde bewohnt!‹,
von Judas Städten: ›Sie werden gebaut;
seine Trümmer richte ich auf!‹
Zur Meerestiefe spreche ich: ›Werde trocken!
Deine Ströme laß ich versiegen!‹ [23]
Zu Kyros spreche ich: ›Mein Hirt;
er vollbringt alles, was ich will.‹
Zu Jerusalem: ›Es werde gebaut‹,
und zum Tempel: ›Werde gegründet!‹«

So spricht Jahwe zu seinem Gesalbten, zu Kyros:
»Du, dessen rechte Hand ich ergriff,
um Völker vor ihm niederzuwerfen
und an Königshüften den Gürtel zu lösen,
um vor ihm Türen zu öffnen,
so daß keine Tore verschlossen bleiben.
Ich gehe einher vor dir und ebne die Berge ein;
die ehernen Türen zerbreche ich,
zerschlage die eisernen Riegel.

---

21 Gemeint sind die babylonischen Weisen, Zeichendeuter und Wahrsager.
22 Das heißt, er läßt die Worte seiner Propheten in Erfüllung gehen.
23 Der Satz enthält vermutlich eine Anspielung auf das Schöpfungsgeschehen.

Verborgene Schätze gebe ich dir und geheime Vorräte.
Erkennen sollst du, daß ich Jahwe bin,
der dich mit deinem Namen rief, Israels Gott.
Um meines Knechtes Jakob willen
und Israels, meines Erwählten, willen
rief ich dich bei deinem Namen,
gab dir Ehrennamen, obwohl du mich nicht kanntest.
Ich bin Jahwe, und sonst gibt es keinen;
einen Gott außer mir gibt es nicht!
Ich gürtete dich, obwohl du mich nicht kanntest.
Vom Aufgang der Sonne bis zu ihrem Untergang
soll man erkennen, daß es keinen gibt außer mir.
Ich bin Jahwe, und sonst keiner!
Das Licht bilde ich und erschaffe die Finsternis;
ich bewirke das Heil und schaffe das Unheil!
Ich, Jahwe, bin es, der all dieses wirkt.« (Jes 44, 24–28; 45, 1–7)

Fürchte dich nicht!

Die für Deuterojesaja charakteristischste Redegattung ist das sogenannte *Heilsorakel*. Heilsorakel waren ein wichtiger Bestandteil des israelitischen Gottesdienstes. Wenn einzelne oder das Volk als Ganzes im Tempel ihre Not mit einem Klagelied vor Jahwe brachten, konnte ihnen der Priester im Namen Jahwes die Rettung zusagen. Die Form solcher gottesdienstlichen Heilszusagen hat Deuterojesaja aufgegriffen und zu einem Stilmittel seiner Verkündigung gemacht.
Kennzeichnend für die Redegattung ist der *Heilszuspruch* »Fürchte dich nicht!« (b). Er wird durch die *Zusage* des göttlichen Eingreifens (c) erläutert und begründet. An die Zusage können sich zwei weitere Teile anschließen, in denen die *Folge* (d) und der *Zweck* (e) des göttlichen Eingreifens genannt werden. Das Heilsorakel wird meist mit einer *Einleitung* (a) eröffnet, in der die Betroffenen namentlich angeredet werden.

(a) Du aber, Israel, mein Knecht,
   und Jakob, den ich erwählt,
   Sproß Abrahams, meines Freundes,
   den ich geholt von den Enden der Erde,
   von ihren entlegensten Teilen herbeirief,
   zu dem ich sprach: ›Mein Knecht bist du,
   den ich erwählte und nicht verwarf!‹

(b) Fürchte dich nicht, denn ich bin bei dir;
   hab keine Angst, denn ich bin dein Gott!

(c) Ich stärke dich, ja, ich helfe dir:
   ich halte dich fest mit meiner heilbringenden Rechten!

(d) Erröten sollen und sich schämen
  alle, die dir zürnen;
  die wider dich streiten,
  werden zunichte und gehen zugrunde.
  Du suchst sie und findest sie nimmer,
  die Zänker wider dich;
  deine Bekämpfer
  sind null und nichtig geworden.

(c) Denn ich, Jahwe, bin dein Gott,
  der deine Rechte festhält,

(b) der zu dir spricht: Fürchte dich nicht,
  ich helfe dir! (Jes 41, 8–13)

Die Auslösung

Wenn in Israel jemand einer Geldschuld wegen in Haft genommen wurde oder sich als Sklave verkaufen mußte, konnte er von einem Verwandten »ausgelöst«, d. h. freigekauft werden. Deuterojesaja nimmt den Rechtsakt der Auslösung in seine Verkündigung auf und deutet ihn in einem universalen Sinn: Jahwe löst sein ganzes Volk aus, als Lösegeld bietet er dem Gläubiger – gemeint ist wahrscheinlich Kyros – ganze Länder und Völker an. Das eigentliche Ziel, das er dabei verfolgt, ist die Wiederherstellung seiner »Ehre«.

Jetzt aber redet Jahwe,
der dich Jakob, erschuf, der dich, Israel, formte:

»Fürchte dich nicht,
denn ich erlöse dich,
rufe dich beim Namen,
mein bist du!
Schreitest du durch Wasser, ich bin bei dir,
durch Ströme, sie schwemmen dich nicht fort;
gehst du durch Feuer, du wirst nicht versengt,
und die Flamme verbrennt dich nicht!
Denn Jahwe bin ich, dein Gott,
der Heilige Israels, der dir hilft:
Ich gebe für dich Ägypten als Lösegeld hin,
Kusch und Saba an deiner Statt;
darum, weil du mir so wertvoll bist,
hochgeehrt und von mir geliebt,
gebe ich Menschen preis für dich
und Völker für dein Leben.

Fürchte dich nicht,
denn ich bin bei dir!
Vom Osten bringe ich deine Kinder herbei,
vom Westen her sammle ich dich;
zum Norden spreche ich: Gib heraus!,
zum Süden: Halt nicht zurück!
Bring her meine Söhne von fern,
meine Töchter vom Ende der Erde,
jeden, der meinen Namen trägt
und den ich zu meiner Ehre erschuf, bildete und machte!« (Jes 43, 1–7)

Der neue Auszug

Im Mittelpunkt der Erwartungen Deuterojesajas steht die Rückkehr der Verbannten nach Palästina. In eigenartig gebrochener Weise hat der Prophet das Ereignis mit dem Auszug aus Ägypten in Verbindung gebracht. Einerseits entspricht das erhoffte Geschehen Zug um Zug der Tat Jahwes am Anfang der Geschichte Israels. Zugleich übertrifft jedoch der neue Auszug den alten in unerhörter Weise.

In einem Wort, das einem Heilsorakel nachgebildet ist, fordert er seine Hörer auf, nicht mehr an die alten Taten Jahwes zu denken. Das mußte in ihren Ohren wie eine Lästerung klingen, denn damit stellte er das Urbekenntnis Israels in Frage. Aber Deuterojesaja wollte seine Zeitgenossen aus der trauernden, resignierenden Rückschau auf das Vergangene herausreißen, um ihren Blick auf die neue, jetzt beginnende Geschichte Jahwes mit seinem Volk zu lenken. Der Auszug aus Ägypten ist für ihn nur noch eine Art Modell für das größere zukünftige Handeln Jahwes.

So spricht Jahwe,
der im Meer einen Weg gebahnt,
einen Pfad in gewaltigen Wassern,
der Wagen und Rosse ausziehen ließ,
Streitmacht und Führer zumal;
sie sanken dahin, stehen nicht mehr auf,
sie sind erloschen, wie ein Docht verglimmt:
»Gedenkt nicht mehr des Früheren,
und die Vergangenheit kümmere euch nicht!
Seht, ich schaffe Neuartiges!
Jetzt sprießt es, merkt ihr es nicht?
Ja, in der Steppe lege ich einen Weg an,
Pfade im verödeten Land!
Preisen wird mich das Wild des Feldes,
Schakale und Strauße,
weil ich in der Wüste Wasser spende,
Ströme im verödeten Land,
zu tränken mein Volk, mein erwähltes.
Das Volk, das ich mir gebildet,
wird meinen Ruhm verkünden.« (Jes 43, 16–21)

Wasser in der Wüste

Auch die Überlieferung vom Zug durch die Wüste hat Deuterojesaja in die Erwartung eines neuen Auszugs einbezogen. Das Wort vom Wasser in der Wüste ähnelt einem Heilsorakel: Auf eine eingangs zitierte Klage folgt als göttliche Antwort die Ankündigung des wunderbaren Eingreifens Jahwes; den Abschluß bildet eine Aussage über das eigentliche Ziel des göttlichen Tuns.

»Die Armen und Elenden suchen nach Wasser, doch keines ist da;
ihre Zunge ist vertrocknet vor Durst;
ich, Jahwe, erhöre sie,
ich, Israels Gott, verlasse sie nicht!
Auf kahlen Höhen will ich Ströme auftun,
inmitten von Talgründen Quellen;
Wüsten mache ich zu Teichen;
zu sprudelnden Wassern das Dürrland.
In der Wüste pflanze ich Zedern,
Akazien, Myrten und Ölbäume;
Zypressen setze ich in der Steppe,
Eschen und Fichten beieinander.
Sie sollen es schauen und erkennen,
merken und einsehen alle,
daß Jahwes Hand dies tat
und der Heilige Israels es erschuf.« (Jes 41, 17–20)

Die Treue Jahwes

Neben dem Auszug und der Wanderung durch die Wüste ist der Wiederaufbau Jerusalems und die Wiederherstellung des Volkes ein wichtiger Bestandteil der Erwartungen Deuterojesajas. Damit erst findet für ihn das Rettungswerk Jahwes zu seinem Abschluß. Die einzige Grundlage, auf der Israel diese Hoffnung ergreifen kann, ist die unverbrüchliche, alle menschliche Fassungskraft übersteigende Treue Jahwes.

Doch Zion sprach: »Es verließ mich Jahwe,
der Herr vergaß mich.«
»Vergißt eine Frau ihren Säugling,
eine Mutter den Sohn ihres Schoßes?
Möge selbst diese vergessen,
ich aber vergesse dich nicht!
Siehe, auf meine Hände habe ich dich gezeichnet [24],

---

[24] Tätowierungen auf der Hand galten als Erinnerungszeichen. Ursprünglich einmal sind es wahrscheinlich Zeichen gewesen, mit denen man die Zugehörigkeit zum Kult einer bestimmten Gottheit zum Ausdruck brachte. Hier wird das Bild umgekehrt: Die Gottheit zeichnet sich das Zeichen dessen, der ihr angehört, in die Hände.

deine Mauern stehen vor mir allezeit.
Es eilen deine Erbauer herbei,
deine Zerstörer und Verwüster entfernen sich von dir.
Hebe ringsum deine Blicke und sieh:
Sie alle kommen in Scharen zu dir!
Bei meinem Leben«, spricht Jahwe,
»du sollst sie alle anlegen wie einen Schmuck
und dich mit ihnen gürten wie eine Braut!
Denn deine Trümmer und Ruinen und dein verheertes Land
– wahrlich, für die Bewohner bist du jetzt zu eng,
und deine Verderber sind fern!
Es werden noch sagen vor dir
die Söhne aus der Zeit deiner Kinderlosigkeit:
›Mir ist zu eng der Raum,
mach mir Platz, daß ich wohnen kann!‹
Du sprichst bei dir selbst:
›Wer hat mir diese gezeugt?
Ich war doch kinderlos, unfruchtbar, verbannt und verstoßen,
und diese, wer zog sie auf?
Ei, ich allein war nur noch übrig,
und diese, wo waren sie?‹« (Jes 49, 14–21)

Die Rückkehr Jahwes

Die Rückkehr Israels, sein Zug durch die Wüste und der Wiederaufbau Jerusalems leiten für Deuterojesaja nicht die Fortsetzung der alten, nur vorübergehend unterbrochenen Geschichte Israels ein. Mit all dem beginnt für den Propheten vielmehr etwas gänzlich Neues. Was für Jeremia der neue Bund und für Ezechiel das neue Herz, das ist für Deuterojesaja die Königsherrschaft Jahwes: Gott wird an der Spitze der Verbannten nach Jerusalem zurückkehren und dort inmitten seines Volkes als König herrschen.

Wie lieblich sind auf den Bergen
des Frohboten Füße!
Frieden kündet er,
bringt frohe Botschaft,
Heil kündet er,
zu Zion spricht er:
»Dein Gott ist König!«
Horch, deine Wächter!
Sie erheben den Ruf,
sie jauchzen im Chor.
Denn sie erschauen unmittelbar
Jahwes Heimkehr nach Zion.

Brechet gemeinsam in Jubel aus,
ihr Trümmer Jerusalems!
Denn Jahwe tröstet sein Volk,
erlöst Jerusalem.
Jahwe legt frei seinen heiligen Arm
vor den Augen aller Völker;
alle Enden der Erde
schauen das Heil unseres Gottes. (Jes 52, 7–10)

Die Einladung an die Völker

In das neue Heilsgeschehen sieht Deuterojesaja auch die Völker mit einbezogen. Für sie, insbesondere für die Babylonier, ist das Rettungswerk an Israel, zu dem Jahwe den Perserkönig Kyros aufgeboten hat, zunächst ein göttliches Strafgericht. Aber das ist nicht das letzte Wort Jahwes über die Völker. Auch ihnen bietet er, ähnlich wie zuvor Israel, einen Neuanfang an. Die Errettung Israels wird so zum Beginn einer neuen Geschichte Jahwes mit den Völkern. Die Hoffnung, die Jahrhunderte vorher den Jahwisten bei der Verbindung der Urgeschichte mit den Erzvätererzählungen geleitet hatte (vgl. S. 136), kommt damit bei dem Exilspropheten in veränderter Gestalt wieder zur Geltung.

»Schart euch zusammen, kommt herbei,
nähert euch insgesamt, die ihr entronnen [25] den Völkern!
Tut es kund und bringt es vor,
ja, pflegt untereinander Rat:
Wer teilte dies seit alters mit,
verkündete es seit jeher?
Nicht etwa ich, Jahwe?
Ja, es gibt keinen Gott außer mir,
keinen gerechten und helfenden Gott neben mir!
Bekehrt euch zu mir, laßt euch retten,
all ihr Enden der Erde!
Denn ich bin Gott und sonst keiner!
Ich schwur bei mir selbst;
aus meinem Munde ging Richtiges hervor,
ein Wort ohne Widerruf:
Jedwedes Knie wird sich beugen vor mir,
jede Zunge mir schwören.«
Fürwahr, nur bei Jahwe ist Heil und Stärke.

---

25 Die »Entronnenen« sind die, die in einer verlorenen Schlacht mit dem Leben davongekommen sind. Gemeint sind damit hier diejenigen unter den Völkern, die den Herrschaftsantritt des Kyros überlebt haben.

Alle, die mit ihm hadern,
werden beschämt zu ihm kommen.
Bei Jahwe aber finden Heil und Ruhm alle Nachkommen Israels.

(Jes 45, 20–25)

Der Knecht Jahwes

Eine Gruppe von Texten hebt sich nach Form und Thema von den übrigen Worten Deuterojesajas ab. In ihnen allen geht es um einen »Knecht« Jahwes; man faßt sie darum in der alttestamentlichen Forschung im allgemeinen unter der Bezeichnung »Gottesknechtslieder« zusammen.

Wer der »Knecht« dieser Lieder ist, bleibt im dunkeln, vielleicht mit Absicht. Er hat sowohl königliche wie priesterliche und prophetische Funktionen, vereint also in sich die drei großen Ämter der bisherigen Geschichte Israels. Der Wirkungsbereich, in den er gewiesen wird, ist die Völkerwelt. Er erfüllt seinen Auftrag durch stellvertretendes Leiden. Indem er die Schuld anderer auf sich nimmt, verschafft er ihnen Rettung vor Gottes Strafe.

Der Gottesknecht ist ein ganz eigener Typ eines Gottesboten. Sein Auftrag ist, zu retten und zu trösten, Hoffnung und neues Leben zu bringen. Er wirkt behutsam, schonend und im stillen. An seinem Schicksal verwirklicht sich Jahwes Handeln an den Völkern.

Das erste der Gottesknechtslieder schildert die Amtseinsetzung des Knechtes. Wie ein Großkönig einem unterworfenen Volk einen Statthalter präsentiert und seine Aufgaben und Vollmachten festsetzt, so führt Jahwe öffentlich seinen Knecht in sein Amt ein.

»Siehe, mein Knecht, den ich halte,
mein Erwählter, der mir gefällt!
Ich legte auf ihn meinen Geist;
er bringt den Völkern das Recht.
Er schreit nicht und erhebt nicht seine Stimme,
läßt sie nicht hören auf der Straße.
Geknicktes Rohr zerbricht er nicht,
glimmenden Docht löscht er nicht aus;
in Treue bringt er das Recht.
Er selbst wird nicht matt, nicht knickt er zusammen,
bis er auf Erden das Recht festsetzt,
und auf seine Weisung harren die Inseln.«

(Jes 42, 1–4)

Das Licht für die Völker

Ähnlich wie Jeremia weiß sich auch der Gottesknecht »von Mutterleib an« in den Dienst Jahwes berufen; ähnlich wie Jeremia muß auch er erfahren, daß sein Mühen um die Rettung Israels vergeblich gewesen ist. Anders als Jeremia wird er aber gerade wegen dieser Erfolglosigkeit in Israel von Gott hinausgeschickt an die Menschheit als Ganze. Er wird zum »Licht der Völker« bestimmt. Mit ihm wird der auf Israel be-

schränkte Raum der prophetischen Heilsverkündigung gesprengt. Israel allein ist »zu wenig«; Jahwe will mit allen Völkern einen neuen Anfang machen.
Das folgende Wort hat die Form eines Selbstberichts, in dem der Knecht den ihm von Jahwe gewiesenen Weg schildert.

> Hört auf mich, ihr Inseln,
> merkt auf, ihr Völker der Ferne!
> Jahwe berief mich vom Mutterleib her,
> nannte meinen Namen vom Mutterschoß an.
> Er machte meinen Mund gleich einem geschärften Schwert,
> barg mich im Schatten seiner Hand;
> er machte mich zum blanken Pfeil,
> in seinem Köcher [26] verbarg er mich.
> Er sprach zu mir: »Mein Knecht bist du,
> an dem ich mich herrlich erzeige!«
> Ich dachte indes: Wertlos ist mein Mühen;
> für leeren Wahn verzehre ich meine Kraft.
> Jedoch mein Recht steht bei Jahwe
> und mein Lohn bei meinem Gott!
> Nun aber spricht Jahwe,
> der mich vom Mutterleib an zu seinem Knecht geformt,
> um Jakob zu ihm zurückzuführen
> und Israel um ihn zu versammeln:
> »Zu wenig ist es, daß du mein Knecht bist,
> um Jakobs Stämme wieder aufzurichten
> und Israels Bewahrte heimzuholen.
> Ich mache dich vielmehr zum Lichte der Völker,
> damit mein Heil reiche bis an das Ende der Welt!«   (Jes 49, 1–6)

Er trug unsere Krankheit

Nach herkömmlicher israelitischer Auffassung war das Leid, das einem Menschen widerfuhr, die göttliche Strafe für seine Verfehlungen. Im letzten der Gottesknechtslieder wird diese Auffassung mit einem neuen Inhalt gefüllt. Wohl sind auch hier das Leiden und das Elend des Knechtes bis hin zu seinem gewaltsamen Tod und seinem schmachvollen Begräbnis auf dem Schindanger die göttliche Strafe für eine schwere Schuld. Aber es ist die Schuld anderer, die der Knecht auf sich genommen hat und mit seinem Schicksal sühnt. Daß das Leiden des Knechtes ein stellvertretendes und sühnendes Leiden war, konnten die Beteiligten freilich erst nach seinem Tod und aus der Rückschau erkennen.
Das Lied ist ein Danklied derer, die dem Leidensschicksal des Knechtes ihre Rettung

---

26 Der »Schatten der Hand« und der »Köcher« sind anscheinend Bilder der Geborgenheit.

verdanken. Eingerahmt wird es von zwei Gottesworten, in denen triumphierend die Erhöhung des Knechtes aus seinem einstigen Elend angekündigt wird.

Der christlichen Kirche hat das Gottesknechtslied als Modell gedient, in dem sie das Leiden und Sterben Christi prophetisch vorausgebildet sah.

»Siehe, Erfolg hat mein Knecht;
er wird emporsteigen,
wird hoch und gar sehr erhaben sein.
Wie über ihn viele erschauerten
– so unmenschlich entstellt sah er aus,
und seine Gestalt war nicht mehr wie die der Menschen! –,
so wird er viele Völker in Staunen setzen.
Könige werden vor ihm ihren Mund schließen.
Denn was man ihnen noch nie erzählt hat, schauen sie;
was sie noch nie gehört, nehmen sie wahr.«

Wer glaubte unserer Kunde wohl,
wem ward der Arm Jahwes geoffenbart?
Er wuchs vor ihm auf wie ein junger Trieb,
wie eine Wurzel aus Dürrland.
Keine Gestalt hatte er und keine Schönheit,
daß wir nach ihm geschaut hätten,
kein Aussehen, daß er uns gefallen hätte.
Verachtet war er, von Menschen gemieden,
ein Mann der Schmerzen, mit Krankheit vertraut!
Wie einer, vor dem man das Antlitz verhüllt,
war er verachtet, so daß wir ihn nicht schätzten.
Jedoch, unsere Krankheiten trug er,
unsere Schmerzen lud er sich auf.
Wir aber hielten ihn für einen Getroffenen,
von Gott Geschlagenen und Niedergebeugten.
Und doch wurde er durchbohrt für unsere Frevel,
zerschlagen wegen unserer Missetaten.
Züchtigung für unser Heil lag auf ihm,
durch seine Wunde ward uns Heilung zuteil.
Wie Schafe irrten wir alle umher,
jeder wandte sich seines Wegs;
aber ihn ließ Jahwe treffen unser aller Verschuldung.
Man mißhandelte ihn, und er beugte sich;
er tat seinen Mund nicht auf
wie das Lamm, das zur Schlachtbank geführt wird,
und gleich einem Schaf,
das vor seinen Scherern verstummt.
Nein, er tat seinen Mund nicht auf.

Aus Drangsal und Gericht wurde er weggerafft;
wer kümmerte sich um sein Geschick?
Denn er war abgeschnitten vom Lande der Lebendigen,
wegen der Missetat seines Volkes zu Tode getroffen.
Man gab ihm bei Verruchten sein Grab,
seine Ruhestatt bei Übeltätern.
Und doch hat er kein Unrecht getan,
kein Trug war in seinem Mund.
Jahwe jedoch fand Gefallen an seinem Zerschlagenen;
er heilte ihn, der sein Leben als Sühneopfer hingab.
Er wird Nachkommen schauen, lange leben,
und der Wille Jahwes wird durch ihn vollstreckt.

»Um der Not seiner Seele willen
wird er Licht schauen und sich sättigen.
Durch seine Erkenntnis wird als Gerechter
mein Knecht die Vielen rechtfertigen,
und ihre Sünden wird er auf sich laden.
Darum werde ich ihm seinen Anteil unter den Vielen geben,
und mit den Zahlreichen wird er den Erwerb teilen,
dafür, daß er sein Leben in den Tod dahingab
und sich unter die Frevler zählen ließ.
Und doch trug er die Sünde der Vielen
und trat für die Abtrünnigen ein.« (Jes 52, 13–15; 53, 1–12)

XI. Der neue Tempel

Mit seinem Sieg über die Babylonier im Jahre 539 v. Chr. hatte Kyros eine etwa zweihundertjährige Vorherrschaft der Perser über den Vorderen Orient begründet. Für Juda und Jerusalem standen jene beiden Jahrhunderte im Zeichen der Neuordnung des kultischen und politisch-sozialen Lebens. Die entscheidenden Anstöße dazu gingen zunächst von den Deportierten in Babylonien aus.

Das bedeutendste Ereignis der persischen Zeit war der Wiederaufbau des Jerusalemer Tempels. Die Voraussetzung dafür bot ein Erlaß des Kyros aus dem Jahr 538 v. Chr. In diesem Edikt, das uns in einer Abschrift im Buch Esra überliefert worden ist, heißt es:

»Memorandum.
Im ersten Jahre des Königs Kyros erließ der König Kyros eine Verordnung bezüglich des Gotteshauses in Jerusalem: Das Haus soll wieder aufgebaut werden als Darbringungsstätte für Schlachtopfer. Seine Grundmauern sollen beibehalten werden. Seine Höhe soll 30 Ellen betragen, seine Länge 60 Ellen, seine Breite 20 Ellen.
Je drei Schichten seien von Steinen und eine Schicht aus Holz. Die Kosten bestreitet der Königshof. Auch die goldenen und silbernen Geräte des Gotteshauses, die Nebukadnezar vom Tempel in Jerusalem fortgenommen und nach Babel gebracht hat, soll man zurückgeben, im Tempel von Jerusalem an ihren früheren Platz bringen und im Gotteshaus niederlegen.« (Esra 6, 3–5)

Ausgelöst worden ist dieser Erlaß vermutlich von Deportierten in Babylonien, die über einen gewissen Einfluß am persischen Hof verfügten. Trotz des großzügigen Edikts ist der Wiederaufbau des Tempels jedoch nur langsam vorangekommen. Erst 23 Jahre später, im Jahr 515 v. Chr., konnte das wiedererstandene Heiligtum geweiht werden.

Einen wichtigen Schritt zur Neuregelung der politischen Verhältnisse bedeuteten die Maßnahmen *Nehemias*. Nehemia gehörte zu den Deportierten in Babylonien und war königlicher Mundschenk in Susa, einer der persischen Königsstädte. Durch Berichte aus Juda veranlaßt, machte er den Hof auf die dortigen Verhältnisse aufmerksam. Mit mannigfachen Vollmachten ausgestattet, wurde er schließlich nach Jerusalem entsandt; dort hat er zwölf Jahre als Statthalter residiert (445–433 v. Chr.). Seine erste Amtshandlung war der

Wiederaufbau der noch immer zerstörten Jerusalemer Stadtmauer (vgl. unten S. 516ff.). Er hat damit der Stadt ein Mindestmaß an äußerer Sicherheit verschafft. In den darauffolgenden Jahren hat Nehemia durch eine Reihe von Maßnahmen auch die innere Ordnung in Jerusalem und Juda zu festigen gewußt. So hat er durch einen allgemeinen Schuldenerlaß der tiefen Verschuldung des größten Teils der Bevölkerung ein Ende gemacht. Er hat darüber hinaus die strenge Einhaltung der Sabbatruhe erzwungen, für eine geregelte Ablieferung der kultischen Abgaben Sorge getragen und Eheschließungen zwischen Judäern und Angehörigen der Nachbarvölker verboten.

In der Gestalt *Esras* haben die Deportierten schließlich ein weiteres Mal in das Leben der im Lande Gebliebenen eingegriffen. Von Beruf Priester, wurde er als Sonderbeauftragter des persischen Hofes nach Jerusalem entsandt, um das »Gesetz des Himmelsgottes« in Juda einzuführen. Welches »Gesetz« damit konkret gemeint ist, wissen wir nicht mehr. Vielleicht war es eine Sammlung gesetzlicher Vorschriften und kultischer Anordnungen, die später in irgendeiner Form in das Sammelwerk des Pentateuch aufgenommen worden sind. Esra machte das »Gesetz des Himmelsgottes« für alle verbindlich, die sich zu »Israel« und zur Jerusalemer Kultgemeinde im besonderen rechneten. Nach der Auflösung des alten Stämmeverbandes während der Königszeit und nach dem Untergang des Königtums, d. h. nach dem Ende jeglicher politischer Bindung, erhielt Israel mit diesem Gesetz einen neuen Kristallisationspunkt. »Israel« waren nunmehr die, die sich zu Jahwe, seinem Gesetz und zu seinem Kult bekannten. Diese Neubestimmung »Israels« im Sinne einer Glaubens- und Kultgemeinschaft ist eine der Wurzeln des späteren Judentums.

A. Die Propheten

Die Prophetie der persischen Zeit sah sich mit einer großen Enttäuschung konfrontiert. Der Sieg des Kyros über die Babylonier hatte nicht, wie von Deuterojesaja erhofft, für Israel eine Epoche der Erneuerung und des Wiederaufbaus eingeleitet. Nicht einmal die Verbannten waren in ihre Heimat zurückgekehrt. Erst sehr viel später und unter Umständen, die in keiner Weise dem Bild entsprachen, das der Exilsprophet gemalt hatte, scheinen einige größere Gruppen von Rückwanderern in Jerusalem eingetroffen zu sein. Jerusalem selbst lag noch jahrzehntelang in Trümmern; in der Stadt und auf dem Land herrschte große wirtschaftliche Not. Warum ließ die Erfüllung der göttlichen Verheißung so lange auf sich warten? War Kyros doch nicht der Messias Jahwes gewesen? War etwa das Gericht Jahwes an seinem Volk noch immer nicht zu Ende?

Die Prophetie hat auf solche Fragen in unterschiedlicher Weise geantwortet. Wir sehen sie unablässig darum bemüht, dem äußeren Anschein zum Trotz die Hoffnung auf das baldige Eingreifen Jahwes bei ihren Hörern wachzuhalten: Jahwe würde seine Verheißung erfüllen, die neue Zeit des Heils stand unmittelbar bevor. Ihr besonderes Gepräge erhielt diese Verkündigung durch die Wiederbelebung der Messias-Erwartung. Es ist bezeichnend für die Erregtheit in der Zeit nach dem Kyros-Edikt, daß sich die Hoffnungen noch einmal auf einen lebenden Abkömmling der Dynastie Davids, auf Serubbabel, konzentrierten. Daneben spielte in der Prophetie des ausgehenden 6. Jahrhunderts der Tempel eine große Rolle. Seine Wiedererrichtung stand für viele in engem Zusammenhang mit dem Anbruch der neuen Heilszeit.

Der Tempel wurde zwar wieder aufgebaut – aber die hochgespannten messianischen Erwartungen erfüllten sich nicht. Für die Propheten der folgenden Jahrzehnte rückte der Anbruch der Heilszeit mehr und mehr in die Ferne. Je unerreichbarer das Erhoffte erschien, um so farbiger und phantastischer wurden die Erwartungen. In ihrem Mittelpunkt stand das neue Jerusalem, die prachtvoll ausgeschmückte, allen Feinden trotzende Wohnstätte Jahwes, der die Völker ihre kostbaren Gaben bringen.

Daneben freilich meldeten sich, vor allem gegen Ausgang der persischen Zeit, auch andere prophetische Stimmen zu Wort. Für sie waren die Ereignisse von 587 v. Chr. noch nicht die Erfüllung dessen, was die älteren Propheten in ihren Unheilsankündigungen jahrhundertelang angedroht hatten. Israel stand das Gericht Jahwes noch bevor. Erst danach durfte es auf einen Neubeginn hoffen.

1. Haggai

Der Prophet Haggai ist in der zweiten Hälfte des Jahres 520 aufgetreten. Seine Verkündigung ist aufs engste mit dem Neubau des Tempels verbunden. Die Arbeit an dem Heiligtum war bald nach dem Erlaß des Kyros aufgenommen worden, dann aber wieder liegengeblieben. Die Erfordernisse des täglichen Lebens erschienen dringlicher. Zum Bau eines Tempels fehlte die Kraft und die innere Bereitschaft. Selbst die königliche Anordnung, daß die Baukosten von der Staatskasse getragen werden sollten, konnte die Jerusalemer nicht dazu bewegen, das Bauwerk zu vollenden. So blieb die Baustelle etwa 16 Jahre lang verödet – bis zum Auftreten Haggais.

Die Trümmer des Tempels

Die erste von Haggai überlieferte Redeeinheit stammt aus dem August des Jahres 520. Es ist eine kleine Sammlung von drei eigenständigen Worten, die vermutlich von dem Sammler der Sprüche Haggais zu einer größeren Rede zusammengestellt worden sind. In dem dreiteiligen Spruchgefüge kehrt der Prophet die Logik seiner Hörer um. Nicht die wirtschaftliche Not ist, wie sie vorgeben, die Ursache für den Stillstand der Arbeiten am Tempel, sondern umgekehrt ist das Stagnieren beim Tempelbau die Ursache für die gegenwärtige allgemeine Misere. Was bei seinen Hörern eine Frage nüchternen Rechnens ist, wird im Mund des Propheten zur Frage nach der Anerkennung des göttlichen Vorrangs. Der Wiederaufbau des Tempels ist für Haggai die Gehorsamstat, die Jahwe in dieser Stunde fordert.

Im zweiten Jahr des Königs Darius, am ersten Tag des sechsten Monats, erging das Wort Jahwes durch den Propheten Haggai an Serubbabel, den Sohn Schealtiels, den Statthalter von Juda, und an den Hohenpriester Josua, den Sohn Jozadaks: »So spricht Jahwe der Heerscharen: Das Volk da sagt: ›Jetzt ist die Zeit noch nicht gekommen, das Haus Jahwes wieder aufzubauen!‹« Da erging das Wort Jahwes durch den Propheten Haggai folgendermaßen [1]:

»Ist es denn für euch selbst an der Zeit,
in getäfelten Häusern zu wohnen,
während dieses Haus noch in Trümmern liegt?
Nun aber spricht Jahwe der Heerscharen:
›Denkt doch darüber nach, wie es euch ergeht!
Ihr sät viel aus, heimst aber wenig ein;
ihr eßt, werdet aber nicht satt;
ihr trinkt, bekommt aber nicht genug;
ihr bekleidet euch, werdet aber nicht warm;
und wer um Lohn arbeitet,
der verdient in einen durchlöcherten Beutel.‹

So spricht Jahwe der Heerscharen:
›Steigt hinauf ins Gebirge,
holt Holz und baut den Tempel,
daß ich mein Wohlgefallen daran habe
und Ehre erlange‹,
spricht Jahwe.

›Mit viel habt ihr gerechnet, aber es kam wenig heraus;
und brachtet ihr es nach Hause, so blies ich es weg.

---

[1] Der Sammler hat das Spruchgefüge mit einer Rahmung versehen, in der er den Zeitpunkt und die Adressaten der prophetischen Worte nennt und ihre Wirkung auf die Hörer beschreibt. – Serubbabel war der Enkel des letzten judäischen Königs Jojachin, den die Babylonier im Jahr 587 nach Babylonien verschleppt und später begnadigt hatten (vgl. oben S. 423). Zur Zeit Haggais residierte Serubbabel als persischer Bevollmächtigter in Jerusalem. – Der »Hohepriester« Josua war wahrscheinlich der erste Träger des in nachexilischer Zeit bald zu großer Bedeutung gekommenen Hohenpriesteramtes.

Warum wohl?‹ – Spruch Jahwes der Heerscharen.
›Wegen meines Hauses, das in Trümmern liegt,
während jeder von euch für sein eigenes Haus läuft und rennt.
Deshalb hält über euch der Himmel seinen Tau zurück,
und die Erde hält ihren Ertrag zurück.
Ich rief die Dürre über das Land
und über die Berge, über das Korn,
über Most und Öl, über alles, was der Boden erzeugt,
über Mensch und Vieh und über alle Arbeit der Hände.‹«

Da hörten Serubbabel, der Sohn Schealtiels, und der Hohepriester Josua, der Sohn Jozadaks, sowie der gesamte Rest des Volkes auf die Stimme Jahwes, ihres Gottes, und auf die Worte des Propheten Haggai, weil ja Jahwe, ihr Gott, ihn gesandt hatte; das Volk fürchtete sich vor Jahwe. Jahwe regte den Eifer des Serubbabel, des Sohnes Schealtiels, des Statthalters von Juda, und den Eifer des Hohenpriesters Josua, des Sohnes Jozadaks, sowie den Eifer des ganzen Restes des Volkes an. Sie kamen und nahmen die Arbeit am Hause Jahwes der Heerscharen, ihres Gottes, in Angriff. (Hag 1, 1–12.14)

Die Wende

Wenige Wochen später hat Haggai abermals das Wort ergriffen. Nachdem man bis dahin wohl mit Aufräumungsarbeiten beschäftigt gewesen war, hat man am »24. Tag des Monats« anscheinend die eigentlichen Bauarbeiten wieder aufgenommen. Für Haggai ist dieser Tag die Wende von der Zeit der Not zu einer Zeit des Segens und des neuen Heils. Von jetzt an wird sich Jahwe wieder seinem Volk zuwenden. Haggai versteht das in einem ganz materiellen Sinne: Der Segen Jahwes wird in den Vorratskammern sichtbar werden.

»Bedenkt doch die Zeit von heute und weiterhin!
Ehe man am Tempel Jahwes Stein zu Stein fügte,
wie stand es da um euch?
Kam man zu einem Getreidehaufen von zwanzig,
so waren es nur zehn [2];
kam man zur Kelter, um fünfzig zu schöpfen,
so waren es nur zwanzig.
Bedenkt doch die Zeit von heute an und weiterhin!
Bedenkt, ob auch ferner noch die Saat im Speicher verbleibt
und ob auch ferner noch Weinstock und Feigenbaum,
Granatapfel- und Ölbaum nicht tragen!
Von diesem Tage an spende ich Segen.« (Hag 2, 15 f.18 f.)

---

2 Zehn, zwanzig usw. Maßeinheiten an Ertrag.

Der Neue Tempel

Das, was nach einigen Wochen harter Arbeit an der Tempelbaustelle sichtbar zu werden begann, schien in gar keiner Weise der Bedeutung gerecht zu werden, die Haggai ihm gab. Allzu erbärmlich hob sich für die, die sich noch erinnern konnten, der neue Tempel von dem alten ab. Haggai sah sich einer Front der Resignation gegenüber. Vier Wochen nach Baubeginn, am letzten Tag des Laubhüttenfestes, trat er wiederum mit zwei Worten vor das Volk. Er forderte Vertrauen auf die Gegenwart Jahwes. Nicht in der Vergangenheit, nicht beim alten Tempel in seinem Glanz, sondern hier in der zerschlagenen Gemeinde und bei ihrem bescheidenen Tempel war Jahwe gegenwärtig. Von hier aus würde er für die Welt »Heil«, nämlich Frieden, Fruchtbarkeit und Wohlergehen, wirken.

Im zweiten Jahr des Königs Darius, am 21. Tag des siebten Monats, erging das Wort Jahwes durch den Propheten Haggai folgendermaßen: »Sprich zu Serubbabel, dem Sohn Schealtiels, dem Statthalter von Juda, und dem Hohenpriester Josua, dem Sohn Jozadaks, sowie zum Rest des Volkes:

Wer ist unter euch noch übrig,
der dieses Haus
in seiner früheren Herrlichkeit gesehen hat,
und wie seht ihr es jetzt?
Kommt es euch nicht vor wie nichts?
Doch nun fasse Mut, Serubbabel – Spruch Jahwes –,
fasse Mut, Hoherpriester Josua, Sohn Jozadaks,
fasse Mut, alles Volk des Landes,
– Spruch Jahwes –, und schafft;
denn ich bin mit euch – Spruch Jahwes der Heerscharen.
Mein Geist steht in eurer Mitte.
Fürchtet euch nicht!

Denn so spricht Jahwe der Heerscharen:
Nur noch eine kleine Weile, kurze Zeit,
und ich erschüttere Himmel und Erde,
Meer und Festland.
Erschüttern will ich alle Völker;
dann kommen die Kostbarkeiten aller Völker herbei;
und ich erfülle dieses Haus mit Herrlichkeit
– spricht Jahwe der Heerscharen.
Mein ist das Silber, und mein ist das Gold
– Spruch Jahwes der Heerscharen.
Die künftige Herrlichkeit dieses Hauses
wird größer sein als die frühere,
und an dieser Stätte spende ich Heil
– Spruch Jahwes der Heerscharen.« (Hag 1, 15; 2, 1-9)

Serubbabel

In seinem letzten überlieferten Wort – es ist Mitte Dezember gesprochen – proklamiert Haggai den Davididen Serubbabel als den Messias der neuen Weltzeit. Der Bevollmächtigte der Perser in Jerusalem soll Statthalter Jahwes in der Welt werden. In Serubbabel sieht der Prophet das erloschene Königtum Davids in herrlicher Gestalt wieder aufleben. Knapp 70 Jahre zuvor hatte Jeremia den König Jojachin mit einem von Jahwe verworfenen Siegelring verglichen (vgl. oben S. 423), jetzt nennt Haggai den Enkel dieses Jojachin den von Jahwe erwählten »Siegelring«.

Da erging das Wort Jahwes nochmals an Haggai am 24. Tag des Monats: »Sprich zu Serubbabel, dem Statthalter von Juda:

> Himmel und Erde werde ich erschüttern.
> Ich stürze Königsthrone
> und vernichte die Macht der Reiche der Völker.
> Ich stürze Streitwagen und Fahrer;
> Rosse und ihre Lenker sinken darnieder,
> ein jeder durch das Schwert seines Bruders!
> An jenem Tag nehme ich dich,
> mein Knecht Serubbabel, Sohn des Schealtiel,
> und mache dich zum Siegelring;
> denn dich habe ich erwählt«
> – Spruch Jahwes der Heerscharen. (Hag 2, 20–23)

2. Sacharja

Die Stimme Haggais ist gegen Ende des Jahres 520 v. Chr. wieder verstummt. Vielleicht ist der Prophet bald nach seiner Verheißung über Serubbabel gestorben. Ein anderer hat jedoch alsbald seine Verkündigung aufgenommen und weitergeführt: Sacharja. Er stammte aus priesterlichem Geschlecht und war wohl selbst ebenfalls Priester. Etwa zwei Jahre lang ist er in Jerusalem als Prophet aufgetreten.

Seine Verkündigung ist deutlich von der Ezechiels und Haggais bestimmt. Auch für ihn steht die Vollendung des Tempelbaus in engem Zusammenhang mit dem Anbruch der Gottesherrschaft. Anders als bei Haggai jedoch ist der Bau des Tempels für Sacharja nicht die einzige oder gar entscheidende Voraussetzung für den Anbruch der Heilszeit. Der neuen Hinwendung Jahwes zu seinem Volk muß vielmehr eine innere Umkehr Israels zu Jahwe vorausgehen. Sacharja weiß sich darum damit beauftragt, seine Hörer zu einem Leben im Gehorsam gegen Jahwe zu ermahnen.

Wie Haggai, so sieht auch Sacharja in Serubbabel eine messianische Gestalt. Aber die Messiaswürde ruht bei Sacharja nicht auf einem einzigen Träger, sie ist auf einen weltlichen und einen geistlichen Repräsentanten verteilt. Im ganzen sind die mit dem Anbruch des messianischen Reiches verbundenen Vorstellungen Sacharjas eigenwilliger, vielfältiger und farbiger als die seines Zeitgenossen Haggai.

Die früheren Propheten

Die Sammlung von Sacharja-Worten wird mit einer Ermahnung zur Umkehr eröffnet. Sie stammt vom Oktober/November 520, ist also zu einer Zeit gesprochen worden, als auch Haggai noch wirkte.

In der Begründung seines Bußrufs bezieht sich Sacharja auf die »früheren Propheten«. Damit geschieht etwas grundsätzlich Neues in der Geschichte der israelitischen Prophetie. Der Prophet nimmt seine Autorität nicht mehr aus dem unmittelbar ergehenden Jahwewort selbst, sondern er stützt sich auf die Autorität seiner Vorgänger; deren Botschaft wird zur Legitimation für das eigene Reden. Das aber bedeutet: Die Prophetie wird zur Predigt, wird zum Dialog mit der Tradition. Damit kündigt sich schon bei Sacharja das Ende der Prophetie und der Beginn des Judentums an. Mehr und mehr verliert in den folgenden Jahrhunderten die Prophetie ihre Originalität und Kraft; das in alter Zeit ergangene, schriftlich aufgezeichnete Wort Jahwes wird zur alleinigen Quelle göttlicher Offenbarung.

Im achten Monat des zweiten Jahres des Darius erging das Wort Jahwes an den Propheten Sacharja, den Sohn Berechjas, des Sohnes Iddos, folgendermaßen:
»Schwer hat Jahwe euren Vätern gezürnt.
Rede nun zum Volke: So spricht Jahwe der Heerscharen:
Kehrt um zu mir – Spruch Jahwes der Heerscharen –,
so kehre ich um zu euch, spricht Jahwe der Heerscharen.
Seid nicht wie eure Väter, denen die früheren Propheten gepredigt haben:
›So spricht Jahwe der Heerscharen: Kehrt um von euren bösen Wegen und euren schlimmen Werken!‹ Doch sie gehorchten nicht und achteten nicht auf mich – Spruch Jahwes.
Wo sind nun eure Väter?
Und leben die Propheten ewig?
Doch meine Worte und Gebote, die ich meinen Knechten, den Propheten, auftrug, haben diese nicht eure Väter ereilt, so daß sie, wenn sie zurückkämen, sagen müßten: ›Wie Jahwe der Heerscharen uns zu tun beschloß nach unseren Wegen und Werken, so hat er uns getan‹?« (Sach 1, 1–6)

Die Reiter zwischen den Myrten

Nicht weniger leidenschaftlich als Haggai hat auch Sacharja die Zeit des Heils erwartet. Auch für ihn war die neue Weltzeit, dem äußeren Auge zwar noch verborgen, bereits angebrochen. In einem Zyklus von sieben Visionen, deren vier erste hier wiedergegeben werden, erhielt Sacharja während einer Nacht Einblick in die obere Welt Jahwes. Ähnlich wie Deuterojesaja Zeuge bei den himmlischen Vorbereitungen zum Bau der Prozessionsstraße wurde (Jes 40, 3-5; vgl. oben S. 465), sieht Sacharja die kommende Heilsordnung im Himmel vorgebildet. Alle Hindernisse, die den Anbruch der Gottesherrschaft noch aufzuhalten scheinen, sind in der oberen Welt bereits beseitigt.

Das Deutewort der ersten Vision liefert den Schlüssel zum Verständnis des ganzen Zyklus: Obwohl nichts in der Welt darauf hinzudeuten scheint, wacht Jahwe eifersüchtig über Jerusalem und dem Zion, dem Gegenstand seiner Liebe. In dieser Botschaft wird der seelsorgerliche Hintergrund der Visionenreihe sichtbar. Sie ist im Februar 519 ergangen. Nach etwa zweijährigen Thronwirren war damals im persischen Reich wieder Ruhe eingekehrt. Die Hoffnungen, daß die politischen Unruhen die Gottesherrschaft einleiten würden, hatten sich nicht erfüllt. Die »ganze Erde« lag »ruhig und still«. Hatte es noch einen Sinn, länger auf das Reich Jahwes zu warten?

Am 24. Tag des elften Monats im zweiten Jahre des Darius erging das Wort Jahwes an den Propheten Sacharja, den Sohn Berechjas, des Sohnes Iddos.

Ich schaute in dieser Nacht ein Gesicht: Siehe, da ritt ein Mann auf einem rotbraunen Roß und hielt an zwischen den Myrten im tiefen Tal[3]; hinter ihm standen rotbraune, fahle und weiße Rosse.

Da sprach ich: »Was bedeuten diese, mein Herr?«

Der Engel, der mit mir redete, sagte zu mir: »Ich will dir zeigen, was diese bedeuten.«

Und er[4] antwortete und sprach: »Das sind die, welche Jahwe gesandt hat, die Erde zu durchstreifen.«

Da meldeten sie und sprachen: »Wir haben die Erde durchstreift, und siehe, die ganze Erde liegt ruhig und friedlich da.«

Er[4] entgegnete und sprach: »Jahwe der Heerscharen, wie lange noch willst du dich Jerusalems und der Städte Judas nicht erbarmen, denen du nun schon 70 Jahre zürnst?«

Jahwe antwortete dem Engel, der mit mir redete, freundliche, tröstende Worte.

Dann sagte zu mir der Engel, der mit mir redete: »Verkünde dies:
So spricht Jahwe der Heerscharen:
Ich glühe von gewaltigem Eifer
für Jerusalem und Zion!
Aber großen Zorn hege ich
gegen die selbstsicheren Völker,
die, während ich nur ein wenig zürnte,
dem Unheil nachhalfen.«[5]   (Sach 1, 7-15)

---

3 Die Szene spielt vor dem Himmelseingang.
4 Der Engel oder der Anführer der Reiter; die Verteilung der Rollen ist nicht ganz klar.
5 Nämlich im Jahr 587 und in den folgenden Jahrzehnten.

Vier Hörner und vier Schmiede

Die zweite Vision schließt thematisch an das Ende der ersten an: Jahwe hält schon die Mächte bereit, durch die er die Weltreiche, die seiner Herrschaft noch im Wege stehen, zerstören lassen wird.

Darauf erhob ich meine Augen und schaute ein Gesicht: Siehe, da waren vier Hörner [6].
Ich sprach zu dem Engel, der mit mir redete: »Was bedeuten diese?«
Da sagte er zu mir: »Das sind die Hörner, die Juda und Jerusalem vertrieben haben.«
Dann ließ mich Jahwe vier Schmiede sehen.
Ich fragte: »Wozu sind diese gekommen?«
Er erwiderte: »Jene sind gekommen, um die Hörner der Völker niederzuwerfen, die ihr Horn gegen das Land Juda erhoben, es zu vertreiben.«

(Sach 2, 1–4)

Die Feuermauer

Den politischen Führern Jerusalems mußte daran gelegen sein, die im Wiederaufbau begriffene Stadt gegen Überfälle und politische Einflußnahme von außen zu schützen. Die Stadtmauern aber lagen im Jahr 519 immer noch zerstört darnieder. Wir wissen nicht, ob damals schon ein ernsthafter Versuch gemacht worden ist, sie wieder aufzubauen. Offensichtlich aber hat man über das Problem diskutiert.
In seiner dritten Vision erfährt Sacharja das Urteil Jahwes darüber: Jahwe selbst wird für die Sicherheit seiner Stadt sorgen. Nicht im Vertrauen auf seine militärische Sicherheit, sondern allein im Vertrauen auf Jahwes Macht soll sich das neue Jerusalem gründen. Eine ähnliche Botschaft Jahwes hatte einstmals Jesaja seinem König überbracht (Jes 7; vgl. oben S. 352 f.).

Darauf erhob ich meine Augen und schaute ein Gesicht: Siehe, da war ein Mann, der eine Meßschnur in seiner Hand hielt. Ich fragte: »Wohin gehst du?« Er antwortete mir: »Jerusalem will ich ausmessen und sehen, wie breit und wie lang es ist.«
Und siehe, der Engel, der mit mir redete, trat hervor, und ein anderer Engel kam ihm entgegen.
Da sprach er zu ihm [7]: »Lauf, sage zu dem jungen Mann dort:
›Offen soll Jerusalem daliegen
wegen der Menge von Menschen und Vieh in ihm.
Ich selbst – Spruch Jahwes – will ihm
ringsum eine Feuermauer bilden
und in seiner Mitte zum herrlichen Lichtglanz werden!‹«   (Sach 2, 5–9)

---

6 Das Horn ist im Alten Testament Zeichen der Kraft und der politischen Stärke; die Vierzahl umschreibt die Ganzheit.
7 Nämlich der Deute-Engel zu dem neu hinzugekommenen.

Der Leuchter und die beiden Ölbäume

Das anbrechende Gottesreich sieht Sacharja von zwei messianischen Gestalten regiert. Wohl gilt auch für ihn wie für Haggai Serubbabel als der politische Herrscher der Zukunft. Gleichberechtigt neben ihn aber tritt der Repräsentant des Kultes, der Hohepriester Josua. Das Amt des Messias ist bei Sacharja also aufgeteilt in zwei verschiedene Funktionen. In der vierten Vision treten die beiden »Gesalbten« in der Gestalt zweier Ölbäume vor das Gesicht des Propheten.

Der Engel, der zu mir redete, weckte mich abermals wie einen, der aus dem Schlaf geweckt wird.

Er sprach zu mir: »Was siehst du?«

Ich erwiderte: »Ich sehe einen Leuchter, ganz von Gold, und oben auf ihm ist eine Schale nebst sieben Lampen darüber mit je sieben Schnauzen an den Lampen, die oben darauf sind [8]. Zwei Ölbäume stehen daneben, einer zu seiner Rechten und einer zu seiner Linken.«

Da hob ich an und fragte den Engel, der mit mir redete: »Was bedeuten diese Dinge, mein Herr?«

Der Engel, der mit mir redete, antwortete und sprach zu mir:

»Weißt du nicht, was diese Dinge bedeuten?«

Ich sagte: »Nein, mein Herr.«

Da erwiderte er und sprach: »Diese sieben sind die Augen Jahwes, die auf der ganzen Erde umherschweifen.«

Da fragte ich ihn: »Was bedeuten diese zwei Ölbäume zur Rechten und zur Linken des Leuchters?«

Er antwortete mir: »Weißt du nicht, was diese bedeuten?«

Ich entgegnete: »Nein, mein Herr.«

Da sprach er: »Das sind die beiden Gesalbten, die vor dem Herrn der ganzen Erde stehen.« (Sach 4, 1–6.10 f.13 f.)

Ein Stein mit sieben Augen

Sacharja hat die Proklamation der beiden messianischen Anwärter bei anderen Gelegenheiten durch zwei wirkkräftige Zeichenhandlungen unterstrichen. In einer dieser Handlungen hat er dem Hohenpriester Josua in Gegenwart der anderen Priester ein kostbares Schmuckstück angelegt und ihm damit ein sinnfälliges Unterpfand für seine messianische Würde übergeben. Das die Szene deutende Gotteswort verbindet mit dem Stein die Zusage, daß Jahwe an einem Tag alles Volk entsündigen werde. Der Hohepriester der Heilszeit wird einer geheiligten Gemeinde vorstehen.

---

8 Der »Leuchter« soll anscheinend so vorgestellt werden: In der Art eines Kelchs ruht auf einem Fuß eine Schale; auf ihrem Rand sitzen sieben Lampenschälchen, die so eingebuchtet sind, daß sich jeweils sieben »Schnauzen« zur Aufnahme der Dochte ergeben. Ein solcher Leuchter mit 49 Dochten besaß hohe Leuchtkraft.

»Höre, Hoherpriester Josua,
du und deine Gefährten, die vor dir sitzen!
Siehe, auf den Stein, den ich vor dir hingelegt habe
– auf dem einen Stein sind sieben Augen –,
auf diesen will ich selbst die Inschrift eingraben
– Spruch Jahwes der Heerscharen –,
und ich tilge die Schuld dieses Landes
an einem einzigen Tag.« (Sach 3, 8 f.)

Das goldene Diadem

Die zweite Zeichenhandlung Sacharjas richtet sich auf Serubbabel, den persischen Bevollmächtigten aus davidischem Geblüt. Der Prophet erhält den göttlichen Auftrag, aus dem Silber und Gold einiger Rückwanderer aus dem Exil ein Diadem anfertigen zu lassen und es Serubbabel aufzusetzen. In dem begleitenden Jahwe-Wort wird Serubbabel der »Sproß« genannt. Damit klingt das Stichwort an, unter dem einst Jeremia zur Zeit des letzten judäischen Königs einen Messias aus dem Geschlecht Davids verheißen hatte (Jer 23, 5 f.). Der Herrschaftsantritt des Messias Serubbabel wird in dem Deutewort aufs engste mit der Vollendung des Tempels verbunden.

Über das weitere Schicksal des »Messias« Serubbabel schweigt das Alte Testament. Vielleicht war er nicht bereit, die Rolle, die ihm Haggai, Sacharja und ihre Anhänger zugedacht hatten, zu übernehmen. Wahrscheinlicher aber ist, daß die persische Reichsregierung in der messianischen Bewegung um Serubbabel eine Gefahr für die Oberherrschaft über Juda erblickt und ihren Bevollmächtigten kurzerhand aus Jerusalem abberufen hat. Wie dem auch gewesen sein mag: Die hochgespannten Erwartungen der prophetentreuen Kreise in Jerusalem endeten abermals in einer Enttäuschung.

Das Wort Jahwes erging an mich:
»Nimm die Gaben der Verbannten von Heldai, Tobia und Jedaja sowie von Josia, dem Sohne Zephanjas, die aus Babel angekommen sind! Nimm Silber und Gold, mache daraus eine Krone und setze sie Serubbabel, dem Sohn Schealtiels, aufs Haupt! Sprich zu ihm:
So spricht Jahwe der Heerscharen:
Siehe da, der **Mann**, ›Sproß‹ ist sein Name;
unter seinen Füßen wird es sprossen!
Er wird den Tempel Jahwes bauen.
Hohe Würde wird er innehaben
und als Herrscher auf seinem Throne sitzen.
Josua wird Priester zu seiner Rechten sein,
und friedliche Beratung wird zwischen den beiden bestehen.«

(Sach 6, 9–13)

3. Ein unbekannter Heilsprophet

Die Verkündigung Deuterojesajas hat in der Prophetie der frühen persischen Zeit ein starkes und vielfältiges Echo gefunden. Unbekannte Propheten haben seine Botschaft aufgenommen und für ihre eigene Zeit neu zu aktualisieren versucht. Eine Reihe solcher vom Geist Deuterojesajas geprägter Worte ist später in einer kleinen Sammlung zusammengefaßt und den Worten Deuterojesajas angefügt worden.

Der Prophet, auf den die Heilsweissagungen von Jes 60–62 zurückgehen, wußte sich zu einem Trostamt in der nachexilischen Gemeinde berufen. Er hat sich darin bewußt als Nachfolger Deuterojesajas verstanden. Und doch ist der Unterschied zwischen beiden nicht zu übersehen. Deuterojesaja hatte die Heilswende als bereits eingetreten verkündigt; der nachexilische Prophet hingegen kündigt kommendes, noch bevorstehendes Heil an. Dieses künftige Heilsgeschehen sieht er mit seinem eigenen Auftreten anbrechen: Mit seinem Wort heilt er Wunden und bringt er Gefangenen die Freiheit. Seinem neuen Verständnis des prophetischen Auftrags entspricht eine Veränderung der Sprache. Der nachexilische Prophet übernimmt von seinem Vorgänger viele Formulierungen und Begriffe. Aber die Worte zerfließen bei ihm ins Unbestimmte und Allgemeine. Sie verlieren ihre eigentliche Bedeutung und werden nur noch im übertragenen Sinne gebraucht. Sie werden zur bildlichen Redeweise, deren eigentliche Bedeutung sich dem Zugriff entzieht.

Trost für die Trauernden

In einer Art Selbstproklamation, die mit ihren ersten Sätzen an die Proklamation des »Gottesknechtes« (Jes 42, 1–4; vgl. oben S. 476) erinnert, weist der nachexilische Prophet sich und seinen Auftrag vor seinen Hörern aus. Wenn er sich dabei auf den Besitz des Geistes Jahwes und auf seine »Salbung« beruft, nimmt er wahrscheinlich alte königliche Überlieferungen auf.

Der Geist des Herrn Jahwe ruht auf mir,
da Jahwe mich gesalbt hat.
Den Armen Frohes zu melden, hat er mich gesandt,
zu heilen, die gebrochenen Herzens sind,
Befreiung zu künden den Gefangenen,
den Gefesselten Lösung,
auszurufen ein huldvolles Jahr Jahwes
und einen Rachetag unseres Gottes,
zu trösten alle Trauernden,
zur Freude den Trauernden in Zion,
und ihnen zu geben Kopfschmuck statt Asche,
Freudenöl statt Trauergewand,

Loblied statt Mutlosigkeit.
Man wird sie nennen »Eichen der Gerechtigkeit«,
»Pflanzung Jahwes zu seiner Verherrlichung«. (Jes 61, 1–3)

Das neue Jerusalem

Für Deuterojesaja war das Kommen Jahwes noch mit einem bestimmten geschichtlichen Ereignis verbunden. Bei dem Verfasser von Jes 60–62 fehlt ein solch konkretgeschichtlicher Bezug. Der Anbruch der heilsgeschichtlichen Wende liegt bei ihm in einer unbestimmten Zukunft.
Bleibt bei ihm das Wann der erwarteten Heilszeit in der Schwebe, so ist ihr Wie für ihn von um so größerer Bedeutung. Bis in die Einzelheiten hinein weiß er sie zu schildern. Dabei ist von der Universalität des göttlichen Heils, von der noch Deuterojesaja zu sprechen wußte, nichts mehr zu spüren. Die Zuwendung Jahwes konzentriert sich ausschließlich auf Jerusalem. Jahwe als Handelnder tritt ganz in den Hintergrund. Wie die Wolke über dem Sinai (2 Mose 24, 15 ff.; vgl. unten S. 510 f.), so schwebt seine Herrlichkeit über Jerusalem. Nicht durch Taten – etwa durch die Rückführung der Verbannten wie bei Deuterojesaja – verherrlicht sich Jahwe vor aller Welt, sondern durch die Pracht und den Glanz des neuen Jerusalem.

Auf, werde hell, denn dein Licht ist da;
die Herrlichkeit Jahwes strahlt über dir auf!
Denn seht, die Erde bedeckt Finsternis
und Wolkendunkel die Völker,
doch über dir strahlt Jahwe,
und seine Herrlichkeit wird über dir sichtbar.
Völker wallen zu deinem Licht
und Könige zu deinem strahlenden Lichtglanz.

Erhebe deine Augen ringsum und schau:
Sie alle haben sich versammelt und kommen zu dir.
Deine Söhne kommen von fern,
und deine Töchter werden auf den Armen getragen.
Dann wirst du schauen und strahlen,
dein Herz wird beben und sich weiten;
denn des Meeres Reichtum wendet sich dir zu,
das Vermögen der Völker kommt zu dir.
Die Flut der Kamele wird dich bedecken,
Jungkamele von Midian und Epha;
von Saba [9] kommen sie alle,
tragen Gold und Weihrauch mit sich
und verkünden froh die Ruhmestaten Jahwes.

---

9 Midian und Epha lagen im nordwestlichen Arabien, Saba im Südwesten Arabiens.

Alles Kleinvieh von Kedar sammelt sich zu dir,
die Widder von Nebajot [10] stehen dir zur Verfügung,
steigen als wohlgefälliges Opfer auf meinen Altar;
mein prachtvolles Haus werde ich verherrlichen.

Wer sind jene, die heranfliegen wie Wolken,
wie Tauben zu ihren Schlägen?
Ja, für mich sammeln die Schiffe sich,
die Tarsisschiffe [11] allen voran,
deine Söhne herzubringen von fern;
ihr Silber und Gold bringen sie mit
für den Namen Jahwes, deines Gottes,
für den Heiligen Israels; denn er will dich zu Ehren bringen.

Ausländer bauen deine Mauern auf,
und ihre Könige weihen dir ihren Dienst;
denn in meinem Grimme schlug ich dich ja,
doch in meiner Huld erbarme ich mich dein.
Deine Tore hält man ständig geöffnet,
Tag und Nacht bleiben sie unverschlossen,
um zu dir den Reichtum der Völker zu bringen
unter der Führung ihrer Könige.
Es geht zu dir ein des Libanon Pracht,
Zypressen, Eschen und Fichten zugleich,
zu schmücken meine heilige Stätte;
den Ort meiner Füße will ich ehren.
Die Söhne deiner Unterdrücker kommen gebückt zu dir;
alle deine Verächter fallen dir zu Füßen.
Man nennt dich »Stadt Jahwes,
Zion des Heiligen Israels«.

Dafür, daß du eine Vereinsamte warst,
eine Ungeliebte, die niemand besuchte,
mache ich dich zur ewigen Pracht,
zur Wonne für alle Geschlechter.
Saugen wirst du der Völker Milch,
saugen wirst du der Könige Brust,
ja erfahren sollst du, daß ich, Jahwe, dein Heiland bin,
und daß dein Erlöser der Starke Jakobs ist.
Statt des Erzes bringe ich Gold herbei,

---

10 Die Gebiete des Stammes Kedar und der Nabatäer (= Nebajot) in der syrisch-arabischen Wüste waren berühmt für ihren großen Schafreichtum.
11 Zu »Tarsisschiffen« vgl. oben S. 350, Anm. 40.

statt des Eisens bringe ich Silber,
statt des Holzes Erz und statt der Steine Eisen.
Ich setze dir als Obrigkeit Frieden ein
und als deine Regierung Gerechtigkeit.
Nimmer hört man in deinem Land von Gewalt,
von Zerstörung und Sturz in deinen Grenzen:
»Heil« nennst du deine Mauern
und deine Tore »Ruhm«.

Nicht mehr dient dir die Sonne als Licht am Tag,
nicht leuchtet der Mond dir zur nächtlichen Helle,
sondern Jahwe ist dir ewiges Licht
und dein Gott dein herrlicher Glanz.
Nimmer geht deine Sonne dir unter,
nicht wird dir der Mond verschwinden;
denn Jahwe dient dir zum ewigen Licht,
und die Tage der Trauer sind für dich zu Ende.

Deine Bürger werden lauter Gerechte,
sie besitzen auf ewig das Land.
Jahwe ist der Wächter seiner Pflanzung,
des Werkes seiner Hände zu seiner Verherrlichung.
Aus dem Kleinsten wird eine Tausendschaft,
aus dem Geringsten ein starkes Volk.
Ich, Jahwe, beschleunige es zu seiner Zeit. (Jes 60, 1–11.13–22)

Eine Krone in der Hand Jahwes

Die kleine Sammlung Jes 60–62 schließt mit einer Redeeinheit über das Verhältnis zwischen Jahwe und dem neuen Jerusalem. Die Stadt in ihrer Pracht und in ihrem Glanz wird wie ein königliches Diadem in der Hand Jahwes sein. Sie gleicht einer Braut, an der Jahwe wie ein Bräutigam seine Freude hat. Die neue Zuwendung Jahwes zu Jerusalem findet in einem neuen Rahmen, den Jahwe ihr gibt, ihren Ausdruck.

Auch dieses Wort enthält zahlreiche Anklänge an Deuterojesaja. Aber auch hier haben die gleichen Worte wiederum einen gänzlich anderen Sinn. Nicht die Deportierten werden aufgefordert auszuziehen, sondern die, die schon in Jerusalem wohnen; nicht an die Himmlischen ergeht der Befehl, für Jahwe eine Straße durch die Wüste zu bauen, sondern die Jerusalemer sollen den Weg bereiten für die, die aus dem Exil noch nicht zurückgekehrt sind.

Zion zulieb darf ich nicht schweigen,
Jerusalems wegen nicht stillhalten,
bis hervorgeht wie Lichtglanz seine Gerechtigkeit
und sein Heil wie eine Fackel entbrennt.
Völker werden deine Gerechtigkeit schauen

und alle Könige deine Herrlichkeit.
Du wirst mit einem neuen Namen genannt,
der geprägt wird vom Munde Jahwes.
Du wirst eine prächtige Krone sein in Jahwes Hand,
ein Königsdiadem in der Hand deines Gottes.
Nicht länger wird man dich »Verlassene« nennen
noch dein Land »Vereinsamte« heißen,
sondern man nennt dich »Meine Lust an ihr«
und dein Land »Vermählte«.
Denn Jahwe hat an dir seine Lust,
und dein Land wird vermählt.
Wie sich nämlich der Jüngling mit der Jungfrau vermählt,
so vermählt sich mit dir dein Erbauer;
wie der Bräutigam sich freut über die Braut,
so freut sich über dich dein Gott.

Über deine Mauern, Jerusalem,
habe ich Wächter beordert,
den ganzen Tag und die ganze Nacht
dürfen sie niemals schweigen!
Ihr, die ihr Jahwe erinnern sollt,
gönnt euch nicht Ruhe,
und auch ihm laßt keine Ruhe,
bis er Jerusalem wiederherstellt
und zum Ruhm auf Erden macht!

Jahwe schwur bei seiner rechten Hand
und bei seinem gewaltigen Arm:
»Nie wieder gebe ich dein Korn
deinen Feinden zur Nahrung;
Ausländer trinken deinen Most nicht mehr,
um den du dich abgemüht.
Nein, wer es eingeerntet, soll es genießen
und Jahwe preisen;
wer den Most eingeheimst, soll ihn trinken
in meines Heiligtums Höfen!«

Zieht aus, zieht aus durch die Tore,
bahnt des Volkes Weg,
baut, ja baut die Straße,
macht von Steinen sie frei,
hebt über die Völker ein Panier!
Seht, Jahwe macht es bekannt
bis an das Ende der Erde:

Sagt der Tochter Zion:
Fürwahr, es kommt dein Heil!
Siehe, die er sich erworben, kommen mit ihm;
und die er sich verdient hat, ziehen vor ihm her!
Dann nennt man sie »Heiliges Volk«,
»Erlöste Jahwes«,
dich aber nennt man »Gesuchte«,
»Nichtverlassene Stadt«. (Jes 62, 1–12)

4. Die Prophetie der späten persischen Zeit

Nach Haggai, Sacharja und dem Propheten von Jes 60–62 fand die Prophetie bald ein Ende. Die Kraft, von der die Weissagungen eines Amos, Jeremia oder Deuterojesaja getragen worden waren, war am Erlöschen. Große geschichtliche Bewegungen, von denen die Prophetie jahrhundertelang ihre Anstöße bekommen hatte, fehlten. »Israel«, das Volk Jahwes, war zu einer Glaubensgemeinschaft zusammengeschmolzen, die sich selbstgenügsam um den Tempel in Jerusalem scharte. Auf solch engem geistigem Raum konnte die Prophetie nur noch spärlich gedeihen.

Die Weissagungen, die uns aus dem 5. und 4. Jahrhundert überliefert sind, lassen schwerwiegende theologische Auseinandersetzungen innerhalb der Jerusalemer Gemeinde sichtbar werden. Ihren Ursprung hatten sie in der unterschiedlichen Deutung des von den vorexilischen Propheten angekündigten Gerichts über Israel. In dieser Frage standen sich zwei Gruppen gegenüber. Die einen hielten die Unheilsankündigungen eines Amos, Jesaja oder Jeremia für erfüllt: Mit der Zerstörung Jerusalems und der Deportation hatte Jahwe das Gericht an seinem Volk vollstreckt. Diejenigen, die die Katastrophe überlebt hatten, durften sich darum zu dem »Rest« rechnen, mit dem Jahwe noch einmal beginnen wollte. Für sie hatte eine neue Zeit des Heils begonnen. Der wiedererrichtete Tempel und der dort geübte Kult waren das Unterpfand dafür, daß Jahwe inmitten seiner Gemeinde für immer Wohnung bezogen hatte. Jerusalem war die »heilige«, für alle Feinde unantastbare Stadt, in der die Herrschaft Gottes schon ihren Anfang genommen hatte. Ihrer endgültigen weltweiten Verwirklichung. mußte nur noch das Gericht Jahwes an den Völkern vorausgehen. Diese Linie der Erwartungen war von Deuterojesaja, dem Propheten von Jes 60–62 und anderen vorgezeichnet worden. Sie fand ihre Anhänger vor allem in der Jerusalemer Priesterschaft.

Ihnen standen die prophetischen Kreise Jerusalems gegenüber. Für sie waren die alten Unheilsweissagungen der vorexilischen Propheten noch immer unerfüllt. Das Gericht Jahwes stand noch aus. Es würde in gleicher Weise Israel und die Völker treffen. Beide Grundanschauungen fanden im einzelnen recht unterschiedliche Ausprägungen.

Der Keltertreter

Die Vorstellung, daß Jahwe allein mit den Völkern abrechnen werde, war in der Prophetie der persischen Zeit weit verbreitet. Eine besonders originelle Ausprägung erfährt diese Erwartung in einem Stück, das sich nicht genau datieren läßt. Hier wird die letzte Auseinandersetzung zwischen Jahwe und den Völkern als ein grandioser Zweikampf dargestellt, wobei die ganze Maßlosigkeit des Kampfes im Bild des Keltertreters zum Ausdruck gebracht wird.

Das Wort hat die Form eines Dialoges, in dem der aus der Schlacht zurückkehrende Held den Wächtern am Tor auf ihre Fragen über seine Person und seine Taten Rede und Antwort steht.

> Wer ists, der da von Edom kommt,
> in hochroten Kleidern von Bozra [12]?
> Der im herrlichen Prachtgewand
> aufgereckt schreitet in der Fülle seiner Kraft?
> »Ich bin es, der in Gerechtigkeit redet
> und groß ist im Helfen!«
>
> Warum aber ist rot dein Gewand,
> deine Kleider wie die eines Keltertreters?
> »Die Kelter trat ich allein,
> von den Völkern stand niemand mir bei.
> Ich trat sie nieder in meinem Zorn,
> zerstampfte sie in meinem Grimm;
> es spritzte ihr Saft an meine Kleider,
> und alle meine Gewänder besudelte ich.
>
> Denn ein Rachetag lag mir im Sinn,
> mein Erlösungsjahr war erschienen.
> Ich hielt Ausschau, doch kein Helfer war da;
> ich blickte gespannt umher, doch es gab keinen Beistand.
> Da half mir mein Arm,
> und mein Grimm stand mir bei.
> Völker zertrat ich in meinem Zorn,
> zerschmetterte sie in meinem Grimm
> und ließ ihren Saft zur Erde rinnen.«   (Jes 63, 1–6)

---

[12] Das Land Edom mit seiner Hauptstadt Bozra steht hier stellvertretend für alle nichtisraelitischen und jahwefeindlichen Völker.

Das Kommen Jahwes

Die nachexilische Prophetie war weithin von der Erwartung durchdrungen, daß Jahwe kommen, in seinem Tempel in Jerusalem Wohnung nehmen und von dort aus über seine Gemeinde und alle Völker herrschen werde. In einem Wort der Sammlung *Maleachi* – sie geht auf einen Propheten in der ersten Hälfte des 5. Jahrhunderts zurück – wird diese Erwartung in höchst bedeutsamer Weise abgewandelt: Jahwe kommt – aber zum Gericht an seiner eigenen Gemeinde.

> Ihr belästigt Jahwe mit euren Reden!
> Nun fragt ihr: »Womit belästigen wir ihn?«
> Damit, daß ihr sagt: »Jeder Übeltäter
> steht in Gunst bei Jahwe;
> an solchen hat er Gefallen!
> Oder wo bleibt sonst der Gott des Gerichtes?«
> »Siehe, ich sende meinen Boten,
> daß er einen Weg vor mir bereite!
> Dann kommt sofort zu seinem Tempel
> der Herr, den ihr erwartet.«
> Wer aber erträgt den Tag seines Kommens,
> und wer hält stand bei seinem Erscheinen?
> Denn er gleicht dem Feuer des Schmelzers
> und der Lauge der Waschenden.
> »Ich nahe mich euch zum Gericht
> und trete als dringender Zeuge auf
> gegen Zauberer und Ehebrecher,
> gegen die, die Meineid schwören,
> und gegen alle, die den Lohnarbeiter bedrücken,
> die Witwe und die Waise,
> die den Fremden entrechten
> und mich nicht fürchten«,
> spricht Jahwe der Heerscharen.   (Mal 2, 17; 3, 1 f. 5)

Der Nördliche

Stärker noch ist die Erwartung eines bevorstehenden Gerichts im Buch *Joel* ausgeprägt. Joel ist wahrscheinlich in der ersten Hälfte des 4. Jahrhunderts in Jerusalem aufgetreten. Trotz des Untergangs von Jerusalem und des babylonischen Exils galten ihm die Unheilsankündigungen der vorexilischen Propheten noch immer als unerfüllt. Nur die sofortige Umkehr zu Jahwe konnte die Gemeinde vor dem göttlichen Zorn bewahren. Nach dieser Umkehr aber würde Jahwe seinen Geist über die Gemeinde ausgießen und sie so von Grund auf umwandeln. Die Völker hingegen würde Jahwe in einem großen Kampf in der »Ebene des Gerichtsentscheids« ihrer Strafe zuführen.

Joel erwartete das bevorstehende Gericht als ein von Jahwe herbeigeführtes riesiges Heer heuschreckenähnlicher Wesen, die sich auf Jerusalem stürzen. Die Wende von der Bedrohung durch das feindliche Heer zu der beginnenden Heilzeit wird durch den prophetischen Ruf zur Umkehr und die Aufforderung zu einer Volksklage vorbereitet. Sie ist erzählerisch markiert durch die Bemerkung: »Damals ereiferte sich Jahwe für sein Land und empfand Mitleid mit seinem Volk.«

> Stoßt ins Horn auf dem Zion,
> erhebt Schlachtgeschrei auf meinem heiligen Berg,
> daß alle Bewohner des Landes erzittern!
> Denn es kommt der Tag Jahwes,
> ja, er ist nahe: ein Tag der Düsterkeit und Finsternis,
> ein Tag der Wolken und des Dunkels.
> Wie Morgenrot, ausgebreitet über den Bergen,
> ist ein Volk, zahlreich und mächtig.
> Seinesgleichen hat es vordem noch nie gegeben
> und wird es nach ihm nicht mehr geben
> bis zu den Jahren fernster Geschlechter.
> Vor ihm her frißt Feuer,
> und hinter ihm her sengt die Flamme.
> Wie der Garten von Eden ist vor ihm das Land,
> doch hinter ihm öde Wüste.
> Nichts kann ihm entrinnen.
> Wie Pferde sehen sie aus,
> wie Rosse stürmen sie voran.
> Wie rasselnde Streitwagen
> sprengen sie über die Kämme der Berge,
> wie das Knistern der Feuerflamme,
> die Strohstoppeln frißt,
> wie ein mächtiges Volk,
> gerüstet zum Kampf.
> Völker erbeben vor ihm,
> alle Gesichter erröten vor Schrecken.
> Gleich Helden stürmen sie vorwärts,
> wie Krieger erklettern sie Mauern.
> Jeder hält seinen Weg ein,
> und ihre Pfade wechseln sie nicht.
> Keiner stößt seinen Nachbarn,
> jeder zieht seine eigene Bahn.
> Selbst durch dazwischengeworfene Blöcke
> lassen sie den Zug nicht unterbrechen.
> Sie stürzen sich auf die Stadt,
> laufen auf der Mauer,
> erklimmen die Häuser,
> steigen durch die Fenster wie Diebe.
> Vor ihnen erzittert die Erde,
> erbeben die Himmel.

Sonne und Mond verfinstern sich,
die Sterne verlieren ihren Glanz.
Dazu läßt Jahwe seine Donnerstimme ertönen
vor seiner Kriegsschar her.
Denn gewaltig an Zahl ist sein Heerlager,
ja, mächtig ist der Vollstrecker seines Wortes.
Denn groß ist der Tag Jahwes
und überaus furchtbar; wer kann ihn bestehen?

»Doch auch jetzt noch«, spricht Jahwe,
»bekehrt euch zu mir mit ganzem Herzen,
mit Fasten, Weinen und Klagen!«
Zerreißt dabei euer Herz und nicht eure Kleider,
bekehrt euch zu Jahwe, eurem Gott!
Denn gnädig ist er und barmherzig,
langmütig und reich an Güte;
er läßt sich des Unheils gereuen [13].
Wer weiß, vielleicht gereut es ihn wieder,
so daß er zuletzt einen Segen zurückläßt:
Speise und Trank zum Opfer für Jahwe, euren Gott!

Stoßt ins Horn auf dem Zion,
verordnet ein heiliges Fasten,
ruft einen Feiertag aus!
Versammelt das Volk,
beruft die Gemeinde,
bringt die Greise herbei,
holt die Kinder und die Säuglinge her!
Der Bräutigam komme aus seiner Kammer
und die Braut aus ihrem Gemach!
Zwischen Vorhalle und Altar sollen weinen
die Priester, die Diener Jahwes!
Sie mögen sprechen:
»Verschone, Jahwe, dein Volk,
und gib nicht dein Erbe der Schmach preis,
daß Heidenvölker über sie spotten!
Warum soll es heißen unter den Völkern:
›Wo ist denn ihr Gott?‹«

Nun erwachte der Eifer Jahwes für sein Land,
und er erbarmte sich seines Volkes.

---

13 Joel zitiert hier eine alte, im Alten Testament häufig wiederkehrende Bekenntnisformel (vgl. unten S. 505 f.).

Jahwe gab seinem Volk Antwort und sprach:
»Seht, ich sende euch Korn, Most und Öl,
damit ihr euch daran sättigen könnt.
Ich lasse euch fortan nicht mehr
zur Schmach werden unter den Völkern.
Den Feind aus dem Norden nehme ich von euch weg
und vertreibe ihn in ein dürres und ödes Land,
seinen Vortrab ins Ostmeer, seine Nachhut ins Westmeer.
Dann wird sein Gestank aufsteigen
und sein Modergeruch sich verbreiten.« (Jl 2, 1–20)

Der König über die ganze Erde

Mit einem Gericht über Jerusalem rechnet auch ein Abschnitt aus spätnachexilischer Zeit, der dem Sacharjabuch als Schlußkapitel angefügt worden ist. Hier hat die Gerichtserwartung über Joel hinaus noch eine weitere Verschärfung erfahren. Jerusalem hat jetzt nicht mehr die Möglichkeit, durch eine Umkehr zu Jahwe das göttliche Gericht im letzten Augenblick von sich abzuwenden, es muß vielmehr durch das Gericht hindurch. Erst dann führt Jahwe die neue Zeit herauf. Auch die Rolle der Völker ist ausgeprägter als bei Joel. Zuerst vollstrecken sie das Urteil Jahwes über Jerusalem, danach tritt Jahwe zu einem Jahwekrieg gegen sie an. Der Rest der Völker geht schließlich zusammen mit dem Rest der Jerusalemer in die Königsherrschaft Jahwes ein. Für den Verfasser des Kapitels beginnt mit der Königsherrschaft Jahwes über die Welt etwas gänzlich Neues, das alle bisher gültigen Naturordnungen sprengt: Es wird keine Tages- und Jahreszeiten mehr geben, und die Umgebung von Jerusalem wird wundervoll verändert sein.

Siehe, ein Tag kommt für Jahwe, da wird die Beute an dir in deiner Mitte verteilt. Ich versammle alle Völker zum Kampf wider Jerusalem. Die Stadt wird eingenommen, die Häuser werden geplündert, die Frauen geschändet. Die Hälfte der Stadt muß fort in die Verbannung. Dann wird Jahwe ausziehen und gegen diese Völker kämpfen, wie er kämpfte am Tage der Schlacht. Seine Füße werden an jenem Tag auf dem Ölberg stehen, so daß der Ölberg sich in der Mitte spaltet. Dann wird Jahwe, dein Gott, einziehen und alle Heiligen mit ihm.

An jenem Tage wird es nicht mehr Kälte und Frost geben. Da wird ein einziger Tag sein, nicht mehr Tag und Nacht, und um die Abendzeit wird es wieder hell. An jenem Tage wird es geschehen, da geht frisches Quellwasser von Jerusalem aus; die eine Hälfte fließt zum Ostmeer, die andere zum Westmeer; sowohl im Sommer als auch im Winter ist es vorhanden. Dann wird Jahwe über die ganze Erde König sein. An jenem Tage wird Jahwe der einzige sein und sein Name der einzige. Einen Bann wird es nicht mehr geben, so daß Jerusalem in Sicherheit geborgen ist.

An jenem Tage wird es geschehen: Eine große, von Jahwe gesandte Verwirrung entsteht unter ihnen [14], so daß einer die Hand des anderen ergreift und einer gegen den anderen die Hand erhebt. Der Besitz aller Völker ringsum wird eingebracht, Gold, Silber und Kleider in großer Menge. Dann wird es geschehen: Der gesamte Rest von all den Völkern, die gegen Jerusalem zogen, wird Jahr für Jahr hinaufpilgern, um den König, Jahwe der Heerscharen, anzubeten und das Laubhüttenfest zu feiern. Wer aber von den Völkerstämmen der Erde nicht hinaufzieht nach Jerusalem, um den König, Jahwe der Heerscharen, anzubeten, über diese wird kein Regen kommen [15]. Das also wird die Strafe für alle Völker sein, die nicht hinaufpilgern, um das Laubhüttenfest zu feiern. (Sach 14, 1–9.11.13 f.16–19)

5. Das Jona-Buch

Zu den originellsten Schöpfungen des israelitischen Geistes gehört das Jona-Buch. Dieses mitten unter die Propheten eingereihte Buch enthält weder Sprüche eines Propheten, noch ist es eine Prophetenerzählung wie etwa die Elia-Geschichten oder die Jesaja-Erzählungen. Das im ausgehenden 4. Jahrhundert entstandene Schriftchen ist vielmehr eine *Lehr-Erzählung*. Die »Lehre«, die das Jona-Buch seinen Lesern vermitteln will, knüpft an eine Frage an, die in prophetischen Kreisen der persischen Zeit hochaktuell war, an die Frage nach dem Verhältnis zwischen Jahwe und der Völkerwelt. Die Antwort, die darauf gegeben wird, lautet: Gerade die Heiden sind es, die sich bereitwillig dem Anruf Jahwes öffnen und seine Barmherzigkeit erfahren, Mühe hat Jahwe allein mit seinem eigenen Volk. Nur in der Barmherzigkeit Jahwes mit den Heiden kann auch Israel für sich noch eine Chance finden.

Damit wird deutlich, worum es in der Jona-Erzählung geht. Hier wird nicht spekulativ über das Schicksal der Völker nachgedacht, angesprochen ist Israel selbst, ein Israel, das zwar »Jahwe, den Gott des Himmels« fürchtet und weiß, daß er »ein gnädiger und gütiger Gott« ist, »geduldig und reich an Huld, dem das Unheil leid tut«, das aber nicht bereit ist, mit seinem Katechismuswissen Ernst zu machen; ein Israel, das im Bewußtsein seiner Erwähltheit so sehr befangen ist, daß es an Jahwe Exklusivrechte zu haben meint.

Diesem Israel hält der Verfasser in der Gestalt Jonas einen Spiegel vor. Jener widerspenstige Bote, der, von seinem Gott nach Osten geschickt, in den äußersten Westen zu fliehen versucht, der vor den Toren Ninives sitzt

---

14 Das heißt unter den Völkern, die sich vor Jerusalem versammelt haben.
15 Auf dem im Herbst gefeierten Laubhüttenfest wurde neben dem Dank für die eingebrachte Ernte auch die Bitte um Regen für das kommende Erntejahr vor Jahwe gebracht.

und zornerfüllt erfährt, daß Jahwe seine Gerichtsdrohung gegen die Stadt nicht wahrmacht – dieser Mann verkörpert Israel.

Es ist eine harte Lehre, die der Verfasser seinen Lesern erteilt. Aber er tut es in äußerst schonender, geradezu liebevoller Weise. Es liegt ihm nicht daran, vor den Kopf zu stoßen, er will die Herzen seiner Leser gewinnen. Nirgends ist der Zeigefinger der Belehrung zu sehen. Die gesamte Aussage ist in Erzählung aufgelöst, in Erzählung von einem Geschehen, das von Jahwe selbst Schritt für Schritt vorangetrieben wird. Man hat die Jona-Erzählung eine Novelle genannt. In der Tat: Sowohl hinsichtlich ihres werbenden Bemühens um den Leser als auch in bezug auf ihre kunstvolle Gestaltung stellt sie sich würdig in eine Reihe mit der Geschichte von Isaaks Brautwerbung und der Josephsgeschichte, den markantesten Ausprägungen der israelitischen Novellistik.

Auftrag und Flucht. Es erging das Wort Jahwes an Jona, den Sohn Amittais, wie folgt: »Auf, geh nach Ninive, der großen Stadt und predige wider sie! Denn ihre Bosheit ist zu mir heraufgedrungen.« Doch Jona machte sich auf, um vor Jahwe nach Tarsis zu fliehen. Er begab sich nach Japho und machte dort ein Schiff ausfindig, das nach Tarsis fuhr. Er bezahlte den Fahrpreis und bestieg es, um nach Tarsis mitzufahren, fort aus den Augen Jahwes.

Jona und die Seeleute. Jahwe aber warf einen gewaltigen Wind auf das Meer, so daß ein heftiger Seesturm losbrach und das Schiff zu zerschellen drohte. Die Matrosen gerieten in Furcht, und ein jeder schrie zu seinem Gott. Sie warfen die Gegenstände auf dem Schiff ins Meer, um dadurch den Ballast zu verringern.

Jona aber war in den untersten Schiffsraum hinabgestiegen und lag in tiefem Schlaf. Da trat der Kapitän des Schiffes an ihn heran und sprach zu ihm: »Was schläfst du? Auf, rufe deinen Gott an! Vielleicht ist der Gott uns gnädig gesinnt, daß wir nicht umkommen müssen.« Dann sagten sie zueinander: »Kommt, wir wollen Lose werfen, um festzustellen, um wessentwillen dieses Unheil über uns gekommen ist!« Sie warfen also Lose, und das Los fiel auf Jona. Da sprachen sie zu ihm: »Teile uns doch mit: Was ist dein Gewerbe, und woher kommst du? Wo bist du daheim, und zu welchem Volk gehörst du?« Er entgegnete ihnen: »Ich bin ein Hebräer. Ich verehre Jahwe, den Himmelsgott, der das Meer und das trockene Land gemacht hat.« Da gerieten die Männer in große Furcht und fragten ihn: »Was hast du getan?« Denn die Männer hatten erfahren, daß er vor Jahwe auf der Flucht war. Er hatte es ihnen nämlich mitgeteilt. Sie fragten ihn also: »Was sollen wir mit dir tun, daß das Meer von uns abläßt? Denn die See wird immer stürmischer.« Er erwiderte ihnen: »Nehmt mich und werft mich ins Meer, so wird das Meer von euch ablassen! Denn ich weiß, daß meinetwegen dieser Sturm über euch gekommen ist.« Nun strengten sich die Männer an, um wieder ans Land zu gelangen. Sie vermochten es jedoch nicht; denn die See stürmte immer heftiger gegen sie an. Da riefen sie Jahwe an und sprachen: »Ach, Jahwe, laß uns doch nicht untergehen, wenn wir das Leben dieses Mannes opfern, und rechne es uns nicht als schuldlos vergossenes Blut an! Denn du selbst, Jahwe, hast ins Werk gesetzt, was dir gefiel.« Dann nahmen sie Jona und warfen ihn ins Meer, und sogleich hielt das Meer ein mit seinem Toben. Die Männer aber bekamen große Furcht vor Jahwe; sie brachten Jahwe ein Opfer dar und machten Gelöbnisse.

Rettung und neuer Auftrag. Jahwe jedoch bestellte einen großen Fisch, der Jona verschlingen sollte. So war denn Jona drei Tage und drei Nächte lang im Bauch des Fisches. Da betete Jona zu Jahwe, seinem Gott, vom Bauch des Fisches aus [16]. Da gebot Jahwe dem Fisch, und dieser spie Jona ans Land.

Das Wort Jahwes erging an Jona zum zweiten Male: »Auf, geh nach Ninive, der großen Stadt, und verkünde ihr die Botschaft, die ich dir mitteile!« Da machte sich Jona auf und ging nach Ninive, wie Jahwe befohlen hatte.

Bußpredigt in Ninive. Ninive war aber eine riesige Stadt vor Gott, drei Tagereisen groß. Jona schickte sich an, eine Tagereise weit in die Stadt hineinzugehen. Dann rief er laut: »Noch vierzig Tage, und Ninive wird untergehen!«

Die Niniviten glaubten Gott und riefen ein Fasten aus. Groß und klein unter ihnen legten sich Bußgewänder an. Die Kunde drang bis zum König von Ninive. Da erhob er sich von seinem Thron, legte sein Obergewand ab, hüllte sich in ein Bußkleid und setzte sich in den Staub. Auf Befehl des Königs und seiner Großen ließ man in Ninive verkünden: »Menschen und Vieh, Rinder und Schafe sollen nichts genießen; sie sollen weder auf die Weide gehen noch Wasser trinken! Vielmehr soll man sich in Bußgewänder hüllen – Menschen und Vieh – und mit Ausdauer zu Gott rufen! Jeder bekehre sich von seinem bösen Wandel und von dem Unrecht, das an seinen Händen klebt! Wer weiß, vielleicht reut es Gott wieder, und er läßt ab von seinem glühenden Zorn, so daß wir nicht umkommen.«

Als nun Gott ihr Tun sah, daß sie sich nämlich von ihrem bösen Wandel bekehrten, da ließ er sich des Unheils gereuen, das er ihnen angedroht hatte, und führte es nicht aus.

Jonas Zorn und Jahwes Erbarmen. Das verdroß Jona gar sehr, und er wurde zornig. Er betete zu Gott und sprach: »Ach, Jahwe, habe ich das nicht schon vermutet, als ich noch in meiner Heimat war? Eben darum wollte ich ursprünglich nach Tarsis entfliehen. Ich wußte ja, daß du ein gnädiger und

---

16 An dieser Stelle ist in die Erzählung nachträglich ein Dankgebet eingefügt worden, das hier übergangen wird.

barmherziger Gott bist, langmütig und reich an Huld, der sich des Unheils gereuen läßt. Nun denn, Jahwe, nimm mein Leben von mir; denn es ist besser für mich zu sterben, als zu leben!« Jahwe jedoch erwiderte: »Bist du mit Recht so erzürnt?«

Jona hatte nämlich die Stadt verlassen und sich östlich der Stadt niedergelassen. Er hatte sich dort eine Hütte gebaut und saß darin im Schatten, um abzuwarten, was mit der Stadt geschehen würde. Nun bestellte Jahwe eine Rizinusstaude. Sie wuchs über Jona empor, um seinem Haupt Schatten zu spenden und ihn so seiner mißmutigen Stimmung zu entreißen. Jona hatte denn auch an dem Rizinus eine große Freude. In der Morgenfrühe des nächsten Tages bestellte Gott einen Wurm, der den Rizinus beschädigte, so daß er verdorrte. Als dann die Sonne aufging, bestellte Gott einen glühenden Ostwind, und die Sonne stach Jona aufs Haupt, so daß ihm schwach wurde. Da wünschte er sich den Tod und sprach: »Es ist besser für mich, zu sterben als zu leben.« Gott aber fragte Jona: »Bist du wohl mit Recht so erzürnt wegen der Rizinusstaude?« Er erwiderte: »Ja, mit Recht bin ich zu Tode erzürnt!«

Da sprach Jahwe: »Dir ist es leid um den Rizinus, um den du dich nicht bemüht und den du nicht hochgezogen hast. Über Nacht ist er entstanden, und über Nacht ist er vergangen. Und mir soll es nicht leid sein um Ninive, die große Stadt, in der über 120 000 Menschen leben, die zwischen rechts und links nicht unterscheiden können, und dazu die Menge Vieh?«

(Jona 1, 1–16; 2, 1 f.11; 3, 1–10; 4, 1–11)

B. Die Geschichtsschreibung

Mit dem Wiederaufbau des Tempels und der Verpflichtung auf das »Gesetz des Himmelsgottes« durch Esra hatte der Rest Israels wieder eine neue geistige Mitte bekommen. Israel war nun eine durch das Gesetz Jahwes und den peinlich genau vollzogenen Opferkult zusammengehaltene Religionsgemeinschaft. Die geschichtlichen Taten, in denen sich Jahwe in der Vergangenheit als der Gott Israels erwiesen hatte, traten im Bewußtsein der nachexilischen Gemeinde zurück. Jetzt war Jahwe im Tempelkult gegenwärtig. All sein Tun in der Vergangenheit erscheint jetzt als Vorbereitung und Hinführung zu seiner ordnungsgemäßen Verehrung im Kult. Hier – und das bedeutet: in der nachexilischen Kultgemeinde – findet der lange Weg der Heilsgeschichte Jahwes mit Israel sein Ziel.

Diese einseitig kultisch orientierte Geschichtsschau findet ihren Ausdruck in den beiden großen Geschichtswerken der nachexilischen Zeit: der Priesterschrift und dem chronistischen Geschichtswerk.

1. Die Priesterschrift

Das Geschichtswerk, dem man in der alttestamentlichen Forschung den Namen »Priesterschrift« gegeben hat, ist wahrscheinlich im 5. Jahrhundert im babylonischen Exil entstanden. Vermutlich ist es aus Kreisen der Priesterschaft hervorgegangen. Es enthält sehr viele alte Überlieferungen, die von den israelitischen Priestern jahrhundertelang gepflegt, umgeformt und weitergegeben worden sind. Das Werk ist nachträglich mit den älteren Geschichtswerken des Jahwisten und Elohisten (vgl. S. 23) zusammengearbeitet worden.

Das priesterschriftliche Geschichtswerk setzt bei der Schöpfung ein und endet mit der Einwanderung der Israeliten in Kanaan. Dieser Zeitraum wird in vier Epochen gegliedert, die jeweils durch eine grundlegende Tat Jahwes bestimmt sind. Ihr Ziel findet die Darstellung in der Sinai-Offenbarung: Dort erläßt Jahwe detaillierte Kultordnungen, unter denen er künftig in Israel als Gott verehrt werden will.

Hier nun wird deutlich, warum der Verfasser in so weit fortgeschrittener Zeit noch einmal die alten Überlieferungen von der Erschaffung der Welt, von Noa, Abraham und Mose aufgreift. Er war von dem Bewußtsein durchdrungen, daß sich Jahwe auch nach dem Gericht von 587 noch von seinem Volk finden lassen wollte. Darum hatte er, schon am Sinai, jene Formen gottesdienstlicher Verehrung gestiftet, die an dem wiedererrichteten Tempel in Jerusalem geübt wurden. Dem priesterlichen Autor kam es darauf an, zu zeigen, wie aus der Geschichte immer neue Ordnungen, Setzungen und Stiftungen Jahwes herausgewachsen sind, bis schließlich Jahwe mitten unter seinem Volk Wohnung nahm. Alle Geschichte läuft für den Verfasser auf dieses Ziel hin. Die Erschaffung der Welt und die Vielfalt der Völker, die Erwählung Abrahams und die Herausführung der Israeliten aus Ägypten sind nur Stationen auf dem Weg Jahwes, der im Jerusalem der persischen Zeit sein Ziel findet.

Schöpfung und Schöpferruhe

Die Geschichtsdarstellung der Priesterschrift beginnt mit der Schöpfung. Seinen Höhepunkt und Abschluß findet das Schöpfungsgeschehen mit einem Schöpfungswerk eigener Art: mit der Ruhe Jahwes am siebenten Tag. Mit dieser Ruhe nimmt Jahwe Abstand von seinem Werk. Die Welt tritt aus dem Zustand des Geschaffenwerdens heraus, in der göttlichen Ruhe erfährt sie ihre Vollendung. Für die Priesterschrift bedeutet die Schöpfungsruhe Jahwes eine Verheißung für die Menschen. Auch sie sollen an der Ruhe Gottes teilhaben. Zunächst freilich ist dieses Ziel göttlichen Ruhens noch verborgen; der siebente Tag der Schöpfung ist ein in die Zukunft weisendes Zeichen. Erst in der Mosezeit, nachdem Jahwe selbst die Voraussetzungen für seine Verehrung in einem geordneten Kult geschaffen hat, bekommt Israel mit der Einsetzung des Sabbats Anteil an der Ruhe Jahwes (2 Mose 31, 12–14; vgl. unten S. 511).

So wurden vollendet der Himmel und die Erde und all ihr Heer. Gott vollendete am sechsten Tag sein Werk, das er vollbracht hatte, und ruhte am siebten Tag von all seinem Werk, das er vollbracht hatte. Gott segnete den siebten Tag und heiligte ihn. Denn an ihm hat er von all seinem Werk geruht, das Gott wirkend geschaffen hat.

Dies ist die Entstehung des Himmels und der Erde, als sie geschaffen wurden.

(1 Mose 2, 1–4)

Der Bund Jahwes mit Noa

Die Sintflut ist für die Priesterschrift ein schwerwiegender Einschnitt: Die erste, von Adam ausgehende Epoche der Menschheit geht zu Ende, ein neues Weltzeitalter beginnt. Es ist bestimmt durch die Furcht und den Schrecken der Kreaturen vor dem Menschen und durch das Blutvergießen der Menschen untereinander. Zugleich aber eröffnet die Sintflut einen Neuanfang im Verhältnis zwischen Jahwe und den Menschen. Jahwe wendet sich einem einzigen Menschen, Noa, zu und verpflichtet sich ihm in einem feierlich geschlossenen Bund. Darin erneuert und bestätigt er die im Schöpfungsgeschehen gesetzten Ordnungen. Darüber hinaus überträgt er wichtige göttliche Rechte auf den Menschen und gibt ihm damit aktiven Anteil an der Verwaltung der Erde (vgl. oben S. 142 f.).

Gott segnete den Noa und seine Söhne und sprach zu ihnen: »Seid fruchtbar, mehrt euch und erfüllt die Erde! Furcht vor euch und Schrecken sei bei allen Erdentieren, bei allen Himmelsvögeln, bei allem, was auf dem Erdboden kriecht, und bei allen Fischen des Meeres; in eure Hand sind sie gegeben. Alles, was sich regt und lebendig ist, diene euch zur Nahrung; wie das Grünkraut gebe ich euch alles. Jedoch lebendiges Fleisch, mit seinem Blut noch verbunden, sollt ihr nicht essen. Aber euer Blut werde ich fordern, und zwar für jeden einzelnen aus euch; von jeglichem Tier will ich es fordern und vom Menschen, von jedermanns Bruder werde ich das Leben des Menschen fordern. Wer Menschenblut vergießt, dessen Blut soll durch Menschen vergossen werden! Denn nach seinem Bilde hat Gott den Menschen gemacht. Ihr aber seid fruchtbar und mehrt euch, wimmelt auf der Erde und mehrt euch auf ihr!«

Dann sprach Gott zu Noa und seinen Söhnen: »Ich aber, ich stifte meinen Bund mit euch und eurem Samen nach euch und mit allen lebendigen Wesen, die bei euch sind, Vögeln, Vieh und allem Wild des Landes bei euch, mit allen, die aus der Arche herausgekommen sind. Meinen Bund stifte ich mit euch. Hinfort soll nicht mehr alles Fleisch von den Wassern der Flut vernichtet werden, und die Flut soll nicht mehr auf Erden kommen, die Erde zu verderben.« Und Gott sprach: »Dies ist das Zeichen des Bundes, den ich zwischen mir und euch und allen lebendigen Wesen bei euch für ewige Geschlechter setze: Meinen Bogen setze ich in die Wolken. Er soll ein Bundeszeichen zwischen mir und der Erde sein. Wenn ich nun Gewölk über der Erde balle und wenn der Bogen in den Wolken erscheint, so will ich meines Bundes gedenken, der zwischen mir und euch und allen lebenden Wesen besteht, und niemals mehr soll das Wasser zur Flut werden, um jegliches Leben zu verderben. Wenn der Bogen in den Wolken steht, dann werde ich ihn ansehen, um des immerwährenden Bundes zu gedenken, der zwischen Gott und allen Lebewesen jeglicher Art auf Erden besteht.« Gott sprach zu Noa: »Dies ist das Zeichen des Bundes, den ich zwischen mir und allen Lebewesen auf Erden stifte.« (1 Mose 9, 1–17)

Der Bund Jahwes mit Abraham

Mit Abraham beginnt die dritte Epoche in der Geschichtsschau der Priesterschrift: Aus der Vielfalt der Völkerwelt greift Jahwe Abraham heraus und schließt mit ihm einen Bund. Aus der Weltgeschichte löst sich die Geschichte Israels heraus. Die Art des Bundesschlusses verdeutlicht, um wie vieles enger jetzt das Verhältnis Jahwes zu seinem Bundespartner geworden ist. Der Noabund hatte sich neben Noa an »alle lebenden Wesen« auf der Erde gewandt, Jahwe war eine einseitige Verpflichtung eingegangen, ohne von seinen Partnern eine Gegenleistung zu verlangen. Der Abrahambund hingegen gilt ausschließlich für den engen Kreis Abrahams und seiner Nachkommen. Indem sie die göttlichen Verheißungen annehmen, werden sie von Jahwe verpflichtet, seinen Bund zu halten.

In der priesterschriftlichen Version des Bundesschlusses mit Abraham spiegelt sich die Situation des Exils. Die Beschneidung war ein seit alter Zeit in Israel geübter Ritus ohne zentrale Bedeutung für den Jahweglauben. Im Exil jedoch wurde sie zu einem Bekenntnisakt, mit dem die fern von Tempel und Tempelkult in Babylonien lebenden Israeliten in einer heidnischen Umgebung ihre Zugehörigkeit zu Jahwe zum Ausdruck brachten. Die Priesterschrift hat dieser neuen Bedeutung der Beschneidung damit Rechnung getragen, daß sie sie in den Bundesschluß Jahwes mit Abraham einbezogen und mit den grundlegenden Verheißungen an die Väter, den Verheißungen einer großen Nachkommenschaft und des Landbesitzes, verbunden hat.

Abram war 99 Jahre alt, da erschien ihm Jahwe und sprach zu ihm: »Ich bin El Schaddaj [17]; wandle vor mir und sei untadelig! Ich will einen Bund zwischen mir und dir stiften und will dich überaus zahlreich machen.« Da fiel Abram auf sein Angesicht nieder, und Gott redete mit ihm und sprach: »Siehe, das ist mein Bund mit dir: Du wirst zum Vater einer Völkermenge werden. Fortan soll dein Name nicht mehr Abram heißen, sondern Abraham, denn zum ›Vater einer Völkermenge‹ will ich dich bestellen [18]. Und sehr fruchtbar will ich dich machen; zu Völkern will ich dich werden lassen, und Könige werden aus dir hervorgehen.

Errichten will ich meinen Bund zwischen mir und dir und deiner Nach-

---

17 »El Schaddaj« ist der Name eines der sogenannten »Vätergötter« (vgl. oben S. 71). Die Priesterschrift sieht in El Schaddaj eine vorläufige Stufe göttlicher Selbstoffenbarung gegenüber den Erzvätern vor der Kundmachung des Jahwenamens.

18 Zu den beiden Namensformen »Abram« und »Abraham« vgl. S. 74, Anm. 45. Die Priesterschrift bringt die Langform des Namens mit der Verheißung großer Nachkommenschaft in Verbindung.

kommenschaft in ihren Geschlechtern. Ein immerwährender Bund soll es sein, für dich und deine Nachkommen will ich Gott sein. Geben will ich dir und deiner Nachkommenschaft das Land, in dem du jetzt als Fremder weilst, das ganze Land Kanaan, zum dauernden Besitz. Ich will ihr Gott sein.«

Danach sprach Gott zu Abraham: »Du aber sollst meinen Bund halten, du und deine Nachkommenschaft in ihren Geschlechtern. Dies ist mein Bund, den ihr halten sollt; er besteht zwischen mir und euch und deiner Nachkommenschaft: Beschnitten soll bei euch alles Männliche werden. Ihr sollt euch am Fleisch eurer Vorhaut beschneiden lassen. Dies soll ein Bundeszeichen zwischen mir und euch sein. Im Alter von acht Tagen soll bei euch in allen Geschlechtern alles Männliche beschnitten werden, der Hausgeborene und der für Geld von einem Fremden gekaufte[19], der nicht von dir abstammt. Beschnitten werden muß dein Hausgeborener und der für Geld erworbene. Mein Bund an eurem Fleische soll ein ewiger Bund sein! Ein unbeschnittener Mann, der nicht am Fleische seiner Vorhaut beschnitten ist, soll aus seinem Volke ausgerottet werden; denn meinen Bund hat er gebrochen.«

(1 Mose 17, 1–14)

Die Erscheinung Jahwes am Sinai

Die von der Priesterschrift nachgezeichnete Geschichte findet ihr Ziel im Sinai-Geschehen: Jahwe gibt Mose bis ins einzelne gehende Anweisungen zur Einrichtung des Kultus. Die Abraham gegebene Verheißung »Ich will ihr Gott sein« (1 Mose 17, 8; vgl. oben) erfährt mit dieser Stiftung des Jahwekultes ihre Erfüllung. Durch die Verordnung des Sabbats erhält Israel jetzt auch Anteil an der Ruhe Jahwes.

Anders als die älteren Erzählungswerke kennt die Priesterschrift am eigentlichen Höhepunkt ihrer Darstellung keinen Bundesschluß. In dieser Eigenart wird das besondere Anliegen der Priesterschrift deutlich. Sie will ihren Zeitgenossen dartun, daß der letzte, bis in die Gegenwart gültige Bund der *Bund Jahwes mit Abraham* ist. Die älteren Erzählungswerke hatten den Bundesschluß Jahwes mit Mose am Sinai als die Grundlage für das Verhältnis zwischen Jahwe und Israel verstanden. Dieser Bund aber galt seit der Verkündigung Jeremias und Ezechiels als unwiderruflich zerbrochen: Jahwe hatte den Ungehorsam Israels mit dem Gericht bestraft. Der Verfasser der Priesterschrift blickt darum noch weiter in die Geschichte Jahwes mit seinem Volk zurück: Der Bund, auf den sich Israel auch nach dem Gericht noch berufen durfte, war der Abraham-Bund. Die Ereignisse am Sinai sieht der Verfasser ganz im Lichte dieses Verheißungsbundes. Am Sinai hatte Jahwe seinem Volk die Möglichkeit gegeben, ihn als Gott zu verehren, seine Sünden durch Opfer und Versöhnungstage zu sühnen und sich damit immer wieder neu als Volk Jahwes zu erweisen.

Im dritten Monat seit dem Auszug der Israeliten aus Ägypten, an eben diesem Tag, gelangten sie in die Wüste Sinai. Sie waren von Rephidim aufgebrochen, kamen in die Wüste Sinai und schlugen in der Wüste ein Lager auf.

Die Wolke aber verhüllte den Berg. Die Herrlichkeit Jahwes ließ sich auf

---

19 Gemeint sind zwei verschiedene Arten von Sklaven.

den Berg Sinai nieder, und die Wolke bedeckte ihn sechs Tage lang. Am siebten Tag rief er Mose an mitten aus dem Gewölk. Die Herrlichkeit Jahwes aber erschien den Israeliten wie ein loderndes Feuer auf dem Berggipfel. Mose ging in die Wolke hinein, stieg den Berg hinauf und verblieb 40 Tage und 40 Nächte auf dem Berg.

Jahwe sprach zu Mose folgendermaßen: »Sage den Israeliten, sie sollen für mich eine Abgabe erheben. Von jedem, der von Herzen gibt, sollt ihr diese Abgabe für mich erheben. Die Abgabe, die ihr von ihnen erheben sollt, sei folgende: Gold, Silber und Kupfer, violette Purpurwolle, roter Purpur und karmesinfarbener Stoff, Byssus und Ziegenhaare, rotgefärbte Widderfelle, Tachaschhäute und Akazienholz. Sie sollen mir ein Heiligtum errichten, und ich will in ihrer Mitte wohnen. So wie ich dir das Modell der Wohnstätte und das Modell all ihrer Geräte zeige, so sollt ihr es machen.«

Jahwe sprach zu Mose: »Sage den Israeliten: Besonders beachtet meine Sabbate; denn sie sind ein Zeichen zwischen mir und euch in all euren Geschlechtern. Daran soll man erkennen, daß ich, Jahwe, es bin, der euch heiligt. Beobachtet also den Sabbat; denn heilig soll er euch sein! Wer ihn entheiligt, muß des Todes sterben. Ja, jeder, der an ihm eine Arbeit verrichtet, dessen Leben soll aus der Mitte seiner Sippengenossen ausgetilgt werden.«

(2 Mose 19, 1 f.; 24, 15–18; 25, 1–5.8 f.; 31, 12–14)

2. Das chronistische Geschichtswerk

Das sogenannte »chronistische Geschichtswerk« ist vermutlich in der Zeit um 300 v. Chr. in Jerusalem entstanden. Das Werk umfaßt die beiden Chronikbücher, von denen es seinen wissenschaftlichen Namen hat, und die Bücher Esra und Nehemia. Von allen israelitischen Geschichtswerken umspannt es den größten Zeitraum: Es reicht von Adam bis hinab in die Zeit Esras und Nehemias. Der Verfasser des chronistischen Werkes, der »Chronist«, hat bei seiner Darstellung auf ältere literarische Vorlagen zurückgegriffen. Für die Zeit bis zum Exil stützt er sich vor allem auf das Deuteronomistische Geschichtswerk, für die persische Zeit hat er allerlei zeitgenössische Quellen herangezogen.

Das Werk soll die nachexilische Gemeinde in Jerusalem als die einzig legitime Nachfolgerin des vorexilischen Israel ausweisen. Die beiden Grundpfeiler in der Beweisführung des Chronisten sind das Davidische Königtum und der Jerusalemer Tempel. Beide sind für ihn von Jahwe gestiftet, ja, sie haben geradezu göttliche Dignität; neben ihnen gibt es kein anderes gottgewolltes Königtum und keinen anderen Ort der Verehrung Jahwes. Entgegen dem historischen Sachverhalt und entgegen der Darstellung des Deuteronomisten ist die Geschichte des Tempels beim Chronisten auf das engste mit der Person Davids verknüpft.

Hinter dieser pointierten Geschichtsschau wird der eigentliche Adressat des chronistischen Geschichtswerkes sichtbar. Nachdem in den Jahren 333 bis 331 v. Chr. Alexander der Große als Nachfolger der Perser die Herrschaft über den Vorderen Orient angetreten hatte, hatten sich die Bewohner der Provinz Samarien kultisch von Jerusalem losgelöst und auf dem Berg Garizim bei Sichem ein eigenes Heiligtum errichtet. Mit diesem Ereignis hatte die jahrhundertelange politische und religiöse Rivalität zwischen den mittelpalästinischen Stämmen und den Südstämmen, zwischen den Reichen Israel und Juda, ihren Abschluß gefunden. Seitdem existierte neben dem Tempel von Jerusalem ein zweites Heiligtum, das für sich in Anspruch nahm, der einzig legitime Ort der Verehrung Jahwes zu sein.

Diesen Anspruch will der Chronist zurückweisen. Er bemüht sich, nachzuweisen, daß die Bewohner des einstigen Nordreiches in Wahrheit von Jahwe abgefallen waren, und zwar schon bei der Trennung der beiden Reiche Israel und Juda im Jahr 925 v. Chr. Seiner Beweisführung dient die Glorifizierung des Königtums Davids und die große Bedeutung, die der Tempelkult in seinem Werk erhält. Aus dem gleichen Grund unterschlägt er auch die gesamte Geschichte des Staates Israel. Allein die Jerusalemer Gemeinde seiner Zeit ist in seinen Augen die echte Nachfolgerin des alten Israel.

Königtum und Tempel

Der Chronist hat in seine Geschichtsdarstellung eine Fülle selbstformulierter Reden eingeschoben. Sie wenden sich, über ihre jeweiligen fingierten Adressaten hinaus, direkt an die Leser seines Werkes. Sie ermahnen zum Vertrauen auf Jahwe, warnen vor dem Abfall von ihm und decken Zusammenhänge zwischen Schuld und Strafe auf, sie trösten, belehren und ermutigen. Viele von ihnen enthalten Zitate aus älteren Schriften, die das Gesagte durch ihre Autorität stützen sollen.

In einer der Reden stellt David dem Kronrat seinen Sohn Salomo als Nachfolger vor. Dabei ist es kennzeichnend für den Chronisten, daß er die Proklamation des Davididen mit dem Bau des Tempels verbindet: Das Königtum Davids und der Tempel in Jerusalem gehören für ihn unlöslich zusammen. In David und seinen Nachkommen verwirklicht sich für den Chronisten das »Königtum Jahwes über Israel«.

David rief alle Oberen Israels, dazu die Hofbeamten, die Helden [20] und alle Kriegstüchtigen nach Jerusalem. Der König David erhob sich und sprach: »Hört mich, meine Brüder und mein Volk! Ich trug mich mit der Absicht, der Bundeslade Jahwes, dem Fußschemel unseres Gottes, eine Ruhestätte zu erbauen. Ich traf Vorbereitungen für den Bau. Doch Gott sprach zu mir: Du darfst meinem Namen kein Haus bauen; denn ein Kriegsmann bist du und Blut hast du vergossen. Jahwe, der Gott Israels, erwählte mich unter allen Angehörigen meiner Familie, daß ich für immer König über Israel sei;

---

20 Die »Helden« waren eine Schar schwergerüsteter Einzelkämpfer in der Art des Philisters Goliath, die David in seine Dienste genommen hatte (vgl. oben S. 184, Anm. 3).

denn er erwählte Juda zum Fürsten und innerhalb des Hauses Juda das Haus meines Vaters. Es gefiel ihm, unter den Söhnen meines Vaters mich zum König über ganz Israel zu machen. Aus allen meinen Söhnen aber erwählte er meinen Sohn Salomo, daß er auf dem Königsthron Jahwes über Israel herrsche. Er verhieß mir: Dein Sohn Salomo wird mein Haus und meine Vorhöfe erbauen; denn ihn habe ich mir zum Sohn erwählt, und ihm werde ich Vater sein. Sein Königtum werde ich auf immer befestigen, wenn er festhält an der Erfüllung meiner Gebote und Vorschriften, wie es heute der Fall ist. Wohlan, vor den Augen ganz Israels, der Gemeinde Jahwes, und vor den Ohren unseres Gottes höre mein Mahnwort, mein Sohn Salomo: Erkenne den Gott deines Vaters, und diene ihm mit ungeteiltem Herzen und mit willfähriger Seele; denn Jahwe durchforscht alle Herzen und kennt alle Gedanken und Vorstellungen. Wenn du ihn suchst, wird er sich von dir finden lassen. Verläßt du ihn aber, so verstößt er dich auf ewig. So sieh nun zu! Denn Jahwe hat dich erwählt, daß du ihm ein Haus als Heiligtum erbaust. Sei starkmütig und handle!« (1 Chr 28, 1–10)

Empörung und Götzendienst

Die Errichtung des Heiligtums auf dem Garizim ist für den Chronisten nur das letzte sichtbare Zeichen für einen schon 600 Jahre währenden Abfall von Jahwe. Bereits das Nordreich hatte sich selbst aus der Geschichte Jahwes mit seinem Volk ausgeschlossen. Der Chronist kleidet dieses Urteil über das Nordreich und dessen Nachfahren, die Bewohner Samarias, in eine Rede, die er einem der ersten judäischen Könige in den Mund legt. Der äußere Anlaß, den er dafür wählt, ist ein Krieg zwischen Israel und Juda. Es stehen sich gegenüber Abia von Juda, der Enkel Salomos, und Jerobeam, der erste König des Nordreichs. Vor Beginn des Kampfes wendet sich Abia noch einmal an Jerobeam und seine Soldaten:

Da stellte sich Abia auf die Höhe des Berges Zemaraim, im Gebirge Ephraim gelegen, und rief: »Jerobeam und ganz Israel, hört mich an! Müßtet ihr nicht wissen, daß Jahwe, der Gott Israels, David und seinen Nachkommen das Königtum über Israel in einem Salzbund [21] auf ewig verliehen hat? Aber Jerobeam, der Sohn Nebats, der Knecht des Davidssohnes Salomo, trat auf und empörte sich gegen seinen Herrn. Um ihn gesellten sich leichtfertige Männer, nichtsnutzige Leute, und gewannen über Rehabeam, den Sohn Salomos, das Übergewicht. Rehabeam war noch jung und sein Mut noch schwach, so daß er gegen sie nicht aufkommen konnte [22]. Jetzt aber glaubt ihr wohl,

---

21 Durch gemeinsamen Genuß von Salz bekräftigten bei einem Bundesschluß die Partner die Unverbrüchlichkeit ihres Bündnisses. Mit dem Begriff »Salzbund« wird die Unauflöslichkeit des zwischen Jahwe und David beschlossenen Bundes zum Ausdruck gebracht.
22 Ganz anders und vermutlich zutreffender werden die Vorgänge bei der Reichstrennung vom Deuteronomisten geschildert (1 Kön 12, 1 ff.; vgl. oben S. 271 ff.).

euch gegen das Königtum Jahwes, das sich in der Hand der Nachkommen Davids befindet, behaupten zu können, da ihr ein großer Haufen seid und die goldenen Kälber, die Jerobeam euch zu Göttern angefertigt hat, mit euch sind? Habt ihr nicht die Priester Jahwes, die Nachkommen Aarons, und die Leviten verstoßen und euch Priester bestellt wie die Völker der Heidenländer? Jeder, der mit einem Jungstier und sieben Widdern kam, um sich Priesterrechte zu erwerben, wurde Priester der Scheingötter. Doch unser Gott ist Jahwe. Wir haben ihn nicht verlassen. Die Nachkommen Aarons dienen Jahwe als Priester, und die Leviten versehen ihr Amt. Jeden Morgen und Abend opfern sie Jahwe Brandopfer mit duftendem Räucherwerk, legen die Schaubrote auf den reinen Tisch und ordnen den goldenen Leuchter mit seinen Lampen, um sie jeden Abend zu entzünden; denn wir vollziehen den Dienst Jahwes, unseres Gottes; ihr aber habt ihn verlassen. Seht, mit uns zieht Gott an der Spitze voraus, dazu seine Priester mit den Lärmtrompeten, um gegen euch Kriegslärm zu blasen! Ihr Israeliten, kämpft nicht gegen Jahwe, den Gott eurer Väter, denn ihr werdet keinen Erfolg haben!«

(2 Chr 13, 4–12)

Rehabeams Ungehorsam, Buße und Rettung

Ein beherrschendes Motiv in der Darstellung des Chronisten ist der unauflösliche Zusammenhang von Schuld und Strafe. Der Verfasser entwickelt aus dieser Beziehung geradezu ein Dogma: Es gibt kein Unglück im Leben eines Menschen, dem nicht eine Verfehlung gegen Jahwe vorangegangen wäre, wie umgekehrt auch kein Vergehen ungestraft bleibt. Das vom Chronisten bearbeitete Quellenmaterial entsprach freilich nur selten dieser Vorstellung von Schuld und Strafe. Er mußte darum seine Vorlagen entsprechend ausdeuten und ergänzen.

Diese Arbeitsweise des Chronisten läßt sich an einem Ereignis aus der Regierungszeit Rehabeams, des Sohnes Salomos, veranschaulichen. Im Jahr 922/21 v. Chr. unternahm der ägyptische Pharao Schoschenk I. einen Beutezug durch Palästina. Ein schwerer Tribut Rehabeams bewahrte die Städte Judas vor der Zerstörung und Plünderung durch die ägyptischen Truppen. Der Bericht des Deuteronomisten über dieses Ereignis ist im Annalenstil gehalten, sachlich, knapp und ohne Pathos. Beim Chronisten dagegen ist das gleiche Ereignis in einen komplizierten Geschehenszusammenhang von Schuld, Buße und Errettung eingeordnet.

Die Mitteilung des Deuteronomisten lautet:

Im fünften Jahr des Königs Rehabeam zog Schischak, der König von Ägypten, gegen Jerusalem. Er nahm die Schätze des Jahwetempels und die Schätze des königlichen Palastes fort. Alles raubte er; auch alle goldenen Schilde, die Salomo verfertigt hatte, eignete er sich an. (1 Kön 14, 25 f.)

Beim Chronisten wird der Vorfall in folgender Weise geschildert:

Als aber Rehabeams Königsherrschaft gefestigt und er selbst stark geworden war, verließ er das Gesetz Jahwes, und ganz Israel folgte ihm. Da zog im fünften Jahr des Königs Rehabeam Schischak, der König von Ägypten, gegen

Jerusalem, weil man Jahwe untreu geworden war, mit 1200 Wagen und 60 000 Wagenkämpfern; das Kriegsvolk, das mit ihm aus Ägypten kam, war nicht zu zählen: Libyer, Sukkier und Kuschiten. Er nahm die Festungen in Juda ein und rückte in die Nähe Jerusalems. Da kam der Prophet Schemaja zu Rehabeam und zu den Fürsten Judas, die sich Schischaks wegen in Jerusalem versammelt hatten, und hielt ihnen vor: »So spricht Jahwe: Ihr habt mich verlassen, darum überlasse auch ich euch der Gewalt Schischaks.« Da demütigten sich die Fürsten Israels und der König. Sie bekannten: »Gerecht ist Jahwe!« Als aber Jahwe sah, daß sie sich demütigten, erging das Wort Jahwes an Schemaja: »Sie haben sich gedemütigt; darum will ich sie nicht vertilgen. Ich will ihnen in Bälde Rettung gewähren. Mein Grimm soll sich nicht über Jerusalem durch Schischaks Hand ergießen. Doch untertan sollen sie ihm werden, damit sie unterscheiden lernen zwischen meinem Dienst und dem der irdischen Reiche.« Schischak, der König von Ägypten, zog gegen Jerusalem und raubte die Schätze des Jahwetempels und des Königspalastes. Alles nahm er mit, auch die goldenen Schilde, die Salomo angefertigt hatte.

Wegen seines [23] demütigen Verhaltens wandte sich der Zorn Jahwes von ihm ab, so daß es nicht zu einer völligen Vernichtung kam. Es gab ja auch in Juda noch mancherlei Lobenswertes. (2 Chr 12, 1–9.12)

3. Die Nehemia-Denkschrift

Zu den Quellen, die der Chronist in sein Werk eingearbeitet hat, gehört auch die sogenannte »Nehemia-Denkschrift«. Sie ist ein Rechenschaftsbericht des Statthalters Nehemia über seine Entsendung durch den persischen König und die von ihm in Jerusalem getroffenen Maßnahmen. Im Mittelpunkt der Darstellungen steht der Wiederaufbau der Stadtmauer.

Der Empfänger und gedachte Leser des Schriftstücks ist Jahwe selbst. Immer wieder wird der Bericht über Nehemias Maßnahmen von Gebeten unterbrochen, in denen der Statthalter bittet, seiner Verdienste zu gedenken. Wir wissen nicht, welche Absicht Nehemia mit der Niederschrift seiner Memoiren verbunden hat. Vielleicht waren sie als Weihegabe für Jahwe bestimmt und sollten im Tempel von Jerusalem niedergelegt werden. Vielleicht war der ausführliche Bericht aber auch als eine Rechtfertigungsschrift gedacht, mit der Nehemia sich vor Jahwe gegen die Vorwürfe und Verdächtigungen seiner Gegner, vor allem der Statthalter der benachbarten Provinzen, aber auch zahlreicher einflußreicher Judäer, verteidigen und um göttlichen Rechtsbeistand bitten wollte.

Der historische Wert der Denkschrift ist begrenzt. Sie greift nur wenige

---

23 Nämlich Rehabeams.

Punkte aus der zwölfjährigen Tätigkeit des Statthalters heraus. Diese aber erscheinen darüber hinaus in einer sehr persönlichen Perspektive. Dennoch ist die Denkschrift ein bemerkenswertes literarisches Zeugnis über die Verhältnisse, wie sie in den Jahren zwischen 445 und 433 in Jerusalem und Juda herrschten. Im Folgenden sollen nur jene Teile der Denkschrift zu Wort kommen, die sich mit dem Wiederaufbau der Stadtmauer beschäftigen.

Erste Vorbereitungen. So kam ich denn nach Jerusalem und blieb dort drei Tage. Dann stand ich zur Nachtzeit auf. Nur wenige Männer waren bei mir. Noch niemandem hatte ich davon Mitteilung gemacht, was mein Gott mir eingegeben hatte, für Jerusalem zu tun. Auch Haustiere hatte ich keine bei mir außer dem einen Tier, auf dem ich ritt. Während der Nacht zog ich durch das Taltor zur Drachenquelle hinaus und zum Aschentor und untersuchte die Mauern Jerusalems, wo sie niedergerissen dalagen, und seine Tore, die durch Feuer vernichtet waren. Ich zog hinüber zum Quelltor und zum Königsteich. Hier war es für mein Reittier unmöglich weiterzukommen. Nun ritt ich im Tal bei Nacht nach oben und untersuchte fortwährend die Mauer. Dann kehrte ich um und begab mich durch das Taltor wieder zurück. Die Stadträte aber ahnten nicht, wohin ich gegangen war und was ich tat. Den Juden, sowohl den Priestern, den Edlen und den Stadträten als auch den übrigen Baubeamten, hatte ich bis zu jenem Zeitpunkt noch nichts mitgeteilt.

Nun aber sprach ich zu ihnen: »Ihr seht es selbst, in welchem Elend wir leben, da Jerusalem zertrümmert ist und seine Tore durch Feuer zerstört sind. Wohlan, laßt uns die Mauer Jerusalems aufbauen, dann werden wir nicht länger Gegenstand des Hohnes sein!« Ich erzählte ihnen, wie die Hand meines Gottes so gnädig über mir gewaltet hat, und teilte ihnen auch die Worte des Königs mit, die er an mich gerichtet hatte. Sie erklärten daraufhin: »Wir wollen uns daranmachen und bauen!« Und sie waren fest entschlossen, das gute Werk anzufangen.

Als aber Sanballat aus Choron, der ammonitische Knecht Tobia und der Araber Geschem [24] davon vernahmen, verspotteten sie uns, höhnten über uns und äußerten sich: »Was ist denn das, was ihr da treibt? Wollt ihr euch gegen den König empören?« Ich gab ihnen zur Antwort: »Der Gott des Himmels wird uns die Sache gelingen lassen. Wir aber, seine Knechte, gehen ans Werk und bauen. Ihr jedoch habt keinen Anteil, keinerlei Recht und kein Andenken an Jerusalem!«

Der Spott der Gegner. Als nun Sanballat davon vernahm, daß wir die Mauer bauten, geriet er in Zorn und großen Unmut. Er verspottete die Juden. Vor seinen Anhängern und dem Heer Samarias äußerte er sich: »Was machen

---

24 Sanballat war der persische Statthalter von Samaria, Tobia vielleicht einer seiner Beamten; Geschem war anscheinend der höchste persische Beamte der Provinz Arabien.

diese elenden Juden da? Wollen sie nicht davon lassen? Werden sie Opfer darbringen? Wollen sie heute noch fertig sein? Können sie die Steine aus dem Schutthaufen wieder zu neuem Leben aufrichten, da sie doch verbrannt sind?« Der Ammoniter Tobia, der neben ihm stand, rief aus: »Mögen sie ruhig bauen! Springt ein Fuchs darauf, reißt er ihre Steinmauer nieder!«

»Höre, unser Gott: Wir sind zum Gegenstand des Spottes geworden! Laß ihr Höhnen auf ihr Haupt zurückfallen und gib sie im Land der Gefangenschaft der Plünderung preis! Decke ihre Schuld nicht zu, und ihre Sünde werde vor deinem Antlitz nicht getilgt; denn sie haben die Bauenden beleidigt!«

Wir aber bauten an der Mauer weiter, und bald war die ganze Mauer bis zur Hälfte wieder verbunden. Dem Volk wuchs die Begeisterung für die Arbeit.

Drohungen und Abwehrmaßnahmen. Als Sanballat, Tobia, die Araber, Ammoniter und die Bewohner von Asdod hörten, daß die Herstellung der Mauer Jerusalems Fortschritte machte – denn die Lücken begannen sich zu schließen –, gerieten sie in heftigen Zorn. Sie verschworen sich alle gemeinsam, wider Jerusalem in den Krieg zu ziehen und mir alles durcheinanderzubringen. Wir aber beteten zu unserem Gott und stellten gegen sie Tag und Nacht eine Wache auf, um uns vor ihnen zu schützen. Die Leute von Juda aber sprachen:

»Des Trägers Kraft versagt,
des Schuttes ist zu viel,
und wir vermögen nicht
die Mauer aufzubauen!«

Unsere Gegner planten: »Nichts merken sollen sie und nichts sehen, bis wir in ihre Mitte eindringen, sie niedermachen und so die Arbeit beendigen.« Als aber die in ihrer Nähe wohnenden Juden kamen und uns wohl zehnmal alle die schlimmen Absichten, die sie gegen uns hegten, hinterbrachten, da stellte ich in den tiefer gelegenen Plätzen hinter der Mauer an den offenen Stellen das Volk auf, und zwar nach Sippen gegliedert mit ihren Schwertern, Lanzen und Bogen. Ich sah mich um, stand auf und sprach zu den Edlen, Stadträten und übrigen Leuten: »Fürchtet euch nicht vor ihnen! Denkt an den Herrn, den Großen und Furchtgebietenden, und kämpft für eure Brüder, Söhne, Töchter, Frauen und Familien!«

Unsere Feinde erfuhren, daß uns die Sache bekannt geworden war, und so vereitelte Gott ihren Plan. Wir kehrten alle an die Mauer zurück, ein jeder zu seiner Arbeit. Von jenem Tag an war nur die Hälfte meiner Mannschaft beim Bau tätig; die andere Hälfte ergriff Lanzen, Schilde, Bogen und Panzer, und die Obersten standen hinter dem ganzen Haus Juda. Von den beim Mauerbau Beschäftigten und den Lastträgern luden letztere auf, wobei sie mit der einen Hand arbeiteten, während die andere den Wurfspieß hielt. Von den beim Bau Beschäftigten hatte jeder sein Schwert beim Bauen um die Hüften gegürtet. Der Hornbläser stand bei mir. Ich aber sprach zu den Edlen, Stadträten und den übrigen Leuten: »Die Arbeit ist vielfältig und weit ausgedehnt. Wir sind auf der Mauer voneinander getrennt, ein jeder fern vom andern. An dem Ort, woher ihr den Schall der Trompete vernehmt, schart euch um uns! Unser Gott wird für uns streiten.« So schafften wir am Werk vom Anbruch der Morgenröte bis zum Aufgang der Sterne. Auch befahl ich damals dem Volk: »Jeder soll mit seiner Gefolgschaft die Nacht in Jerusalem verbringen. Es soll uns die Nacht zur Wache und der Tag zur Arbeit dienen. Weder ich noch meine Brüder, meine Gefolgschaft und die Wachmannschaften zogen ihre Gewänder aus. Jeder hatte seine Waffe zur Rechten.

Die Vollendung des Mauerbaus. Sanballat und dem Araber Geschem und unseren übrigen Feinden wurde bekannt, daß ich die Mauer gebaut hatte und daß keine Lücke mehr darin war; allerdings hatte ich damals die Torflügel nicht in die Tore eingesetzt. Da sandten Sanballat und Geschem zu mir und ließen sagen: »Komm, wir wollen uns in Kephirim in der Ebene von Ono begegnen!« Sie gedachten aber, mir Schlimmes anzutun. Ich sandte daher Boten an sie mit der Meldung: »Ich habe eine wichtige Arbeit zu verrichten und kann nicht kommen! Das Werk müßte ruhen, wenn ich es verließe und zu euch käme.« So schickten sie viermal zu mir, und stets gab ich ihnen dieselbe Antwort. Jetzt sandte Sanballat zum fünften Male seinen Boten zu mir. Er hatte einen offenen Brief in seiner Hand. Darin stand geschrieben: »Unter den Völkern hört man, und auch Geschem sagt es: Du und die Juden planen eine Empörung. Deshalb baust du die Mauer. Jenen Berichten nach wolltest du ihr König werden. Auch hättest du Propheten bestellt, die dich in Jerusalem zum König von Juda ausrufen sollten. Jetzt werden dergleichen Dinge zu den Ohren des Königs gelangen. Komm also, wir wollen gemeinsam beraten!« Ich aber ließ ihm sagen: »Was du behauptest, ist nicht geschehen. Du hast es frei in deinem Herzen erfunden!« Sie alle wollten uns nur in Furcht setzen und dachten: »Ihre Hand soll von der Arbeit lassen, und sie soll dadurch nicht zustande kommen!« Nun aber galt es erst recht, meine Hände anzustrengen.

Ich kam in das Haus des Schemaja, des Sohnes Delajas und Enkels Mehetabels. Er hatte sich nämlich dort abgesperrt. Da sprach er:
»Treffen wir uns gemeinsam im Hause Gottes,
im Innern des Tempels!
Wir wollen die Türen des Tempels verschließen;
denn man kommt, um dich zu ermorden!«
Doch ich entgegnete: »Ein Mann wie ich sollte fliehen? Wer von meinesgleichen dürfte wohl den Tempel betreten und so am Leben bleiben? Ich gehe nicht hinein!« Ich erkannte nämlich, daß nicht Gott ihn gesandt hatte, sondern daß er diese Prophezeiung über mich deshalb verkündete, weil Tobia ihn gedungen hatte. Er war gedungen, damit ich in Angst versetzt würde,

dies täte und so einen Fehltritt beginge. Dies aber sollte ihnen dazu dienen, mich in üblen Ruf zu bringen, damit man mich verhöhnen könnte. »Rechne, mein Gott, dieses sein Tun dem Tobia und auch der Prophetin Noadja und den übrigen Propheten an, die mir Furcht einjagen wollten!«

Die Mauer war am 25. Elul nach 52tägiger Arbeit vollendet. Als das alle unsere Feinde hörten, gerieten die Völker in unserem Umkreis alle in Furcht und fühlten sich gedemütigt. Sie ahnten, daß dieses Werk nur mit Hilfe unseres Gottes vollbracht werden konnte.

Auch sandten in jenen Tagen die Vornehmen aus Juda zahlreiche Briefe an Tobia, und auch Tobia schickte solche an sie. Viele in Juda waren nämlich eidlich an ihn gebunden; er war ja der Schwiegersohn Schechanjas, des Sohnes Arachs, und sein Sohn Jochanan hatte die Tochter Meschullams, des Sohnes Berechjas, geheiratet. Sie sprachen auch in meiner Gegenwart über seine Reden, und ihm hinterbrachten sie meine Worte. Tobia sandte Briefe, um mir Angst einzujagen.

Als die Mauer aufgebaut war und ich die Torflügel hatte einsetzen lassen, wurden die Torhüter bestellt. Ich machte meinen Bruder Hanani und den Burgobersten Hananja zu Vorstehern über Jerusalem. Denn dieser war zuverlässiger und gottesfürchtiger als viele. Ich gebot ihnen: »Die Tore Jerusalems sind erst zu öffnen, wenn die Sonne zu brennen anfängt, und während die Wächter noch auf ihrem Posten bleiben, soll man die Tore wieder schließen und verriegeln. Ferner sind aus den Bewohnern Jerusalems Wachen zu bilden, teils für bestimmte Posten, teils vor dem Haus eines jeden.«

(Neh 2, 11–20; 3, 33–38; 4, 1–17; 6, 1–19; 7, 1–3)

XII. Die späte Weisheit

Die israelitische Weisheitslehre, deren Anfänge in der Epoche Salomos liegen (vgl. oben S. 248 ff.), hat nach dem babylonischen Exil eine zweite Blütezeit erlebt und dabei eine gegenüber der älteren Weisheit veränderte Gestalt angenommen.

Die ältere Weisheit war eine Art Erfahrungswissenschaft im Dienste der Lebensbemächtigung. Sie durchforschte die einzelnen Bereiche der Natur und des menschlichen Lebens nach gesetzmäßigen Ordnungen, die als Orientierungspunkte für das Verhalten im Alltag dienen sollten. Die jüngere Weisheit hingegen hat einen Zug ins Universale. Ihr geht es nicht mehr um die kleinen überschaubaren Ordnungseinheiten, sondern um die letzte, alles umfassende Ordnung des Weltganzen. Man will jetzt wissen, was die Welt im Innersten zusammenhält.

Diese Ausweitung des Erkenntnisstrebens auf die Wirklichkeit im ganzen führt dazu, daß die rationale Lebensbemächtigung mit der religiösen Frage nach dem Sinn des Daseins belastet wird. Die ältere Weisheit war davon ausgegangen, daß die »Gottesfurcht aller Weisheit Anfang« ist (vgl. oben S. 260 f.), hatte aber diesen ihren Anfang nicht als solchen zum Thema gemacht. Dazu ist erst die späte Weisheit übergegangen. In ihr wird die religiöse Voraussetzung der Weisheit zu einem eigenen Lehrgegenstand erhoben. Die späte Weisheit richtet den Blick auf sich selbst, sie fragt nach ihrem eigenen Grund und nach ihrem Verhältnis zu Gott. Sie wendet sich bewußt theologischen Problemen zu und dringt damit in einen Raum ein, der bislang ausschließlich von den heilsgeschichtlichen Überlieferungen Israels besetzt war. Das Wissen um Gott, das Israel an der Erfahrung seiner Geschichte gewonnen hatte, wird dem rationalen Erkenntnisanspruch ausgesetzt. Die Weisheitslehrer wollen die Gegenwart Jahwes in der Natur und damit die Natur als eine persönliche Anrede Jahwes an den Menschen bezeugen; ihnen geht es darum, die Welt als ein Heilsgeschehen am Menschen zu verstehen.

Es ist nicht verwunderlich, daß sie bei diesem Vorstoß in theologisches Neuland religiösen Anfechtungen ausgesetzt wurden, die im älteren Israel völlig undenkbar gewesen wären. Es sind einzelne Männer, die ohne einen sichernden Rückhalt bei der Gemeinschaft Israels und seiner Geschichte an den Kosmos verwiesen werden, um dort die Wirklichkeit Jahwes zur Sprache zu bringen. Der Ausgang dieses Wagnisses ist jedesmal ein anderer: Es gibt das glückliche, spielerisch leicht anmutende Gelingen in den großen Weisheitsgedichten, es gibt den schweren Kampf Hiobs, und es gibt die bittere Resignation des Predigers Salomo.

A. Die Weisheit als Offenbarung Gottes

Während die ältere Weisheit sich zumeist der Form der kurzen, zweizeiligen Sentenzen bediente, kleidet die jüngere Weisheit ihre neuen Einsichten am liebsten in die Gestalt umfangreicher religiöser Dichtungen. Diese künstlerische Darstellungsform mit ihren Bildern und Metaphern ist wohl gewählt worden, weil der Gegenstand, um den es geht, dem direkten lehrmäßigen Zugriff entzogen werden soll. Es ist auch unwahrscheinlich, daß diese Dichtungen in gleicher Weise für den Lehrbetrieb der Weisheitsschulen verwendet worden sind wie die Sentenzen. Man hat vielmehr den Eindruck, als solle hier etwas über den Sinn weisheitlichen Lehrens und Lernens im ganzen ausgesagt werden. Die Frage richtet sich auf das Wesen der Weisheit als solcher. Was ist Weisheit, woher kommt sie, und welche Aufgabe hat sie am Menschen zu erfüllen? Die Antworten darauf sind nicht mehr als Versuche, das Geheimnis der Weisheit so nahe wie möglich zu umschreiben. Trotzdem liegt in ihnen eine große theologische Leistung, denn sie haben dem Glaubensbesitz Israels zu einer ganz neuen Darstellungsform verholfen, die überdies für das Spätjudentum und das Urchristentum von großer Bedeutung geworden ist. Von der Geschichte Israels ist in ihnen nichts gegenwärtig, aber die Art, wie sie den Kosmos und den Erkenntnistrieb des Menschen einander zuordnen, ist doch nur von Israels Jahwe-Glauben her verständlich. Die Welt wird jeder mythischen Eigenmächtigkeit beraubt; sie ist eine geschaffene Wirklichkeit mit einem eigenen Zeugnis, einer eigenen Aussage über Gott den Schöpfer. Der Mensch ist gerufen, in diesen Lobpreis der Schöpfung mit einzustimmen. Weisheitserkenntnis ist die Erkenntnis darüber, wie sich Gott dem Menschen von unten her, von der Natur aus offenbart.

Menschliche und göttliche Weisheit

In einem der großen Gedichte wird die Weisheit als ein kosmisches Prinzip verstanden, das in gleicher Weise die außermenschliche Natur und das menschliche Leben durchwaltet. Sie ist das höchste Gut, das dem Menschen zuteil werden kann. Wer sein Leben in ihren Dienst stellt, gewinnt Anteil an der Erkenntnis, auf die Gott die Welt gegründet hat.

Selig sei gepriesen, wer die Weisheit fand,
und jeder Mensch, dem Einsicht ward zuteil!
Denn ihr Erwerb nützt mehr als der von Silber,

und über edles Gold geht ihr Gewinn.
Sie steht an Wert noch höher als Korallen,
kein Kleinod gibt es, das ihr gleichen kann.
In ihrer Rechten trägt sie langes Leben,
in ihrer Linken Reichtum, Glanz und Ehre.
Die Wege, die sie führt, sind Freudenwege,
und all ihre Pfade Wohlergehen.
Ein Lebensbaum ist sie für den, der sie ergreift,
und wer an ihr sich festhält, ist beglückt.
Durch Weisheit hat Jahwe die Erde gegründet,
in Einsicht machte er den Himmel fest.
Durch seine Erkenntnis quillt aus Tiefen Wasser
und lassen Wolken Tau herniederträufeln. (Spr 3, 13–20)

Die Selbstoffenbarung der Weisheit

Die Weisheitslehrer der nachexilischen Zeit haben die Weisheit als ein religiöses Heilsgut angesehen. Sie sahen in ihr eine eigene Quelle der Offenbarung Jahwes in Israel. Aus diesem Glauben heraus ist es zu ganz eigentümlichen Vorstellungen über das Wesen der Weisheit gekommen: Sie ist kein Eigentum des Menschen, ja sie gehört gar nicht auf die Seite des Menschen, sondern auf die Seite Gottes. Gott hat sie bei der Schöpfung als eine Realität eigener Art in die Welt hineingelegt, damit sie von dorther den Menschen anrede. Wie eine selbständige Person tritt sie öffentlich auf den belebten Straßen und Plätzen der Stadt an ihn heran, um ihn mit ihrem Angebot des »Lebens« zu umwerben oder im Falle einer Abweisung mit dem »Tod« zu bedrohen. Sie ist das erste aller Geschöpfe. Sie hat wie ein Kind vor Jahwe gespielt, als er die Welt schuf, darum kann auch nur sie die Gemeinschaft der Kreatur mit ihrem Schöpfer vermitteln.

Diesen Vorstellungen liegt ein Weltverständnis zugrunde, das der Antike nicht weniger fremd ist als der Neuzeit: Der Kosmos steht vor dem Menschen als eine übermächtige Wirklichkeit, die auf ihn eindringt und Rede und Antwort fordert. Er hat einen eigenen Willen: Er will rational erkannt werden, er will sich den Menschen zeigen, darum sucht er den Weisen, der seine Sprache versteht, so daß er die andern lehren kann, was eigentlich von der Welt her auf sie zukommt. Der Weise ist der Dolmetscher ihrer Verheißungen und Drohungen. Er offenbart die Welt, und nur der Gehorsam vor dieser Einsicht schafft Leben. Das Wissen um Gott wird dem Menschen durch die Schöpfung zugetragen.

Der Weckruf.
Hört, die Weisheit ruft,
die Einsicht erhebt ihre Stimme!
Am Aufstieg zu den Höhen, an der Straße,
an der Kreuzung der Wege tritt sie auf.
Auch bei den Toren, wo die Stadt beginnt,
am Eingang durch die Pforten ruft sie laut:
»An euch ergeht, ihr Leute hier, mein Ruf,
und meine Stimme an die Menschenkinder.

Begreift die Klugheit, all ihr Einsichtslosen,
ihr Toren, richtet euer Herz zurecht!
Hört zu, denn nur, was recht ist, will ich künden
und meine Lippen öffnen für das Redliche.
Denn reine Wahrheit spricht mein Mund,
und Schlechtes ist ein Greuel meinen Lippen.
Gerecht sind alle Reden meines Mundes,
enthalten keine Falschheit und Verkehrtheit.
Sie alle sind dem Einsichtsvollen faßbar
und klar für jene, die Erkenntnis suchen.
Nehmt Zucht noch lieber an als Silber,
Erkenntnis lieber als das reinste Gold;
denn besser ist die Weisheit als Korallen
kein Kleinod gibt es, das ihr gleichen könnte.

Die Anpreisung.
Ich, die Weisheit, weile bei der Klugheit,
und Erkenntnis kluger Pläne finde ich.
Furcht des Herrn bedeutet Haß des Bösen;
Hoffart, Hochmut, bösen Lebenswandel
und verkehrte Reden hasse ich.
Bei mir ist Rat und viel Erfolg,
ich bin die Einsicht, mein ist Kraft.
Durch mich regieren Könige,
entscheiden Mächtige nach Recht.
Durch mich befehlen Vorgesetzte
und richten Fürsten nach Gerechtigkeit.
Ich liebe alle, die mich lieben,
und die mich suchen, finden mich.
Bei mir ist Reichtum und auch Ehre,
erhabene Würde und gerechter Lohn.
Mein Nutzen übertrifft das feinste Gold
und mein Ertrag das auserlesene Silber.
Ich wandle auf dem Wege der Gerechtigkeit
und mitten auf des Rechtes Pfaden.
Ich spende meinen Freunden reiche Gaben
und fülle ihre Speicher an mit Schätzen.

Die Selbstvorstellung.
Mich schuf Jahwe als Erstling seines Wirkens
vor seinen Werken in der grauen Urzeit.
In fernster Zeit bin ich gebildet worden,
im Anfang vor dem Anbeginn der Erde.
Als noch kein Weltmeer war, bin ich geboren,

als es nicht Quellen gab, an Wassern reich.
Bevor die Berge tief verankert wurden,
und vor den Hügeln ward ich schon geboren.
Als er noch nicht gemacht die Erde und die Fluren,
noch insgesamt die Schollen auf dem Festland,
als er den Himmel schuf, war ich zugegen,
als er die Wölbung abmaß über Wassertiefen.
Als er befestigte die Wolken oben,
als er erstarken ließ die Quellen aus der Tiefe,
als er dem Meere seine Grenze setzte,
die Wasser sein Gebot nicht überschritten,
als er der Erde Fundamente legte,
da stand ich als Beraterin an seiner Seite.
Und ich war seine Wonne Tag für Tag,
indem ich vor ihm spielte allezeit;
ich spielte auf dem Umkreis seiner Erde,
und meine Wonne sind die Menschenkinder.

Die Lebensverheißung.
Nun denn, ihr Söhne, hört auf mich,
und selig, wer auf meine Wege achtet!
Vernehmt die Zucht, damit ihr weise werdet,
und lehnet meine Mahnung nimmer ab!
Ja, selig jeder Mensch, der hört auf mich,
um Tag für Tag vor meiner Tür zu wachen
und um zu hüten meiner Tore Pfosten!
Denn wer mich findet, findet Leben
und erntet Wohlgefallen von Jahwe.
Wer aber mich verfehlt, betrügt sich selbst;
ein jeder, der mich haßt, der liebt den Tod. (Spr 8, 1–36)

Weisheit und Torheit

Die Weisheit wird unter dem Bilde einer Frau dargestellt, die sich ein eigenes Haus gebaut, ein Festmahl hergerichtet und ihre Mägde ausgeschickt hat, um alle Bewohner der Stadt zu sich zu laden. Mit diesem Bild soll gesagt werden, daß die Weisheit den Menschen liebt, daß sie seiner begehrt. Aber auch Frau Torheit verlangt nach ihm: Sie sitzt lüstern vor ihrer Tür und lockt wie eine Dirne die Vorübergehenden mit verbotenem Genuß. Weisheit ist kein Besitz, über den man eigenmächtig verfügen könnte; man wird von ihm in Besitz genommen. Er hat die Initiative.

Die Weisheit hat ihr Haus gebaut,
hat ihre sieben Säulen aufgestellt,
ihr Vieh geschlachtet, ihren Wein gemischt,

auch hat sie ihre Tafel gedeckt.
Sie sandte ihre Mägde aus
und ruft oben bei der hohen Burg der Stadt:
»Wer ungelehrt ist, biege hierher ein,
und wem die Einsicht fehlt, dem will ich künden:
Komm her, genießt von meinem Brot,
und trinkt vom Wein, den ich gemischt!
Gebt Torheit auf, damit ihr lebt,
und schreitet auf der Einsicht Pfad!«

Die Torheit fiebert nach Verführung
und kümmert sich um keine Scham.
Sie sitzt am Eingang ihres Hauses
auf einem Throne bei der hohen Burg der Stadt,
um anzurufen, die des Weges ziehen,
gerader Richtung ihre Pfade schreiten:
»Wer ungelehrt ist, biege hierher ein,
und wem die Einsicht fehlt, dem will ich künden:
Wasser, das gestohlen ist, schmeckt süß,
und heimlich angeeignet Brot schmeckt gut!«
Und nicht bedenkt man, daß dort Totengeister sind
und ihre Gäste in der tiefen Unterwelt.   (Spr 9, 1–6.13–18)

Die Unergründlichkeit der Weisheit

Bei der religiösen Auszeichnung, die der Weisheit in der Spätzeit zuteil wurde, hätte es nahe gelegen, daß die Weisheitslehrer ihren Wahrheitsbesitz als ein Geheimwissen ansahen, das zugleich sie selbst vor den andern auszeichnete. Dazu ist es aber nicht gekommen. Man hat die Weisheit immer als ein allgemeines, jedermann zugängliches Wissen angesehen: Wer es nicht besitzt, trägt dafür selber die Verantwortung; er hat ihr Angebot willentlich abgeschlagen.

Mit dieser Öffentlichkeit und Allgemeinheit der Weisheit steht nun aber nicht im Widerspruch, daß sie etwas dem Menschen ganz Fernes ist, über das keiner verfügen kann. Niemand vermag sie zu ergründen, so daß er den Weg zu ihrer »Stätte« zeigen könnte. Die Menschen treiben zwar kraft ihrer technischen Intelligenz die Bergwerksstollen in das Innere der Erde vor, aber dem Weltgeheimnis, dem doch eigentlich ihr Suchen gilt, kommen sie nicht auf die Spur. Das Äußerste, was sie aus eigenem Wissen erreichen können, ist die dunkle Kunde, die der Tod und die Unterwelt von der Weisheit besitzen. Nur Gott kennt den Weg zu ihr.

Die Weisheit – wo wird sie gefunden,
und wo ist die Stätte der Erkenntnis?
Gewiß, es gibt einen Fundort für Silber,
eine Stätte für Gold, das man läutert.
Eisen wird aus Erde gewonnen

und Gestein zu Kupfer geschmolzen.
Man setzt ein Ende der Dunkelheit,
durchforscht bis zum äußersten Winkel das Gestein.
Stollen gräbt ein fremdes Volk:
Vergessene hängen an Seilen ohne Gebrauch der Füße;
menschenfern schwanken sie.
Die Erde, woraus das Brotkorn wächst – ihr Inneres wird zerstört wie
    durch Feuer.
Ihr Gestein ist die Heimat des Saphirs,
und Goldstaub findet sich dort.

Die Weisheit – wo wird sie gefunden,
und wo ist die Stätte der Erkenntnis?
Kein Raubvogel kennt den Weg dorthin
kein Falkenauge hat ihn erspäht.
Das stolze Wild betritt ihn nicht,
kein Löwe schreitet auf ihm.
An Kieselgestein legt man die Hand,
wühlt von der Wurzel her die Berge um,
haut in die Felsen Schächte ein,
und allerlei Schätze erblickt das Auge.
Durchsickernde Rinnsale dämmt man ein,
und Verborgenes bringt man ans Licht.

Die Weisheit – wo wird sie gefunden,
und wo ist die Stätte der Erkenntnis?
Kein Mensch kennt die Schicht, in der sie liegt,
man findet sie nicht im Lande der Lebenden.
Das Urmeer spricht: ›In mir ist sie nicht‹,
der Ozean sagt: ›Sie weilt nicht bei mir.‹
Feingold kann man nicht für sie bezahlen
oder Silber für sie als Preis abwägen.
Man kann sie nicht vergleichen mit Ophirgold,
mit kostbarem Karneol und Saphir.
Kein Gold kommt ihr gleich, kein geläutertes Glas,
kein Tauschwert für sie sind Geräte aus Feingold.
Korallen und Kristall sind nicht zu erwähnen,
und weit über Perlen geht der Weisheit Besitz.

Die Weisheit – woher kommt sie
und wo ist die Stätte der Erkenntnis?
Sie ist ja verhüllt vor aller Lebenden Augen
und verborgen vor den Vögeln des Himmels.
Es sprechen die Unterwelt und der Tod:

›Unsere Ohren vernahmen von ihr nur ein Raunen!‹
Gott ist es, der den Weg zu ihr kennt, und er nur weiß ihre Stätte.
Als er dem Wind sein Gewicht verliehen
und die Wasser bestimmte nach Maß,
als er dem Regen Gesetz vorschrieb
und einen Weg dem Donnergewölk,
damals erschaute er sie und zählte sie ab,
stellte sie fest und forschte sie aus. (Hi 28, 1–27)

B. Der Prediger Salomo

Um die Mitte des dritten Jahrhunderts v. Chr. ist eine Sammlung weisheitlicher Sentenzen entstanden, deren Verfasser sich »der Prediger, der Sohn Davids, der König zu Jerusalem« nennt. Wer sich hinter der Berufsbezeichnung »Prediger« verbirgt, läßt sich nicht sagen. Wahrscheinlich war es ein angesehener Weisheitslehrer jener Zeit. Er hat seiner Schrift die Gestalt eines *Königstestamentes* gegeben. Sie will verstanden werden als das geistige Vermächtnis Salomos, des großen exemplarischen Weisen (vgl. oben S. 249 f.), dem alle Güter der Welt und alle Dimensionen der Erfahrung vertraut waren und den man darum für berechtigt hielt, ein letztes Wort *über* die Weisheit zu sagen. Der Prediger ist nicht mit Erkenntnis der Wirklichkeit im Sinne der Weisheit beschäftigt, sein Gegenstand ist vielmehr der Erkenntnisanspruch der Weisheit als solcher. Seine Sentenzen haben zumeist polemischen Charakter. Sie wollen keine eigene Lehre entwickeln, sondern die Grundvoraussetzungen weisheitlichen Denkens einer kritischen Betrachtung unterziehen. Der Prediger ist ein Skeptiker, der an dem Sinn seines eigenen weisheitlichen Forschens zweifelt. Die andern religiösen Gewißheitsquellen Israels, wie die Heilsgeschichte oder die Gemeinschaft des Volkes, sind ihm verschlossen; darum ist seine Skepsis auch mehr als nur intellektuelle Kritik, sie führt ihn oft bis an die Grenze der Verzweiflung.

Der Prediger hält zwar, wie alle Weisen Israels vor ihm, daran fest, daß es eine von Gott gesetzte Ordnung der Dinge gibt, aber dieses Wissen hat für ihn aufgehört, ein dem Menschen zuträgliches, ein heilsames Wissen zu sein. Die göttlichen Setzungen sind ihm eine »Mühsal«. Je mehr der Weise über den Sinn im Weltganzen nachdenkt, um so deutlicher tritt ihm die Ungeschütztheit und Preisgegebenheit des menschlichen Lebens vor Augen. Er erfährt die Welt, die ihn umgibt, als ein abweisendes, ja feindliches Etwas.

Die ältere Weisheitslehre hatte auf der Überzeugung von dem folgerichtigen Zusammenhang zwischen dem Tun und dem Ergehen eines Menschen gebaut; dies war die Grundlage ihres Versuches einer rationalen Lebensbemächtigung gewesen. Dem Prediger ist der Glaube daran zerbrochen. Für ihn gibt es nichts im guten oder bösen Sinne Verläßliches, worauf der Mensch sein Leben gründen könnte. Er ist ganz dem »Zufall« ausgesetzt. Das Gewisseste, was es für ihn gibt, ist das Altern und der Tod. Was dem Menschen zu tun bleibt, ist nur die Hinnahme dessen, was ihm nun einmal zufällt. Er soll sein Leben genießen, soweit er es vermag, ansonsten es schweigend ertragen; er soll nicht aufbegehren und sich vor allem nicht der törichten Hoffnung hingeben, die Zukunft werde ihm etwas anderes bringen als das, was immer schon war. Diese resignierende Einwilligung in das ihm Zufallende ist des Menschen »Teil«, das Gott ihm zugewiesen hat.

Die Sentenzen des Predigers muten wegen ihrer skeptischen Grundstimmung moderner an als jede andere Schrift des Alten Testaments. Gerade darum ist es für den heutigen Leser wichtig, zu sehen, wie isoliert sie im Alten Testament dastehen. Der Prediger weiß nichts von Israel und seiner Geschichte mit Jahwe zu sagen; das teilt er mit der Weisheit insgesamt. Er unterscheidet sich aber von der älteren wie der jüngeren Weisheit dadurch, daß er von dem Gott, den er in den natürlichen Ordnungen der Welt sucht, nichts mehr erwartet, nichts mehr erhofft und nichts mehr befürchtet. Die Schöpfung ist ebenso stumm wie ihr Schöpfer. Der Prediger ist ein Kritiker der Weisheit, der nicht mehr versteht, woraus die gesamte Tradition des weisheitlichen Denkens in Israel gelebt hat.

Die Mühsal des Lebens

Der Prediger ist auf der Suche nach dem Sinn des Lebens, nach einem bleibenden Wert, der das Leben lebenswert macht. Es ist ein Suchen, das immer wieder ins Leere stößt, in welche Richtung es sich auch wendet. Bereits das weisheitliche Durchforschen der Welt ist in den Augen des Predigers eine dem Menschen von Gott auferlegte Last. Es scheitert an der ehernen Gefügtheit der Dinge. Darum ist die Weisheit keineswegs ein Vorzug gegenüber der Torheit. Im Gegenteil: Gerade der Weise erfährt in besonders leidvoller Weise die Grenzen, die dem Menschen gesetzt sind. Aber auch Lebensgenuß oder besondere persönliche Leistungen vermögen dem menschlichen Leben keinen unverlierbaren Halt zu geben.

Auf Grund dieser Erkenntnis, daß dem Menschen ein Sinnganzes versagt ist, wendet sich der Prediger mit bitterer Resignation dem zu, was dann noch bleibt: Essen, Trinken und Fröhlichsein, das ist des Menschen »Teil«, das ihm von Gott zugewiesen ist.

Der Weg, den er auf der Suche nach dem Sinn des Lebens abschreitet, spiegelt sich in einem größeren Redegefüge. Die einzelnen Abschnitte dieser Rede sind formal nur recht locker miteinander verknüpft. Es sind Denkansätze in verschiedenen Richtungen, die in der Sinn-Frage ihr gemeinsames Zentrum haben.

Ich, der Prediger, bin König gewesen über Israel in Jerusalem. Ich verlegte mich darauf, in Weisheit nachzuforschen und zu grübeln über alles, was geschieht unter der Sonne. Es ist das eine schlimme Plage, die Gott den Menschen gab, sich damit zu mühen. Ich besah mir alle Werke, die unter der Sonne geschehen, und siehe da, alles ist Wahn und ein Jagen nach Wind.

Krummes kann nicht gerade werden,
und Fehlendes kann nicht gezählt werden.

Zu meiner Seele sagte ich nun: So bin ich also groß geworden und habe Weisheit erworben, mehr als alle, die vor mir über Jerusalem herrschten, und mein Herz erfuhr Weisheit und Wissen in Menge. Und ich verlegte mich darauf, Weisheit und Wissen zu erkennen, Torheit und Narrheit. Ich mußte erkennen – auch dies ist ein Jagen nach Wind!
Bei viel Weisheit ist viel Verdruß;
mehrt man das Wissen, mehrt man das Leid.

Ich sprach zu mir selbst: »Wohlan, ich will es mit der Freude versuchen!« und »Laß es dir wohl sein!« Doch siehe, auch dieses war Wahn. Vom Lachen mußte ich sagen: »Unsinn!« und von der Freude: »Was nützt sie?«

Ich hatte mir folgendes ausgedacht: den Leib mit Wein zu erquicken, indes der Verstand in Weisheit die Führung behielt, und mich mit der Torheit zu befassen, bis daß ich sähe, was denn das Beste sei für die Menschen, daß sie es tun unter der Sonne die wenigen Tage ihres Lebens. Ich führte große Werke aus: Ich baute mir Häuser und pflanzte mir Weinberge, ich legte mir Gärten und Parks an und pflanzte darin Fruchtbäume jeglicher Art. Ich schuf mir Wasserteiche, daraus zu tränken den Wald von sprossenden Bäumen. Ich erwarb mir Knechte und Mägde, und hausgeborene Diener gehörten mir; auch Vieh, Rinder und Schafe in Menge besaß ich, mehr als alle, die vor mir in Jerusalem lebten. Auch Gold und Silber sammelte ich und Schätze von Königen und Ländern; ich verschaffte mir Sänger und Sängerinnen und die Wonne der Menschen, zahlreiche Nebenfrauen. So wurde ich größer und reicher als alle, die vor mir in Jerusalem lebten; auch meine Weisheit verblieb mir. Nichts von allem, was meine Augen wünschten, versagte ich ihnen, nicht verwehrte ich meinem Herzen irgendeine Freude. Ja, mein Herz hatte Freude von all meiner Mühe, und dies war mein Lohn von all meiner Mühe.

Da wandte ich all meinen Werken mich zu, die meine Hände geschaffen, und der Mühe, mit der ich mich plagte, um sie zu schaffen; und siehe, alles war Wahn und Jagen nach Wind; und nichts ist von Nutzen unter der Sonne!

Da ward mir alle meine Mühe verhaßt, mit der ich mich mühte unter der Sonne, weil ich den Ertrag dem Menschen zurücklassen muß, der nach mir kommt. Wer weiß, ob er ein Weiser sein wird oder ein Tor? Und doch wird er schalten und walten über den ganzen Ertrag meiner Mühe, auf den ich Mühe und Weisheit verwandte unter der Sonne. Auch das ist Wahn. So kam ich dazu, mein Herz verzweifeln zu lassen ob all der Mühe, mit der ich mich plagte unter der Sonne. Geschieht es doch, daß einer sich müht mit Weisheit, Wissen und Tüchtigkeit, und einem anderen, der sich nicht mühte, muß seinen Anteil er übergeben. Auch das ist Wahn und ein großes Übel. Ja, was bleibt dem Menschen von all seiner Mühe und von der Sorge seines Herzens, mit der er sich mühte unter der Sonne? Denn alle seine Tage sind Leid, und Ärger ist seine Beschäftigung; selbst des Nachts hat sein Herz keine Ruhe. Auch das ist Wahn!

Es gibt nichts Besseres für den Menschen, als daß er esse und trinke und es sich wohl sein lasse bei seiner Mühe. Auch das kommt, wie ich sehe, von Gottes Hand. Denn wer hat zu essen, und wer macht sich Sorgen, ohne daß Er es so fügt? Ja, dem Menschen, der ihm gefällt, gibt er Weisheit, Wissen und Freude, aber dem Sünder macht er die Plage, zu sammeln und aufzuhäufen, um dem es zu geben, der Gott gefällt. Auch das ist Wahn und ein Jagen nach Wind. (Pred 1, 12–18; 2, 1–11.18–26)

Die Undurchschaubarkeit aller Dinge

Auch die ältere Weisheit hatte um die Unergründlichkeit des göttlichen Handelns in der Welt gewußt, aber sie hatte diese seine Verborgenheit als ein Geheimnis erfahren, das dem menschlichen Erkenntnisverlangen immer neues Leben zuführt. Der Prediger hingegen hat jegliches Vertrauen in einen Sinn dieser Verborgenheit verloren, so daß die Welt ihm als etwas Totes gegenübersteht. Sie versagt sich ihm ebenso, wie sich Gott ihm versagt hat.

Als ich meinen Sinn darauf lenkte, Weisheit zu erkennen und das Treiben zu durchschauen, das auf Erden vor sich geht – denn weder Tag noch Nacht finden des Menschen Augen Schlaf –, da sah ich an allem Werke Gottes, daß der Mensch das Geschehen nicht ergründen kann, das unter der Sonne geschieht. Wieviel auch der Mensch mit Forschen sich müht, er ergründet es nicht. Und selbst wenn der Weise sagt, er erkenne es, so kann er es doch nicht ergründen. All dies habe ich versucht mit der Weisheit; ich sprach: »Ich möchte doch weise werden!« Sie aber blieb mir fern. Fern ist alles Seiende und tief, gar tief; wer kann es ergründen? (Pred 8, 16–17; 7, 23–24)

Das eherne Gleichmaß alles Geschehens

Für den Prediger lebt der Mensch wie in einem rundum von hohen Mauern umgebenen Gefängnis. Alle Dinge unterliegen ihren eigenen Gesetzen, kehren mit starrer Gleichförmigkeit wieder an ihren Ausgangspunkt zurück. Das Wissen um diese Monotonie im Lauf der Natur, in der Abfolge der Generationen und im Reden der Menschen hat dem Prediger jede Hoffnung auf »etwas Neues«, das dem Menschen zum »Gewinn« werden könnte, genommen.

> Was bleibt dem Menschen bei all seiner Mühe,
> die er sich macht unter der Sonne?
> Ein Geschlecht geht, und ein Geschlecht kommt,
> die Erde aber bleibt ewig stehen.
> Die Sonne geht auf, und die Sonne geht unter,
> und ihrem Ort strebt sie zu und geht dort wieder auf.

Es weht nach Süden und dreht sich nach Norden,
es dreht sich und dreht sich und weht der Wind;
und zu seinen kreisenden Bahnen kehrt wieder der Wind.
Die Flüsse alle wandern zum Meer,
doch das Meer wird nicht voll,
zum Ort, nach dem die Flüsse wandern,
dorthin wandern sie immerdar.
Alle Dinge hetzen sich müde,
kein Mensch kann es sagen wozu.
Das Auge wird vom Sehen nicht satt,
das Ohr vom Hören nicht voll.
Was war, wird wieder sein;
was geschah, wird wieder geschehen,
und nichts Neues gibt es unter der Sonne.
Gibt es etwas, von dem man sagen kann:
»Sieh, dieses ist neu!«?
Längst war es zu Zeiten, die vor uns gewesen.
Es bleibt kein Erinnern an die Früheren,
und auch für die Späteren, die kommen werden:
Es gibt kein Erinnern an sie bei denen, die noch später kommen.

(Pred 1, 3–11)

Alles hat seine Zeit

Das ganze Leben des Menschen bis in seine einzelnen Äußerungen hinein sieht der Prediger vorherbestimmt durch das, was über ihn verhängt ist. Der Mensch kann nicht über »seine Zeit« verfügen. Gott hat zwar alles »schön« gefügt, daran zweifelt der Prediger nicht, aber er hat dem Menschen die Einsicht darein verwehrt, so daß keine andere Wahl bleibt, als dieses Schicksal anzunehmen. Der Prediger erhebt dafür sogar das Gebot der »Gottesfurcht« – im Gegensatz etwa zu Hiob, der sich mit aller Leidenschaft dagegen auflehnt, diesen stummen, hinter dem ehernen Weltgefüge verborgenen Gott als *seinen* Gott anzuerkennen.

Alles hat seine Stunde,
und es gibt eine Zeit für jegliche Sache unter der Sonne:
eine Zeit für die Geburt
und eine Zeit für das Sterben,
eine Zeit zu pflanzen
und eine Zeit, das Gepflanzte auszureißen,
eine Zeit zu töten
und eine Zeit zu heilen,
eine Zeit einzureißen
und eine Zeit aufzubauen,
eine Zeit zu weinen
und eine Zeit zu lachen,
eine Zeit zu klagen

und eine Zeit zu tanzen,
eine Zeit, Steine wegzuwerfen,
und eine Zeit, Steine zu sammeln,
eine Zeit zu umarmen und eine Zeit,
sich der Umarmung zu enthalten,
eine Zeit zu suchen
und eine Zeit zu verlieren,
eine Zeit aufzubewahren
und eine Zeit fortzuwerfen,
eine Zeit zu zerreißen
und eine Zeit zu nähen,
eine Zeit zu schweigen
und eine Zeit zu reden,
eine Zeit zu lieben
und eine Zeit zu hassen,
eine Zeit des Krieges
und eine Zeit des Friedens.

Ich erkannte: Alles, was Gott tut, das gilt für immer; dem kann man nichts hinzufügen und von ihm nichts wegnehmen, und Gott tut es, auf daß man ihn fürchte. Was ist, ist längst schon gewesen, was sein wird, längst war es da, und Gott spürt das Vergangene auf. (Pred 3, 1–8.14–15)

Die Nichtigkeit des Menschen vor Gott

Der Prediger hat keine eigene Botschaft. Er spricht zwar von der Erhabenheit Gottes und der Geringfügigkeit des Menschen, aber das ist für ihn ein absoluter Gegensatz, der ihn weder zum Widerspruch noch zum Bekenntnis herausfordert – auch das im direkten Gegensatz zu Hiob.

Gott ist im Himmel, und du bist auf der Erde, darum seien deiner Worte wenige. (Pred 5, 1)

Die gottgewährte Freude

Inmitten aller Mühsal, aller unerforschlichen Bestimmtheit der Dinge und aller Begrenztheit des Lebens hat Gott dem Menschen kleine Räume ausgespart, in denen er sein Leben genießen kann. Der Prediger fordert, der Mensch solle sich den anfallenden Freuden seines Lebens in aller Gelassenheit hingeben, denn nur dort könne er die Nähe Gottes erfahren.

Siehe, was ich als Bestes ersehen habe: daß es schön ist, zu essen und zu trinken und es sich wohl sein zu lassen bei all der Mühe, womit einer sich plagt unter der Sonne, die wenigen Tage seines Lebens, die Gott ihm gegeben.

Denn das ist sein Anteil. Ja, jedermann, dem Gott Reichtum und Schätze
verlieh und die Möglichkeit gab, davon zu zehren, seinen Anteil herauszunehmen
und sich zu freuen bei seiner Mühe – eine Gabe von Gott ist das!
Denn er denkt dann nicht viel an die Tage seines Lebens, weil Gott ihn
beschäftigt mit der Freude seines Herzens. (Pred 5, 17–19)

Ein tätiges Leben im Risiko des Scheiterns

Angesichts des »Zufalls« und der Bestimmtheit des menschlichen Lebens erschöpft sich
der Prediger jedoch nicht im Lobpreis tatenlosen Genießens. Ganz am Rande seiner
Überlegungen, aber doch nicht zu überhören, ermahnt er seine Hörer und Leser zu
einem tätigen Leben. Gerade weil es im Leben keine Sicherheit gibt – nicht einmal auf
den Mißerfolg ist Verlaß! –, muß der Mensch seine täglichen Geschäfte wagen und im
Vertrauen auf Gott die gebotenen Gelegenheiten nützen, solange er noch Zeit dazu
hat. Resignation in der Suche nach einem Sinnganzen und der Mut zum Risiko sind für
den Prediger nur zwei Seiten ein und derselben Grundeinstellung zum Leben.

> Sende dein Brot aufs Wasser;
> denn nach langer Zeit kannst du es wieder finden [1].
> Gib dein Vermögen an sieben oder gar acht Teilhaber,
> du weißt doch nicht, welches Unglück über das Land kommt [2]!
> Wenn die Wolken schwer sind,
> ergießen sie Regen über das Land.
> Ob ein Baum fällt nach Süden oder nach Norden,
> wohin der Baum fällt, da bleibt er liegen.
> Wer auf den Wind achtet,
> kommt nicht zum Säen;
> wer nach Wolken schaut,
> kommt nicht zum Ernten.
> So wenig du weißt, wie der Odem kommt in die Wesen im Mutterschoß,
> so kennst du auch nicht das Walten Gottes, der alles bewirkt.
> Des Morgens säe deine Saat,
> und bis zum Abend laß deine Hand nicht ruhen!
> Denn du weißt ja nicht, ob dieses gelingt oder jenes
> oder ob beides gleich gut gerät.

Süß ist das Licht und köstlich den Augen, die Sonne zu schauen! Ja, lebt
auch viele Jahre der Mensch, er soll ihrer aller sich freuen! Und er gedenke
der Tage des Dunkels; deren sind ja so viele! Alles, was kommt, ist eitel.
(Pred 11, 1–8)

---

[1] Es handelt sich wohl um eine Anspielung auf den risikoreichen, aber auch einträglichen Handel zur See.
[2] Hier ist vielleicht die kaufmännische Praxis gemeint, das Risiko geschäftlicher Unternehmungen durch möglichst viele Einzelaktionen zu mindern.

C. Hiob

Zu den literarischen Werken der spät-nachexilischen Zeit, die aus der Auseinandersetzung mit der Weisheitslehre hervorgegangen sind, gehört auch das Buch Hiob. Es erzählt von einem Menschen, der unter der Last eines fast übermenschlichen Leidens aus aller Gemeinschaftsbindung an seine Familie, seine Freunde und selbst seinen Gott herausgeworfen wird, der sich aber weigert, dieses persönliche Lebensschicksal als einen Schuldspruch gegen sich anzuerkennen, und darum Gott und die Welt in die Schranken fordert.

Zu den Voraussetzungen weisheitlichen Denkens gehörte der unabdingbare Zusammenhang zwischen dem Tun und dem Ergehen eines Menschen: Wer »gerecht« ist, dem geht es gut im Leben, der »Frevler« hingegen scheitert (vgl. oben S. 253 f.). Nur allzuleicht konnte man daraus einen Maßstab für die Gottwohlgefälligkeit ableiten: Wer im Leben Erfolg hat, der darf sich zu den »Gerechten« zählen, wer Mißerfolg hat und leiden muß, der steht unter dem Verdacht, gegen Gott gefrevelt zu haben. Mit dieser Überzeugung liegt Hiob im Kampf. Auf Grund eigener Erfahrung muß er ihre Geltung bestätigen, denn sein Leiden stürzt ihn in den Abgrund der Gottverlassenheit; ihre Wahrheit muß er aber aus der gleichen persönlichen Gewißheit heraus bestreiten. Hiob weiß, daß er »gerecht« ist und folglich sein Leiden nicht verdient hat. So bleibt ihm nur der Ausweg, Gott, der ihm das Leiden zugefügt hat, der Ungerechtigkeit zu beschuldigen. Er lästert, er verhöhnt ihn, um ihn aus seiner Verborgenheit herauszunötigen, um ihn wieder zum Reden zu bringen, so daß seine Gerechtigkeit erneut offenbar werde.

Die Hiob-Dichtung läßt das alte, vom Vergeltungsglauben getragene Leidensverständnis weit hinter sich. Der Dichter gibt aber keine neue Antwort auf die Frage nach dem Sinn des Leidens. Er umkreist es von allen Seiten, ohne Ergebnisse zu finden, auf denen er weiterbauen könnte. Das Problem ist für ihn eingebettet in die Suche nach einem neuen, umfassenderen Verständnis der Gerechtigkeit Gottes. Die Offenbarung, die Hiob am Ende zuteil wird, ist eine Offenbarung der heilschaffenden Zuwendung Gottes zur Schöpfung im ganzen. Die Welt des Menschen ist davon nur ein Teil. In der Erfahrung dieser größeren, alles erfassenden Gegenwart Gottes in seiner Kreatur öffnet sich für Hiob ein Geheimnis, das ihm seine eigenen Rechtsforderungen gegen Gott als töricht erscheinen läßt. Das Innewerden von Gottes unermeßlicher Präsenz im Kosmos wird für ihn zur Heilserfahrung – ähnlich wie in den großen Weisheitsgedichten.

Die Bewährung

Der Hiob-Dichtung liegt eine alte Volkserzählung zugrunde, die vielleicht sogar außerisraelitischen Ursprungs gewesen ist. Der Dichter ist in sie gleichsam hineingeschlüpft, um in ihrem Rahmen die religiösen Anfechtungen und theologischen Probleme, die ihn bestimmen, zum Austrag zu bringen.

Die Rahmenerzählung weiß von diesen Problemen der Spätzeit noch gar nichts. Es ist die Geschichte von einer Glaubensprobe, ähnlich wie die Erzählung von Isaaks Opferung (vgl. S. 84 f.). Mit der gleichen großen Selbstverständlichkeit wie Abraham nimmt Hiob das Leiden gehorsam auf sich. Er ist so sehr in Gott geborgen, so selbstlos in seinem Glauben, daß die Anfechtung gar nicht an ihn herantreten kann. So wird er zum Zeugen für das Wort, mit dem sich Gott vor dem himmlischen Thronrat für ihn verbürgt hat.

Hiobs Glück. Ein Mann lebte im Lande Uz, sein Name war Hiob; und dieser Mann war fromm und redlich, gottesfürchtig und dem Bösen fern. Geboren wurden ihm der Söhne sieben und der Töchter drei. Sein Besitz bestand aus 7000 Schafen, 3000 Kamelen, 500 Joch Rindern, 500 Eselinnen und sehr zahlreichem Gesinde; damit übertraf dieser Mann alle Bewohner des Ostens. Seine Söhne aber pflegten ein Gastmahl zu halten jeweils im Hause und am Tage dessen, der an der Reihe war; sie sandten hin und luden auch ihre drei Schwestern ein, mit ihnen zu essen und zu trinken. Wenn nun die Tage des Gastmahls vorüber waren, schickte Hiob nach ihnen und entsühnte sie. Er stand früh am Morgen auf und brachte Brandopfer dar nach ihrer aller Zahl. Denn Hiob dachte: »Vielleicht haben meine Söhne sich versündigt und Gott in ihrem Herzen gelästert.« So tat Hiob an allen diesen Tagen.

Gottes Bürgschaft. Es geschah aber eines Tages, daß die himmlischen Wesen kamen, um vor Jahwe hinzutreten, und unter ihnen kam auch der Satan [3]. Da sprach Jahwe zum Satan: »Woher kommst du?« Der Satan erwiderte Jahwe und sprach: »Vom Durchschweifen der Erde und vom Umherwandeln auf ihr.« Da sprach Jahwe zum Satan: »Hast du meinen Knecht Hiob beachtet? Es gibt ja seinesgleichen keinen auf Erden: fromm und redlich, gottesfürchtig und dem Bösen fern!« Der Satan erwiderte Jahwe und sprach: »Ist es umsonst, daß Hiob Gott fürchtet? Umhegst du nicht ihn und sein Haus und alles, was sein ist ringsumher? Segnest du nicht das Werk seiner Hände, und breitet sich nicht sein Besitz im Lande aus? Aber strecke einmal deine Hand aus und taste alles, was sein ist, an! Ob er dir dann nicht ins Angesicht flucht?« Da sprach Jahwe zum Satan: »Wohlan, alles, was sein ist, sei deiner Hand überlassen; nur nach ihm selbst strecke deine Hand nicht aus!« Und der Satan ging weg vom Antlitz Jahwes.

Hiobs Unglück. Da geschah es eines Tages, während seine Söhne und Töchter im Hause ihres erstgeborenen Bruders speisten und Wein tranken, daß ein Bote zu Hiob kam und sprach: »Die Rinder waren beim Pflügen, und die

---

[3] Der »Satan« versieht innerhalb des himmlischen Hofstaates die Rolle des öffentlichen Anklägers; er ist so etwas wie ein himmlischer Staatsanwalt. Er steht in Gottes Diensten, ist also keine widergöttliche Macht.

Eselinnen weideten daneben. Da fielen Sabäer ein, nahmen sie weg, und die Knechte erschlugen sie mit scharfem Schwert; nur ich allein bin entkommen, es dir zu melden.« Noch redete dieser, da kam schon ein anderer und sprach: »Feuer Gottes fiel vom Himmel, brannte bei den Schafen und Knechten und verzehrte sie; nur ich allein bin entkommen, es dir zu melden.« Noch redete dieser, da kam schon ein anderer und sprach: »Kaldäer stellten drei Heerscharen auf, und diese fielen über die Kamele her und nahmen sie weg, und die Knechte erschlugen sie mit scharfem Schwert; nur ich allein bin entkommen, es dir zu melden.« Noch redete dieser, da kam schon ein anderer und sprach: »Deine Söhne und Töchter speisten und tranken Wein im Hause ihres erstgeborenen Bruders. Sieh, da kam ein mächtiger Wind von jenseits der Wüste und stieß an die vier Ecken des Hauses; es stürzte über den Kindern zusammen, und sie starben; nur ich allein bin entkommen, es dir zu melden.« Da erhob sich Hiob, zerriß sein Gewand, schor sein Haupt, fiel zur Erde nieder, beugte sich anbetend und sprach: »Nackt kam ich hervor aus dem Schoß meiner Mutter, und nackt kehre ich dorthin zurück. Jahwe hat gegeben, Jahwe hat genommen, der Name Jahwes sei gepriesen!«

Bei alledem sündigte Hiob nicht und machte Gott keinen Vorwurf.

Hiobs Gottesfurcht. Es geschah abermals, daß die himmlischen Wesen kamen, um vor Jahwe hinzutreten, und unter ihnen kam auch der Satan, um vor Jahwe hinzutreten. Da sprach Jahwe zum Satan: »Woher kommst du?« Der Satan erwiderte Jahwe und sprach: »Vom Durchschweifen der Erde und vom Umherwandeln auf ihr.« Da sprach Jahwe zum Satan: »Hast du meinen Knecht Hiob beachtet? Es gibt ja seinesgleichen keinen auf Erden: fromm und redlich, gottesfürchtig und dem Bösen fern. Noch immer hält er fest an seiner Frömmigkeit, und du hast mich vergeblich gegen ihn gereizt, ihn zu verderben.« Der Satan erwiderte Jahwe und sprach: »Haut für Haut! Es gibt doch der Mensch alles, was er hat, für sein Leben hin! Aber strecke einmal deine Hand aus und taste sein Gebein und Fleisch an! Ob er dir dann nicht ins Angesicht flucht?« Da sprach Jahwe zum Satan: »Wohlan, er sei deiner Hand überlassen; nur sein Leben schone!«

Und der Satan ging weg vom Antlitz Jahwes und schlug Hiob mit bösem Geschwür von der Fußsohle bis zu seinem Scheitel. Da nahm er sich eine Scherbe, um sich damit zu schaben, während er mitten in der Asche saß. Da sprach seine Frau zu ihm: »Hältst du immer noch fest an deiner Frömmigkeit? Fluche Gott und stirb!« Er aber sprach zu ihr: »Wie eine Törin redet, so redest du. Wenn wir das Gute von Gott annehmen, sollen wir das Schlechte nicht auch annehmen?« Bei alledem hat Hiob mit seinen Lippen nicht gesündigt.

Gottes Segen. Da kamen zu ihm all seine Brüder und Schwestern und all seine früheren Bekannten und speisten mit ihm in seinem Hause, bezeugten ihm ihre Teilnahme und trösteten ihn ob all des Unglücks, das Jahwe über ihn gebracht hatte, und jeder schenkte ihm eine Kesita [4] und einen goldenen Ring. Jahwe aber segnete die spätere Lebenszeit Hiobs noch mehr als seine frühere; sein Besitz war: 14 000 Schafe, 6000 Kamele, 1000 Joch Rinder und 1000 Eselinnen. Er bekam ferner sieben Söhne und drei Töchter. Die erste nannte er »Täubchen«, die zweite »Zimtblüte« und die dritte »Schminkhörnchen«. Man fand im ganzen Land keine schöneren Frauen als die Töchter Hiobs, und ihr Vater gab ihnen einen Erbanteil unter ihren Brüdern. Hiob lebte danach noch 140 Jahre, und sah seine Kinder und Enkel, vier Geschlechter. Dann starb Hiob hochbetagt und satt an Lebenstagen.

(Hi 1, 1–22; 2, 1–10; 42, 11–17)

Hiobs Klage gegen Gott

Der Verfasser des Hiob-Buches hat diese alte Volkserzählung durch ein breites, von ihm selbst verfaßtes Mittelstück erweitert. Es besteht aus einer Anzahl langer, von dichterischem Pathos getragener Reden, die zwischen Hiob und seinen drei Freunden Eliphas, Bildad und Zophar einerseits, Hiob und Gott andererseits gewechselt werden.
 Der Geist dieser Reden ist ein vollkommen anderer als der der Prosaerzählung. In ihnen geschieht nichts, in ihnen wird nur unablässig reflektiert. Jegliches Vertrauen in Gott ist zerstört; das menschliche Leben ist zu einem so abgründigen Problem geworden, daß der Vollzug des Lebens darunter erstirbt. Statt das Leiden gehorsam aus Gottes Hand entgegenzunehmen, beginnt der Hiob der Reden mit einer wortreichen Verfluchung seiner Geburt. Gott ist ihm zu seinem ärgsten Feind geworden. Er erscheint ihm als ein Wesen, dessen Allmacht dem Geschöpf eine Qual ist. Hiob sehnt sich danach, daß Gott nur einen Augenblick von ihm wegsehen möchte, damit er einmal Ruhe vor seinem unablässigen Zorn finden könne. Hinter seinen Worten steht ein Wissen um die lebenszerstörende Gewalt von Jahwes Zorn, das in der älteren Geschichte Israels in dieser Massivität nirgends zu finden ist.

Alsdann öffnete Hiob seinen Mund und verfluchte den Tag seiner Geburt. Und Hiob begann und sprach:

Vertilgt sei der Tag, an dem ich geboren,
und die Nacht, welche sprach: Empfangen ist ein Knabe!
Jener Tag, er werde Finsternis,
nicht möge nach ihm fragen Gott da droben,
nicht erglänze über ihm ein lichter Strahl!
Dunkelheit und Düster sollen ihn belegen,
Wolkenmassen über ihm sich lagern!
Sie sollen ihn erschrecken gleich den täglich neuen Bitternissen!
Und jene Nacht, das Dunkel raffe sie hinweg,
nicht soll sie sich gesellen zu des Jahres Tagen und nicht gelangen in die Zahl der Monde!

---

[4] Die »Kesita« war ein Zahlungsmittel, dessen Art und Größe uns unbekannt sind.

Ja, jene Nacht sei unfruchtbar,
kein Jubel kehre ein in ihr!
Verwünschen sollen sie die Tagverflucher,
die auch imstande sind, den Drachen aufzuwecken!
Dunkel seien ihrer Dämmerung Sterne;
sie harre auf das Licht, jedoch umsonst;
sie schaue nicht der Morgenröte Wimpern!
Weil sie meiner Mutter Leibespforte nicht verschloß
und so das Leid verborgen hätte meinen Augen. Warum denn starb ich
    nicht vom Mutterleibe weg,
kam aus dem Schoß hervor und schied dahin? Weshalb nur kamen Knie
    mir entgegen,
und wozu Brüste, daß ich sog? So läge ich nun still und könnte rasten,
ich schliefe, alsdann hätt' ich Ruh' wie Könige und Ratsherren der Erde,
die Grabeskammern sich erbauten,
oder auch wie Fürsten, reich an Gold,
die ihre Häuser angefüllt mit Silber.
Vielmehr wie die verscharrte Fehlgeburt bestünde ich nicht mehr,
wie Kindlein, die das Licht nicht schauten.
Dort haben Frevler aufgehört zu toben,
dort ruhen Krafterschöpfte aus.
Desgleichen sind Gefangene von Sorgen frei;
sie hören nicht die Stimme eines Treibers. Klein und groß ist dort bei-
    sammen,
der Knecht ist ledig seines Herrn.
Warum schenkt Er dem Elenden das Licht
und Leben den mit Bitternis Erfüllten,
denen, die des Todes harren, doch umsonst,
und sehnlicher nach ihm als wie nach Schätzen suchen;
die Freude hätten bis zum Jubel,
frohlockten, wenn ein Grab sie fänden;
dem Manne, dessen Lebensweg im Dunkel liegt
und den Gott ringsum eingeschlossen hat?
Denn meinem Essen geht voran mein Seufzen,
und es ergießt wie Wasser sich mein Klageruf.
Denn schreckte mich ein Schrecknis, alsdann traf es mich;
wovor mir graute, das kam über mich.
Noch hatte ich nicht Frieden, noch nicht Ruhe,
noch keine Rast, da kam schon wieder Ruhelosigkeit.
Der Erdenmensch, vom Weib geboren,
an Tagen arm und unruhvoll,
geht gleich der Blume auf und welkt,
flieht wie ein Schatten und besteht nicht lang.
Gleichwohl hältst du über ihm dein Auge offen

und führst mich vor Gericht mit dir.
O könnte vom Befleckten doch ein Reiner stammen!
Jedoch, kein einziger!
Wenn schon bestimmt sind seine Tage
und bei dir liegt seiner Monde Zahl
und seine Grenze du gesetzt hast, daß er sie nicht überschreite,
so blicke weg von ihm, hör auf,
daß wie ein Lohnknecht er sich freu' seines Tages. (Hi 3, 1–26; 14, 1–6)

Das Glück der Frevler

Die drei Freunde Hiobs hat der Verfasser als Repräsentanten der klassischen Weisheitslehre dargestellt. Sie vertreten den Grundsatz der doppelten Vergeltung; wer den Geboten Jahwes gehorcht, den belohnt er mit Glück und Wohlstand; wer sich gegen ihn verfehlt, den straft er mit Leid. Hiob hat sich in ihren Augen, wenn vielleicht auch unwissentlich, gegen Gott versündigt; darum dringen sie in ihn, er solle sich demütigen und Gott um die Abwendung seiner Strafe bitten. Hiob aber weigert sich, denn er fühlt sich gerade von diesem Vergeltungsglauben her zu Unrecht so schwer geschlagen, weil er sich Gott gegenüber keiner Schuld bewußt ist. So kehrt er sich mit ganzer Leidenschaft gegen diesen Vergeltungsglauben selbst, der meint, das Leben des Menschen mit seinen Schmerzen und seinen Widersprüchen rational bewältigen und damit das Geheimnis von Gottes Handeln enträtseln zu können. Hiob verkehrt dieses Vergeltungsdogma schließlich sogar in sein direktes Gegenteil: Die Erfahrung des Lebens zeigt, daß es den Frevlern immer gut geht. Indirekt will er damit seinen Freunden beweisen, daß er selbst gar nicht schuldig sein könne, denn ihm geht es ja, wie sie sehen, sehr schlecht.

Da entgegnete Hiob und sprach:
»O hört doch, hört auf mein Wort!
Das wäre mir schon Trost von euch!
Gestattet mir, daß ich das Wort ergreife,
und habe ich gesprochen, dann erst magst du spotten!
Ist denn mein Ziel, mich über Menschen zu beklagen,
oder habe ich nicht Grund zur Ungeduld?
Kehret euch zu mir, erstarret vor Entsetzen,
und legt die Hand auf euren Mund!
Ja, wenn ich nur daran denke, erschrecke ich,
und Zittern ergreift meinen Leib.
Warum bleiben Frevler am Leben,
werden alt und erstarken an Macht?
Gefestigt stehen ihnen ihre Kinder vor ihren Blicken
und ihre Nachkommen vor ihren Augen.
Ihr Hauswesen blüht in Wohlstand, ohne Gefahr;
die Zuchtrute Gottes kommt nicht über sie.
Ihr Stier bespringt und läßt nicht unbesamt,
ihre Rinder kalben und werfen nicht fehl.

Sie entlassen ihre Kinder wie eine Herde von Schafen,
und ihre Kleinen tanzen und springen.
Sie stimmen Lieder an zur Pauke und Zither,
ergötzen sich beim Klang der Schalmei.
Sie verbringen in Glück ihre Lebenstage
und steigen in Ruhe zum Totenreich hinab.
Und doch sagten sie zu Gott: ›Weiche von uns!
Deine Wege zu kennen, begehren wir nicht!
Was ist der Allmächtige, daß wir ihm dienen sollten,
und was kann es uns nützen, an ihn uns zu halten?‹
Spart Gott den Kindern des Frevlers dessen Sündenschuld auf?
Ihm selber soll er vergelten, daß er es merke!
Seine eigenen Augen sollen sein Unglück schauen,
und vom Grimm des Allmächtigen soll er trinken!
Denn was kümmert ihn seine Familie,
wenn er dahin ist und abgeschnitten seiner Monde Zahl?
Darf man nun Gott Erkenntnis lehren,
ihn, der die Erhabenen richtet?
Der eine stirbt in vollendetem Glück,
vollkommen sorglos und ruhig;
seine Eingeweide strotzen vor Fett,
und das Mark seiner Knochen ist üppig genährt.
Doch der andere stirbt in bitterem Gram,
hat niemals des Glückes genossen.
Nun liegen sie beide gemeinsam im Staube,
und Maden bedecken sie.
Seht, ich kenne eure Gedanken
und die Ränke, womit ihr mir Unrecht zufügt,
indem ihr fragt: ›Wo blieb des Vornehmen Haus
und wo das Wohnzelt der Frevler?‹
Habt ihr nie die Weitgereisten befragt
und ihre deutlichen Beispiele nicht beachtet?
Daß nämlich der Böse am Unheilstage geschont wird,
weggebracht am Tage des Zornes?
Wer hält ihm offen seinen Lebenswandel vor,
und wer vergilt ihm, was er selbst verübte?
Er wird vielmehr zur Gräberstätte gebracht,
und über den Grabhügel wacht man sorgsam.
Leicht sind ihm die Schollen des Schachtes,
hinter ihm drein zieht alle Welt
und vor ihm eine zahllose Schar.
Wie wollt ihr mich also mit Nichtigem trösten?
Eure Antworten bleiben letztlich nur Trug.« (Hi 21, 1–15.19–34)

Die Beschuldigungen der Freunde

In seiner Antwort auf die Rede Hiobs greift Eliphas das Stichwort vom »Nutzen« der Frömmigkeit auf, mit dem Hiob die Haltung der Frevler gegenüber Gott charakterisiert hatte. Nicht für Gott ist nach des Eliphas Urteil die Frömmigkeit eines Menschen von Nutzen, sondern für den Menschen selbst. Daß Eliphas mit dieser utilitaristischen Bewertung der Frömmigkeit genau in den Vorwurf eintritt, mit dem der Satan in der Rahmenerzählung Gott gegenüber die Uneigennützigkeit des Glaubens Hiobs anzweifelt, ist vom Dichter der Hiob-Dialoge sicher beabsichtigt. Mit ihrem Nützlichkeitsdenken hat sich in seinen Augen die gesamte Weisheitslehre diskreditiert. Sie sucht den Grund für das Ergehen eines Menschen nicht bei Gott, sondern beim Menschen selbst. Auf Hiob angewendet, bedeutet das, daß er die Ursache seines Leidens bei sich selbst zu suchen habe. Eliphas spricht denn auch unverhohlen aus, daß Hiob ein Frevler sei. Einen ganzen Katalog sozialer Vergehen hält er ihm vor und knüpft daran die Forderung, Hiob solle seine Schuld bekennen und sich damit vor Gott demütigen.

Da antwortete Eliphas, der Temanit, und sprach:
»Kann etwa ein Mensch Gott nützen?
Nein, sich selber nützt der Weise!
Ist es dem Allmächtigen von Wert, wenn du gerecht bist,
    oder bringt es ihm Gewinn, wenn du deine Lebenspfade unsträflich wandelst?
Straft er dich etwa ob deiner Frömmigkeit
und zieht dich vor Gericht?
War nicht deine Bosheit riesengroß
und ohne Ende deine Sündenschuld?
Du pfändetest zu Unrecht deine Brüder,
nahmst ihre Kleider bis zur Blöße weg.
Den Durstigen tränktest du nicht mit Wasser,
versagtest Brot dem Hungernden.
Dem Manne der Faust, ihm gehörte das Land,
und der Günstling durfte wohnen darin.
Witwen jagtest du leer davon,
der Verwaisten Arme hast du zerschmettert.
Deshalb liegen Fallstricke rings um dich her
und ängstigt dich plötzlicher Schrecken
oder das Dunkel, worin du nicht sehen kannst,
und eine Wasserwoge, die dich bedeckt.
Ist Gott nicht himmelhoch?
Nun schau die höchsten der Sterne, wie hoch sie stehen!
Du aber sagtest: ›Was weiß denn Gott?
Wird er hinter dem Wolkendunkel richten können?
Dichtes Gewölk ist eine Hülle vor ihm, daß er nicht sieht,
und am Himmelsgewölbe wandelt er!‹
Willst du dem altgewohnten Pfade folgen,

den die frevelnden Männer gegangen sind,
die vor der Zeit dahingerafft wurden,
als ein Strom ihren festen Grund überschwemmte?
Die Gerechten sahen es und freuten sich,
und der Schuldlose spottete ihrer:
›Wahrhaftig, vernichtet sind unsere Gegner,
ihren Rest verzehrte das Feuer!‹
Schließ Freundschaft mit ihm und halte Frieden;
nur dadurch bessert sich deine Lage!
Nimm Weisung entgegen aus seinem Mund,
und präge dir seine Worte ins Herz!
Wenn du zum Allmächtigen dich bekehrst, wirst du wiederhergestellt!
Wenn du Unrecht fernhältst deinem Zelte,
dann wirst du deine Wonne finden am Allmächtigen
und kannst zu Gott dein Angesicht erheben.
Flehst du ihn an, so wird er dich erhören,
und dankbar kannst du deine Gelübde entrichten.
Beschließt du eine Sache, wird sie dir gelingen,
und über deinen Lebenswegen strahlt ein Licht.
Denn er erniedrigt den Stolz des Hochmuts,
aber dem Demütigen hilft er.
Er rettet den Schuldlosen,
gerettet wirst du wegen der Reinheit deiner Hände.«

(Hi 22, 1–16.19–23.26–30)

Widerspruch und Herausforderung

Das Streitgespräch Hiobs mit seinen Freunden dreht sich im Kreise; die Partner reden aneinander vorbei. Hiob sieht sich vor die Entscheidung gestellt, entweder gegen sein Gewissen eine Schuld einzugestehen und sich Gott zu unterwerfen, oder sich der Willkür des fernen, heimtückischen Gottes zu widersetzen. Er wählt den zweiten Weg. Er fordert Gott zu einem Prozeß heraus, in dem dieser seine Unschuld anerkennen und ihn rehabilitieren muß. Seine Anklagen gegen Gott sind freilich von der Furcht begleitet, daß Gott in seiner Macht nicht auf ihn eingehen, sondern ihn brutal niederzwingen könnte. Neben der Auflehnung gegen die Willkür Gottes steht die Bestürzung über die eigene Wehrlosigkeit.

Da antwortete Hiob und sprach:
»Auch heut' ist Aufruhr meine Klage,
schwer lastet seine Hand auf meinem Seufzen.
O wüßte ich, wie ich ihn finden könnte,
gelangen könnte bis zu seiner Wohnstatt!
Ich würde vor ihm ein Gericht anstrengen
und meinen Mund mit Beweisgründen füllen.
Ich erführe die Worte, die er mir erwiderte,

vernähme, was er mir antwortete.
Würde er in der Fülle der Macht mit mir streiten?
Nein, sicher würde er auf mich achten!
Dann würde ein Redlicher mit ihm rechten,
und ich käme für immer frei von meinem Richter.
Denn er kennt gar wohl meinen ständigen Lebenswandel;
prüfte er mich, ich ginge wie Gold hervor!
Mein Fuß hielt fest an seiner Spur;
seinen Weg hielt ich ein und bog nicht ab,
seiner Lippen Gebot, ich gab es nicht auf.
Seines Mundes Worte barg ich im Herzen. –
Doch er zielt auf eines, und wer stimmt ihn um?
Wonach ihn gelüstet, das tut er.
Ja, er wird mein mir bestimmtes Schicksal vollenden,
und solcherlei hat er noch vieles im Sinn!
Deshalb muß ich erschrecken vor ihm
und beim Gedanken daran vor ihm erbeben.
Gott ist es, der das Herz mir verzagt macht,
der Allmächtige ist es, der mich erschreckt.
Denn bin ich von Finsternis nicht umschlossen?
Und vor mein Antlitz deckte er Dunkel. (Hi 23, 1–7.10–17)

Hiobs Reinigungseid

Auf die Begegnung mit Jahwe bereitet sich Hiob durch ein Gelöbnis vor. Es gleicht dem Reinigungseid, mit dem ein Angeklagter in Fällen, in denen andere Beweismittel fehlen, seine Unschuld beteuerte und auf Grund dessen er freigesprochen werden mußte. Der Wert solcher Eide bestand darin, daß sich der Schwörende mit seiner Selbstverfluchung im Falle eines Meineides unmittelbar dem Zorn Jahwes aussetzte. Im Falle Hiobs, wo sich der Reinigungseid gegen Gottes Anklage richtet, kommt er einer nicht mehr zu überbietenden Herausforderung Gottes gleich, jetzt *muß* Gott antworten!

Ich schloß einen Bund mit meinen Augen,
nie lüstern nach einer Jungfrau zu blicken.
Was wäre mein Anteil sonst von Gott droben,
mein Erbe vom Allmächtigen aus der Höhe?
Wird nicht Verderben dem Frevler zuteil
und Verstoßung dem Übeltäter?
Ist Er es nicht, der meine Wege sieht,
und alle meine Schritte zählt?
Bin ich mit Lüge umgegangen,
eilte mein Fuß der Täuschung nach?
Er möge mich wägen auf richtiger Waage,
und Gott wird meine Unschuld erkennen!

Wenn mein Schritt vom Wege wich,
mein Herz meinen Augen folgte,
so genieße ein anderer, was ich säte,
und was immer mir sproßt, soll entwurzelt werden!
Ließ sich mein Herz um ein Weib betören,
und lauerte ich an der Tür meines Nächsten,
so sei meine Frau einem andern zu Willen,
und Fremde mögen sich über sie beugen!
Denn das wäre eine Schandtat,
wäre ein Vergehen, strafbar vor dem Gericht.
Ja, es wäre ein Feuer, das bis zur Unterwelt fressen
und meine ganze Habe entwurzeln würde.
Wenn ich des Sklaven und der Sklavin Recht
in ihrem Streitfall wider mich verwarf,
was kann ich dann tun, wenn Gott sich erhebt,
was ihm erwidern, wenn er Rechenschaft verlangt?
Hat nicht, der mich im Mutterleibe schuf, auch ihn erschaffen,
und *einer* uns im Mutterschoß gebildet?
Versagte ich den Armen einen Wunsch,
ließ ich verschmachten der Witwe Augen?
Aß ich für mich allein meinen Imbiß
ohne daß davon auch das Waisenkind aß?
Denn seit meiner Jugend ist es mir aufgewachsen wie einem Vater,
und wie ein Bruder führte ich es.
Sah ich einen Verarmten und ließ ihn ohne Gewand,
und ohne Decke den Dürftigen?
Haben nicht seine (bekleideten) Lenden mich dankbar gepriesen,
wärmte er sich nicht von der Wolle meiner Schafe?
Schwang ich drohend die Hand gegen eine Waise,
Weil ich im Tor [5] für mich Rechtshelfer sah,
so soll mir die Achsel aus der Schulter fallen
und der Arm vom Gelenk brechen!
Denn als Schrecken überfiele mich Gottes Strafverderben,
und vor seiner Hoheit hielte ich nicht stand.
O daß doch einer mich hören möchte!
Ja, dies ist mein Begehren, daß mir der Allmächtige Antwort gäbe
und mein Gegner im Streit eine Klageschrift schriebe!
Wahrlich, ich wollte auf meine Schulter sie heben;
sie mir wie einen Turban um das Haupt winden!
Alle meine Schritte täte ich ihm kund
und nahte ihm wie ein Fürst! (Hi 31, 1–23.35–37)

---

5 Im Torraum kamen die Dorfbewohner zusammen, um ihre Rechtsstreitigkeiten auszutragen.

Die Antwort Gottes

Gott nimmt die Herausforderung Hiobs an und erscheint vor ihm, um Rede und Antwort zu stehen. Damit gelangt die Hiob-Dichtung zu ihrem Höhepunkt. Die Begegnung fällt freilich anders aus, als es von der Theologie der Freunde aus zu erwarten wäre, anders auch als Hiob selbst es erhofft hatte: Gott vernichtet weder den »Frevler«, noch gibt er Hiob recht. Er geht nicht einmal auf seine Anschuldigungen ein. Er fordert Hiob seinerseits heraus und stellt ihm Fragen. Diese Fragen, die den gesamten Kosmos in der Vielfalt seiner Erscheinungen und Ordnungen abschreiten, sollen Hiob zeigen, wie viel mehr und wie viel größere Rätsel des göttlichen Handelns es gibt. Sie lassen ihn über seinen bisherigen Horizont hinausblicken in eine Welt, die voller Geheimnisse und Widersprüche ist und doch von der Herrlichkeit Gottes durchdrungen wird. Er sieht, welch einen verschwenderischen Reichtum seiner Fürsorge Gott über alle Kreatur ausgegossen hat.

Innerhalb des Rechtsverfahrens, das Hiob auf die Beschuldigung der Freunde hin mit seinem Reinigungseid und der Herausforderung Gottes eingeleitet hat, kommt der Rede die Rolle des Urteils zu. Sie beginnt mit einem Verweis Gottes an Hiob und der Herausforderung, sich dem Gegenangriff Gottes zu stellen, und endet mit der Aufforderung, seinen Anspruch gegen Gott durch Taten zu bekräftigen, welche den Anforderungen gewachsen sind, die der ganze Kosmos unablässig an den Schöpfergott heranträgt.

Da antwortete Jahwe dem Hiob aus dem Wettersturm und sprach:

»Wer ist es, der den Weltenplan verdunkelt
mit Gerede ohne Einsicht?
Umgürte deine Hüften wie ein Held,
so frag' ich dich und kläre du mich auf!
Wo warst du, als ich die Erde gründete?
Gib Antwort, so Bescheid du weißt!
Wer hat ihre Maße festgesetzt – du weißt es ja!
Oder wer hat über ihr die Meßschnur ausgespannt?
Worauf sind ihre Sockel eingesenkt?
Wer setzte ihr den Eckstein auf
beim Jubelchor der Morgensterne,
als insgesamt die Gottessöhne jauchzten?

Und wer verschloß das Meer mit Türen,
als schäumend es aus seinem Mutterschoß hervorquoll,
als ich Gewölk zu seinem Kleid ihm machte,
zu seiner Windel dunklen Nebel,
als ich meine feste Grenze ihm entgegensetzte
und Riegel sowie Türen daran legte,
wobei ich sprach: Bis hierher magst du kommen, weiter nicht!
Hier ist ein Halt für deine stolzen Wogen!

Hast du in deinem Leben je den Morgen herbefohlen,
dem Frührot seinen Platz gezeigt,
auf daß der Erde Säume es erfasse
und Frevler von ihr weggeschüttelt werden?
Sie wandelt sich gleich Siegelton,
verfärbt sich wie ein Kleid.
Den Frevlern wird ihr Licht entzogen,
zerschmettert der erhobene Arm.

Bist du bis zu des Meeres Quellen vorgedrungen
und in der Urflut Tiefe einhergewandelt?
Taten sich dir die Pforten der Totenwelt auf,
schautest du die Tore der Finsternis?
Hattest du acht auf die weiten Flächen der Erde?
Gib Antwort, so du sie völlig kennst!
Wo ist der Weg zur Wohnung des Lichtes,
und wo denn die Stätte des Dunkels,
so daß du es einholen könntest in seinen Bereich,
wüßtest die Pfade zu seinem Haus?
Du weißt es doch; denn damals warst du geboren,
und die Zahl deiner Tage ist gar groß!
Kamst du bis zu den Speichern des Schnees,
und sahst du die Kammern des Hagels,
den ich aufgespart für die Drangsalzeit,
für den Tag des Kampfes und Krieges?
Wo ist der Weg zu dem Ort, wo der Wind sich teilt,
der Ostwind sich über die Erde zerstreut?
Wer grub für die Regenflut eine Rinne,
einen Weg für das Donnergewölk,
um regnen zu lassen auf unbewohntes Land,
auf die Wüste, darin niemand verweilt,
um Öde und Ödland sattsam zu tränken
und frisches Gras sprossen zu lassen?
Hat der Regen einen Vater,
oder wer zeugte die Tropfen des Taues?
Aus wessen Schoß ging das Eis hervor,
des Himmels Reif, wer hat ihn geboren?
Gleichsam in einem Stein verbergen sich die Wasser,
die Fläche der Flut schließt sich zusammen.« (Hi 38, 1–30)

Hiobs Wandlung

Unter dem Eindruck der persönlichen Begegnung mit dem Schöpfergott fallen Hiobs Rechtsforderungen in sich zusammen. Er hat erfahren, daß Gottes heilschaffende Gegenwart in der Welt alle menschliche Einsicht übersteigt. Kein Geschöpf hat einen Anspruch darauf, und doch ist sie für alle da. So weicht das Gefühl der Verlassenheit, das der eigentliche Stachel seiner Leiden war, dem Wissen um die Geborgenheit in Gottes geheimnisvollem Ratschluß. Gott hat ihm Einblick in sein zwar undurchschaubares, aber sinnvolles Handeln gewährt und damit seinem Leiden die Bitterkeit eines als ungerecht und zerstörerisch empfundenen Schicksals genommen. Hiob verstummt, und das ist für ihn zugleich Ausdruck des Bekenntnisses zu der Erhabenheit Gottes und ein Zeugnis seiner Gemeinschaft mit Gott.

Da antwortete Hiob Jahwe und sprach:
»Siehe, ich bin zu gering! Was könnte ich dir erwidern?
Ich lege die Hand auf meinen Mund.
Einmal habe ich geredet, aber ich werde nicht mehr antworten,
und noch ein zweites Mal, aber ich werde nicht fortfahren.
Ich habe erkannt, daß du alles vermagst,
und daß kein Vorhaben dir unmöglich ist!
›Wer ist es, der den Weltenplan verschleiert
bar der Einsicht?‹
So habe ich also töricht Dinge vorgebracht,
die allzu wunderbar für mich sind
und die ich nicht begreife.
›Hör zu, und ich will sprechen;
ich frage dich, und kläre du mich auf!‹
Nur nach dem Hörensagen hatte ich von dir gehört,
nun aber hat mein Auge dich geschaut.
Deswegen widerrufe und bereue ich
in Staub und Asche.«

(Hi 40, 3–5; 42, 2–6)

XIII. Das Buch Daniel

Das Daniel-Buch nimmt eine Sonderstellung im Alten Testament ein: Es ist die jüngste, die geschichtlich wirkungsvollste und zugleich die am schwersten zugängliche Schrift des Alten Testaments. In ihr herrscht eine gegenüber der älteren Literatur Israels tiefgreifend veränderte Atmosphäre. Hier tut sich eine geistige Welt auf, die eher auf die Botschaft Jesu und die Verkündigung des Urchristentums voraus- als auf das sonstige Alte Testament zurückweist. Der Blick ist ausschließlich auf das zukünftige, aber nahe bevorstehende Ende der Welt gerichtet. Der Visionär sieht, wie die Königsherrschaft Gottes aus der Transzendenz heraus in die Welt einbricht und einem menschengestaltigen, »mit den Wolken des Himmels« kommenden Wesen das ewige Reich übertragen wird. Er schaut eine Auferstehung der Toten und ein nachfolgendes Gericht über alle Welt.

Diese eigentümlichen Vorstellungen über die Zukunft der Welt haben im Daniel-Buch die alten Überlieferungen Israels in den Hintergrund gedrängt. An die Stelle des Wissens um Gottes spezielles Handeln mit seinem Volk, um seine konkrete Geschichte mit Israel, ist das Suchen nach einer theologischen Deutung des Weltlaufs im ganzen getreten. Die Weltgeschichte wird als ein einziger, mit innerer Folgerichtigkeit auf das göttliche Endgericht zurollender Prozeß gesehen. Dahinter steht ein grüblerischer Drang zum Ganzen und Letzten, wie er ähnlich in den großen Weisheitsgedichten zu spüren war (vgl. oben S. 520ff.). Nur äußert er sich hier auf eine andere Weise. Die Sprache des Daniel-Buches ist eine in Bildern und Metaphern verschlüsselte Geheimsprache. Seine Darstellungsform ist die Schilderung von Träumen und Visionen, die nachträglich von einem Ausleger, den Gott in die Geheimnisse der Endzeit eingeweiht hat, gedeutet werden. Die Schrift richtet sich darum auch nur an solche, die ihrerseits zu den Erwählten der Endzeit gehören. Die Dunkelheit der Sprache ist also vom Verfasser beabsichtigt. Er will gar nicht für jedermann verständlich sein. Er sieht einen Machterweis Gottes auf Israel zukommen, der die Konturen der Welt und des menschlichen Lebens so tiefgreifend verändern wird, daß ein allgemeines Einverständnis darüber im voraus gar nicht erwartet werden kann. So setzt er bewußt voraus, daß eine Scheidung unter seinen Lesern eintreten wird – zwischen solchen, die verstehen, worauf er deutet, und den anderen, die verloren sind.

Das Daniel-Buch ist in den Jahren zwischen 167 und 164 v. Chr. entstanden, in der Zeit, als die Jerusalemer Kultgemeinde einen erbitterten Glaubenskampf gegen die griechische Fremdherrschaft führte. Palästina gehörte damals zum Machtbereich der Seleukiden, einer jener Diadochenherrschaften, in die das griechische Reich nach dem Tode Alexanders des Großen (326 v. Chr.) zerfallen war. Antiochus IV. Epiphanes hatte im Jahre 169 v. Chr. einen internen Machtkampf in der Jerusalemer Priesterschaft um die Besetzung des Hohenpriesteramtes zum Anlaß genommen, dem bisherigen Eigenleben des theokratisch regierten Jerusalem ein Ende zu machen. Er entweihte den Tempel, ließ die heiligen Schriften verbrennen, stellte das Halten des Sabbats und die Beschneidung unter Todesstrafe und ließ statt dessen Opferstätten errichten, an denen jedermann den griechischen Göttern opfern mußte. Die Jahwetreuen im Lande haben dagegen gewaltsam Widerstand geleistet. Diese sogenannte makkabäische Erhebung war nach Jahrhunderten äußerer Ruhe ein Geschehen, das man in Jerusalem erstmals wieder politisch aktiv miterlebt hat, das darum auch die Frage nach der Deutung der Geschichte Israels als ganzer zu neuem Leben erweckte. Nach wechselvollen Kämpfen konnten die Aufständischen im Jahr 164 v. Chr. Jerusalem befreien und den Tempel neu für den rechtmäßigen Gottesdienst weihen. Zwei Jahre später erzwangen sie sogar von den Seleukiden die offizielle Zurücknahme aller den Kult behindernden Maßnahmen. Damit war das ursprüngliche Ziel des Aufstandes erreicht, aber seine Führer wollten sich damit allein jetzt nicht mehr zufrieden geben. Sie setzten den Kampf fort, um über die Freiheit des Kultus hinaus auch die politische Befreiung von der griechischen Fremdherrschaft zu erreichen. Dabei aber hat ihnen ein Teil ihrer bisherigen Anhänger die Gefolgschaft verweigert. Für sie, die sich selbst die »Frommen« nannten, war mit der Wiederherstellung des Gottesdienstes der Kampf mit der Waffe zu Ende. Den weitergehenden politischen Wandel der Dinge erhofften sie allein von dem baldigen Eingreifen Gottes.

Aus dem Kreise dieser »Frommen« ist das Daniel-Buch hervorgegangen. Es will die Drangsal der Zeit mit den Versuchungen und Gefahren, in die die Jahwetreuen geraten, bewältigen, indem es in ihr die beginnende Erfüllung von Gottes längst zuvor enthülltem Geschichtsplan sieht. Die Erfolge der Makkabäer erscheinen in diesem Plan nur als »eine kleine Hilfe«; die große Hilfe, die »ohne Zutun von Menschenhand« kommen wird, steht noch aus. Nur wer darum weiß, kann die Zeichen der Zeit recht verstehen.

Diesen geschichtlichen Standort der Schrift hat der Verfasser bewußt verhüllt. Er versetzt seine Leser um 400 Jahre zurück in die Zeit des babylonischen Exils. Seine Hauptfigur Daniel läßt er am Hofe Nebukadnezars auftreten, um ihn von dort aus den Zeitraum des babylonischen, medischen, persischen und griechischen Reiches in Visionen vorausschauen zu lassen. Es geht ihm also um eine theologische Deutung der ganzen Geschichtsepoche, in der Israel aufgehört hatte, ein selbständiger politischer Faktor zu sein, und statt dessen zu einem Spielball wechselnder Großreiche geworden war. Wie, so lautet seine Frage, erweist sich angesichts der Selbstherrlichkeit dieser

Großreiche bei völliger Ohnmacht Israels, also angesichts einer Geschichte ohne Gott, die überlegene Macht des Gottes Israels. Innergeschichtliche Ordnungen Israels, von denen ein neuer Machterweis seines Gottes ausgehen könnte, sah er nicht, darum konnte er auch nicht an die heilsgeschichtlichen Überlieferungen aus der Zeit vor dem babylonischen Exil anknüpfen, sondern mußte theologisch ganz neue Wege gehen.

Nebukadnezars Traum

Der Verfasser des Daniel-Buches arbeitet mit vorgeformten Erzählungen und Motiven, die er aus seiner Umwelt aufgenommen und in überarbeiteter Form seiner Geschichtsdeutung dienstbar gemacht hat. Dazu gehört die im Alten Orient und in der griechisch-römischen Antike bekannte Vorstellung von vier, durch die Metalle Gold, Silber, Erz und Eisen symbolisierten Weltzeitaltern. Im Daniel-Buch werden sie mit den vier Reichen der Babylonier, Meder, Perser und Griechen gleichgesetzt. Im Traumbild Nebukadnezars erscheinen sie als die vier Bestandteile einer künstlichen, von Menschenhand zusammengesetzten Statue. Dieses konstruiert wirkende Bild ist von vornherein auf seine zeitgeschichtliche Ausdeutung hin angelegt. Es soll die Geschichte der Großreiche seit dem babylonischen Exil als ein einziges großes Machwerk erscheinen lassen, das sich vor Gottes kommendem Machterweis in Nichts auflösen wird.

Im zwölften Jahre der Regierung Nebukadnezars hatte dieser einen Traum. Sein Geist beunruhigte sich darüber, und er konnte nicht mehr schlafen. Da ließ der König die Wahrsager, Beschwörer, Zauberer und Kaldäer[1] **rufen. Sie sollten dem König über seinen Traum Aufschluß geben. Sie kamen und traten vor das Antlitz des Königs. Der König sprach zu ihnen: »Ich hatte einen Traum, und mein Geist ist unruhig, weil ich den Traum verstehen möchte.« Die Kaldäer entgegneten dem König auf aramäisch: »O König, lebe ewig! Erzähle den Traum deinen Knechten, und wir wollen die Deutung kundtun!« Doch der König antwortete den Kaldäern und sprach: »Mein Entschluß steht fest: Wenn ihr mir den Traum und seine Deutung nicht mitteilen könnt, dann sollt ihr in Stücke gehauen und eure Häuser sollen in Schutthaufen verwandelt werden. Tut ihr aber den Traum und seine Deutung kund, so empfangt ihr von mir Gaben, Geschenke und eine große Würdenstellung. Daher erzählt mir den Traum und seine Deutung!« Sie antworteten abermals und sprachen: »Der König erzähle seinen Knechten den Traum, und wir werden seine Deutung offenbaren.« Da entgegnete der König und sagte: »Ich weiß nun, daß ihr nur Zeit gewinnen wollt – jetzt da ihr seht, daß es von mir aus feststeht: Könnt ihr mir den Traum nicht mitteilen, so bleibt es bei dem festgesetzten Urteil – und daß ihr nur vorhabt, mir eine lügenhafte und falsche Antwort zu geben, bis die Situation sich ver-**

---

1 »Kaldäer« ist hier eine zusammenfassende Bezeichnung für alle Arten von Zukunftsdeutern.

ändert hat. Also sagt mir den Traum! Daran werde ich erkennen, daß ihr mir auch seine Deutung geben könnt!« Die Kaldäer antworteten dem König und sprachen: »Es gibt niemand auf Erden, der das, was der König verlangt, mitteilen könnte. Daher stellte noch nie ein König, mag er noch so groß und mächtig gewesen sein, ein derartiges Ansinnen an irgendeinen Wahrsager, Beschwörer oder Kaldäer. Zu schwierig ist das Verlangen des Königs; es gibt niemand sonst, der das dem König mitteilen könnte außer den Göttern; doch deren Wohnung befindet sich nicht unter den sterblichen Menschen.« Da ergrimmte der König und wurde sehr zornig. Er gab den Befehl, alle Weisen Babels umzubringen. Als nun der Befehl ergangen war, die Weisen zu töten, wollte man auch Daniel und seine Gefährten hinrichten.

Da wandte sich Daniel klug und verständig an Arjoch, den Obersten der königlichen Leibwache, der ausgerückt war, die Weisen Babels zu töten. Er fragte also den königlichen Befehlshaber Arjoch, warum denn vom König ein so strenger Erlaß gekommen sei. Arjoch teilte dem Daniel die Sache mit. Daniel begab sich zum König und bat ihn, man möge ihm doch eine Frist setzen, um dem König die Deutung kundzutun. Dann eilte Daniel nach Hause und setzte seine Gefährten, Hananja, Mischael und Asarja, von der Angelegenheit in Kenntnis. Sie sollten den Gott des Himmels um Erbarmen anflehen dieses Geheimnisses wegen, damit man nicht Daniel und seine Gefährten mit den übrigen Weisen Babels umbringe. Nun wurde Daniel in einem Nachtgesicht das Geheimnis geoffenbart. Da pries er den Gott des Himmels. Daniel betete:
»Gepriesen sei Gottes Name von Ewigkeit zu Ewigkeit!
Denn Weisheit und Stärke besitzt er.
Den Wechsel der Zeiten und Fristen führt er herbei,
setzt Könige ab und setzt Könige ein.
Den Weisen gibt er Weisheit, den Verständigen Verstand.
Tiefe und verborgene Dinge enthüllt er.
Was im dunkeln liegt, das weiß er, und bei ihm wohnt das Licht.
Dich, Gott meiner Väter, lobe und rühme ich;
denn Weisheit und Stärke verliehest du mir.
Um was wir dich baten, tatest du mir jetzt kund,
des Königs Verlangen ließest du uns wissen.«
Danach begab sich Daniel zu Arjoch, dem der König befohlen hatte, die Weisen von Babel umzubringen. Er sprach zu ihm: »Richte die Weisen Babels nicht hin! Führe mich vor den König und ich werde dem König die Deutung offenbaren.«

Arjoch führte den Daniel in aller Eile vor den König und sprach zu diesem: »Unter den jüdischen Verbannten fand ich einen Mann, der dem König die Deutung kundtun will.« Der König antwortete und sprach zu Daniel, der den Namen Beltsazar führte: »Bist du wirklich imstande, mir den Traum, den ich hatte, und seine Deutung kundzutun?« Daniel entgegnete dem König: »Das Geheimnis, nach dem der König fragt, können Weise und Zauberer,

Wahrsager und Sterndeuter dem König nicht mitteilen. Doch ist ein Gott im Himmel, der Geheimnisse aufdeckt und den König Nebukadnezar wissen läßt, was am Ende der Tage geschehen wird. Dein Traum und was dir an Bildern auf deinem Lager durch den Kopf ging, ist folgendes:

Dir, o König, stiegen auf deinem Lager Gedanken auf, was dereinst geschehen wird. Er, der Geheimnisse enthüllt, ließ dich wissen, was sein wird. Mir aber ward dies Geheimnis nicht etwa infolge einer Weisheit, durch die ich anderen Menschen überlegen wäre, enthüllt. Es geschah, damit man dem König die Deutung kundtue und du die Gedanken deines Herzens verstehst. Du, o König, hattest ein Gesicht und schautest eine gewaltige Bildsäule. Jene Bildsäule war überaus groß, ihr Glanz ganz außergewöhnlich. Sie stand vor dir. Ihr Aussehen war furchterregend. An diesem Bild war der Kopf von lauterem Golde, seine Brust und seine Arme aus Silber, sein Bauch und seine Hüften aus Erz; seine Schenkel waren aus Eisen, seine Füße teils aus Eisen, teils aus Ton. Du schautest hin, bis sich ein Stein ohne Zutun von Menschenhand loslöste, die eisernen und tönernen Füße traf und sie zermalmte. Da zerstoben im Nu das Eisen, der Ton, das Erz, das Silber und das Gold. Sie wurden wie Spreu auf den sommerlichen Tennen; der Wind trug sie fort, und keine Spur fand sich mehr von ihnen. Der Stein aber, der die Bildsäule getroffen hatte, ward zu einem großen Berg und erfüllte die ganze Erde. Dies war der Traum, und seine Deutung wollen wir nun dem König vortragen:

Du, o König der Könige, dem der Gott des Himmels Königsherrschaft, Reichtum, Stärke und Ruhm verliehen hat, du, dem er die Menschen in der ganzen bewohnten Welt, die Tiere des Feldes und die Vögel des Himmels in die Hand gegeben, und den er zum Herrscher über sie alle bestimmt hat, du bist das Haupt von Gold! Nach dir ersteht ein anderes Reich, geringer als deines, und dann ein anderes, drittes Königreich von Erz, das über alle Länder herrschen wird. Ein viertes Reich wird hart wie Eisen sein; denn Eisen zerschlägt und zermalmt ja alles. Wie zerschmetterndes Eisen wird es sie alle zerschlagen und zerschmettern. Wenn du die Füße und Zehen teils aus Töpferton, teils aus Eisen sahst, so hat das folgende Bedeutung: Das Reich wird nicht einheitlich sein, wird aber etwas von der Härte des Eisens haben; darum sahst du Eisen mit Tonerde gemischt. Und wenn du Eisen vermischt mit Tonerde schautest, so bedeutet dies: Man wird sich durch Heiraten miteinander verbinden, jedoch wird man nicht untereinander zusammenhalten, so wie sich Eisen und Ton nicht verbinden läßt [2]. In den Tagen jener Könige errichtet der Himmelsgott ein Reich, das in Ewigkeit nicht zugrunde geht. Dieses Reich wird keinem anderen Volk überlassen. Es zermalmt und beseitigt all jene Reiche, selbst aber steht es in Ewigkeit fest! Du sahst es ja sel-

---

[2] Damit wird auf die griechischen Diadochenreiche angespielt, die trotz ihrer dynastischen Heiratspolitik ständig im Kampf gegeneinander lagen.

ber, daß der Stein, der sich ohne Zutun von Menschenhand vom Berge loslöste, Eisen, Erz, Ton, Silber und Gold zermalmte. Der große Gott hat dem König kundgetan, was dereinst geschehen wird; der Traum ist wahr und seine Deutung zuverlässig.«

Da fiel der König Nebukadnezar auf sein Angesicht nieder und huldigte dem Daniel. Er befahl, ihm Speiseopfer und Räucherwerk zu spenden. Der König nahm das Wort und sprach zu Daniel: »Fürwahr! Euer Gott ist der Gott der Götter, der Herr der Könige und der Offenbarer von Geheimnissen. Nur deshalb konntest du dieses Geheimnis enthüllen.« Dann erhob der König den Daniel zu hohem Rang und machte ihm viele reiche Geschenke. Er ernannte ihn zum Gebieter der ganzen Provinz Babel und zum Obervorsteher aller Weisen von Babel. (Dan 2, 1–41.43–48)

Die Rätselschrift an der Wand

Ohne sichtbare Überarbeitung hat der Verfasser des Daniel-Buches die Legende von dem Gelage des Königs Belsazar in seine Schrift aufgenommen. Sie erzählt von dem Sakrileg des Königs an den heiligen Geräten aus dem Jerusalemer Tempel und von dem unmittelbar darauf folgenden Untergang des babylonischen Reiches. Die Plünderung und Entweihung des Tempels durch Antiochus IV. Epiphanes verlieh dieser Daniel-Legende in der Makkabäerzeit eine besondere Aktualität.

Der König Belsazar veranstaltete ein großes Mahl für seine tausend Großen und trank Wein mit ihnen. In der Weinlaune ließ er die goldenen und silbernen Gefäße herbeiholen, die sein Vater Nebukadnezar aus dem Tempel zu Jerusalem geraubt hatte, damit der König, seine Großfürsten, seine Frauen und Nebenfrauen daraus trinken könnten. Da holte man die goldenen und silbernen Gefäße, die man aus dem Tempel in Jerusalem geraubt hatte, und der König, seine Großfürsten, seine Frauen und Nebenfrauen tranken daraus. Sie tranken Wein und priesen die Götter aus Gold, Silber, Erz, Eisen, Holz und Stein. Zur gleichen Stunde erschienen die Finger einer Menschenhand und schrieben auf der Kalktünche an der Wand des königlichen Palastes gegenüber dem Leuchter. Der König bemerkte die schreibende Hand. Da veränderte sich die Gesichtsfarbe des Königs, seine Gedanken erschreckten ihn, seine Hüftgelenke lockerten sich, und seine Knie schlugen zitternd aneinander. Der König rief laut nach den Wahrsagern, Kaldäern und Sterndeutern. Er hob an und sprach zu den Weisen von Babel: »Wer immer diese Schrift lesen und mir deuten kann, der soll in Purpur gekleidet werden, um seinen Hals eine goldene Kette tragen und als Rangdritter im Reiche herrschen.«

Da traten alle königlichen Weisen an. Sie vermochten aber nicht, die Schrift zu lesen und ihre Deutung dem König kundzutun. Da erschrak der König Belsazar sehr, seine Gesichtsfarbe veränderte sich an ihm, und auch seine Großfürsten gerieten in Verwirrung. Infolge der Schreckensrufe des

Königs und seiner Großfürsten kam die Königin in den Festsaal. Sie hob an und sprach: »O König, lebe ewig! Deine Gedanken sollen dich nicht in Schrecken setzen, und deine Gesichtsfarbe braucht sich nicht zu verändern! Es gibt in deinem Reiche einen Mann, in dem der Geist heiliger Götter ist. In den Tagen deines Vaters zeigten sich an ihm Erleuchtung, Einsicht und Weisheit, der Götterweisheit gleich. König Nebukadnezar, dein Vater, hat ihn zum Obersten der Wahrsager, Zauberer, Kaldäer und Sterndeuter bestellt. Denn einen außergewöhnlichen Geist, Kenntnis und Einsicht, um Träume zu deuten, Rätsel zu erraten und Verwickeltes zu lösen, konnte man bei Daniel finden, den der König ›Beltsazar‹ nannte. Man rufe also den Daniel herbei; er wird die Deutung kundtun!«

Darauf wurde Daniel vor den König geführt. Der König hob an und sprach zu Daniel: »Du also bist jener Daniel, der zu den Weggeführten aus Juda gehört, die mein Vater, der König, aus Juda hierher gebracht hat. Ich habe von dir gehört, daß göttlicher Geist in dir wohne und daß Erleuchtung, Einsicht und außergewöhnliche Weisheit bei dir zu finden seien. Nun wurden die Weisen, die Wahrsager, mir vorgeführt, um diese Schrift da zu lesen und ihre Deutung mir kundzutun. Doch waren sie nicht imstande, die Deutung der Sache anzugeben. Doch von dir habe ich gehört, daß du Deutungen geben und Verwickeltes lösen kannst. Wenn du nun die Schrift lesen und ihre Deutung mir kundtun kannst, so wirst du in Purpur gekleidet, erhältst eine goldene Kette um den Hals und wirst als Rangdritter im Reiche herrschen.«

Da antwortete Daniel und sprach vor dem König: »Deine Gaben mögen dir verbleiben, und deine Geschenke gib einem anderen! Indes will ich die Schrift dem König vorlesen und die Deutung ihm mitteilen. Du hast dich gegen den Herrn des Himmels erhoben. Die Gefäße seines Tempels mußte man dir bringen, und du trinkst daraus Wein mit deinen Großfürsten, Frauen und Nebenfrauen. Die Götter aus Silber und Gold, Erz und Eisen, Holz und Stein, die weder sehen noch hören können und keinen Verstand besitzen, hast du gepriesen. Jedoch den Gott, in dessen Gewalt dein Lebensodem ist und der über alle deine Wege verfügt, hast du nicht verherrlicht. Da wurde von ihm diese Hand gesandt und die Schrift dort niedergeschrieben. So lautet die Schrift, die da geschrieben ward: ›Mene mene tekel upharsin.‹ Und das ist die Deutung des Inhalts: Mene: *gezählt* hat Gott dein Königtum und es weggegeben. Tekel: *gewogen* bist du auf der Waage und zu leicht befunden. Peres: *geteilt* wird dein Reich und den Medern und Persern gegeben.« Da gab Belsazar Anweisung, und man kleidete Daniel in Purpur und legte die goldene Kette um seinen Hals. Man verkündete von ihm, daß er als Rangdritter im Reiche herrschen solle.

In derselben Nacht wurde der König Belsazar, der Kaldäer, ermordet und Darius, der Meder, übernahm die Herrschaft im Alter von 62 Jahren.

(Dan 5, 1–17.22–30; 6, 1)

Am Ende der Tage

Die bekannte Vision Daniels von den vier Tieren, die nach und nach dem Meer entsteigen, vom himmlischen Gericht, das sie vernichtet, und vom »Menschensohn«, dem das ewige Reich übertragen wird, ähnelt der Erzählung vom Traum Nebukadnezars. Der widergöttliche Charakter der Weltmächte tritt hier noch stärker hervor. Sie gleichen tierischen Ungeheuern, die mit der himmlischen Welt im Todeskampf liegen. Der Blick des Visionärs richtet sich nun darauf, welche Rolle Israel im Endkampf zwischen beiden spielen wird. Seine Auskünfte werden offenbar mit Absicht in der Schwebe gehalten. Der Krieg, den das »kleine Horn« des vierten Tieres gegen die »Heiligen« führt, leitet zwar das Endgericht ein, aber der »Menschensohn«, dem Gott danach die Weltherrschaft übereignet, ist himmlischen Ursprungs, und ob mit den »Heiligen des Höchsten« ebenfalls himmlische Wesen oder aber das Volk Israel gemeint sind, bleibt offen. – Vieles an dieser Vision, die für das Urchristentum der wohl wichtigste Text des Alten Testaments geworden ist, läßt sich historisch nicht mehr aufhellen.

Im ersten Jahr des Königs Belsazar von Babel schaute Daniel einen Traum. Darauf schrieb er den Traum nieder. Der Inhalt der Worte lautet: »Ich, Daniel, sah in meiner Schau während der Nacht, wie die Winde aus den vier Himmelsrichtungen das große Meer aufwühlten. Vier große Tiere entstiegen dem Meer, eines vom anderen verschieden. Das erste war einem Löwen gleich und hatte Adlerflügel. Ich schaute ihm so lange zu, bis ihm die Flügel ausgerissen wurden. Es ward vom Boden emporgehoben und auf zwei Füße gestellt wie ein Mensch, und ein menschliches Herz wurde ihm gegeben. Plötzlich erschien ein anderes, zweites Tier, das einem Bären glich. Nach einer Seite hin war es aufgerichtet; drei Rippen hatte es in seinem Maul zwischen den Zähnen. Man rief ihm zu: »Auf, friß viel Fleisch!« Sodann schaute ich, und siehe, ein anderes Tier erschien, das einem Panther glich. Es hatte vier Vogelflügel auf seinem Rücken; außerdem hatte das Tier vier Köpfe, und Macht ward ihm gegeben. Danach erblickte ich in den Nachtgesichten ein viertes Tier, furchtbar und schrecklich und außerordentlich stark. Es hatte mächtige Zähne aus Eisen und Klauen aus Erz. Es fraß und zermalmte, und den Rest zertrat es mit seinen Füßen. Es war verschieden von allen Tieren vor ihm und hatte zehn Hörner. Ich betrachtete die Hörner; siehe, da wuchs ein anderes, kleines Horn zwischen ihnen hervor, und drei von den früheren Hörnern wurden vor ihm ausgerissen. Es zeigten sich Augen wie Menschenaugen an jenem Horn und ein Maul, das prahlerische Reden führte [3].

Ich schaute wie Throne aufgestellt wurden und ein Hochbetagter Platz nahm. Sein Gewand war weiß wie Schnee, sein Haupthaar rein wie Wolle. Feuerflammen waren sein Thron, dessen Räder flackerndes Feuer. Ein Feuer-

---

[3] Mit den zehn Hörnern des vierten Tieres sind die Diadochenkönige des griechischen Reiches, mit dem »kleinen«, aber großmäulig daherredenden Horn ist Antiochus IV. gemeint.

strom ergoß sich und ging von ihm aus. Tausendmal Tausende dienten ihm, zehntausendmal Zehntausende standen vor ihm. Das Gericht nahm Platz, und Bücher wurden geöffnet. Ich blickte hin wegen des Lärms der prahlerischen Worte, die das Horn redete. Ich schaute zu, bis das Tier getötet, sein Leib vernichtet und dem Feuerbrand übergeben wurde. Auch den übrigen Tieren nahm man ihre Herrschermacht, und ihre Lebensdauer wurde ihnen auf Zeit und Frist abgegrenzt.

Ich schaute in den Nachtgesichten, und siehe, mit den Wolken des Himmels kam einer, der aussah wie ein Menschensohn. Er gelangte bis zu dem Hochbetagten und wurde vor ihn geführt. Ihm verlieh man Herrschaft, Würde und Königtum; alle Völker, Stämme und Sprachen dienten ihm [4]. Seine Herrschaft ist eine ewige, unvergängliche Herrschaft, sein Königtum wird nie zerstört.

Ich, Daniel, wurde hiervon im Geiste bekümmert, und die Gesichte, die mir durch den Kopf gingen, verwirrten mich. Ich näherte mich einem der Umstehenden und erbat mir von ihm über all diese Dinge zuverlässige Auskunft. Er gab mir Antwort und teilte mir die Deutung der Vorgänge mit: »Jene riesenhaften Tiere, vier an der Zahl, bedeuten: Vier Könige werden erstehen auf Erden. Aber die Heiligen des Höchsten werden das Reich erlangen und es behalten bis in Ewigkeit, ja bis in alle Ewigkeit!« Darauf wollte ich noch Genaueres wissen über das vierte Tier, das sich von allen anderen unterschied – überaus furchtbar, seine Zähne aus Eisen und seine Klauen aus Erz; es fraß und zermalmte und zertrat den Rest mit seinen Füßen; weiterhin auch über die zehn Hörner auf seinem Kopf und über das andere Horn, das heranwuchs, während drei von ihm abfallen mußten; ferner besaß jenes Horn Augen und ein Maul, das prahlerische Reden führte; an Gestalt war es größer als die übrigen. Ich schaute, wie jenes Horn mit den Heiligen Krieg führte und sie überwältigte. Doch plötzlich kam der Hochbetagte, und das Gericht nahm Platz zugunsten der Heiligen des Höchsten; die Zeit brach an, da die Heiligen das Königtum in Besitz nahmen. Er antwortete folgendermaßen: »Das vierte Tier bedeutet: Auf Erden wird es ein viertes Reich geben, verschieden von allen anderen Reichen; die ganze Erde verschlingt es, zertritt und zermalmt sie! Die zehn Hörner bedeuten: Aus jenem Reich erwachsen zehn Könige; nach ihnen ersteht noch ein anderer. Von den früheren unterscheidet er sich und wird drei Könige stürzen. Er wird Reden führen wider den Höchsten und die Heiligen des Höchsten aufreiben. Er trachtet danach, Festzeiten und Gesetz zu ändern [5], und die Heiligen sind in seine Gewalt gegeben bis auf eine Zeit,

---

4 Nach dem Gericht wird im himmlischen Thronsaal die Weltherrschaft formell auf den Menschengestaltigen übertragen.

5 Gemeint sind die Verordnungen Antiochus' IV. gegen das Leben nach dem jüdischen Gesetz und gegen den jüdischen Kultus, der an bestimmte zeitliche Ordnungen gebunden war.

zwei Zeiten und eine halbe Zeit [6]. Dann aber wird das Gericht Platz nehmen und ihm die Herrschaft entreißen, um sie endgültig zu zerstören und zu vernichten. Königtum, Herrschaft und Übermacht über alle Reiche unter dem Himmel wird dem Volke der Heiligen des Höchsten verliehen. Sein Königtum ist ein ewiges Königtum, alle Mächte werden ihm dienen und untertan sein.« – Bis hierher! Ende des Berichts! Mich, Daniel, brachten meine Gedanken in arge Verwirrung, meine Gesichtsfarbe veränderte sich, aber ich behielt die Sache fest im Sinn.

(Dan 7, 1–28)

Die Auferstehung von den Toten

Das Daniel-Buch schließt mit einer letzten, das Vorige noch einmal überbietenden Enthüllung: Am Ende der Tage werden alle, die zu Israel gehören, vom Tode auferstehen. Die letzte Grenze, die das Volk noch von Gott trennt, wird hinweggenommen werden. Diese Offenbarung, die Michael, der himmlische Anwalt Israels, Daniel anvertraut, ist aber nur für die einen, die in der Drangsal der Endzeit Beständigen, eine Verheißung zum Leben. Für die andern wird es eine Auferstehung »zur ewigen Schmach« sein. Das Buch entläßt seine Leser mit einer letzten, unangreifbaren Gewißheit, die doch einen tiefen Schmerz in sich trägt: Israel wird Anteil an der ewigen Gottesherrschaft erhalten, aber ein Teil des Volkes wird für immer daraus verdammt werden.

In jener Zeit wird Michael auftreten, der große Fürst, der über den Söhnen deines Volkes schützend steht. Es wird eine Zeit der Drangsal sein, wie noch keine gewesen ist, seitdem es Völker gibt, bis zu jener Zeit. Dein Volk wird gerettet in jener Zeit, ein jeder, der im Buch verzeichnet ist. Viele von denen, die im Land des Staubes schlafen, werden erwachen, die einen zu ewigem Leben, die andern zur ewigen Schmach. Die Weisen [7] aber werden glänzen wie das leuchtende Himmelsgewölbe und, die vielen zur Gerechtigkeit verhalfen, wie die Sterne für immer und ewig.

Du aber, Daniel, verbirg die Offenbarungen und versiegele das Buch bis auf die Endzeit! Viele werden ratlos umherirren, aber die Erkenntnis möge zunehmen!

(Dan 12, 1–4)

Wie lange noch?

Der Epilog des Daniel-Buches kehrt noch einmal zu der Frage nach dem Zeitpunkt der Weltenwende zurück, denn von ihr haben die »Frommen« die Erlösung aus den Drangsalen ihrer Zeit erhofft. Die schon einmal in Kap. 7 gegebene Antwort wird

---

6 Welcher Zeitraum der Preisgabe an das Untier damit bezeichnet sein soll, läßt sich nicht sagen.
7 Als »Weise« werden hier die Lehrer des endzeitlichen Heilsglaubens bezeichnet. Daniel ist solch ein »Weiser«, und auch der Verfasser des Daniel-Buches wird sich wohl mit diesem Namen bezeichnet haben.

durch den feierlichen Schwur eines himmlischen Wesens bekräftigt, aber eine Auslegung dieser Antwort wird Daniel abgeschlagen. Sie gehört selbst mit zu den Geheimnissen der Endzeit, die erst gelöst werden, wenn die Stunde gekommen ist.

Ich, Daniel, schaute hin und sah, daß zwei andere Engel dastanden, der eine diesseits des Flußufers, der andere am jenseitigen Flußufer. Er sprach zu dem Mann im Leinenkleid, der sich über dem Wasser des Flusses befand: »Wie lange dauert es noch bis zum Ende dieser ungeheuerlichen Dinge?« Darauf vernahm ich den Mann im Leinenkleid, der sich über dem Wasser des Flusses befand; er erhob seine rechte und linke Hand zum Himmel und tat beim Ewiglebenden einen Schwur: »Eine Zeit, zwei Zeiten und eine halbe Zeit. Ist man damit fertig, die Macht des heiligen Volkes zu zerschlagen, dann wird sich dies alles vollenden.« Das hörte ich wohl, verstand es aber nicht. Da fragte ich: »Mein Herr, was ist das Letzte hiervon?« Er erwiderte: »Geh, Daniel, denn die Offenbarungen sind verschlossen und versiegelt bis zur Endzeit. Viele werden gereinigt, geläutert und geprüft; aber die Frevler begehen Frevel. Kein Frevler versteht es, die Einsichtigen aber verstehen es. Du aber geh zum Ende und lege dich zur Ruhe, und stehe auf zu deinem Lose am Ende der Tage! (Dan 12, 5–10.13)

Verzeichnis der Bibeltexte

1 Mose
1,1–31; 2,1–4   138 f.
2,1–4   508
2,4–25; 3,1–19.21–24   128 ff.
4,1–16   131 f.
6,1–4   132 f.
6,5–8; 7,1–5.7.16.8–12.17.22 f.;
  8,6.2 f.; 6,8–13.20–22   133 ff.
6,9–22; 7,6.11.13–21.24; 8,1–5.
  7.13–19   140 f.
9,1–17   142 f., 508 f.
10,1–7.20.22 f.31 f.   143 f.
11,1–9   135 f.
12,1–3   136, 267
12,1–9   74
12,10–20   91
13,2–18   74 f.
14,18–20   206
15,1–6   75 f.
15,7–12.17–21   76 f.
16,1 f.4–14   78 f.
17,1–4   509 f.
18,1–16   77 f.
18,17–33   81 f.
19,1–28   82 f.
20,1–18   92 f.
21,1 f.6–21   79 f.
22,1–19   84 f.
24,1–67   86 ff.
25,21–26   94
25,27–34   95
26,1–3.6   89
26,1–3.12–14.26–31   267
26,7–11   91
26,12–14   89
26,16 f.19–22   89 f.
26,23–33   90
27,1–45   96 ff.
28,10–22   98 f.
29,1–14   99 f.
29,15–30   100 f.
29,31–35; 30,1–24   102 f.
30,25–30; 31,51–54   268
31,17–43   103 ff.
31,44–54; 32,1   105
32,23–32   106
33,1–20   107 f.
37,3–36   110 f.
39,1–5; 41,48 f.55–57   268 f.
39,1–23   111 f.
40,1–23   113 f.
41,1–57   114 ff.
42,1–38   117 f.
43,1–34   119 f.
44,1–34   121 f.
45,1–28   122 ff.
46,1–5.28–34; 47,1–6.27   124 f.
47,29–31; 49,33; 50,15–21   125

2 Mose
1,8–12.22   25 f.
2,1–10   26
3,1–5.7 f.16 f.; 4,1–4.6 f.10–12   27 f.
3,9–14   28 f.
7,14–18.20 f.26–29; 8,4–11;
  10,21–29   29 f.
11,1–7; 12,21–27.29–39   31 ff.
13,20–22; 14,5–31   33 ff.
15,1–11   36
15,21   36

16,1–3.6 f.9–27   40 f.
17,1–7   39
17,8–16   38 f.
19,1 f.; 24,15–18; 25,1–5.8 f.;
   31,12–14   510 f.
19,1–3.10–20; 20,18–21   57 f.
20,1–17   59 f.
21,18 f.   63
21,23–25   63
21,28–32.35 f.   62
21,33 f.   62
22,15 f.   63
22,20–23   64
22,24–26   64
23,4 f.   63
24,1 f.9–11   58
24,3–8   58 f.
24,15–18; 25,1–5.8 f.   66
26,1–25.31–37   66 ff.
29,1–25.31–35   68 ff.

3 Mose
19,9 f.   63
19,13 f.   64
19,17 f.   64

4 Mose
11,1–6.10–13.18–24.31–34   42 f.
24,3–9.15–19   269 f.

5 Mose
6,4–9   388
6,10–15   388
6,20–25   389
7,1–11   389 f.
7,17–26   390 f.
12,2–12   392
12,13–19   393
14,22–27   393 f.
15,1–11   395 f.
15,12–18   396
17,14–20   397
18,3–8   394
20,1–9   391

24,6.10–13   395
25,13 f.   64
26,5–9   21 f.
26,16–19   397 f.
27,9 f.   398
27,9–26   61
28,1–6.15–19   398 f.
28,58–68   399 f.
30,1–10   454 f.

Josua
2,1–24; 6,1–5.7 f.10.12.14–25.27
   47 ff
3,1.5.11.13–17; 4,1–3.8–11.13
   18–23; 5,1   45 ff.
9,3–9.11–17.19 f.22 f.25–27   50 f.
10,1–15   51 f.
23,1–4.6–16   450 f.
24,1–11.13–18.25–28   52 f.

Richter
1,18–21.27–35   54
2,6–11.14–16.18 f.   451 f.
2,11.14–16.18 f.   160 f.
3,12–30   148 f.
4,1–24   150 f.
5,2–31   151 ff.
6,33–40; 7,1–22   154 ff.
9,8–15   176
11,1–11.29.32 f.   156 f.
14,1–20; 15,1–8; 16,23–31   158 ff.

1 Samuel
4,1–18; 5,1–12; 6,1–21; 7,1   162 ff.
8,1–22   173 f.
9,1–8.10–27; 10,1–16   168 ff.
10,17–27   171 f.
11,1–11.15   166 f.
12,1–25   174 f.
12,6–25   452 f.
13,1–7.15–18.23; 14,1–23   177 ff.
15,1–35   179 ff.
16,7   252
16,14–23   183 f.

17,1–11.32–49.51–54   184 ff.
23,14 f.19–28   187 f.
24,1–23   188 ff.
27,1–12; 28,1 f.   190 f.
28,3–16.19–25   192 f.
29,1–11   191 f.
31,1–13   194

2 Samuel
1,19–27   195 f.
2,1–11   196 f.
3,6–21   197 f.
3,26–39   198 f.
5,1–5   200
5,6–12   202
6,1–23   203 f.
7,1–17   213 f.
7,8–16   235
8,1–14   209 f.
9,1–13   214 f.
10,1–14; 11,1; 12,26–31   211 f.
11,2–27   215 ff.
12,1–7.13–25   217 f.
13,1–22   218 ff.
13,23–27   230 f.
15,1–12   221 f.
15,13–37   222 f.
16,15–23; 17,1–23   224 ff.
17,24; 18,1–17.19–32; 19,1–9   226 ff.
19,9–16.41–44; 20,1–3.6 f.14–22   228 ff.
23,1–7   235 f.

1 Könige
1,1–53; 2,1.10–12   231 ff.
3,4–15   250
3,16–28   251
4,1–3.5–8   242 f.
5,9–14   258
6,2–10.15–17.20–22.37 f.   246
7,1–12   247
8,1–13   247 f.

9,15.17–22.26–28; 10,16–20.28 f.   243 f.
10,1–10.13   244 f.
11,1–13   273 f.
12,1.3–14.16.18–20.25–32   271 ff.
16,15–28   287 f.
16,29–33   289
18,17–40   290 ff.
19,1–18   294 f.
20,11   252
21,1–21   292 f.

2 Könige
2,1–15   296 f.
4,38–41   297
4,42–44   297 f.
5,1–19   298 ff.
6,1–7   298
8,7–15   300
9,14 f.1–8.10–13.15   301 f.
9,16–27   303
9,30–37   304
10,1–11   304 f.
10,18–28   305 f.
16,5   351
16,7–9   354
17,7–20   453 f.
18,13–16   365
22,1–10; 23,1–3   401 f.
22,11–20   402 f.
23,4–15.19 f.   403 f.
23,21–30   405
25,10–12   435

1 Chronik
28,1–10   512 f.

2 Chronik
12,1–9.12   514 f.
13,4–12   513 f.
35,20–24   406

Esra
6,3–5   480

Nehemia
2,11–20; 3,33–38; 4,1–17; 6,1–19;
7,1–3   516 ff.

Hiob
1,1–22; 2,1–10; 42,11–17   535 ff.
3,1–26; 14,1–6   537 ff.
21,1–15.19–34   539 f.
22,1–16.19–23.26–30   541 f.
23,1–7.10–17   542 f.
28,1–18.20–23.25–27   525 ff.
31,1–23.35–37   543 f.
38,1–30   545 f.
38,12–38   259 f.
40,3–5; 42,2–6   547

Psalmen
2,1–12   238 f.
15,1–5   277
23,1–6   284
30,2–13   284
46,2–12   206 f.
48,2–15   207 f.
79,1–13   447 f.
80,2–20   280 f.
88,2–19   282
93,1–5   279
110,1–7   238
121,1–8   285
124,1–8   281
132,1–18   236 f.
135,1–21   277 ff.

Sprüche
3,13–20   521 f.
6,16–19   257
8,1–36   522 ff.
9,1–6.13–18   524 f.
10,6   253
10,7   253
10,22   261
10,25   254
10,27   254
11,5   254

11,22   254
12,4   254
12,18   254
13,7   253
13,8   253
13,12   252
13,16   254
13,20   254
13,24   254
14,18   254
14,20   253
14,31   254
15,13   253
15,22   252
16,1   260
16,2   254
16,3   254
16,9   260
16,33   261
17,22   253
19,14   253
19,21   254
20,14   252
20,24   261
21,1   261
21,30   260
21,31   260
22,17–21   255
22,22 f.   255
22,24 f.   255
22,26 f.   255
23,10 f.   255
23,13 f.   255
23,20 f.   256
24,19 f.   256
24,21 f.   256
25,2   261
25,23   252
25,24   253
26,14   252
26,27   252
27,15   253
30,15 f.   256
30,18 f.   257

30,21–23   257
30,24–28   256
30,29–31   257

Prediger
1,3–11   530 f.
1,12–18; 2,1–11.18–26   528 ff.
3,1–8.14–15   531 f.
5,1   532
5,17–19   532 f.
8,16–17; 7,23–24   530
9,4   252
11,1–8   533

Hohes Lied
1,5 f.   262
4,1–7   263
5,2–8   265
5,10–16   264
8,6 f.   265

Jesaja
1,2 f.   345
1,4–9   365 f.
1,10–17   345 f.
2,6–22   349 ff.
3,16–24   349
5,1–7   346 f.
5,8–13.20; 10,1–4   347 f.
5,18 f.   348
6,1–11   344 f.
7,1–9   352
7,10–17   353
7,18–20   354
8,1–4   351 f.
8,5–8   354 f.
8,9 f.   352
8,11–15   355
8,16–18   356
8,23; 9,1–6   357 f.
10,5–15   362 f.
14,24–27   363 f.
14,28–32   358 f.
20,1–6   359

22,1–14   366 f.
28,1–4   356
28,20–22   360
28,23–29   364
29,1–9   361 f.
30,15–18   360
36,1–22; 37,1–9.37 f.   369 ff.
40,1–11   464 ff.
40,12–17   466
40,27–31   467
41,8–13   470 f.
41,17–20   473
41,21–29   468
42,1–4   476
43,1–7   471 f.
43,16–21   472
44,24–28; 45,1–7   469 f.
45,20–25   475 f.
49,1–6   477
49,14–21   473 f.
52,7–10   474 f.
52,13–15; 53,1–12   478 f.
60,1–11.13–22   493 ff.
61,1–3   492 f.
62,1–12   495 ff.
63,1–6   498

Jeremia
1,4–19   377 f.
2,4–9   379
2,10–13   380
2,23–25   380 f.
2,26–28   381
3,6–13   384 f.
4,19–21   383 f.
5,1–11   385 f.
5,12–17; 6,1–8.22–26   381 ff.
7,1–15   408 f.
11,18; 12,6; 11,19 f.; 12,3; 11,21–23   415
12,1–5   416
12,7–13   421 f.
14,19–22; 15,1 f.   422
15,10 f.15–21   416 f.

17,12–18   417f.
19,1f.10f.14f.; 20,1–6   410f.
20,7–11.13–18   418f.
22,13–19   411f.
22,24–27   423
22,28–30   423
23,16–22   424f.
23,23–32   425f.
24,1–10   429f.
25,15f.27–29   419f.
26,7–19   409f.
27,1–11; 28,1–17   426ff.
29,4–7.10–15.8f.   428f.
31,2–6.15–20.31–34   430f.
36,1–32   412ff.
37,3–21; 38,1–28   432ff.
39,1.3.14.11f.   436
45,2–5   436
46,2–12   420f.

Klagelieder
5,1–22   446f.

Ezechiel
1,28; 2,1–10; 3,1–11   438f.
4,1f.9–11; 5,1f.   439
17,1–9.11–21   440f.
18,1–32   457ff.
23,1–20.22–27   441f.
24,1–5.9f.   442f.
33,1–9   456
36,16–32   462f.
37,1–14   459f.
37,15–23   460f.
39,1–5.17–20   461f.

Daniel
2,1–41.43–48   550ff.
5,1–17.22–30; 6,1   553
7,1–28   555ff.
12,1–4   557
12,5–10.13   558

Hosea
1,2–6.8–9   325
2,4–17   325f.
3,1–5   327
4,1–3   327f.
4,4–6.12–15   328
5,8–15   329f.
7,3–7; 8,4   330
9,7–9   321
9,10–17   331f.
11,1–9.11   332f.
14,2–9   334

Joel
2,1–20   500ff.

Amos
1,3–8.13–15; 2,1–3.6–9.13–16   318ff.
3,1–2   314
3,3–6.8   321
4,1–3   316
5,1–3   314
5,4f.; 4,4f.   317
5,10–12   314f.
5,14f.   317
5,18–20   320
5,21–24.27   318
6,4–7   316
7,1–8; 8,1–2; 9,1–4   313
7,10–17   322
8,4–7   315
8,11f.   321

Jona
1,1–16; 2,1f.11; 3,1–10; 4,1–11
   504ff.

Micha
1,2–7   337f.
2,1–5   338
3,1–4   339
3,5–8   339f.
3,9–12   340

6,1–5   341
6,6–8   341 f.

Zephanja
1,4 f.7–16   374 ff.
3,1–4   376

Haggai
1,1–12.14   483 f.
1,15; 2,1–9   485
2,15 f.18 f.   484
2,20–23   486

Sacharja
1,1–6   487
1,7–15   488
2,1–4   489
2,5–9   489
3,8 f.   491
4,1–6.10 f.13 f.   490
6,9–13   491
14,1–9.11.13 f.16–19   502 f.

Maleachi
2,17; 3,1 f.5   499

Personen- und Sachregister

Aaron 38, 40, 68
Abraham 13, 16, 19, 21 f., 70, 73–85, 126, 128, 136, 143, 145, 206, 234, 241, 266 ff., 507, 509 f.
Ägypten 12, 19, 21, 24, 72, 127, 143, 171, 201, 209, 240, 252, 266, 268, 359, 372, 376, 411, 420, 432, 441, 464, 472, 507
Ahab 286–295
Alexander der Große 512, 549
Amalekiter 38 f., 148
Ammoniter 44, 148, 156, 161, 166, 171, 210, 312
Amos 308 f., 312–322, 335, 344, 437, 497
Amphiktyonie siehe Stämmebund
Antiochus Epiphanes 549, 553, 555
Apokalyptik siehe Daniel
Aramäer 21, 44, 94, 99 f., 105, 144
Aramäerreich von Damaskus (= Syrien) 266, 268, 286, 300, 307, 311 f., 329
Aramäische Wanderung 44, 94
Assyrien, Assur 12, 286, 307 ff., 311, 372, 400, 453, 461
Ätiologie, ätiologische Sage 38 f., 42, 44 f., 47, 50, 85, 98, 105, 126, 129 f., 131, 135
Auszug aus Ägypten 24 ff., 29, 33, 37, 55, 71, 146, 266, 310, 376, 472 f.

Baal, Baalskult 286–292, 305, 308, 324 f., 374, 441
Babylon, Babylonien, Babylonier 12, 127, 133, 135, 138, 372, 421, 423 f., 428, 436 f., 444 f., 475, 480 f., 509, 550
Bann, Banngebot 49, 147, 179, 389
Baruch ben Neria 407 ff., 412, 426, 428, 432, 436
Bekenntnis, Bekenntnisformel 21 f., 53, 55, 184, 187, 389, 446, 449, 467
Benjamin 44, 49, 51, 148, 156, 172
Berufung, Berufungsbericht 14, 145, 266, 310, 313, 324, 344, 377, 437, 456
Betel 73, 98 f., 162, 172, 273, 312, 322, 328
Bilderverbot 59
Bileam 269, 341
Botenformel 311
Bund, Bundesschluß 45, 52, 55 f., 57 f., 61, 64, 76, 137, 142, 234, 271, 324, 397, 401, 403, 430, 450, 453, 460, 474, 508–510

Chronist, chronistisches Geschichtswerk 182, 406, 511–515

Damaskus siehe Aramäerreich
Dan 101, 157
Daniel 548–558
Danklied 275, 281, 283, 477
David, Davidbund, Davidstradition 54, 72, 157, 162, 182–202, 205–222, 230, 234–236, 240–242, 249, 265 bis 271, 273, 275, 343, 360 f., 372, 400, 464, 482, 486, 491, 511 f.
Debora-Lied 195
Dekalog siehe Zehn Gebote

Deportation 407, 424, 437, 439, 442, 453, 455, 497
Deuterojesaja 445, 463 f., 466–476, 481, 488, 492, 495, 497
Deuteronomist 405 f., 448–454, 514
Deuteronomistisches Geschichtswerk 13, 148, 160, 171, 182, 405 f., 445, 448, 454, 511
Deuteronomium (5. Buch Mose) 387, 390–400, 419, 448 f., 454
Diskussionswort 457, 466

Edom, Edomiter 24, 44, 95, 97, 151, 161
Eifer Jahwes 56, 65
Einzugsliturgie 276
Einzugsüberlieferung 37, 43, 45
El, El Eljon, El Schaddaj 205–207, 509
Elamiter 144
Eli 163
Elia 160, 286–295
Elisa 160, 170, 295–300
Elohist 23, 28, 75, 79, 507
Engel 78, 132
Ephraim 21, 45, 94, 101, 156, 329
Erwählung, Erwählungstradition 56, 73, 126, 236, 241, 260, 266, 309, 312, 314, 507
Erzväter, Erzvätergeschichten 13, 15, 22, 55, 70 f., 72, 108, 126, 137, 475
Eschatologie 549 ff., 555 ff.
Esra 481, 506, 511
Euphrat 209 f., 372, 407, 420
Exil, Exilszeit 148, 160, 444, 448 f., 451, 454, 463, 468, 491, 495, 499, 507, 509, 511
Exodus = 2. Buch Mose siehe Auszug aus Ägypten
Ezechiel (»Hesekiel«) 437–441, 443, 455–457, 459, 461–463, 474, 486, 510

»Feind aus dem Norden« 374, 381, 412, 461
Feste 277, 317
Fluch 60 f., 290, 398 f., 543
Friede 298, 343, 357
Führung, Führungsreligion 14, 21, 37, 41, 55, 125 f., 308

Gattung 22, 241, 250, 276, 284, 311, 318, 466 f., 470
Gebet 16, 275 f., 515
Gebote 58 f., 131, 146, 388 f., 398, 448, 453, 456
Geist Gottes, Geist Jahwes 147, 156 f., 161 f., 166, 183, 192, 296, 492, 499
Genesis (1. Buch Mose) 70–144
Gerechtigkeit 76, 81, 226, 314, 457, 534–547
Gericht 14, 133, 140, 273, 275, 309 ff., 334, 373 f., 381, 383–385, 405, 424, 428, 430, 437, 445, 455, 481 f., 497, 502, 510
Gerichtswort 315, 322, 339, 467
Gesalbter Jahwes (= Messias) 166, 177, 182, 187 f., 271, 463, 468, 481, 486, 490 f.
Geschichte 14 f., 127, 135 f., 137, 295 f., 308, 364, 520, 527 f., 548 ff.
Geschichtsschreibung 182, 241, 249, 265, 450, 506
Gesetz, Gesetzessammlung 373, 387, 401, 449, 454, 481, 506
Gideon 154, 357
Gilead 105
Gilgal 45 f., 50, 172, 332
Glaube 73, 76 f., 343, 352
Glaubensbekenntnis siehe Bekenntnis
Gog 461 f.
Goliath 184, 512
Gott der Väter, Vätergott 71 f.
Gottesberg 27, 207
Gottesfurcht 84, 531
Gottesherrschaft, Gottesreich 486, 488, 490, 497, 502, 554 ff.

Gottesknecht, »Knecht Jahwes« 463, 476–479, 492
Gottesrecht 45, 61, 146, 162, 276, 308, 315, 327, 345
Gottesschrecken 147, 167
Gottesstadt 206
Griechen 12, 138, 143

Haggai 482–487, 490 f., 497
Hasael 300, 307
»Haus Joseph« siehe Joseph
»Haus Juda« siehe Juda
Hebräer 24, 33, 112, 396
Hebron 187, 195 f., 198 f., 221, 271
Heerbann 147, 150, 155, 161, 166, 177, 194, 202, 242, 390
Heiligtum 65 f., 68, 236, 273, 275 f., 282, 393 f., 409, 480 ff., 512 f.
Heilsgeschichte 14 ff., 19 f., 93, 109, 126 f., 146, 266, 308, 430, 506
Heilsorakel 470, 472
Herrlichkeit Jahwes 40, 65, 438, 446, 493, 545
»Hesekiel« siehe Ezechiel
Hiob 258 f., 521, 534–547
Hiskia 405
Hoherpriester 483, 490, 549
»Hohes Lied« 248, 261 f., 264 f.
Horeb 27
Hosea 308 f., 323–334, 344, 376, 380, 437
Hymnus 22, 277, 279

Immanuel 353 f.
Isaak 16, 21 f., 70, 73, 78 f., 84 f.
Isebel 286 ff.
Ismael, Ismaeliter 73, 79, 111
Israel (das Nordreich im Gegensatz zum Südreich Juda) 182, 200 f., 208–210, 228, 234, 270 f., 384, 387, 401, 441, 460, 512 f.
Israel (der Stämmebund) 13, 19, 20 ff.
Israel (= Jakob) 97, 106, 119

Jahwekrieg, Heiliger Krieg 36, 49, 51, 146–150, 154–156, 161, 179, 195, 297, 309, 357, 360, 390, 502
Jahwename 20, 28, 509
Jahwist, jahwistisches Geschichtswerk 23, 73, 75, 79 f., 127, 129, 131 f., 135 f., 182, 206, 248, 265–269, 475, 507
Jakob 13, 20 f., 70, 72, 93 f., 97, 103, 105 f., 266, 268, 467
Jebusiter 201, 205–207
Jehu 292, 301–307, 325
Jeremia 373–386, 399, 407–436, 441, 461 f., 474, 476, 486, 491, 497, 510
Jericho 47
Jerobeam I., Jerobeam II. 271, 307, 323, 513
Jerusalem 148, 182, 200–210, 221 f., 234–236, 238, 240, 243–245, 248 bis 250, 262, 372–374, 386 f., 400–402, 423 f., 432, 435, 463, 480 ff., 491, 499, 511 f., 515 f.
Jesaja 16, 308, 329, 336, 342–369, 373 f., 437 f., 461, 489
Joel 499, 502
Jojachin 423, 424, 437, 486
Jojakim 408, 411, 421, 423 f., 432
Jona 503 f.
Joseph, »Haus Joseph« (Ephraim und Manasse) 94, 101, 268
Josephsgeschichte 15, 108–125
Josia 372–376, 387, 400 f., 404–408, 420
Josua 38, 44 ff., 70, 72, 234, 449–451.
Juda, »Haus Juda« 101, 156, 195, 197, 273
Juda (das Südreich im Gegensatz zum Nordreich Israel) 182, 194, 200 f., 207–210, 228, 234, 270, 372–374, 384, 401, 424, 430, 444, 448, 460, 469, 512–514
Judentum 481, 487

Kanaan, Kanaanäer 44, 54, 62, 73,

77, 127, 286, 449, 507
Karmelgebirge 290 ff.
Keniter 131, 191
Klagelied 22, 195, 279–283, 365, 407, 417 f., 445–447, 467, 470
Konfessionen Jeremias 377, 415, 417 f.
Königsgesetz 397
Königspsalmen 236
Königtum 20, 148, 162, 171–174, 176 ff., 195 f., 212 f., 233 ff., 240, 266, 397, 444, 452, 481, 511 f.
Kosmos siehe Welt
Krieg siehe Jahwekrieg
Kulturland 146, 151, 379, 388, 451, 464
Kultus 64, 240, 276, 286, 372, 386, 394, 481, 490, 497, 506 f., 510
Kyros 444, 463, 468, 471, 475, 480 bis 482

Lade, Ladeheiligtum 45, 162–165, 202 f., 205 f., 236, 247 f., 424
Landnahme 22, 37, 43 ff., 51, 54 f., 70 f., 145 f., 157, 241, 376, 387, 450 f.
Lea 100
Leichenlied 314
Leiden 17, 42, 432, 436, 476–478, 534, 547
Leviten 373, 386 f., 390, 399
Leviticus = 3. Buch Mose
Liebesgebot 64
Liebeslyrik 248 f.
Loblied, Lobpreis 275, 277, 446
Lot 73 f., 82

Magie 164, 192
Makkabäer 549
Maleachi 499
Manasse 21, 45, 94, 101, 154
Manna 40
Märchen 22
Marduk 444, 465

Meder 372, 444
Menschensohn 555
Mesopotamien (Zweistromland) 209, 240, 252, 307, 372
Messias siehe Gesalbter Jahwes
Micha 308, 310, 336–342, 373 f., 410
Midian, Midianiter 27, 111, 154, 357
Moab, Moabiter 44, 148, 161
Mose 15 f., 25–36, 39, 41, 57 f., 71, 234, 387, 390, 449, 507, 510
Mythos 127, 132, 138, 143, 521

Naboth 292 f.
Naeman 298
Naphtali 101, 149 f.
Nathan, Nathanweissagung 213 bis 217, 230, 235 f.
Nebukadnezar 407, 412, 420, 424, 549 ff.
Necho (Pharao) 372, 412, 420
Nehemia 480 f., 511, 515
Ninive 372, 503
Noa 133 ff., 137, 140, 142, 507 f.
Nordreich siehe Israel
Numeri = 4. Buch Mose

Offenbarung 16, 57, 98, 294, 310, 387 f., 425, 507, 534
Omri, Omriden 286 ff., 301, 325, 379
Opfer, Opferkult 58, 65, 147, 275 bis 277, 282 f., 317, 393 f., 506, 510
Orakel 192, 196, 402

Palästina 20, 37, 44, 54, 62, 72
Paradies 128 f., 131, 266
Passa 25, 31, 401, 406
Patriarchen siehe Erzväter
Pentateuch (die Fünf Bücher Mose)
Perser 12, 444, 480, 486, 512, 550
Philister 157, 176 f., 182, 184, 190 ff., 194, 200, 266 f.
Pitom 25
Prediger Salomo (Kohelet) 521, 527 bis 533

Priesterschrift 23, 40, 65 f., 68, 133, 136–143, 506–510
Priestertum 65, 68, 410, 415, 497, 507
Propheten 16, 172, 234, 286 f., 290, 300 f., 308 ff., 339, 386, 407, 419, 426, 445, 453, 481, 487, 497 ff.
Psalmen 17, 206 ff., 236 ff., 275–285

Quellenschriften 13

Rahel 100
Ramses II. 25
Recht siehe Gebote und Gesetz
Redaktoren, Redaktionsprozeß 13, 23, 72, 91, 111, 127
Rehabeam 271, 514
Richter 146, 148, 160, 172, 373, 449, 451 f.
Ruhe 139, 507, 510

Sabbat 40, 507, 510
Sacharja 486–491, 497
Sage 22 f., 77, 133
Salbung 169, 196, 492
Salomo 72, 206–218, 230–250, 258, 261 f., 270 f., 275, 512 ff., 527
Samaria, Samarien, Samaritaner 286 f., 304, 312, 315, 323, 355, 512 f.
Samuel 171 f., 173, 175, 193, 452
Sanherib 362, 365, 367, 372
Sara 74, 90 ff.
»Satan« 535
Saul 148, 157, 161–181, 182 f., 186 ff., 192, 194 ff., 200, 214, 266, 332
Schöpfung 127 f., 137, 140, 142, 464, 469, 507
Schuld 92, 128, 217, 310, 376, 384, 446, 455, 462, 476 f., 514
Sebulon 149
Segen 73 ff., 95, 97, 106, 136, 142, 174, 206, 266–268, 284, 389, 398 f., 484

Seher 168, 266, 269
Seraphen 344
Serubabel 423, 482, 486, 490 f.
Sichem 45, 52 f., 55, 61, 73, 162, 512
Siegeslied 36, 151, 337
Silo 162 f., 166, 200
Simson 157, 162
Sinai 15, 21 f., 27, 55 f., 57 f., 64, 71, 386 f., 493, 507, 510
Sintflut 19, 133 f., 137, 140 ff., 142, 508
Sodom 80, 82
Staatenbildung 172–176
Stämmebund, Stämmeverband 20 f., 145, 162, 172, 177, 200 ff., 234, 240, 386, 390, 400, 481
Sündenfall 128, 131
Syrien siehe Aramäerreich von Damaskus

Tag Jahwes 309, 320, 349, 374
Talionsformel 63
Tempel 66, 245 ff., 275–282, 373, 408 f., 444, 470, 482 f., 485, 497 ff., 506, 511 f., 515
Tempelpropheten 424, 426, 430, 437
Theophanie 55 ff., 337
Thronnachfolge Davids 210–233
Tiglatpilesar III. 307, 322
Tod 282, 477, 522, 525, 557 f.
Tritojesaja 482–487
Turmbaugeschichte 135 ff., 267

Umkehr 327, 333, 373, 384, 446, 449, 486 f., 499 f., 502
Ungehorsam 148, 160, 405, 420, 448 f., 454, 510, 514
Unheilsankündigung 374, 385, 456, 497, 499
Urgeschichte 22, 126–144, 266 f., 475

Vätergeschichte siehe Erzväter
Vergeltung 534, 539
Verheißung 14, 21, 55, 71, 75 f., 78,

PERSONEN- UND SACHREGISTER 571

84, 136, 266, 284, 386 f., 392, 444 f.,
462, 482, 507, 509
Vermächtnisrede 174, 235, 387, 390,
527
Verstockung 16, 29, 343 f., 356
Völkerliste 143
Völkerwelt 126, 135 f., 143, 249, 266,
309, 419, 437, 476, 503, 509

Weheruf 347 f., 411
Weidewechsel 43
Weisheit, Weisheitssprüche 22, 249
bis 261, 312, 318, 321, 339, 520 bis
547
Weissagung 235, 269, 411 f., 424,
430, 497
Welt, Weltschöpfung 128 ff., 136 f.,
454 ff., 520 ff.

Wunder 14, 29, 33, 38, 40, 85, 109,
140, 297 ff., 368
Wüstenwanderung 37–43, 55, 266,
310, 324, 376, 473 f.

Ysop 32

Zahlenspruch 256 f.
Zedekia 425, 435, 439
Zehn Gebote 59
Zeichenhandlung 311, 324 f., 327,
351, 353, 359, 426, 460, 490 f.
Zelt 66
Zephanja 373 f., 376 f., 386, 399, 437
Zion, Zionstradition 162, 202, 207,
234–239, 310, 337, 340, 342 f., 361,
365, 446, 464, 488

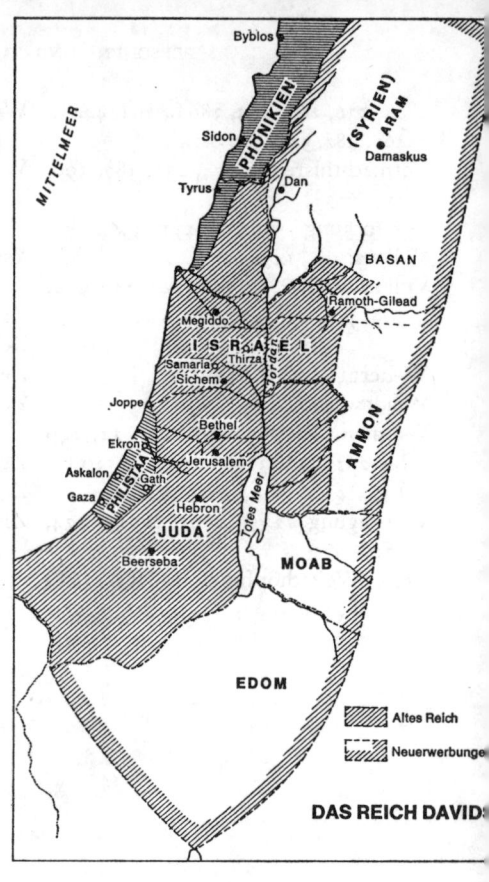

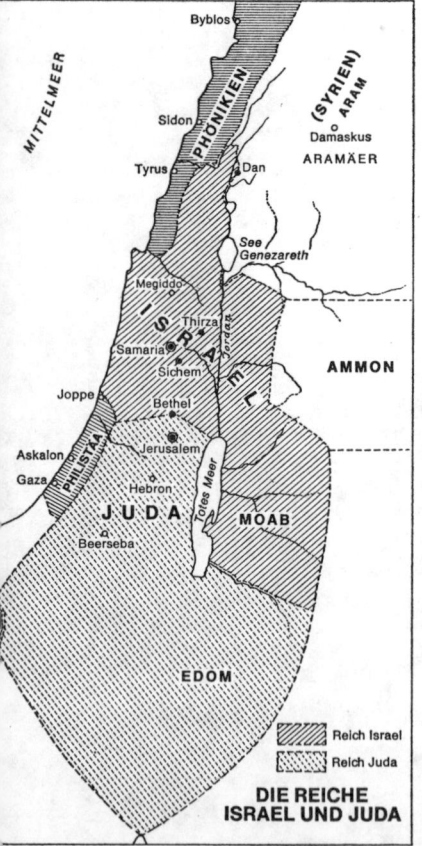

Oben links: Der Siedlungsraum der Stämme Israels nach der Landnahme

Links: Das Nordreich Israel und das Südreich Juda, wie sie vom Tode Salomos (926 v. Chr.) bis zur Eroberung Samarias durch die Assyrer (722 v. Chr.) nebeneinander bestanden haben

Oben: Das Reich Davids zur Zeit seiner größten Ausdehnung (etwa 950 v. Chr.)

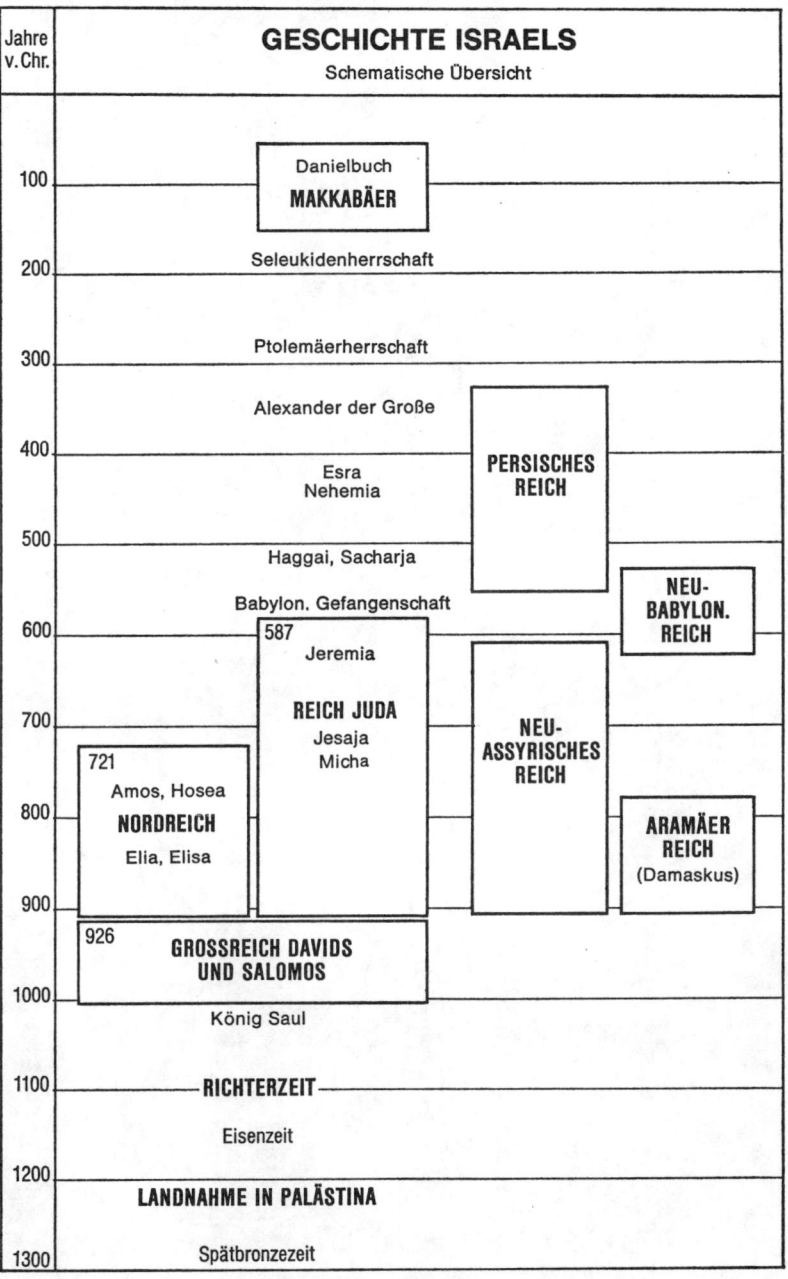

Theologie bei Piper

Das Buch der Bücher
Neues Testament
Einführungen, Texte, Kommentare. In Verbindung mit Hermann Timm herausgegeben von Gerhard Iber. Mit einer Einführung von Günther Bornkamm. Sonderausgabe. 2. Aufl., 10. Tsd. der Gesamtauflage. 1980. 496 Seiten. Kart.

Helga Frisch
Kirche im Abseits
Die bekannte Berliner Pastorin plädiert für Reform. 1978. 220 Seiten. Kart.

Helmut Gollwitzer
Was ist Religion?
Fragen zwischen Theologie, Soziologie und Pädagogik. Serie Piper 197. 1980. Etwa 96 Seiten. Kart.

Norbert Greinacher
Die Kirche der Armen
Zur Theologie der Befreiung. Serie Piper 196. 1980. Etwa 144 Seiten. Kart.

Herbert Haag
Vor dem Bösen ratlos?
In Zusammenarbeit mit Katharina und Winfried Elliger. 1978. 320 Seiten. Geb.

August Bernhard Hasler
Wie der Papst unfehlbar wurde
Macht und Ohnmacht eines Dogmas. Mit einem Vorwort von Hans Küng. 1979. XXXVII, 319 Seiten mit 110 Abbildungen. Geb.

Jesus und Freud
Ein Symposion von Psychoanalytikern und Theologen. Herausgegeben von Heinz Zahrnt. 2. Aufl., 14. Tsd. Serie Piper 29. 200 Seiten. Kart.

Hans Küng
Christ sein
9. Aufl., 126. Tsd. 1977. 676 Seiten. Geb.

Theologie bei Piper

Hans Küng
Existiert Gott?
Antwort auf die Gottesfrage der Neuzeit. 1978. 878 Seiten. Geb.

Hans Küng
Die Kirche
1977. Serie Piper 161. 605 Seiten. Kart.

Hans Küng: Weg und Werk
Herausgegeben von Hermann Häring und Karl-Josef Kuschel. Mit einer Bibliographie von Margret Gentner. 1978. 237 Seiten mit 27 Abbildungen. Kart.

Hans Küng
24 Thesen zur Gottesfrage
2. Aufl., 15. Tsd. 1980. Serie Piper 171. 134 Seiten. Kart.

Trutz Rendtorff
Gesellschaft ohne Religion?
Theologische Aspekte einer sozialtheoretischen Kontroverse (Luhmann/Habermas). 1975. Serie Piper 117. 101 Seiten. Kart.

Dietrich Rössler
Die Vernunft der Religion
1976. Serie Piper 135. 135 Seiten. Kart.

Helmut Thielicke
Mensch sein – Mensch werden
Entwurf einer christlichen Anthropologie. Sonderausgabe. 1980. 526 Seiten. Geb.

Um nichts als die Wahrheit
Deutsche Bischofskonferenz contra Hans Küng. Eine Dokumentation. Herausgegeben und eingeleitet von Walter Jens. 1978. 394 Seiten mit 5 Faksimiles. Br.

Heinz Zahrnt
Warum ich glaube
Meine Sache mit Gott. 1977. 425 Seiten. Leinen